线上资源获取方法

一、本书对应慕课已在"中国大学 MOOC"上线,请扫码学习:

二、本书配套的视频及线上阅读资源,请按照如下步骤获取:

第一步:关注"博雅学与练"微信服务号;

第二步:扫描二维码标签,即可进入资源页面。

创新管理:赢得持续竞争优势
(第三版)
请刮开后扫码获取数字盗源
本码2029年12月31日前有效

一书一码,相关资源仅供一人使用。

如在使用过程中遇到技术问题,请发邮件至 em@pup.cn。

Innovation Management
Gaining the Sustainable Competitive
Advantage, 3E │ 陈劲 郑刚 编著

创新管理

赢得持续竞争优势 （第三版）

北京大学出版社
PEKING UNIVERSITY PRESS

图书在版编目(CIP)数据

创新管理：赢得持续竞争优势/陈劲，郑刚编著. —3版. —北京：北京大学出版社，2016.8

ISBN 978-7-301-27128-5

Ⅰ.①创⋯ Ⅱ.①陈⋯ ②郑⋯ Ⅲ.创新管理—高等学校—教材 Ⅳ.① F270

中国版本图书馆CIP数据核字（2016）第105678号

书　　　名	创新管理：赢得持续竞争优势（第三版） CHUANGXIN GUANLI: YINGDE CHIXU JINGZHENG YOUSHI（DI SAN BAN）
著作责任者	陈 劲　郑 刚 编著
策划编辑	徐 冰
责任编辑	李笑男　赵学秀
标准书号	ISBN 978-7-301-27128-5
出版发行	北京大学出版社
地　　　址	北京市海淀区成府路205号　100871
网　　　址	http://www.pup.cn
电子信箱	编辑部 em@pup.cn　总编室 zpup@pup.cn
新浪微博	@北京大学出版社　@北京大学出版社经管图书
电　　　话	邮购部 62752015　发行部 62750672　编辑部 62752926
印 刷 者	天津中印联印务有限公司
经 销 者	新华书店
	730毫米×1020毫米　16开本　29.5印张　697千字 2009年5月第1版　2013年9月第2版 2016年8月第3版　2024年12月第12次印刷
定　　　价	59.00元

未经许可，不得以任何方式复制或抄袭本书之部分或全部内容。
版权所有，侵权必究
举报电话：010-62752024　电子邮箱：fd@pup.cn
图书如有印装质量问题，请与出版部联系，电话：010-62756370

PREFACE >>> 第三版前言

当前，世界和中国对创新日益重视，并继续加大对创新的关注、投入，以及相关的制度建设。党和政府把创新摆在国家发展全局的核心位置，提出了一系列新思想、新论断和新要求，深刻阐明了科技创新在国家发展全局中的重大战略意义。尤其是习近平总书记关于创新发展的重要论述，是习近平新时代中国特色社会主义思想的重要组成部分，是马克思主义基本原理同我国创新发展实践相结合的最新理论成果，具有鲜明的继承性、时代性和引领性，蕴含着马克思主义立场观点方法，开辟了走中国特色自主创新道路的新境界。此外，国际标准化组织（ISO）也计划将创新管理纳入企业管理标准。

党的二十大报告指出要提高创新思维能力，而创新思维能力的提升有赖于教育。面对发展的新环境和新要求，以及中国经济发展新常态下的新趋势和新特点，我们亟须在本科生、研究生的教育层面上加强有关创新管理的理论教育，在工商管理教育中把创新管理提升为核心课程，培育一批理解和掌握创新管理理论与方法的人才，从而真正推动创新型国家的建设。历时一年，我们在前两版的基础上终于完成了《创新管理：赢得持续竞争优势》（第三版）的修订。本书在参考、借鉴欧美国家有关创新管理的主流教材基础上，博采众长、并进一步丰富与完善具有全球视野和中国特色的创新管理理论知识体系，真正实现中国学者对创新管理理论建构的话语权。

首先，在进一步借鉴国际一流创新管理教材，以及广泛听取全国各高校师生使用反馈和建议的基础上，第三版更加明确了创新、创新管理、创新管理体系的内涵以及创新管理的关键术语。其次，第三版补充完善了创新管理领域的最新进展，包括创新生态体系、互联网下的创新模式、互联网思维与创新、绿色创新和有责任的创新等内容，更全面地完善了创新管理知识体系并反映最新发展趋势。最后，增加和更新了创新管理的国内外案例。特别是补充了"互联网+"背景下国内外不同行业的创新企业案例，例如小米、Uber、华为、海尔、美的、韩都衣舍、海康威视、三只松鼠、海底捞等，使本书更有时代性。其中，部分本土案例来自作者近年来的第一手调研资料。

在教材的内容结构方面，我们在每章开篇增加了"开篇案例"，使读者能够对本章内容先有一个生动的感性认识；在每章中间，穿插安排了"创新视点""创新标杆""创新之鉴"等创新成功与失败的案例，以加深读者对知识点的理解与认识；在章节结尾，通过专栏和案例等，对一些新的理论观点和创新实践进行介绍；在每章最后，设置了"本章小结""回顾性问题""讨论性问题""实践性问题""延伸阅读"等内容，方便具有不同学习要求的读者酌情运用。

在教材的呈现形式和阅读体验方面，我们在努力顺应移动互联网时代的阅读趋势的同时进行了创新。例如，在内容上努力做到深入浅出、图文并茂，并应用互联网辅助教学技术，增加了"扫二维码看创新视频"等板块；在版式设计上进行了改善，使得教材的可读性和综合阅读体验比前两版有了显著提升，力争成为阅读体验最好的本土创新管理教材。

本书的修订工作主要由陈劲与郑刚合作完成，期间得到了我们的博士生指导老师，中国工程院院士、我国创新管理研究的主要开拓者之一——许庆瑞教授的大力支持和精心指导，也得到了清华大学技术创新研究中心、浙江大学创新管理与持续竞争力研究中心这两所中国最重要的创新管理研究机构的鼎力支持。清华大学的吴贵生教授，浙江大学的吴晓波教授、魏江教授等对本书的修订给予了诸多宝贵意见。浙江大学的梅亮博士参与了大量的改写与完善工作。北京大学出版社经管图书事业部林君秀主任，徐冰、李笑男编辑对本书的修改继续给予了大力支持。在此，对他们表示由衷谢意！

当今变革时代的创新活动日益复杂，对创新及创新管理的内在过程、机制等的探索仍然有待深入。创新管理知识体系的完善、教学内容和方式的改革与探索等仍需要长期不懈的努力。衷心希望广大师生、企业管理工作者能够继续给予批评和指正。

PREFACE >>> 第二版前言

本书是《创新管理：赢得持续竞争优势》第二版。第一版于2009年问世后，受到了各高校本科生、研究生、MBA、EMBA以及企业管理人员、各级政府科技管理部门等各方的重视与喜爱，并于2012年获批成为"十二五"国家级规划教材，在此我们对来自各方的大力支持表示深深的谢意。

在经济发展的转型阶段，创新将成为未来中国可持续发展的关键，是企业在不确定的复杂环境中获胜的法宝，而创新管理则是提高创新能力、获得更好创新绩效的关键，是企业管理的新的重要组成部分，对实施创新驱动的发展战略具有积极作用。经过近二十年对技术创新的理论研究与实际调研，我们总结提炼出具有中国特色的创新管理理论知识体系，并且希望能与欧美创新管理的主流教材相媲美，实现中国学者对创新管理理论的话语权。

本书是在第一版基础上历时两年时间进一步完善的。在吸收借鉴国际一流创新管理教材以及广泛听取全国各高校师生使用反馈和意见建议的基础上，进一步优化了创新管理的知识体系。

第一，进一步明晰了创新的内涵和类型，建立了基于内容、层次、市场定位的三维创新分类模型，并整合了到目前为止国际主流的概念与趋势，如基于设计的创新、反向创新等，为广大研究者和学习者提供了全面系统的有关创新内涵与本质的描述。

第二，进一步梳理了创新战略的知识体系，强调企业战略与创新的结合，强调创新战略中对渐进性与突破性创新、封闭式与开放式创新的综合平衡，强调知识产权的创造及经济价值实现的战略意义。

第三，进一步明晰了创新的组织设计逻辑。在关注组织内部的创新部门设计、界面管理、二元性组织设计的同时，高度重视组织间的创新协作，包括协同创新的最新范式。

第四，在"创新的资源视角"一篇中，完善与丰富了"创新的资金管理"这一章节，使得对创新的资源分析更为全面。

第五，对创新的制度与文化，补充了研究的最新进展，突出了创新制度和氛围的重要性。

此外，本教材的编写体例依照学习目标、知识内容、本章小结、回顾性问题、讨论性问题、实践性问题、进一步阅读目录的逻辑次序进行系统编写，其间穿插相关的案例和专栏，目的是帮助读者更深程度地掌握创新管理的知识点，并进行进一步的启发式、探究式学习和基于问题的学习。讨论性问题、实践性问题、进一步阅读目录等的增设，就是要求读者不断探索本学科的前沿。

本书的修订工作由陈劲与郑刚联合完成，其间得到了浙江大学最佳创新团队师生的大力支持，陈忠才博士后提供了最新的考察美国加州高科技企业的案例报告，梅亮博士承担了众多的资料更新、文献校对的工作。更为重要的是，清华大学经济管理学院的杨德林教授和王毅副教授、中国人民大学经济学院的贾根良教授、电子科技大学管理学院的邵云飞教授、浙江工商大学工商管理学院的盛亚教授、上海财经大学公共经济与管理学院的华锦阳副教授，在百忙之中对本书的第二版进行了审读，提出了许多宝贵的意见。北京大学出版社的徐冰、姚大悦编辑对本书的修改给予了大力支持。在此，对他们表示由衷的谢意！

虽然本书有幸被遴选为"十二五"国家级规划教材，本教学团队所讲授的"技术创新管理"课程也于 2010 年被列为国家级精品课程，但我们深知限于视野和自身能力，本书还有许多不完善的地方。创新管理知识体系的完善、教学内容和方式的改革与探索等仍需要长期不懈的努力，衷心希望各位研究者、学习者提出宝贵的意见，以便持续完善。

陈劲　郑刚

2013 年 7 月 25 日

PREFACE >>> 第一版前言

创新是国家竞争优势的来源和企业持续发展的关键，也是战胜经济危机的重要途径。在全球化的今天，企业的生存环境发生了根本性变化，日趋激烈的市场竞争对企业的自主创新能力提出了更为严峻的挑战。然而，创新是一项风险大、对智力资本要求很高的经济与社会行为，不当或过度的创新，都会给国家和企业带来巨大的经济损失，2008年开始的金融危机就是过度的金融创新所带来的，并对全球的经济增长带来深远的负面影响。那么，如何解决"不创新等死，创新找死"的悖论呢？答案是，有效地运用创新管理的理论与方法。

创新管理是一套整合企业创意管理、研究与开发管理、制造管理和营销管理的新型整合化企业管理模式，它运用战略、组织、资源和制度（文化）等学科逻辑，系统地推动创新的产生、发展和应用，有效地调控创新的程度与频率，是一类复杂的企业管理理论与方法体系。

浙江大学创新研究团队在中国工程院院士、我国创新管理研究的主要开拓者之一——许庆瑞教授的带领下，经过近30年的努力，较为系统地总结了创新研究的最新进展以及国内外企业技术创新的最佳实践，通过系统分析，初步掌握了企业技术创新管理的规律，并结合管理学的理论体系，努力构建与国际接轨并具有中国特色的创新管理理论和学科知识体系，本书就是编著者近十年阅读、调研、思考的结晶。本书由陈劲教授提出创新管理的知识框架与主体内容，郑刚副教授进一步深化、丰富了这一知识体系。在编写本书的过程中，得到了我们的恩师——浙江大学许庆瑞院士的指导，也得益于与浙江大学创新团队的吴晓波教授、魏江教授、郭斌教授、张钢教授、蔡宁教授、顾新建教授、赵晓庆副教授、刘景江副教授、朱凌副教授以及王勇、谢章澍、朱建忠、蒋键、王海威等学友的学习探讨，浙江大学最佳创新团队陈钰芬、桂彬旺、童亮、张洪石、王黎萤、王方瑞、宋建元、金珺、王志玮、何郁冰、魏诗洋、余芳珍、黄芩、邱嘉铭、耿雪松等也为创新管理的研究和本书的写作做出了大量的学术贡献。本书在编写过程中，参考了大量国内外技术创新管理的专著和教材，并得到了海尔、中集、华为、中兴通讯、万向、中控等一大批创新型企业的大力支持和帮助，为我们提供了很多宝贵的案例素材。此外，北京大学出版社张静波先生对本书的编辑付出了辛勤的劳动。在此，对以上学者、企业界人士和编辑表示衷心的感谢！

我们衷心希望本书所提供的创新管理理论框架对指导企业的创新活动、研究掌握企业创新管理的规律具有启发和参考价值，祝愿中国企业早日构建起卓越的自主创新能力，以推动我国建设创新型国家！本书也献给新中国六十年华诞。

陈 劲

2009年4月于求是园

CONTENTS >>> 目录

第 1 篇　创新与创新管理

第 1 章　创新的价值 / 003

开篇案例：《国家创新指数报告 2022—2023》/ 003

1.1　创新与人类发展 / 005
1.2　创新与国家、区域竞争力 / 007
1.3　创新与企业竞争力 / 011
1.4　迈向创新型企业 / 013

本章小结 / 017
回顾性问题 / 017
讨论性问题 / 018
实践性问题 / 018
延伸阅读 / 018

第 2 章　创新的内涵与类型 / 019

开篇案例：100 分的输家——诺基亚手机帝国的没落 / 019

2.1　创新的基本概念与本质 / 021
2.2　创新的基本类型 / 030
2.3　服务创新 / 034
2.4　商业模式创新 / 043
2.5　创新的层次类型 / 046
2.6　破坏性创新 / 055
2.7　社会创新 / 057
2.8　设计驱动式创新 / 062

专栏一：设计思考 / 066
专栏二：朴素式创新 / 068
专栏三：微创新：迭代出来的微信案例 / 072

本章小结 / 076
回顾性问题 / 077
讨论性问题 / 077
实践性问题 / 077
延伸阅读 / 077

第 3 章　创新的过程与模式 / 078

开篇案例：南车四方反向创新之路 / 078

3.1　创新的基本过程 / 081
3.2　创新的动态过程 / 086
3.3　创新的基本模式 / 090
3.4　创造力与创新 / 091

专栏一：模块化创新 / 099
专栏二：反向创新 / 102
专栏三：偶发性创新 / 103

本章小结 / 104
回顾性问题 / 105
延伸阅读 / 105

第 4 章　创新的有效管理 / 107

开篇案例：是什么让铱星陨落？/ 107

4.1　风险、不确定性与创新 / 110

4.2　创新管理的框架 / 113

4.3　全面创新管理 / 120

专栏：创新的十个误区与十个理念 / 127

本章小结 / 129

回顾性问题 / 129

讨论性问题 / 129

实践性问题 / 129

延伸阅读 / 129

第 5 章　变革时代的创新与创新管理 / 131

开篇案例：优步（Uber）颠覆传统出租车行业 / 131

5.1　"互联网＋"时代的创新与创新管理 / 134

5.2　绿色创新管理 / 143

5.3　开展有责任的创新 / 148

专栏：全球发展趋势 / 153

本章小结 / 154

回顾性问题 / 155

讨论性问题 / 155

实践性问题 / 155

延伸阅读 / 155

第 2 篇　创新的战略视角

第 6 章　创新战略 / 159

开篇案例：创新战略引领成功 / 159

6.1　企业战略与创新 / 160

6.2　创新的战略管理框架 / 162

6.3　创新战略制定方法与工具 / 165

6.4　创新的领先战略与跟随战略 / 168

6.5　创新的组合战略 / 171

本章小结 / 175

回顾性问题 / 176

讨论性问题 / 176

实践性问题 / 176

延伸阅读 / 176

第 7 章　自主创新 / 178

开篇案例：《中国企业自主创新评价报告》/ 178

7.1　自主创新与自主研发 / 180

7.2　自主创新能力 / 182

7.3　自主创新模式与政策 / 188

本章小结 / 193

回顾性问题 / 193

讨论性问题 / 194

实践性问题 / 194

延伸阅读 / 194

第 8 章　开放式创新 / 195

开篇案例：丰田、特斯拉为何开放专利？ / 195

8.1　开放式创新产生的背景 / 197

8.2　开放式创新的概念及其特点 / 199

8.3　合作创新 / 204

8.4　基于网络组织的创新 / 209

专栏：分布式创新 / 212

8.5　协同创新 / 213

本章小结 / 215

回顾性问题 / 215

讨论性问题 / 215

实践性问题 / 215

延伸阅读 / 216

第 9 章　创新能力 / 217

开篇案例：华为创新之道 / 217

9.1　创新能力的构成 / 219

9.2　提升创新能力的方法与途径 / 228

9.3　知识学习与创新 / 230

本章小结 / 237

回顾性问题 / 237

讨论性问题 / 238

实践性问题 / 238

延伸阅读 / 238

第 3 篇　创新的组织与文化视角

第 10 章　创新的组织形式 / 241

开篇案例：谷歌——互联网时代的创新型组织新标杆 / 241

10.1　常见的创新组织形式 / 243

10.2　二元性组织——适应变革时代的组织模式 / 249

10.3　网络环境下企业创新组织的变化 / 253

本章小结 / 256

回顾性问题 / 256

讨论性问题 / 256

实践性问题 / 256

延伸阅读 / 256

第 11 章　创新的过程管理 / 258

开篇案例：快速迭代创新——互联网时代的产品开发模式 / 258

11.1　创意管理 / 260

11.2　新产品开发流程管理 / 268

11.3　研究与开发管理 / 273

11.4　创新的界面管理 / 278

11.5　创新的项目管理 / 286

11.6　加速创新步伐 / 290

本章小结 / 293

回顾性问题 / 294

讨论性问题 / 294

实践性问题 / 294

延伸阅读 / 294

第 12 章　创新的制度与文化设计 / 295

开篇案例：谷歌的创新九原则 / 295

12.1　激发创新动力 / 296

12.2　创新评价 / 300

12.3　如何激励创新 / 304

本章小结 / 311

回顾性问题 / 312

讨论性问题 / 312

实践性问题 / 312

延伸阅读 / 312

第 13 章　创新系统 / 313

开篇案例："互联网+"时代海尔的创新生态系统 / 313

13.1　国家、区域、产业创新系统 / 314

13.2　企业创新系统 / 325

13.3　创新生态系统 / 328

本章小结 / 336

回顾性问题 / 337

讨论性问题 / 337

实践性问题 / 337

延伸阅读 / 337

第 4 篇　创新的资源视角

第 14 章　创新的资金管理 / 341

开篇案例：研发投入越高，创新能力越强吗？/ 341

14.1　创新的投入测算体系 / 343

14.2　研发的资金分配 / 345

14.3　风险投资与新业务孵化 / 350

专栏：没有研发的创新 / 359

本章小结 / 362

回顾性问题 / 362

讨论性问题 / 363

实践性问题 / 363

延伸阅读 / 363

第 15 章　创新的信息与知识管理 / 364

开篇案例："发烧友"助力小米产品研发创新 / 364

15.1　创新的信息源 / 366

15.2　用户、领先用户与创新 / 371

15.3　供应商参与创新 / 384

15.4　全员创新 / 388

15.5　创新源的国际化 / 395

15.6　创新中的信息与知识管理机制 / 396

专栏：跨越鸿沟：用户的分类 / 399

本章小结 / 401

回顾性问题 / 401

讨论性问题 / 402

实践性问题 / 402

延伸阅读 / 402

第 16 章 创新的人力资源管理 / 403

开篇案例：CInO 应该做好的 7 件事 / 403

16.1 创新型人才的特征及激励 / 405

16.2 创新型企业家与企业家精神 / 410

16.3 如何有效管理研发团队 / 412

本章小结 / 415

回顾性问题 / 415

实践性问题 / 415

延伸阅读 / 415

第 17 章 如何从创新中获益 / 416

开篇案例：高通基于专利与技术标准保护的盈利模式 / 416

17.1 创新的知识产权战略 / 417

17.2 专利、标准与创新 / 421

17.3 知识收入与创新收益 / 427

本章小结 / 434

回顾性问题 / 435

实践性问题 / 435

延伸阅读 / 435

附录　常见创新方法与工具 / 437

案例索引 / 441

创新管理关键术语索引 / 445

CONTENTS >>> 表目录

- 表 1-1　《美国国家创新战略》关注的九大战略领域 / 005
- 表 1-2　12 项颠覆性技术描述 / 006
- 表 1-3　企业创新类型与战略优势 / 011
- 表 1-4　历史上重大技术创新举例 / 012
- 表 1-5　2015 年全球最具创新力企业 50 强榜单 / 013
- 表 2-1　技术上的领先不等于创新成功 / 024
- 表 2-2　技术创新与其他概念的区别 / 027
- 表 2-3　复杂产品系统实例 / 032
- 表 2-4　服务业与制造业的不同特点 / 036
- 表 2-5　海底捞商业模式特征 / 039
- 表 2-6　渐进性创新与突破性创新的多角度比较 / 051
- 表 2-7　传统产品 / 服务研发存在的问题 / 068
- 表 2-8　朴素式创新的例子 / 069
- 表 3-1　第五代创新过程：系统集成和网络模型的特点 / 085
- 表 3-2　技术创新三个阶段的重要特征 / 088
- 表 3-3　创造力特征评价表 / 097
- 表 3-4　产品模块化制造的典型研究 / 101
- 表 3-5　通用电气反向创新发展历程 / 102
- 表 4-1　创新管理影响因素表 / 116
- 表 5-1　Uber 商业模式的优势举例 / 132
- 表 5-2　Uber 服务创新商业模式的评价体系 / 132
- 表 5-3　工业思维与互联网思维的对比 / 134
- 表 5-4　"互联网 +"与传统领域的创新结合 / 139
- 表 5-5　发达国家有责任创新主要政策与活动实施举例 / 149
- 表 5-6　有责任的创新的问题聚焦 / 150
- 表 5-7　西门子公司回应世界发展议题 / 154
- 表 6-1　基本技术创新战略 / 164
- 表 6-2　突破性创新面临的不确定性 / 164
- 表 6-3　常见创新战略制定方法与工具举例 / 165
- 表 6-4　开放导向与封闭导向的创新战略 / 173
- 表 6-5　企业技术创新与市场创新的组合研究总结 / 174
- 表 7-1　有关自主创新定义的代表性观点 / 181
- 表 7-2　自主创新能力构成与主要特征 / 182
- 表 7-3　我国企业自主创新能力提升的可行性与问题 / 184
- 表 7-4　中国企业自主创新模式总结 / 191
- 表 7-5　中国自主创新政策阶段划分与特征描述 / 192
- 表 8-1　封闭式创新和开放式创新基本原则的比较 / 202
- 表 8-2　合作创新的主要形式 / 205
- 表 8-3　产学研合作方式及其分类 / 208
- 表 8-4　产学研合作形式总结 / 209

| 表 8-5 | 几种不同创新模式的主要特征 / 210
| 表 9-1 | 技术知识的特性及其管理意义 / 220
| 表 9-2 | 组织技术知识构成及获取途径 / 220
| 表 9-3 | 技术能力的分类 / 221
| 表 9-4 | 技术能力的分层次定义 / 223
| 表 9-5 | 研发资源投入、技术存量、研发产出的关联 / 229
| 表 9-6 | 开放型技术能力积累途径 / 230
| 表 9-7 | 企业技术发展阶段中的知识学习机制 / 232
| 表 9-8 | 不同平衡理论的比较 / 233
| 表 9-9 | 2005—2012 年福田汽车的联盟组合及其学习类型 / 234
| 表 10-1 | 组织类型与创新潜质 / 247
| 表 11-1 | 模糊前端管理的程序和对应方法 / 264
| 表 11-2 | 影响新产品开发成功的因素 / 268
| 表 11-3 | 不同时代研发管理的特性 / 276
| 表 11-4 | 研发和营销人员个性的区别 / 278
| 表 11-5 | 研发—营销协同相关的 19 类活动 / 279
| 表 11-6 | 创新过程的部门互动及合作 / 279
| 表 11-7 | 跨职能协同的三种类型 / 280
| 表 11-8 | 管理研究／发展界面的方法 / 283
| 表 11-9 | 新产品开发过程的技术与市场协同的特征 / 284
| 表 11-10 | 创新项目的过程评估相关指标描述 / 287
| 表 11-11 | 研发与创新项目团队人员构成 / 289
| 表 11-12 | 加速创新的显著优势 / 291
| 表 11-13 | 产品创新速度影响因素与解析 / 292
| 表 12-1 | 2015 年十大颠覆世界的技术创新 / 299
| 表 12-2 | 中集技术创新绩效评价体系框架 / 303
| 表 12-3 | 人员岗位设置 / 306
| 表 12-4 | 研发人员分类 / 306
| 表 12-5 | 薪酬构成 / 307
| 表 12-6 | 各层次薪酬激励方案 / 308
| 表 13-1 | 国家创新体系的系统结构及功能关系 / 316
| 表 13-2 | 高低区域创新系统竞争力的基本要素与条件 / 319
| 表 13-3 | 各代企业创新体系的特点 / 328
| 表 14-1 | 主要公司研发营收占比 / 341
| 表 14-2 | 公司融资上市的各个阶段 / 351
| 表 15-1 | 技术创新的来源 / 366
| 表 15-2 | 职能式创新源数据表 / 368
| 表 15-3 | 创新者的分布 / 371
| 表 15-4 | 三类不同程度的用户参与创新比较 / 380
| 表 15-5 | 支持用户参与的产品创新方法 / 383
| 表 15-6 | 供应商角色 / 386
| 表 15-7 | 宝钢集团参与技术创新的模式及案例 / 388
| 表 15-8 | 不同阶段的全员创新特点 / 393
| 表 16-1 | 新产品开发团队的类型 / 412
| 表 16-2 | 新产品开发团队的工作机制 / 413
| 表 16-3 | 新产品开发的团队文化 / 413
| 表 17-1 | 2015 年企业发明专利授权量排名 / 424
| 表 17-2 | 2015 年国内企业 PCT 申请受理量排名 / 424
| 表 17-3 | 标准层级与适用范围划分 / 425
| 表 17-4 | 不同的开放创新形式 / 428

CONTENTS >>> 图目录

图 1-1　企业管理的演进 / 011
图 1-2　苹果公司主要产品地图 / 014
图 1-3　企业发展模式的演进 / 015
图 2-1　创新的内涵模型 / 023
图 2-2　基础研究对创新的支撑——以 mp3 技术为例 / 027
图 2-3　创新的本质 / 028
图 2-4　知识与资本的互动 / 028
图 2-5　创新成功的关键——连接战略与创意、研究与发展、生产制造及营销 / 029
图 2-6　创新类型矩阵 / 034
图 2-7　服务创新五角星模型 / 038
图 2-8　海底捞的服务创新保障机制 / 042
图 2-9　商业模式画布示意图 / 044
图 2-10　丁香园商业模式画布示意图 / 045
图 2-11　渐进性创新与突破性创新的区别 / 049
图 2-12　突破性与渐进性创新的技术轨道比较 / 050
图 2-13　突破性创新过程 / 052
图 2-14　振华港机的突破性创新 / 053
图 2-15　连续性创新与不连续性创新演进示意图 / 054
图 2-16　创新的分类总结 / 054
图 2-17　哈佛商学院 Christensen 教授 / 055
图 2-18　破坏性创新的分类与示例 / 056
图 2-19　破坏性创新模式的三个维度 / 057
图 2-20　英特尔云公益平台 / 060
图 2-21　印度平价医院 / 061
图 2-22　三种创新驱动方式 / 063
图 2-23　设计驱动创新的分类 / 064
图 2-24　设计驱动式创新过程三阶段 / 065
图 2-25　特斯拉电动车设计 / 065
图 2-26　设计思考的过程 / 068
图 2-27　经济金字塔 / 071
图 2-28　朴素式创新发展模型 / 071
图 2-29　微信 1.0 / 074
图 3-1　南车四方动车组 / 078
图 3-2　顶层设计驱动下的创新示意图 / 080
图 3-3　创新的管理学解释 / 081
图 3-4　企业创新过程示意图 / 082
图 3-5　第一代（技术推动型）创新过程模型 / 082
图 3-6　第二代：线性的市场拉动创新过程模型 / 083
图 3-7　第三代：技术与市场的耦合互动创新过程模型 / 083
图 3-8　第四代：集成（并行）创新过程模型的一个典型例子 / 084
图 3-9　第三代、第四代、第五代创新过程

- 图 3-10　第五代创新过程 / 085
- 图 3-11　创新过程模型的演进 / 086
- 图 3-12　技术创新的动态过程模型（U-A 模型）/ 087
- 图 3-13　基于引进消化吸收的二次创新模型 / 089
- 图 3-14　二次创新的三种子模型 / 089
- 图 3-15　后二次创新模式 / 090
- 图 3-16　基于科学技术的创新模式（STI）/ 090
- 图 3-17　新产品开发过程形成团队创造力的综合框架 / 093
- 图 3-18　复杂产品系统（Cops）模块化创新模式 / 101
- 图 3-19　偶发创新的过程 / 104
- 图 4-1　创新漏斗模型示意图（以新药开发为例）/ 110
- 图 4-2　技术创新过程中的主要风险类型 / 112
- 图 4-3　企业创新管理整合框架 / 113
- 图 4-4　创新全过程模型 / 117
- 图 4-5　企业全面创新管理的五角形模型框架 / 121
- 图 4-6　全面创新管理的特征："三全一协同" / 122
- 图 4-7　基于 TIM 的创新要素全面协同的钻石模型 / 122
- 图 4-8　全面创新的维度 / 126
- 图 5-1　互联网思维构成 / 136
- 图 5-2　"互联网+"内涵与行动计划解析 / 139
- 图 5-3　海尔集团业绩数据 / 140
- 图 5-4　海尔公司创客化与互联网化 / 141
- 图 5-5　旧有封闭观点下汽车生产企业的环境观念 / 145
- 图 5-6　绿色环保条件下汽车企业的创新管理 / 145
- 图 5-7　环境与生态创新评价仪盘表 / 148
- 图 5-8　有责任的创新的三度空间框架 / 151
- 图 5-9　有责任的创新的四维度框架 / 152
- 图 5-10　有责任的创新的理论框架 / 152
- 图 5-11　有责任的创新的理论框架 / 152
- 图 6-1　创新战略与企业战略的关系 / 161
- 图 6-2　波特的五力模型 / 162
- 图 6-3　创新战略的选择框架 / 164
- 图 6-4　创新地图结构 / 167
- 图 6-5　技术创新战略划分 / 168
- 图 6-6　创新与研发项目的战略组合管理框架 / 172
- 图 6-7　开放导向与封闭导向的创新战略组合 / 173
- 图 7-1　企业自主创新路径选择的决策框架 / 186
- 图 7-2　自主创新系统框架图 / 188
- 图 7-3　中国企业自主创新模式 / 189
- 图 7-4　我国自主创新模式 / 190
- 图 7-5　中国企业自主创新决策转型 / 190
- 图 8-1　封闭式创新模式下企业研发活动的良性循环 / 197
- 图 8-2　良性循环被打破 / 198
- 图 8-3　开放式创新的机理 / 200
- 图 8-4　礼来公司开放式创新体系 / 201
- 图 8-5　几种不同创新模式的开放程度和边界特征比较 / 210

图 8-6　海尔 HOPE 平台运作机制图 / 211
图 8-7　协同创新的理论框架 / 213
图 9-1　技术能力的层次 / 223
图 9-2　技术能力评价示意图 / 223
图 9-3　某两家家电企业技术能力比较示意图 / 224
图 9-4　企业的核心能力、核心产品、业务部门及最终产品的关系示意图 / 225
图 9-5　海尔员工核心能力素质模型 / 226
图 9-6　核心能力是技能网络 / 226
图 9-7　评分标准 / 228
图 9-8　公司内部研发设计的过程机理 / 229
图 9-9　"研究开发中学"过程模型 / 231
图 10-1　创新的线性组织模式 / 243
图 10-2　创新的并行—交叉组织模式 / 244
图 10-3　创新的小组制组织模式 / 245
图 10-4　创新的矩阵组织模式 / 246
图 10-5　创新的强矩阵组织 / 246
图 10-6　创新的弱矩阵组织 / 246
图 10-7　韩都衣舍管理结构 / 248
图 10-8　韩都衣舍单品运营体系 / 249
图 10-9　突破性创新的二元性组织模式 / 250
图 10-10　宝洁全球创新网络 / 255
图 11-1　精益创业的"建设—测量—学习"过程 / 259
图 11-2　产品创新过程模式图 / 261
图 11-3　加速模糊前端对于新产品开发阶段有提高速度的好处 / 262
图 11-4　科恩的新概念开发模型 / 263
图 11-5　Forth 20 周创新方法 / 264
图 11-6　新产品开发的阶段门流程 / 269
图 11-7　新产品成功的主要影响因素 / 270
图 11-8　IPD 框架结构图 / 272
图 11-9　华为 IPD5.1 版管理体系示意图 / 272
图 11-10　大华技术与市场要素协同创新层次示意图 / 285
图 11-11　技术要素与市场要素协同过程层次图 / 286
图 11-12　创新速度与销售收入 / 291
图 11-13　六层创新加速模型 / 292
图 12-1　熊彼特 I 型创新动力模型 / 297
图 12-2　熊彼特 II 型创新动力模型 / 297
图 12-3　技术创新绩效评价概念模型 / 301
图 12-4　创新绩效评价的"冰山"图 / 301
图 12-5　创新过程、创新产出与创新直接效益间的关系 / 302
图 12-6　研发人员的产权激励模型 / 304
图 13-1　创新系统的演化路径 / 315
图 13-2　国家创新体系框架 / 317
图 13-3　区域创新系统结构 / 318
图 13-4　硅谷区域创新系统全景 / 320
图 13-5　封闭式研发体系 / 326
图 13-6　研发与生产制造、市场之间的整合模型 / 327
图 13-7　企业技术创新体系演化示意图 / 328
图 13-8　商业生态系统示意图 / 329
图 13-9　创新生态系统研究全景架构 / 330
图 13-10　传统的创新合作节点图 / 331
图 13-11　创新生态网络合作的节点图 / 331
图 13-12　企业创新生态系统的资源硬件与文化软件 / 332
图 13-13　创新生态领军人物必须具备的素质和能力 / 333

| 图 13-14 | 企业创新生态系统健康评价模型基础框架 / 335
| 图 14-1 | 西门子研发资金在短期、中期和长期间的分配 / 346
| 图 14-2 | 典型公司估值排行 / 352
| 图 14-3 | 风险投资的基本过程 / 353
| 图 14-4 | 风险投资公司的组织结构 / 354
| 图 14-5 | 非研发创新与研发创新、非技术创新关系示意图 / 361
| 图 15-1 | 小米开放式创新生态图 / 366
| 图 15-2 | GE 创意众包工厂 / 370
| 图 15-3 | GE 创意众包工厂研发实验室 / 370
| 图 15-4 | 用户需求选择 / 373
| 图 15-5 | 技术创新市场分析的不同流程 / 374
| 图 15-6 | 传统创新过程和基于"用户创新工具箱"方法的比较 / 376
| 图 15-7 | 顾客参与产品创新的时机与方法 / 382
| 图 15-8 | KANO 模型 / 383
| 图 15-9 | 供应商在产品开发阶段的介入 / 386
| 图 15-10 | 全员创新的四阶段发展过程 / 391
| 图 15-11 | 海尔的全员创客化示意图 / 395
| 图 15-12 | 创新网络全球化示意图 / 396
| 图 15-13 | 知识管理体系 / 397
| 图 15-14 | 吉利知识管理系统 / 398
| 图 15-15 | 创新鸿沟描述 / 399
| 图 16-1 | 宝洁的创新官职责 / 404
| 图 16-2 | 三星首席创新官职责 / 405
| 图 16-3 | 信息明星示意图 / 407
| 图 16-4 | 信息明星角色形成图 / 408
| 图 16-5 | 创新型企业家核心个性特征模型 / 410
| 图 17-1 | 知识产权的分类 / 420
| 图 17-2 | 国际主要 3G 标准及其演化 / 426
| 图 17-3 | 封闭式创新模式下和开放式创新模式下知识产权应用对比 / 428
| 图 17-4 | 开放式创新模式下知识产权外部商用化 / 429
| 图 17-5 | 知识产权商业化模式选择 / 429
| 图 17-6 | 开放式创新模式下的知识收入 / 431
| 图 17-7 | 专属性体制要素构成 / 433
| 图 17-8 | 创新商业化所需的互补性资产 / 433

第 1 篇

创新与创新管理

创新是人类一项伟大的活动，通过创新，人类获得更高的物质文明和精神文明，国家获得经济的可持续增长，企业获得持久的竞争力。本篇在阐述创新的价值基础上，系统介绍创新的类型、创新的过程与模式，以此展现创新的多样性、复杂性、不确定性，进而提出创新管理这一新兴的组织管理模块及框架，并展望了其发展的趋势和新要求。

第 1 章 创新的价值

学习目标

- 对创新、技术创新、自主创新的重要性有感性认识
- 了解创新与国家、区域、产业、企业竞争力的关系
- 了解我国企业创新的现状
- 掌握什么是创新型企业

开篇案例：《国家创新指数报告 2022—2023》

国家创新指数是反映国家综合创新能力的重要指标。中国科学技术发展战略研究院发布的《国家创新指数报告 2022—2023》（以下简称"报告"）显示：全球创新格局保持亚美欧三足鼎立态势，科技创新中心东移趋势更加显著，中国创新能力综合排名上升至世界第 10 位，向创新型国家前列进一步迈进。

一、我国是唯一进入前 15 位的发展中国家

报告选取与我国具有可比性的 40 个国家（其研发投入总和占全球 95% 以上，GDP 之和占世界 85% 以上）作为评价对象，从创新资源、知识创造、企业创新、创新绩效和创新环境 5 个维度构建评价指标体系，使用权威的国际组织和国家官方统计调查数据，客观研判我国在国际科技创新格局中的地位，全面反映我国科技创新投入、产出和支撑经济社会发展能力。

结果显示，2023 年，中国国家创新指数综合排名居世界第 10 位，较上期提升 3 位，是唯一进入前 15 位的发展中国家。同时，国家创新能力取得显著进步，从 2000 年的第 38 位快速提升至 2011 年的第 20 位，随后稳步上升至目前的第 10 位。

"从具体得分看，中国国家创新指数得分为 72.7 分，比上年提高 1.9 分，与荷兰、瑞典、德国等排名 5 至 9 位的国家相差 0.2 至 5.3 分，差距进一步缩小。"中国科学技术发展战略研究院技术预测与统计分析研究所所长玄兆辉表示，从各国国家创新指数得分及发展态势看，中国创新能力总体上稳步提升的趋势没有变。

二、"知识创造"表现突出,"企业创新"能力不断提升

从国家创新指数的 5 个分指数来看,我国在各个维度均有不俗表现。

其中,"知识创造"83.7 分,排名第 3 位。相关统计显示,截至 2020 年 9 月,中国高被引论文数为 3.7 万篇,占世界份额为 23%,排名世界第 2 位;中国有效发明专利数量达到 227.9 万件,居世界首位。

"企业创新"41.2 分,排名第 12 位。2020 年,中国三方专利数量占全球总量的比重快速提高,达到 10.4%,排名第 3 位;万名企业研究人员 PCT(专利合作条约)申请量排名第 16 位;企业研发经费与工业增加值之比、企业研究人员占全社会研究人员比重分别排名第 16 位和第 15 位;知识产权使用费收入占服务业出口贸易比重排名第 19 位。

此外,"创新资源"得分为 61.1 分,排名第 21 位;"创新绩效"54.5 分,排名第 17 位;"创新环境"77.1 分,排名第 23 位。"尤其是创新环境方面,我国'营商的政策环境'排名第 9 位,'企业与大学研究与发展协作程度''创业文化'均排名第 5 位,'风险资本可获得性'排名第 18 位,'信息化发展水平'排名第 22 位……中国政府对创新的支持力度位居世界前列。"玄兆辉强调。

报告认为,面向科技强国建设目标,中国需要进一步加大创新资源投入强度,以全面深化科技体制机制改革,优化创新创业环境,提升国家创新体系整体效能,更加有效支撑和引领国家高质量发展。

三、我国创新能力大幅超越同等经济发展水平国家

报告认为,国家创新指数得分与国家经济发展阶段和国家意志密切相关,各国创新指数排名与人均 GDP 存在较为显著的正相关关系。

"多数国家符合该规律,这也是通常发展的路径,只有美国、日本、韩国和中国等少数几个国家例外。"玄兆辉分析,这些国家有一个相似的特点,即政府高度重视科学技术和创新战略在国家发展中的作用。

值得关注的是,综合排名前 20 位的国家中,只有中国属于中等收入国家,其他均为高收入国家——也就是说,中国的创新能力大幅超越处于同一经济发展水平的国家。

四、科技创新中心东移趋势显著

根据报告,北美地区仍是世界创新能力最强的一极,美国和加拿大两国人口合计占全球的 4.7%,GDP 占全球 26.8%,R&D(研究与试验发展)经费投入总量占全球 39.2%。

欧洲地区整体表现强劲,瑞士、德国、法国等 26 个国家人口合计占全球 9.4%,GDP 占全球 24.9%,R&D 经费投入总量占全球 23.8%。

此外,东亚、太平洋地区主要国家表现优异,上升趋势明显,日本、韩国、中国、新加坡、澳大利亚和新西兰 6 个国家人口合计占全球 20.8%,GDP 占全球 27.5%,R&D 经费投入总量占全球 33.1%。

南亚地区的印度人口占全球 17.9%,GDP 占全球 3.1%,R&D 经费投入总量约占全球 0.9%。

拉丁美洲地区的墨西哥、阿根廷、巴西 3 个国家人口占全球 4.9%，GDP 占全球 3.5%，R&D 经费投入总量占全球 1.6%。

"从国家创新指数关键指标的变化看，全球科技创新重心逐渐东移，亚洲国家在世界创新版图中的地位不断上升，北美和欧洲国家份额有所下降。"玄兆辉指出。

> 看视频：推进中国式现代化，创新为何如此重要

资料来源：张蕾、杨舒，"《国家创新指数报告 2022—2023》发布：我国创新能力综合排名上升至第十"，《光明日报》，2023 年 11 月 22 日 08 版。

思考题：
1. 我国建设科技创新强国的必要性是什么？
2. 结合《报告》中的一些指标，谈谈如何进一步提升国家创新能力。

1.1 创新与人类发展

人类社会发展的历史，就是一部创新的历史。特别是人类经济在近两百多年里产生了奇迹般的巨大飞跃。14 世纪的文艺复兴开启了新思维的解放；15 世纪的大航海拓展了人类文明的疆域；16 世纪启动的科学革命奠定了技术革命的基础；17 世纪初资本市场的出现延伸了社会金融活动的空间；18 世纪开始的工业革命推动了经济的飞速增长……虽然目前的经济学理论和其他学说很难完全解释这个现象，但许多学者从这个历史发展轨迹中发现了一个共同的元素——创新（innovation）。

亚力克·福奇在《工匠精神：缔造强大美国的重要力量》一书中，将创新者——喜欢捣鼓小器具、小发明的业余爱好者、DIY 一族和发明家——称为"tinkerer"（书中译为工匠），认为正是他们造就了美国奇迹。"美国的工匠们是一群不拘一格、依靠纯粹的意志和拼搏的劲头，做出了改变世界的发明创新的人。"比如，本杰明·富兰克林、伊莱·惠特尼、塞勒斯·麦考密克、托马斯·爱迪生和怀特兄弟等，都是人类历史上杰出的创新者。

当前新一轮科技革命和产业变革蓄势待发，全球产业结构和竞争格局的深度调整正在孕育，未来可能取得突破的颠覆性创新对人类"技术——经济——社会"范式的变革具有重大意义。

2015 年 10 月底，美国国家经济委员会和白宫科技政策办公室联合发布了新版《美国国家创新战略》，主要大力支持以下九大战略领域的发展（如表 1–1 所示）。

表 1–1 《美国国家创新战略》关注的九大战略领域

序号	领域	描述
1	先进制造	推出国家制造业创新网络来恢复美国在高精尖制造业创新中的领先地位
2	精密医疗	在保护个人隐私的前提下，推动基因组学、大型数据集分析、健康信息技术的发展。协助临床医生更好地理解病人的健康水平、疾病细节和身体状况，更好地预测最有效的治疗方法

(续表)

序号	领域	描述
3	大脑计划	通过基因对大脑进行全方位认知,协助科学家和医生更好地诊断和治疗神经类疾病
4	先进汽车	在传感器、计算机和数据科学方面的突破,把车对车通信和尖端自主技术投入商用
5	智慧城市	越来越多的社区管理者、数据科学家、技术人员和企业联合建立"智慧城市"
6	清洁能源和节能技术	部署和开发清洁能源技术,鼓励投资气候变化解决方案,在保证提升美国能源安全的前提下,继续保持新能源生产量的增加
7	教育技术	总统提议为99%的学生在2018年之前接通高速宽带网络,2016年将投资5000万美元建立教育高级研究计划局
8	太空探索	在2017年之前重点投资发展商业载人太空运输技术、辐射的研究、先进推进系统的研究,研发让人类在外太空生存的相关技术
9	计算机领域	2015年7月制订的国家战略性计算机计划,将鼓励创建和部署前沿计算技术,提升政府经济竞争力、促进科学发现和助力国家安全

2013年5月,麦肯锡研究院发布了《2025年前可能改变生活、企业与全球经济的12项颠覆性技术》,据估算,到2025年这些技术对全球经济的直接影响将达14万亿—33万亿美元,其中主要的技术与领域描述如表1-2所示。

表1-2 12项颠覆性技术描述

序号	领域	描述	到2025年对全球潜在的经济影响
1	移动互联网	移动计算设备更小、更强、更直观、可穿戴,装有许多传感器。使消费者获得医疗、教育等服务的改善,提升员工生产力	3.73亿—10.8万亿美元
2	知识工作自动化	主要应用于:销售、客服、行政支持等普通业务工作,教育、医疗保健等社会服务业,科学、工程、信息技术等技术性行业,以及法律、金融等专业服务业	5.23亿—6.7万亿美元,相当于增加1.1亿—1.4亿个全职劳动力
3	物联网	医疗保健业和制造业是其经济影响最大的应用领域,其他应用领域包括智能电网、城市基础设施、公共安全、资源开采、农业和汽车等	2.73亿—6.2万亿美元
4	云技术	使数字世界更简单、更快速、更强大、更高效,不仅为消费者和企业创造巨大价值,还使企业能更有效、更灵活地管理信息	1.73亿—6.2万亿美元
5	先进机器人	主要包括工业机器人、手术机器人、外骨髓机器人、假肢机器人、服务机器人和家用机器人	1.73亿—4.5万亿美元
6	自动驾驶	可增加安全性,减少拥堵,节省时间,并降低燃料消耗和污染排放	0.23亿—1.9万亿美元,可挽回3—15万人的生命
7	下一代基因组学	将推动生物学领域的快速进步,主要应用于疾病诊断和治疗、农业以及生物燃料生产等	0.7亿—1.6万亿美元

（续表）

序号	领域	描述	到 2025 年对全球潜在的经济影响
8	储能技术	主要应用于电动和混合动力汽车、分布式能源、公用事业及储能	900 亿—6350 亿美元
9	3D 打印	主要应用包括消费者使用、直接产品制造、工具和模具制造、组织器官的生物打印	2300—5500 美元
10	先进材料	先进纳米材料在医疗健康、电子、复合材料、太阳能电池、海水淡化、催化剂等领域具有广泛应用，但生产成本提高；纳米医用材料有很大潜力，可为癌症患者提供癌症靶向药物	1500 亿—5000 亿美元
11	先进油气勘探开采	页岩气和轻质油勘探开采，主要应用于北美	950 亿—4600 亿美元
12	可再生能源	到 2025 年，风能和太阳能光伏占全球电力产量的比例可能由目前的 2% 增至 16%	1650 亿—2750 亿美元，每年可减少碳排放 10 亿—12 亿吨

资源来源：刘春平，"中国科协创新战略研究院"，《创新研究报告》，2016 年第 11 期。

1.2 创新与国家、区域竞争力

当今世界，科学技术的进步与创新是经济社会发展的决定性力量。大到一个国家，小到一个企业，如果不掌握核心技术和自主知识产权，不具有创新能力，就把握不了未来发展的主动权。有经济学者指出，第二次世界大战后世界经济的快速增长很大程度上归功于推动技术创新。

技术创新让页岩气挣脱大自然束缚

页岩气指赋存于页岩中的非常规天然气，往往分布在沉积盆地的烃源岩地层中。很早以前，人们就知道页岩气的存在。但是，这种气体被束缚在致密的、几乎没有孔隙和裂缝的页岩里，在对其进行开采时必须人工压裂地层，制造长裂缝，并把裂缝支撑住形成通道，让气体保持压力并源源不断地流入井筒。其间的技术难度，让页岩气的开发利用一直可望而不可即。

1981 年，美国第一口页岩气井压裂成功，实现了页岩气开发的突破。随着水力压裂技术日臻成熟，美国由此兴起了页岩气开发热潮。业内人士形容，过去 100 年石油工业最伟大的事件，莫过于 21 世纪头 10 年发生在美国的页岩气革命。数据显示，在 2000 年，页岩气产量不足美国天然气供应的 1%，而今天已经占到 30%，并且份额还在上升。据预测，到 2035 年，这一份额将达到 60%。美国的天然气因此够用 100 年。美国有 48 个州拥有页岩气资源。页岩气的大规模开发，使其成为美国天然气市场格局的"游戏颠覆者"。美国天然气市场已经出现了供大于求的状况，天然气价格和进口量降至 10 年来的低点。据美联社报道，仅在 2010 年，美国天然气价格就下跌了 35%。目前，亚洲市场天然气的价格是美国的 3 倍以上，欧洲天然气价格也比美国高得多。然而，由于天然气输送管道和出口终端建设滞后，美国过剩的天然气暂时无法大量出口。专家估计，包括页岩气在内的非传统能源的开发将在21世纪第二个10年内为美国创造60万个新的工作岗位。

页岩气成为新宠，不仅深刻影响天然气市场格局，而且开始改变美国一些高能耗的重化工业的命运。据报道，陶氏化学就计划在美国新开一家乙烯和丙烯工厂，并准备重新启用一个乙烯裂解炉。天然气是生产氮肥的主要原料，过去10年，美国近一半氮肥厂关闭或压缩产能。昔日的氮肥生产商正考虑建设新的工厂。美国专家认为，页岩气将在风能和太阳能等可再生能源成熟之前，充当接续石油等其他化石能源的过渡性角色。

"页岩气革命将给美国经济注入强心剂"，美国经济咨询机构IHS公共部门事务副总裁约翰·拉尔森表示。更为重要的是，页岩气革命减少了美国对能源进口的依赖，可能改变全球能源地缘政治格局。页岩气巨头切萨皮克公司首席执行官奥布里·麦克伦登认为，开采页岩气不仅可以复苏美国经济，而且能使美国成为"天然气行业里的沙特"。

看视频：页岩气——能源领域的革命

资料来源：http://finance.eastmoney.com/news/1350,20120401199139371.html

1.2.1 中国发展面临的紧迫问题

改革开放以来，我国经济社会发展取得了巨大成就。但是，国民经济发展中长期积累的一些深层次矛盾和问题依然没有得到根本解决，突出表现在：经济结构不合，经济增长方式粗放，以及产业技术水平低。这具体反映在以下三个方面：

1. 粗放型增长方式导致的资源和环境瓶颈约束日益加剧

据统计，我国人均能源资源占有量不到世界平均水平的一半，石油仅为1/10，人均水资源仅是1/4。在过去20多年中，我国能源消费总量增长了2.6倍。仅由于国际原油价格的提高，我国全年就需多支付数十亿美元外汇。长此以往，越来越多的企业将不堪重负，国家也将不堪重负。另一方面，我国的资源利用效率不高。目前我国能源利用率为33%，每创造1美元国民生产总值，消耗的煤、电等能源是世界平均值的3—4倍，我国万元GDP用水量是全球平均水平的4倍。

粗放型经济增长方式的一个直接后果是生态环境的急剧恶化。土地沙漠化、水土流失、森林草地退化、江河断流、湖泊萎缩、生态系统失衡、城市环境污染等一系列生态环境问题日益突出。由于生态植被的破坏，仅西部地区就有1000多万人口吃水长期困难。作为发展中的大国，未来我们不可能继续沿着传统的高投入、高消耗、高污染、低效率的路子走下去，调整结构，转变经济增长方式刻不容缓。

2. 长期自主创新能力薄弱导致的技术瓶颈约束日益突显

当今综合国力的竞争，说到底是科技实力的竞争。发达国家及其跨国公司凭借科技优势和建立在科技优势基础上的国际规则，形成了对世界市场特别是高技术市场的高度垄断，牢牢把持着国际产业分工的高附加值端口，以获取超额利润。我国许多产业尽管在规模上不断扩大，但由于缺乏核心技术，失去了许多应得的利益。

3. 国际竞争压力日益严峻

全球化不是"免费的午餐",缺乏核心竞争力是很难分享全球化成果的。在由发达国家主导的国际贸易规则下,后发展国家企业的生存与发展空间将面临越来越多的挤压。

目前,在世界 500 种主要工业品中,中国有 220 种产品产量位居全球第一。早在 2010 年,中国就超过了美国,成为全球制造业第一大国。但是,现在中国制造业的劳动成本正在上升,已高于其他大多数亚洲国家和地区,尤其是与印度、越南、印尼相比,中国劳动力成本优势已经不复存在。

1.2.2 自主创新是国家重大战略抉择

特定的国情和需求,决定了我国必须走创新型国家的发展道路,推动经济增长方式从要素驱动型向创新驱动型的根本转变,依靠制度创新和科技创新实现经济社会持续协调发展。

自主创新是破解关键技术受制于人的难题的战略安排。多年来的实践已经表明,真正的核心技术是买不来的。事实告诉我们,在发展技术特别是战略高技术及其产业方面,必须强调国家意志。通过自主创新掌握关键技术,提升产业技术水平,以程控交换机为例,20 多年前中国还没有掌握这项技术,必须全部引进。刚开始从法国、比利时引进时每线是 480 美元,而当中国华为等企业自主研发成功后,其价格迅速下降,到最后已经降至每线 1 美元。

在党的二十大报告中,习近平总书记进一步指出,"加快实施创新驱动发展战略,加快实现高水平科技自立自强,以国家战略需求为导向,集聚力量进行原创性引领性科技攻关,坚决打赢关键核心技术攻坚战"。这意味着我们需要进一步健全社会主义市场经济条件下关键核心技术攻关新型举国体制,在引领创新方面再创辉煌。

> **创新视点** ——《国家创新驱动发展战略纲要》启动国家创新"三步走"——
>
> 党的十八大提出实施创新驱动发展战略,强调科技创新是提高社会生产力和综合国力的战略支撑,必须摆在国家发展全局的核心位置。这是中央在新的发展阶段确立的立足全局、面向全球、聚焦关键、带动整体的国家重大发展战略。为加快实施这一战略,2016 年 5 月中共中央、国务院特制定并印发《国家创新驱动发展战略纲要》。
>
> 国家创新"三步走"战略目标:
>
> 第一步,到 2020 年进入创新型国家行列,基本建成中国特色国家创新体系,有力支撑全面建成小康社会目标的实现。
>
> ● 创新型经济格局初步形成。若干重点产业进入全球价值链中高端,成长起一批具有国际竞争力的创新型企业和产业集群。科技进步贡献率提高到 60% 以上,知识密集型服务业增加值占国内生产总值的 20%。
>
> ● 自主创新能力大幅提升。形成面向未来发展、迎接科技革命、促进产业变革的创新布局,突破制约经济社会发展和国家安全的一系列重大瓶颈问题,初步扭转关键核心技术长期受制于人的被动局面,在若干战略必争领域形成独特优势,为国家繁荣发展提供战略储备、拓展

战略空间。研究与试验发展经费支出占国内生产总值比重达到 2.5%。

- 创新体系协同高效。科技与经济融合更加顺畅，创新主体充满活力，创新链条有机衔接，创新治理更加科学，创新效率大幅提高。
- 创新环境更加优化。激励创新的政策法规更加健全，知识产权保护更加严格，形成崇尚创新创业、勇于创新创业、激励创新创业的价值导向和文化氛围。

第二步，到 2030 年跻身创新型国家前列，发展驱动力实现根本转换，经济社会发展水平和国际竞争力大幅提升，为建成经济强国和共同富裕社会奠定坚实基础。

- 主要产业进入全球价值链中高端。不断创造新技术和新产品、新模式和新业态、新需求和新市场，实现更可持续的发展、更高质量的就业、更高水平的收入、更高品质的生活。
- 总体上扭转科技创新以跟踪为主的局面。在若干战略领域由并行走向领跑，形成引领全球学术发展的中国学派，产出对世界科技发展和人类文明进步有重要影响的原创成果。攻克制约国防科技的主要瓶颈问题。研究与试验发展经费支出占国内生产总值比重达到 2.8%。
- 国家创新体系更加完备。实现科技与经济深度融合、相互促进。
- 创新文化氛围浓厚，法治保障有力，全社会形成创新活力竞相迸发、创新源泉不断涌流的生动局面。

第三步，到 2050 年建成世界科技创新强国，成为世界主要科学中心和创新高地，为我国建成富强民主文明和谐的社会主义现代化国家、实现中华民族伟大复兴的中国梦提供强大支撑。

- 科技和人才成为国力强盛最重要的战略资源，创新成为政策制定和制度安排的核心因素。
- 劳动生产率、社会生产力提高主要依靠科技进步和全面创新，经济发展质量高、能源资源消耗低、产业核心竞争力强。国防科技达到世界领先水平。
- 拥有一批世界一流的科研机构、研究型大学和创新型企业，涌现出一批重大原创性科学成果和国际顶尖水平的科学大师，成为全球高端人才创新创业的重要聚集地。
- 创新的制度环境、市场环境和文化环境更加优化，尊重知识、崇尚创新、保护产权、包容多元成为全社会的共同理念和价值导向。

资料来源：中共中央、国务院，《国家创新驱动发展战略纲要》，新华社，2016 年 05 月 20 日。

1.2.3　创新对社会的影响

创新对社会发展的影响具有两面性。一方面，很多创新产品使我们的生活更美好。例如，飞机、高铁的出现使我们的出行更加快捷，苹果公司的智能产品改变了人们的生活方式等。创新使大量新型产品和服务延伸到全球每一个角落，使得食品和其他生活必需品更为丰富，提升了医疗水平，全方位地惠及更多大众。

但创新也会导致负面的外部效应。比如，工业生产技术可能导致污染，农业和渔业技术导致生态与恶化，医疗技术又导致抗药性及类似基因技术的伦理道德问题等。但就本质而言，技术是我们解决问题和追求目标的知识手段。从总体来讲，如果对创新能够进行有效管理，就会最大限度地消减其不良影响，更好地服务人类。

1.3 创新与企业竞争力

1.3.1 创新是企业生存与发展的不竭源泉和动力

目前,全球的竞争越来越体现在经济和科技实力方面的竞争,而技术创新日益成为经济和科技竞争力的关键。越来越多的企业发现,仅有足够高的生产效率、质量甚至灵活性,已不足以保持市场竞争优势,创新日益成为企业生存与发展的不竭源泉和动力(如图1-1所示)。

著名创新管理专家Joe Tidd教授指出,企业通过技术创新可以获取不同的战略优势(如表1-3所示):

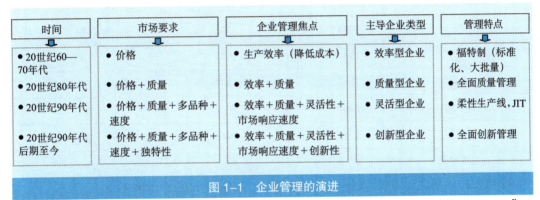

图1-1 企业管理的演进

资料来源:Kumpe, Ted, and Piet T. Bolwijn, "Toward the Innovative Firm-Challenge for R&D Management", *Research Technology Management*, 1994, 37(4): 38-44.

表1-3 企业创新类型与战略优势

创新类型	战略优势
新颖型创新	提供独一无二的新产品或服务
能力转移型创新	重塑竞争游戏规则
复杂型创新	增高技术学习壁垒,提高技术学习难度
稳健设计型创新	延长现有产品及工艺生命周期,减少总成本
持续渐进型创新	持续降低成本及改进性能

资料来源:[美]乔·蒂德等著,陈劲等译,《创新管理——技术、市场与组织变革的集成》。清华大学出版社,2002年。

1.3.2 技术生命周期越来越短

20世纪上半叶,一项技术从发明到商业化的成功往往要几十年时间。然而,进入20世纪下半叶后,技术创新的周期显著缩短。20世纪上半叶,电话走进了50%的美国家庭用了长达60年的时间,而互联网进入美国家庭只用了5年时间。著名的摩尔定律也验证了技术创新周期加快的趋势,即"单位面积芯片的存储量每18个月增加一倍""主干网的宽带将每6个月增加一倍"(如表1-4所示)。

表 1-4 历史上重大技术创新举例

技术与产品	发明年份	创新年份	从发明到创新的周期（年）
日光灯	1859	1938	79
罗盘指南针	1852	1908	56
拉链	1891	1918	27
电视	1919	1941	22
喷气发动机	1929	1943	14
复印机	1937	1950	13
蒸汽机	1764	1775	11
涡轮发动机	1934	1944	10
无线电报	1889	1897	8
三级真空管	1907	1914	7
DDT	1939	1942	3
氟氯烷冷却剂	1930	1931	1

资料来源：许庆瑞，《研究、发展与技术创新管理》。高等教育出版社，2000 年。

软件行业产品生命周期（一个产品从引入到从市场上退出或被其他产品替代的时间）已经变为 4—12 个月，计算机硬件产品和电子消费产品为 12—24 个月，大型家电产品为 18—36 个月。所有这些都促使企业将创新作为一个强制性战略——如果一个企业不能快速创新，将发现随着自身产品过时，其市场份额便会开始下降。[①]

创新视点 —— 新产品开发需要多少时间？

Abbie Griffin 在对 116 个进行 B2B 产品（新产品销售的客户对象是商业单位，而不是消费者）创新研究的企业的研究中发现，新产品从最初的概念到产品上市的时间随创新项目的不同而变化。平均来说，现有产品的提升研究要用 8.6 个月；换代产品（与现有的产品差别比较大）的开发需要的时间长些，平均为 22 个月；一个全新产品的开发需要 36 个月；对于一个在世界上还没有出现过的产品，需要研发的周期最长，平均为 53 个月。格里芬也发现，在过去的 5 年中，企业将产品开发周期平均缩短了近 33%。

资料来源：[美] 梅丽莎·A. 希林著，谢伟、王毅译，《技术创新的战略管理》。清华大学出版社，2005 年。

---

① [美] 梅丽莎·A. 希林著，谢伟、王毅译，《技术创新的战略管理》。清华大学出版社，2005 年。

如今，企业生活在快速变革的环境中，面临着越来越高的不确定性，企业的寿命周期在进一步缩短。10 年前的《财富》500 强企业中，将近 40% 的企业已经销声匿迹；而 30 年前的《财富》500 强企业中，60% 的企业已被收购或破产。1900 年入围道琼斯指数的 12 家企业，只有通用电气（GE）一家持续发展。不过，仔细解读常青树型企业的长寿经不难发现，大凡百年企业的价值观和企业精神的核心都有两个字——创新。因为只有创新，才能使企业拥有源源不断的生命活力，适应或者影响变革着的环境，永葆企业青春。

如果没有自主创新的核心技术和知识产权，企业发展将难以突破发达国家及其他跨国公司的技术垄断，难以获得有利的贸易地位。中国企业必须深刻地认识到没有自主知识产权的技术基础，就不可能具有真正意义上持久的国际竞争力。创新是增长和获利的关键驱动力，自主创新是企业发展的灵魂，没有了灵魂，企业难以生存。

1.4 迈向创新型企业

全球著名管理咨询机构波士顿咨询公司（The Boston Consulting Group，BCG）2015 年 12 月发布《全球最具创新力企业报告》中，苹果公司再次名列榜首。中国有 3 家公司入榜，如表 1-5 所示。

表 1-5 2015 年全球最具创新力企业 50 强榜单

1.Apple	18.The Walt Disney Company	35.Volkswagen
2.Google	19.Marriott Internationl	36.Visa
3.Tesla Molors	20.Johnson&Johnson	37.DuPont
4.Microsoft	21.Netflix	38.Hitachi
5.Samsung	22.AXA	39.Roche
6.Toyota	23.Hewlett–Packard	40.3M
7.BMW	24.Amgen	41.NEC
8.Gilead Sciences	25.Allianz	42.Medtronic
9.Amazon	26.Tata Motors	43.JPMorgan Chase
10.Daimler	27.General Electric	44.Pfizer
11.Bayer	28.Facebook	45.Huawei
12.Tecent	29.BASF	46.Nike
13.IBM	30.Siemens	47.BT Group
14.SoftBank	31.Cisco Systems	48.MasterCard
15.Fast Retailing	32.Dow Chemical Company	49.Salesforce.com
16.Yahoo	33.Renault	50.Lenovo
17.Biogen	34.Fidelity Investments	

资料来源："2015 全球最具创新力企业 50 强排行榜揭晓，腾讯、华为、联想上榜"，新华网，2015 年 12 月 4 日，http://news.xinhuanet.com/info/2015–12/04/c_134883023.htm

2015年度最具创新力的企业一般需要拥有成功的四大要素，即加快创新速度、完善简洁的研发流程、充分利用技术平台、系统化探索周边市场。

回首过去10年的调查，创新公司50强名单中，苹果、谷歌、微软、三星、丰田、宝马、亚马逊、IBM、惠普、通用电气、思科、耐克、索尼、英特尔、宝洁和沃尔玛等常客都擅长创新，并以此来推动公司营收的持续增长。

创新标杆 全球最佳创新企业——苹果公司

截止到2016年2月4日，苹果公司的市场价值达5260亿美元，再次成为全球市值最高公司。苹果公司的创新灵魂来源于企业家的激情，就像比尔·盖茨代表了微软，乔布斯也被看作苹果公司的品牌象征。他一成不变的牛仔裤和黑色高领衫，似乎也诠释了苹果独特高傲的品牌内涵。苹果所以为苹果，在于它能够在工业化的乏味和枯燥之间让人看到灵感的光芒和创新的可能。如同乔布斯年轻时踏上印度所思考的：印度的农业落后缘于工具的匮乏。苹果公司由此加大对计算机软硬件等工具性产品的开发，以服务于全球各国的信息化需求，并成为当时计算机行业的翘首。

苹果公司创新的动力在于"始终走在消费者需求前端的产品创新"。苹果总是勇于否定自己，超越自己，不断推出更时尚更具魅力的新产品。今天PC广泛使用的鼠标、图形消费者界面、USB接口、激光打印机、DVD刻录机、彩色显示器等都与苹果有着千丝万缕的关系。自白手起家，小小的苹果电脑便在技术领域内引发了两次变革。它一次次推出的革命性的外观设计，让所有追求完美的人为之倾倒，也使得从IBM到微软，所有的电脑厂商，无不跟着苹果的设计亦步亦趋。依赖于强大的市场分析，充分洞察到未来电子产品的走向在于移动富媒体智能终端，满足人类更便捷、更高效地生活和工作需求。苹果公司陆续推出iPod、iPhone、iPad等系列产品，成功地实现了产品与服务的一体化，抢占全球市场，不断将先有在位的手机、电视机、音像视听等巨头企业逼入绝境（如图1-2所示）。

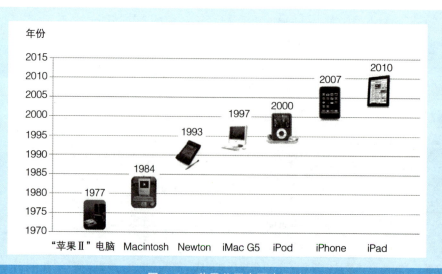

图1-2　苹果公司主要产品地图

苹果公司创新的依托在于有效的商业模式创新以及激情与完美和谐统一的创新文化。当今企业的创新，不仅在技术上需要突破，更需要先进的商业模式设计。苹果公司近年来取得的卓越创新业绩，主要依托了基于 iTunes 的全价值链设计、基于 App Store 的服务与应用创新等一系列重大的商业模式创新。同时，苹果公司深刻认识到：当今人类的最大困惑，是缺乏安全感和无时不在的焦虑，因此，企业必须提供"平静如水"的人机界面来消减人类的精神疾苦，从而真正满足于消费者对于产品与服务的内心需求。由此，苹果产品强化设计理念、文化内涵的嵌入，"光洁如镜""薄如蝉翼"，凸显了设计在当代产品创新中的重要价值，更说明了创新的驱动力量已经从单纯的技术推动和市场拉动，提升为文化引领。

看视频：苹果公司 创新点亮生活

资料来源：陈劲著，《最佳创新企业》。科学出版社，2012年。

根据美国学者 Kumpe 和 Plet 的分析，几十年来，主流的企业发展模式经历了最初的效率型企业、质量型企业到后来的灵活型企业，现在正在向创新型企业转变（如图 1-3 所示）。需要指出的是，由于历史因素和基础较差等原因，我国企业的发展模式的演进比国际上往往滞后 10—20 年。

图 1-3 企业发展模式的演进

资料来源：Kumpe, Ted, and Piet T. Bolwijn. "Toward the Innovative Firm-Challenge for R&D Management", *Research Technology Management*, 1994, 37(1): 38-44.

1.4.1 效率型企业

从世界范围看，20 世纪 60 年代，最成功的企业大多采用效率型管理模式，即效率型企业。这种企业的主要任务就是追求生产效率的提高，以生产出更多、更便宜的产品。在当时的卖方市场环境下，企业不需要过多地注重产品创新，只要把现有产品生产得更多、更便宜，就不愁销路和源源不断的利润。

改革开放前，在计划经济条件下，我国的大多数成功企业也是以价格／成本为关注焦点的效率型企业。

1.4.2 质量型企业

进入 20 世纪 70 年代，随着全球贸易壁垒的逐渐打破和产品的逐渐丰富，卖方市场逐渐向买方市场转变。企业发现单纯依靠价格已无法继续扩大市场份额，而且由于过分强调低成本往往导致产品质量低下从而影响市场的份额。于是，开始引入全面质量管理等手段加强质量管理，从而逐渐转向质量型企业。

质量型企业是 20 世纪 70 年代最成功的企业管理模式。这种企业的管理模式与效率型企业的一个很大区别是以顾客为导向。质量型企业的主要精力集中于质量的提高以及必要的效率提高。20 世纪 80 年代中期，在大部分企业还处于努力扩大产能的效率型企业阶段时，张瑞敏就通过"砸冰箱"确立了海尔的质量观念，当时这种观念是很具有前瞻性的。事实证明，到 1989 年很多冰箱企业因为不重视质量而被市场淘汰，相反海尔却凭借其高质量赢得了消费者的信任，不断发展壮大。

效率型企业向质量型企业的转变使得研究与开发部门在设计时更注重考虑产品生产上的可行性和耐用性，并且促进了与市场、销售等部门的密切联系。重视工艺创新，提倡工匠精神，这是质量型企业需重点关注的。不过，这一时期的企业对于新产品的创新仍未拥有足够的重视。

1.4.3 灵活型企业

20 世纪 70 年代末到 80 年代初，随着市场竞争的日益激烈，企业遇到了生产过剩、利润下降的情况。由于市场产品的日益丰富，顾客的眼光更为挑剔，更追求时尚和最新潮流，不再只注重价格和质量。能够最快地推出符合最新潮流的产品，成为市场成功的主要因素。越来越多的质量型企业发现，一味追求标准化、大规模、全球化的产品结果是产品缺少独特性和个性，生产缺乏灵活性，进而失去了竞争力。企业于是开始注重小批量、多品种生产以满足不同的需求，并且努力缩短产品开发和生产的周期以尽快占领市场。

20 世纪 80 年代最成功的企业是灵活型企业。在灵活型企业中，最核心的要素是速度——最快地开发出新产品并最先进入市场。灵活型企业通过并行工程、项目管理、辅助制造和辅助设计、部件的标准化、平台等方法来缩短开发时间。随着互联网的进一步发展，按需定制成为对企业能力的新要求。

1.4.4 创新型企业

实践表明，20 世纪 90 年代以来，特别是进入 21 世纪以来，最成功的企业大多是通过同时降低成本、提高质量和增强灵活性而实现的。不过，随着世界经济全球化和竞争的进一步发展，近年来有些企业已不满足于对质量和灵活性等方面的精益求精。为了与竞争对手拉开距离，抢占市场，许多企业把创新放在了突出的位置，从而成为创新型组织。原有的灵活型企业发现，比起更具创新性的企业，它们正在失去市场份额，快速创新日渐成为提高市场竞争力的关键武器。当然，高效、高质量、高度灵活仍然是创新型企业的基础。

创新型企业的典型特征是：企业在其所涉及的领域内持续不断地寻求新的突破，从而降低成本、提高质量、增强灵活性，最终将价格、质量和性能各方面都很突出的产品提供给市场。创新型企业具有鼓励创新的文化，有促进有效沟通和加速创新的组织结构和激励机制。

创新型企业的共同信念是：创新能力已成为企业成功的最关键因素。创新组织同时也是学习型组织。当然，创新不仅仅是开发出新产品和技术，也应包括开拓新的市场，开发新的生产资料来源、原有产品的新用途等。

目前，我国大多数企业仍处于效率型、质量型的管理模式阶段，一部分先进企业已经具有灵活型企业的特征，仅有少数领先企业开始向创新型企业迈进。

综上，创新型企业是相对于之前的效率型企业、质量型企业、灵活型企业等而言的一种新型企业。**创新型企业的显著特征是，创新成为企业的核心价值观和关注的焦点，企业通过整合包括全体员工在内的国内外创新资源，在全时空范围内实现技术及战略、文化、制度、市场、组织与流程等方面的协同创新，并拥有自主知识产权和核心技术，从而赢得持续竞争优势。**

本章小结

1. 人类社会发展的历史，就是一部创新的历史。科学技术的进步与创新是经济社会发展的决定性力量。大到一个国家，小到一个企业，如果不掌握核心技术和自主知识产权，不具有创新能力，就无法把握未来发展的主动权。

2. 随着知识经济时代的来临，越来越多的企业发现，仅有良好的生产效率、足够高的质量、甚至灵活性已不足以保持市场竞争优势。创新正日益成为企业生存与发展的不竭源泉和动力。

3. 自主创新是破解结构不合理和增长方式粗放等国民经济重大瓶颈的必然战略选择，是破解关键技术受制于人的战略安排。

4. 几十年来，主流的企业发展模式经历了最初的效率型企业、质量型企业，到后来的灵活型企业等阶段，现在正在向创新型企业转变。创新型企业是相对于之前的效率型企业、质量型企业、灵活型企业而言的一种新型企业。创新型企业的显著特征是，创新成为企业的核心价值观和关注的焦点，企业通过整合包括全体员工在内的国内外创新资源，并拥有自主知识产权和核心技术，从而赢得持续竞争优势。

回顾性问题

1. 创新的重要性如何体现？试从全球与人类发展、国家、区域、企业层次进行分析。

2. 我国企业技术创新能力的现状如何？试结合开篇案例和本章内容列举反映我国企业技术创新能力的例子。

3. 简述效率型企业、质量型企业、灵活型企业、创新型企业的特征和差异？创新型企业的优势体现在何处？

讨论性问题

1. 如何提升国家创新能力？如何提升企业创新能力？
2. 请结合本章内容和自己身边的例子，阐述我国着力自主创新，建设创新型国家战略提出的必要性和紧迫性。

实践性问题

1. 请选择一家你所熟悉的典型行业（如家电、通信、机械、纺织等）企业，分析其技术创新现状，并分析创新对其竞争力的作用。
2. 什么是创新型企业？请选择一家你认为较典型的创新型企业，分析其创新的特色。

延伸阅读

1. 陈劲，《国家创新蓝皮书——中国创新发展报告（2014）》。社会科学文献出版社，2014年。
2. 陈劲、柳卸林，《自主创新与国家强盛：建设中国特色的创新型国家中的若干问题与对策》。科学出版社，2008年。
3. 路风，《走向自主创新——寻求中国力量的源泉》。广西师范大学出版社，2006年。
4. 中国创新型企业发展报告编委会，《中国创新型企业发展报告》。经济管理出版社，2011年。
5. 李新男、梅萌，《创新型企业建设丛书：中国创新型企业案例》。清华大学出版社，2011年。
6. [美] 约瑟夫·熊彼特著，叶华译，《经济发展理论——对利润、资本、信贷、利息和经济周期的探究》。中国社会科学出版社，2009年。
7. [美] 克利斯·弗里曼等著，华宏勋等译，《工业创新经济学》。北京大学出版社，2005年。
8. Kumpe, Ted, and Piet T. Bolwijn. "Toward the Innovative Firm-Challenge for R&D Management", *Research Technology Management*, 1994, 37（1）: 38–44.
9. Scherer, Frederic M., *Innovation and Growth: Schumpeterian Perspectives*. MIT Press Books 1, 1986.

第 2 章

创新的内涵与类型

学习目标

- 掌握创新的概念与内涵
- 掌握创新的过程
- 熟悉创新的各种类型
- 掌握创新的常见模式与层次
- 熟悉破坏性创新、商业模式创新、社会创新、设计驱动的创新的特点及意义

开篇案例：100分的输家——诺基亚手机帝国的没落

诺基亚，这个来自芬兰的手机品牌，自 1996 年以来，一直占据着全球手机市场的领导者地位，曾一度凭借超过 40% 的市场份额笑傲全球，在 21 世纪初成为全球第一大手机厂商，取得家喻户晓的业绩。然而，2007 年以来，在面对苹果公司推出的 iPhone 手机和采用谷歌公司 Android 系统的智能手机的双层夹击下，诺基亚连续 14 年全球手机销量第一的地位在 2011 年第二季度被苹果公司及三星公司双双超越。

随着智能手机时代的到来，诺基亚逐渐失去了全球霸主地位，开始走向没落。短短数年间，这个庞大的手机帝国分崩离析。2012 年 2 月，诺基亚放弃经营多年的 Symbian 系统，转而投向微软的 Windows Phone 系统，但为时已晚，与微软的合作已经不能阻止其衰败的步伐。2014 年 11 月诺基亚被微软公司收购，并更名为"Microsoft Lumia"，这标志着在移动通信史上曾经无比辉煌的诺基亚手机帝国自此终结。

一、时代变更　需求变化

诸多原因造成了诺基亚的没落，其中最关键的是，它没有把握住时代变革的脉搏，而被新技术浪潮彻底吞没。在传统手机时代，诺基亚以简单易用的产品纵横天下。但在1994年，IBM开发的智能手机样品开启了一个新时代。其后，由RIM在1999年推出的黑莓智能手机风靡全球，将移动通信带入智能时代。尽管如此，诺基亚的领袖地位仍然不可撼动。因此，它无视智能手机的威胁，继续大力开发传统手机。直至2007年苹果公司推出iPhone，2008年谷歌公司推出了Android手机操作系统，才真正敲响了诺基亚帝国的丧钟。这两家公司作为技术先锋并肩完成了移动通信史上的时代变革，传统手机从此成为明日黄花。当全球用户如潮水般放弃传统手机而投入智能手机的怀抱时，诺基亚还在手机的硬件工业设计上止步不前。

在传统手机时代，制胜关键是在研发支持下的高效率硬件生产制造和物流管理，而这恰好是诺基亚这个工程师文化根深蒂固的企业所擅长的；然而进入到智能手机时代，竞争的游戏规则完全改变，用户需要的不再是精益求精的多种硬件，而是不断更新的软件和服务。硬件质量、种类和成本不再是竞争的基础，应用软件和服务的质量和种类转而成为取胜的关键。智能手机时代，用户的差异化、个性化需求远非依靠若干硬件产品就能满足的，这需要企业构建一套完整的、活跃的、生生不息的生态系统。而诺基亚在时代变更、用户需求变化面前，并没有全力培养自身打造企业生态系统的能力，无法为第三方合作伙伴提供必要的支持，以至于围绕自身智能手机的生态系统迟迟无法建立，导致其与苹果IOS系统和谷歌Android系统的差距越拉越大。

二、硬件文化　转型乏力

早在1992年，诺基亚总裁约玛·奥利拉就看出了传统手机在未来可能遭遇的瓶颈，并致力于推动下一代产品的研发。后来诺基亚在1996年成功率先推出第一款具有电邮、传真和上网功能的智能手机诺基亚9000，而在2000年就开发出了类似iPhone的触屏式智能手机，并于2004年推出成品。可惜，虽然转型方向正确，但其智能机的可用性和稳定性不佳，没有获得预期的市场成功，这也导致其继任者克拉斯沃将诺基亚的智能和传统手机部门合并，将其赢利重心重新调整为传统手机，从而不幸地为诺基亚埋下了日后没落的祸根。

究其深层原因，诺基亚以工业制造为主的硬件文化和心态决定了公司最关注的是效率、成本和生产制造的确定性，多年的成功也让诺基亚对自身的运营模式和方法过度自信，使其低估了智能手机对自身的威胁，导致整个企业缺乏深度变革的意愿。同时，以前的诺基亚由于规模尚小所以灵活善变，而在其实现全球化之后，围绕制造手机硬件形成了规模庞大、遍布世界各地的组织机构和复杂的生产管理流程，这样一个庞大的企业要实现打造企业生态系统的转型，无异于涅槃重生，难度极大。因此，诺基亚对深度转型一直犹豫不决，行动缓慢，造成了企业创新后继乏力。

三、研发混乱　缺乏协同

诺基亚的研发战略也深受其硬件文化的影响，导致研发过程混乱、效率低下，缺乏企业组织内部的上下沟通，无法实现战略上的协同作业，这成为它由盛转衰的一个关键因素。

在高科技行业，绝大多数企业的失败是因为不再创新，而诺基亚却并非如此，其在产品的研发创新上的资金投入一直名列前茅，2000—2010年共投入研发费用400亿美元，是苹果的4倍，即便是在危机显现的2010年，诺基亚的研发费用仍高达5亿欧元，占移动电话行业总投入的30%。尽管如此，诺基亚长期以来却无法推出一款拳头产品，在强大的竞争对手面前始终处于劣势，而由于其研发过度强调硬件的性能多样性，导致诺基亚同时开发太多产品，既使得研发精力太过分散，也使产品差异化较弱，没有研发和创新的重点。虽然诺基亚很早就开始智能设备的研发，但初期市场效果不好，这使其轻易放弃而转向其他方向，丧失了成为市场领导者的可能。同时，研发的混乱也导致了研究团队间相互竞争资源，在争取研发经费上花费大量时间，以至于完全偏离公司目标也在所不惜，部门上下缺乏配合协同和有效沟通，导致研发工作混乱无序、丧失方向。此外，研发部门和市场销售部门也严重脱节，诸多良好的样品无法转化为产品。最终的结果是，诺基亚专利数目不断增加，而业绩却不断下滑。正是由于缺乏战略上的协同，导致了诺基亚的研发混乱无效，其创新迟迟不能转化为企业的利润点和盈利能力，技术无法转化成为生产力、竞争力和市场份额，使其最后与曾经辉煌的历史渐行渐远。

诺基亚后来意识到了这些问题，也采取了一系列措施及变革，但回天无力，其产品更新速度与内部变革速度和同行业的竞争对手相比都太慢了，业绩严重亏损，再加上退市消息，令诺基亚雪上加霜、步履维艰，以至于诺基亚最终被微软收购了手机业务。

正如《创新者的窘境》一书中指出的那样："就算经营最好的公司，尽管它们十分注意顾客需求和不断投资开发新技术，但都可能被破坏性创新所影响而导致失败，而覆灭的种子恰好是在这些领先企业全盛时埋下的。"诺基亚犯的错，就是把自己的优点极大化后，没留余地让自己冒险，最后在遇到破坏性技术变革和市场结构变化时，成为一百分的输家。

资料来源："100分的输家：手机巨人诺基亚为何倒下？"，《台湾商业周刊》第1233期，2011年7月7日，http://www.businessweekly.com.tw/online/20130904/20130904_31.htm

思考题：
1. 曾经如日中天的诺基亚为什么短短几年手机业务一落千丈？
2. 为什么诺基亚每年投入巨额研发经费，仍然无法保持竞争优势？

2.1 创新的基本概念与本质

搞好创新管理，首先必须正确地理解与把握创新的概念及其本质，这是有效地进行创新管理的前提和关键所在。

2.1.1 创新的基本概念

创新是一个非常古老的词。英语里"创新"这个词起源于拉丁语的"innovare"，意思是更新、制造新事物或者改变。

美籍奥地利人、哈佛大学教授约瑟夫·熊彼特（Joseph Schumpeter）首先从经济学角度系统地提出了创新理论。熊彼特在其1912年德文版的《经济发展理论》一书中，系统地定义了创新的概念。他认为，所谓创新，是指把一种从来没有过的关于"生产要素的新组合"引入生产体系。创新的目的在于获取潜在利润。

熊彼特创立创新理论的主要目的在于对经济增长和经济周期的内在机理提供一种全新的解释。熊彼特从创新的内在机理出发，解释了资本主义经济运行呈现"繁荣——衰退——萧条——复苏"四阶段循环的原因，说明了不同程度的创新，会导引长短不等的三种经济周期。

熊彼特将创新概括为以下五种形式：

（1）引入新的产品或提高产品的质量；
（2）采用新的生产方法、新的工艺过程；
（3）开辟新的市场；
（4）开拓并利用新的原材料或半制成品的新供给来源；
（5）采用新的组织形式。

由于熊彼特的思想过于异端，其所开创的创新理论在很长的一段时间里一直难以被人们接受，也难以为主流经济学接受。直到20世纪50年代，科学技术在经济发展中日益显现独立和突出的价值，技术创新的理论研究才开始成为一个十分活跃的领域。从20世纪80年代开始，技术创新的理论研究开始走向深入，被用于解释经济发展中的许多现实问题，其重要地位逐渐得到确认。

创新的最初含义主要以技术创新为主，是指创造新技术并把它引入产品、工艺或商业系统之中，或者创造全新的产品和工艺以及对现有产品和工艺的重大技术改进，并且产品被引入市场（产品创新）或生产工艺得到应用（工艺创新）。

经济合作与发展组织（Organization for Economic Co-operation and Development, OECD）在《技术创新调查手册》（即《奥斯陆手册》）中，将技术创新定义为："技术创新包括新产品和新工艺，以及产品和工艺的显著的技术变化。如果在市场上实现了创新（产品创新），或者在生产工艺中应用了创新（工艺创新），那么就可认为实现了创新。因此创新包括了科学、技术、组织、金融和商业的一系列活动。"

此外，不同学者给出了创新的不同定义：

- 美国学者曼斯菲尔德认为，一项发明当它被首次应用时，可以称之为技术创新。
- 英国科技政策研究专家克里斯托夫·弗里曼教授认为，创新是指在第一次引进某项新的产品、工艺过程中，所包含的技术、设计、生产、财政、管理和市场活动的诸多步骤。
- 美国学者切萨布鲁夫认为，创新意味着进行发明创造，然后将其市场化。
- 美国学者德鲁克认为，创新是企业家的特殊工具，通过应用创新，企业家把变化作为不同业务与服务的机遇。创新可以作为一门学科、一种学术或者一项实践。
- 中共中央和国务院1999年颁发的《关于加强技术创新，发展高科技，实现产业化的决定》中关于技术创新的定义相对较为系统："企业应用创新的知识和新技术、新工艺，采用新的生产方式和经营管理模式，提高产品质量，开发生产新的产品，提供新的服务，占据市场并实现市场价值。"

本书认为，**创新是从新思想（创意）的产生、研究、开发、试制、制造，到首次商业化的全过程，是将远见、知识和冒险精神转化为财富的能力，特别是将科技知识和商业知识有效结合并转化为价值**。广义上说，一切创造新的商业价值或社会价值的活动都可以被称为创新。

在创新启动时，既要有问题导向，又要有战略性前瞻思考，以明确创新的战略方向，在创新的过程中，要与组织的成员以及用户、合作企业、大学、投资者等利益相关者保持密切的沟通与互动。在创新的心态方面，要有极大的勇气和自由探索精神，勇于承担风险，以积极的态度正确看待失败。在创新的绩效方面，高度关注商业价值的实现，但也注重创新成果对社会发展和环境保护的贡献，如图2-1所示。

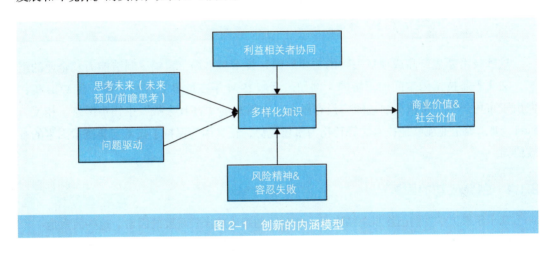

图2-1 创新的内涵模型

2.1.2 创新不一定是技术上的变化

创新不一定是技术上的变化，也不一定是一件实实在在的物品，它可以是一种无形的东西。引起互联网广泛应用的主要因素，并不是技术，而是雅虎、谷歌、阿里巴巴等公司的网络商业模式。2002年，中国政府将"网厂分离、竞价上网"这一制度创新引入电力产业，从而引发了中国电力企业战略、组织、控制管理模式及运营机制的持续创新。可见，创新不仅广泛存在，而且形式多样。制度创新往往比技术创新更重要，也更难实现。例如，改革开放二十多年来深圳经济的飞速发展，就得益于20世纪80年代建立深圳特区这一制度创新。

2.1.3 技术上的领先不等于创新成功

多年来国内外企业创新实践证明，技术上的领先不一定等于创新的成功（如表2-1所示）。

表 2-1 技术上的领先不等于创新成功

	技术领先者	技术跟随者
竞争赢家	Pilkington（浮法玻璃）	三菱（VHS 录像机）
	Intel（CPU）	IBM（电脑）
	北大方正（激光照排技术）	联想（电脑）
	海尔（热水器防电墙技术）	Eastcom（手机）
竞争输家	EMI（扫描仪）	
	施乐（PC、鼠标等）	
	万燕（VCD）	
	XH 电子（彩电）	
	摩托罗拉（铱星计划）	

这些技术领先产品或项目失败的主要原因是技术与市场、营销、制造能力及企业的组织、文化等非技术因素间的不协同。例如，万燕1994年在世界上推出了第一台VCD机，但由于市场开拓、营销和制造能力没有跟上，在后来的"VCD大战"中销声匿迹。相反，Intel、海尔等企业能够把技术优势转化为市场优势，正是因为保持了技术与非技术因素的有效协同。

2.1.4 创新成功的因素

几十年来，学者们已逐步总结出了一些对于创新成功比较重要的因素。这些因素是：

（1）将创新看作整个企业的任务：有效的交叉职能联结，从创新早期开始，所有部门就一体化地参与创新，设计出的物品可制造性强。

（2）强烈的市场导向：强调满足用户需要，尽可能让潜在用户参与或涉及研发过程，充分发挥领航式用户的作用。

（3）良好的内、外部沟通：与外部科学源和技术源有效联结，接受和采纳外部新构思。

（4）精心计划和增加项目控制程序：配置资源对新项目进行公开筛选；评价项目；对项目实行有效的管理与控制。

（5）配备某些关键人物：包括有影响力的项目倡导者和技术桥梁人物（gate keeper）等。经理人员有活力；能吸收并保留住有才能的经理和研究人员。

除上述与创新过程有关的因素外，一些战略层次的因素也是创新成功的先决条件：

（1）高级管理层对创新承担义务，并给予有力的支持。

（2）有一个长期的企业战略，创新在该战略中起着关键作用。

（3）重大项目的长期资源配备不能仅仅依据单一的短期投资收益准则，更要基于未来的市场渗透与未来的市场成长。

（4）企业具有柔性并对变化积极响应，企业内部的创新机制合理。
（5）高级管理层接纳风险。
（6）创造一种接纳创新、利于创新者成长的企业文化。
（7）企业家环境、制度环境和金融环境支持创新，外部激励有效。
（8）研究与开发（研究与发展）与企业其他职能的联结强度及企业内部的研究与发展结构合理。

2.1.5 创新与其他相关概念的关系

1. 创新与创造

创新最简单的定义就是：提出创意并把它商业化。没有创意，就没有创新。创造性（creativity）和创新（innovation）二者具有区别。创造性仅仅意味着"提出创意"，创新还意味着"把创意转变为现实、实现商业化"。

2. 创新与发明

创新与发明常常交织在一起，因此，很多人把两者混为一谈，但创新与发明有着根本的区别。有些创新根本不包含发明。即使某个具体的创新与发明有关，创新也不仅仅指发明。对发明的衡量要看专利的数量，或是那些冷清的实验室里传出了多少声成功的欢呼，而创新是指将发明转化成实际应用。正像爱迪生告诫他的助手时所说的："我们必须拿出成果，不能像有些德国教授那样，毕生研究蜜蜂身上的绒毛。"

熊彼特最早对发明和创新进行了区别，他认为，企业家的职能之一就是把新发明引入生产系统，创新是发明的第一次商业化应用。

在技术发明和创新实现之间有一段自然的时间延迟。一般说来，在创新产生明显的经济影响之前，都有一个扩散或调整时期，如传真机从发明到真正的市场化就用了 145 年。

将发明转换为成功的商业创新的概率并不高。在美国，平均只有 12%—20% 的研发项目有可能转化成商业上成功的产品或工艺。

3. 创新与企业家精神

"企业家"（entrepreneur）这一概念由法国经济学家理查德·坎蒂隆（Richard Cantillon）在 18 世纪 30 年代首次提出，即企业家使经济资源的效率由低转高；"企业家精神"则是企业家特殊技能（包括精神和技巧）的集合。或者说，"企业家精神"（entrepreneurship）指企业家组织建立和经营管理企业的综合才能的表述方式，它是一种重要而特殊的无形生产要素。创新是企业家精神的灵魂。此外，企业家精神一般还包括敢于冒险、勇于开拓、善于学习、执着、敬业、合作、诚信等特征。

4. 创新与研发

19 世纪，爱迪生把发明创新转化成了一门科学，即研究与发展（research and development，R&D）。研究与发展成了国家和企业技术创新能力的重要指标。

研究与发展的定义很多，OECD 认为，研究与发展是一种系统的创造性工作，目的在于丰富有关人类、文化和社会的知识宝库，并利用知识进行新发明、开拓新应用。

OECD将研究与发展划分为基础研究、应用研究和试验发展三个部分。基础研究指的是以现象和事实为基础的实验或理论工作，主要是为了获取新知识，没有任何具体的应用目的。基础研究的作用是产生新知识和发现真理，无指向（目的）性。在美国，虽然大量的基础研究由政府资助，但许多处于技术进步领导前沿的企业在基础研究方面很成功。例如，杜邦公司1987年研发经费为12亿美元，其中7%被用于基础研究。研究人员之间秉承一个观点，即只有通过对已有技术知识进行基础研究与开发，产生发明的潜在机会才能很快被发现和利用。这是一种技术推动创新的观点。

应用研究指的是对原始数据进行调查研究，主要针对某个特定应用领域或具体实用目标获取新知识。应用研究的目的在于解决企业遇到的实际问题，它有明确指向，所产生的发明更有可能被采用。应用研究的倡导者认为，目前已有足够的科学知识存量供企业利用，自己无须开展基础研究。

试验发展指的是系统的试验工作，把从以生产新材料、新产品和新设备为目的的科学研究和经验中获得的知识，用于新工艺、新产品、新系统和新服务开发，或者用于改进已有的工艺、产品和服务。

研究与发展是一个从创意产生，到研究、开发、试制完成的过程。研究与发展强调的是"过程"与"产出"。

目前，越来越多的企业重视自身的研发能力，国内外一些大的企业都有自己专门的研发机构，像IBM、微软、西门子、华为、中兴和海尔等。这是因为：（1）企业难以从市场上购得所需先进技术。特别是在市场竞争异常激烈的今天，具有最先进技术的企业不会在拥有模仿能力的竞争者出现之前轻易放弃利润丰厚的回报；（2）企业即便可以购得一些常用技术，但其用于交易的费用也会很高。尤其随着科技的发展和市场竞争的加剧，企业需要越来越先进的技术，而购得技术的代价将更高；（3）引进的某些技术并不能立即为企业所利用，需要通过企业内部的消化吸收，并与本企业生产、管理融合之后，才能取得实效。

综上所述，技术知识是企业核心能力的重要组成部分，企业只有通过研发，形成自己与众不同的技术、知识积累，尤其是形成自己的研发人才积累，才能使别人难以模仿和超越，保持长久不衰的竞争优势。

创新离不开研发，包括在基础研究上的突破。以mp3技术的发展演进为例（如图2-2所示），在1965年，开发一个能存放1500首歌曲，拥有录音重放功能的手持播放设备还是一个科学幻想。在当时，即使是一个最简单的便携计算器都很稀有。但是后来由国防部、美国国家科学基金、国家健康研究院、能源部、国家标准与技术研究院等机构提供资助的基础研究使得磁存储设备、锂电池、液晶显示（LCD）等mp3所需的配套技术陆续实现突破，使得mp3播放器的开发成为可能。

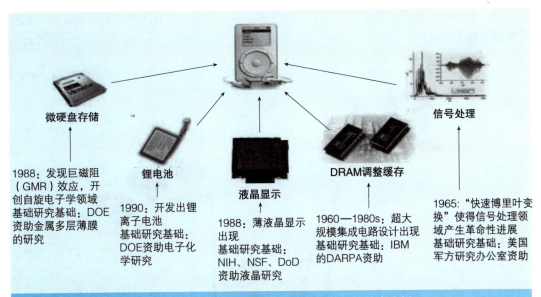

图 2-2　基础研究对创新的支撑——以 mp3 技术为例

资料来源：汪凌勇，"美国竞争力计划"，《科学观察》，2006 年第 2 期，第 43-44 页。

表 2-2 总结了技术创新与一些相关相近概念的区别。

表 2-2　技术创新与其他概念的区别

概念名称	简要定义	与技术创新的显著区别
发明	第一次提出新概念、新思想、新原理	缺少大量生产与市场化的活动
基础研究	认识世界，为推动科技进步而进行的探索性活动，没有特定的商业目的	缺乏深入的试制、生产与市场化活动
应用研究	为增加科技知识并为某一特定实际目标而进行的系统性创造活动	与生产和市场化联系不足
试验发展	运用基础研究与应用研究的知识来开发新材料、新产品、新装置	仍未考虑市场化的工作
技术引进	引进新设备、人才提高生产与市场能力	无法保证能够进入市场
技术改造	主要是对生产设备进行系统或部分地更新	可以完善生产能力，但能否市场化尚不得知
技术变革	严格意义上是从发明到技术创新、技术扩散的全过程	比技术创新的过程更长，属于经济学概念，现实中操作较难
技术进步	若干年中技术创新的累积与综合性过程	对技术创新的后期总结

2.1.6　创新概念的本质

如图 2-3 所示，创新是从基础研发向应用研发转化的全过程，这中间有一个"死亡之谷"。一个有效的创新需要建立从基础研发到应用研发的桥梁，否则创新的最终商业化将付之东流，创新的价值难以实现。这其中，如何搭建基础研发到商业应用研发的桥梁成为创新成败的关键。

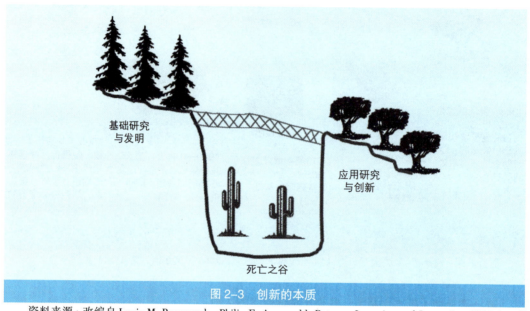

图 2-3　创新的本质

资料来源：改编自 Lewis M. Branscomb，Philip E. Auerswald. *Between Invention and Innovation*. 2002, http://www.atp.nist.gov/eao/gcr02-841/gcr02-841.pdf

创新还可以通过知识与资本的互动来描述。研究依赖资本的投入，实现知识的产出，知识作为创新的基本要素为创新的涌现提供基础，创新的实现会形成新的资本，最终形成新的更大的资本溢出（如图 2-4 所示）。

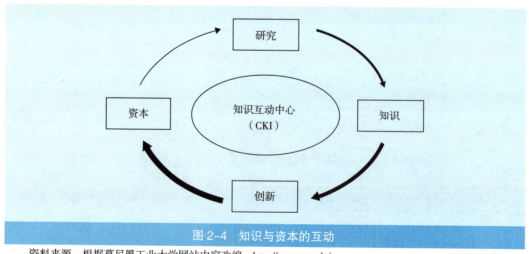

图 2-4　知识与资本的互动

资料来源：根据慕尼黑工业大学网站内容改编，http://www.tum.de/

从组织管理角度，创新强调战略与创意、研究与发展、生产制造，以及营销的有效整合。企业一般需要实现战略与创意、研究与发展、生产与制造，以及营销四大职能有效协同，并着重加强支撑这四个职能的部门联结。通常，绝大部分创新的失败不是由于技术上的失败，而是由于在战略部署、市场调查、销售和组织管理方面存在缺陷（如图2-5所示）。

2.1.7 自主创新与创新

有学者认为，"自主创新"其实等同于"技术创新"或者"创新"的概念。近年来我国特别强调自主创新，是针对以前过多模仿引进而缺少自主知识产权和核心技术而言的。对于自主创新的内涵，尽管近年来已经有多种论述，但是仍然众说纷纭。

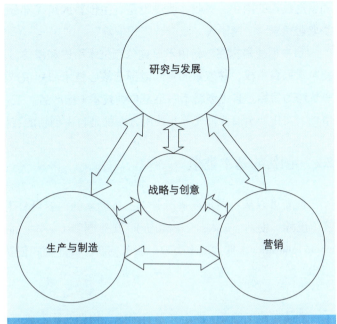

图 2-5 创新成功的关键——连接战略与创意、研究与发展、生产制造及营销

1. 狭义的自主创新含义

早期自主创新的含义，对应于继技术吸收、技术改进之后的一个特定的技术发展阶段，即"自主技术创新"或"在自有技术上自主创新"，并将技术创新分类为自主创新、模仿创新、合作创新，显然这是狭义的定义。傅家骥指出，自主创新是企业通过自身的努力或联合攻关探索技术的突破，并在此基础上推动创新的后续环节，完成技术的商品化，获得商业利润，以达到预期目标的一种创新活动。[①] 后来，一些学者认为自主创新不一定是核心技术的突破，不一定是技术领先，甚至也不一定完全依靠自己，只要能够有自主知识产权，并能提高竞争力即可。

自主创新主要包括三个层面的含义：一是加强原始性创新，努力获得更多的科学发现和技术发明；二是加强集成创新，使各种相关技术有机融合，形成具有市场竞争力的产品和产业；三是在引进国外先进技术的基础上，积极促进消化吸收和再创新。[②]

2. 广义的自主创新含义

随着认识的深入，有学者认为，自主创新不一定是技术方面的创新和突破。有的学者认为，自主创新是在自主掌控下，利用一切可利用资源，形成体制、机制、产品以及技术上的竞争力，并形成持续创新能力。[③] 也有学者指出，自主创新也不是鼓励从头做起，集成创新

---

① 傅家骥，《技术创新学》。清华大学出版社，1998年。
② 陈至立，"加强自主创新，促进可持续发展"，《中国软科学》，2005年第9期，第1-6页。
③ http://www.zjskw.gov.cn/index/magazineshow.aspx?ArticleId=414

和引进技术的消化、吸收、改进也是自主创新的组成部分。提倡"自主创新"旨在强调尽量争取避免完全受制于人，减少"路径依赖"。[①]

自主创新是指在创新中不单纯依赖技术引进和模仿，而是在以创造市场价值为导向的创新中掌握自主权，并能掌握全部或部分核心技术和知识产权，以打造自主品牌、赢得持续竞争优势为目标。自主创新不一定是单纯技术（新产品、工艺等）层面的，管理、制度、战略、市场、文化乃至商业模式等非技术方面都是自主创新的有机组成部分。

2.2 创新的基本类型

创新可以从不同角度进行分类。按创新的内容可分为产品创新（product innovation）、工艺（流程）创新（process innovation）、服务创新（service innovation）、商业模式创新（business model innovation）四大基本类型。服务创新、商业模式创新将在 2.3 节和 2.4 节介绍。

2.2.1 产品创新

产品在传统意义上的定义是有形的、物理的物品或原材料，从日用品（如牙膏）到工业材料（如钢管），所有这些都可以成为产品。在企业产品生命周期的初期，市场未形成产品的主导设计，企业产品的变动情况较大，成功的产品创新必须在外观、质量、安全性能等各方面不断改进以满足顾客的需求，从而争取更多的顾客基础，实现企业的市场竞争优势。

近年来，服务行业的公司（保险、金融、通信、专业服务等）也开始把他们提供的服务业务称为"产品"。例如，2013 年天弘基金与支付宝公司合作推出"余额宝"这一互联网理财产品并大获成功，就是一个典型的服务产品创新。

为了打破传统行业边界，越来越多的产品制造商开始围绕产品向顾客提供服务。例如，汽车制造商为顾客提供路边紧急援助服务。通用汽车公司出售的是汽车，但顾客在购买汽车的同时也购买服务，服务是作为整个产品交易的一部分出售的。"星载"系统（OnStar）是该公司开发的一种车载全球卫星定位通信系统，让通用汽车的顾客随时都能知道自己所处的位置，并能在紧急情况下呼叫救助。

尽管服务行业趋向于使用"产品"这个名词来描述它们提供的内容，但它们与一般产品还有一定的区别。最主要的一点是，服务往往是无形的，而一般产品是有形的（例如，一份保险是无形的，而滑雪板是有形的）。服务性产品的生产和消费是同时进行的，它的配送也需要人的高度参与（例如，医疗和保健）。此外，服务性产品很难或者根本不可能通过专利法等法规来抵制模仿行为。而且，通常以产品为主的创新模式中，服务多以辅助的形式表现，以提升顾客所购买产品的附加价值，从而提升产品的市场竞争力。

综合上述观点，**产品创新就是指提出一种能够满足顾客需要或解决顾客问题的新产品**。例如，苹果公司推出的 iPhone 手机、海尔推出的"环保双动力"洗衣机（一种不用洗衣粉的

---

① http://www.cas.cn/jzd/jcx/jcxdt/200503/t20050322_1033913.shtml

洗衣机）、华为推出的带指纹识别功能的 Mate8 智能手机等，都是产品创新的例子。

产品创新又可分为元器件创新（component innovation）、架构创新（architecture innovation）和复杂产品系统（complex products and systems，COPS）创新三类。

1. 元器件创新

大部分产品和工艺是分级嵌套的系统，也就是说，不管用怎样的分析单位，该实体都是一个由元器件构成的系统，并且每一级元器件都是一个由次一级元器件组成的系统，直到某一级上的元器件是不可再分的基本元件为止。举例来说，自行车是一个由车架、车轮、轮胎、车座和刹车闸等元器件组成的系统。这些元器件里每一个也都是一个元器件系统，例如车座可以看作由包括金属和塑料框架、填料，以及尼龙封皮等元器件组成的系统。

创新可能导致个别元器件的变化，也可能导致元器件运转所处的整个结构的变化，或者两者都发生变化。**如果创新导致一个或多个元器件发生变化，但是并不严重影响整个系统的结构，这样的创新称为元器件创新**。例如，一项自行车车座技术的创新（例如，添加灌有凝胶的材料从而增强减震效果）并不需要对自行车的其余结构做任何改变。

2. 架构创新

与此相反，**如果创新导致整个系统结构或者组件之间作用方式发生变化，就称为架构创新**。一项严格的架构创新可能改变了系统中组件互联的方式，却并不改变这些组件本身。但是，大部分架构创新不仅仅改变组件的互联方式，还改变了组件本身，从整个设计上改变了系统。架构创新对产业内竞争者和技术用户产生深远和复杂的影响。举例来说，从功能手机到智能手机的转变是一种架构创新，这项创新要求许多手机组件的变化（并使这些变化可行），包括人们使用手机的方式都发生了改变。

要发起或者采用一件元器件创新只要求一个企业具备该元器件的专业知识。然而，发起或者采用一个架构创新要求企业掌握元器件之间如何连接并整合为整个系统的结构知识。企业必须了解各种元器件的特性如何相互作用，以及一些系统特性的改变如何触发整个系统或者个别元器件的许多其他结构特性的变化。

3. 复杂产品系统创新

复杂产品系统是由美国军事开发系统中大型技术系统（large technical systems）演化而来的。[1] 即使在西方，复杂产品系统也是一个较新的概念，到 20 世纪 90 年代末期才出现了比较清晰的定义。[2] 复杂产品系统指的是研究与发展投入大、技术含量高、单件或小批量定制生产的大型产品、系统或基础设施。[3] 它包括了大型电信通信系统、大型计算机、

---

[1] Hobday, Mike. "Product Complexity, Innovation and Industrial Organisation", *Research Policy*, 1998, 26(6): 689–710.

[2] 陈劲、黄建章、童亮，"复杂产品系统的技术开发模式"，《研究与发展管理》，2004 年第 5 期，第 65–70 页。

[3] Hobday, Mike, and Howard Rush. "Technology Management in Complex Product Systems (CoPS)–ten Questions Answered", *International Journal of Technology Management*, 1999, 17(6): 618–638.

航空航天系统、智能大厦、电力网络控制系统、大型船只、高速列车、半导体生产线、信息系统等（如表 2-3 所示），与现代工业休戚相关。它们虽然生产产量小，但由于其规模大、单价高，所以整个复杂产品系统产业的总产值占 GDP 的份额比较高，在现代经济发展中发挥着非常重要的作用。

英国萨塞克斯大学 SPRU 中心研究人员 Miller 和 Hobday 通过调查英国多种产品数据资料认为，复杂产品系统至少占 GDP 的 11%，至少提供了 140 万—430 万个工作岗位[①]，他们的研究进一步指出，英国之所以能够维持其在世界经济中的地位，复杂产品系统创新功不可没。复杂产品系统综合程度高，由众多子系统和零部件组成，其开发的成功能够推动其他产业发展，进而带动其他普通大规模制造产品的发展（例如，更为先进的大规模制造产品生产线的研制和应用）。

从技术扩散的角度来看，复杂产品系统由于涉及的技术种类多，技术含量高，其开发成功能够直接导致内嵌在复杂产品系统的各种模块技术可以应用到其他领域，这种技术扩散的速度远远快于普通产品创新，从而引起整个相关产业链的技术升级，带来国家竞争力的提升。

表 2-3 复杂产品系统实例

航空控制系统	航空发动机	飞机跑道
机场	导航设备	大型船只
机场行李处理系统	银行自动交易系统	天文台
商业信息网络	大型化工厂	大型计算机
电力网络控制系统	大型桥梁	电信程控交换机
飞行模拟器	船坞	空间站
高速列车	柔性制造系统	同步粒子加速器
智能大厦	直升机	电信业务集散处理系统
半导体生产车间	喷气式战斗机	水净化系统
微芯片生产车间	制导系统	供水系统
核电厂	核聚变设施	污水处理设施
海洋钻井	码头卸载系统	微波发射塔
客机	半导体光刻设施	

资料来源：Hobday, Mike. "Product Complexity, Innovation and Industrial Organisation", *Research Policy*, 1998, 26(6): 689–710.

[①] Miller, Roger, et al. "Innovation in Complex Systems Industries: The Case of Flight Simulation", *Industrial and Corporate Change*, 1995, 4(2): 363–400.

2.2.2 工艺（流程）创新

工艺（流程）创新是指生产和传输某种新产品或服务的新方式（如对产品的加工过程、工艺路线以及设备所进行的创新）。

对制造型企业来说，工艺（流程）创新包括采用新工艺、新方式，整合新的制造方法和技术以获得成本、质量、周期、开发时间、配送速度方面的优势，或者提高大规模定制产品和服务的能力。例如，在生产洗衣机时采用了新钢板材料，或者把生产洗衣机的生产线设备从传统机床更换为数控机床，从而降低50%成本，或提高生产效率3倍以上，就是工艺创新的例子。

产品创新的目的是提高产品设计与性能的独特性。而工艺创新的目的是提高产品质量、降低生产成本、提高生产效率、降低消耗与改善工作环境等。

工艺创新能够增加企业盈利、降低成本、提高生产力，并提高员工的工作满意度。产品和服务的价值传递将变得更为稳定可靠，这使得顾客也能从流程创新中获益。流程创新的独特性在于通常情况下顾客看不到这样的改变，流程创新的过程发生在企业的"后台"。只有当公司的内部流程出现失误，导致产品或服务没有及时传递给顾客时，顾客才会意识到企业的运作流程出现了问题。

产品创新和工艺创新经常是交替出现的。首先，新工艺可能使得新产品的生产能够实现。例如，新的冶金技术的开发使得自行车链条的生产能够实现，这又紧接着使得多齿轮传动自行车的开发能够实现。其次，新产品也可能使得新工艺开发得以实现。例如，先进的计算机工作站的开发使得企业能够实现计算机辅助制造工艺，从而提高了生产的速度和效率。此外，一个企业的一种产品创新，对于另外一个企业来说可能是一种工艺创新。例如，某机床厂开发出的新款数字机床产品对于使用该产品来加工产品的其他企业来说，有助于其提高了生产速度、质量和效率，是一种工艺创新。

服务型企业通过流程创新为顾客提供完善的前台服务，并增加新型服务，也就是顾客看得见的新"产品"。1986年联邦快递公司（FedEx）向市场推出其独有的包裹跟踪系统，顾客看到的只是一个微小的条形码读入器，操作员利用这个装置来扫描包裹。这个精密系统的其余部分对于顾客来说是不可见的，顾客能够即时"见到"的就是包裹的运送情况。这种增值业务使联邦快递公司获得了暂时的竞争优势。

创新标杆 —— 中集集团的持续工艺创新 ——

中集集团一直以来坚持工艺的改进和创新。公司于20世纪90年代后期引进具有世界领先水平的德国格拉芙公司的冷藏箱生产技术，并在其基础上不断进行开发和创新。中集集团在长期实践中积累了很强的工艺创新能力，例如通过把原来照搬德国的生产线与流程进行优化改进，原来1万箱的设计生产能力，通过改进后，在同样面积的厂房空间中现在的产能达到2.5万箱，大大提升了生产效率和效益。

伴随着时代的进步与行业的发展，单纯的工艺改进难以适应企业创新发展的需求。集装箱制造是典型的劳动力密集型行业，其传统的生产线往往技术含量不高，多依赖重体力劳动。因此，对于人的尊重，在最直接的层面便是降低工人体力劳动的强度，提高生产线的自动化，但技术的进步很大程度上源于生产需求和市场拉动。

2010年年底，中集在深圳东部建设了一家全新的集装箱生产线，他们将之命名为"梦工厂"，几乎集成了集装箱生产领域所有最先进的工艺和技术，重新搭建了一整套自动化制造执行系统，最大限度地实现了整个生产系统的物料闭路循环。焊烟弥漫、油漆味刺鼻的集装箱生产车间终于在这里成为了历史。"梦工厂"投产之后，企业产能提高了50%，电耗降低超过36%，95%以上的信那水被回收并循环利用。中集"梦工厂"成为中国重体力、高污染、高能耗产业如何由粗放制造向精益制造转变的典范。

资料来源："中国人的工业文明之路"，《南风窗》，2012。

2.2.3 创新类型矩阵

根据创新的基本类型与性质，可总结出用于分析诊断组织或公司创新的类型现状，并可以提出针对性的创新管理优化建议的创新类型矩阵（如图2-6所示）：

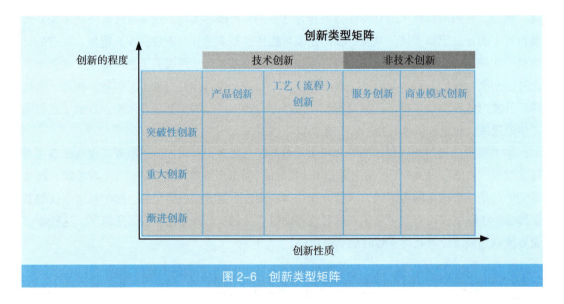

图2-6 创新类型矩阵

2.3 服务创新

现代经济发展一个显著的特征是服务业迅猛发展，在国民经济中的地位愈来愈重要，成为世界经济发展的核心，是世界经济一体化的推动力。越来越多的企业和服务行业开展服务创新，以提高服务生产和服务产品的质量，降低企业的成本率，发展新的服务理念。

服务创新是企业为了提高服务质量和创造新的市场价值而发生的服务要素变化，对服务系统进行有目的、有组织的改变的动态过程。服务创新的理论研究来源于技术创新，两者之间有着紧密的联系。但是服务业的独特性，使得服务业的创新与制造业的技术创新有一定的区别，并有其独特的创新战略。

2.3.1 服务创新的基本特性

1. 无形性（intangibility）

首先，与有形的消费品或产业用品比较，服务的特质及组成服务的元素往往是无形无质的，让人不能触摸或凭肉眼看见其存在。这一特性还使得服务不易于评价和验证。

其次，随着企业服务水平的日益提高，很多消费品或产业用品是与附加的顾客服务一块出售的。对顾客而言，更重要的是这些载体所承载的服务或者效用。由此看来，"无形性"并非纯粹是服务所独有的特征。

2. 不可分离性（inseparability）

服务的生产和消费无法清晰地分开，服务的生产过程与消费过程同时进行。也就是说，服务人员为顾客提供服务时，也正是顾客消费服务的时刻，二者在时间上不可分离。服务的这种特性表明，顾客只有而且必须加入到服务的生产过程中才能最终消费到服务产品。这使服务业的运作与制造业不同，更为分散和本地化。

3. 差异性（heterogeneity）

差异性是指服务的构成成分及其质量水平经常变化，很难统一界定。服务行业是以"人"为中心的产业，由于人类个性的存在，服务的质量检验很难采用统一的标准。一方面，由于服务人员自身因素（如心理状态）的影响，即使由同一服务人员所提供的服务也可能会有不同的水准；另一方面，由于顾客直接参与服务的生产和消费过程，于是顾客本身的因素（如知识水平、兴趣和爱好等）也直接影响服务的质量和效果。差异性会使顾客对企业及其提供的服务产生"形象混淆"。

4. 不可贮存性（perishability）

不可贮存性的特征要求服务企业必须解决由缺乏库存所导致的产品供求不平衡问题，以及如何制定分销策略、选择分销渠道和分销商，如何设计生产过程和有效地灵活处理被动的服务需求等问题。

5. 缺乏所有权（absence of ownership）

它是指在服务的生产和消费过程中不涉及任何东西的所有权转移。既然服务是无形的又不可贮存，服务在交易完成后便消失了，消费者并没有"实质性"地拥有服务，服务的所有权不易转移。

根据以上所述，服务业与制造业的不同特点可用表 2-4 表示。

表 2-4　服务业与制造业的不同特点

制造	服务
产品是有形的	服务是无形的
当交易发生时，所有权发生转移	服务的所有权通常不发生转移
产品可以验证	服务不易于验证
产品可以多次买卖	服务无法重复出售
买卖双方可以存储产品	服务无法存储
产品的生产在消费之前发生	服务的产生与消费通常是一致的
产品的生产、销售和消费是分开的过程	服务的生产、销售和消费是一体化的过程
产品可以运输	服务不能运输
供应商在销售产品，顾客一般不参与生产过程	顾客参与服务过程中
在产品生产商与用户之间可以是间接的联系	在服务提供商与用户之间通常是直接的联系
核心价值在工厂里被生产出来	核心价值在双方接触中产生

　　服务业的成功发展依赖于创新和高技能的管理，它们不断推动着服务业质量和生产力的提高。企业通过创新活动提升服务产品的价值，获得竞争优势。

　　在欧美发达国家，服务业的产值在 GDP 中的比重已经达到了 60%—80%，服务业已经在经济发展中处于主导作用，所以服务业的创新就像制造业的技术创新一样重要。服务创新可能是技术的创新，但是更多的是非技术或者社会性的创新。所以服务创新不能狭隘地从技术决定创新的观点来理解。

　　（1）渐进性多于根本性。服务创新通常是流程的微小变动，因此更多的是渐进式创新，几乎没有突破性创新。服务创新的目的有减少成本、实现产品差异化、提高对客户问题的反应能力和灵活性、开拓新市场、提高顾客忠诚。

　　（2）产品和过程创新经常连在一起。服务创新可以是新的服务产品，新的服务生产或交付流程，或者新技术的推广。由于服务具有不可存储性，所以服务流程不能完全与产品分开，服务产品的创新不能脱离服务流程的创新。因此，服务创新通常同时发生服务生产过程和服务产品的许多要素的变革。

　　（3）以客户定位为中心。服务创新主要以顾客为导向，也可能来源于服务公司内部的理念发展。服务的标准化程度越低，即定制程度越高，服务创新中顾客决定的程度就越高。

　　（4）服务创新可能形成新的知识或信息。例如，服务员工处理事物的新知识、信息及新的方式。由于服务创新不须进行科学知识的研究或收集，所以服务创新所需时间相对较短。

　　（5）创新组织灵活。由于服务企业没有或很少有研究与发展部门，创新组织一般为项目非正式的组织，在项目成立时从企业各个部门抽调人员组成项目小组，负责对创新的构思和蓝图绘制。在创新项目开始实施或者已经融合到平常业务流程中后，小组随即解散。

2.3.2 制造业服务化趋势

服务创新不仅仅是服务业的专利。20世纪80年代以来，服务化已经成为世界制造业发展的主要趋势。在工业产品附加值构成中，纯粹的制造环节占比越来越低，研发、工业设计、物流、营销、品牌管理、知识产权管理、产品维护等服务占比越来越高。以汽车产业为例，当汽车工业进入发展时期，单纯的汽车制造投资回报率约为3%—5%，而围绕汽车的服务投资回报率高达7%—15%。优秀的制造企业由"以生产为中心"向"以服务为中心"转型。

制造业服务化就是制造企业为获取竞争优势，将价值链由以制造为中心向以服务为中心转变。发达国家服务业占GDP比例达到70%左右，在服务业中生产性服务业占了近六成。我国目前生产性服务业发展滞后、比例偏低，大力发展生产性服务业已成为全社会的共识。

生产性服务业主要包括研发设计、第三方物流、融资租赁、信息技术服务、节能环保服务、检验检测认证、电子商务、商务咨询、服务外包、售后服务、人力资源服务和品牌建设等。

众所周知，通用电气是世界最大的电器和电子设备制造公司，它除了生产消费电器、工业电器设备外，还是一个巨大的军火承包商，制造宇宙航空仪表、喷气飞机引航导航系统、多弹头弹道导弹系统、雷达和宇宙飞行系统等。但是，通用电气却有一半以上收入来自服务，2006年其服务收入占总收入比重为59.1%。目前，通用电气已经发展成为集商务融资、消费者金融、医疗、工业、基础设施和NBC环球于一体的多元化科技、媒体和金融服务公司。

2.3.3 服务创新分类

服务创新可以分为五种类型：

1. 服务产品创新

服务产品创新是指服务内容或者服务产品的变革。创新重点是产品的设计和生产能力。例如，优步（Uber）在中国推出"人民优步+"等新项目、小米公司推出"小米漫游"等。

2. 服务流程创新

服务流程创新是指服务产品生产和交付流程的更新。流程创新可以划分为两类：生产流程创新，即后台创新；以及交付流程创新，即前台创新。服务流程创新和服务产品创新的区分有时是困难的。在供应商和顾客的关系比较密切的服务企业，顾客需要参与到服务过程中，服务产品由供应商和顾客共同完成，那么产品与过程就很难区分，所以在这些企业中，产品创新和过程创新的区别是困难的。

3. 服务管理创新

服务管理创新是指服务组织形式或服务管理的新模式，例如服务企业引入全面质量管理（total quality management，TQM）、海底捞火锅对员工独特的管理创新等。

4. 服务技术创新

服务技术创新是指支撑所提供服务的技术手段方面的创新，如支付宝推出的"刷脸支付"、华为Mate8智能手机的指纹识别服务、电影院推出的网上自助订票选座服务等。

5. 服务模式创新

服务模式创新是指服务企业所提供服务的商业模式方面的创新。例如，针对传统的洗车店洗车推出 O2O 上门洗车服务等。

以上五种服务创新都应以用户的服务体验为核心，如图 2-7 所示。

图 2-7　服务创新五角星模型

创新视点　　　　　CQ2快剪：对传统理发店形成挑战？

快剪概念起源于 20 世纪 90 年代日本经济萧条时期，由日本一家成立于 1995 年年底的跨国企业 QB Net 提出，其旗下设立了多个子品牌，其中包括 QB House（日本快剪连锁店），它于 2005 年进驻中国香港，2012 年 2 月进驻中国台湾。快剪模式希望最大限度地减少服务，从而形成一套标准化的运作体系，所提倡的"去服务化"内容包括：不烫、不染、不洗头、不办卡、除了咨询发型需求外，发型师可以戴着口罩对着你全程一言不发。

CQ2 是中国台湾连锁美发快剪品牌，创立于 2007 年，在台湾地区拥有 160 家分店，创始人黄登明。CQ2 取自"Cheap（便宜只需 10 元）+ Cut（剪发）+Quality（品质）+ Quick（快速，只需 10 分钟）"的英文首字母缩写。CQ2 自 2012 年年底进入厦门，店面都是开在大型商城内，目前在大陆开设了 13 家分店。

CQ2 采用的是在"大卖场"设店的做法，快剪店借用卖场的"空调、洗手间等设施"，节省成本。据亿欧网了解，CQ2 服务流程主要是：①只负责剪发，没有洗发、吹干等服务；②在店门口设置自助式电子验钞收款机，只接受 10 元人民币且不提供找零服务，单店只配备 2—3 名理发师（多是经过培训后上岗的）；③取票等待叫号理发，所有人须按照票号顺序来，不接受预约，简单快速询问客户需求后立即剪发，不做多余解释，基本等同于流水线式的运作。

CQ2 在台湾地区主要采用开设直营分店的形式，在进入大陆后，其创始人表示，不会像之前那样采用直营的模式，而是采用委托经销（代理）的模式来经营。

资料来源：亿欧网，http://www.iyiou.com/p/21114

创新视点 　　　　　　　　　　**海底捞的服务创新**

《快公司》(Fast Company)中文版接触和评估了数千家中国公司，努力发现那些能够改变未来的观点、创意、人物、设计及技术元素，挑选出拥有伟大想法及强烈愿景的公司，推出了"2015年中国最佳创新公司50强"，其中与餐饮相关的企业有三家：海底捞、合纵文化和亚洲吃面。

海底捞上榜理由：不仅通过全球开店走向国际化，2015年，海底捞持续通过对社区店的管理和运营优化，以更高的服务标准，针对不同社区需求，实现差异化服务（如表2-5所示）。

表2-5　海底捞商业模式特征

就餐阶段	可复制的服务创新项目
就餐前	指引停车和待客泊车，等位服务（包括美甲、擦鞋、上网、提供免费水果和小吃饮料、各种棋牌玩具等），洗手间服务（提供洗手液、毛巾、化妆品、母婴设备等）
就餐中	点菜建议（可点半份、可退菜），赠送眼镜布、手机套、头绳，更换热毛巾，涮菜捞菜服务，送果盘或菜品，为顾客过生日，现场甩捞面，为带小孩的客人提供专门服务，孕妇专门服务等
就餐后	酌情打折或免单，赠送果盘或礼物、口香糖，雨天借伞，寄存酒类，待客提车等

资料来源：李飞、米卜、刘会，"中国零售企业商业模式成功创新的路径——基于海底捞餐饮公司的案例研究"，《中国软科学》，2013年第9期，第97-111页。

一、海底捞的服务特色

第一是服务的个性化。产品可以标准化、大规模生产，但服务却不能，因为每个消费者的需求不同。比如有人要标准调料，有人喜欢自己调；有人需要两份调料，有人连半份都用不了；有人喜欢自己涮，有人喜欢让服务员给他涮；等等。对于消费者提出的一切合理的个性化要求，海底捞都会满足。服务的个性化是卓越服务的核心，海底捞做到了。

个性化服务是否高效及能否实现，很大程度上取决于一线员工有无快速决策的权力。海底捞的做法是充分信任员工，充分授权，从而最大程度地释放员工的创造性、主观能动性和自由发挥空间。心理学研究表明，人被信任了，就有了责任感，才会尽自己最大努力把事情办好。海底捞对一线员工的信任或授权非常大。每一个一线普通员工都可以先斩后奏，有免单权力。不论什么原因，只要客人需要，只要一线员工认为有必要，都可以马上决策并迅速行动。海底捞每个服务人员都是客户服务经理，他们甚至比一般餐馆经理的权力都大。海底捞实践证明，餐饮企业要提高客户服务质量和水平，赋予一线员工决策权是必要的，也是值得的。

第二个特点是超越消费者的期待，总是比消费者想的多做一点，比竞争对手多做一点，正是因为这个"多一点"，海底捞赢得了消费者的心。有一次，一个顾客买单仍正准备走的时候，随口说了一句："有冰淇淋送吗？"服务员回答："请稍等。"五分钟后，这个服务员拿着冰淇淋气喘吁吁地跑回来："小姐，你的冰淇淋，让你久等了，这是刚从外边超市买来的。"

第三是真诚服务。服务就是心与心的沟通。我们有没有给客户真诚的服务，消费者其实都能够感觉得到。来过海底捞的人都能感觉得到服务员个个精神饱满，面带微笑，感染了顾客。

第四是创新服务。对一线员工的充分授权，往往会激发其创造性和想象力。员工往往根据客户的个性化需求，提供一些独特的创新性服务。在海底捞早期的时候，海底捞董事长张勇发现一位顾客的皮鞋很脏，就安排店员给他擦皮鞋。这个小小的举动让客人很感动。从此，海底捞便有了给客人免费擦鞋的服务。这样的例子在海底捞每天都有可能发生。海底捞的员工每天都在思考如何更好地给消费者提供创新性的服务，同行很难跟得上海底捞的创新步伐。

总而言之，海底捞以它的优质服务闻名于世。我们都知道，服务是人来做的。在海底捞优质服务的背后，实际是对人性的了解和深刻洞察，对员工心理的把握。

二、优质服务背后的人力资源管控体系

海底捞的一线员工很多都是来自农村的打工者，他们来到城市想通过自己的努力和奋斗，实现人生理想。海底捞恰恰给了他们这样的机会。让这些以前失去了很好的教育或发展机会的人们得到了一个去展示才华、实现抱负的平台。海底捞较早地认识到，要让员工感到幸福快乐，不仅要提供好的物质待遇，还要让他们感到公平，更让他们得到尊严，给他们希望。

一方面，海底捞将"用双手改变命运，靠勤奋实现梦想"作为企业价值理念，鼓舞员工用努力改变自己的命运。另一方面，海底捞为每个员工制订了完整的职业发展规划，让他们都能明晰自己的发展方向，看到自己的未来，从而激发出员工的工作动力和热情。

海底捞把员工的职业发展分成技术、管理、后勤三条发展路径。每个人都可以自主地选择自己的职业发展路径。考虑到管理岗位较少，走技术路线的"功勋级员工"收入仅仅比店长少一点点，这就有效避免了大家片面追求管理路线的职业发展方向。

另外，海底捞的绝大多数经理，包括店长、区域经理这样对综合素质要求比较高的管理者都是从基层提拔起来的。他们出身草根，凭借自身努力，才获得今天这样的成就和地位。这些榜样，给了基层一线员工以希望，对每个员工带来了巨大的激励作用，让他们相信"用双手改变命运，靠勤奋实现梦想"这句话。

在现实生活和工作中，海底捞还给与员工足够的关爱。为了节省员工房租开支，海底捞租下正规小区的单元楼供员工居住，其中电视、宽带、电话等基础设施一应俱全。而且为了方便员工上下班，租的房子离上班地点都非常近，上班

资料来源：赢商网，http://yn.winshang.com。

路上一般不会超过20分钟。海底捞还安排专人打扫员工宿舍，定期拆洗被单。此外，还专门为夫妻安排单独房间。海底捞不仅仅解决员工的生活问题，还让他们的父母以及亲属满意。海底捞每月给符合条件的员工的父母寄几百元钱，体现公司对员工父母的感激与关爱。海底捞出资在四川简阳建立了一所寄宿学校，让员工的孩子免费上学，还成立专项基金，每年拨款100万用于治疗员工和直系亲属的重大疾病等。

通过对员工及其家属的关爱，海底捞收获的回报是超值的。这些换来的是员工对企业无限的爱，对工作的饱满热情，以及集体荣誉感和自豪感等，这些才是支持海底捞长期发展的力量源泉。

三、服务不是一切

餐饮业和纯粹的服务业还不太一样，确切地说，餐饮业是有形产品和无形服务的结合。因此，优质的服务不是一切，如果食材不行，味道不行，无论服务多么尽善尽美都没有用。海底捞对菜品质量的控制、对新菜品的不断开发创新，也是它不断走向成功的重要原因。

在食材方面，海底捞追求绿色、安全、营养价值等。比如在涮锅用的肉制品方面，海底捞不仅精挑细选，而且还摸索出初加工以及切片工艺，保证健康与方便食用；在锅底方面，海底捞自创了鸳鸯无渣锅底和蹄花三鲜锅底等；还推出了一系列特色的凉卤小吃等。

精致的食材、美味的味道以及优质的服务是消费者对海底捞直观感受到的，但是在这背后，后台供应链体系的强大支撑，以及标准化的生产，对于海底捞的成功同样功不可没。

四、后台体系的强力支撑很关键

以北京为例，北京所有分店的食材都来自西红门物流配送中心。这里有全套先进的检验、清洗以及冷餐设备。每天下午从专供海底捞的协议农户那里收购而来的原生态食材，都要经过三次严格的检验、清洗等环节，然后进入冷藏设备。在次日下午由专门的消毒保鲜车运送到各个分店。严格完整的食物配送体系大大简化了各分店厨房的工作，他们只需将菜品拆箱、切片、按重量标准装盘上桌即可。

新鲜食材的保鲜是重要课题。海底捞后台配送体系和前台门店建立了密切的联系。为了最大程度地减少库存并保证菜品新鲜，各门店要预估当天的需求状况并向计划部报送原料需求量。经过严格的数据分析后，计划部会向配送中心下达采购命令和生产任务。

海底捞在提高效率、控制成本方面以及提高服务响应的速率上面还做了很多努力。比如，海底捞投巨资规划建设物流配送中心；专业的后台支持使门店的后厨工作量大幅压缩；为分店配备自动的火锅加汤设备、自动洗碗机以及触摸屏点菜等设备；以及努力加强后台菜品配送流程，以期达到"分店无后厨"的最终境界。

总而言之，在后台供应链上，以及食材的制作上等一切可以标准化、规模化的环节，海底捞都严格执行标准化。在软性的服务方面，海底捞又全线放权，赋予每一个员工最大的自由空间,让他们放手去搞好服务。

五、小结

海底捞能成功的原因,就在于它确立了以服务为核心的营销模式。超值的、个性化的、真诚的以及创新的服务,是它能够成功的关键核心。海底捞通过给员工更多的关心,建立公平合理的工作环境,给他们创造一个公平竞争的平台,让每一个普通的员工都能在这个平台上,通过自己的努力实现自己的梦想。

但是服务又不是一切。餐饮行业的特殊性,决定了它不能完全靠服务制胜。所以,海底捞也应高度重视菜品的质量以及创新,并且打造后台供应链体系包括标准化的生产、规范化的操作等,在提高效率、控制成本等方面发挥了重要作用(如图2-8所示)。

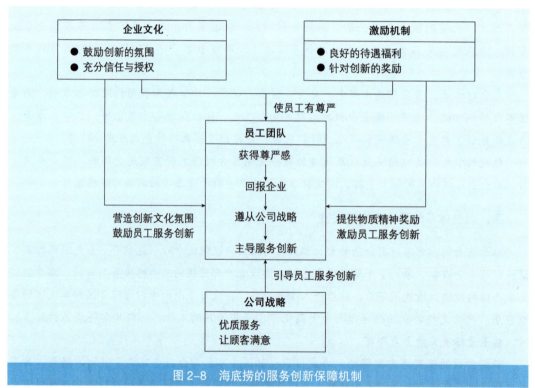

图2-8 海底捞的服务创新保障机制

资料来源:整理改编自柯志雄,"喜讯!海底捞上榜2015中国最佳创新公司50强",《快公司》,http://www.canyin88.com/zixun/2016011837221.html;沈志勇,"海底捞模式解读",《中国食品评介》,2014年02月17日,http://info.tjkx.com/detail/995851-3.htm;李飞、米卜、刘会,"中国零售企业商业模式成功创新的路径——基于海底捞餐饮公司的案例研究",《中国软科学》,2013年第9期,第97-111页。

2.4 商业模式创新

管理学大师彼得·德鲁克曾经说过:"当今企业之间的竞争,不是产品之间的竞争,而是商业模式之间的竞争。"商业模式创新指对目前行业内通用的为顾客创造价值的方式提出挑战,力求满足顾客不断变化的要求,为顾客提供更多的价值,为企业开拓新的市场,吸引新的客户群。一个简单的例子是,与传统书店相比,Amazon 和当当网就是一种商业模式创新。

商业模式的概念

商业模式的定义有很多,但目前最为管理学界接受的是在 2005 年发表的"厘清商业模式:这个概念的起源、现状和未来"一文中提出的定义:**商业模式是一种包含了一系列要素及其关系的概念性工具,用以阐明某个特定实体的商业逻辑。它描述了公司能为客户提供的价值以及公司的内部结构、合作伙伴网络和关系资本等用以实现(创造、营销和交付)这一价值并产生可持续、可盈利性收入的要素。**

这个定义明确了商业模式的特征,商业模式展现一个公司赖以创造和出售价值的关系和要素,可以细分为 9 个方面:

- 价值主张(value proposition)。公司通过其产品和服务所能向消费者提供的价值。价值主张确认了公司对消费者的实用意义。
- 消费者目标群体(target customer segments)。公司所瞄准的消费者群体。这些群体具有某些共性,从而使公司能够(针对这些共性)创造价值。定义消费者群体的过程也被称为市场划分(market segmentation)。
- 分销渠道(distribution channels)。公司用来接触消费者的各种途径。这里阐述了公司如何开拓市场。它涉及公司的市场和分销策略。
- 客户关系(customer relationships)。公司同其消费者群体之间所建立的联系。我们所说的客户关系管理(customer relationship management)即与此相关。
- 价值配置(value configurations)。资源和活动的配置。
- 核心能力(core capabilities)。公司执行其商业模式所需的能力和资格。
- 合作伙伴网络(partner network)。公司同其他公司之间为有效地提供价值并实现其商业化而形成的合作关系网络。这也描述了公司的商业联盟(business alliances)范围。
- 成本结构(cost structure)。所使用的工具和方法的货币描述。
- 收入模型(revenue model)。公司通过各种收入流(revenue flow)来创造财富的途径。

衡量一个企业商业模式是否合格,我们就可以用这 9 个要素去衡量(如图 2-9)。

图 2-9　商业模式画布示意图

资料来源：[瑞士] 亚历山大·奥斯特瓦德、[比利时] 伊夫·皮尼厄著，王帅等译，《商业模式新生代》。机械工业出版社，2010 年。

每一次商业模式的革新都能给公司带来一定时间内的竞争优势。但是随着时间流逝，公司必须不断地重新思考它的商业设计。

创新视点　　丁香园：移动医疗领域的商业模式创新

2014 年 9 月 2 日，丁香园宣布获得腾讯 7000 万美元的战略投资，这也刷新了此前移动医疗领域的融资纪录，成为目前国内该领域最大的一笔融资。

丁香园的商业模式画布说明所图 2-10 所示。

1. 建立了国内最大的医生社区。截至 2013 年年底，中国注册医师总量为 269 万，而丁香园平台上的注册医师资源约有 200 万，同行业中的竞争对手好大夫约是 30 万，春雨医生大约是 3 万，其在众多医生社区平台中医生资源最为丰富。

2. 以医生社区为基础，与医药公司互动，顺向建立"E-Marketing"体系，随后为医药公司进行的后端服务，建立一些药物观察数据库。这样医药公司也会对丁香园产生强黏性，并且成为收入来源。据预计，丁香园在药企广告上每年的销售收入可能在 3000 万元左右，这是丁香园目前利润的主要源泉，尽管它并没有公布这方面的信息。

3. 顺向建立了丁香人才。作为医学药学、生命科学专业的招聘求职平台，这是"医药领域的 LinkedIn"，因为像医生这些专业人士相对较少地去 51job 或者智联招聘网上找工作。丁香人才的盈利模式比较清晰，因为挣钱就要挣有钱人的钱，就是向医院、机构和大型医药企业等不差钱的财主创造营收。

商业模式画布				
重要伙伴 1.出版社 2.医药企业	关键业务 1.收集文献 2.数据观察	价值主张 1.为医生提供免费文献/学术工具/交流平台 2.医药观察数据 3.医药人才招聘平台 4.生物企业宣传平台	客户关系 1.论坛 2.所有丁香园网站/APP	客户细分 1.医生（专业人士） 2.医院 3.科研机构 4.医药企业 5.生物企业 6.大众患者
	核心资源 1.文献库 2.医药数据库 3.所有丁香园网站/APP		渠道通路 1.论坛 2.所有丁香园网站/APP	
成本结构 1.数据库成本 2.功能开发（网站/APP） 3.实体营销推广（学术会议，医院医生）		收入来源 1.医生文献/工具（免费） 2.丁香人才（向医院、药企、机构收费） 3.丁香通（向生物公司收费） 4.医药观察数据库（向医药企业收费）		

图 2-10　丁香园商业模式画布示意图[①]

4.丁香通——国内目前最好的生物商城。因为医药和生物科研领域是密不可分的，医生和科研机构等都需要做一些生物实验，所以丁香商城会吸引很多的生物公司进驻平台，这里的盈利模式是收取生物公司的广告和平台年费。

5.丁香园是国内移动医疗行业内唯一完成了封闭电子商城的移动医疗企业。丁香园在自己的平台推出了一个相当于腾讯Q币的虚拟货币"丁当"，用户可以通过发帖、回帖和参加一些活动来获得丁当，然后丁当可以被用于查看和下载资料，以及兑换一些书籍、数码产品等。其实，包括"杏树林"等一些移动医疗企业也都尝试过在平台上推广虚拟货币，例如"金杏"，但是没有成功，只有丁香园是唯一成功的平台。

丁当最重要的作用是给了医生一些利益驱动和荣耀，增加了论坛的活跃度，这是丁香园循环流水商业模式中非常重要的一环，因为人性喜欢激励，否则很难保持参与者的激情。另外一点就是，如果想要的资料都随手可得的话，那大家参与讨论的积极性就会下降很多。

丁香园是一个媒体，有两本SCI学术杂志，并且每年还会定期举办学术会议，还会对医院和医生进行媒体宣传。丁香园CTO冯大辉的个人微博也是一个自媒体，事实上他的很多言论

[①] 精益商业模式画布不能涵盖丁香园的整体业务，因为丁香园是环形业务体系，供应商可能会包含用户，用户又有可能变成供应商，这是一个互相导流的循环补贴商业模式，由此大家也可以反思所谓"精益创业"顶层设计的天生缺陷！

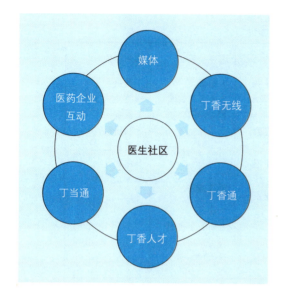

都是企业行为，是公司推广的结果，也是丁香园产品的一部分。丁香园在媒体这块不是整个商业模式中最赚钱的部分，收入也不是最高，甚至可能只能做到收支相抵，但确是产业链中非常重要的部分。因为媒体最重要的作用是扩大影响力，同时为整个商业模式做连接。根据调研，目前丁香园已经事实上成为医疗圈医生领域的第一传媒。整体市场占有率15%左右，其中三甲医院医生比例为21%。

丁香园未来的发展方向是做医生的用药助手、大众版的家庭医生，并且还会有类似医患类的产品或者医生工具类的产品出现，这些都可以借助其比较强的医生平台和行业媒体的影响力进行推广，后发优势明显。

以上是行业专家对于丁香园此次融资估值的判断基础。虽然没有公开数据的准确报道，但据估计丁香园的年销售收入应该在7千万元左右。此次合同标的预测为估值4亿美金左右，对标7千万元美金是15%—20%的股份，虽然细节没有公布。因为GSK和甘李药业的黑天鹅事件会驱动医药分销模式，从带金销售给回扣逐步转向学术推广，那么学术型、平台型的丁香园会成为行业内最大的受益者，在这两年内会有一个超预期的发展。

丁香园既完成了全产业链布局，又进行了垂直整合，构建了大框架的循环补贴商业模式，长跑的近14年中还磨合了高绩效的团队，此次牵手互联网行业三巨头之一，也为其未来成为整个中国移动医疗领域内的"超级赛亚人"打下了坚实的基础。

资料来源：节选改编自，Dr.2，"猩球崛起，丁香归来，移动医疗进入"战国时代"！"，http://36kr.com/p/215033.html，2014/09/02

2.5 创新的层次类型

自熊彼特提出创新理论以来，但是为了创新研究的深化和提高创新政策的针对性，各国的学者根据不同的标准和维度对，以内容为主要特征的创新类型，如产品创新、工艺创新等一直受到广泛重视，创新进行了分类。

2.5.1 根据创新的程度划分

按照创新程度的不同，技术创新可以分为渐进性创新（incremental innovation）与突破性创新（breakthrough innovation/radical innovation）。

1. 渐进性创新

渐进性创新是指，在原有的技术轨迹下，对产品或工艺流程等进行的程度较小的改进和提升。一般认为，渐进性创新对现有产品的改变相对较小，能充分发挥已有技术的潜能，并经常能强化现有的成熟型公司的优势，特别是强化已有企业的组织能力，对公司的技术能力、规模等要求较低。

对火箭发动机、计算机和合成纤维的研究表明，渐进性创新对产品成本、可靠性和其他性能都有显著影响。虽然单个创新带来的变化都很小，但它们的累计效果常常超过初始创新。福特T型车早期价格的降低和可靠性的提高就呈现出这种格局。1908—1926年，汽车价格从1200美元降到290美元，劳动生产率和资本生产率却都得到显著提高。成本降低是无数次工艺改进的结果。福特一方面通过改进焊接、铸造和装配技术及材料替代降低成本；另一方面，还通过改进产品设计提高汽车的性能及可靠性，从而使T型车在市场上更具吸引力。

虽然渐进式创新对于企业盈利状况的影响力往往是相对较小的，但通过渐进式创新，能够提高顾客满意度，增加产品或服务的功效，由此也可以产生正面的影响力。同样，渐进式的流程创新能够提高企业生产力并降低成本。

从理论上说，虽然渐进性创新没有显著利用新的科学原理，但随着时间的流逝，会逐渐产生巨大的积累性经济效果。相对于突破性创新给企业带来的巨大风险与困难，许多公司经营者倾向于采取渐进性创新模式。

创新标杆 —————————— **腾讯的渐进式创新** ——————————

在腾讯，渐进式创新的案例数不胜数，维持快速迭代的渐进式创新，是腾讯产品持续成功的重要因素之一。从QQ第一个版本到现在，腾讯发布了数以百计版本，这其中当然有大的重构和功能的革新，但更多的是遍布在小版本中的渐进式创新。

腾讯是最早执行快速迭代微创新的互联网企业之一，正是这种微创新能力让它击败了MSN、联众、盛大等众多的互联网巨头，获得强大的盈利能力。

从2011年1月推出到同年年底，微信在1年的时间里更新了11个版本，平均每个月迭代一个版本。1.0版本仅有聊天功能，1.1版本增加对手机通讯录的读取，1.2版本打通腾讯微博，1.3版本加入多人会话，2.0版本加入语音对讲功能。直到这个时候，腾讯才完成了对竞争对手的模仿和追赶，开始创新之路。

微信2.5率先引入查看附近的人，正是通过这个功能的推出，实现了对主要对手米聊的超越并带来用户大爆炸式增长。微信3.0率先加入漂流瓶和摇一摇功能，3.5版本增加英文界面，全面进军海外市场。这个时候的国际市场上，日本的LINE同时崛起，并且更早一步开始了对东南亚市场的占领。而美国的社交巨头 FACEBOOK 仍在梦中，WHAT'SAPP 仍在延续着当年 ICQ 的软件思维，向用户收取服务费。

微信 4.0 率先推出相册和朋友圈功能，4.2 版本增加视频聊天插件，4.3 版本增加语音搜索功能，4.5 版本增加多人实时聊天，语音提醒和根据对方发来的位置进行导航的功能。微信的社交平台功能日趋完善，并且一步步向移动智能助手的角色发展。必须说明的是，在视频聊天和智能语音搜索上，微信比 LINE 更早了一步，产品体验开始领先。LINE 的成功更多地在于明星营销策略和商业化生态系统的搭建上，产品创新体验上并无优势。

微信 5.0 添加了表情商店和游戏中心，扫一扫功能全新升级，可以扫街景、扫条码、扫二维码、扫单词翻译、扫封面。微信支付体系打通，一个移动商业帝国的框架已经基本搭建完毕。

从全球来看，LINE 的商业化无疑更早获得成功，国际化的脚步也更快，但是腾讯最擅长的从来就是后来居上：只要方向正确，专注创新，奇迹总会发生。

资料来源：卢松松，"腾讯是怎样通过创新一步步登上王者之位的？"，http://lusongsong.com/info/post/740.html

---

许多实证研究显示，渐进性创新只能维持企业现有产品的竞争能力，当市场出现突破性创新成果进行竞争的对手时，现有的成熟大型公司就可能丧失其市场领先地位。历史上，晶体管的出现几乎击溃了所有的电子管生产企业，而当时电子管生产企业正孜孜不倦地致力于渐进性创新。日本石英钟技术的发展给瑞士的钟表业致命的打击，而这种技术恰是当年从瑞士流出的，优秀的瑞士科技人员和企业家却正精益求精地进行着自己的渐进性创新以提高机械表的性能。这些教训说明，渐进性创新可以保持优势，但很容易被突破性创新所吞噬。

服务型行业的渐进式创新表现例如：旅馆简化顾客登记程序；银行重新装修营业大厅；养老院更换上醒目的标志，以方便视力退化的老年人；国际航线座椅增加 USB 充电口等。

对于一直致力于开拓新市场和开发新产品的企业来说，不断改进是获得成功的要素。这些企业都认识到，无数次的渐进式创新是整个创新过程必不可少的一部分。因此渐进式创新也是一种有益的、不可或缺的尝试，应该予以支持。但是只关注渐进式创新最终产生的效果是，企业止步不前，无法创造出更好的产品、服务和市场。

2. 突破性创新

突破性创新是导致产品性能主要指标发生巨大跃迁，对市场规则、竞争态势、产业版图具有决定性影响，甚至导致产业重新洗牌的一类创新。[①] 这类创新需要全新的概念与重大的技术突破，往往需要优秀的科学家或工程师花费大量的资金，历时 8—10 年或更长的时间来实现。这些创新常伴有一系列的产品创新与工艺创新，以及企业组织创新，甚至导致产业结构的变革。很难用增加多少收入衡量什么是突破性创新，因为这还取决于公司的规模和耗费的成本。因此，突破性创新只能是所谓的"突破"，但如果给突破性创新下个定义，也只能

---

① 付玉秀，张洪石，"突破性创新：概念界定与比较"，《数量经济技术经济研究》，2004 年第 3 期，第 73—83 页。

用它自身来界定其含义。如果通过流程改进显著降低成本或显著提高产量，那么这样的流程改进也可以说是一种突破（如图2-11所示）。

有时候，突破性发明也会使企业获得突破性的创新成果。突破性发明是人类向前跨越的一大步，它可能无法使某个企业获得"先来者的优势"，但往往能孕育出一个全新的行业，汽车、电、青霉素、互联网等，这些都是具有突破性的发明和发现。

所有成功的技术型企业都需要持续性（渐进性）创新来满足当前客户不断变化的需求，由此实现企业的持续成长。但是这些创新还必须周期性地辅以不连续性创新（discontinuous innovation）。突破性创新就是一类主要的不连续性创新。一个突破性创新项目有潜力至少达成下列目标中的一个：

- 一套全新的性能特征；
- 对已知性能指标至少5倍及以上的改进；
- 成本的大幅度下降（>30%）。

那些生存了数十年的大公司，如IBM、GE、摩托罗拉、惠普、西门子、飞利浦、3M、通用汽车和杜邦等会有规律地用突破性创新来打断正在进行的渐进性创新。

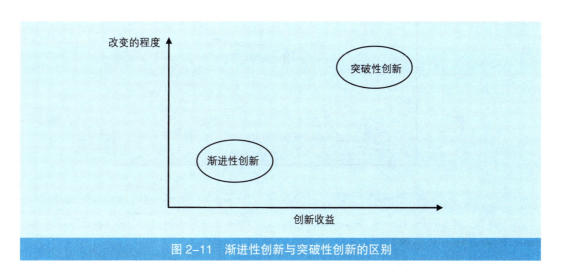

图2-11　渐进性创新与突破性创新的区别

但是在重大的突破性创新方面所做的努力，失败往往多过成功。虽然看起来有很多小型的创业型企业（特别是来自美国硅谷的企业）在进行突破性创新，并将它们带入市场，但实际情况却是，它们中的大多数都失败了。一项最近的研究表明，在美国风险资本支持的新企业所进行的创新中，只有小部分从属于第一类（真正的突破性发现）和第二类（基础技术的改进）创新，因为风险基金的生命周期有限（通常是8年），并不鼓励投资长期的、高风险项目，尽管这些项目的获利潜力很高。

显而易见，就算在美国、欧洲和日本等的发达国家，突破性创新方法也很难实施，因为该方法需要投入大量的时间和资金，还需要高层领导的关注。因此，对发展中国家来说，理解突破性创新的本质并以开放的眼光实施创新是非常重要的。除此之外，同步引入/推广哈佛大学克莱顿·克里斯藤森教授提出的另一种不连续性创新方法——破坏性创新（disruptive innovation），对发展中国家来说也许是一种明智和更为现实的做法（具体见2.6节）。

突破性创新与渐进性创新的总体区别可以借助技术轨道的概念来理解。由图2-12可以看出，当一种区别于技术Ⅰ的新技术Ⅱ的新思想提出以后，首先要进行突破性创新，尽管这种突破性创新的产品可能在早期阶段性能不如前一代产品。例如，最初发明的火车其速度不如马车跑得快，但当解决了主要技术难题之后，将经历一个技术水平与产品性能急剧上升的过程，直到产品的主要技术性能指标稳定下来。这时，企业就转入渐进性创新阶段，直到出现新的技术轨道Ⅲ，当技术轨道Ⅲ所带来的技术生产的产品在市场上超过技术轨道Ⅱ时，渐进性创新便以衰败告终。如果一个企业同时开展技术轨道Ⅱ上的渐进性创新与技术轨道Ⅲ上的突破性创新的研究工作，该企业可以保持持续的竞争优势。如果从事技术轨道Ⅱ的企业没有从事技术轨道Ⅲ的工作，新企业将挑战在技术轨道Ⅱ领先的企业，导致技术轨道Ⅲ中期阶段市场竞争格局的重新洗牌。

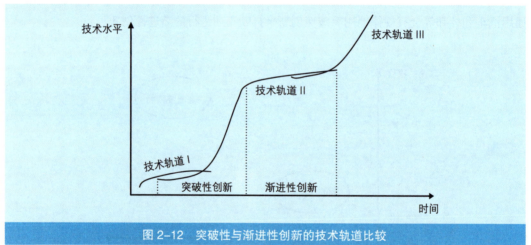

图2-12 突破性与渐进性创新的技术轨道比较

资料来源：Christensen, Clayton. *The Innovator's Dilemma: When New Technologies Cause Great Firms to Fail*. Harvard Business Review Press, 1997.

突破性创新与渐进性创新在创新目标、组织、过程以及不确定性等方面都存在显著的不同（如表2-6所示）。进一步的统计研究发现，在适应对象方面，突破性创新与渐进性创新也存在差异。突破性创新多发生于一些中小企业，而大型企业多从事渐进性的创新。学术界从技术历史角度的研究也发现，成熟型大公司往往被小公司的突破性创新淘汰出局。这主要是因为原有的在前一代技术轨道上建立起来的组织规章、企业文化、激励机制、经营策略、组织能力都与前一代技术轨道后期的渐进性创新相适用。在前一代技术轨道积累的成功经验、核心能力与竞争优势恰恰成为新一轮竞争的障碍。[①]

---

① Christensen, Clayton. *The Innovator's Dilemma: When New Technologies Cause Great Firms to Fail*, Harvard Business Review Press, 1997.

表 2-6 渐进性创新与突破性创新的多角度比较

比较项目	渐进性创新	突破性创新
创新目标	维持与加强现有市场地位	改变游戏规则，实现跨越
重点	原有产品成本和性能的提高	开发新产业、产品、工艺
技术	现有技术的开发利用	研究探索新技术
不确定性	低	高
技术轨道	线性的、连续的	发散的、不连续的
商业计划	创新开始即制订计划	基于探索性学习而演化
新思想产生与机会识别	在前一个创新末期产生	偶发于整个生命周期
主要参与者	正式的交叉功能团队	具有多种功能知识的个人，非正式的网络
过程	正式的阶段模型	早期阶段为非正式的柔性→后期阶段为正式
组织结构	在业务单位内部运转的跨功能项目小组	从思想到孵化器，再到目标驱动的项目组
资源与能力	标准的资源配置	创造性获取资源与能力
运营单位的介入	早在一开始就正式介入	从早期的非正式介入到后期正式介入

资料来源：Leifer, Richard. *Radical Innovation: How Mature Companies Can Outsmart Upstarts*. Harvard Business Press, 2000.

Leifer 等人利用生命周期观点，对突破性创新过程的内在规律进行了考察，得到了突破性创新生命周期不同于渐进性创新生命周期的一般特性，归纳如下[1]：

- 长期性——往往是 10 年或者更长的时间；
- 高度的不确定性和不可预测性；
- 偶发性——停止和开始，中断和再生相互交替更迭；
- 非线性——需要通过对中断做出反应的一些活动和反馈周而复始，需要不断地应用全部关键的突破性创新项目管理能力；
- 随机性——主要参与人员不固定，重点不断变化，容易受外界环境的影响等；
- 背景依赖性——历史、经验、企业文化、个性和非正式关系等各种因素相互影响，产生各种积极和消极的因素。

突破性创新的过程如图 2-13 所示。

---

[1] Leifer R, McDermott C, O'Connor G, Peters L, Rice M, Veryzer R., *Radical Innovation: How Mature Companies Can Outsmart Upstarts*, Harvard Business School Press, 2000.

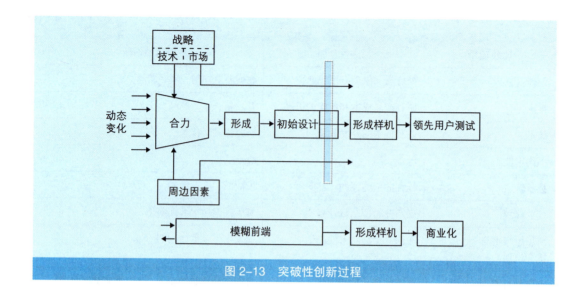

图 2-13 突破性创新过程

创新视点 —— 振华港机的突破性创新

20世纪90年代初,港口大型集装箱装卸机械的生产全被国际制造业巨头把持,中国港口集装箱装卸用的全是"洋设备",关键的核心技术受制于人。

面对世界港机强手如林的激烈竞争,振华港机一靠科学技术、二靠自主创新、三靠新产品的核心竞争力,跨越了国际同行三四十年的发展进程,先后攻克了二十多项世界领先的新一代集装箱起重机关键技术,在可吊双40英尺集装箱起重机、双小车集装箱起重机、自动化码头装卸系统等产品方面取得了世界领先地位,颠覆了全球港口机械产业格局。现已成为全球最大的集装箱起重机制造商,连续多年居全球市场占有率的第一位。

双40英尺箱岸边集装箱起重机由振华港机自主开发,属世界首创,它可实现一次性吊两只40英尺或四只20英尺的集装箱,创造了令业界震惊的每小时起吊104标箱的世界记录。而目前普通集装箱起重机一般为每小时50标箱上下,装卸效率提高60%以上,被业内专家一致评价为21世纪岸边集装箱起重机的更新换代产品,受到国内外青睐。吊三只40英尺箱岸桥,是振华港机在双40英尺箱岸桥的基础上开发的又一集装箱起重机高效产品。可以进行单箱、双箱和三箱作业。与双40英尺箱岸桥相比,其装卸效率至少可提高15%—20%(如图2-14所示)。

振华港机突破性创新的取得途径:引进——快速消化吸收——开放式全面创新。振华港机不断吸收当代最高水平的电气驱动和电气控制技术。通过与德国西门子、瑞典ABB、美国通用电气等世界一流的强手进行技术合作,短短几年内就实现了从全盘引进到消化吸收,再到二次创新,进而通过技术创新拥有自主知识产权的飞跃。

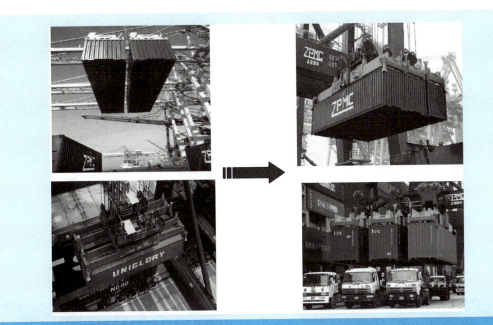

图 2-14 振华港机的突破性创新

资料来源：何志文，"谁站在（中国制造品牌）的巅峰"，品牌中国网，http://news.brandcn.com/pinpai-guancha/080417_128504_3.html

2.5.2 根据创新的连续性及面向的市场划分

1. 连续性创新

从一个特定企业的角度说，如果创新是建立在原有的技术轨迹、知识基础上，不断地改进并推出新产品，就是一种**连续性创新**，也叫维持性创新。例如，海尔开发出小小神童洗衣机后，在原有基础上经过多年来的技术升级，已从第 1 代发展到了现在的第 18 代。除了体积容量更适合夏季使用之外，小小神童还具有杀菌、消毒、不用洗衣粉等功能，性能更加完善。

2. 非连续性创新

非连续性创新也叫间断性创新，指脱离原有的连续性技术轨迹的创新，包括突破性创新、破坏性创新等。面向新的细分市场，建立在新的技术轨迹、知识基础上的，就是破坏性创新，如 UT 斯达康推出的小灵通（可移动固话），相对于原有的固定电话创新的轨迹来说，就是破坏性创新。连续性创新与非连续创新的关系如图 2-15 所示。

基于以上的分析，图 2-16 对创新的分类进行了总结，并从创新内容、创新程度、市场定位三个维度对创新进行了划分。从创新内容维度划分，创新包含产品创新、工艺（流程）创新、服务创新、商业模式创新；从创新的程度划分，创新可根据改进的程度深浅划分为渐进性创新与突破性创新；最后，针对创新的市场定位，创新可以划分为高端创新与低端创新，前者主要面向高端市场，后者主要面向普通大众。

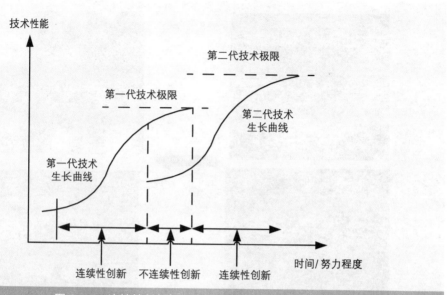

图 2-15 连续性创新与不连续性创新演进示意图

资料来源：裴莹，《基于技术成长的连续性创新与不连续性创新管理研究》，硕士学位论文，重庆大学，2006。

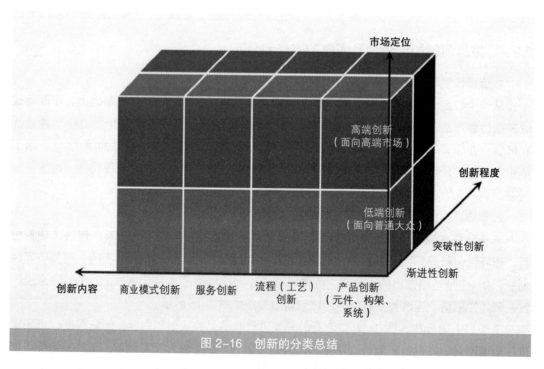

图 2-16 创新的分类总结

在不同发展阶段中，企业在创新内容、创新程度，以及市场定位的选择时有所侧重。例如传统的制造业往往关注于产品创新与工艺创新，通过渐进式改良降低创新的风险，并面向低端市场，追求低端市场普通大众的规模效应；苹果等公司强化商业模式创新，针对不同的产品族实施渐进式改良与突破性创新相结合的发展战略，同时面向全球手机、平板电脑等高端市场定位，从而获取高创新绩效。依赖公司的资源禀赋、产业环境、市场定位，公司需要平衡创新内容、创新程度与市场定位，通过合适的创新发展选择以获取持续的竞争优势。

2.6 破坏性创新

2.6.1 维持性技术与破坏性技术

1997年，哈佛商学院的Christensen教授在其《创新者的窘境》一书中，系统地提出并分析了破坏性创新的概念与作用，这本书引起了学术界、产业界的巨大关注（如图2-17所示）。将创新分为两种：维持性创新（sustaining innovation）与破坏性创新（disruptive innovation，也被译为颠覆式创新）。

维持性创新致力于在消费者所重视的维度上对现有产品的改进，向现有市场提供更好的产品；破坏性创新则要么创造新市场，要么提出一种新的价值主张来重塑现有市场。

破坏性技术要成功，必须满足两个条件：第一，主流市场必须存在产品与服务功能过剩，导致顾客被过度服务，出现价值冗余；第二，本土企业必须被高端或高利润市场吸引，因此当受到来自"低端"的破坏性技术的攻击时，它们会愿意逃离低端市场。例如，当个人电脑第一次进入市场时，一个2000美元的产品只有20%的利润率，它们对那些热衷于向高端市场进军的小型机供应商来说，并不吸引人。在高端市场，他们可以享受每台价值250000美元小型机45%的利润率。当小型机巨人数字设备公司（Digital Equipment Corp.，DEC）最终醒悟，感受到来自微型机的严重威胁时，改变在小型机发展过程中确定、内化的流程和价值观已经太迟了。由此而发生的市场"破坏"导致曾一度让人瞩目的小型机巨头DEC公司迅速破产。

图2-17 哈佛商学院Christensen教授

资料来源：http://blog.sina.com.cn/s/blog_79610caa0102vskh.html

破坏是个相对的术语。例如，因特网对许多尝试开发新应用的新兴企业而言是一种破坏性技术，但对于戴尔来说却是一种维持性技术，因为它利用因特网来改善其当前业务运作过程。

最后，还应该了解不管破坏性创新方法最终能否在主流市场产生排斥，它都是一种"创造新市场"的有效工具。因此，Christensen教授极力推荐成熟企业和新企业采用这种方法，他估计采用破坏性战略成功创建一个增长型新业务的概率比采用维持性战略要高

10倍以上。

2.6.2 破坏性创新的意义

破坏性创新是指企业基于够用技术（good enough technology）的原则，建立在新技术或是各种技术融合、集成的基础之上，偏离主流市场用户所重视的绩效属性，引入低端用户或新用户看重的绩效属性或属性组合的产品或服务，通过先占领低端市场或新市场，从而拓展现存市场或开辟新的市场，引起部分替代或颠覆现存主流市场的产品或服务的一类不连续技术创新。破坏性创新普遍存在，因为早在 Christensen 发现并系统地提出可重复的创新流程之前，一些聪明的企业家已经学会挖掘破坏性机会。Christensen 给出了一些案例，如小型机、微型机、掌上电脑、数码相机、因特网设备、小型钢厂、微型涡轮、燃料电池等。事实上，很多亚洲的知名品牌企业，如丰田、夏普、索尼、佳能、宏基和台湾半导体制造公司，都是因为有了破坏性创新的支持才成长为大企业的。

Christensen 把破坏性商业模式创新和破坏性技术创新统称为破坏性创新。美国西南航空的廉价航空模式，戴尔电脑的直销模式，沃尔玛的天天平价等，都是破坏性商业模式创新。事实上，商业模式创新并没有为消费者提供新的或者改进的产品，而是采取与市场主导企业不同的、全新的方式为消费者提供产品或服务（如图 2-18 所示）。

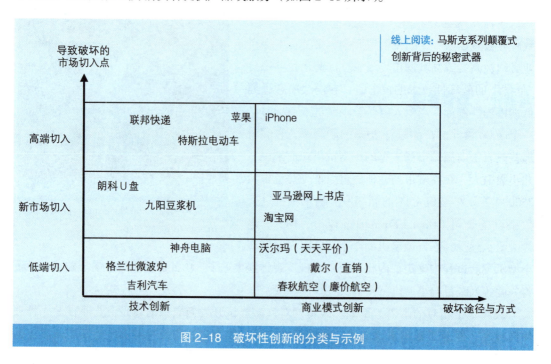

图 2-18 破坏性创新的分类与示例

Christensen 提出了两种基本的破坏方式：低端破坏和新市场破坏（如图 2-19 所示）。后来，有学者提出了第三种破坏方式：基于对市场的高端切入的破坏，如美国联邦快递一开始就是定位高端市场的，逐渐在高端市场站稳脚跟后开始向中端和低端市场渗透和破坏。

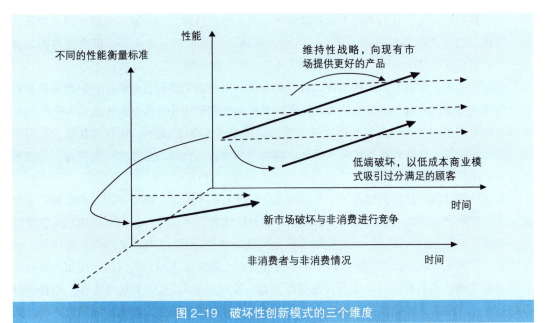

图 2-19 破坏性创新模式的三个维度

资料来源：[美]克里斯滕森、雷纳著，容冰译，《困境与出路：企业如何制定破坏性增长战略》。中信出版社，2004年。

　　破坏性创新方法可以被成熟公司和新企业用来为一个全新市场创造新产品。它还可以用来为发达国家创造足够好的、适用的、负担得起的产品。在破坏性立足点稳固后，企业可以利用维持性创新（渐进的或突破性的）向本地的高端以及全世界发达国家市场转移。所有想要获得可持续增长的企业，包括在突破性创新上大量投资的成熟大型企业，都应该充分关注这种方法。

　　破坏性创新还有其社会意义，由于它要求创新者将目光集中于低端市场，这样将更多地关注社会金字塔底层。创新将为普通大众服务，企业也将获取来自金字塔底层的商业利润。

　　在商业竞争中获胜，你必须用服务来包装不连续的技术，这样企业才能获得引人瞩目的竞争优势。这一阶段的每一个产品都相当于一个项目，顾问型销售团队与专业的服务组织携手合作，划定工作范围，完成工作计划。

　　破坏是相对于现有的主流技术、主流客户和关联企业而言的，一旦破坏性创新形成明确的性能改进轨道，也就演变为维持性创新，其后又会出现下一轮新的破坏性创新。对一家公司具有破坏性的创新可能对另一家公司具有维持性的影响。例如，互联网销售对戴尔的电话直销模式而言是维持性创新，而对康柏、惠普和IBM的销售渠道来说则是破坏性的。

2.7　社会创新

　　层出不穷的商业创新（包括产品和服务中的技术和商业模式创新等）使整个社会的财富持续增加，全体人类的福祉也随之增长。然而，商业创新在显示其强大力量的时候，其漏洞和局限也被相应放大。我们不得不面对这样的事实：尽管地球上的财富一直以加速度增长，但一直困扰着人类的那些基本问题——贫困、疾病、环境危机、劣质甚至根本没有的教育等——并没有随财富的增加而相应地减少或减轻，在某些区域，甚至有加剧之势。

政府、企业和非营利性机构也在以各自的方式，对财富和资源进行调配，以增加公共福祉。但随处可见的低效和浪费迫使人们反省：现有调配和管理公共资源的模式是否有问题？比如，欧美国家对世界贫困地区历年来的援助总额超过 3400 亿美元，但收效甚微。原因在于，实施援助的人在被救助者的需求识别、调动和利用各方资源的能力，以及保持财务健康程度上都存在着严重问题。

普通的商业创新往往只解决了一半的问题——创造私人财富。面对贫困、疾病和环境危机，更加重要的问题是：如何将私人财富的一部分转化为公共福祉？我们立即想到的答案可能是捐赠。但这也只解决了一半的问题（甚至可能一半都不到），捐出来的钱只是资本，必须要有一种放大机制，将这些有限的资本尽可能放大，成为巨大的公共财富。比尔·盖茨一方面将自己的钱捐出来，另一方面，他提出要有一种前所未有的、"更具创造性"地管理财富的方式，让财富真正成为人类抵挡或尽可能减少各种灾祸、增进人类整体福利的手段，而不是标识富人身家和政客政绩的数字。盖茨称之为"更具创造性的资本主义"。[①]

自 1986 年管理学大师彼得·德鲁克提出"社会创新"（social innovation）的概念，特别是 20 世纪 90 年代以来，社会创新日益受到各国政府、学术界、民间组织和国际社会的关注和重视。美国斯坦福大学社会创新研究中心 James Phills 等人指出，社会创新是对某个社会问题的新颖的解决办法，这个解决办法比现有的办法更有效、效益更高、更可持续或更加公正，同时它所创造的价值为整个社会带来利益而非仅仅对某些个人有利。**这种社会行动者不以商业盈利为主要目的，而是通过创新的方式和手段来解决社会问题、改善社会公共福利的创造性活动，就叫作"社会创新"，也有人称之为"公益创新"。**

社会创新的定义有狭义和广义之分。**狭义的社会创新主要是指公民社会创新或者说公民和公民社会组织等社会行动者在社会领域的各种创新活动。广义的社会创新包括政府社会创新、企业社会创新**和公民社会创新等。

社会创新是"非商业的"，但它不是"反商业的"。它将成为非营利性组织运行的灵魂，作为创造公共财富最有潜力的方式，它可以被政府、企业采用。比如，源于某些非营利性卫生组织创造的优良的医疗管理流程正在被政府纳入公共医疗中去，产生了明显的效果。再比如，自由软件、开放源代码本来是一种社会运动，但被企业引入到商业模式中以后，在增加公共福利的同时，也创造了巨大的商业价值。

社会创新可以看作政府社会创新、企业社会创新和公益社会创新共同作用的结果。**政府社会创新是指由政府公共政策和施政措施所主导和引领的社会创新**。在中国现行的政治体制下，在中国政府高度重视社会管理创新的当下，政策创新层出不穷，创新型政策引领的创新成为社会创新的重要形式。观察、总结和研究这些政策创新，可以深刻理解中国社会创新的

---

① 中国社会创新论坛，http://old.youcheng.org/article1/15.html

基本走向和未来图景。

企业社会创新是指企业运用企业生产、营销、人资、财务及研发等运营资源，通过创新模式，协助解决社会发展问题，是由企业的创新型实践所体现和代表的社会创新。 在市场经济改革已经获得巨大成就的中国，在市场秩序和市场活力还将进一步发展的当下，各类企业在履行社会责任方面的创新，在经营业务中融合社会职能的创新，在谋取自身发展的同时参与社会创新的实践，无疑对中国社会创新有巨大的推动作用。

创新视点　　**英特尔公司的芯世界社会创新中心**

芯世界社会创新中心是一家由英特尔公司孵化的非营利组织，始于2010年英特尔公司与中国民政部社会福利与慈善事业促进司发起的芯世界公益创新计划，专注于挖掘中国公益创新、社会创新潜力，通过促进跨界合作和创新，催化公益生态圈。现有品牌项目有社会创新周、极创48小时、社会创新之旅等，以往的项目包括芯世界公益创新奖、芯世界社会创新七步走培训等。

一年一度的社会创新周是一场启动中国创变力量的盛会，也是全球创客（chaugemdker）、社会创新者的盛大节日。

芯世界极创48小时源于英特尔的全球项目"Code For Good"，通过在48小时内完成一个既定的任务，吸引更多的专业人士关注社会问题、参与社会创新；帮助公益从业者对接专业资源，通过跨界创新体验开拓视野、掌握创新方法；引导技术创业者在社会和公共服务领域的创业。2013年的6期极创活动，吸引了30家合作团队，1200多人参加，完成了3个公益视频、5个公益快闪、3个公益戏剧、11个和养老及物联技术等相关的手机应用、7个可穿戴式设备及硬件原型，有7个技术团队拿到了种子资金，孵化了2个创业团队。

芯世界年度社会创新之旅通过在亚太地区的旅行学习，推动中国创变客与优秀的社会创新组织跨地区、跨领域、跨行业的创新理念与经验的交流分享。2011—2013年，芯世界创新之旅共组织69位来自政府、企业、公益组织的创变客前往韩国、泰国，参观当地优秀的社会创新组织和企业，并系统地学习了社会创新和设计思考等创新方法。

"云公益平台"是由英特尔发起并开发的非营利性在线社区，致力于为志愿者、公益组织和企业提供协作工具和平台，让企业闲置资产能帮助到需要的公益组织（如图2-20所示）。运营一年多以来，10多家爱心公司通过云公益平台为100多家公益机构提供了电脑、办公设备和网站建设等服务与支持。2013年暑期，通过与京东商城和英特尔的"以旧换新"项目合作，回收了3600多台二手电脑，在清理、消毒及检测之后，将可用的绿色电脑捐赠给"西部阳光""新公民计划"等助学公益机构支持的教育和乡村发展项目。

图 2-20 英特尔云公益平台

资料来源：http://www.cinnovate.org/

公民社会创新是指由公益组织和热心公益的公民个人在社会公共领域所从事和实践的社会创新活动。创新型公益所主导和引领的社会创新是整体创新中必不可少的一环。

社会创新有五大要素[①]：

（1）社会创新主体。社会创新主体主要是公民社会组织及社会企业家、社会活动家、民间意见领袖等杰出公民，他们往往是社会创新的发起者。社会创新不排斥甚至需要政府和企业在创新实施和推广过程中的参与，但它首先强调和关注的是公民社会的主动性和首倡精神。

（2）社会创新的领域。社会创新的活动领域主要是社会领域，如教育、医疗、养老、环保等。社会创新不同于技术创新，后者是人们在认识和改造自然世界中所从事的创造性活动，社会创新则是人类为满足自身生存和发展的社会性需求而从事的创造性活动。

（3）社会创新的目的。社会创新的目的不是为了增进某些特定个人的利益，而是为了增进社会利益，不是为了实现私人目标而是为了实现社会目标。实现社会目标、创造社会价值、增进社会公益、保障公民权利是社会创新者从事创造性行动或服务的动机或目的。

（4）社会创新的过程。作为一种过程的社会创新，是解决社会问题、满足社会需求的新创意的提出、实施和推广的过程。

（5）社会创新的结果。社会创新是解决社会问题、满足社会需求的富有成效的创造性活动，从而或多或少地推动了社会变革。成功的社会创新最终往往表现为一种得到社会普遍认可和接受的新理念、新产品、新服务、新组织、新体制、新政策法规、新生活方式、新行为方式、新社会关系等，这种新旧更替的过程是和平、理性的，尽管并非一帆风顺。

---

① 何增科，"社会创新的十大理论问题"，《马克思主义与现实》，2010 年第 5 期。

创新标杆 —— 印度心脏手术流程化先驱谢蒂医生：平价医疗的社会创新

作为印度连锁心脏医院Narayana Health集团的创始人，德维·谢蒂医生通过创新经营模式，以低廉的费用为印度患者提供世界级的优质医疗服务，成功在印度14个城市开设了23所平价连锁医院，总计已拥有超过6300个床位。作为平价医院革命的发起者，谢蒂医生通过"规模经济"成功建立起了一套高效、公平、公益和商益兼得的综合医疗体系（如图2-21所示）。

一、实现手术流程化，减少开支并降低费用

在印度，心脏手术的一般收费约为5000—7000美元，而在谢蒂医生的Narayana胸外科医院，手术费用不超过3000美元。这家创建于2001年的心脏病专科医院通过流水线式的经营模式，将心脏病手术费用降低了60%，而且还实现了7%的利润率。而其紧密的工作排班和简洁高效的手术操作流水线，也使心脏手术更为精确化，同时也极大地降低了周转时间，提高了手术成功率。

为了控制费用，谢蒂想尽一切方法压缩开支。医生们通过提高手术量来"规模化生产"控制成本，以低成本提供更好的服务。谢蒂的王牌医院Narayana Hrudayalaya医院有1000个床位，大面积的医疗场地可以容纳更多的病人，规模大使得每一件医疗仪器的使用也更为充分，医院的某些仪器每天要用上15—20次，是一般的美国医院的5倍以上。这里的外科医生们也在以闻所未闻的速度做着手术。仅2008年，Narayana医院的42位心外科医生就进行了3174例心脏搭桥手术，为2777名儿童患者做了手术。同时，医院每项开支都精打细算，以最大限度节省不必要开支，如在南部城市迈索尔修建一座拥有300床位的医院时，谢蒂就预算只准备修建一层，以压缩安装电梯带来的不必要开支，还规定医院的病房不安装空调而用自然的通风系统。此外，医院的电子问诊也旨在减少开支，他们已经尝试通过免费网络可视电话推行电子问诊，为穷人节省路费、挂号费用和等待时间，并降低医疗费用。

二、平价医疗服务大众

多年来，印度的私人医疗机构致力于为上流社会服务，而谢蒂医生则把目光投向社会"金字塔"底层。20世纪90年代，谢蒂曾为特蕾莎修女医治心脏病，而后受特蕾莎修女的精神感召，开始创建平价医院，其创办的Narayana医院以需求而非财富为基础提供医疗服务。

Narayana医院按照患者的支付能力进行差别化收费，来自经济弱势群体的患者可能支付

图2-21 印度平价医院

资料来源：*Fast Company*杂志网站 http://www.fastcompany.com/3017477/most-innovative-companies-2012/36narayana-hrudayalaya-hospitals

极低的费用，但能够负担医疗费的患者则被收取全额费用。不过医疗护理的质量不因收费情况而有所不同，每个患者都由相同的医生和护士采用相同的设施进行治疗，只是在手术后的恢复阶段，护理服务才开始有差别。医院的患者中约有50%来自低收入群体，这些民众的支付能力极低，他们手术费用的40%是由政府提供的保险计划来支付的，其余60%费用则由与医院合作的慈善机构承担。其他50%有支付能力的患者则通过保险公司或者自费承担全额费用。Narayana胸外科医院也为低收入者创办名为"Yeshasvini"的微型健康保险计划，该计划可为患者报销约1200美元的手术费用；而对那些不在保险计划范围内，又无法支付手术费的患者提供优惠，医院会视病人的财务能力给予适当折扣，对于存在特别困难的患者，其手术费用由医院慈善信托基金、个人捐助或完全由医院来承担。在医生的薪酬方面，Narayana医院也进行了创新，它突破了以往按照医生完成手术量多少订立工资的方式，而采用固定薪酬，但要求医生进行更多手术，以降低成本。医院的员工们都有博大的仁爱之心，并且道德水准都很高，因为员工们知道，他们正在为社会做有益的工作。医院自身也吸引着这些员工。从前台工作人员一直到护士、医生以及后台工作人员，所有员工都一致地向患者给予同情和关爱。医生们不断尝试新的运作模式，以便让医疗保健服务价格更加低廉。

作为一家营利性公司，Narayana胸外科医院也受到利润最大化这个目标的驱动。但与其他公司的不同在于，谢蒂医生的Narayana医院除了利润分红之外，还积极从事公益事业，力争为社会提供福利，通过社会价值投资产生的利润来反哺公益。

谢蒂医生通过对医疗资源各要素的有效重组和优化配置，通过这种"平价医疗"的社会创新模式来服务大众，既创造性地解决了医疗体制难题，又有效地满足了社会大众的普遍需求，实现了"高质低价"医疗模式的社会创新，使得"平价医疗"能更有效率、更可持续地匹配医生和患者的需求，有效地解决社会的医疗问题，彰显出蓬勃的生机与活力。

资料来源：Geeta Anand，"印度模式为全球医改做榜样"，《华尔街日报（中文版）》，2009年11月26日。

2.8 设计驱动式创新

创新是企业可持续竞争优势获取的源泉与根本动力，伴随着国家经济实力的提升，越来越多的企业认识到"技术同质、产品功能与外形雷同""低技术含量、低价格、低附加值"为企业产品推广、竞争力提升带来的困境。针对研发实力相对薄弱的中国企业，技术创新与设计相结合成为企业实现从国际产业链下游向上游转移的有效途径。同时，国际著名的设计领先企业如苹果等已经成功实践的设计创新模式——"设计驱动式创新"（design driven innovation），将社会文化、新理念、新元素引入到产品创新过程，大大提高了创新的附加值与企业的竞争优势。

企业创新包含多个维度，持续不断的新产品/服务开发过程都包含设计[①]，大到企业品牌、标语的设计，小到服饰、工程零部件、消费产品的规格、包装，设计嵌入于企业经营的方方面面，有效解决了人与产品的界面问题，也成为企业产品与服务市场推广与成功的重要保障。一个企业的设计师或设计团队通常通过研究社会文化演变趋势，采集一线市场需求，构思产品的概念、确定产品原型，并通过技术手段、原材料等支持，实现产品的创新设计。

创新标杆 —— 苹果公司的设计驱动式创新 ——

苹果公司 2001 年推出的 iPod 是用"人性化"的外衣包装令人生畏的技术的典型案例，也是将设计融入技术，实现产品推广的典型。iPod 凭借"直观易用"的人性化设计，并给予用户设计体验的效用，一举打败了同样采用数字音频解码技术的康柏 PJB 100 和钻石多媒体公司的 Rio PMP300，成为便携式 MP3 领域的领军产品。2007 年 4 月，iPod 的销量突破了 1 亿台，连续 6 年实现高增长，为苹果公司带来了丰厚的利润。

资料来源：改编自俞湘珍，《基于设计的创新过程机理研究——组织学习的视角》，浙江大学博士学位论文，2011 年。

2.8.1 设计驱动式创新的概念

2003 年，意大利米兰理工大学管理学院与设计学院 Roberto Verganti 教授提出设计驱动式创新，如图 2-22 所示，是"产品传递的信息及其设计语言的新颖程度超过了产品功能和技术的新颖程度的创新"。

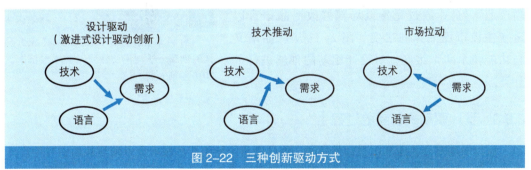

图 2-22　三种创新驱动方式

资料来源：Verganti R., "Design as Brokering of Languages: Innovation Strategies in Italian Firms", *Design Management Journal*, 2003, 14（3）:34–42.

设计驱动式创新是对产品意义的突破性变革，是真正实现突破性的产品意义创新。Verganti 认为，**产品传递的信息及其设计语言的新颖程度超过技术新颖度和产品功能时的创**

[①] Gorb, Peter, and Angela Dumas. "Silent Design." *Design Studies*, 1987, 8(3): 150–156.

新就可以称为设计驱动式创新。这其中，设计师向用户传递信息的符号、象征和图表被称为设计语言，而产品的材料、质地、味道、手感、名字和外形被称为产品传递的信息。设计驱动式创新是设计推动的活动，通过设计满足用户难以言明的隐性需求和超前需求，从而为用户绘制未来的产品蓝图，引导用户的需求愿景与购买行为。

2.8.2 设计驱动式创新的分类

设计驱动关注社会文化未来的发展趋势，它离不开技术作为设计的支撑。通过技术革新与技术组合，企业完成了设计对于社会文化趋势的跟踪。依靠设计改进、产品推广，最终实现了对用户价值的引导。同样，技术作为设计驱动式创新的使能器，不仅仅为客户与社会提供新的意义，设计驱动式创新本身的功能可能带来创新绩效的改进，实现技术绩效的突破性创新，抑或技术绩效的渐进性改良。

在一种创新模式下，企业聚焦于当前社会文化背景的研究，通过市场调查与分析找出企业对产品意义的理解，同时预测出未来社会文化模型发展趋势与方向，塑造全新的产品意义。例如，1983年推出的Swatch手表，将手表从计时工具转变成时尚配件，引领了全新的时尚潮流，推动了市场与文化的变革。在另一种创新模式下，设计者利用设计语言对产品进行改进，并且传递出符合当前社会主流文化的信息时，设计驱动式创新是渐进的。这是最为常见的设计驱动式创新模式，比如典型的"时尚产业"，企业通过完善或局部修改产品语言以适应主流市场品味的改变。图2-23从产品语义与功能技术两个维度，对设计驱动的创新进行了分类。

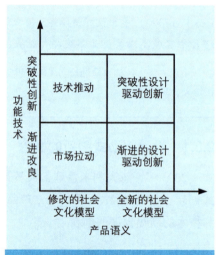

图2-23 设计驱动创新的分类

资料来源：陈劲、俞湘珍，"基于设计的创新——理论初探"，《技术经济》，2010年第6期。

2.8.3 设计驱动式创新的过程

设计驱动式创新通常以项目为导向，旨在创造全新的产品族或业务流程从而引导用户的需求。针对社会文化、市场趋势、语义语境等展开的合理想象，企业通过理解、预测，并辅助管理措施，依靠设计影响新产品语言及其对市场的意义传播，实现设计式驱动创新的全流程管控。Vergenti认为，企业在这一过程中的成功关键在于发展一种参与"设计场"（design discourse）能力，实现对外部知识源的聆听（listening）、解析（interpretation）并最终转换为新概念的推广（addressing）（如图2-24所示）。

第 2 章 ≪ 创新的内涵与类型　　065

| 第一阶段
聆听 | → | 第二阶段
解析 | → | 第三阶段
概念推广 |

| 通过与"解析者"交互，获取新产品意义相关的知识，企业需要与关注领域内对生活环境演变有独特见解的"核心解析者"建立良好关系，这些"核心解析者"包括外部专家、行业机构等 | 企业从设计场中获得知识后，经过想象、共享、联结、选择以及具体化等一系列过程，形成属于自己的新产品设想，完成解析过程。通过解析，对第一阶段获取的知识进行评价，将这些知识与企业的技术、资产进行再组合 | 企业借助"核心解析者"引导力量帮助企业推广产品的概念，引导用户接收新的产品意义，从而发挥"核心解析者"对于人们生活环境的影响能力。同时，企业可运用多种途径推广概念产品，如书籍、展览会、文化事件、杂志、演讲、产品陈列展、网站与设计竞赛等 |

图 2-24　设计驱动式创新过程三阶段

创新标杆——特斯拉电动车设计驱动的创新

特斯拉电动车不是采用传统的市场需求拉动和纯粹技术推动的方式创新，而是通过技术和设计语言这种设计驱动战略来吸引客户购买。设计驱动式创新与传统的市场驱动式创新和技术推动式创新最大的不同在于能够获得产品创新需求的主动权。特斯拉公司设计理念极为超前，"希望人们用一种全新的方式去思考一辆车"（如图 2-25 所示）。

"性能、审美和性感"是特斯拉设计的关键词，它不要让人们仅仅认为特斯拉是电动车，而是希望人们见到它时忘却电动车，被其性能和设计深深折服。特斯拉通过超强的设计和细致的做工让消费者获得超预期满意。客户满意后通过口碑营销又会促进订单。设计"最困难的部分是吸引那些普通大众，为了达到这个目标我觉得应该制造一辆漂亮的车，我和我的团队想创造一个苗条、有运动感的外形去匹配斯特劳贝尔（straubel）创造的动力系统"。

图 2-25　特斯拉电动车设计

资料来源：周恒星、马吉英，"硅谷降新神：独家专访特斯控制创始人马斯克"，《中国企业家》，2013 年 08 月 06 日。

专栏一　设计思考

伴随客户越来越挑剔的目光,以及他们对品牌越来越缺乏忠诚度,对同质化产品越来越没有耐心,企业不得不思考:我们的产品如何才能打动客户?难道只有依靠"乔布斯"这样的天才才能带给我们眼前一亮、内心狂喜的新产品吗?显然,我们需要新的、突破性的创新思维和方法来研发出令人感动的产品。

设计思考(design thinking)是一个创意与设计的方法论,为各种议题寻求创新解决方案,并创造更多的可能性。IDEO设计公司总裁蒂姆·布朗曾在《哈佛商业评论》中提出:"设计思考是以人为本的设计精神与方法,考虑人的需求、行为,也考量科技或商业的可行性。"设计思考作为一套解决问题的方法,可以让你从不同的角度去看这个世界,用过去不知道的方法来思考问题。

设计思考的价值不仅局限在创意产业,或负责产品设计的工作者。事实上,用设计思考来解决需要多方考量的抽象问题时,往往能发挥出强大的功效。例如,提升旅馆顾客的入住体验,鼓励银行客户多存钱,或为公益广告演绎出感动人心的陈述。设计思考的应用范围不断扩大,以解决各样的议题,从如何在发展中国家运送干净的饮用水,到如何提升机场安保效率等。

不同于分析式思考(analytical thinking),设计思考是一种"灵感激发""构思""执行"的过程。其中,思考过程包含三大要素:"洞见""观察""同理心",以及"可行性""存续性""需求性"三大准则。亨利·福特说过:"假如我问做马车的顾客想要什么,他们会告诉我:'一匹更快的马!'"由此可见,通过受访者只能获得渐进式的创新。传统市场调查工具无法产生打破规则、改变赛局,进而翻转模式的突破性想法。

设计思考不只是产品和服务的设计,而且还是流程、经营模式、组织运作、工作环境、小区营造、教育等的设计。因此,设计思考是一种结构完整的思维模式。今天的设计思考已发展成一个可以学习的创新设计模式,它依靠的不是设计师个人的创意,而是要透过不同专业的人,以不同的角度,共同产生创意,然后设计出一个创新的产品或服务。

对未知的恐惧往往会扼杀新创意。但快速迭代制造原型,能让团队在市场上取得成功的信心大增,对于那些复杂、抽象的设计效果尤甚。例如,在制定企业战略时,传统上是由战略制定者——企业内部员工或外部咨询师来定义问题,构建解决方案,并将其报告给相应的高层管理者。通常高层管理者会有如下几种反应:(1)我所认为的关键问题未被触及。(2)我不会考虑这些可能性。(3)这些不是我应该研究的问题。(4)我对这个答案不感兴趣。因此,十有八九,高层并不会对新战略买账,尤其当战略与现状有重大偏差时。

因此,解决之道是与决策者进行迭代式互动。也就是说,预先和对应的高层管理者打招呼:"我们认为这是需要解决的问题,在何种程度上符合你的观点?"然后很快,战略设计师再次和高层管理者沟通:"根据我们对问题定义达成的共识,这些是我们想尝试的可能性,在何种程度上符合你的设想?是否有所遗漏?哪些你觉得没必要尝试?"之后,设计师继续和高层管理者沟通:"根据我们之前达成的共识,我们计划进行这些分析?你在何种程度上认同进行这些分析,我们有无遗漏采取这种方法,高层管理者参与了定义问题、确认可能性以及分析的全过程。"你所规划的方向不再唐突,而是在整个创造过程中逐渐赢得高层管理者首肯。介入的过程须分成很多步骤,而且每个步骤都是细分的小步骤,在整个过程中,和复杂设计产品的用户互动十分必要,这能淘汰不良设计,并为好设计取得成功建立信心。

设计思考起始于改良具体产品的设计过程,但远不会就此结束。许多例子都表明,当需要让人们参与并接纳创新性想法、体验等抽象性挑战时,设计思考原则具有更强大的潜力。

资料来源:[英]蒂姆·布朗、[英]罗杰·马丁,"设计2.0",《哈佛商业评论》,2015年9月。

创新视点 ——— **社会创新中的设计思考** ———

Jerry Sternin 创办了一家名为积极偏差行动(Positive Deviance Initiatives,PDI)的公司,他所偏爱的社会创新方法正是设计思考应用的典型案例。1990年,Sternin和他的妻子Monique受到越南政府的邀请前往越南,为降低当地1万个村庄里的儿童营养不良率开发一套可持续的解决方案。那时在越南,5岁以下的儿童中有65%都存在营养不良的问题,大多数的解决方案都依赖政府或者联合国提供的免费营养品,但是这些外来者的解决方案从未能带来预期的效果。Sternin夫妇使用了不同的方法,称作"积极偏差"。他们积极地从那些营养不良问题不那么严重的人和家庭身上,探寻已经存在的解决方案(因而也是更可持续的)。

Sternin夫妇和来自"拯救儿童会"的工作人员一起走访了Than Hoa省Quong Xuong地区的四个社区,寻访到了6个家里"非常非常穷"但家里的孩子却健康的案例,这些家庭被称作"积极偏差"。然后他们仔细观察这6个家庭如何准备食物、如何烹饪,又如何享用食物。在这个过程中,他们找到了一些在其他家庭里罕有出现的共性行为:这些家庭的父母会把稻穗里的小虾小蟹小蜗牛都悉心搜集,配上番薯叶子一起混在给孩子们的饭里。虽然这些食物准备起来很容易,但是通常父母不会给孩子吃,因为他们认为不够安全。另外,这些家庭喂养孩子的方式是"少食多餐",这样可以让孩子的肠胃每天能够容纳和吸收更多的食物。

Sternin夫妇及其团队与这几户家庭一起向那些营养不良儿童的家庭提供烹饪培训课程。在项目第一年结束的时候,项目招募的1000个儿童中有80%都获得了充足的营养,而这种改善营养的新方式也在越南的其他14个村庄得到复制。

Sternin夫妇的工作非常好地展示了"积极偏差"和"设计思考"如何依靠在地智慧来发掘在地的解决方案。设计思考者总是会寻找变通的做法和即兴的解决方案,再把这些方法整合进自己的最终解决方案中。他们在人们通常视作"边缘"的地方寻找那些"极端"的人,这些人有着与众不同的生活方式、思考方式和消费方式。就像PDI现任主管Monique Sternin所介绍的那样,"积极偏差和设计思考都是以人为中心的方法。这些积极偏差者的解决方案都与当地特定的文化背景相关,如果脱离了当地特定的情景就不一定管用了"。

资料来源:[英]蒂姆·布朗、[英]罗杰·马丁著,曹蕾等译,"社会创新中的设计思考",《斯坦福社会创新评论十周年精选译文集》,2010年。

设计思考是一种洞察人性、颠覆传统、产生极致体验的新产品/新服务原型的创新方法论（如图 2-26 所示）。设计思考可以解决传统产品/服务研发存在的问题，如表 2-7 所示。

图 2-26 设计思考的过程

资料来源：Tim Brown, "Design thinking", *Harvard Business Review*, 2008, 86（6）：84.

表 2-7 传统产品/服务研发存在的问题

未深入了解顾客心性真正要什么？因为顾客也不知道	以设计或工程队额角度思考顾客要什么，甚至仅以自己的角度做设计
浅显的调查，缺乏深入了解顾客的文化脉络或生活脉络的思路和方法	常常是粗浅的创意和复杂的功能。企业分工太粗，以功能分组，每人掌握一点，未能全盘掌握顾客的需要，也没有做整合

资料来源：IEG 创新学院网站，http://www.chuangxinieg.com/jishuchuangxin/shejisikao.html

专栏二 朴素式创新

全球有近 40 亿消费者的年消费额少于 1800 美元[①]，他们存在于技术与市场条件低下的国家，低收入与低消费能力严重弱化了这一部分群体对于产品设计与功能的需求，传统创新如何满足这一部分新兴市场消费人群的需求成为解决创新持续发展与创新普适意义延伸的重要议题。

2010 年，《经济学人》刊载"朴素式创新的魅力"一文，以美国通用公司面向印度市场的便携式心电图设备——Mac400 和印度塔塔公司开发的水净化器为例，提出朴素式创新（frugal innovation）[②]概念，强调朴素式创新面向低收入人群，同时保证产品质量与功能需求，形成面

---

① Johansson, A., Guillemette, Y., Murtin, F., Turner, D., Nicoletti, G., de la Maisonneuve, C., Bousquet, G., & Spinelli, F. "Looking to 2060: Long-term Global Growth Prospects: A Going for Growth Report", *OECD Economic Policy Papers*. 2012.

② 也可翻译为"节俭式创新"。

向自下而上的创新范式转移,这为经济欠发达地区与发展中国家市场创新提供了重要思想转变。各国探索朴素式创新的典型实践如表 2-8 所示。

表 2-8 朴素式创新的例子

国家	典型案例
中国	海尔小小神童洗衣机;比亚迪锂离子电池
加纳	Toyola 炭炉
印度	Nano 汽车;微型冰箱;通用电气便携式心电图仪;35 美元平板电脑
埃及	便携式(ADAPT)住房
多哥	电子废弃物 3D 打印机
南非	神奇袋(wonderbag);莫拉蒂住房(廉价房);Eskom 预付电费量表
肯尼亚	M-PESA 货币体系
荷兰、美国、加纳、肯尼亚	TAHMO 气象站
荷兰	联合利华奥妙洗涤小袋
荷兰、肯尼亚	飞利浦自动呼吸速率监视器
美国	火狐 OS25 美元智能手机

资料来源:https://courses.edx.org/courses/DelftX/RI101x/3T2014/courseware/684e65a85da344d488d40bc185757092/a9f424657fed4a6a8ae89844c4ce121d/

除市场与产品创新外,面向国家层面的重大工程与技术领域,如何降低创新成本,使得经济基础相对较弱的发展中国家参与国际竞争同样应被给予关注。

创新标杆 ——— 朴素式创新:印度火星探测器"曼加里安"号 ———

经过近 300 天的航行,"曼加里安"号火星车成功进入火星轨道,印度成为全世界继美国、俄罗斯和欧洲航天局后,第四个成功完成火星探测的国家或组织。

"曼加里安"号火星探测器于 2013 年 11 月成功发射,携带 4 台科研设备和一架照相机,将分析火星大气和地质等方面特征。令人惊讶的是,印度"曼加里安"号的造价为 7300 万美元,而同时期美国 NASA 的 MAVEN 号火星探测器造价 6.79 亿美元。换句话说,印度利用建造波音商用飞机的价钱将火星飞船发射升空了。

近年来,印度市场相继诞生了最廉价的平板、最便宜的汽车、最便宜的房子,使得处于发展中水平的印度人民也能享受到科技发展带来的成果。印度这种新颖的工程方式,被日产雷诺的首席执行官 Carlos Ghosn 称之为朴素式工程(frugal engineering),用以描述印度工程师这种卓越的开发产品的能力。朴素式工程作为一种创新性的工程方式,通过重构商业模式、价值链或技术创新等方法,减少资源的利用,降低生产的成本,从而达到朴素的创新目标。

资料来源:中国新闻网,"印度火星探测器'曼加里安'号成功进入火星轨道",2014 年 09 月 24 日.http://news.xinhuanet.com/world/2014-09/24/c_127027212.htm

一、朴素式创新的概念

朴素式创新理念源于20世纪50年代的"适用技术"（appropriate technology）运动。Schumacher在《小的是美好的》（*Small Is Beautiful*）一书中，依据"适用技术"的理念，批评将发达国家将技术直接转移到发展中国家的行为、批评大规模生产，认为这会阻碍经济的可持续发展。[1] 依据客户需求与地区经济与环境条件开发适合的产品是这一理念最早的核心。而后，印度将朴素式创新发扬光大，例如塔塔公司生产出了价格为2200美元的汽车Nano。

这一创新范式的思想可追溯到印度传统哲学思想中的一种强烈的实用主义倾向，即jugaad。jugaad是印度当地的口语，可以理解为"一个创新性的解决方案，突破各种限制条件、源于天才和智慧、用有限资源即兴设计有效的解决方案"[2]，其传达的主要思想是在逆境中寻找机会、用更少的资源获得更多的利益和采用简单的方式。作为一个发展中的国家，印度资源条件有限，人口基数大，且大部分人口都处于贫困水平。就印度国内市场而言，其国内的企业和产业面临着上游资源有限、下游客户购买力有限的窘境。因此，扎根于"jugaad"的文化思想，印度企业以当地的用户需求和市场特征为出发点，通过重新构架产品概念和减少不必要的产品设计，降低产品的资源利用和生产成本，生产消费者能买得起的实用产品。

二、朴素式创新的基本特征与发展模型

朴素式创新的可以通过几个基本特征予以判断：首先，朴素式创新定位"金字塔低端"（bottom of pyramid, BoP）市场。BoP的概念是C.K.Prahalad在"The Fortune at the Bottom of Pyramid"的一文中首次提出的。他根据消费者年消费额的不同，将全球的消费市场划分为一个金字塔结构（如图2-27所示）。金字塔底端的40多亿消费者包括大多数中国、巴西、印度和其他新兴国家中刚脱离贫困的群体。这个群体刚感受到现代繁荣，但收入水平又不足以支撑消费发达市场上的产品。他们的消费倾向于产品的基本功能，且支付能力有限，朴素式创新解决的正是这部分消费者的消费需求。

其次，朴素式创新生产的是兼具质量、功能且廉价的产品。成本原则和客户利益是朴素式创新内在的一部分，贯穿于整个过程，但朴素式创新寻求的是减少不必要的成本和不必要的产品设计。[3] 发达市场上传统的创新模式倾向于提供具有丰富功能的产品，朴素式创新产品的功能则次于传统的产品，但其前提是能满足BoP市场消费者的基本功能要求，并且坚固耐用。

最后，朴素式创新是对产品和开发过程重新设计的过程，而不仅仅是对发达市场上产品进

---

[1] 陈劲、王锟，"朴素式创新：正在崛起的创新范式"，《技术经济》，2014年第1期，第1–6页。

[2] Radjou, Navi, Jaideep Prabhu, and Simone Ahuja. *Jugaad Innovation: Think Frugal, Be Flexible, Generate Breakthrough Growth*. John Wiley & Sons, 2012.

[3] Sehgal, Vikas, Kevin Dehoff, and Ganesh Panneer, "The Importance of Frugal Engineering", *Strategy Business*, 2010, 59: 1–5.

行简单的改造。① 发展中市场的消费者对产品的要求与发达市场不同，因此朴素式工程旨在构建新的商业模型、重构价值链、重新设计产品，用一种弹性的、可持续的方式为那些支付能力有限的消费者提供产品和服务。② 重构涉及设计、研发、制造、分销等各个方面。

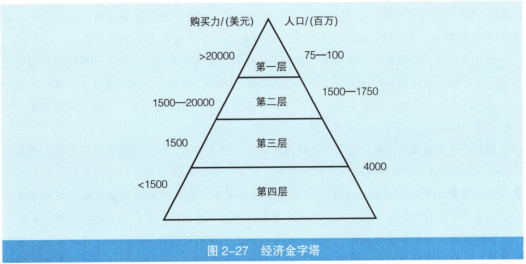

图 2-27　经济金字塔

资料来源：Prahalad, Coimbatore Krishna. *The Fortune at the Bottom of the Pyramid*. Pearson Education India, 2006.

朴素式创新的核心是简化，是产品创新过程中低输入成本（面向研发）与低输出成本（面向消费购买）的过程，整合生产、质量、分销、服务、功能、适合性等产品创新基本要素。朴素式创新的发展模型，如图 2-28 所示。

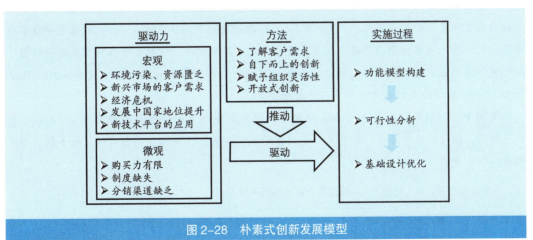

图 2-28　朴素式创新发展模型

资料来源：陈劲、王锟，"朴素式创新：正在崛起的创新范式"，《技术经济》，2014 年第 1 期，第 1-6 页。

---

① Balatchandirane, G. "Strategic Implications of Human Capital Today." IDSA International Workshop on National Security Strategy. 2010.

② Weigl, Joerg, Zizi Wang, and Helia Mohammadi Sepahvand. "Hydrogen Refueling Infrastructure Design for Personal Mobility Devices Using Frugal Engineering Approach", *Energy Procedia*, 2012, 29: 668–675.

创新视点　　　　价廉物美：节俭式（朴素式）创新正在兴起

在《节俭式创新：如何少花钱多办事》（*Frugal Innovation: How to Do More with Less*）中，咨询专家 Navi Radjou 和剑桥大学贾奇商学院（Judge School of Business）的学者 Jaideep Prabhu 指出，节俭式创新不仅在新兴国家中生根发芽，也在积极进军发达国家。经历了金融危机和经济衰退，发达国家正处于家庭收入停滞期，部分地区失业率高居不下。

一些西方跨国公司巨头正在为发展中国家设计经济实惠的产品，同时也计划将其销往发达国家。通用电气为印度和中国设计了价格适宜的医疗设备。雷诺日产在印度设立了节俭工程中心，这一汽车制造集团在低成本国家生产并销售各种各样的经济型汽车，包括在罗马尼亚生产的达契亚（Dacia）和在印度尼西亚生产的达特桑（Datsun）。

西方公司正在吸纳发展中国家率先提出的节俭式商业实践。印度移动电话运营商巴帝电信（Bharti Airtel）能以超低价格提供服务，部分原因是它和其他供应商共用无线基站。受到共用基础设施降低成本这一想法的启发，发达国家的公司中，爱立信和飞利浦正合作开发项目，在欧洲城市的路灯里嵌入手机天线。而两大糖果制造商好时和费列罗在北美共用仓库和车辆。

节俭革命正在席卷发达国家。不过谈及引领潮流，有时它们过多地强调了东方在此过程中的作用。在低成本航空和折扣超市领域，西方领导了节俭革命。在使用数字科技替代昂贵的实体设施并帮助人们分享资源方面，西方同样也是先驱。由美国企业家萨尔·可汗（Sal Khan）创立的可汗学院（Khan Academy）在 YouTube 上免费提供数学和科学课程（全球首富比尔·盖茨鼓励他的子女在此接受教育）。Airbnb 让人们将空余房间出租给注重节约的旅行者以补贴收入。

三维打印为节俭型的小规模生产提供了各种各样的可能性。New Matter 和 M3D 这两家创业公司正在研发售价几百美元的 3D 打印机。3D 打印全球网络工厂 Shapeways 根据客户在家中的设计就可送上质优价廉的产品。企业家还在开发应用和配件，将智能手机转变成测量仪器，用便宜得多的东西代替各种昂贵的工业和医疗器械。众筹平台如 Kickstarter、KissKissBankBank 和 MedStartr 为节俭式创新者提供了经济的融资渠道。

英国中产阶级纷纷涌入 Aldi 和 Lidl 超市，因为发现那里的许多产品和乐购 Sainsbury's 超市一样好，但价格便宜得多。随着节俭式创新的继续传播，这类零售商会有越来越多物美价廉的商品摆上货架。

资料来源：节选自《经济学人全球商业评论》2015 年 7 月。

专栏三　微创新：迭代出来的微信案例

"微创新"（micro-innovation）既不是大规模颠覆性、革命性的激进式创新，也不是小规模持续性、积累性的渐进式创新，而是一种基于新的市场分析范式和技术范式，在关键技术上提供更加灵活实际的产品开发和服务提供的思路。微创新成功的标志是由量变发展到质变，通过大量的微创新组合对原有主导设计产生冲击,从而实现的在这里,微创新已经突破组织技术层面的含义,上升为一种创新方法论。

目前,国内外互联网行业已经开始普遍认可这种站在信息体验消费市场的角度,针对非常微小的用户需求以及用户需求的微小变化进行不断创新的理念。一些基于跨界整合的微创新活动颠覆了整个行业,不仅对新兴行业,而且对一些传统行业也产生了巨大冲击,甚至在某种程度上模糊着行业的传统边界。在国内互联网行业,腾讯基于QQ和微信的变革,新浪基于微博的变革,奇虎基于在线杀毒引擎的变革,暴风影音、千千静听等基于用户在线视听体验的变革,这些微创新的效果非常显著,创造了诸多互联网行业的经典成功案例。实际上,微创新理念也受到了那些以满足客户需求为目标的传统企业的关注,诸如像海底捞火锅对于用户用餐体验不断进行微创新的案例、苏宁易购等家电企业基于在线购物体验的微创新案例。这些传统企业加入微创新实践,使得微创新理念得到广泛扩散,受到人们的普遍关注。日趋活跃的实践也在使微创新成为下一个研究热点。

2011年1月21日,腾讯推出了一款通过移动互联网发送语音短信、图片和文字,实现多人群聊的简单手机聊天软件——微信。由于在腾讯QQ好友关系链之上又叠加了手机通讯录关系链,用户可以在广泛的社交关系链之中,以非常低廉的成本,互相发送形式丰富多样的信息。这款产品一经推出就受到原有腾讯用户的欢迎。在微信投入市场之前,国内外已经有多款基于移动互联网的语音聊天软件,以米聊、Talkbox、Kik、WhatsApp等为代表的应用瓜分了大部分市场份额。可是仅仅只经历了一年时间,微信就远远超越了该领域几乎所有对手。

截止到2015年年底,微信每月活跃用户已达到5.49亿,用户覆盖200多个国家、超过20种语言。微信支付用户则达到了4亿左右。在功能体验、用户规模等方面,微信把米聊、Talkbox、Kik、WhatsApp等同类应用远远地甩在了后面。

微信产品的7个发展阶段

与国内很多其他产品来源于欧美公司的结构性创新产品类似,微信的产品雏形始于加拿大移动IM服务提供商Kik Interactive公司的移动语言聊天产品Kik。在中国,最早的同类应用有"个信""米聊"等。这种忽然诞生的业务类型威胁的不仅是依靠短信获利的电信运营商,其首当其冲的打击对象是借手机QQ维持移动社交市场领先的腾讯。微信于2010年11月18日正式立项,它的起源不是来自腾讯移动互联网主力、承担手机QQ业务发展的腾讯无线业务系统,而是被腾讯QQ邮箱的开发团队广州研究中心(下文简称广研)作为一个兴趣项目启动。2011年1月21日,腾讯广研推出第一个微信苹果手机应用版本,随后几天又陆续推出了安卓和塞班的手机应用版本。微信开启了一个由非核心业务团队主导下的微创新大胆实践征程。

1. 技术追赶:基础语音功能的微创新追赶

微信1.0(见图2-29)的核心思路是"能发照片的免费短信",虽然这种同质化口号并未让用户感到太多的惊喜,但代表了微信启动时最初始的产品诉求。微信1.0没有受到市场的太多关注,然而这个最早版本积攒下来的少数尝试性用户却给产品带来了很多宝贵的建议和反馈。

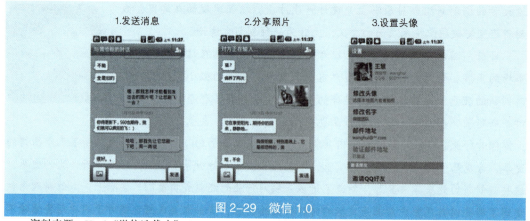

图 2-29 微信 1.0

资料来源：Haof，"微信迭代史"，http://www.jianshu.com/users/f7e9cc6f339e/latest_articles

在接下来的 3 个月，微信团队根据这些用户提供的线索不断优化程序，持续改进包括收发信息速度、流量节省等产品细节内容，并根据用户最集中的需求打造新的产品功能。

2011 年 5 月 10 日，腾讯发布微信产品第二个版本，广研借助手机 QQ 团队开发的语音聊天技术，首次在这个版本里推出微信语音对讲功能。这个目前为止依然被使用最多的基础功能，给微信带来了大量的新增用户。这个功能显然也并非微信独创，2011 年 1 月推出的 Talkbox 就已经在主打免费语音服务。不过，就这种免费语音的具体呈现方式，微信根据用户实际的使用习惯进行了大量的微创新改进。比如当距离感应器没有发生感应时，语音对讲功能就默认为扬声器播放，而只要把手机贴近耳朵，感应器就马上自动调整为听筒模式，这种细节性的改善，让用户避免了大众场合"被广播"的尴尬。类似这样的微创新改进还有很多，这使得用户接触到的尽管还是那些底层技术支持下的基础应用，但感受到的产品体验与其他的产品相比却已经全然不同了。

2. 基本超越：由强关系链拓展至弱关系链的微创新超越

真正让微信从国内 Kik 类软件中脱颖而出的是其再次以微创新的模式，在微信的语音服务上叠加 LBS（基于地理定位技术）实现的距离社交功能。2011 年 8 月 3 日，微信发布了 2.5 版本，在国内率先推出"查看附近的人"功能。另外，QQ 邮箱的漂流瓶功能也被延伸至微信上。微信借助这两个应用突破熟人沟通的边界，直接进入陌生人交友的应用领域。但是国内其他技术企业也同时关注到这个类别的应用。微信 2.5 版推出的第二天，陌陌这款纯粹定位于 LBS 陌生人交友的应用也在苹果商店上线。LBS 技术以及基于 LBS 技术实现的友邻社交应用都不是微信首创，微信只是将 LBS 和语音对讲打通。但微信也并不是第一个把手机语言聊天和 LBS 相结合的，韩国的女同性恋交友软件 EL 在 2011 年 2 月发布的 1.5 版本中就已经列出了其他用户和本用户的距离、所在城市，并按照从近到远排列，方便用户交流。

但是，微信产品所采用的模式，源自对前几个版本的用户洞察。微信的开发者观察到很多实实在在的陌生人需求，比如拼车上下班，用户把拼车需求写入微信签名栏，以便让有同样需求的朋友联系自己。又如二手物品出售，也可以把商品信息放到微信上以便很快找到买家。微信功能需要更加生活化，基于不同的生活需求让更多陌生人产生进一步联系。为满足这种需求，微信为用户提供了查看附近人的头像、昵称、签名及距离等功能，并由此把不认识的人圈到了一起，突破熟人的紧密关系链，进入了类似微博一样由某种共同点维系在一起的弱关系链。由此一来，微信新增好友数和用户数第一次突破QQ原有的用户群边界，迎来爆发性增长。这种"强弱关系链"的转换，把不认识的人圈到一起，成为微信用户增长的一个重要里程碑。

3. 完全超越：快速微创新实现超越

2011年10月1日，微信3.0版本率先采用摇一摇功能，借助动作的一致性匹配找到同时晃动手机的人，形成新的随机社交关系。2011年年底，推出的微信3.5版本采用了一个极具战略价值的功能——二维码，通过扫描或在其他平台上发布二维码名片，用户可以不断拓展微信好友。摇一摇和二维码功能被业界普遍认为是微信实现绝杀竞争对手的微创新，这两项功能虽然都是微信在国内产品上的首创，但仍是在一定程度上复制了国外相关产品的先进技术。比如，2011年8月16日，日本公司发布的语言聊天产品Line新增了"Shake it！"功能（也是摇手机加好友）和QR码（二维码的一种）添加好友的功能。

不过，这两个功能在微信上大获成功而广受用户青睐，还是因为微信在细节上比国外先行者要做得更好。比如在摇一摇的第一个版本中，晃动手机之后的效果除了震动之外，听觉上是响亮的来复枪上膛声，视觉上女性用户呈现为维纳斯雕像，男性用户则是大卫雕像。

4. 国际化拓展：国际化版本和广播电台接驳

中国互联网企业有很多开创性产品，无论在理念上还是在模式上均大幅领先于欧美企业，比如百度的问答和百科。然而，中国互联网公司只是将眼光聚焦在国内而忽视了国际拓展的机遇，因此之前只发布中文版本，从而失去了国际化的最佳契机，但微信的规划并非如此。

微信的前3个版本都只有中文版，但到了微信3.5版本，其在中文版基础之上叠加了英文、法语、德文等12种外文的国际版。目前国际版的语种已经扩充到19种。除了语言，微信在用户体验上也跟随语种一并做出诸多微调，以适应当地市场的用户偏好。作为发布国际化版本的直接结果，微信在2012年一举拿下15个国际市场的社交类苹果商店应用下载第一位，其中既包括华人聚居的新加坡、马来西亚、泰国和中国的港澳台地区，也包括华人占比不高的拉丁美洲和中东诸国。目前，微信的海外用户已经超过4000万，与美国的WhatsApp、韩国的Kakao talk、日本的Line并列为全球四大手机即时通信工具。

国际版本的迭代，标志着微信在彻底稳住国内市场领先位置之后，实现了关键的战略布局，而这种布局是依靠软件已有版本的多语言升级，以及国际用户体验的局部改善来完成的。目前，腾讯正在向各个区域市场派驻地面推广人员，但这建立在产品本身已经在当地打开局面的基础之上。腾讯CEO马化腾甚至认为，微信将会是其有生之年能够看到的为数不多的腾讯国际化战略成果。在这个阶段，微信还有一个有价值的拓展，即首次借助语音通话的业务本质尝试叠加广播电台运营辅助模式。微信新增加的模块可以让广播电台的主持人们通过一个简单的后台，随时发布语言信息并管理听众反馈的信息，实现真正的交互式电台播放。这一模块的出现，打破了以往广播台主持人那种冷冰冰的播报以及伪造听众短信的模式，开启了一种鲜活生动的互动演播。这个模块随后被大量传统广播电台所采用，主持人们积极主动地持续告诉他们的听众："用微信爆料更方便、安全"。这种状况像极了媒体不断引用微博内容的局面。而开心网、新浪微博、百度百科等创新惯例告诉人们，一旦传统媒体开始主动地免费宣传，该产品就已经成功了。

5. 平台化创新：以微创新方式将工具变成平台

米聊的"熟人社区"最早将QQ空间那种在好友关系链上分享图片等信息的功能集成到手机上，微信4.0版本精妙地构建了一个允许用户将文字、图片、音乐、视频等内容基于个人的私密关系链实现小范围流转的模块，即"朋友圈"。朋友圈的模式同样也不是微信首创，微信4.0版发布时，业界基本上一致认为这是抄袭Instagram或Path。但是人们没有发掘微信"朋友圈"里蕴藏着的微创新，也看不到这是在QQ关系链上做社交网络服务的有机尝试，以及微信如何借助各种局部的改善来规避可能极大伤害用户体验的风险。另外，业界也没有看到接口公开介入第三方内容后可能发生的结构性变化。当业界其他竞争者只是对其他产品的关键功能进行单纯复制抄袭时，微信与竞争者的距离正在不断拉大。

资料来源：罗仲伟, 任国良, 焦豪, 蔡宏波, 许扬帆. 腾讯微信"整合"与"迭代"微创新的纵向案例分析. 东方早报, 2014-09-23.

本章小结

1. 创新是从新思想（创意）的产生、研究、发展、试制、制造到首次商业化的全过程，是将远见、知识和冒险精神转化为财富的能力。

2. 创新按其类型和内容可分为产品创新、工艺（流程）创新、服务创新、商业模式创新四大基本类型。产品创新是指提出一种能够满足顾客需要或解决顾客问题的新产品；工艺（流程）创新是指生产和传输某种新产品或服务的新方式（如对产品的加工过程、工艺路线以及设备所进行的创新）；服务创新是企业为了提高服务质量和创造新的市场价值而发生的服务要素变化，对服务系统进行有目的、有组织的改变的动态过程；商业模式创新是指对目前行业内通用的为顾客创造价值的方式提出挑战，力求满足顾客不断变化的要求，为顾客提供更多的价值，为企业开拓新的市场，吸引新的客户群。

3. 按照创新强度的不同，技术创新可以分为渐进性创新与突破性创新。渐进性创新是指，在原有的技术轨迹下，对产品或工艺流程等进行的程度较小的改进和提升；突破性创新是指某种新产品、新服务或者新战略能够显著增加企业的收入和利润。

4. 根据创新的连续性及面向的市场，创新可以分为连续性创新与非连续性创新。

5. 破坏性创新是一类重要的非连续性创新，包括破坏性技术创新和破坏性商业模式创新。

6. 社会创新是对某个社会问题的新颖的解决办法，这个解决办法比现有的办法更有效、效益更高、更可持续或更加公正，同时它所创造的价值为整个社会带来利益而非仅仅对部分个体有利。

7. 设计驱动式创新是产品传递的信息及其设计语言的新颖程度超过了产品功能和技术的新颖程度的创新。

回顾性问题

1. 简述创新与创造、发明、企业家精神、研发、技术改进之间的异同。
2. 试从创新的内容角度论述创新的分类，以及每种创新类别的特点。
3. 试从创新的程度角度论述创新的分类，以及每种创新类别的特点。

讨论性问题

1. 发明与创新有什么区别与联系？
2. 爱迪生是成功的发明家还是商人？

实践性问题

1. 选择一家本地你所熟悉的企业，试用基于内容的创新办法提出创新方案建议。
2. 选择一家本地你所熟悉的成长性企业，试对其进行基于程度的创新分析，并为其提出创新方案。

延伸阅读

1. [英]乔·蒂德等著，陈劲译，《创新管理：技术变革、市场变革和组织变革的整合（第四版）》。中国人民大学出版社，2012年。
2. [瑞士]亚历山大·奥斯特瓦德、[比利时]伊夫·皮尼厄，《商业模式新生代》。机械工业出版社，2011年。
3. 李善友，《颠覆式创新——移动互联网时代的生存法则（迭代版）》。机械工业出版社，2015年。
4. [美]克莱顿·克里斯滕森著，胡建桥译，《创新者的窘境》。中信出版社，2010年。
5. [美]克莱顿·克里斯滕森著，李毓偲、林伟、郑欢译，《创新者的解答》。中信出版社，2010年。
6. Roberto Verganti, *Design-Driven Innovation: Changing the Rules of Competition by Radically Innovating What Things Mean*. Harvard Business School Press, 2009.
7. Ettlie J E, O'Keefe R D. "Organization Strategy and Structural Differences for Radical Versus Incremental Innovation", *Management Science*, 1984, 30（6）: 682–695.
8. Dewar, R.D., Dutton, J.E., "The Adoption of Radical and Incremental Innovations: An Empirical Analysis", *Management Science*, 1986: 32（11）: 1422–1433.
9. Magnusson T, Lindstrom G, Berggren C. "Architectural or Modular Innovation? Managing Discontinuous Product Development in Response to Challenging Environmental Performance Targets", *International Journal of Innovation Managing*, 2003, 7（1）: 1—26.

第 3 章

创新的过程与模式

▶ 学习目标

- ➢ 了解创新的基本过程
- ➢ 了解创新五代过程模型的演进
- ➢ 了解创新的动态过程
- ➢ 熟悉创造力与创新的关系,了解如何开发与提升个人、团队和公司创造力

● 开篇案例:南车四方反向创新之路

图 3-1 南车四方动车组

资料来源:http://jhtmin.chengyang.gov.cn/plus/view.php?aid=320

青岛四方机车车辆股份有限公司(以下简称南车四方)是中国中车(原南车股份有限公司)的核心企业,中国高速列车产业化基地,铁路高档客车的主导设计制造企业,国内地铁、轻轨车辆定点生产厂家和国家轨道交通装备产品重要出口基地。南车四方在高速动车组和城际动车组的研发制造上处于行业内的领先地位,我国首列时速200公里高速动车组、首列时速

300公里高速动车组、首列时速380公里高速动车组和时速达500公里高速试验列车均在该公司诞生，是目前国内高速动车组上线运营数量最多、品种最全、质量最优、运营里程最长的企业（如图3-1所示）。在中国高铁"走出去"的大背景下，南车四方成功将高铁和城际动车组出售到发达国家市场和地区，走出了一条属于自己的反向创新之路。

一、南车四方创新的第一阶段：引进、消化、吸收、再创新

2003年，中国铁路提出跨越式发展的口号，着手开展高速动车组技术引进工作，和国际市场的巨头进行合作。南车四方在这个阶段中主要完成了四个方面的工作。

第一，彻底消化引进的技术。南车四方对如何消化引进的技术这个问题进行了系统的策划。一是图纸层面的消化，技术转让的只有静态的图纸和计算的结果，没有计算的过程，需要靠自己的技术人员去理解和推导。二是施工层面的消化，派最精英的技术团队对转移过来的作业指导书进行理解，再对工人进行上岗前培训。三是零部件供应商对技术的消化。所有的主要设备供应商的技术人员和南车四方的技术人员成立了一个联合技术团队，一起全过程参加对应的技术培训，包括共同赴日本川崎重工进行培训。

第二，按照南车四方公司的组织架构和设计体系，把引进来的图纸进行重新设计。在这一点上，南车四方和国内其他同样做技术引进的公司采取了截然不同的策略。其他几个参与动车组技术引进的公司都是按照国外技术提供方的原图进行生产，而南车四方则按照公司的组织体系重新设计了图纸。这虽然只是将图纸进行了梳理，按照南车四方的组织结构进行重新拆分组合，但这个看似不起眼的过程让设计人员对整车设计有了深度的理解。

第三，全过程参加重要零部件的制作。高速列车运行工况非常复杂，完全靠仿真分析无法模拟所有情况，因此从零部件到整车的试验对技术消化吸收来说非常关键。当时一些重要零部件还无法国产，南车四方就派技术员到对方公司全程参加重要零部件的制作，学习制造经验。

第四，适度的再创新。在这个阶段，设计方案针对我国的运营环境做了110多项改进。另外，根据铁道部要求，南车四方研发了长编组的坐车和长编组的卧车。这种类型的再创新还比较简单，把8辆编组的车变成16辆编组，在电器控制方面适当调整，其他大量技术并没有变化。这个再创新过程让设计人员更深入地理解了引进的技术，为创新的进一步扩大奠定了基础。

二、南车四方创新的第二阶段：扩大的再创新

南车四方公司内部将这一阶段定义为自主提升阶段。2005年动工的京津城际轨道支线是南车四方创新第二阶段的标志性工程。京津线在规划时对列车速度提出了新的要求，时速要求达到300—350公里。南车四方公司在消化、吸收国外先进技术的基础上，按照速度提升的要求，做了相应的设计变更工作。南车四方的产品设计时速为385公里每小时，在产品设计过程中，技术研究人员在对车型本身进行标准试验之外，还做了大量的科学研究试验。在6个月的时间里，技术团队围绕空气动力学、振动模态、动力学、噪声等各个方面，做了大量的系统性试验。技术团队采用对标分析法，边试验边分析，当天试验的结果直接和设计的目标比对，与此同时，技术团队还将自己设计的列车与其他品牌的列车进行对比试验，系统化地进行差异性

比对，找到差距，解决问题，采用循环迭代优化的模式不断调整设计方案。接下来一个关键性的项目是武广线，武广线全线1068公里，途径22座隧道，全线高架，空气动力学环境更加复杂。在武广线建设过程中，技术团队围绕空气动力学做了大量的试验，同时也解决了车体结构存在的一些问题，为后续350公里时速持续运行列车的开发奠定了基础，这都是南车四方公司在前期消化、吸收、再创新的基础上所做的再创新的工作。在这个阶段，南车四方积累的科学研究试验能力和丰富的列车运营经验和数据，大大提升了企业自身的创新能力。

三、南车四方创新的第三阶段：集成创新

集成创新又可称为有组织的创新，是指有组织地科学利用国家、区域或行业资源，对各种现有相关创新性技术进行有效集成①，形成更具市场竞争力的产品和新兴产业。南车四方的CRH380A型高速动车组，就属于顶层设计驱动下的集成创新（如图3-2所示）。2008年，铁道部和科技部签署了《中国高速列车自主创新联合行动计划协议》，确定了时速350公里及以上中国高速铁路技术体系的顶层设计，南车四方等公司就按照顶层设计的要求开展产品的研发设计工作。南车四方遵循顶层设计提出的目标，将整体目标拆解成多个子系统，然后找到各子系统现有解决方案和设计目标之间的差距，针对性对各个子系统的解决方案进行优化或重新设计，最后形成从内到外的一揽子整体解决方案。

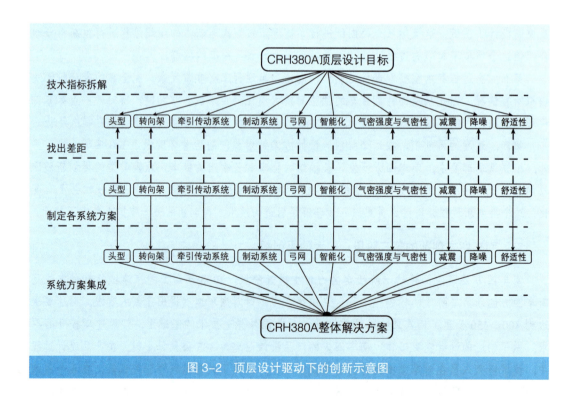

图3-2　顶层设计驱动下的创新示意图

---

① 朱孔来，"关于集成创新内涵特点及推进模式的思考"，《现代经济探讨》，2008年第6期，第41-45页。

南车四方公司在反向创新上获得的成功，总结起来可以归纳为三个突破。

第一，拥有完全的自主知识产权。南车四方的高铁出口，在知识产权上完全没有任何问题。中国的高铁曾经受到国内外广泛的质疑，普遍被认为是对外国技术的抄袭和模仿，没有自己的知识产权。为进入美国市场做准备，南车四方曾专门请美国的律师对中国高铁的独立知识产权进行审核，结论是不存在知识产权问题，完全可以出口到美国。

第二，从第三世界国家向高端地区发展。南车四方的高铁和西门子、庞巴迪、阿尔斯通等国际知名企业在国际市场上同场竞技，优势非常明显，主要体现为强大的制造能力、强大的技术优势和资源优势。以中国南车（CSR）为品牌的产品已经出口到 80 多个国家，仅南车四方的产品就出口到了 20 多个国家。出口市场从欠发达的非洲、中东、中亚等区域，逐渐打入阿根廷、新加坡等较为发达的国家和地区市场。

第三，实现动车组的对外出口。城际动车组列车已经成功出口到阿根廷、新加坡等国家。

看视频：南车四方：从"技术跟随"到"技术领跑"

资料来源：郑宗希、陈劲，"中国的反向创新：基于南车四方的案例"，《科学与管理》，2014 年第 4 期，第 3-8 页.

思考题：

1. 南车四方的创新过程经历了几个阶段？每个阶段各有哪些特点？
2. 南车四方的反向创新对其他行业，特别是汽车行业的自主创新有哪些启示？

3.1 创新的基本过程

3.1.1 创新的基本过程

从企业管理的角度，**创新就是一种新思想的产生，到研究、发展、试制、生产制造再到首次商业化的过程**。创新就是发明 + 发展 + 商业化。在这一复杂过程中，任何一个环节的短缺，都使创新不能形成最终的市场价值，如图 3-3 所示。任何一个环节的低效连接，都将导致创新的滞后。

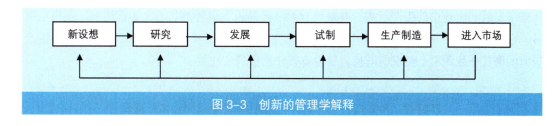

图 3-3　创新的管理学解释

图 3-4 对企业创新管理的过程作了描述。

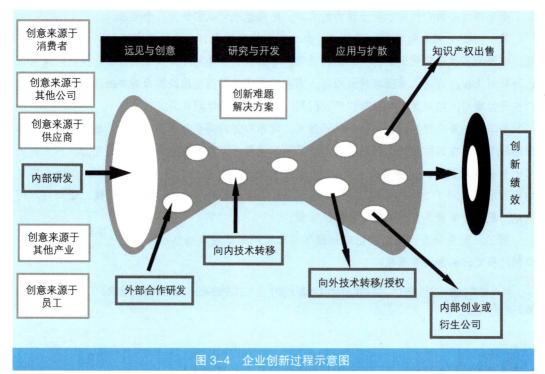

图 3-4　企业创新过程示意图

资料来源：Rothwell, Roy, "Towards the Fifth-generation Innovation Process", *International Marketing Review*, 1994, 11(1): pp.7-31.

3.1.2　五代创新过程模型的演进

根据 Rothwell 对产业创新模式的划分，20 世纪 50 年代以来，技术创新过程的研究经历了五代具有代表性的模型：

第一代：技术推动型（technology push model）（20 世纪 50—60 年代中期）

第二次世界大战后的前 20 年，随着半导体、电子信息技术、新材料等新技术的蓬勃发展和一些产业的新技术突破并成功商业化，许多新的商业机会开始出现，大大推动了社会进步和经济发展，科学技术的地位和作用得到广泛认可，大量企业通过开发新产品取得了巨大成功。在这种背景下，出现了第一代创新过程模型。该模型假设从来自应用研究的科学发现到技术发展和企业中的生产行为，并最终导致新产品进入市场都是一步步前进的。该模型的另一个基本假设就是更多的研究与开发就等于更多的创新（如图 3-5 所示）。当时由于生产能力的增长往往跟不上需求的增长，很少有人注意市场的地位。

图 3-5　第一代（技术推动型）创新过程模型（20 世纪 50 年代—60 年代中期）

资料来源：Rothwell, Roy, "Towards the Fifth-generation Innovation Process." *International Marketing Review*, 1994, 11(1): 7-31.

第二代：线性的市场拉动型（demand/market pull model）（20世纪60—70年代）

20世纪60年代后期竞争加剧，生产率显著提高，尽管新产品仍在不断开发，但企业更多地关注如何利用现有技术变革、扩大规模、多样化地实现规模经济，获得更多的市场份额。此时，许多产品已经基本供求平衡。企业创新过程研究开始重视市场的作用，因而导致了需求（市场推动）模型的出现。该模型中市场被视为引导研发的思想源泉，如图3-6所示。

图3-6 第二代：线性的市场拉动创新过程模型（20世纪60—70年代）

资料来源：Rothwell, Roy, "Towards the Fifth-generation Innovation Process", *International Marketing Review*, 1994, 11(1): 7-31.

第三代：技术与市场的耦合互动模型（interactive and coupling model）（20世纪70年代后期—80年代中期）

在20世纪70年代，随着两次石油危机，大量产品供过于求，企业更多地关注如何提高产量、降低成本。这一时期也是创新过程研究的一个高潮，许多学者通过实证研究了成功的创新过程的本质和特点，为企业开展有效的创新提供理论支持，减少或避免资金或资源的浪费。大量研究显示，对科学、技术和市场三者相互联结的一般过程而言，线性的技术推动和市场拉动模型都过于简单和极端化，并且不典型。Mowery和Rosenberg于是总结提出了交互（或称耦合）模型（如图3-7所示）。

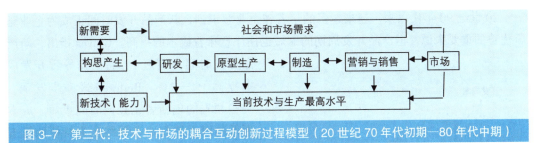

图3-7 第三代：技术与市场的耦合互动创新过程模型（20世纪70年代初期—80年代中期）

资料来源：Rothwell, Roy. "Towards the Fifth-generation Innovation Process", *International Marketing Review*, 1994, 11（1）: 7-31.

第四代：集成（并行）（integration / parallel）模型（20世纪80年代早期—90年代早期）

进入20世纪80年代，企业开始关注核心业务和战略问题。这一时期的一个显著特征是西方国家开始意识到日本企业在全球市场上的优势不仅来自模仿和精益生产、质量导向的生产过程，而且发现日本企业的新产品开发过程能够使它们比西方国家更快、更有效地不断推出新产品。当时领先的日本企业的两个最主要特征是集成与并行开发，这对于当时基于时间的竞争（time-based competition）是至关重要的。

虽然第三代创新过程模型包含了反馈环，并有一些职能间的交互和协同，但它仍只是逻辑上连续的过程。Graves在对日本汽车工业的研究中总结提出了并行模型，其主要特点是各职能间的并行性和同步活动期间较高的职能集成（如图3-8）。

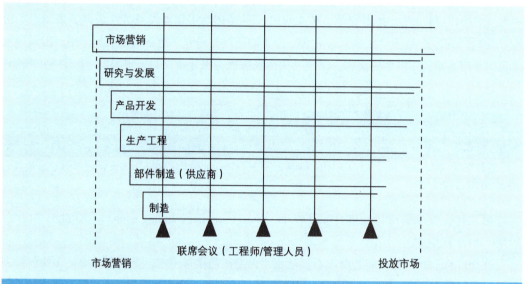

图3-8　第四代：集成（并行）创新过程模型的一个典型例子（Nissan的新产品开发过程）

资料来源：Rothwell, Roy, "Towards the Fifth-generation Innovation Process", *International Marketing Review*, 1994, 11（1）：7-31.

第五代：系统集成与网络化模型（system integration and network model）（20世纪90年代以来）

20世纪90年代以来，越来越多的学者和企业意识到，新产品开发时间正成为企业竞争优势的重要来源。但产品开发周期的缩短也往往意味着成本的提高。Graves指出，新产品开发时间每缩短1%将平均导致开发成本提高1%—2%。Rothwell进一步发现，一些领先的创新者正在向时间更短、成本更低的以系统集成和网络化为特征的第五代创新过程转变，其中包括产品开发的技术、组织、制度、生产等更加整合、更紧密的企业间纵向和横向联系，以及更多地运用先进复杂的电子信息工具箱（toolkit）（如图3-9、图3-10所示）。Rothwell指出，第四代和第五代创新过程模型的主要不同是后者使用了先进的IT和电子化工具来辅助设计和开发活动，包括模型模拟、基于计算机的启发式学习以及使用计算机辅助设计（computer aided design，CAD）和计

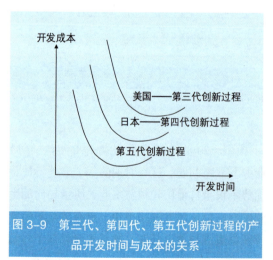

图3-9　第三代、第四代、第五代创新过程的产品开发时间与成本的关系

资料来源：Rothwell, Roy, "Towards the Fifth-generation Innovation Process", *International Marketing Review* 1994, 11（1）：7-31.

算机辅助求解系统的企业间和企业内开发合作。开发速度和效率的提高主要归功于第五代创新过程的高效信息处理创新网络，其中先进的电子通信技术提高了第四代创新的非正式（面对面）信息交流（如表3-1所示）。

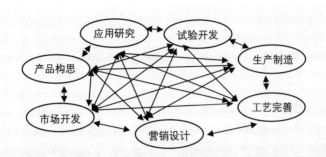

图 3-10　第五代创新过程

资料来源：Rothwell, Roy, "Towards the Fifth-generation Innovation Process", *International Marketing Review*, 1994, 11（1）：7-31.

表 3-1　第五代创新过程：系统集成和网络模型的特点

基础战略因素
● 时间战略（更快更有效的产品开发）
● 注重质量和其他非价格因素的开发
● 重视企业的灵活性和灵敏度
● 重视战略性客户
● 跟主要供应商的战略合作
● 横向技术合作战略
● 电子数据处理战略
● 全面质量管理战略
主要特点
● 整个组织和系统的集成 ——并行和集成（职能间）的开发过程 ——产品开发中早期供应商的参与 ——产品开发中主要客户的参与 ——在适当地方建立横向技术合作
● 适于快速决策的灵活平面组织结构 ——给予低等级管理人员更多的权力 ——给予产品拥护者和项目领导者权力
● 发达的内部数据库 ——高效的数据共享系统 ——产品开发方法，基于计算机的启发式学习，专家系统 ——使用三维 CAD 系统和模拟技术辅助产品开发 ——跟 CAD/CAM 系统连接，加强产品开发的灵活性和产品的可制造性

基础战略因素
●有效的外部数据连接 ——使用互联的 CAD 系统与供应商共同发展 ——在客户接口上使用 CAD ——跟研究与开发实验室进行有效联系

资料来源：Rothwell, Roy, "Towards the Fifth-generation Innovation Process", *International Marketing Review*, 1994, 11（1）: 7-31.

事实上，自第三代模型开始，创新"互动"的观点日益受到重视，包括企业研发系统内部各部门之间、研发与其他部门间、生产者与顾客或供应商间，以及与其他企业间的互动等。互动的复杂性进一步促进了"创新网络"（innovation network）的研究，包括正式（如其他企业或研究机构基于合同的研发合作）与非正式（如研究人员间私下信息交流）的网络。

第四代和第五代创新过程模型的出现，是技术创新管理理论与实践上的飞跃，标志着从线性、离散模式转变为集成、网络化复杂模型。由于创新过程和产品对象的复杂性大大增强，创新管理需要系统观和集成观。而现代信息技术和先进管理技术的发展为第四代、第五代模型的应用提供了有力支撑（如图 3-11 所示）。

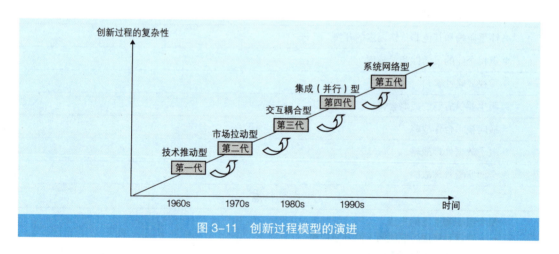

图 3-11　创新过程模型的演进

3.2　创新的动态过程

3.2.1　技术创新动态过程的 U-A 模型

国际著名的技术创新管理专家、美国麻省理工学院教授 Utterback 和 Abernathy 通过对美国汽车工业技术创新的动态变化进行考察和长期研究，于 1975 年从创新内容角度提出技术创新的动态过程模型（U-A 模型），对技术创新规律的把握很有帮助。该模型认为，一个产业或一类产品的技术创新过程总体可划分为三个阶段，产品和工艺的创新频率体现出随时间而变化的动态特征，并且产品和工艺创新存在重要的相互关系，如图 3-12 所示。

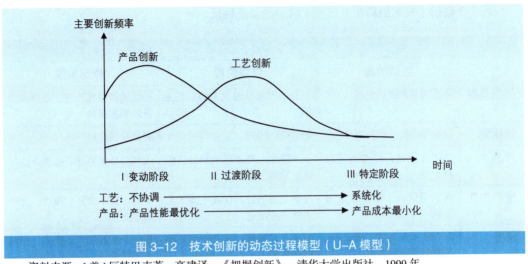

图 3-12　技术创新的动态过程模型（U-A 模型）

资料来源：[美]厄特巴克著，高建译，《把握创新》。清华大学出版社，1999 年。

1. 变动阶段

在一类产品或一个产业部门的形成时期，技术与产品的变化极其迅速。产品创新在这一阶段同时面临技术和市场的不确定性，新产品使用的技术处于发散状态，不成熟、昂贵又不可靠；产品的性能不稳定；市场不稳定，企业还无法明确定位目标市场。由于技术和目标不确定，尚未形成主导设计，竞争的焦点是产品的功能，产品创新频率最高。频繁变化的产品设计，阻碍了相应的工艺创新，因而工艺创新频率较低。

2. 过渡阶段

主导设计出现，形成产品标准，创新进入"过渡阶段"。用户对创新产品已有清晰的理解，市场接受创新产品；企业对该创新产品大量生产，采用适用于大规模生产的组织形式，管理与控制显得更为重要，竞争的焦点是产品的质量与价格。企业已经根据标准设计采用专用的生产设备和专用的原材料，产品结构已经不允许做大的变动，产品创新率下降，以工艺创新为主，追求高效率、低成本的制造过程。

3. 特定阶段

产品完全定型，已被其他企业模仿，竞争基础是产品的质量与成本之比。产业发展极为重视质量、成本和产量。高度自动化的生产将完全定型的特定产品及其高效率、低成本的制造过程紧密结合，产品与工艺中的任何一个细小变化都将引起其他相应部分的变化，因而变化十分困难且昂贵。产品和工艺创新仅以小的渐进方式进行，重大产品或工艺创新较少出现。

这种在特定阶段为提高效率而采用的刚性高自动化设备，同技术创新互不相容。特定阶段意味着一个产业有可能被新一轮突破性创新毁灭。那些精于管理、有很强的创新能力的大公司在面对某些类型的市场和技术上的变化时，无法保持其在行业的领先地位。日本汽车制造业应用的柔性制造系统，为解决这一矛盾做出了重要贡献。企业采用大规模定制策略，从标准化产品平台生产出满足不同需要的独特产品，以产品的多样化和适用性满足顾客各种需要。柔性制造系统和大规模定制策略，为已走到创新尽头的特定阶段的产品找到了新出路。

表 3-2 概括了技术创新在上述三个阶段的动态特征。

表 3-2 技术创新三个阶段的重要特征			
	变动阶段	过渡阶段	特定阶段
创新类型	频繁的重大产品变革	上升的需求导致重大的工艺变革	产品的渐进性改进，效率和质量的累积提高
创新源	行业领先者，产品用户	制造商，用户	通常是供应商
产品	多样化设计，经常是定制的	至少稳定一种产品的设计以保证足够的产量	大部分是无差异的标准产品
生产工艺	灵活但低效，能适应重大变革	逐渐变得刚性，仅在主要工艺上做一些改进	高效，资本密集，刚性，变革成本大
研发	由于技术的高度不确定性，不集中于特定技术	主导设计出现，集中于特定的产品特性	集中于渐进的产品技术，强调工艺技术
设备	通用设备，需要熟练工人	某些子工艺过程自动化，建立独立的自动化小组	使用专用设备，大部分自动化，工人主要进行监督和控制
工厂	小规模，接近用户或创新源	设有专门部门的普通工厂	生产特定产品的大规模工厂
工艺变革成本	低	中	高
竞争者	少，但随着市场份额的变动增加	多，但随着主导设计的出现而减少	少，处于市场份额稳定的典型的垄断阶段
竞争基础	产品功能的性能	产品多样化，适用性	价格
组织控制	非正式、灵活，强调创业精神	项目组或工作组	强调结构、规则、目标
行业领导者的弱点	模仿者，专利的挑战，成功的产品突破性创新	更高效、更高质量的产品制造商	提供更优的替代产品的技术创新

资料来源：James, Utterback. *Mastering the Dynamics of Innovation*，Harvard Business School Press, Boston, 1994.

3.2.2 二次创新与后二次创新模型

1. 二次创新模型

吴晓波教授基于对中国等发展中国家企业创新动态过程的长期深入分析，于 1995 年在经典 U-A 模型基础上提出了二次创新动态过程模型。**二次创新可以定义为那些建立在技术引进基础上，囿于已有技术范式，沿一次（原始）创新所定义的技术轨迹所进行的创新**。这种模型是基于引进技术而后加以消化吸收并进而再创新的技术创新模式，主要表现为渐进性创新。许多发展中国家都采用了这一模式，典型代表是第二次世界大战后的日本，以这种模式后来居上，进而应用集成创新与原始创新，在 20 世纪 80 年代取得了全面竞争优势。其特征与 U-A 模型相反，在创新过程中先集中于所引进产品工艺创新，然后在此基础上致力于产品创新（如图 3-13）。

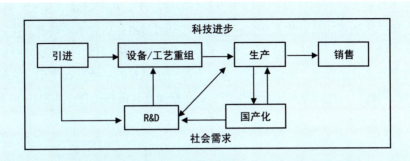

图 3-13　基于引进消化吸收的二次创新模型

资料来源：吴晓波，《全球化制造与二次创新战略：赢得后发优势》，机械工业出版社，2006 年。

二次创新根据技术来源可以分为成熟技术引进、新兴技术引进和实验室技术引进三种。可以认为，以成熟技术引进（例如引进国外企业已经商业化的技术）为代表的创新是最为典型的二次创新，其创新很大程度上受到国外技术范式的制约。

二次创新模型主要有以下三类子模型：一是模仿型创新，指引进技术之后进行设备、工艺重组，然后生产销售；二是创造型模仿，指生产过程采用国产化的流程，进行生产流程的创新，然后进行生产销售；三是改进型创新，指在引进技术之后，不但进行国产化流程创新，而且还对技术进行研发改进，推出改进型创新产品（如图 3-14 所示）。很多发展中国家的企业就是通过基于引进消化吸收基础上的二次创新模式快速成长起来的，如海尔、宝钢等。中国高铁产业近年来的快速发展也是二次创新模型的典型例子。

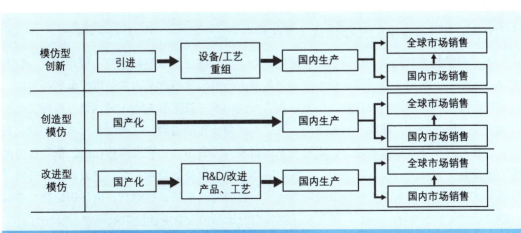

图 3-14　二次创新的三种子模型

资料来源：吴晓波等，"全球制造网络中的我国企业自主创新：模式，机制与路径"，《管理工程学报》，2010 年 S1 期，第 21-30 页．

2. 后二次创新模型

后二次创新模型指直接到国外吸收实验室技术和先进流程技术，实现跨国价值活动控制和自主知识产权，这种以实验室和新兴技术引进为代表的创新囿于技术范式程度较低，技术引进往往在主导设计确立前,因此可被认为是与一般二次创新不同的"后二次创新"。全球化背景下,后二次创新的新兴技术和实验室技术都是通过海外研发活动获得,这种海外研发活动已有一定的一次创新特征,但由于其技术还是从发达国家获得,海外研发目的是为了在技术先进国家寻求技术资源,所以它仍可被认为是二次创新的一种高级类型。这种模式主要依靠在国外投资建厂,进行海外研发和生产,从而推动全球市场销售(如图3-15所示)。

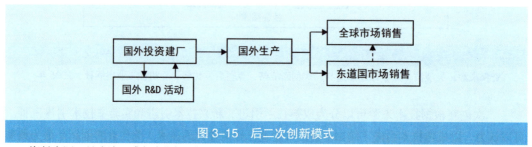

图 3-15 后二次创新模式

资料来源:吴晓波,《全球化制造与二次创新战略:赢得后发优势》。机械工业出版社,2006年。

3.3 创新的基本模式

根据创新经济学家Jensen和Lundvall教授及许庆瑞教授等的研究,创新有两种基本模式:

(1)基于科学技术的创新模式(science-technology-innovation,STI);

(2)基于实践体验,如学习、使用和互动等的创新模式(innovation by doing, using and interaction,DUI)。

3.3.1 基于科学技术的创新模式(STI)

基于科学技术的创新即以研发为基础的创新,其创新过程从基础研究、应用研究、试验发展、试制、生产制造直至商业化。早期创新理论研究与实践都是由发达国家学者提出的,其适用范围往往也都针对西方发达国家。西方发达国家(技术领先国)的创新过程模式具有典型的一次创新特征,即始于研究活动,从发明到商业化的过程。这种创新模式的实现一般需要很强的研发能力和技术能力,需要充足的研发人力资源和物质资源作保障,依靠自身的努力和探索,实现核心技术的突破,并在此基础上依靠自身的技术能力,完成新产品开发并成功地实现商业化。基于科学技术的创新模式,对研发活动依赖性很高,内部研发是企业的战略性资产(如图3-16所示)。很多发达国家实力雄厚的大企业往往以这种创新模式为主。

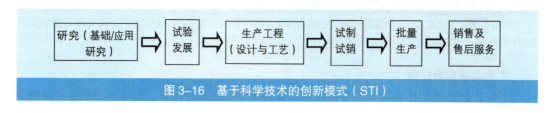

图 3-16 基于科学技术的创新模式(STI)

3.3.2　基于学习、使用和互动等实践体验的创新模式（DUI）

指员工在产品生产过程（或用户使用过程）中遇到的问题，在企业现有技术能力的支撑下，通过研发或通过大学和科研机构共同研发，寻求问题的解决方案，实现技术创新。在解决方案的过程中，员工（或用户）增长了技术知识或技术诀窍。如果这一过程相当复杂，问题的解决需要团队内部成员或不同团队成员的交互影响，就可以产生许多新的共享技术经验和技术知识。这种创新模式的实现需要员工和用户具有解决问题的责任心和相应技术能力，需要普通员工具有较高的科学素质。这一创新模式主要依靠在实践中不断改进来提高技术的使用效率，经验的积累是关键。这一创新模式不是单纯从产品角度而是以用户角度出发。在非核心技术领域有效实施创新，也能较好地提高创新绩效和竞争力，是提高技术积累的有效途径。

STI 模式需要更多研发投入，更积极地参与研发，但并不意味着可以忽略 DUI 模式，同样 DUI 模式必须以 STI 模式为基础和补充。全球经济环境下，技术机会和市场条件瞬息万变，从核心技术开发到市场、用户需求、用户体验等，都是创新中必须要考虑的。企业须充分掌握技术创新规律，协调研发和与技术匹配的制造和市场等外部因素，将 STI 模式和 DUI 模式有机结合，将内部研发和搜寻、吸收并利用外部创新资源结合，提高技术创新能力。

显然，创新政策应根据产业特性而设计。STI 模式创新需要更大的研发投入，完备的实验设施，专业化、线性的组织形式，科学家、工程师是主要创新者。因此需要强大的知识产权保护政策，产学研合作需要严备契约，员工流动应充分限制。而 DUI 模式需要更大的学习与交流投入，用户、供应商、研发人员、一线员工等都是创新者，组织应更为开放，内部交流和跨组织知识管理颇有必要。但在宏观政策方面，不需要过强的知识产权保护力度，鼓励员工合理流动，此时，创新者所忠诚的不是某个企业，而是感兴趣的产业。

3.4　创造力与创新

创新的微观过程一般包括知识创新与创造力开发，这是先着重讨论基于创造力的创新过程模式。

3.4.1　企业创造力

美国创造心理学家 Green 认为，创造力由以下若干要素构成：知识、自学能力、观察力、记忆力、客观性、怀疑态度、恒心、毅力等。[①] 国内学者普遍认为，**创造力由智力因素和非智力因素两方面构成，智力因素包括观察力、想象力、记忆力、思维能力等；非智力因素包括创造欲、求知欲、自信心、意志力等。**

Brown 和 Harrington 认为，组织创造力是创造过程、创造产品、富于创造性的人和创造性环境几方面的结合，以及它们如何互动的结果。这种定义不仅比较完整地囊括了创造力

[①] Green, E. I.,"Creative Thinking in Scientific Work", *Electrical Engineering* 73.6 (1954): 489–494.

概念所包含的内容，还揭示了创造力如何产生。① Alan Robinson 和 Sam Stern 给公司（企业）创造力下的定义是："如果公司雇员未经直接示范或教导就能做一些新的、也许有用的事情，那么这个公司就是有创造力的。"② 学者彭灿在总结了国内外有关研究基础上给出了企业创造力的定义：**企业创造力是企业在生产经营的每一个方面、每一个环节、每一个部门和每一项工作中创造性地发现问题，明确问题、阐述问题、组织问题和输出问题解决方案从而实现改进与创新的能力的集合（总称）。它是由企业的技术创造力、管理创造力、经营创造力、文化创造力及市场创造力等子系统构成的复杂的、隐性的能力系统。**③

企业创造力的特性是：

（1）潜在性（内隐性）与人员独有性。企业创造力是潜藏于企业全体员工头脑中的智力品质，人力资源是创造力的唯一载体。

（2）全员性与系统性。研究表明，每一个企业员工都具有创造力，当然，不同员工的创造力水平存在一定的个体差异。企业创造力是由企业全体员工的创造力构成的复杂能力系统。

（3）复杂性。个体创造力本身就是一个由诸多要素构成的复杂系统，而企业创造力又是企业全体员工创造力的集合，因此，企业创造力是一个具有高度复杂性的能力系统。

（4）意外性与偶然性（随机性）。大多数创造性行为，正如现在公司里出现的那样，是未经计划安排的，而且发生在最预料不到的地方。人们无法预言会创造出什么，谁将参与创造性活动，在什么时候及以什么方式发生，这就是公司创造力的实质。也就是说，创造性行为的发生是一个随机事件，它难以预料，也难以计划和控制。彼得·德鲁克也把意外事件——意外的成功、意外的失败及意外的外在事件——视为创新机遇的七大来源之一，并认为是其可靠性和可预测性是最好的。

（5）环境依赖性。企业的内部及外部环境对企业创造力的发挥有重要的影响。

（6）难管理性。企业创造力所具有的以上特性，不但使管理者们对其进行管理时经常感到无所适从，而且使许多常用管理工具与方式（如计划管理、过程控制、目标管理等）没有了"用武之地"。其结果是，大多数企业的潜在创造力大大超过现有创造力的业绩。换言之，大多数企业的创造力远未充分发挥出来，而是被长期地埋没和严重浪费了。

3.4.2 团队创造力

团队创造力是指团队成员在一定的任务环境下，相互之间通过团队内部的互动产生新颖、独特、具有社会价值的成果的整体特性和在创造性成果中的体现。对团队创造的关注，始于20世纪30年代的美国。如"头脑风暴法""综摄法"等创造技法的发明，即已经涉及

---

① Brown, R. T. "Creativity: What are We to Measure?" In. JA Glover, & CR Reynolds (Ed.), *Handbook of Creativity* (pp. 3–32).1989. Harrington D.M., The Ecology of Human Creativity: A Psychological Perspective, in Albert R. *Theories of Creativity*, Sage, 1990.

② [美]艾伦·鲁宾逊、萨姆·斯特恩著，杨炯译，《企业创造力：创新和改进是如何发生的》。上海译文出版社，2001。

③ 彭灿，"企业创造力及其开发与管理"，《研究与发展管理》，2003年第3期，第27–31页。

团队创造过程、团队创造氛围、团队创造方法等方面。

著名的"头脑风暴法"正是被誉为"创造工程之父"的奥斯本（Osborne）于1938年，通过观察和概括团队创造过程而创立的。它是一种专门适用于集体创造活动的创造技法，所以又被称为"集体思考法"。其核心内容正是通过贯彻被称为"四项原则"的"组织创造性会议"以形成一种有利于团队创造的氛围：第一，自由畅想，鼓励新奇；第二，禁止批判，延迟判断；第三，谋求数量，以量求质；第四，连锁反应，综合改善。

奥斯本的头脑风暴法对团队创造力研究做出了两点贡献：首先，开创了应用心理学理论知识研究团队创造力的先河。其次，揭示了环境氛围对团队创造力的重要意义。

创造力也是一种人力资本，它不像公司中的其他资源，下班后仍然留在公司里。它不像知识，可以被其他媒介编码和记录下来。公司不能拥有个人的创造力，但可以获得创造性的成果。只有当创造力被物化，比如成为创造性的点子，以及创造性的产品、工艺或服务等，才能为公司所拥有。因而创造力并不是可以直接管理的，公司能通过促进、挖掘员工的创造潜能，使之发挥作用，形成对企业新颖、有用的产品来利用创造力。

新产品开发是集中发挥员工创造力的活动。在大多数组织中，新产品开发都采取团队工作方式。影响团队创造力发挥的机制既有一般个体创造氛围的因素，很大程度上又取决于群体和团队在工作中的互动。任务特征、团队构建、团队领导、组织氛围是影响创造力的一般环境，团队沟通、团队参与和群体创造活动则是团队所特有的成员间的互动机制（如图3-17所示）。

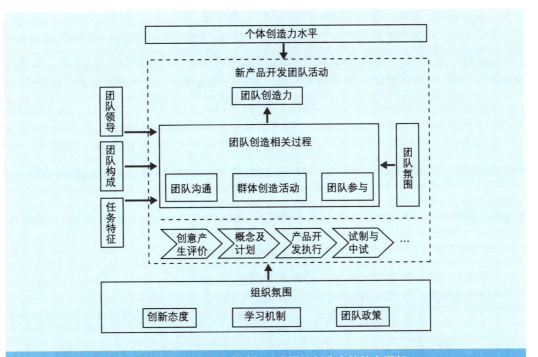

图3-17　新产品开发过程形成团队创造力的综合框架

资料来源：黄芩，《新产品开发团队创造力的形成及影响因素研究》，浙江大学硕士学位论文，2006年。

3.4.3 如何开发与管理创造力

企业创造力开发是将企业潜在创造力转化为现实创造力的过程。而企业创造力管理,是要通过各种有效的管理措施,来提高企业中各种创造性行为,其表现形式有改进和创新两种。

企业创造力开发与管理的根本任务,是将企业员工原本各自独立、分散的潜在创造力充分地释放出来,并对其进行有效集成与整合,以构建强大的企业创造力,从而为企业持续不断和卓有成效地实施改进与创新提供取之不尽、用之不竭的动力。

Alan Robinson 和 Sam Stern 总结了促进企业创造力的六大要素①:(1)凝聚力;(2)自发的行动;(3)非官方行为;(4)意外发现幸运事物的本领;(5)各种不同的激励;(6)公司内的信息交流。这六大要素也可以看作开发与管理企业创造力的六项原则。

在进行企业创造力开发与管理时,不宜采取计划管理、目标管理及过程控制等刚性管理方法,而应采取人本管理、文化管理及激励管理等柔性管理方法。具体地说,就是要按照"以人为本"的原则,在企业内努力营造有利于创造力发挥的组织文化、工作环境和激励机制,以充分调动和发挥每一位员工的主动性和创造性,并通过"共同愿景"和"组织目标"将这些个体创造力有效地凝聚起来,以形成强大的企业创造力,从而提高企业中各种创造性行为的发生概率。

国内外有很多措施可供我们借鉴。日本丰田汽车公司有"全员创造发明设想运动";美国惠普公司有"违抗奖章"制度和研究人员10%的自由探索制度;通用汽车公司有创造工程培训制度;得克萨斯仪器公司有"野兔资金"和"设想补助金"制度;3M公司有内部竞争和"容忍失败"制度;海尔集团有"人人SBU"制度等。

企业创造力开发效果的大小以及能否巩固,与组织管理工作的关系极为密切。管理工作严密、细致、周到,企业职工的创造设想就会大量喷涌而出并得以采纳实施;反之,则难以达到期望目标,甚至挫伤职工的创造积极性。丰田公司为推进"全员创造发明设想运动",在公司内相应设立了专门的管理组织机构,总公司设立"创造发明委员会",下属各部门都建立了"创造发明小组",负责具体的创造发明活动。自开展此项活动以来,丰田公司走过了一个艰难而又硕果累累的历程。在推行最初的1951年,公司仅收到创造建议183件,而到了1980年,全公司人均达195件、日均达2356件、采纳率达94%、总量高达86万件。

创新标杆 ———— **海尔员工创造力的鼓励制度** ————

《海尔企业文化手册》中,明确规定了海尔的奖励制度:
- 海尔奖:用于奖励本集团内各个岗位上的职工对企业所做出的突出贡献。
- 海尔希望奖:用于奖励企业员工的小发明、小改革及合理化建议。
- 命名工具:凡本集团内员工发明、改革的工具,若明显提高了劳动生产率,可由所在工

---

① [美]艾伦·鲁宾逊、萨姆·斯特恩著,杨炯译,《企业创造力:创新和改进是如何发生的》。上海译文出版社,2001年。

厂逐级上报厂职代会研究通过，以发明者或改革者名字命名，公开表彰宣传。女工杨晓玲用业余时间发明了一种扳手，大幅提高了质量合格率，企业为此将其命名为"晓玲扳手"，从而进一步激发了员工创新发明的积极性。之后，"云燕镜子""启明焊枪""申强挂钩""峰远过渡轮""姚鹏支撑台"等一大批发明和革新涌现出来。员工技术创新和发明，成了海尔一道亮丽的风景。

资料来源：《创新的海尔》，海尔内部宣传手册。

1. 营造有利于创新的组织气氛

研究和实践证明，在宽松和鼓励性的氛围中，人们的创造力能够得到最大程度的开发。G.K. 希莫斯总结了有利于创新的组织气氛的特征：（1）彼此尊重的上下级关系；（2）提倡信息交流的开放型舆论导向；（3）管理阶层的积极支持与合作，对下级的建议给予公正和始终如一的关注；（4）高度重视极富创造性的成员，合理安置，使其摆脱日常琐碎工作的束缚，全身心投入到创造性行为中去；（5）给予员工适度的思考时间，以便其有机会进行创造性想象和从事创造性工作；（6）避免对下属不成熟的、带个人色彩的评价；（7）民主的管理风格，能够容忍并维持一些激进的想法在一定程度上的存在。

2. 允许非官方创造行为的出现

由于计划经济的影响，很多企业都残留有"按部就班"创新的观念，很多关于创新管理的著作也强调制订和执行技术创新计划，并将其视为创新成功的保证。然而，大多数创新都是从一系列相对混乱的事件中开始显现的，它们常常难以预测、计划和控制。例如，西尔制药公司的"天然甜"增甜剂——一种比蔗糖甜200倍的食用添加剂的发明，就源于化学家吉姆·施拉特一次粗心的违规实验操作，现在这种"天然甜"用于碳酸软饮料中，销售价值达几十亿美元。而这位化学家一直致力于开发抗溃疡药经过他的不断努力却始终没有问世。所以说，试图消除创新早期的混乱是一个真正的错误，理解并有效地管理这种混乱正是那些大型的创新公司之所以能够长期卓有成效地开展创新活动的重要原因之一。

很多研究发现，自发的创造性活动往往比计划的创造性活动更有效；非官方的创造性活动比官方的创造性行为更易成功。可以说，员工的自发行为和非官方行为是企业创新的两大要素，企业必须尽量减少对创造性活动的预测、计划和控制，同时还应鼓励和支持企业员工各种自发的和非官方的创造性行为，并不失时机地将其转化为官方行为，从而扩大创新成果。一些创造力较强的企业，如施乐、惠普等都有相应制度，例如留出一定时间让员工做自己想做的事情，并且对研发人员的任务期限不过于严格要求。此外，还制定鼓励员工进行自发和非官方的创造性活动的政策。这些措施都使它们取得了令人瞩目的成果。

3. 内部激励为主要方式的激励措施

员工创造动机可以通过激励手段来增强，它可以分为外部激励和内部激励。所谓的外部激励来源于员工个体的外部，诸如企业对员工创造活动的成功给予奖金、提拔等承诺，或是对创造活动的失败采取惩罚性措施，如降职、辞退等，主要满足知识工作者的生理、安全等基本需求。这种激励方式可以激励员工努力实现某种目标，但对创造力缺乏激励效果甚至有负面影响。而内部激励来源于员工自身,也可以叫作自我激励,是员工个体发自内心做好工作的强烈愿望,它能激励员工实现自我价值满足自己的好奇心和求知欲而进行自发的和非官方的创造性活动。创造力的发挥源自于员工对工作的兴趣和激情,是一种实现自我价值的活动,要有效地激励员工的创造力就需要采取内部激励的方式。

为员工提供有挑战性的工作就是常见的内部激励方式之一。人们的创造力往往被好奇心和求知欲驱使,重复性的工作容易使员工觉得枯燥从而降低对工作的兴趣,而挑战性的工作能激发员工的好奇心和求知欲,从而有利于员工产生创造动机。例如,日本富士全录公司每年都在公司内部进行"征求新事业策划案"活动,经审核被认为切实可行的方案,就交由新事业开发部门策划,然后公司以资助原方案人大部分资金,并认命此员工为总经理的方式成立新公司或新部门,这种有挑战性的活动极大地调动了员工的工作积极性和创造力,为富士全录公司带了巨大的声誉和良好的利润。

另一种有效的内部激励方法是赋予有创造能力的员工工作自由度。研究发现,员工在工作场所所获得的知识中,70%来源于非正式交流。因此,营造一种个人自治的工作气氛对于提高员工的创造力非常重要。例如,美国3M公司在健康医疗、安全、电子、电信等市场处于领先位置,在其30多个技术平台上不断开发新产品,公司产品超过60000种,几乎每个员工产出一个产品,这个世界上最具创新精神的公司就允许它的研发人员可以花15%的工作时间做他们自己想做的事,而不管这些事情与公司的任务有无关系。

创新标杆 ———— **谷歌的"20%"规则** ————

谷歌有个"20%规则",即允许员工拿出20%的工作时间,去做本职工作以外的项目。谷歌一系列重要产品,如免费邮箱Gmail、谷歌地图、谷歌地球都诞生自员工20%的自由时间中,这令"20%规则"成为研发界的一条"金律"。

在另一家著名社交网站Facebook,也有一个类似的机制——每3个月举行一次"黑客马拉松"。

在黑客马拉松举办的日子里,大家会尽可能放下自己的日常工作,完全根据兴趣进行开发。Facebook著名的"时间轴"(Timeline),还有聊天、视频、HipHop编译器等也都是在这样"彻夜狂欢"的活动中诞生的。

谷歌"20%规则"的最大贡献是保持了员工的创造力,这在研发机构是非常重要的。要知道,令研发机构负责人费尽心思的一件事,就是如何推动机构中的创新氛围。

其他内部激励方式还有:为员工提供多种形式、多种主题的讲座,举办特别活动;让员工轮流从事其能做的每种工作;为员工提供与外界接触、参与企业内部各种创新活动的机会等。

4. 开展创造技能培训

大量理论研究和实践结果表明，创造力教育与培训可以大幅提高企业员工的创造力，如美国通用电器公司在开展"创造工程"培训之后，员工创造力平均提高了 3 倍；日本松下公司常年进行全员创造教育培训，公司拥有 5 万多件专利，员工所提创意提案每年高达 150 多万件。

3.4.4 如何评估员工的创造力

下面的创造力特征评价表（如表 3-3 所示）对于识别公司内创造性强的员工有一定帮助。对于每一个考虑对象的每项创造力特征都选一个分数。0 分表示完全不具备某种品格，10 分则表示该种品格最佳。为获得更为客观的评价，可由几个人独立地对每名员工进行评价并取平均分。

表 3-3 创造力特征评价表

完全没有											最佳
分数 人名＼特征	0	1	2	3	4	5	6	7	8	9	10
概念流畅											
头脑灵活											
独创性											
深思熟虑											
好奇心											
冲动性接受											
服从性差											
容忍性											
形象化											
执着性											
合计											

说明：75 分以上：极富创造性，罕见人材
　　　62—75 分：非常有创造性，可贵人材
　　　50—61 分：其参与对于创造性工作是有益的
　　　37—49 分：可以接受的平均水平
　　　25—36 分：需要大力鼓励和发展
　　　25 分以下：缺乏创造性，有碍集体创造性工作

资料来源：Majaro S.，*The Creative Marketer*, Butterworth-Heinemann, 1933。

创新标杆

谷歌如何激发员工创造力

"一辆校车能放多少个高尔夫球"这是谷歌面试经常问的异类问题，和谷歌类似的兄弟公司也常常用这种方法。他们认为问人们选择性的问题，然后看他们如何完美地分析问题，就能够雇佣到高创造力的员工。麻烦的是，谷歌发现这个策略事实上不能完全预测人们是否适合某个工作。相反，谷歌发现，最好是问已经被 HR 学者研究多年的结构性的问题。

总结了这些教训，谷歌让人力分析部门和专业学者建立紧密的关系，它已经成为基于证据管理的佼佼者。谷歌通过一个新网站 re:Work 帮助其他部门，通过共享最佳管理实践让工作变得更好。这是谷歌激发员工创造力的关键一招。re:Work 可以说是谷歌经验和案例研究的资料库，虽然目前仍处于起步阶段。但是已经有围绕四个关键领域的大量信息：招聘、管理、多样化以及分析。这个网站分享的信息也为谷歌员工保持高水平的创造力提供了保障。下面是一些来自 re:Work 谷歌的一些最佳的实践，都是能够促进创新的举措。

一、预测绩效

谷歌不是唯一一个使用脑筋急转弯来判断员工创造力的公司，但它可能是第一个承认这种方法无效的。准确判断以及管理创新人才的麻烦往往来源于对创造力的误解。许多人认为，创意是神奇的东西，是灵光乍现，因此无法开发或者管理，但是多年研究表明，事实并非如此。我们不仅可以判断个体在工作中的创造力，我们还可以通过培养让他们更具创新能力。招聘时，有清晰的指标可以判断员工的创新潜质，包括知识、技能、能力以及其他特征（如个性）等。

二、干掉经理，还是培养经理

说到管理者，谷歌分享了另一个曾经犯过的错误：谷歌一度认为应该干掉经理，因为他们可能扼杀创造力。后来却发现，没有经理，员工很容易分心，也很容易陷入混乱，对培养员工的创造力非常有害。re:Work 的研究证明了这一点。经理事实上对培养创造力非常重要，谷歌使用其人力分析工具确定了八种让经理更高效的方法，这些工具有许多对培养员工的创造力有莫大的好处，如放手让团队去发挥，而不是事无巨细；专心聆听员工的成果以及个人福祉；为团队建立一个战略规划以及共同愿景；掌握专业技术知识，使他们能够充分了解和评估团队创造性的想法。

三、管理多样性

许多人认为，多元化是增加创新的一种安全可靠的方式。你可能会想到通过不同的员工组合，通过他们的不同观点得到创造性的想法。然而，有一些证据表明，不同的观点有助于培养创造力，也可能由于误解导致更多冲突。这个问题的核心是偏见。偏见会阻碍个人和团队的交流，最终阻碍组织的创新。谷歌已经开发了一套"无偏见"计划，帮助员工理解和管理他们的偏见，甚至提供工具让员工组织自己的"无偏见"工作坊。有研究表明，在"无偏见"工作坊中经常用到的换位思考，可促进对不同观点的好处的利用，并促进团队创造力。

四、动态团队

谷歌 re:Work 网站的一个新的内部研究结果：一个团队并非缺谁不可，如何让团队产生互动才是关键。谷歌确定了成功团队的五大预测：心理安全、可靠性、结构清晰、工作意义，以及对工作的影响。谷歌注意到，团队心理上的安全对团队成功有着显著影响，心理舒适的团队成员更愿意分享观点也更容易接受彼此。re:Work 网站不仅提供鼓励创新的信息和工具，而且还分享其最佳实践方法来让"工作做得更好"。这个网站本身就是一个显著的创新。

资料来源：金错刀，"谷歌掉了几个坑，找到一招激发员工创造力"，http://www.chinaz.com/manage/ 2015/1125/ 475098.shtml

专栏一 模块化创新

在 20 世纪 80 年代中后期，尤其是进入 90 年代后，伴随全球范围内市场环境的激烈变化，越来越多的企业采用业务外包、与其他企业建立合作关系的方式进行采购、制造加工和销售等活动，于是模块化又作为一种时髦名词而频繁出现于企业与产业组织的研究中。

斯坦福大学青木昌彦教授指出，随着新兴的信息技术和信息产业的快速发展，产业结构正发生根本性变化，模块化日益成为新产业结构的本质。哈佛大学商学院前院长金·克拉克于 1997 年发表在《哈佛管理评论》的"模块化时代的管理"和 2000 年推出的力作《设计规则：模块化的力量》中，以敏锐的眼光洞察到信息时代模块化所具有的革命性力量，并通过对 IBM 的实证分析提出了产品模块化的方法与过程：电脑是一套极为复杂的系统，但通过将电脑分解成主板、处理器、磁盘驱动器、电源等功能相对单一的模块（部件），电脑的复杂程度被一步步细分；再通过一定的规则（界面）确保不同品牌电脑的相应模块能互相兼容，则不仅使模块可以近乎完全独立地设计、制造，还可以让多个厂商在同一模块上彼此进行竞争，正是这种基于模块分解基础上的全球 PC 厂商的分工整合，大大加速了电脑技术创新和产品升级的速度。

今天，模块化策略正被越来越多的制造商应用于定制化产品设计过程中，这一趋势加速了企业将产品部件外包或从市场上购买部件的过程，同时对企业技术创新模式产生了重要影响。

相比较传统创新方式，模块化创新（modular innovation）具有众多优势，归纳起来有：

（1）加快创新速度。模块化战略可以加快模块内部创新和模块组合创新，不同模块由具备不同核心专长的供应商生产，研发并行，提高模块创新和系统创新的速度。另外通过替代、追加、删除等模块化操作，可以实现产品创新的系统化。

（2）分散投资，降低风险，应对不确定性。实施模块化战略之后，每个模块都可能存在一个或者多个团队同时进行"背靠背"的独立竞争性研究，制造商和多个供应商共同来分担风险，既可有效地应对不确定性又降低了所承担的风险，并提高了研发的成功率。

（3）降低交易成本。实行模块化制造战略之后供应商数目减少，制造商与供应商建立了长久的合作与信任关系，双方沟通、谈判、交涉、决策等造成的交易成本大大降低。同时制造商和供应商的协作可以有效地超越各种区域组织的贸易和非贸易壁垒。

（4）模块重用，降低开发成本。模块化为产品创新创建了一种外松内紧的产品设计构架——模块化产品构架，此构架充分界定了零件之间的连接关系，所以产品开发过程能分解成许多独立的单元（模块）。模块重用就是利用事先建立好的模块库。模块重用可以缩短开发周期，降低产品开发成本，有效地解决设计滞后于生产发展的问题。

（5）为合作创新战略提供技术基础。实行模块化战略，提高了零部件的模块化和通用性，从而实现零部件共享，为实施合作创新战略提供有力保障。

虽然模块化创新有这么多好处，但必须有一个前提，否则可能得不偿失。以杭州一家垂直类电子商务网站卡当网（Kadang.com）为例来说明模块化需要的前提。

卡当网是一家专注于提供个性产品在线定制服务的网上平台。用户可以运用网上的工具箱设计各种各样的T恤衫与马克杯等个性产品，这些设计好的产品既可以自己直接购买，也可以出售给别人。在开发的初期，为了加快开发速度与迅速满足用户的需求，卡当网一开始就采用了模块化的设计思路。卡当网的开发工程师们把整个开发分为三个模块：基础构架，核心工具箱及电子商务。卡当网选择一家以开发电子商务平台为核心业务的公司作为合作伙伴，由他们来负责开发卡当网的基础架构。然而，因为卡当网从事的是一项全新的商业模式，三个模块之间的界面对于两家公司而言都是非常复杂的，无法说清楚要如何开发才能实现对接。所以，两者之间出现"开发——不匹配——推倒——重新开发"的困境。直到双方逐渐对商业模式的理解更加清楚，对各个模块的功能更加清晰，模块化的优势才渐渐显示出来。卡当网模块化的三个重要前提是：

（1）技术管理人员能够准确而详细地指明模块之间的界面中，哪些是重要的，哪些是不重要的，并且能够对合作方准确地说出并用文字确定自己的需求，以便他们按需求开发，实现模块对接。否则，剥离出来的模块是无法与其他模块连接起来的。

（2）技术管理人员能够确保合作方开发的程序符合指定的要求并能正确运行。也就是说，技术管理人员要有一套评价合作伙伴的科学方法。

（3）技术管理人员必须充分了解和预测界面之间的相互作用。如果程序之间有不可预测的相互作用，转向模块化的努力可能演化为灾难。

这与克里斯滕森教授提出的模块化理论相符。他说，如果在跨越元件间的界面时，所发生的事项是可详细说明、可证明（可评量）和可预测的，专业化企业就可以了解并成功地管理相关的相互作用。卡当网是典型的专业化公司，专注于个性定制，其最重要的功能开发是核心工具箱。如果卡当网能在模块化的管理上更进一步，电子商务模块也是可以外包出去的，专注于工具箱开发即可。基于模块化的创新模式，如图3-18所示。产品模块化制造的典型研究如表3-4所示。

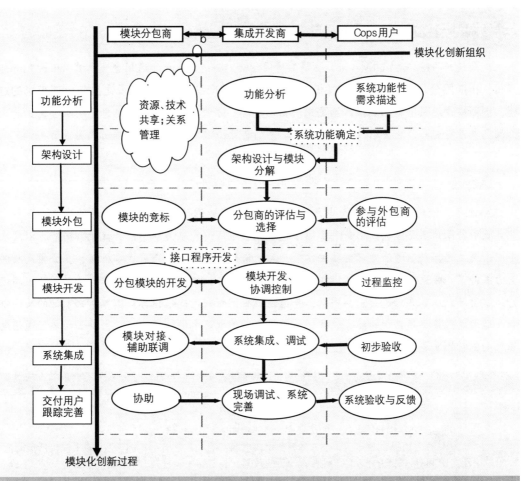

图 3-18　复杂产品系统（Cops）模块化创新模式

资料来源：桂彬旺，《基于模块化的复杂产品系统创新因素与作用路径研究》，浙江大学硕士学位论文，2006 年。

表 3-4　产品模块化制造的典型研究

产品	典型企业 / 案例	模块化产品的形式	主要研究者
电子及家庭用设备	索尼公司的 WALKMAN（随身听）	基于 5 种基本模块，通过"mix-match"组合，该公司开发出 160 多种 WALKMAN	Sanderson & Uzumeri（1990）
电子及家庭用设备	索尼公司的 HANDCARD 8mm 小型摄像机	通过基本部件的模块设计加快产品更新速度，22 个月推出 4 种更新产品	Sanchez（1994）
电子及家庭用设备	佳能公司复印机	将墨盒等部件采用模块设计，逐步达到客户能够自我维护的目的，从而打破施乐公司相对完善的售后服务体系的竞争优势	Collins（1995）
电子及家庭用设备	通用电气公司洗碗机	将洗碗机的仓库门和控制部件作为基本模块，与通用的电动机及搅拌器机械等进行协调装配	Sanchez & Sudharshan（1993）

资料来源：Garud R. et al., *Managing in the Modular Age: Architectures, Networks, and Organizations*, Blackwell Publishing, 2003: 366–367.

专栏二　反向创新

反向创新（reverse innovation）最早由美国学者 Govindarajan 和通用电气总裁 Jeffery Immelt 提出，**指跨国公司于新兴市场开发低端产品，并通过产品升级改造，反之推向全球市场的过程，创新模式沿着低端市场推广至高端消费市场。**[①] 对于反向创新，其隐含了两层含义：一是低端需求可能引导产生全球性创新动力；二是创新源头需要从高端市场转向低端市场。[②]

创新标杆——通用电气的反向创新

2001 年，伊梅尔特担任通用电气首席执行官后开始调整公司在新兴市场的战略，逐步由业务收购转向产品与服务的创新。不同于发达国家市场消费者关注于产品性能、功能，以发展中国家为主的新兴市场消费者主要关注于产品的价格与使用性。公司战略转变，在公司高层的全力支持下，成立当地增长团队模式，将新兴市场充分授权给当地增长团队，并对团队重新进行组织设计，从零开始进行产品创新，并通过市场调研制定战略指标。依赖新兴市场的反向创新，通用电气获得了巨大的经济效益，如中国市场年增长率保持在 25%。表 3-5 列举了通用电气反向创新的发展历程。

表 3-5　通用电气反向创新发展历程

	原有产品	本地创新	反向创新
产品	20 世纪 90 年代通用电气为中国市场提供原本为美国和日本市场开发的超声仪器	2002 年中国某当地团队利用通用电气全球资源在手提电脑基础上开发出一种便宜的手提仪器，装备探头和复杂软件	中国开发的手提仪器推向全球市场
价格	2002 年传统仪器售价 10 万美元以上	2002 年手提超声仪器售价为 3—4 万美元	2009 年，手提超声仪器为 1.5—10 万美元，传统超声仪器为 10—35 万美元
典型客户	先进医院和影像中心	中国农村诊所和美国救护队与急诊室	全球市场
典型用途	测量心血管大小、血流量、评估前列腺健康、产妇胎儿健康检测等	在中国发现肝脏肿大和胆囊结石，在美国识别宫外孕，在事故现场检查心脏血流量，在手术室安装麻醉导管	基于个人电脑仪器可执行放射科和产科功能
销售状况	昂贵而笨重的设备在中国销售状况不佳	2007 年团队推出 1.5 万美元设备，在中国销售起飞	手提超声仪器全球收入由 2002 年 400 万美元升至 2008 年 2.78 亿美元

资料来源：刘宇、马卫，"通用电气的反向创新"，《企业管理》，2011 年第 10 期。

[①] Immelt, Jeffrey R., Vijay Govindarajan, and Chris Trimble. "How GE is Disrupting Itself." *Harvard Business Review*, 2009, 87（10）：56–65.

[②] 褚峻、张苏，"咨询企业知识创新的反向动力和跨界发展"，《情报资料工作》，2011 年第 3 期。

专栏三　偶发性创新

在创新活动中，有一种创新模式较为特殊：其往往由意外事件或偶然因素引发，并最终获得了有价值的创新成果。回顾历史上诸多重要的技术创新，意外事件起到关键触发或促进作用的例子不胜枚举：强生的"邦迪"创可贴来源于公司职员迪克森为太太包扎伤口时无意间做的"药膏带"；杜邦的"特氟龙"来源于制冷剂研究过程中普伦基特发现的圆罐中的"不明物质"；等等。

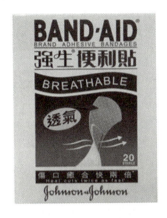

偶然因素引发的创新甚至超出了产品创新的范畴，延伸到技术创新领域的其他方面，包括为产品寻找新的功能定位、新工艺流程的开发、成本控制方法的改进等：英航率先进行行李优先处理流程的革新便来源于偶然的发现；美国人贝茨提出的医疗补助金计划也是意外收获的成本控制方法。

在企业业务范围革新和商务模式创新等非技术创新领域也时而收获偶然的成果：东日铁公司进入饮用水领域，摩托罗拉公司涉足精密电子领域，强生公司进入快速消费品领域无不是缘于对偶然机会的把握这一类由偶然因素引发的创新模式被称为偶发性创新（serendipitous innovation）。其中，偶发性表征的是创造新知识或新产品的过程概念，某种程度上类似于归纳和演绎这样的方法，它仅仅表示一种过程模式，与创新的内容无关。

值得注意的是，偶发性创新这一概念源于偶然发现，但是又与之有显著不同。对偶然发现的探讨多限于从科学哲学或科技发展的角度出发，侧重强调偶然事件之于科技发展的价值；而偶发性创新这一概念则是从创新观对偶然发现做出审视，强调偶然或意外事件对企业创新活动的贡献。可以说，并未导向或产出创新成果的偶然发现并不能被称为偶发性创新，其还包括成果应用和市场化的过程。

研究与实践从偶发性创新的过程与阶段两个维度建立系统性的偶发性创新过程模型，偶发创新的阶段划分为孕育与成果实现，创新过程包含偶然现象的发生与捕捉、观察者产生兴趣、个人持续投入研究、组织内部的发展，以及成果的市场化，如图3-19所示。

系统化创新观认为创新是系统而有规则的探索，由于创新过程存在的风险和巨大的成本，许多对创新的研究致力于摆脱其对机会和偶然的依赖，这容易导致对创新过程的过度控制和计划，更将抹杀偶然性在这个过程中所起的作用。

当企业认为连"运气"都可以规划时，将忽视与计划不协调的意外，而恰恰是这些"意外"的不和谐因素，有可能带来令人意想不到的好的结果。德鲁克也曾提出，成功的创新最可靠和最可预测的来源，并不是人们通常以为的新知识的出现，虽然新知识非常引人注目而又重要，但它实际上并不可靠；相反，对隐性变化征兆——如意外成功或意外失败——的平庸且无吸引力的分析，其风险反而是相当低的。

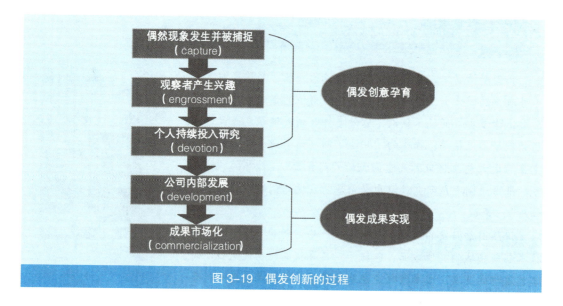

图 3-19 偶发创新的过程

其他学者也曾鼓励人们抛弃常规模式,在"未预期的发现"领域进行更为深入的研究。因此,采取更为平衡的视角来看待创新过程将更显审慎。创新过程需要细致的规划,但是该过程也需要留有足够的余地来鼓励偶然事件的发生。

流程非标准化、对失败产品的重视、鼓励员工发展多样化的兴趣、鼓励员工学习看似不相关的知识、鼓励研究者培养非短期的研究倾向(浪漫的科学素养)对于公司个体更好地识别和捕捉偶然现象带来的机会具有明显的影响作用。

保持一定的人员和资源冗余,从而能够对个体的创造活动及时给予资源支持则有助于这些机会进一步被挖掘和放大。当然,给予研究者一定的自由度和自由发挥空间也是比较重要的。同样值得被注意的是要加强企业间的非正式交流,有的企业为了增加员工之间言语交流的机会,甚至专门拓宽了楼道,其良苦用心可见一斑。

做出更为细致的比较和分析可以发现,增大偶发性创新发生的机率是要以丧失一定的效率为前提的。在一个流程严格标准化、一切都按部就班的公司中获得偶然成果的可能性就要比崇尚自由、保持冗余和鼓励员工发展多样化兴趣和知识的公司小得多,但前者也有其具备的优势——效率。保持一定的资源冗余势必造成部分人力和物力不能尽其用,鼓励员工做工作以外的探索可能成为员工放松的借口,流程的非标准化更是与传统管理学中提倡分工和效率的理念背道而驰。企业不得不权衡"效率"和"创造力"这一对矛盾,在不同时刻,不同基础条件,面对不同环境做出不一样的选择。

本章小结

1. 创新就是"发明+发展+商业化",在这一复杂过程中,任何一个环节的短缺,都会导致无法形成最终的市场价值。

2. 创新过程模式经历了五个阶段的发展:技术推动、市场拉动、技术与市场耦合、集成并行、以及系统集成与网络化。

3. 技术创新的动态过程模型（U-A模型）认为，一个产业或一类产品的技术创新过程总体可划分为三个阶段，产品和工艺的创新频率体现出随时间而变化的动态特征，并且产品和工艺创新存在重要的相互关系。

4. 创新还有两种基本模式：基于科学、技术的创新模式，以及基于实践体验（如学习、使用和互动等）的创新模式。前者是以研发为基础的创新，其创新过程是从基础研究、应用研究、试验发展、试制、生产制造直至商业化；后者指员工在产品生产过程中（或用户在使用过程中）遇到的问题，在企业现有技术能力的支撑下，通过研发或通过大学和科研机构共同研发，寻求问题的解决方案，实现技术创新。

5. 基于创造力的创新过程模式是更为微观的分析。企业创造力是企业在生产经营的每一个方面、每一个环节、每一个部门和每一项工作中创造性地发现问题、明确问题、阐述问题、组织问题和输出问题解决方案从而实现改进与创新的能力的集合（总称）。它是由企业的技术创造力、管理创造力、经营创造力、文化创造力及市场创造力等子系统构成的复杂的、隐性的能力系统。团队创造力是指团队成员在一定的任务环境下，相互之间通过团队内部的互动产生新颖、独特、具有社会价值的成果的整体特性和在创造性成果中的体现。

6. 创新过程与模式还具有若干特殊的类型，包括模块化创新、反向创新与偶发性创新。

7. 模块化创新是指将产品细分，再通过一定的规则（界面）确保不同元件模块能互相兼容、整合，实现模块完全独立地设计、制造，以及多个厂商在相同模块上的竞争。

8. 反向创新是指创新由低端市场需求产生，通过产品升级改造，引导产生全球性消费需求，形成创新动力。

9. 偶发性创新是创新的特例，由意外事件或偶然因素引发，并最终获得有价值的创新成果。

回顾性问题

1. 试从组织管理的角度解释创新过程的主要环节。
2. 请简述创新五代模型的特征。
3. 基于科学技术的创新模式和基于学习、使用和互动实践体验的创新有哪些异同点？
4. 如何提升个人与团队、公司创造力？
5. 模块化创新的优势有哪些？试简述复杂产品模块化创新的过程。
6. 反向创新为何发端于新兴国家？

延伸阅读

1. 陈劲、桂彬旺，《模块化创新：复杂产品系统创新机理与路径研究》。知识产权出版社，2007年。
2. [美]厄特巴克著，高建译，《把握创新》。清华大学出版社，1999年。
3. 许庆瑞，《研究、发展与技术创新管理》。高等教育出版社，2010年。
4. Dosi, Giovanni. "Technological Paradigms and Technological Trajectories: A Suggested Interpretation of the Determinants and Directions of Technical Change", *Research Policy*, 1982, 11（3）: 147–162.

5. Iansiti, Marco, and Jonathan West. "Technology Integration: Turning Great Research Into Great Products", *Harvard Business Review*, 1997, 75（3）: 69–79.

6. Kuhn, Thomas S. *The Structure of Scientific Revolutions*. University of Chicago Press, 2012.

7. Rogers, Debra M. Amidon, "The Challenge of Fifth Generation R&D", *Research Technology Management*, 1996, 39（4）: 33.

8. Rothwell, Roy, "Towards the Fifth-generation Innovation Process", *International Marketing Review*, 1994, 11（1）: 7–31.

9. Tidd J, Pavitt K. *Managing Innovation*: Integrating Technological, Market and Organizational Change (Forth Edition), John Wiley & Sons Ltd, 2009.

10. Utterback, James M., and William J. Abernathy. "A Dynamic Model of Process and Product Innovation", *Omega*, 1975, 3（6）: 639–656.

第 4 章 创新的有效管理

学习目标

- 了解创新的不确定性和风险等特征
- 熟悉创新管理的必要性及框架
- 了解全面创新管理的内涵与特征

开篇案例：是什么让铱星陨落？

铱星移动通信系统是美国于1987年提出的第一代卫星移动通信星座系统，是美国摩托罗拉公司设计的一种全球性卫星移动通信系统，它通过使用卫星手持电话机，透过卫星可在地球上的任何地方拨出和接收电话讯号。为了保证通信讯号的覆盖范围，获得清晰的通话讯号，初期设计认为全球性卫星移动通信系统必须在天空上设置7条卫星运行轨道，每条轨道上均匀分布11颗卫星，组成一个完整的卫星移动通信的星座系统。由于它们就像化学元素铱（Ir）原子核外的77个电子围绕其运转一样，所以该全球性卫星移动通信系统被称为"铱星"。后来经过计算证实，设置6条卫星运行轨道就能够满足技术性能要求，因此，全球性卫星移动通信系统的卫星总数被减少到66颗，但仍习惯性地被称为铱星移动通信系统。目前，我们使用的GSM和CDMA地面移动通信系统只适于在人口密集的区域使用，对于覆盖地球大部分、人烟稀少的地区则根本无法使用。也就是说，铱星计划的市场目标定位是需要在全球任何一个区域范围内都能够进行电话通信的移动客户。

1998年11月1日，全球通信业务正式开

通。然而，命运却和摩托罗拉开了一个很大的玩笑，传统的手机已经完全占领了市场。由于无法形成稳定的客户群，铱星公司亏损巨大，连借款利息都偿还不起，摩托罗拉不得不将一度辉煌的铱星公司申请破产保护，宣布即将终止铱星服务。1999年3月17日，铱星公司正式宣布破产。从正式宣布投入使用到终止使用不足半年时间。

一、关于铱星计划失败的原因

从技术创新的角度来看，铱星计划无疑是移动通信系统的一次重大的技术创新。铱星计划从现代电信系统设计的角度来说是非常成功的，尽管考虑了经济成本和市场推出时间，但事实却是失败了。即使像摩托罗拉这种跨国巨人，面对高技术带来的高风险也显得无能为力。因为任何创新产品最终都要接受市场的检验，这是市场法则，也是市场规律。通常，作为一个技术创新的产品或系统，其成功的理由可以有千万条，但失败的原因有时只要一条就足够了，例如技术的不成熟、协同匹配的不合理、市场推出的时机不佳、对市场估计错误等，都会导致惨重失败，更何况铱星计划有那么多可能导致失败的因素。

（1）管理决策构架问题。铱星公司的管理决策架构是其失败的根本原因之一。铱星公司的董事会由28个成员组成，召开公司董事会时，会上使用的是多国语言，每次开会就像是出席一次小型联合国会议，人人必须带着耳塞，收听5种语言的同步翻译。这样一个公司的决策组织根本不可能进行有效管理。而没有一个有效的决策和管理团队，要保证一个系统的成功是不可能的。

（2）市场运营构架问题。铱星公司的基本市场运行组织结构是一个复杂的联合体（合伙人结构），由世界上15个辖管地区性"闸口"国家或企业组成。由于各"闸口"仅负责在本地区范围内销售铱星系统手持电话和提供相应服务，各自的利益关系和产权关系的不清晰，铱星卫星移动通信系统在推向市场时，根本无法建立一个面向全球的市场运营构架；无法建立一支目标一致、步调一致、策略一致和责权利匹配的销售队伍；无法形成一整套完整的市场营销计划；无法建立一个全球性的各地区的分销渠道，以形成统一、有效的销售攻势，这使得市场运营更为困难。

（3）市场机会已经失去。在过去10年里，地面移动通信发展迅猛，夺走了铱星计划初期设定的主要目标市场。相对地面移动通信系统领域，尤其是移动电话领域，铱星计划在时间上已失去了市场机会。在这种情况下，铱星公司应该在推向市场之前对移动通信领域的新市场方向做出调整，其目标对象应该是需要在地面移动通信系统的盲点区域工作的客户，并且可以在互联网环境下的无线通信和数据传输领域同地面移动通信系统进行竞争。

（4）铱星系统本身不足。尽管铱星具有许多优势，但是相对地面移动电话系统，铱星本身也还存在许多不足：手机个头笨重、运行不稳定、价格昂贵、不能在室内和车内使用等。而当时移动通信系统趋势却是手机越做越小，商家为了赚取通话费，甚至无偿赠送手机。在这样的市场背景下，铱星公司必然要和地面移动电话系统产生竞争。任何技术创新产品进入市场，都将面对同传统同类产品的竞争，而新技术在使用过程中需经过一个逐步完善的周期，恰恰正是这个周期和完善过程中的局部技术缺陷，会使创新产品丧失市场竞争力。

(5) 商业运营起步不好。铱星系统匹配的手机生产能力有限，市场供给不足；销售数量不足又使得产品成本昂贵，这样销售价格很高。开业后前两个季度，铱星系统在全球只销售了1万用户，到申请破产为止也只有5.5万用户。据投资分析家估计，铱星公司要实现财务盈亏平衡至少需要65万用户。要建立65万用户基础，所费时间远远超过铱星公司的投资估算。技术创新产品投入市场的成本估算和效益预期至关重要，也是高市场风险陷阱所在。

(6) 工程师精神的企业文化。摩托罗拉的企业文化是永不言败的工程师精神。在实验室内，这种精神确实令人敬佩，但是在向市场推进。或当一系列问题发生的时候，却是另一回事。其实，有意向的投资者们早就发现了工程师创意和市场现实之间的脱节。一位地方贝尔公司的高级管理人员回忆说，20世纪90年代初他们观看铱星演示系统时，惊讶于用户必须首先将自己置于电话天线与卫星之间没有任何障碍物的地点，才能顺利地使用电话，甚至不能在室内和车内使用。"我怎么能出售这种玩意儿？"他的公司最后拒绝投资铱星计划。

美国学者 M. J. Meldrum 和 A. F. Millman 认为风险构架分析失败的缘由主要有：

(1) 引入市场的前导期过长，失去了市场机会1990年年初国内购买一台手机的成本是4万元人民币，而在1998年已经降到2000元。

(2) 替代性不强。1998年，地面移动通信的手机价格、款式和区域覆盖程度已经非常成熟，铱星移动手机的优势不是十分明显。

(3) 科技蛙跳现象，铱星移动通信系统的科技过于先进，以致相关周边产业因技术尚未成熟而无法支援，出现手机生产数量不足，可售手机缺乏和价格昂贵的问题。

(4) 由于成本和时间的超支，铱星计划不能给新的投资人树立信心，不能吸引新的投资来不断调整其目标市场和提高系统的运营手段。

二、点评：铱星失败不是技术的失败

经过多回合的谈判，耗资50亿美元建成的铱星系统被以2500万美元的象征性价格卖给了一家公司，所有债务全部剥离。新铱星公司不再需要庞大的客户群，也不再需要高额的运营费用，将目标用户定位在身处偏远地方、地面无线通讯网无法覆盖的地方，如海上石油钻井平台或油轮上工作的人，以及那些希望随时随地保持稳定通信的大企业，而不是像原铱星公司一样瞄准普通的商务旅行者和一般消费者。

铱星计划的失败不是技术的失败，或者说不仅仅是技术的失败，而是一个建立在跨国家、跨组织、跨技术学科和跨产业的多个管理层面的、巨型的、复杂的技术创新管理体系的失败，是创新过程中诸多不利的风险因素集合产生的结果。知识经济背景下，技术创新已经成为企业生存与发展的主流。应该建立一个什么样的企业科技创新管理体系，确实值得经营者深入思考。此外，创新产品的诞生也必须有研制、设计、生产、工艺、市场营销、销售管理、客户服务等多个部门和整个供应链企业的合作才能成功，如何协调创新产品的整个供应链的流程和关系，是十分重要的。因为检验创新产品成功与否的最终标准是市场，而不是其他。

资料来源：节选自张辉，"是什么让铱星陨落——'铱星计划'失败案例"，《中国经营报》，2003年8月20日。

思考题：
1. 摩托罗拉的铱星计划为什么会失败？这对我们有哪些启示？
2. 为什么说技术领先并不等于创新的成功？能否列举一两个其他企业或产品的例子？

4.1 风险、不确定性与创新

尽管创新能带来高额回报，但其中的风险和不确定性让一些企业不愿意轻易尝试创新。

4.1.1 创新是一项高失败率的活动

在《创新者的解答》(The Innovator's Solution) 一书中，Christensen 写道："不论那些天赋超群的人如何努力，许多制造新产品的尝试最终都失败了。六成新产品在上市前就夭折了，在得见天日的四成产品中，40%无利可图，从市场上撤下。总计起来，在产品开发上，75%的投资在商业上以失败告终。"英国贸易与工业部曾对 14000 家购买计算机软件的组织进行了调查，结果表明：80%—90%的项目没有达到预期性能目标；80%左右的项目超过预定开发时间或预算；约 40%的项目以失败告终；只有 10%—20%的项目成功达到了预期标准。在创新过程中，各种未知因素往往难以预测，其努力的结果普遍呈随机性，再加上未来市场的不确定性，都给创新带来了极大的风险。

很多创新思想都不一定能最终转变成新产品。许多项目都不能最终成为技术上可行的产品，即使技术上可行，也不一定能获得市场认可。一些行业的创新成功率很低。以新药开发为例，在 3000 个初始的创新思想当中，往往仅有 1 个能够在商业上获得成功。而且新药往往从发现到上市要经过 12 年或者更长的时间，总耗资数亿美元。因此，创新过程常常被人们视为一个漏斗，开始时有许多有发展潜力的新设想，但到最后能够成功的却寥寥无几（如图 4-1 所示）。

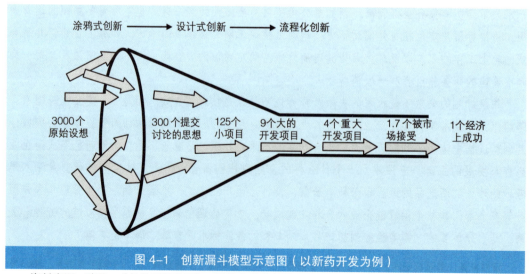

图 4-1 创新漏斗模型示意图（以新药开发为例）

资料来源：陈劲，《最佳创新公司》。清华大学出版社，2002 年。

当然，并不是每一个失败的创新案例都像我们所列举的那样损失惨重。对大多数进行创新的组织而言，其创新的结果通常都是成功与失败并存。因为创新毕竟是一项充满风险的事业，这与要吃到煎蛋就必须打破鸡蛋的道理一样，即所谓的"不破不立"。

4.1.2 创新的风险

创新的过程充满了不确定性，涉及许多因素，如技术因素、市场因素、社会因素和政治因素等。因此，只有对整个创新过程进行周密管理，才有获得成功的可能性。即使是管理水平很高的公司在创新过程中也难免犯错误，3M公司在开发"便条帖"的过程中经历了很多次失败。

影响创新成败的因素众多且纷繁复杂，大体上可分为企业内部风险和企业外部风险两大类。

4.1.3 企业内部风险

1. 管理风险

指在技术创新过程中，由于管理失误而导致创新失败的可能性。如组织协调不力、其他部门配合不好、高层领导关注不够、调研不充分、市场信息失真、创新主体的领导人固执己见做出错误的决策、市场定位不准、营销组合失误、风险决策机制不健全、研发过程不协调等。

2. 技术风险

指由于技术创新项目本身所含的技术不成熟、不完善，技术领先程度不够，以及可替代的新技术的出现所带来的风险。技术创新过程中面临的不确定性和技术的生命周期是影响技术创新成功的重要因素。另外，对关键技术选择的失误，或对配套技术重视不够，都会加大技术创新的风险程度。无论是在创新之前，还是在新技术诞生之初，企业对技术创新的过程和创新技术的前景都不可能完全把握，且技术本身具有生命周期，随着技术更新换代速度的加快，新技术能否带来丰厚回报，并非事前可以完全确定的，有可能收益会大大低于投入。此外，企业自身若技术基础较差，技术人员数量不够，技术能力有限，很容易导致失败。

3. 生产风险

指在技术创新过程中，由于生产系统中的有关因素及其变化的不确定性而导致创新失败的可能性。如难以实现大批量生产、生产周期过长、工艺不合理、设备和仪器损坏、检测手段落后、产品质量难以保证、可靠性差、供应系统无法满足批量生产的要求等。

4. 财务风险

指由于资金不能及时供应而导致技术创新活动某一环节中断的可能性。企业技术创新需要的资金巨大，且每个环节不能中断，必须保证供应，才能使创新活动持续下去。若企业在经营中出现财务困难，或技术创新所需资金无法筹集，就可能导致技术创新失败。

4.1.4 企业外部风险

1. 政策风险

技术创新的政策风险是指政治、国家或地方法律、法规、政策等条件变化的不利影响导致创新失败的可能性。如新技术不符合国家或地方政府的环保政策、能源政策、科技政策，无法获得产品、原材料、设备、技术进口许可等。

2. 市场风险

技术创新的市场风险是指由于技术创新后所生产的新产品不适应市场需求或变化而未被市场充分有效接受的可能性。产生市场风险的主要原因是市场的不确定性，这种不确定性主要来源于市场的不断变化、消费者的偏好、技术引进的冲击、模仿者的存在以及侵权行为的时常发生。

3. 社会风险

社会风险是一种导致社会冲突，危及社会稳定和社会秩序的可能性。如当前"三农"问题、腐败问题、国有资产流失、贫富悬殊问题、就业问题、金融风险加剧、安全生产问题、诚信危机等。这些问题潜藏着巨大的社会风险，对技术创新也会产生直接或间接的影响。

4. 自然风险

自然风险指如地震、台风等不可抗力导致创新项目受阻。

图 4-2 显示了以上介绍的几种风险类型。创新管理的关键就是精心设计和控制创新实验，使失败概率最小化，同时确保从失败中吸取教训，避免以后犯同样的错误。

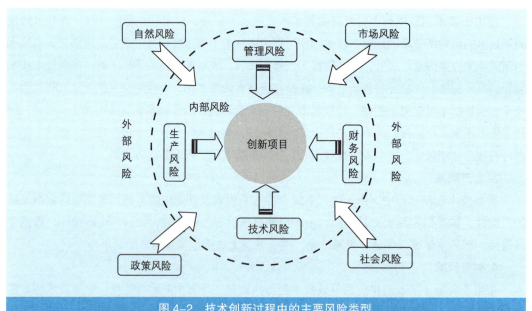

图 4-2 技术创新过程中的主要风险类型

4.2 创新管理的框架

4.2.1 创新管理整合框架

为了完成创意到市场价值的转化,创新管理需要从战略、组织、资源、文化(制度)四个方面进行精心的设计,使得以解构为主的"创造性破坏"和以建构为主的"组织重建、规则复构"管理活动合理互动,持续地推动企业的进化。总体来说,创新需要"纵横论",横向是愿景与创意、研发、制造、销售的整合,纵向管理需要战略、组织、资源、文化(制度)的系统协同(如图4-3所示)。

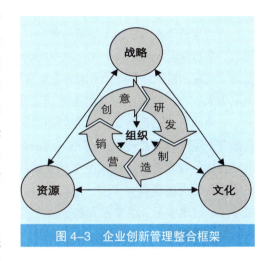

图4-3 企业创新管理整合框架

1. 创新战略

创新需要企业的战略引导。从学科的逻辑结构与思想方式看,创新与战略几乎相同。中国企业自主创新不足与企业自身战略管理能力的薄弱有很大的关联。许多企业只有利润和销售额指标,而没有基于自主知识产权及技术创新的增长指标。因此,中国企业在对增长(如创新)的投资和对股东回报的投资方面一直失衡,甚至没有这样的策略安排。企业自主创新,首先要突破企业的传统发展模式,实现从基于引进与简单制造的经营方式转型,向整合国外新兴、突破性科学技术和商业资源,创造更高附加值、更环保的产品或服务的方向迈进。

世界创新的典范3M公司一直在战略上要求当年开发的新产品与新服务要为下一年的销售收入创造10%的贡献,这样的战略目标使得3M每年开发的新产品高达1500件。一些中国领先企业如中国国际海运集装箱(集团)股份有限公司从早期的单纯复制国外样品,发展到生产高质量产品,进而努力掌握核心专利,更加积极制定或参与制定集装箱的国际标准,反映了部分中国企业在创新竞争上的新认识、新作为。因此,增强战略管理能力,增强战略创新能力,加强企业战略与技术创新的良性互动,是实施自主创新的重要条件,没有企业战略、产品设想、技术实现的战略路径分析,中国企业自主创新难以真正实现。

2. 创新组织

实现企业自主创新,要重视创新组织结构的优化。传统的中国企业延续了工业社会的科层、等级制组织结构,使得研发、生产与营销的联系很容易被割裂,即便高强度的研发也不足以冲破部门藩篱,市场需求与技术供给难以真正匹配,科技成果难以转化为生产力。现代创新型企业必须根本改革组织结构,使之成为面向顾客的流程化组织形式,更快、更有效率地将创意孵化成可制造、有商业价值的产品。

海尔集团不断调整组织结构,努力达成商流、产品流与物流的和谐统一,努力实现业务订单与员工工作任务的匹配,甚至跨向透明的、"零"管理层的组织结构,对其创新的发生及最后的价值实现起到了重要的作用。宝马集团在创新的中心协调上做得一丝不苟。每当开始研发一款汽车时，宝马集团下属的包括工程、设计、生产、营销、采购及融资等部门在内的200—300名项目组成员都会从各个地方集中到这家汽车制造企业的研究创新中心一起工作3年。这种紧密关系可以促进沟通和面对面的交流，从而避免营销和工程部门在后期的矛盾。

企业应该不断加强组织变革与创新，为新思想变成新价值搭建卓越的流程平台。组织结构进一步地面向顾客、扁平化，减少组织的官僚控制，增强组织的服务功能，是促进中国企业自主创新的良训。为此，未来的企业管理者主要由首席营运主管、首席创新主管、首席资源主管来担当，首席执行官的主要职责就是发挥这三大管理者的积极性与创造性。我们认为，企业的价值创造将由营运和创新共同完成，营运（主要是当前的产品、市场、制造、物流等）主要负责企业现金流和利润的创造，而创新（重点是战略、技术、未来的研发与市场开拓）着重企业的增长潜力和发展的更多的选择权。为了完成这两重价值创造，企业必须配备强大的资源和能力，做好相应的管理和服务工作。其中，首席创新官需要集"营销专家、技术专家、战略家和实业家于一身"。

3. 创新资源

创新是创造性地实现资源的重新组合，这些资源包括了信息、资金、人才、品牌、知识产权等一系列有形与无形的资源。实现企业自主创新，要求企业不断丰富与扩大创新资源，特别是信息与知识源。为了加快这一进程，企业需要对内充分调动员工参与创新的积极性，逐步实现企业自主创新的全员参与。宝钢集团每年人均4条的合理化建议，每年多人从事竞争信息开发的企业管理方式，就是国内企业在这方面的有益尝试。丰田公司更是凭每年人均35条、总共200万条的建议，成为世界上极具创新的企业。

我国企业的市场研究能力仍然低下，市场需求日益细分的情形下，仅依靠经营者直觉是完全不够的。用于战略与市场分析的情景分析、技术预见、竞争情报等工具手段，大部分中国企业尚不会应用。企业的信息情报资源总体比较匮乏。相较于IBM公司订购的几乎所有的计算机刊物及华为的图书库，中国大部分企业的资料、信息库还需要很大的改进。

开放式创新体系下，企业不能仅仅依靠内部有限的资源成功地实现创新，获取外部知识的能力变得越来越重要。互动式学习（interactive learning）是获取外部资源产生创新的重要条件。因此，学习和研发将成为创新的两个重要方面。与此同时，用户尤其是领先用户直接参与创新，将加快创新速度和提高创新成功率。我们认为，基于用户的民主化创新对中国的创新实践将起很大的影响。同样，供应商也是主要的创新者。对于资金实力雄厚的企业，可以通过种子资金和风险资金帮助技术先进的小企业研发具有创新性的项目，通过小企业成功的研发而获得技术能力。为避免重复研发，或者弥补本企业技术方面的不足，企业也可以通过购买外部技术或技术并购以有效而经济地获取先进技术和关键技术，加快技术创新速度。

总之，企业创新资源多元化整合的过程，也应该是企业创新网络建立的过程，创新资源和创新网络相辅相成，共同推进企业创新。

4. 创新文化

创新文化对技术创新的有效展开具有重要作用。与信息、资金与组织结构相比，创新文化被称为"技术创新硬币的另一面"。海尔的创新之所以比较成功,是有效地将儒家文化(合适的等级制)、美国的创业精神、日本的团队文化、德国的质量文化有效地整合在一起。重视创新文化将有更大的意义,张瑞敏将自己定义为企业文化主管(chief cultural officer),这比一般的 CEO 有更高视野,因此,也进一步促进了海尔的创新。

价值观、制度体系、行为规范、实物载体是创新文化的四个维度,必须高度重视。价值观是文化的根本特征,当代创新文化应以企业家精神为核心,追求超前、开拓、变革、卓越的文化。创新文化决定着技术创新的价值导向,技术创新的规模、水平、重点及方式则往往由其价值导向决定。索尼公司一直以"技术领先"为其创新文化的根本导向,技术创新十分活跃;3M 公司以"新产品/新业务收入占销售收入的比重"作为企业经营的主要目标,成为全球最佳创新公司之一。

创新文化得以运行,必须有一定的制度体系为基础。与技术创新相关的制度包括技术与市场的沟通制度、技术人力资源管理制度等。我国企业的人力资源制度要改革,等级固化让人不愿意变革自己,真正适合创新的人力制度是变动的。在微软公司,员工分为 15 个等级,每年都不同,薪水根据等级制定。创新型企业往往实行多等级制度的职业生涯制度,例如微软是 15 级,海尔是 27 级(S9 级、B9 级、U9 级)。

行为规范是文化的基本特征与具体表观。创新文化在行为规范方面表现为企业家和企业员工对创新的高度重视、理解创新、参与创新与重视创新,容忍失败,以及企业对员工的背景(国籍、所在地区和家庭等)的尊重。

实物载体是创新文化的客观标志,具有明显的指导与示范效果。例如许多创新型公司非常鼓励个性化办公室的建立、设立明显的最佳创新员工标志、建设企业创新产品的展示场地,这种场地应向企业内外的人员开放,以建立企业员工对本企业创新产品的荣誉感。

创新文化柔性面的最佳体现是 3M 公司。3M 公司推出了"15% 规则"(员工可以花 15% 的时间从事自己喜爱的探索工作)等措施,公司经理对正常的创新失败做到"善意的视而不见",这是创新产生的关键。创新文化纪律方面的最佳体现是我国的一些优秀企业。华为、海尔等企业均具有严明的纪律,甚至有些军事化管理的情调,纪律性文化保证了各类资源在企业的畅通无阻和决策执行。

总的来说,创新的文化应该是一种独特的二元文化,在保持统一性、协调性的基础上,适当增加个性、宽容失败的内涵,是企业实现自主创新的文化基础。

4.2.2 创新管理的影响因素

创新管理要求从创新系统构建入手,对企业创新进行全过程管理。因此,对创新管理的影响因素进行分析,有利于廓清创新系统的构成要素、建立全面的创新系统,在此基础上对创新过程进行管理,将起到事半功倍的作用。

创新管理从本质上来说是个复杂系统,创新本身的复杂性大大提高了创新管理的复杂性。解析创新管理的复杂性构成,是总结技术创新管理影响因素的一条很好的途径。

第一,创新管理的复杂性来源于创新种类的复杂性。创新有多种分类方法,每种分类方法下又能再分出许多类别。众多分类方法体现了创新的多层次特征,而每个层次的创新具有不同的管理需求,并直接影响组织项目的组合管理,因此创新层次是创新管理的影响因素之一。

第二,创新管理的复杂性来源于技术发展的难以预测性。人类技术发展的阶段、技术发展所遵循的发展轨迹直接影响到组织面临的技术选择,通过技术环境对组织内的创新管理持续施加影响。因此,技术环境是影响创新管理的另外一个因素。

第三,市场环境的高度变动性,特别是需求的变化趋势难以预测,是创新管理的另一个影响因素。随着需求的个性化特征越来越强烈,以需求趋势变化为主要特征的市场变化大大超出了组织的一般想象,这为组织选择市场导向性的创新战略提出了巨大挑战。

第四,以政策法规、社会文化、政治力量等为代表的宏观环境也对创新管理产生着影响,特别是对跨国企业组织来说,外国的宏观环境是创新管理必须考虑的重要因素之一。

第五,以供应商、竞争对手、替代品生产商、分销商、潜在进入者为主体的竞争环境对创新管理产生直接的影响,竞争环境直接影响到组织创新管理的战略选择以及内部组织形式等。所以,竞争环境是影响创新管理的一个重要因素。

第六,由组织战略、组织结构、管理制度、薪酬与激励形式、信息技术基础结构等构成的组织内环境是创新管理的重要影响因素。如前所述,技术、市场与组织管理是互动的,技术影响组织的战略选择、组织结构设计、管理制度模式等,同时又是各组织要素合力作用的结果。

综上所述,创新管理主要受到上述六个因素的影响,总结见表4-1。

表4-1 创新管理影响因素表

影响因素	内容	作用
创新层次	涉及的创新层次及特征	创新项目组合管理、项目过程管理
技术环境	技术发展阶段	技术选择
市场环境	需求发展趋势	创新战略、商业化形式
宏观环境	政策法规、社会文化、政治力量等	创新战略选择、创新组织形式、研发人员管理等
竞争环境	供应商、竞争对手、替代品生产商、分销商、潜在进入者等	创新战略选择、时间导向、创新开展方式
组织内环境	战略、文化、组织结构、管理制度、薪酬与激励形式、信息技术基础结构等	创新战略选择、创新具体管理措施、创新开展形式、项目过程管理等

4.2.3 创新管理的全过程模型与任务特征

创新是遵循一定过程展开的,按照创新的整体过程对创新进行管理被证明是非常有效的。组织的创新行为并不是随机选择的,而是在总体战略的指导下通过创新战略确定发展方向,并对创新战略进行详细的计划分解之后,按项目展开运作的。从组织确定创新战略到创新成果商业化的全过程如图4-4所示。创新全过程可以分为四大阶段、八个过程。

第一阶段：创新的总体部署阶段

该阶段包括过程①"制定创新战略"。过程①的任务主要表现为：根据组织内外环境特征、组织整体战略等选择发展方向，并据此制定创新战略。通常来说创新战略要包括创新发展的有关内容，还必须包括资源规划以及对相关组织要素的设计和再设计规划。

第二阶段：创新战略执行的详细计划阶段

该阶段包括过程②"创新计划制订"和过程③"创新项目组合"。其中，过程②的任务是按照创新战略设定阶段创新目标，并据此形成阶段性（通常为计划周期，如一个会计年度）创新项目评价标准，同时设计创新技术的执行部署。过程③的任务是按照创新战略部署确定中长期创新项目（更加关注该阶段的研发任务安排），并按照本阶段创新计划确定阶段性创新项目（多为短平快项目，注重创新速度和商业化安排），并将短期、中期、长期项目合理组合。

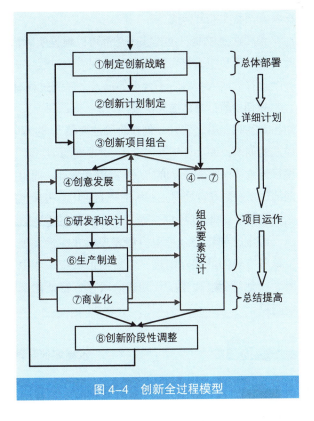

图 4-4　创新全过程模型

第三阶段：具体项目运作阶段

该阶段包括过程④"创意发展"、过程⑤"研发和设计"、过程⑥"生产制造"、过程⑦"商业化"，以及过程④—⑦的并行过程"组织要素设计"。

其中，过程④又称为模糊前端（fuzzy front end），其任务是按照创新项目发展要求在项目小组内展开交流，进一步识别和评估机会（创新项目组合阶段已经有过初步的机会识别和评估，但相对较粗），并廓清创新项目的概念和项目成果定义，拟订详细的项目执行计划。

过程⑤的任务是按照过程④拟订的项目执行计划执行研发和设计任务，如有必要可对过程④的任务进行置疑并反复讨论和修改，本过程也可以提前中止没有商业化前景的项目。

过程⑥的任务是对研发设计成功的成果制定批量生产方案并执行，本过程可在过程⑤进行一段时间后同其一起进行，本过程同样可以提前中止研发设计中出现问题或商业化前景不好的项目。

过程⑦的任务是对进行到生产制造方案阶段的成果制定商业化运作方案并执行，本过程通常和过程⑥一起进行，也可以提前中止商业化价值不大的项目。

过程④—⑦的并行过程"组织要素设计"的任务是在过程④—⑦开展的过程中，根据创新项目开展需要，对按照创新战略、计划和项目组合确定的组织要素进行调整，最常见的组织要素调整为人员调整。

值得注意的是，过程④—⑦都可以根据实际情况提前做出放弃或修改项目的决策，并据此对创新项目组合进行重新调整。同时，过程④—⑦之间是一个循环过程，每一个过程是下一个过程的输入，对于不合理的输入，后续过程有权做出修改请求或者放弃请求。

第四阶段：总结提高阶段

该阶段包括过程⑧"创新阶段性调整"。过程⑧的任务是在本阶段期末（通常为一个计划周期的期末，如会计年度年末），对本期的创新及其管理结果进行审计，并对本期创新及其管理行为（过程）进行评价，总结经验和教训。同时，按照创新战略和计划执行情况进一步对本期的创新成果进行处理，如将某些商业化不很理想的项目留作后备项目或进行许可和转让，据此调整创新战略并成为下一技术创新过程的重要输入。

综上，创新的全过程模型表现出非线性发展和循环发展的特征，每个过程阶段的任务特征各有异同并相互衔接，以短期市场竞争和中长期技术发展为目标共同完成组织创新职能。在创新全过程模型及其各阶段任务特征的基础上，组织可以清楚找到管理的切入点和控制点。

创新标杆　　乐高如何管理创新

创立于1932年的丹麦玩具公司乐高一直在持之以恒地创新。20世纪90年代，当越来越多的孩子沉迷于视频游戏和其他高科技产品时，乐高围绕商界流行的创新七法则开展了雄心勃勃的增长策略：它希冀于蓝海市场，希望破坏性创新能带来改变；它积极吸纳具有不同文化背景的创新人才，引进了开放式创新，然而这些时髦的创新法则非但没有让乐高实现爆发式增长，反而让它陷入史上最大规模亏损，一度几乎无法独立生存。

2004年，34岁的麦肯锡前顾问约恩·维格·克努德斯道普被委以设计乐高企业转型战略的重任，他的转型战略不但让濒临破产的乐高走出了困境，还让公司的业绩实现了飞跃式增长。2007—2012年，在iPad之类智能电子设备流行的大背景下，乐高实现了年均22%的增长，税前利润年均38%的增长。同时期，玩具巨头孩之宝和美泰的年均收入增长率分别只有1.3%和1.5%。克努德斯道普对乐高进行了大刀阔斧的改革，最重要的改革之一是重新制定乐高的创新战略，把创新的根本重新拉回到乐高的核心产品乐高积木上。同时，为保证创新效果，他建立了有效的创新管理和监控系统，打破了之前生产、设计、市场部门之间互相隔绝的状况，加强了各部门领导层的沟通，建立了跨部门协同的创新体系。

从因为创新过度和创新管理不当引发破产危机，到重新建立有效的创新管理体系而促成高速增长，乐高的经验非常值得那些喜欢追逐流行管理法则的企业参考。

一、基于核心产品的创新战略

20世纪90年代，在视频游戏和智能电子设备越来越受欢迎时，乐高曾展开一项针对儿童的玩具市场调查，结果显示，2/3的儿童宁愿玩游戏机之类的玩具，也不愿玩积木建筑玩具。同时，随着20世纪80年代乐高积木最后一个专利到期，传统积木市场陷入了残酷的竞争，乐高内外部的专家和顾问根据市场观察和调研得出结论：乐高积木终将死亡，21世纪不再是小小塑料方块的天下，数码世界将取而代之。因此乐高开始了激进的驶向蓝海的战略。1993—2002年间，乐高开拓了种类繁杂的新业务，包括软件（电脑游戏和电影工作室）、生活产品（乐高儿童服饰）、媒体（书、杂志、电视）、女孩玩具（乐高娃娃）等。正如克努德斯道普在采访中总结的：乐高一年可能要发展5个周边产业，突然要管理许多不了解的业务，公司没有这个能力，也跟不上发展的步伐，很多尝试都以失败告终。最致命的是，乐高在追求潮流的同时放弃了安身立命之本——乐高积木，包括零售商和乐高粉丝在内的人都对此举表达了困惑和不满。

在对公司业务进行梳理之后，克努德斯道普所带领的乐高管理层发现，公司真正赚钱的核心产品还是乐高的经典积木产品，包括得宝系列、乐高城市系列等。于是公司决定回归积木，削减与积木不相关的产品种类，缩减零售店项目、放弃电脑游戏和主题公园业务，并把创新聚焦于围绕核心产品打造更好的客户体验。这一战略决定很快取得了成效。但基于核心产品创新并不意味着放弃向周边产业拓展。2014年动画电影《乐高大电影》被称为"史上最长广告植入"电影，它完全由乐高产品作为内容输出，却得到了几乎零差评的赞誉，位列北美票房上半年冠军，在全球也取得了4.66亿美元的票房收入。许多没有玩过乐高的人观影后都留言说想买一套乐高玩具。

二、建立有效地创新管理监控系统

乐高深陷危机时，当时的CFO杰斯珀·奥弗森震惊地发现公司没有财政监督，不知道每个产品的收益状况。公司跟踪产品库存以及进行财务预测的能力也十分欠缺。主要原因是乐高集团松散的内部结构，每个业务部门都有自己独特的方式记录利润和开支。

克努德斯道普上任之后决定把乐高组件从12900个减少到7000个，为新产品设计设定了财务回报目标。如果这款设计达不到目标，产品就永远进入不了市场。只要在测试中发现孩子们特别喜欢一个人物或元素，设计师就会想办法让这个人物进入乐高套装里。只要孩子喜欢，销量和盈利并不会成为太大的问题。

三、跨部门协同的创新体系

要实现有效的创新管理，在创新之初各方面就要达成共识，避免出现无法追踪盈利或者创新成本失控等问题。在开发生化战士系列产品之前，乐高的产品团队互相隔绝，按照程序逐步进行：设计师构思出模型，将模型扔给工程师，工程师准备好用于生产的原型，再踢给市场人员，然后沿着程序进行下去。很少会有哪个团队跑到另外一个团队的地盘提供建议或要求反馈。结果就是，设计完全不符合市场需求，或者成本过高不可能盈利。

现在，乐高的每一个项目产品都有三个经理：设计经理、市场营销经理和生产经理。在产品开发的每个阶段，不同部门都会从各自角度提供反馈，然后进行设计和模型的改进、迭代。最终三个部门的人要一起决定这个产品的元素、颜色、包装等。因为产品都是在三个部门达成共识的情况下设计而成的，所以不会出现设计师设计完后市场经理说卖不了、生产经理说技术实现不了的情况，更不会出现到产品开发的最后阶段才发现成本过高根本不可能盈利的"惊喜"。

乐高也对开放式创新做了改进，新策略明确规定：一些关键产品，比如乐高城市系列，虽然设计部门会吸取外部反馈，但是大部分创新还是来自公司内部。在克努德斯道普看来，开放式创新最核心的价值还是保持公司与粉丝之间的持续性对话。

四、产品创新之外的创新

克努德斯道普还强调公司在运营和管理上的创新，各职能部门也有意识地在部门内推行创新。比如，曾有一个团队提出是否可以减小产品包装盒的尺寸，不仅减少碳排放，还可以增加货架陈列的产品数量。基于这个提议，设计师需要思考怎样把所有产品信息都放在包装盒上；制造部门要考虑怎样改组机器来制造更小尺寸的盒子，以及让小盒子也易于打开。这样，所有部门都有同一个绩效标准，各部门最终合作成功实现了这个目标。

克努德斯道普根据企业实际情况制定创新战略，建立有效的创新管理与监控制度，而非盲从流行法则的做法，值得每个企业在制定创新战略时参考，减少盲目跟风的风险。

资料来源：陈圆妮，"乐高如何管理创新"，《哈佛商业评论》，2014年9月11日。

4.3 全面创新管理

4.3.1 全面创新管理范式提出的动因

20世纪90年代以来，经济全球化、网络化趋势更加明显，以IT技术、互联网广泛应用为标志的新科技革命使得企业的生存与发展环境、经营目标与方式等发生了根本性的变革。企业面临的环境更加动荡，竞争日益激烈，顾客需求的个性化及对速度和灵敏度的要求均为企业带来了新的挑战。仅有良好的生产效率、足够高的质量甚至灵活性已不足以保持竞争优势，越来越多的企业发现，全面创新正日益成为企业生存与发展的不竭源泉和动力。

目前，一些国际知名创新型企业已经开始推行全面创新管理（total innovation management，TIM），我国少数领先企业，如海尔、联想等，也开始了这方面的实践探索，且已初见成效。例如，海尔集团近年以战略为导向，以基于市场链的业务流程再造为先导，以人人争做创新SBU（strategic business unit，策略性经营单位）为特色，展开了技术创新与组织、文化、制度、市场、管理等全要素的协同创新,初步实现了全员、全时空创新,取得了显著的创新绩效并最终体现为经营绩效。

传统的创新管理理论由于受当时条件的限制,缺乏对当今环境剧烈变化和创新过程日益复杂化的认识,无法在新形势下为企业提供一个科学有效的创新管理范式来指导实践。企业的技术创新实践迫切需要新的理论指导,为企业在动荡而又激烈的市场竞争中实现科学高效的创新管理、提高创新绩效,从而赢得持续竞争优势提供崭新的理念、范式和框架。

Tidd 等学者指出,创新管理的内在特性表现为跨学科性和多功能性,但长期以来许多文献仅强调创新的某一维度,如研发管理、新产品开发管理等。创新管理需要一种整合观念,即将各学科、各职能进行有效整合……仅强调创新的某一维度是远远不够的,因为技术、市场及组织变革之间存在互动关系。另外一些学者指出,要实现企业范围内的全面创新,必须使创新成为涉及企业各个部门和员工的必备能力,而不是偶然发生的活动或被动的流程,如图 4-5 所示。

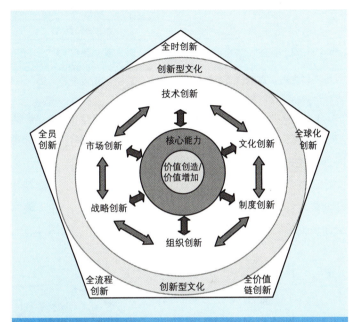

图 4-5 企业全面创新管理的五角形模型框架

资料来源:许庆瑞、郑刚,"全面创新管理(TIM):企业创新管理的新趋势——基于海尔集团的案例研究",《科研管理》,2003 年第 5 期,第 1-5 页。

4.3.2 全面创新管理理论的内涵

许庆瑞等总结了国内外最新创新理论及我国大量企业经营管理成败的经验教训,认为当今企业为适应环境的变化,必须以企业战略为导向,持续地开展以技术创新为中心的全面创新,培育和提高企业的技术创新能力,并首次从理论上系统提出了企业经营管理的全面创新规律,并进一步提出全面创新管理的创新管理新范式。

全面创新管理是以培养核心能力、提高持续竞争力为导向,以价值创造/增加为最终目标,以各种创新要素(如技术、组织、市场、战略、管理、文化、制度等)的有机组合与协同创新为手段,通过有效的创新管理机制、方法和工具,力求做到人人创新,事事创新,时时创新,处处创新。全面创新管理范式的内涵可以概括为"三全一协同",即全要素创新、全时空创新、全员创新、全面协同(如图 4-6 所示)。

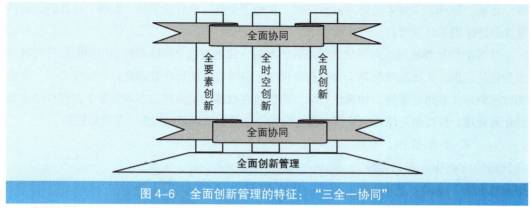

图 4-6 全面创新管理的特征："三全一协同"

资料来源：郑刚，《全面协同创新——迈向创新型企业之路》。科学出版社，2006 年。

（1）全要素创新是指创新需要系统观和全面观，需要使技术、战略、文化、制度、组织、战略等与创新绩效有密切关系的要素达到全面协同才能实现最佳的创新绩效。根据对国内外有关影响创新绩效关键要素的研究综述，郑刚总结了六大要素，即战略、技术、市场、文化、制度、组织要素。从全面创新管理的系统、全面视角来看，这些要素的作用发挥离不开全员参与和全时空的背景。因此，在此基础上，许庆瑞、郑刚提出基于 TIM 视角的各要素全面协同钻石模型（TIM-based diamond model）（如图 4-7）。

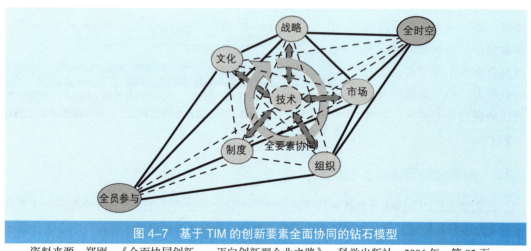

图 4-7 基于 TIM 的创新要素全面协同的钻石模型

资料来源：郑刚，《全面协同创新——迈向创新型企业之路》。科学出版社，2006 年，第 82 页。

创新标杆

王老吉以战略创新、营销创新、商业模式创新为核心的全面创新

"2003 年年初，经过一个月的定位研究，广州成美营销顾问公司为我们（加多宝公司）制定了红罐王老吉的品牌定位战略，将其定位为预防上火的饮料，并且帮助我们确立了'怕上火，喝王老吉'的广告语。从今天看来，这项工作成果成为红罐王老吉腾飞的一个关键因素。"

——加多宝集团总裁　阳爱星

凉茶是广东、广西地区的一种由中草药熬制，具有清热去湿等功效的"药茶"。在众多老字号凉茶中，又以发明于清道光年间的王老吉最为著名。

加多宝是位于东莞的一家港资公司，经广州王老吉药业特许，由香港王氏后人提供配方，该公司在中国内地独家生产、经营王老吉牌罐装凉茶。①

2002年以前，从表面上看，红色罐装王老吉（以下简称"红罐王老吉"）是一个很不错的品牌，在广东、浙南地区销量稳定，赢利良好，销售业绩连续几年维持在1亿多元不温不火的状态当中。发展到这个规模后，加多宝的管理层发现，要让产品走向全国，必须克服一连串问题，甚至原本的一些优势也成为困扰企业继续成长的障碍。而所有困扰中，最核心的问题是企业不得不面临一个现实难题——红罐王老吉当"凉茶"卖，还是当"饮料"卖？

一、战略创新：重新定位

2002年年底，加多宝找到成美营销顾问公司（以下简称"成美"），初衷是为红罐王老吉拍一条以赞助奥运会为主题的广告片，以期推动销售。成美经初步研究后发现，红罐王老吉的销售不是拍广告可以解决的，首先要解决的是品牌定位问题。

成美研究人员经过一个半月的调研分析，明确了红罐王老吉是在"饮料"行业中竞争，竞争对手应是其他饮料；其品牌定位——"预防上火的饮料"的独特的价值在于：喝红罐王老吉能预防上火，让消费者无忧地尽情享受生活，即吃煎炸、香辣、烧烤等美食，通宵达旦看足球……

"开创新品类"永远是品牌定位的首选。一个品牌若能将自己定位为与强势对手所不同的选择，其广告只要传达出新品类信息就行了，效果往往是惊人的。确立了红罐王老吉的品牌定位，就明确了营销推广的方向，也确立了广告的标准，所有传播活动就都有了评估标准，所有营销努力都将遵循这一标准，从而确保每次推广都是对品牌价值（定位）的积累。

二、市场营销创新：强势推广品牌

明确了品牌定位后就是要推广品牌，让大家都知道，从而持久、有力地影响消费者购买决策。成美为红罐王老吉确定了推广主题——"怕上火，喝王老吉"，在传播上尽量凸显红罐王老吉作为饮料的性质。一举投入4000多万元广告费之后，在2003年短短几个月内王老吉销量得到迅速提升。同年11月，加多宝又斥巨资购买了央视2004年黄金广告时段。疾风暴雨式的广告投放方式保证了红罐王老吉在短期内迅速留给人们一个深刻的印象，红遍大江南北。2008年5月12日汶川地震后，在央视"爱的奉献——2008抗震救灾募捐晚会"上加多宝集团以1亿元人民币的国内单笔最高捐款，诠释了这个时代最值得树立的民族企业精神。这一事件营销

---

① 2012年后广州药业收回王老吉商标使用权。

也带来了巨大回报，当年销售额增加 60 亿元。

三、商业模式创新：跨界合作

在地面推广上，除传统渠道的 POP 广告外，王老吉还为餐饮渠道设计布置了大量终端物料，如电子显示屏、灯笼等餐饮场所乐于接受的实用物品，免费赠送给餐厅。在传播内容上，充分考虑直接刺激消费者购买欲望，将产品包装作为主要视觉元素，集中宣传："怕上火，喝王老吉。"餐饮场所的现场提示最有效地配合了电视广告，消费者对红罐王老吉"是什么""有什么用"有了更直观的认知。餐饮渠道业已成为红罐王老吉的重要销售传播渠道之一。在针对中间商的促销中，加多宝除了继续巩固传统渠道的"加多宝销售精英俱乐部"外，还加强餐饮渠道的开拓与控制，推行"火锅店铺市"与"合作酒店"的计划，选择主要的火锅店、酒楼作为"王老吉诚意合作店"，投入资金与他们共同进行节假日促销。由于给商家提供了实惠，红罐王老吉迅速进入餐饮渠道，成为主要推荐饮品。

这种大张旗鼓、诉求直观明确的广告运动，直击消费者需求，迅速拉动了销售；同时，消费者认知不断加强，逐渐为品牌建立起独特而长期的定位——真正建立起品牌。

四、推广效果

成功的品牌定位和传播，给这个历史悠久的带有浓厚岭南特色的产品带来了巨大效益：2003 年销售额比去年同期增长近 4 倍，并迅速冲出广东。2004 年全年销售突破 10 亿，并持续高速增长，2010 年销售突破 180 亿，2012 年突破 200 亿。

资料来源：节选整理自成美营销顾问，"红罐王老吉品牌定位战略"，《哈佛商业评论中文版》，2004 年 11 月，http://www.chengmei-trout.com/case_detail.aspx?id=69

（2）全员创新是指，创新不再只是企业研发和技术人员的专利，而应是全体员工共同的行为。从研发人员、销售人员、生产制造人员到售后服务人员、管理人员、财务人员等，人人都可以在自己的岗位上成为出色的创新者。广义的全员还包括用户、供应商、股东等利益相关者。

（3）全时空创新分为全时创新和全空间创新（全球化创新或称全地域创新）。全时创新是一种创新策略、一种思想、一种创新观念，是即兴创新、即时创新（包括快速创新）、连续（24/7，即每周 7 天，每天 24 小时）创新的有机结合。即兴创新是在特定问题上的灵感闪现、创造力的凝固；即时创新是应时而发，要求快速地响应市场需求。连续创新就是让创新成为组织发展的永恒的主题，每时每刻都在创新，使创新成为涉及企业各个部门和员工的必备能力，而不仅是偶然发生的事件。

全空间创新（或称全球化创新、全地域创新）是指在全球经济一体化和网络化背景下，企业应该考虑如何有效利用创新空间（包括企业内部空间和外部空间），在全球范围内有效整合创新资源为己所用，实现创新的国际化、全球化，即处处创新。全空间创新也包括全价值网络创新、全流程创新等。

创新标杆 —— 全时空创新案例——宝洁的"联发"创新

宝洁共有 7500 余名研发人员，分布在 9 个国家，每年研发费用高达 18 亿美元，但这并不是宝洁创新成功的决定性因素。2000 年之前，宝洁更多地强调内部竞争，宝洁对公司外的创意一贯闭门拒之。研究人员被分成一个个小组，为研发甚至为获得公司领导关注而相互竞争。然而，过度竞争造成的却是无效。公司意识到，目前的营收为 500 亿美元，若要提高到 1000 亿美元，就需要再开发 500 个创造 1 亿美元营收或 50 个创造 10 亿美元营收的产品，单靠内部员工迸发创意的旧模式不管用了。现在公司急于从外部寻求创意。

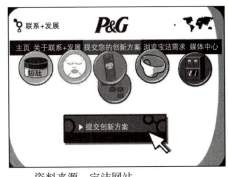

资料来源：宝洁网站。

据宝洁估计，全球学术界及工业界约有 150 万名科学家拥有与宝洁公司相关的专门知识或技术，宝洁认为研发应改为"联发"（connect and develop）——与公司内外的这些科学家联手开发创意。现在，宝洁拥有 40 名"技术企业家"，借助复杂的搜索工具查看上亿网页、全球专利数据库和科学文献，找到或许对公司有利的重大技术突破。宝洁加入三个科学家网络：NineSigma.com 将 50 多万名研究人员联结在一起；InnoCentive.com 联结了 7 万名科学家，他们也为技术问题提供解决方案；宝洁公司还与礼来公司一起创办 YourEncore.com，联结已经退休的科学家为宝洁提供咨询。另外，宝洁还重新定义了与供应商之间的关系，之前单纯给合同，现在他们更像是宝洁实验室的延伸。

宝洁说"联发"理念已彻底改变了公司的创新过程，带来了一些新产品，包括佳洁士净白牙贴、玉兰油的数个护肤产品等。宝洁从每年 18 亿美元的研发预算中获得的收益也越来越多，宝洁的研发支出占销售额占比从 4.5% 降到了 3.5%。

资料来源：宝洁创新战略：外包创新，http://searchcio.techtarget.com.cn/tips/498/1904998.shtml

---

（4）全面协同指各创新要素（战略、组织、文化、制度、技术、市场等）在全员参与和全时空域的框架下进行全方位的协同匹配，以实现各自无法单独实现的"2+2>5"的协同效应，从而促进创新绩效的提高。"全面协同"与传统意义上的"协同"的区别是：

一是涵盖的协同主体更多、相互作用关系更复杂。传统的"协同"概念多指两个或三个主体间的相互作用产生"1＋1>2"的协同效应，例如技术与市场的协同等，而"全面协同"涵盖了影响创新绩效的六大关键要素（战略、组织、文化、制度、技术、市场），更具有全面性和系统性，相互关系更为复杂，但其全面协同效应也将更为明显。

二是强调了全员参与和全时空域创新的重要性。各创新要素必须在全员参与和全时空域框架下才能真正实现全方位的全面协同，而这是传统的"协同"概念所没有涉及的。全面协同根据环境的变化突破了原有的时空域和局限于研发部门和研发人员创新的框架，突出强调了新形势下全时创新、全球化创新和全员创新的重要性，使创新的主体、要素与时空范围大大扩展。

全面创新观与传统创新观的显著区别是突破了以往仅由研发部门孤立创新的格局，突出了以人为本的创新生态观，并使创新的要素与时空范围大大扩展。

4.3.3 全面创新管理的特征

（1）战略性。以企业经营战略为依据和出发点，以培养和提高企业核心能力为中心；既要满足提高当前经营绩效的需要，又要考虑通过培养和积累动态核心能力保持持续竞争优势。

（2）整体性。全面创新管理是一项系统工程，需要各部门、各要素的协调配合才能完成。

（3）广泛性。创新活动渗透到组织的每一个流程、每一件事、每位员工、每一处角落。

（4）主导性。强调创新在企业经营中的主导地位，并制定公司必须遵循的业务准则。

4.3.4 全面创新的维度

概括起来，全面创新的维度可以分为以下八类（如图4-8所示）：

（1）创新的时间维度：全时创新，包括即时创新、即兴创新、连续创新等。

（2）创新的空间维度：全球化创新，包括全地域、全流程、全价值链等。

（3）创新的要素维度：技术、战略、文化、组织、制度、市场创新等。

（4）创新类型维度：产品（服务）创新、工艺创新、架构创新、商业模式创新等。

（5）创新程度维度：渐进创新、重大创新、突破性创新。

（6）创新的方式维度：独立创新与引进、合作、开放式创新。

（7）创新的主体维度：技术人员、营销、生产等各部门人员创新，以及包括用户、供应商甚至竞争对手等利益相关者在内的全员创新。

（8）上述创新要素的有机全面协同。

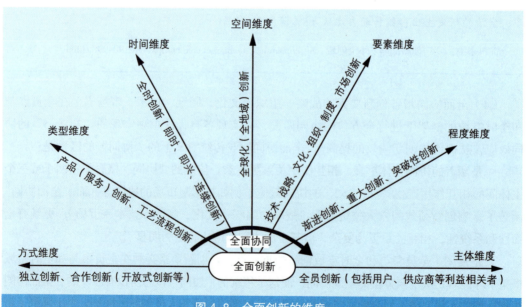

图 4-8 全面创新的维度

资料来源：郑刚，《全面协同创新——迈向创新型企业之路》。科学出版社，2006年，第89页。

专　栏　创新的十个误区与十个理念

一、创新的十个误区

误区一：研究与发明就是创新。研究与发明多指企业或个人通过技术与智慧投入，通过改变原有的知识要素与知识组合方式，实现创意向新技术、新产品或新工艺等的转化。而创新需要将这种研发成果商业化。真正产生市场价值才能称为创新。

误区二：创新就是指技术创新，技术上的领先就是创新。创新包含技术创新，而技术创新是创新的一种形式。除技术创新之外，还有市场创新、战略创新、组织创新、商业模式创新等多种形式。

误区三：创新是少数人的事情。传统意义上的创新被认为是科学家、高级技术人才等人的职责。然而，创新本质上是利益相关者共同行为作用的结果。每一个个体都可以成为创新创业的主体。同时，政府人员为"大众创业，万众创新"提供政策扶持，产业与企业管理者为创新创业提供实践土壤，高校与科研机构人员为创新提供相应的知识输出，将创新主体的范围进行了延伸。

误区四：创新就是高投入、高风险、见效缓慢的活动。传统意义的创新被视作面向新技术等方面经费与人员的高投入，通过资源的大规模投入，在较长的时间范围内，获取潜在的高回报。如生物制药、基础与应用技术研究等作为例子，使企业和个人不愿意从事创新活动。事实上，高投入、高风险、见效慢的创新活动仅仅是创新的一小部分，诸如产品与服务的设计改进、商业模式变革、资源要素重新组合等都可视为创新。

误区五：创新是随机的、偶然的，很难管理或者不需要对创新进行管理。这种认识将创新视作科学家的灵感闪现。然而，要成功将创意转化为创新并实现商业价值，需要有效地实施创新管理。譬如组织结构的柔性，管理者对创新活动的包容与对创新失败的容忍，组织信息与知识的分享等许多机制都能够大大提高创新的成功率。

误区六：任何形式的创新都是值得鼓励的。创新存在复杂性、模式多样性等基本属性，组织在支持创新的同时应当考虑几点：首先，创新活动是否符合组织发展的战略方向。创新及其战略选择应该与组织发展战略方向一致，从而使得组织能够通过有限的资源整合将创新服务于组织竞争优势的提升。其次，创新活动是否产生组织内部与社会外部满意的结果。组织不能以牺牲环境、牺牲客户的利益、破坏生态为代价从事创新活动，创新活动应该在制度合法性的框架下产生对组织个体，以及经济、社会、环境好的结果。

误区七：创新是组织个体的事情，只需要关注组织内部或行业内部的事情即可。经济全球化、网络化、信息化、创新复杂性提升、产品开发周期缩短、客户需求多样化的背景下，单一组织无法掌握创新所需的全部资源，由此，组织对外部信息、知识、经费、技术、人员等资源产生更多的依赖，创新也逐渐由封闭模式转向开放模式，并衍生出开放式创新、合作创新、协同创新、创新生态系统新范式。

误区八：企业比用户更了解产品。换言之，这种创新思维模式往往重视专家在创新中的作用，而忽视产品与服务等创新最终实现价值回报过程中用户抑或市场的作用。事实上，市场导向的创新、创新前倾听用户意见等对创新成功有重要作用。

误区九：创新就是要做第一。创新并不意味着不能模仿、跟随，企业在实施自身的战略时，对于行业标杆的快速跟随同样是重要的创新战略。组织应当根据自身外部的经济社会与产业环境，以及内部的资源禀赋合理实施创新活动，有效的跟随，抑或在组织发展的不同阶段采取不同的竞争与合作策略都是组织开展创新活动的基本原则。

误区十：创新就是要独树一帜，做全新的产品或服务。从内涵本身出发，创新并非做全新的产品或服务。此外，做全新的产品或服务强调一种突破性，第2章在创新分类二节中对突破性创新进行专门解读。但组织面向已有技术、产品与服务的渐进式改良，同样是重要的创新模式，并为企业竞争优势的提升带来难以估量的价值。

二、创新的十个理念

理念一：创新的目的是实现企业利润持续增长与竞争优势的不断提升。竞争优势与利润增长是企业生存与市场竞争的根本目的，企业不能为了创新而创新。相反，企业通过有效的创新与商业模式设计实现创新对于竞争优势的驱动才是创新的根本目的。

理念二：创新不要停留在研发上，要同时融入商业模式的改进与重塑，其本质是创意到商业化的全过程。狭义的理解容易将创新局限于产品研发，只有将研发成果转换为客户欢迎的产品、流程、服务等方面的价值输出，并最终实现商业化，才能称为创新。

理念三：创新不仅仅包括新产品与新技术开发，同时包括开拓新的市场、寻找新的商业模式等。产品创新和技术创新仅仅是创新的某一种类，创新同时涉及工艺创新、设计驱动的创新、商业模式创新、市场创新、制度创新、组织管理创新等。

理念四：创新并非一帆风顺，要包容创新的失败与挫折。创新具有复杂性、高风险性等基本属性特征。创新成功依赖于组织与管理者对于创新失败的包容。容忍失败与试错的组织及社会氛围有利于创新活动的发生，有利于提升创新的成功率。

理念五：创新不仅仅是研发部门和科学家的事情，而是整个组织的事情。研发人员与高级知识分子在技术创新过程中起到了重要的作用，但是创新的意义大于研发。高层领导的支持、研发部门与营销和生产部门的合作等非技术因素是决定创新成败的关键。

理念六：创新需要开放，组织内外资源的整合是创新成功的关键。创新活动的复杂性以及单一组织资源的有限性要求组织重视开放式创新，避免"非本地发明"综合征。开放式创新的模式下组织将自身边界模糊化处理，有效的内外部资源整合更有利于创新成功。

理念七：创新需要建立良好的内、外部信息沟通机制。信息与知识是创新的核心资源，创新需要有效合理地实现信息互动与共享，知识的交互与重新组合。组织应当建立良好的内外部信息沟通机制，利用这种机制高效地组合信息与知识，实现创新溢出。

理念八：创新需要坚持市场导向。创新成效的最终检验应当在市场端，反映在市场收益提升与客户价值输出。同时，创新过程中用户参与的作用愈发重要，企业应当通过用户参与的创新和技术、产品和服务的改进从而为客户创造价值，并输出有意义的社会价值。

理念九：创新离不开管理支持。创新不仅仅是部分人的事情，不仅仅局限于技术端、市场端，它离不开信息管理、知识管理、激励机制、文化建设等各个方面管理支撑。

理念十：创新没有放诸四海而皆准的模式，需要考虑情境匹配。组织创新需要考虑组织内外部资源、规模特征、人员结构、资金渠道、市场环境、产业生命周期、国家与地方政策等各个方面的匹配，并由此制定特殊的创新战略，从而获取企业持续的竞争优势。

本章小结

1. 影响创新成败的因素众多且纷繁复杂，大体上可分为企业内部风险和企业外部风险两大类。企业内部风险主要有管理风险和技术风险、生产风险、财务风险等；企业外部风险主要有政策风险和市场风险等。

2. 创新管理需要"纵横论"，横向是愿景与创意、研发、制造、销售的整合，纵向需要战略、组织、资源、文化（制度）的系统协同。

3. 全面创新管理是以培养核心能力、提高持续竞争力为导向，以价值创造、增加为最终目标，以各种创新要素（如技术、组织、市场、战略、管理、文化、制度等）的有机组合与协同创新为手段，通过有效的创新管理机制、方法和工具，力求做到人人创新、事事创新、时时创新、处处创新。全面创新管理范式的内涵是"三全一协同"，即全要素创新、全时空创新、全员创新，全面协同。

回顾性问题

1. 创新的风险主要有哪些？如何通过有效的创新管理降低创新的风险？
2. 简述创新管理理论的内涵？
3. 全面创新的主要维度是什么？主要特征是什么？

讨论性问题

1. 从创新管理的角度，乐高管理创新的成功经验在哪里？
2. 结合案例分析创新管理体系对于企业竞争优势提升的重要性如何反映？

实践性问题

1. 技术的成功并不代表创新的成功，试举出技术成功但创新失败的案例。
2. 如何减少创新的风险？有哪些方法与工具？
3. 结合你熟悉的企业或自身工作实践经验，谈谈影响创新成功的要素。

延伸阅读

1. 陈劲、景劲松，《驭险创新——企业复杂产品系统创新项目风险管理》。知识产权出版社，2005年。
2. 王黎萤、陈劲，《共享创造：提升研发团队创造力的过程机制》。科学出版社，2010年。

3. 许庆瑞，《全面创新管理》。科学出版社，2007 年。

4. 中国企业评价协会，《中国企业自主创新评价报告》。中国发展出版社，2012 年。

5. [加] 罗伯特·G. 库珀著，青铜器软件公司译，《新产品开发流程管理：以市场为驱动》。电子工业出版社，2010 年。

6. [美] 戴维·欧文斯著，廖洪跃译，《创新的困境》。中国电力出版社，2013 年。

7. [美] Michael L.Tushman，《创新制胜——领导组织的变革与振兴实践指南》。清华大学出版社，1998 年。

8. [美] 克莱顿·克里斯滕森著，胡建桥译，《创新者的窘境》。中信出版社，2010 年。

9. [美] 肯尼思·B. 卡恩著，赵道政译，《PDMA 新产品开发手册》(第 2 版)。电子工业出版社，2007 年.

10. Bessant, John R., and J. R. Bessant. *High-involvement Innovation: Building and Sustaining Competitive Advantage Through Continuous Change*. J. Wiley, 2003.

11. Gupta, Ashok K., S. P. Raj, and David Wilemon. "A Model for Studying R&D. Marketing Interface in the Product Innovation Process", *The Journal of Marketing*, 1986: 7–17.

12. Kanter, Rosabeth Moss, "Innovation: The Classic Taps". *Harvard Business Review on Inspring and Executing Innovation*. Harvard Business Press. 2011:149–181.

13. Kelley, Tom. *The Art of Innovation: Lessons in Creativity From IDEO, America's Leading Design Firm*. Crown Business, 2007.

14. Miller W L, Morris L., "4th Generation R&D: Managing Knowledge, Technology, and Innovation", *Research Technology Management*, 2000, 1:60.

第 5 章

变革时代的创新与创新管理

学习目标

- 熟悉"互联网+"时代的创新与创新管理的特点
- 熟悉绿色环保条件下的创新与创新管理
- 掌握如何开展责任式创新

开篇案例：优步（Uber）颠覆传统出租车行业

由于城市空间的有限和人口的大量增加，私家车、公交车和出租车出行模式产生了许多的问题。道路拥挤使绝大部分居民移动效率低下，出行与生活极不方便。公交车线路固定、拥挤且速度缓慢。出租车存在行业垄断，消费者无形中承担了较高的成本。同时，出租车行业服务与管理水平参差不齐，运营不规范。私家车运行与维护成本较高，居民的生活成本增加。在此背景下，打车软件通过"互联网+"的手段为社会与民众提供了一种可行的解决方案，最大程度上整合了社会出行资源，方便汽车驾驶员与出行的乘客，其中以优步模式最具代表。

Uber 成立于 2010 年，是一家最初面向美国的互联网专车服务公司，2015 年进入中国，目前估值已达到 500 亿美元，在全球近 300 个城市开展业务。Uber 通过手机 APP 平台实现乘客与司机互联，提供拼车、租车等用车服务。同时，在技术层面同时实现了车辆与乘客网络定位，乘客叫车，按目的地拼车，在线支付费用，私家车、专车、拼车服务分类，价格计算等系列功能，从而最大程度上实现了社会车辆资源、乘客需求资源及服务分类与需求资源匹配几方面的优化与整合。2015 年 3 月，Uber 运营车辆（14088 辆）第一次超越纽约黄色出租车数量（13587 辆），成为 Uber 创业与发展的里程碑。最新数据显示，美国 Uber 司机每年净收入 8.5 万美元，约达到出租车司机年平均收入的两倍。

1. Uber 商业模式的优势与评价

Uber 以互联网 APP 为核心支撑，最大程度地方便了乘客的出行，实现了社会资源的高效配置与整合，其商业模式具有多方面的优势，总结如表 5-1 所示。

表 5-1　Uber 商业模式的优势举例

Uber 商业模式的优势体现	描述与解释
打车软件操作方便	相比于传统公交的等待、出租车的概率性相遇，Uber 打车软件能够精确测算等待时间，同时按照地理接近性分配车辆，并实现在线费用计算与支付。同时，所有功能均采用一键式（傻瓜式）操作，大大提高了用户的便捷性
消费服务性价比高	Uber 价格相较出租车更低，拼车费用分摊，同时车费还受到车型、高峰时段等因素动态调整，从而提升服务的性价比
服务态度与服务品质高	Uber 采用乘客与司机互评系统，乘客对不满意的服务可以采用申诉等措施，这直接与司机的资质准入门槛和绩效挂钩；同时，车型选择的多样化更便于乘客获取相应的更高质量的服务
司机准入门槛较低	Uber 对司机的准入门槛设置较低，车辆 7 万元以上，5 年出厂期，车况与司机资质基本符合要求等就可以成为 Uber 资质会员，享受 Uber 的驾车服务
拉动内需刺激经济	Uber 推行分享经济的模式，司机群体中，有一大部分是兼职做 Uber，获取正常工作之外的额外收入，它直接影响了这一批人员及其家庭的消费能力；其次，由于 Uber 所带来的社会资源配置的优化和效率的提升，间接促进了社会效率的提升，助推经济与商业活动效率；最后，Uber 还提供了一些优惠券和免单日等活动，进一步拉动百姓出行与社会活动
交通服务模式创新，促进社会资源最大化利用	Uber 是典型的"互联网+"商业模式创新的成功范例，将传统交通的供应端资源与需求端资源通过信息化手段予以匹配，降低了信息成本、时间成本、经济成本；同时，在定位技术、在线支付技术等依托下，客户体验与经济活动都得到提升，从而充分调动了社会资源的最大化利用

资料来源：改编自徐晓日、李思佳，"'互联网+'战略下创新创业模式的规范化发展——以（优步）互联网租约车服务为例"，《电子政务》，2015 年第 11 期。

表 5-2 从司机、车辆、APP、价格、售后服务五方面，考察了 Uber 的服务创新商业模式。

表 5-2　Uber 服务创新商业模式的评价体系

评估维度	主要指标	分值（权重）	实际得分（基于顾客）
司机	叫车响应速度	5	
	来车速度	10	
	抵达—上车服务（如是否帮顾客开门）	2	
	司机服务态度	5	
	司机是否统一着装	2	
	驾驶是否平稳、有安全感	5	
	司机道路熟悉程度	5	
车辆	车型	5	
	新旧程度	5	

（续表）

评估维度	主要指标	分值（权重）	实际得分（基于顾客）
车辆	车内干净卫生程度	5	
	是否提供充电	2	
	是否提供纸巾和免费矿泉水	2	
	是否提供免费车载 wifi	2	
	乘坐舒适程度	5	
APP	APP 使用方便性	5	
	APP 支付方式多样性	5	
	APP 支付便捷性	10	
价格	对价格满意度	10	
Uber 顾客服务	发票	5	
	投诉建议响应速度	5	

资料来源：http://tech.sina.com.cn/i/2015-04-08/doc-ichmifpy6569075.shtml

2. Uber 典型互联网思维属性[①]

Uber 的服务创新突出体现了互联网思维，主要表现在：

（1）简约思维与极致思维。Uber 主张"少即是多"的体验重构。乘客叫车只需三步：打开 APP——选择车型——点击用车。APP 页面上只会把离乘客最近，且可以提供服务的汽车显示出来，不会形成"密集恐惧症"。同时，用户不需要输入目的地就能叫车，由此司机不能"挑单"，乘客不再处于被选择的地位，保证用户能够平等获得服务。

（2）大数据思维。Uber 不存在乘客需求的抢单机制，其通过数据与技术后台驱动分配离顾客最近的司机资源，同时司机无须一边驾驶一边抢单，提升了安全性。此外，Uber 的定价采用统一的数据模型，并根据进军城市的人均收入与油价成本进行调整。

（3）用户思维。Uber 通过一键式服务形成与乘客的情感联结。譬如北京"一键呼叫CEO"，16 位企业高管乘坐轿车围着清华转，学生通过 Uber 叫车，和高管在车上进行 15 分钟面试；上海"一键呼叫直升机服务"，2999 元试飞一次，电影明星赵又廷等 20 人成为首飞乘客，新华网、新浪、腾讯等几十家媒体跟进报道等。此外，面向各地的创业团队，Uber 给予他们非常大的自主设计权，他们可以通过"新增键"来延伸服务。

资料来源：改编自徐晓日、李思佳，"'互联网+'战略下创新创业模式的规范化发展——以（优步）互联网租约车服务为例"，《电子政务》，2015 年第 11 期。

思考题：

1. Uber 对传统出租车行业形成了怎样的冲击和颠覆？
2. Uber 有哪些互联网思维？

[①] http://newseed.pedaily.cn/u/12lou/201502131319383.shtml

5.1 "互联网+"时代的创新与创新管理

2012年,阿里巴巴集团总裁马云与大连万达集团总裁王健林就2020年电子商务在中国零售市场的份额比重是否超过50%开展了1亿元对赌;2013年,格力集团总裁董明珠与小米科技总裁雷军就格力传统营销模式和小米电商销售模式的5年后销售额水平进行了10亿元对赌。"两大赌局"的背后是互联网背景下中国经济与产业转型的新旧思维的碰撞,引发了互联网革命带来的对企业技术、市场、组织管理与商业模式创新等方面的思考。如何在互联网背景下开展创新与创新管理成为研究与实践的重要引向。

5.1.1 互联网思维

"互联网+"时代的创新与创新管理的首要焦点在于商业思维模式的变革,即产生了"互联网思维",它是指"在(移动)互联网、大数据、云计算等科技不断发展的背景下,市场、用户、产品、企业价值链乃至整个商业生态进行重新审视的思考方式"。

这种思维模式嵌入于产品、生产、服务、销售、战略与商业模式设计等各个环节,是面向传统工业的直线思维向面向互联网的圆形思维的范式转移,如表5-3所示。

表5-3 工业思维与互联网思维的对比

	工业思维	互联网思维
研发的思维模式	直线式思维	圆形思维
特征表现	前向式,不可逆,一步到位	循环往复,不断迭代
风险属性	规模大、抗变换性弱	分阶段、风险可控
形式举例	羊毛出在羊身上	羊毛出在猪身上
营销模式	花巨资广告营销	口碑营销、社会化媒体直销
创新模式	封闭式创新	开放式创新
创新主体	研发人员创新	用户参与创新
盈利思想	依靠产品本身获取利润	产品本身可以免费
商业模式要点	规模、成本、质量	用户体验、用户参与

来源:孙黎、魏刚,"牛人都在用'圆形思维',你造吗?",《中欧商业评论》,2015年第1期。

从直线思维到圆形思维

经理人A:我公司从事化学中间体的业务,主要客户是药厂等大公司。我对现有客户进行了周密调查，发现他们中有 80% 经常上网，但只是上网聊微信等，不过互联网知识用来传递电子邮件确定可以提高工作效率。我让企划部对这种新形势进行了仔细的分析，他们的分析报告表明互联网思维对我们行业不会有什么影响。这种新词汇往往是媒体炒作，热过一阵以后就是过往云烟，谁会记得当年雷军与董明珠的赌注啊。再说，我在我们这一行业都做了快二十年了，什么大风大浪没见过，企业运营从一种赚钱模式换到另一种谁都说不清的模式，那是自己找死！

经理人 B：我也是从事化学中间体制造的，这年头模仿者越来越多，制造业的利润越来越薄，虽然国际大药厂现在的订单价格还不错，但谈判中对订单价格每年都压得很死。互联网模式背后的云计算、粉丝参与感我们暂时还用不着，但产品开发中快速迭代可能对我们开发新品种有启发。另外，我的一些印度同行在仿制药开发上也积累了一些经验，我准备去看看，学习一下他们是如何从原料制造转型到仿制药的。在产业价值链上提高利润率，互联网思维在这方面没准有启发，我们公司可以拿出一个分公司，让一些年轻人尝试一下。

经理人 A 与经理人 B 代表着两种思维模式，经理人 A 是直线思维，认为各种变化是线性的、不可逆的。同时面对互联网思维这种新状态，跳跃失败的可能性很高，最好的办法是视而不见。相反，经理人 B 则是圆形思维，决策方式属于开放、试错、和谐与可逆的。

根据圆形决策的思维模式，经理人 B 可采用的方法是：

步骤一：研究本行业上下游、国际同行中是否引入类似七字诀（专注、极致、口碑、快）的管理实践，在各种行业研讨会、EMBA 课堂、私人董事会开放地讨论与调研。

步骤二：在组织内部选择一个小规模的子公司或者分部，在其中建立由各种年轻通才或 T 型人才组成的多个团队进行并行项目实验。

步骤三：探究或明确七字诀中潜在的假设。

步骤四：按优先顺序排列自己企业的假设。

步骤五：设计实验（例如一个新产品／新技术解决方案），验证每一个假设。

步骤六：开发最小化可见成品与用户交互，看其是否可以调整、变通。

步骤七：复盘，总结经验，看是否能在其他部门／分部进一步验证。随着规模的扩大，这些经验是否需要改进。

步骤八：决定是否在整个公司继续探究、全面引入，还是放弃。

由此可见，在新事物浮现的时候，最好的办法是无为，这个无为不是不作为，而是在配置资源的时候，要敢于实验和试错，这样才有机会把未来的潜力无限放大。

资料来源：孙黎、魏刚，"牛人都在用'圆形思维'，你造吗？"，《中欧商业评论》，2015 年第 1 期。

基于这种商业逻辑从直线型工业思维向圆形思维的互联网思维模式转移，研究与实践进一步细分了互联网思维的构成，如图 5-1 所示。

图 5-1 互联网思维构成

资料来源：2014 年 11 月 20 日，联通 "WO+ 开放" 微信公众号文章。

1. 用户思维

互联网思维的核心是用户，其在组织商业运作与价值链中始终都起到举足轻重的作用，要求企业产品、服务以及商业模式的设计的核心是用户导向，即站在用户角度考虑组织产品创新、定价、品牌营销等问题，深度理解挖掘用户需求，让消费者"用脚投票"，从而获取组织创新的竞争优势。如奇虎360公司设立"拜用户教"，将用户体验作为公司产品与服务创新的首要准则，开发免费的电脑、手机杀毒与安全服务，极大程度地保障了互联网用户的网络安全与心理安全感，从而在高度竞争的环境中取得了商业模式的成功。

2. 大数据思维

互联网作为工具使得企业有能力积累超大规模的客户市场、供应商、产学研合作伙伴、竞争对手等海量数据信息，这些数据信息转换为企业核心的资产与竞争优势来源。在企业商业模式的全价值链流程中，大数据的分析与挖掘有利于生产资料与消费需求实现精确匹配；有利于精准定位市场分布与消费偏好信息，制定完善的市场战略；有利于分类管理企业的合作伙伴与知识资源信息，实现资源有效的配置；有利于优化管理企业物流等运营信息，提升企业的成本与运营优势，最终贯穿整个价值链，实现企业竞争的优势。

3. 跨界思维

这种思维模式是企业通过互联网技术与平台，延伸或重构了旧有商业模式的产业边界，拓展了自身产品与服务的商业价值，获取价值回报与竞争优势。比如，腾讯与阿里巴巴利用互联网与电商的平台优势，将微信支付、支付宝与百姓的生活联结起来，推广滴滴打车与快的打车的商业模式，赢得更广泛的用户基础与客户黏性，从而实现了基于互联网的产业跨界。

4. 简约思维

这种互联网思维模式强调产品研发、设计、生产、服务环节的极简思路，最大程度方便客户使用，避免互联网技术复杂性带给客户体验与使用满意度的降低，从而增强竞争优势。

5. 极致思维

互联网时代以及金融资本持续投入催生了企业商业模式的残酷竞争，唯有充分挖掘客户需求，使客户获得公司产品与服务的极致体验才能真正留住客户，确保客户黏性。

6. 迭代思维

产品与服务创新在互联网的辅助下进一步降低了研发与创新过程的信息不对称，提升了企业创新过程的效率，从而降低了创新的生命周期。同时，互联网条件下企业高度竞争以及对客户需求的持续挖掘进一步加速了客户对新产品、新服务需求的多样化与个性化要求。这使得企业面向产品研发、生产与服务环节不能固守单一模式，应当关注新产品与服务对旧产品和服务的持续迭代，从而在快速迭代的过程中持续地、动态地满足客户需求。

7. 平台思维

这种思维面向组织战略、商业模式与组织形态层面，强调利用互联网构建自身的商业生态系统，并通过与商业生态系统内各利益攸关主体的竞争与合作搭建互动平台，从而获取平台优势。譬如阿里巴巴为中小企业搭建电子商务与网上创业的淘宝平台，在对大规模中小企业与个体网店创业者收取一定佣金的基础上，完善服务、构建安全与制度规范、创造竞争与合作文化，最终依赖中小企业电子商务生态圈的集体繁荣获取了在电子商务领域的平台优势。

8. 社会化思维

互联网强调人与人之间的互联，本质是一种"网"的概念。信息传递、关系链构建、口碑建立等均依赖互联。互联背后可以产生网络的外部性，即每增加一个客户就会给整个网络产生正向的价值反馈，从而在整个社会层面产生溢出效应，这应当在思维层面引起企业的关注，从而有效利用互联网的社会化效应开展创新，譬如互联网众包、众筹等模式创新。

9. 流量思维

流量思维主要面向业务运营，如特定的销售与服务环节。企业应高度关注客户流量，流量即是价值回报，也是商业模式成功与否的关键。譬如奇虎360公司，最初推广免费杀毒的模式引来了投资者与行业人员的反对，但公司依赖免费杀毒获取了海量客户基础与高度认同的品牌效应，转而通过搜索等核心业务模块获得了海量客户流量的高收益回报。

创新视点 ——— **周鸿祎：传统行业如何拥抱互联网思维** ———

准备向互联网转型的传统企业，必须理解以下几个互联网经济的特点。

1. 用户至上

传统经济的企业强调"客户（顾客）是上帝"。这是一种二维经济关系，即商家只为付费的人提供服务。然而，在互联网经济中，只要用你的产品或服务，那就是上帝。因此，互联网经济崇尚的信条，是"用户是上帝。"互联网很多东西不仅免费，还把质量做得特别好，甚至倒贴钱欢迎人们去用。传统积极的思维到了互联网领域就会失效，遭遇挫折。例如，2002年占据市场主导地位的263邮箱全面转向收费，其实这就是传统的"客户就是上帝"的思维。结果，用户纷纷转向免费的网易邮箱，现在市场上已经很难听到它的声音。

2. 体验为王

在互联网经济里，产品的用户体验会变得越来越重要。今天所有产品高度同质化，能胜出的决定性要素就是用户体验。如果你的产品或者服务做得好，好得超出预期，即使你一分钱广告都不投放，消费者也会愿意在网上分享，免费为你创造口碑，免费为你做广告，甚至成为一个社会话题。

3. 免费的商业模式

互联网上的商业模式总结起来无非三种：电子商务、广告和增值服务。但这三种商业模式都有一个共同的前提：必须拥有一个巨大的、免费的用户群。在互联网上，只有拥有一个巨大的用户群作为基础，百分之几的付费率才能产生足够收入，才有可能产生利润。因此，互联网经济强调的，首先不是如何获取收入，而是如何获取用户。只会生产硬件、卖硬件的厂商，如果学不会互联网思维，它的价值链被互联网免费服务取代以后，可能只能变成代工，赚取微薄的利润，而高附加值的价值链则被提供互联网信息服务的厂商拿走。

4. 破坏性创新

很多时候，从用户的角度出发，从你的身边出发，观察你的用户，观察你的供应链，观察你的上下游，你会发现还有很多很复杂的问题没有被简化，很贵的东西没有更便宜，甚至免费。这里面就一定蕴含着颠覆的机会。

资料来源：周鸿祎，《周鸿祎自述：我的互联网方法论》。中信出版社，2014年。

5.1.2 "互联网+"

通俗说，"互联网+"就是"互联网+各个传统行业"，但这并不是简单的两者相加，而是利用信息通信技术以及互联网平台，让互联网与传统行业进行深度融合，创造新的发展生态。它代表一种新的社会形态，即充分发挥互联网在社会资源配置中的优化和集成作用，将互联网的创新成果深度融合于经济、社会各个领域，提升全社会的创新力和生产力，形成更广泛的以互联网为基础设施和实现工具的经济发展新形态。

国务院总理李克强在2015年政府工作报告中明确提出"制定'互联网+'行动计划，推动移动互联网、云计算、大数据、物联网等与现代制造业结合，促进电子商务、工业互联网和互联网金融健康发展，引导互联网企业拓展国际市场"。[①] 图5-2从"互联网+"内涵、"互联网+"行动计划思路，以及"互联网+"行动计划内容三个层面做了解释。

国家战略的引导下，工业、民生、交通、金融、政府政务、教育、医疗、农业等社会相关领域大力推进互联网条件下的技术、服务、模式创新，从而利用互联网平台，利用信息通信技术，把互联网和包括传统行业在内的各行各业结合起来，并在新的领域和传统领域多个方面创造新的生态，表5-4列举了"互联网+"与传统领域创新结合的典型案例。

---

① 2015年政府工作报告，人民网：http://www.people.com.cn/n/2015/0305/c347407-26643598.html

表 5-4　"互联网 +"与传统领域的创新结合

互联网 + 传统领域	典型案例	基本描述
互联网 + 通信	微信	智能终端即时通信与免费应用服务,实现即时通信,人际互联
互联网 + 零售	淘宝	网络零售、商圈、购物平台,以电子商务推动 B2B、B2C、C2C、O2O 等模式
互联网 + 家电	海尔 U+ 智能家居开放平台	物联网时代生活家居解决方案的一站式平台,实现客户需求导向,产品与服务模块化,平台提供一体化解决方案,产品、服务、供应商、客户体验等资源汇聚
互联网 + 教育	MOOC	全球在线课程学习平台,实现在线教育与学分认可、全球知识与教学资源整合
互联网 + 交通	Uber	即时用车软件,提供安全、舒适、便捷的城市交通服务,实现高用户体验,共享经济,优化资源配置
互联网 + 生活产品	Nike+	耐克系列健康追踪应用程序与可穿戴设备统称,丰富产品功能的社会化、人因工程、用户体验等效应

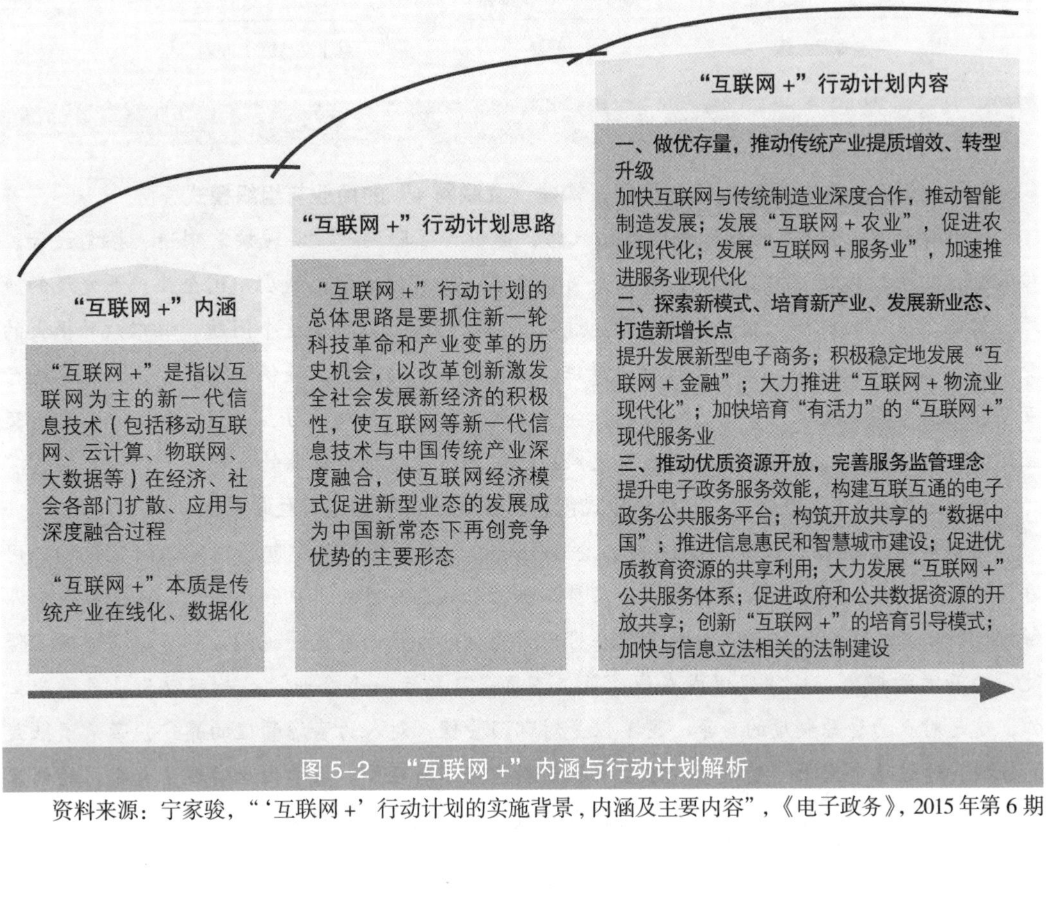

"互联网 +"内涵

"互联网 +"是指以互联网为主的新一代信息技术(包括移动互联网、云计算、物联网、大数据等)在经济、社会各部门扩散、应用与深度融合过程

"互联网 +"本质是传统产业在线化、数据化

"互联网 +"行动计划思路

"互联网 +"行动计划的总体思路是要抓住新一轮科技革命和产业变革的历史机会,以改革创新激发全社会发展新经济的积极性,使互联网等新一代信息技术与中国传统产业深度融合,使互联网经济模式促进新型业态的发展成为中国新常态下再创竞争优势的主要形态

"互联网 +"行动计划内容

一、做优存量,推动传统产业提质增效、转型升级
加快互联网与传统制造业深度合作,推动智能制造发展;发展"互联网 + 农业",促进农业现代化;发展"互联网 + 服务业",加速推进服务业现代化

二、探索新模式、培育新产业、发展新业态、打造新增长点
提升发展新型电子商务;积极稳定地发展"互联网 + 金融";大力推进"互联网 + 物流业现代化";加快培育"有活力"的"互联网 +"现代服务业

三、推动优质资源开放,完善服务监管理念
提升电子政务服务效能,构建互联互通的电子政务公共服务平台;构筑开放共享的"数据中国";推进信息惠民和智慧城市建设;促进优质教育资源的共享利用;大力发展"互联网 +"公共服务体系;促进政府和公共数据资源的开放共享;创新"互联网 +"的培育引导模式;加快与信息立法相关的法制建设

图 5-2　"互联网 +"内涵与行动计划解析

资料来源:宁家骏,"'互联网 +'行动计划的实施背景、内涵及主要内容",《电子政务》,2015 年第 6 期

创新标杆 —— 海尔：传统家电企业"互联网+"商业模式创新的实践

面对"互联网+"的浪潮推进传统企业的转型升级，海尔公司快速响应，积极应用网络化策略（"互联网+"），通过发展线上交易以及"互联网+"的模式创新，实现了企业行业竞争优势的保持和提升。

核心经验一：大力发展电商业务，实现线上线下交易的双轮驱动

"互联网+"的大背景下，海尔集团积极推进全球化经营与电商业务，2014年全球营业额实现2007亿，较2013年增幅11%；全集团利润150亿，增幅39%；其中营业额占比中线上交易额达到548亿，较2013年增幅2391%（如图5-3所示）。

图5-3　海尔集团业绩数据

核心经验二：积极推进网络化战略，构建"互联网+"的商业与组织模式

海尔集团从2012年开始实施网络化战略，通过"互联网+"实现按需制造、按需设计、按需配送的个性体验。按需生产，并不是盲目生产，这可以减轻、减少中国企业产业发展的瓶颈。传统方法下的规模化生产会带来产能过剩，互联网就可以解决这个问题。海尔做的很大的变革就是往互联网转型。海尔的目标是提供"互联网+"的思想，提供一个平台，让大家进行互动，企业平台化发展，让用户和各种社会资源进行融合，互相学习，以用户为主导，进行交互体验，实现相互的产品开发，以及有效产品的供给，避免社会资源的浪费。

核心经验三："互联网+"支持开放式创新，实现公司创客化与互联网化

海尔建设了企业互联网平台Hope，整合全球的创新资源，其中包括顶尖的研究机构、用户，以及开发商。海尔汇聚了内部6万名员工加上外部200万的用户和供应商和其他社会资源帮他进行创新，海尔的创新人员数量现在可以说是206万，而不是传统的6万，这就突破了传统人力资源的概念。从注册变成在线，员工不再是从属于一个企业，而是可以为很多企业工作，这是对人力资源制度的变革。这不仅是对部门管理，对人力资源管理的界定，带来了很大的挑战，通过这个变革，整个的资源空间和创新空间不断延伸。海尔由此实现了大公司的创客化和互联网化，如图5-4所示，有效实现了开放式创新的价值回报。

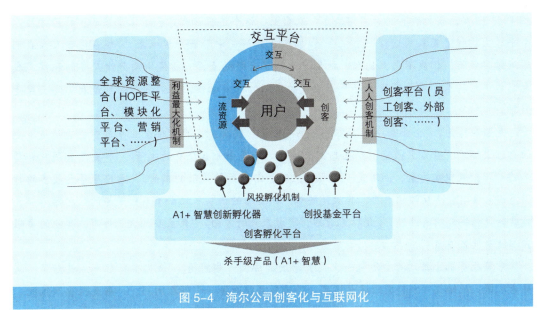

图 5-4　海尔公司创客化与互联网化

资料来源：整理自清华大学技术创新研究中心相关材料，海尔公司咨询材料，网络采访报道：http://www.innovation.tsinghua.edu.cn/info/xwdt_xsqy/1355

创新标杆　　　　　　　　　　三只松鼠的互联网思维

三只松鼠是以坚果为主营业务的食品电商企业，从一开始就将自己定位成一个纯互联网食品品牌。2012 年 6 月正式上线，65 天后就在天猫商城同类销售中排到了第一，2013 年销售收入 3 亿元，2015 年交易额 25 亿。在创始人章燎原看来，这一切都归功于互联网带来的机遇。

除了理念，三只松鼠在实际运营上也与其他商家有很大的不同：所有客服代号都带"鼠"字，比如章燎原就是"松鼠老爹"；直呼所有客户为"主人"；砍掉中间商，加快物流效率，22 天内把商品寄给用户；在货品中附赠很多体验品，如开箱器、果壳袋、湿巾等。

"外界看到的都是松鼠这两年业绩的爆发式增长，但实际上，我的创业不是从 2012 年开始，而是从 18 岁的梦想开始的。"章燎原对记者说。

章燎原的学历是中专，出来"闯江湖"时不到 20 岁。26 岁以前，他尝试过很多事：摆地摊、开冷饮店、卖 VCD，但从来没有成功过。2003 年，他进入安徽一家农产品企业，从搬货、运货做起，从业务员一直做到董事总经理，把一个销售不足 400 万的小公司，打造成销售额近 2 亿的当地知名品牌。2012 年，获得 IDG 资本 150 万元天使投资后，章燎原带着 5 人团队，在安徽芜湖注册成立了"三只松鼠"。现在，公司的电商运营团队有 300 多人，平均年龄 23.5 岁。

"从 20 岁到 26 岁，我什么生意都做过，都没有成功。

27岁到36岁,我把所有的时间都给了一家企业。这个过程让我学会了很多东西,然后才在这个平台上找到了互联网这样一个机会。"章燎原的语气中带着一丝感慨。"现在很多人来我们这里学习经验,但我不怎么见人。他们只看到了光鲜的表面,都没有看到十几年的积累。我也想告诉年轻人,不要盲目学习所谓的成功案例,很多时候,你们看到的都是表象,甚至是假象。"

章燎原认为,"企业家没有必要每天搞得很忙。实际上,我觉得企业家最重要的就是不要让自己太忙。""身体上很空闲,思想上很忙碌"才是企业家应有的生活。"我要思考用户和员工的心理,做战略决策,而不是天天喝酒应酬,解决细枝末节的东西。"章燎原每天最多的时间是用来看消费者反馈的数据,其次是关心一线员工的诉求。"比如有人说洗澡的热水器不够,我就会让相关部门去处理。"最后是看书,思考未来的方向。"我主要就这三件事,其他的事跟我都没有什么关系。"

章燎原基本上每周都会通过一个周会解决和协调一些问题。"我只要抓住一点就行了:消费者反馈,就知道一个公司的运营情况。过去我可能会抓一个经理问问,一般是报喜不报忧。现在,消费者在微博上一个投诉,我就知道哪个部门有问题了。"

访谈摘录

《环球人物》:你怎么打造团队,激发员工积极性?

章燎原:从创业第一天开始,我就决定用年轻人。我几乎和每个员工都聊天,把我的经历讲给他们听,激发他们的梦想,形成一种创业团队的初始文化。我认为企业文化应该亲力亲为,感染和影响前期的员工,他们又会感染后来者。

《环球人物》:你的管理风格是怎样的?

章燎原:无为而治。我更多的是感染员工,而不是"管"。我们上下班时间不是很明确,上班睡觉也可以。90后不需要去管,他们要的是自我价值实现、存在感,我们通过平常的一些分享、培训、讲话、沟通,去激发他们的热情,让他们,有奋斗和创业的欲望。90后看似没有责任感,你一旦把他们的存在感激发出来,他们的责任感比谁都强。

《环球人物》:你怎么让员工相信你不是在说空话?

章燎原:我给他们灌输梦想,但梦想不能太空洞,所以我们频繁地去证实。说文化一定不能谈钱,但是,钱一定是对文化的一种尊重。"双十一"赶发货,我组织大家义无反顾地冲到一线去,没有说你去发货,我奖励你多少钱。但是事后我会拿出一大笔钱去奖励他们。去年(销售额)破3亿的时候,我们给创业初期的5个高管一人一辆汽车,之前他们都不知道。企业文化应该是务虚开始,务实结束。不是让员工记住企业的价值观和使命是什么,而是员工一言一行所折射出来的都是企业的思想。

《环球人物》:你通过什么加强员工凝聚力?

章燎原:让员工快乐。我们每周六下午都有自由开放的活动,厨艺大赛、扮小丑、卖萌什么的。我就是把舞台搭建出来,让大家去舞蹈。我对公司文化有两个基本要求:第一,不管做什么，首先要让员工很开心；第二，在他开心的前提下，植入我们的文化。

从互联网的角度看，一线员工为顾客服务，高管应该为员工负责；一线员工为消费者创造用户体验，中高层管理者应该为员工创造用户体验。把这个链走通了，才是真正的互联网企业。

资料来源：节选自尹洁、汪伟志，"'三只松鼠'创始人，用互联网思维卖坚果"，《环球人物》，2014年第19期。

5.2 绿色创新管理

创新视点 ———— 欧盟投入3500万欧元支持环境创新项目 ————

欧盟委员会环境委员普托尼克2011年7月1日宣布，欧盟将通过其竞争与创新专项计划投入3500万欧元，用于支持42个环境创新项目。自从欧洲经济危机以来，欧盟愈加重视将研发资金用于支持企业起步阶段的研发工作，提高企业的前期竞争力。该计划对资助的项目有一个共同要求，即项目的实施不仅要有助于提高欧盟企业竞争力，而且还要有利于保护和生态环境。此次资助的42个项目涵盖环境领域的各个方面，包括节能减排、提高能效、资源有效利用、生态环保、建筑节能、环保新材料、生物多样性等。2012年，欧盟竞争与创新计划项目招标计划进一步提高环境创新项目总经费，达到3800万欧元，以提高企业竞争力的同时保护环境。

资料来源：改编自 http://news.sciencenet.cn/htmlnews/2011/7/249849.shtm

在传统的技术可行性与经济效益导向的创新模式之外，创新的环境影响开始受到关注，生态创新、环境创新等新兴创新范式纷纷涌现，成为驱动社会迈向可持续发展的重要因素。

伴随创新与经济活动的负外部性等影响，全球越来越重视环境与生态议题及其危害所带来的挑战。以中国为例，改革开放30年的高速经济发展产生了越来越多环境污染、发展不平衡等社会问题，国家创新驱动发展与制度转型正在面临经济发展与生态环境保护的双重目标。从20世纪80年代末期开始，中国环境保护与可持续发展政策经历了五个方面的转变[1]：

（1）从环境保护作为基本国策，转向以可持续发展为国家战略；
（2）从污染控制转向生态保护；
（3）从末端处理转向源头控制；
（4）从污染源节点处理转移到区域环境治理；
（5）从行政管理手段治理污染转向经济与法律手段结合治理的方法。

线上阅读： 关于进一步完善市场导向的绿色技术创新体系实施方案（2023—2025年）

---

[1] Zhang, Kun-min, and Zong-guo Wen. "Review and Challenges of Policies of Environmental Protection and Sustainable Development in China", *Journal of Environmental Management*, 2008, 88(4): 1249-1261.

5.2.1 环境与生态创新的相关内涵

面向环境与生态创新，本节从四个相关的概念入手讨论了创新及其管理在社会层面对于环境的重大意义，核心概念包括可持续创新（sustainable innovation）、生态创新（ecological innovation）、环境创新（environmental innovation）、绿色创新（green innovation）。

可持续创新最早出现在1980年国际自然保护联盟全球自然保护策略报告之中，认为其是通过保护与发展相结合，以确保全球所有人的生存福祉。可持续性同时强调现代人的发展需要不应当以牺牲后代人的利益为代价，可持续创新需要通过创新的手段实现社会可持续发展与人类需求的满足。与之相近，生态创新最早出现在1996年学者Fussler和James的研究之中，其认为研究与实践应当重视那些为顾客与业务创造价值的新产品和新工艺，这些新产品和新工艺同时能够显著降低本身对于环境的影响。著名学者Kemp和Pearson进一步认为，生态创新是那些与产品、生产工艺、服务、管理手段、商业模式相关的生产、吸收、开发行为，这些创新行为在其整个生命周期之中能够显著降低对于环境的危害与污染，减少资源使用的负外部性。[1] 与生态创新相近，Oltra和Jean最早提出环境创新的概念，认为环境创新包含新的与改进的工艺流程、创新实践活动、创新系统、以及产品，它们最终有利于环境并对环境可持续产生价值。[2] 最后与之相关的是绿色创新，Driessen和Hillebrand认为绿色创新的本质不在于面向可持续发展的创新活动降低环境压力，而在于创新活动本身对于环境创造积极意义与价值[3]，比如由技术创新所产生的能源节省、污染保护、废弃物循环利用、绿色产品设计，抑或公司环境管理改进等。[4]

5.2.2 环境与生态创新的过程管理

环境与生态创新企业在实施产品与工艺创新提升竞争优势的同时，关注创新活动对环境的影响。从创新的过程角度，环境与生态创新是企业创新过程观的重要转变。

以汽车生产价值链为例，旧有的封闭观点下，汽车价值链面向"零部件供应商——企业生产制造——分销——用户"使用的价值链，传统汽车企业关注企业制造过程是否存在有毒有害物质、大气污染、环境法律问题等，如图5-5所示。而在环境与生态创新的理念下，环境创新嵌入于创新价值链的全过程，延伸了生产者等其他行为主体的环境责任。从汽车零部件供应商与材料制造商、汽车制造商、分销商、用户到生活终端实施了环境要素的全程监控与管理，如图5-6所示。

---

[1] Kemp, René, and Peter Pearson. "Final Report MEI Project About Measuring Eco-innovation." *UM Merit, Maastricht*, 2007, 10.

[2] Oltra, Vanessa, and Maïder Saint Jean. "Sectoral Systems of Environmental Innovation: An Application to the French Automotive Industry." *Technological Forecasting and Social Change*, 2009, 76(4): 567–583.

[3] Driessen, Paul H., and Bas Hillebrand. "Adoption and Diffusion of Green Innovations", *Marketing For Sustainability: Towards Transactional Policy-Making*, 2002: 343–355.

[4] Chen, Yu-Shan, Shyh-Bao Lai, and Chao-Tung Wen. "The Influence of Green Innovation Performance on Corporate Advantage in Taiwan", *Journal of Business Ethics*, 2006, 67(4): 331–339.

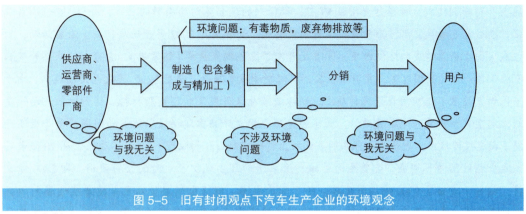

图 5-5 旧有封闭观点下汽车生产企业的环境观念

图片来源：Esty, Daniel, and Andrew Winston, *Green to Gold: How Smart Companies Use Environmental Strategy to Innovate, Create Value, and Build Competitive Advantage.* John Wiley & Sons, 2009: 169

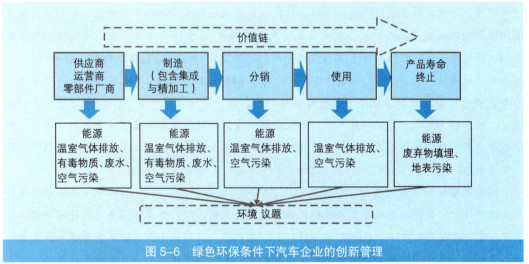

图 5-6 绿色环保条件下汽车企业的创新管理

图片来源：根据 Esty, Daniel, and Andrew Winston. *Green to gold: How smart companies use environmental strategy to innovate, create value, and build competitive advantage.* John Wiley & Sons, 2009.169 页修改。

创新标杆 ──── 从研发到拆解，爱普生环保全生命周期管理 ────

"'省、小、精'是爱普生所有产品的基础，同时也引领着爱普生积极投身于环保事业中。通过持之以恒地钻研新技术，为环保事业贡献更多力量。"这就是精工爱普生集团总裁碓井稔对爱普生环保理念的概括。为了践行这个理念，爱普生制定了 2050 环境愿景——在 2050 年前，将所有产品和服务生命周期中的二氧化碳排放量减少 90%，对所有产品的原料进行资源回收与再利用。从产品的外观设计、材质选用到产品的核心技术再到用户的使用过程，爱普生都将环保的理念贯穿其中。

环保从设计、生产之初开始。产品外观是用户购买与否的关键要素之一。但用户不知道的是在喷涂产品外观时产生的 VOC（挥发性有机化合物）是空气污染的元凶之一。涂料由主要药剂和稀释剂构成，稀释剂会排放 VOC，稀释剂的调配量约为涂料的一半，并以 VOC 形式汽化，造成大气污染、水污染且对人体有不良影响。爱普生在 2007 年开始启动减少涂装活动，旨在减少由于涂装造成的环境污染。爱普生开发了黑色抛光技术（钢琴黑），它可以让产品外观具有像钢琴一样的亮丽外观，且不用涂装，不仅制造成本降低，而且 VOC 排放也大幅减少。由于黑色抛光技术不能应用在传统材质上，所以爱普生又开发了新型树脂材料。这种材料流动性更好，定型更加容易，光泽度更好。为了避免黑色抛光产品出现指纹和划痕的问题，爱普生还开发了抛光纹理技术，也就是在产品的表面打上特殊突起形状的纹理（直径 0.5 毫米、高 20 微米），来减少指纹附着和划痕。爱普生通过减少涂装活动每年减少了 92% 的涂料使用，即 2800 吨涂料，相当于减排了 9300 吨二氧化碳。除了喷涂技术，微压电喷墨技术更是爱普生喷墨打印机的独家技术，能够用于多种产业，从而大幅度降低生产工艺中的环境负荷。通过这样的工艺转换，爱普生实现了削减废弃物、减少化学品使用、设备小型化、杜绝材料和能源等浪费的目标。

将休眠模式电耗降至最低。 1994 年爱普生就对打印机省电技术开始了研究，从早期的通过电源远程关闭控制系统减少能源消耗、待机时电机励磁电流关闭减少能源消耗，到待机时电源间歇控制技术减少能源消耗、采用节能型电机驱动 IC 减少能源消耗，都是围绕着打印机最长的工作状态——休眠状态为重点的。以一个打印速度为 15ppm 的打印机为例，每天打印 100 张打印总时间为 6 分 40 秒，一天中大部分时间为休眠状态，将休眠模式的耗电量降至最小的省电效果最显著。开发并使用省电性能优越的元器件，降低系统 LSI、电机驱动 IC 自身的耗电量，开发嵌入休眠省电的模式，是爱普生打印机降低功耗的主要方法。在电力控制方面，打印机智能判断每个模块的工作状态，以判断是否需要启动该模块，减少不必要的能源消耗。通过这些措施，爱普生 2011 年的产品比 2010 年的产品能耗大幅降低。

墨盒返乡计划拟走向亚洲。 包括爱普生在内的六家打印机厂商于 2008 年 4 月联手开展了墨盒返乡计划，旨在推进从墨盒回收到资源再利用的循环活动，并在邮局等身边的场所设立活动点，进一步提高回收率。在墨盒返乡计划中，用户将使用后废弃的打印机墨盒投入放置在日本各大邮局的墨盒回收箱中，然后这些墨盒将被统一运送至回收工厂。目前这个活动已经拥有 6000 个网点。从 2011 年的 12 月 2 日开始，爱普生等厂商把这项活动从日本拓展到了新加坡，并计划在 2012 年拓展到亚洲其他国家。在过去的 2 年里，墨盒返乡计划在日本已经回收了超过 500 万只耗材。仅在 2010 年，就回收了超过 3300 吨的耗材。

爱普生 Mizube 工厂是墨盒返乡计划的回收工厂之一，它首先要将回收的爱普生品牌的废弃墨盒分类，再根据材料的品质分成低、中、高三个等级。分类设备是爱普生 Mizube 工厂自行研发的，不仅大大降低了回收成本，还提高了回收效率。拆解后的墨盒盖与芯片属于高等级回收原材料，能够被充分地循环利用。高等级的原材料经过风力筛选机将不需要的杂物去除，保证回收原材料的纯净度。进行清洗和干燥所用的干燥设备热源来自空调排出热风，不用单独制造热源，从而降低了工厂的能源消耗量。爱普生 Mizube 工厂还雇佣了大量残障人士，并根据他们的身体条件设置了工作岗位，对工作环境进行改造，方便他们工作。

资料来源：节选自 http://www.ccidnet.com/2012/0105/3499037.shtml

5.2.3 环境与生态创新核心维度

经济与管理学家强调创新的复杂性与多维度属性，环保条件下的创新在原有的产品和流程等维度基础之上，进一步延伸了创新活动与创新行为的内在维度，主要包括：

1. 设计维度

环境与生态创新的设计维度决定了创新活动整个生命周期中对于环境的影响，其包含组件增量、子系统变革及系统变革三个方面。

组件增量即对创新产品开发过程中通过增加部分产品功能与产品组件提升产品创新本身的环境质量，从而最大程度地降低产品、流程、系统创新所产生的负向环境影响。譬如对于小汽车尾气排放，开发了汽车内部的尾气排放催化转化器，嵌入于汽车尾气排放滤化装置，实现氮氧化合物、一氧化碳、碳氢化合物的排放控制与减排。子系统变革同样通过设计改进实现环境影响的减弱效应，并提升人员对于生态环境与能源的高效利用。系统变革是对创新产品与流程体系的重新设计，以使形成的产品与流程创新满足生态友好的发展需要。譬如产品废弃物的回收再利用、新能源汽车等突破式创新的社会推广，太阳能设备的产品创新与市场普及等，都强调了能源利用、节能减排、绿色友好、可持续发展等系统变革背后的环境与生态创新设计理念。

2. 用户维度

用户维度包含用户开发与用户接受两个方面。其中，用户开发强调用户在产品定义、设计改进、研究与开发中的重要作用。企业应当重视从创意产生到产品商业化全流程各个阶段用户的重要作用，尤其是领先用户的重要价值，并有效地与用户开展产品开发各个阶段的协同合作，用户在此既是产品的开发者，也是产品的使用者。然而，这一种用户参与开发的模式一方面有利于提升产品功效的改进，但无法较大程度地满足企业突破式创新的需要，因为用户受到现有产品使用的思维限制，并对复杂的产品与工艺缺少知识储备，也对突破式的创新有所排斥。由此，企业利用用户实现创新产生到新产品商业化需要平衡探索与利用的关系，有效激发用户作为创新源对于创新的重要价值，并通过用户对于环境与生态议题的反馈，实现环保条件下的创新管理。用户接受关注创新应用对于用户行为、用户实践行为等方面的变革影响。通常，快速与规模化的用户使用是创新成功的重要标志，且用户对于创新的接受程度很大程度上受到社会价值观与社会规范的影响。譬如社会对健康的追求就有利于绿色食品、绿色蔬菜等获得利基市场的创新成功。

3. 产品服务维度

产品服务维度包含产品与服务的交付方式变革，以及产品与服务所嵌入的流程与关系的价值链变革。产品与服务的交付方式变革强调产品与服务同客户的互动以及其在客户消费关系中的感知。绿色环保作为一种理念与生活方式嵌入于客户认知与消费习惯，这有助于企业环保创新行为的市场回馈以及企业持续环保创新行为的动力与战略提升。譬如，企业从卖产品转向卖服务包，提供产品的租赁，产品使用环境的维护与废弃物的回收等，实现客户对于环保意识的嵌入以及与企业长期的关系互动。

流程与关系的价值链变革主要聚焦于产品与服务的价值网络，价值网络能否创造一个绿色环保的正向资源循环，并同时实现企业及其利益攸关者的可持续发展是环保条件下创新管理的核心。例如，有资质的环保企业通过绿色产品与服务的价值宣传获得利基市场的垄断优势，从而实现企业环境与生态创新向持续竞争优势的转换。

4. 治理维度

环境与生态创新的治理维度涉及所有制度层面和组织层面的环境创新解决方案，以实现企业层面竞争优势提升与社会层面环境正向效益反馈的双重目标。其中，环境法律、环境规范、环境评估标准等行政干预手段，以及环保补贴，环保创新优惠等激励手段有利于实现企业以及全社会对于绿色环保条件下创新活动的重新审视与战略重视。

基于环境与生态创新的核心维度，Carillo-Hermosilla 构建了创新活动环境与生态属性绩效的评价体系，如图 5-7 所示。

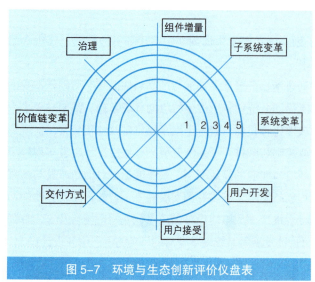

图 5-7　环境与生态创新评价仪盘表

资料来源：Carrillo, Javier, Pablo del. Río González, and Totti. Könnölä. *Eco-innovation: When Sustainability and Competitiveness Shake hands*. Palgrave Macmillan, 2009.

5.3　开展有责任的创新

人类社会发展演化中，创新一直作为驱动经济增长的关键因素，促进着社会的可持续发展，改善着民众的生活与健康水平。[①] 以 20 世纪技术创新与产业革命为例，原子能技术、工业内燃机、分子生物学、纳米科学、信息革命等成为推动社会进步与持续变革的重要因素。

然而，技术创新在推动社会进步的同时，产生了越来越多的社会危害。如原子能应用下核安全问题，转基因技术对于人类与生物转基因道德与安全议题，工业创新对环境的危害，金融创新与金融危机的双重性，信息技术与信息安全和隐私保护等，这一些由创新带来的社会进步与社会危害双重性问题，使得研究与实践开始关注创新的责任议题。

以知识与创新驱动经济发展的"智慧增长"战略为背景，欧盟"地平线 2020"框架计划提出有责任的创新（responsible innovation），并将其重要性提高至全球战略高度，认为研究与创新必须有效地反映社会需求与社会意愿，反射社会价值与责任，政策制定者的职责在于建构治理框架以促进有责任的研究与创新。[②]

[①] Owen, Richard, et al. "Beyond Regulation: Risk Pricing and Responsible Innovation", *Environmental Science & Technology*, 2009, 43(18): 6902–6906.

[②] 梅亮、陈劲、盛伟忠，"责任式创新——研究与创新的新兴范式"，《自然辩证法研究》，2014 年第 10 期，第 83–89 页。

为了实现这一目标，创新应当表现为道德可接受、社会希望、安全与可持续。[①] 基于"2020智慧增长"战略的基本愿景，有责任的创新要求研究与创新活动能够反思两个基本问题：一是人类有能力界定创新活动的社会影响与社会结果吗？二是对于某一项创新的支持能否引导其向社会满意的方向演进？

在此背景下，发达国家面向有责任的创新开展了国家与区域层面的多项实践，如表5-5所示。

表5-5 发达国家有责任的创新主要政策与活动实施举例

政策与计划	核心目标与内容简述
荷兰有责任的创新项目	*针对创新设计的过程，通过整合社会与道德的议题研究，确保科学与技术的优势与社会的协调发展
德国纳米计划	*通过降低环境、健康、资源的负面影响，探索纳米技术对于可持续发展的潜在价值，并完善纳米技术发展的支持性国家政策 *分析纳米材料对环境与人类健康产生的潜在危机 *开发完善为纳米材料的负责任利用做出贡献的方法与建议
英国工程与物理研究委员会纳米药材公共对话	*明确定义纳米技术对于医疗研究的焦点与优先级 *纳米药材研究的方向与决策描述 *描述正在进行的研究项目 *听取公众的意见反馈
欧洲纳米科学与纳米技术的管理规范研究	*制定欧洲纳米科学与纳米技术的管理规范准则、概念，以及价值 *探讨欧洲纳米技术发展的道德规范、研究活动、相关利益主体关系，以及治理机制，实现对纳米科技的责任式发展 *探寻纳米技术与纳米科学管理规范对所有新兴技术有责任的创新的可能性
英国工程与物流科学研究委员会有责任的创新框架	*有责任的创新需要考虑创新的目的、远景、当下与未来的影响、动机、开放对话等，实现道德、自省与响应式的创新治理
美国"社会—技术整合研究"项目计划	*实验室的技术研究整合社会期望与需求 *对实验室的创新实践与外部社会舆论压力进行对比与评估 *跨学科的协同研究对于有责任的创新的响应机制的影响讨论
科学家的新"希波柯拉底誓言"	*科学家关注科技之外的其他职责：帮助他人，尊重他人，保证科研工作的合法性与公平性，降低对他人、环境、生物的影响，关心社会对科学的关注，重新谨慎评估科研工作以防误导与危害
化学公司BASF纳米技术开放式论坛	*讨论产生了纳米技术有责任的创新的七条准则
欧洲委员会的ETICA项目	*针对新兴的通信技术应用的道德议题探讨——包括技术分类、通信技术道德观察、研究与开发的道德价值探讨、通信技术开发实践的道德反馈 *引入多利益攸关主体的自省式方法，开展多主体参与的道德论坛

资料来源：梅亮、陈劲、盛伟忠，"责任式创新——研究与创新的新兴范式"，《自然辩证法研究》，2014年第10期，第83—89页

[①] Von Schomberg, R., "A Vision of Responsible Research and Innovation", *Responsible Innovation: Managing the Responsible Emergence of Science and Innovation in Society*, 2013:51–74.

创新视点　　　　　　**霍金等"上书"求禁人工智能武器**

近日，著名天体物理学家霍金、特斯拉 CEO Elon Musk 和苹果联合创始人 Steve Wozniak 与其他上百位专业人士共同签署了一封号召禁止人工智能武器的公开信。未来生活研究所（Future of Life Institute）在今天于阿根廷召开的人工智能国际联合会议（International Joint Conference on Artificial Intelligence, IJCAI）上公布了该公开信。

"如果任何军事力量推动人工智能武器的开发，那么全球性的军备竞赛将不可避免，"公开信称。其他知名签署人还包括 Skype 联合创始人 Jaan Tallinn、杰出语言学家 Noam Chomsky 等。"不同于核能，人工智能武器不需要高昂的成本及难以获得的原材料，所以这种武器很容易在各军事力量中普及。"

这些专家称，人工智能系统可能将在数年内，而非数十年内成为可能。他们称，禁止人工智能武器的禁令必须尽快颁布，以避免军备竞赛，这比"控制人口数量的意义更加深远"。

人工智能一直是一项备受争议的议题。越来越多的公司在投资研发该技术，从 IBM 的 Watson 电脑系统到苹果的 Siri 智能语音助手等。人工智能已经在商业及医疗保健领域得到运用。不过也有一些公司开始限制该技术在军事中的使用。在人工智能公司 DeepMind 被谷歌收购时，该公司在收购协议中加入了一项条款，要求谷歌不能将其技术运用于军事领域。

资料来源：凤凰科技，"《终结者》真会成现实，霍金等'上书'求禁人工智能武器"，2015 年 07 月 28 日。

5.3.1 有责任的创新的基本内涵

有责任的创新本身是对传统创新研究范式面向创意到产品商业化正向过程的重新审视，它是在认可创新行为主体认知不足的前提下，在预测特定创新活动可能的负向结果的范围内，通过更多成员参与和响应性制度建立，将创新引导至社会满意与道德伦理可接受结果导向，以实现最大限度的公共价值输出。①

作为创新研究与实践的新兴范式，有责任的创新的基本问题聚焦于创新过程的产品、流程及目标等方面，如表 5-6 所示。

表 5-6　有责任的创新的问题聚焦

涉及产品的问题	涉及流程的问题	涉及目标的问题
如何区别危机与收益	标准如何拟定与应用	研究者做事的原因
产品可预测的其他影响	危机与收益如何界定与测量	行动的动机是清晰的、符合大众利益的吗
未来产品的变化	谁在控制流程	谁将受益

---

① 梅亮、陈劲，"责任式创新：源起、归因解析与理论框架"，《管理世界》，2015 年第 8 期。

(续表)

涉及产品的问题	涉及流程的问题	涉及目标的问题
分析产品未知的内容	谁在参与流程	参与将会获得什么
永远无法预计的产品潜能	如果出现问题谁来承担责任	有没有其他的行动选择
	可行性与正确性的合理评估	

资料来源：Macnaghten, Phil, and Jason Chilvers. "The Future of Science Governance: Publics, Policies, Practices", *Environment and Planning C: Government and Policy*, 2013, 31.

有责任的创新的相关概念包括负责任创新、负责任研究与创新、负责任发展。其来源于欧美发达国家情境。作为新兴概念，有责任的创新的基本特征主要包括：

- 显著关注社会生态与伦理价值的需求与挑战；
- 将更大规模的利益攸关者参与作为一种承诺，并实施共同学习与决策机制；
- 针对创新本身预测潜在问题，评估价值选择及审视潜在价值、假设基础、信仰与规范；
- 提出并构建这个创新理念实施的共同参与的适应性机制。[①]

5.3.2 有责任的创新的框架

有责任的创新的框架最早由西方学者 Stahl 提出，他认为有责任的创新包含创新主体、创新活动、创新规范三个方面，是创新的一种"元责任"，并提出了负责任创新的三度空间框架，如图5-8所示。

Stilgoe 等从有责任的创新的基本构成要素与内涵出发，提出了有责任的创新的四维度框架，包含对于创新活动预测性维度（anticipating）、创新主体对于自身知识与能力的自省性维度（reflexivity）、反映创新主体构成多样性的包容性维度（inclusion）及创新过程与治理的响应性维度（responsiveness），如图5-9所示。

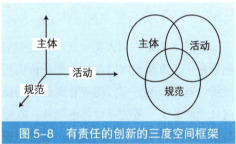

图 5-8 有责任的创新的三度空间框架

资料来源：Stahl, Bernd Carsten, "Responsible Research and Innovation: The Role of Privacy in an Emerging Framework", *Science and Public Policy*, 2013, 40(6): 708-716.

然而，已有的关于有责任的创新的讨论都来自欧美发达国家的情境。在发达国家的宪政体制中，倡导一个规范基础之上"不同的社会与技术的重要性排序"，暗示一个"具有包容性、民主和公平的科学与社会关系"。[②] 但是对于发展中国家，以及考虑到国家、自治区、直辖市、机构的异质性，科学与技术的关系、科学与社会的关系以及有责任的创新对欠发达地区的影响

[①] Wickson, Fern, and Anna L. Carew. "Quality Criteria and Indicators for Responsible Research and Innovation: Learning from Transdisciplinarity", *Journal of Responsible Innovation*, 2014, 1(3): 254-273.

[②] Van Oudheusden, Michiel. "Where are the Politics in Responsible Innovation? European governance, Technology Assessments, and Beyond", *Journal of Responsible Innovation*, 2014, 1(1): 67-86.

等因素，有责任的创新的理论框架应当考虑情境因素的影响。①

由此，梅亮和陈劲整合有责任的创新的三度空间与四维度模型，进一步提出情境在有责任的创新理论中的作用，提出了有责任的创新的理论框架，如图 5-10 所示。

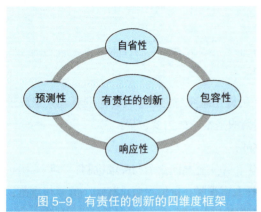

图 5-9　有责任的创新的四维度框架

资料来源：Stilgoe, Jack, Richard Owen, and Phil Macnaghten. "Developing a Framework for Responsible Innovation", *Research Policy*, 2013, 42(9): 1568–1580.

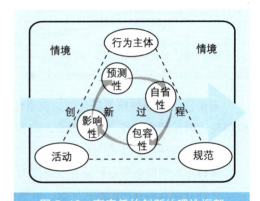

图 5-10　有责任的创新的理论框架

资料来源：梅亮、陈劲，"创新范式转移——责任式创新的研究兴起"，《科学与管理》，2014 年第 3 期，第 3–11 页。

5.3.3　有责任的创新的评价

当技术创新占据人类生活与社会发展的方方面面时，有责任的创新引发研究与实践对于创新危害、道德伦理以及社会普适价值实现的反思。针对传统创新范式仅关注技术先进性与经济效益提升两方面，随着有责任的创新研究与实践的演进，创新活动及其评价准则有了面向社会层面更一般的评价体系延伸。欧盟的有责任的创新研究对此做了大量讨论，要求研究与创新必须满足两个基本准则：道德伦理层面的可接受性和社会需求与社会期望的实现。国内学者梅亮和陈劲在前人研究基础之上构建了有责任的创新的评价准则，如图 5-11 所示。①

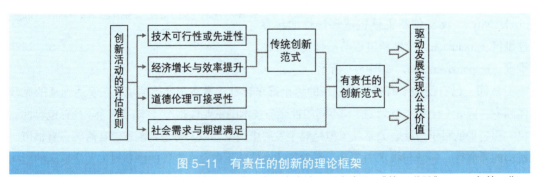

图 5-11　有责任的创新的理论框架

资料来源：梅亮、陈劲，"责任式创新：源起、归因解析与理论框架"，《管理世界》，2015 年第 8 期，第 39–57 页。

---

① 梅亮、陈劲，"创新范式转移——责任式创新的研究兴起"，《科学与管理》，2014 年第 3 期，第 3–11 页。

专栏　全球发展趋势

1. 都市化

2007 年，城市人口首次超过农村，成为人类走向都市化的核心标志。现如今，都市人口的比例超过农村，其中有 2.8 亿人口居住在 100 万人以上的大城市。据研究机构推测，2030 年世界将会有 60% 的人口居住于城市，城市由此成为国家与地区经济社会发展的核心。发达国家已率先进入都市化进程，经济与社会对都市化的依赖逐步增强，譬如日本东京占据了全日本 GDP 比重的 40%，巴黎提供了法国 GDP 输出的 30%。都市化成为全球发展的重要趋势。

2. 人口增长与老龄化

科技的发展与生活水平的不断提升，使得全球人口的平均寿命从 1950 的 46.6 岁增长到 2025 年的 72 岁，同时也直接推动了全球人口的不断增长，全球人口已从 20 世纪的 60 亿规模增长到现如今的 80 亿规模。并且，全球人口基础的增长呈现地域差异，发展中国家的人口增长贡献了其中 95%，而发达国家人口增长总体缓慢，甚至出现负增长。人口增长同时带来了老龄化议题，65 岁之后的一代人将在 2030 年由全球人口的 7% 上升到 12%，诸如日本等发达国家已经因人口老龄化问题影响了发展。

3. 全球变暖与气候变化

工业化带给地球与环境的负担持续加剧，也引发了人类对于可持续发展的反思与讨论。因温室气体的大量排放，环境污染的加剧，与 18 世纪相比，全球平均地面温度已经上升了 0.76 摄氏度，人类同时面临过去 35 万年中二氧化碳含量与排放最高的时期。这一趋势已经影响到人类的生活环境，并引发政府、企业、研究者、非政府组织等各行动主体的担忧。

4. 全球化

1950—2004 年，全球贸易总量增加了 27.5 倍，全球商业与贸易活动的参与者总数也由 1980 年的 17000 上升到 70000。由此，组织、国家在思考创新及发展的议题时已经不能仅仅局限于本国环境、本土区域特征等外部因素，全球环境、国际经济趋势、企业全球化战略、国际资源与生产要素的整合等问题开始逐步纳入考虑之中，成为未来无法忽视的趋势。

面向四个全球未来发展趋势，理论与实践层面开始重新思考创新驱动发展相关议题。

创新标杆　西门子对世界未来发展问题的回应

全球发展趋势的背景下，作为典型的创新型跨国公司，西门子结合自身的业务与能力基础，面向"行业产业""能源""医疗保健"三个方面，提出了全球发展的若干核心议题，并以创新为手段，描绘了西门子公司回应这些发展议题的解决方案，如表 5-7 所示。

表 5-7 西门子公司回应世界发展议题

核心领域	未来的趋势	西门子的解答
行业产业	1. 日益增长的全球人口需要在一个能接受的价格上合理生产和供应食品和物质 2. 到 2030 年全球货物运输增长将要超过 60% 3. 超过 10 亿人口将要没有水喝 4. 对公共安全日益增长的需求	1. 领导开发自动化技术 2. 全系列的移动系统（完整的流动性） 3. 最大的产品供给和每个阶段的水处理系统 4. 全系列的安全措施
能源	1. 在未来 25 年全球能源需求增长将超过 40% 2. 世界初级能源消费新兴国家占增量的 2/3 3. 在未来 10 年能源结构不会发生根本性改变 4. 二氧化碳排量的增加危及全球气候	1. 领先的离岸风力发电场 2. 最大的和最有效的燃气涡轮制造商 3. 领先的高压直流输电线路和世界上最强大的 800 kV 变压器 4. "绩效合同" 为建筑物的高能效解决方案提供了一个完整的产品组合
医疗保健	1. 80 后占全球人口的份额将要增长 2. 工业国家的卫生保健消费将占 GDP 的 10% 以上 3. 到 2020 年，仅印度和中国的个人护理数量将增加到 1.65 亿	1. 西门子结合国家最先进的实验室诊断（体外）和成像技术（体内）能够在早期发现疾病 2. 西门子公司在医疗保健的 IT 解决方案是世界领先的 3. 医院高效的流程降低医疗费用

资料来源：西门子公司网站，http://w1.siemens.com.cn/corporate_responsibility/index.asp

本章小结

1. "互联网+"时代的创新与创新管理的首要焦点在于商业思维模式的变革，即产生了"互联网思维"，它是指"在（移动）互联网、大数据、云计算等科技不断发展的背景下，对市场、用户、产品、企业价值链乃至整个商业生态进行重新审视的思考方式"。

2. "互联网+"就是"互联网+各个传统行业"，但这并不是简单的两者相加，而是利用信息通信技术以及互联网平台，让互联网与传统行业进行深度融合，创造新的发展生态。

3. 面向生态文明和可持续发展的创新将十分重要，核心概念包括绿色创新、生态创新、环境创新、可持续创新。

4. 有责任的创新本身是对传统创新研究范式面向创意到产品商业化正向过程的重新审视，其是在认可创新行为主体认知不足的前提下，在预测特定创新活动可能的负向结果的范围内，通过更多成员参与响应性制度建立，将创新引导至社会满意与道德伦理可接受结果导向，以实现最大限度的公共价值输出。

回顾性问题

1. 什么是互联网思维？它有哪些维度？
2. 绿色创新有哪些特征？
3. 什么是有责任的创新？

讨论性问题

1. 当前和未来的创新管理有哪些新趋势？
2. 互联网背景下的创新有哪些特征？
3. 如何使我们的创新和创新管理更加绿色环保、可持续？
4. 开展有责任的创新有何意义，以人工智能的技术创新为例？

实践性问题

1. 运用互联网思维或"互联网+"相关知识对本地区某公司进行分析诊断，并提出1至3条创新管理方面的建设性意见和建议。
2. 对你所在地区某一家企业如何更好地开展有责任的创新提出1至3条可操作的具体建议。

延伸阅读

1. 赵大伟，《互联网思维独孤九剑》。机械工业出版社，2014年。
2. 邬贺铨，"'互联网+'行动计划：机遇与挑战"，《人民论坛·学术前沿》，2015年第10期。
3. Zhang, Kun-min, and Zong-guo Wen., "Review and Challenges of Policies of Environmental Protection and Sustainable Development in China." *Journal of Environmental Management*, 2008, 88(4): 1249–1261.
4. Chen, Yu-Shan, Shyh-Bao Lai, and Chao-Tung Wen., "The Influence of Green Innovation Performance on Corporate Advantage in Taiwan." *Journal of Business Ethics*, 2006, 67(4): 331–339.
5. Carrillo, Javier, Pablo del. Río González, and Totti. Könnölä. *Eco-innovation: When Sustainability and Competitiveness Shake Hands*, Palgrave Macmillan, 2009.
6. Owen, Richard, et al., "Beyond Regulation: Risk Pricing and Responsible Innovation", *Environmental Science & Technology*, 2009, 43(18): 6902–6906.
7. Von Schomberg, Rene. "A Vision of Responsible Research and Innovation." *Responsible Innovation: Managing the Responsible Emergence of Science and Innovation in Society*, 2013: 51–74.
8. Owen, Richard, Phil Macnaghten, and Jack Stilgoe., "Responsible Research and Innovation: From Science in Society to Science for Society, with Society", *Science and Public Policy*, 2012, 39(6): 751–760.
9. 梅亮、陈劲、盛伟忠，"责任式创新——研究与创新的新兴范式"，《自然辩证法研究》，2014年第10期，第83—89页。
10. 梅亮、陈劲，"责任式创新：源起，归因解析与理论框架"，《管理世界》，2015年第8期，第39—57页。

第 2 篇

创新的战略视角

创新是一项面向未来的创造性、系统性活动,需要战略的引领。本篇提供了创新的战略管理框架,提出自主创新、开放式创新的管理模式,以及组织创新能力提升的途径。

第 6 章

创新战略

学习目标

- 熟悉创新的战略性特征
- 掌握常见战略与创新战略的类型
- 熟悉创新战略与企业战略的关系
- 掌握常见的技术创新战略类型

看视频
技术创新的战略规划

开篇案例：创新战略引领成功

企业为达到某个目标而设计的一系列互相补充和支撑的政策或行为，称为战略。好战略能加强各部门协同，明确运营目标和重点，提升执行的专注度。企业一般会定期调整或重新明确整体战略（包括业务范围和市场定位），并规定营销、运营、财务、研发等各部门在其中的角色。若缺乏创新战略，企业创新活动容易跟风，例如研发活动分散化、建立内部项目孵化机制、建立对外风险投资部门、寻找外部联盟、采用开放式创新和众包、与客户合作、应用快速成型技术等。这些创新实践本身都很好，但企业的创新能力根本上源自创新系统。创新系统是一系列互相依存的创新流程和架构的有机组合，它能够指导组织不断发现新问题、寻找解决方案、更新经营和产品设计理念、遴选项目并做出投资决策。创新系统要对具体创新活动做权衡取舍：引入一项新举措，必然要调整其他创新环节。缺乏创新战略，企业就无法通过权衡取舍建立最优的创新系统。

没有一个创新系统可以同等地适用于所有企业、所有环境，因此全盘照搬行不通。学习借鉴当然可以，但不要幻想其他企业的方法对自己的企业同样有效。清晰的创新战略能帮助管理者根据企业目标设计创新系统。

此外，即便整体商业战略清晰，如果缺乏创新战略，企业各部门的创新目标可能发生冲突：销售部门每天面对的是来自大客户的急迫需求；营销部门考虑的是通过开发互补产品提升品牌，或建立新销售渠道以提高市场占有率；业务单元专注于各自的细分市场和盈利目标；研发人员则更多地从新技术中看到机遇。多元视角对成功创新固然重要，但如果缺乏整体思路和统一目标，多元化的力量就会削弱、甚至导致组织内耗。

创新应服务整体战略。约 10 年前，百时美施贵宝（Bristol-Meyers Squibb）启动大规模战略调整，其中一项是将抗癌药物研发作为其制药业务的核心。公司意识到，单克隆抗体药物等利用生物技术研发的新药可能对癌症有效，因此决定将研发重点从有机化学转移到生物技术。新的商业战略（向抗癌药物市场倾斜）需要新的创新战略（强化生物技术研发）。与任何好战略一样，成功的创新战略首先要求管理者清晰理解并表达为获得长期竞争优势，企业必须完成哪些具体目标。必须摆脱"创新带来成长""创新创造价值"或"通过创新成为领跑者"之类陈词滥调。这些口号不是战略，它们未能具体界定企业需要何种创新。

严谨的创新战略则应该能够回答以下 3 个问题：如何通过创新为潜在客户创造价值？如何捕捉创新活动创造的价值？创造价值的创新活动吸引消费者，同时也引来模仿者。哪类创新能帮助企业创造并捕捉价值，以及每类创新分别需要什么资源？

资料来源："创新引领战略成功"，《哈佛商业评论》2015 年 6 月 12 日。

思考题：
1. 创新战略和企业整体战略是什么关系？
2. 创新战略主要解决哪些问题？

6.1　企业战略与创新

所谓战略就是明确自身所处的地位，知道发展的目标，弄清楚达到这一目标的方法。企业实施技术战略时，必须考虑什么是可能做到的和什么是值得做的。之所以要考虑这个问题，是为了保证技术的发展方向与公司的主要生产能力以及增值方式相匹配，促进公司战略各个维度的发展。例如，英特尔公司完全有能力发展牙膏生产的业务，宝洁公司也完全可以生产发光二极管。但是，这些发展方向与公司的战略是不相匹配的。对于英特尔而言，为自己生产的芯片设计新的功能才是既有可能性又符合公司战略定位的方向。

不考虑公司战略和技术上的选择，公司的研发投入、提升自动化水平上的努力、在新产品和过程创新中的活动可能无法对改善企业财务绩效有所贡献，相反却成为一种资源浪费。[①]

6.1.1　创新战略与企业战略的匹配

在当今的竞争环境下，企业需要制定与公司长期目标相匹配的创新战略，使其能自觉地

---

① Zahra, Shaker A., and Jeffrey G. Covin. "Business Strategy, Technology Policy and Firm Performance", *Strategic Management Journal*, 1993, 1416：451–478.

应用创新以提高经营业绩。贯彻好这种立足于创新的战略，能使任何一家公司最大限度地从所采用的创新中获取价值。缺乏立足于创新的战略，企业的前途将是暗淡的。

企业技术不断更新换代，推出技术含量更高的产品企业要求企业选择与企业战略相匹配的技术战略。与企业战略匹配的技术战略能保证企业的技术能力和技术资源在实现企业战略制定的长期目标过程中发挥最大效用，从而使企业建立持续竞争优势，提高企业的财务绩效。①

企业战略定义了企业为实现其目标而制订的一系列长期行动计划。技术战略则包含企业实现其企业战略目标的过程中获取、开发和应用技术方面做出的选择。②迈克尔·波特（Michael Porter）指出，技术创新战略与企业战略匹配指的是企业战略中的选择和技术创新战略的选择彼此符合，能够有序并有效地与其他要素综合操作，从而促进彼此。③

6.1.2　创新战略与企业战略的关系

创新战略与企业战略的关系应该是：创新战略是企业战略的关键组成部分，应该与企业战略总体保持一致。创新战略应该服务于企业总体战略，同时创新战略对企业总体战略有能动作用，如图6-1所示。

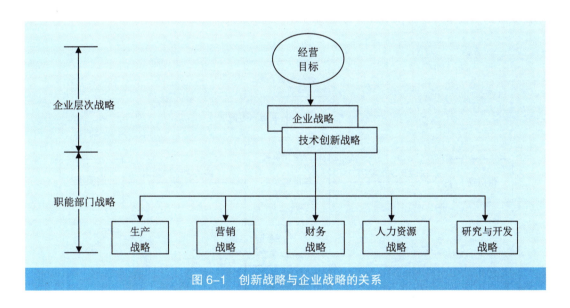

图6-1　创新战略与企业战略的关系

---

① Porter, Michael E. *Competitive Advantage: Creating and Sustaining superior Performance*, Free Press, 1986.
② Adler, Paul S. "Technology Strategy: A Guide to the Literatures", *Research on Technological Innovation, Management and Policy*, 1989, 4: 25–151.
③ Porter, Michael E. *The Technological Dimension of Competitive Strategy*. Division of Research, Graduate School of Business Administration, Harvard University, 1981.

6.2 创新的战略管理框架

6.2.1 创新的战略框架

20世纪80年代早期,战略管理大师迈克尔·波特对在企业战略中进行创新分析做出了巨大的贡献,他明确地将技术与产业竞争的五种驱动力量与企业对基本战略的选择联系到一起。他的方法使企业的技术活动被置于一个广泛的产业竞争环境中,他还在竞争力量和企业内部选择的基础上开发了一个系统化的SWOT分析框架,对企业产生了极大的影响。

1. 产业竞争的五种驱动力量

在波特理论中,分析的单位是生产相似产品的产业。在成熟的产业中获取利润的机会非常小。产业竞争的五种驱动力(如图6-2所示)都会对企业产生机会和威胁:

(1)与供应商的关系;
(2)与购买者的关系;
(3)潜在新进入者;
(4)替代产品;
(5)现有的行业竞争对手。

根据波特的理论,制定创新战略的目的是击退来自产业中现有企业和潜在新进入者的竞争性威胁,包括来自以新技术机会为基础的新产品和替代产品的威胁。

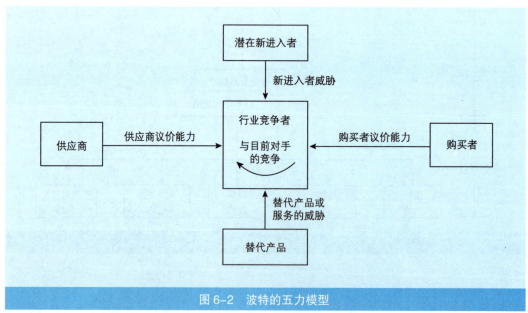

图6-2 波特的五力模型

资料来源:Michael E. Porter, "The Five Competitive Forces that Shape Strategy", *Harvard Business Review*, 2008, 1: 86-104.

2. 对波特框架的评价

波特框架的优点在于明确地指出了推动产业竞争的五种驱动力,为企业及其战略业务单元（strategic business unit, SBU）进行战略环境分析时提供了切实可行的分析框架，从 20 世纪 80 年代初期以来一直被广泛应用。它也被广泛地用来进行培训，在企业制定技术战略时也可以用它进行分析和定位。波特曾指出，创新战略的目的在于对抗竞争对手的威胁，包括潜在新进入者的威胁和基于新技术的新产品和替代品的威胁。

波特框架的缺点在于，一方面低估了技术变革的力量，未看到它对改变整个产业结构的影响；另一方面，过高地估计了管理人员在拟定和实施战略上的作用。也可以说，它低估了技术轨迹的重要性，以及开发企业特有的技术能力和组织能力的作用。波特框架的另一个弱点是对战略实施问题有所忽视，以及对顾客在战略规划中的重要作用认识不足。

上述缺陷导致其低估了公司在选择创新战略时所受到的约束。尤其是：

（1）企业规模会影响企业在"广泛"技术战略和"集中"技术战略之间做出选择。一般来说，大型企业会选择"广泛"技术战略，而小公司则会选择"集中"技术战略。

（2）企业已有的产品基础和相关技术能力将会影响公司未来参与竞争的技术领域和产业部门的范围。化学企业不会通过多元化经营生产电子产品；生产纺织品的企业很难（或者根本不可能）通过创新战略去开发和生产电脑。

（3）产品和消费者性质将会极大影响企业在质量和成本之间做出选择的程度。在食品行业，质量和价格的组合范围非常宽泛，相比之下，生产处方药和飞机的企业就必须严格控制产品质量（如安全性）。因此，在波特提供的潜在创新战略中，食品企业可选择的范围非常宽泛。此外，医药和飞机生产商的创新战略则要求在产品开发和测试方面安排大规模支出。

鉴于波特框架的不足，Teece 和 Silver 对战略分析框架进行了改进，提出了公司战略动态能力（dynamic capabilities）的理论框架。动态能力指企业整合、创建、重构企业内外资源从而在变化多端的外部环境中不断寻求和利用机会的能力，也就是企业重新构建、调配和使用企业核心能力从而使企业能够与时俱进的能力。

6.2.2 技术创新战略的基本类型

根据波特的理论，企业有四种可选择的基本竞争战略：（1）总成本领先；（2）产品差异化；（3）产品集中；（4）差异集中。

如表 6-1 所示，产品战略的选择对技术战略的选择产生了直接和明显的作用，尤其对产品开发和过程开发的影响更为显著。因此，在耐用消费品市场上，例如汽车、消费性电子产品和"白色（厨房）产品"，我们都能够看到一个产品系列，在这个产品系列中每种产品都对应不同的绩效和价格组合以及不同的产品创新和工艺创新组合。波特坚持认为这种选择非常重要。他认为那些没有在成本和质量之间做出选择的企业只能获得极低的利润。

不同的技术创新战略适用不同的情况和条件。不同企业具有各自的优势和特点、面临不同市场，必须考虑自身的技术、设备、资金等条件，因地制宜地选择最合适的技术创新战略。

表 6-1 基本技术创新战略

	成本领先	差异化	成本集中	差异集中
产品开发	减少材料投入	强调质量	最小特征	小市场
	简化工艺流程	强调特性	—	—
	改善物流	配送能力	—	—
工艺开发	学习曲线	精确性	成本最小化	精确性
	规模经济	质量控制		质量控制
		反应时间		反应时间

资料来源：[英]乔·蒂德、约翰·贝赞特著，陈劲译，《创新管理》(第4版)。中国人民大学出版社，2012年。

6.2.3 创新战略的选择

创新战略围绕企业经营目标，依托于职能部门战略，是企业对于创新方式与创新程度的选择。创新战略的选择建立在两个维度之上，如图 6-3 所示。封闭创新与开放创新是企业对创新方式的选择；渐进创新与突破创新是企业对创新程度的选择。

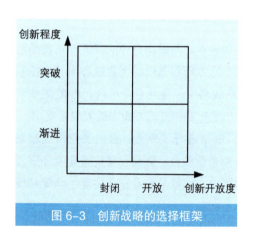

图 6-3 创新战略的选择框架

渐进性创新是指在企业原有的创新管理轨迹下，对产品、工艺流程、服务、商业模式等进行的程度较小的改进和提升；突破性创新是指企业的某种新产品、新工艺、新服务或者新商业模式能够显著增加企业的收入的利润。

封闭式创新是指企业主要依靠自己的力量、自己的资源进行创新，企业与外界合作创新很少。开放式创新模式是指企业在创新过程中，同时利用内部和外部相互补充的资源实现创新并最终转化为商业价值的过程。

技术不确定性与基础科学知识的完整和更新、产品的技术规格、制造过程、可维修性等方面相关。市场不确定性则与顾客对产品的现实需求和潜在需求、销售和分配的方式、竞争对手的产品方面相关。突破性创新项目所涉及的这两类不确定性的水平都很高，而渐进性创新项目面临的这两方面的风险通常要低得多。另外，突出性创新项目研究团队除要克服技术和市场不确定性带来的困难外，还要接受来自组织和资源不确定性的挑战。组织和资源的不确定性对项目管理层造成了难以预期的挑战，传统的管理方式对于突破性创新项目根本不适用（如表 6-2 所示）。

表 6-2 突破性创新面临的不确定性

项目	内容
技术不确定性	技术开发、应用开发、制造工艺是否可行？
	什么时候可以完成？
	谁能够完成？

(续表)

项目	内容
市场不确定性	谁会购买？
	产品能够为他们创造什么价值？
组织不确定性	如何应付企业内的阻力？
	采取什么办法获得组织承诺？
	谁来领导项目组？谁将参与到项目中？
	如何找到合适人才？
资源不确定性	完成项目的资金和能力如何满足？
	如何找到合作伙伴？怎样处理与合作伙伴的关系？

资料来源：Leifer R, McDermott C, O'Connor G, Peters L, Rice M, Veryzer R. *Radical Innovation: How Mature Companies Can Outsmart Upstarts*. Boston: Harvard Business School Press, 2000, 113.

6.3 创新战略制定方法与工具

创新战略的制定工具整合了战略管理与创新管理相关的实用分析方法与模型，表 6-3 对部分常见的创新战略制定实用工具进行了介绍。

表 6-3 常见创新战略制定方法与工具举例

主要方法与工具	介绍与解释
4P 模型	主要关注创新相关的产品（product）、工艺（process）、地理位置（position），以及模式（paradigm）
波特五力模型	主要进行行业竞争者、供应商、购买者、潜在进入者、替代者分析
SWOT 分析	主要进行优势、劣势、机会与威胁分析
PEST 分析	主要用来进行环境分析，即涉及的政治、经济、社会及技术环境要素分析，明确战略定位的环境条件
创新扩散分析	创新扩散依据"创新源——信息发布——渠道——信息接收——效果"五个环节的基本过程，扩散速度与扩散效果服从"S"形曲线分布规律
标杆分析	又称战略竞标，即将企业经营的各项活动与最佳活动者进行比较，找到不足，并以此寻找提升策略，优化竞争能力的过程。其通常分为战略层次的标杆分析（本企业战略与对照企业战略比较）、运营管理层次的标杆分析（营销、人力资源、信息系统等职能的标杆对照）及操作层次的标杆分析（面向产品、成本与收益的比较对照）
能力地图	能力地图是企业知识资源基础的图谱，表示引导企业竞争优势的知识领域以及所具备的战略优势，并反映企业竞争优势获取的能力缺陷与瓶颈。通常能力地图的分析包含如下步骤：（1）追溯历史，明确企业过去的核心能力与运作领域；（2）确定企业发展的战略方向与领域；（3）梳理战略目标引导下企业发展所需的能力与知识集；（4）根据步骤（1）和（2）明晰企业自身的优势与劣势，以及优势劣势对于战略目标的潜在影响；（5）评估能力要素对于绩效的影响，确定能力要素的重要性；（6）确定未来战略发展的核心能力要素及其提升途径；（7）确定提升核心能力要素的实践方案

(续表)

主要方法与工具	介绍与解释
风险评估矩阵	对不同创新项目的潜在收益与实施风险进行评估，主要依据如下步骤：（1）首先制作表格，划分象限，两个坐标轴分别代表项目的潜在收益（高或低）与实施风险（高或低）；（2）将公司的创新项目依据潜在收益与实施风险放于评估矩阵中；（3）根据结果比对潜在收益与实施风险，选择创新项目
核心竞争力分析	分析识别企业核心资源基础上的核心竞争力，其包含四个评判标准：（1）有价值——很好地为客户提供价值；（2）稀缺性——其他企业或很少有其他企业拥有；（3）不可替代——竞争对手无法取代企业对于顾客的价值创造与价值获取过程的作用；（4）可模仿性——竞争对手是否能够模仿。一般认为，企业拥有的与竞争对手相似或者比较容易被竞争对手模仿的资源为必要资源，相对应的能力为基本能力。相反，企业拥有的比竞争对手好的或者不容易被竞争对手模仿的能力则为核心能力
创新地图	以企业创新需要的技术能力（利用现有的技术能力或需要新的技术能力）与商业模式（利用现有的商业模式或需要新的商业模式）为标准，形成颠覆性创新（新商业模式与现有技术能力）、结构创新（新商业模式与新技术能力）、常规创新（现有商业模式与现有技术能力）、激进创新（现有商业模式与新技术能力）四种战略
技术路径图	用简洁的图形、表格、文字等形式描述技术变化的步骤或技术相关环节之间的逻辑关系；它能够帮助使用者明确该领域的发展方向和实现目标所需的关键技术，理清产品和技术之间的关系；它包括最终的结果和制定的过程具有高度概括、高度综合和前瞻性的基本特征
技术预测	预测某一技术在一定的时间框架内的进展并估计其实现的可能性。它一般是根据以往的趋势和某种限定条件预测某一技术未来特性的定量评价方法。常见预测方法：数学外推、计量经济模型、模拟预测、专家意见、前景预测法

创新视点 ──────── 创新地图及其在战略选择上的应用 ────────

创新地图按照技术变革和商业模式变革两大维度，将创新活动归为四种类型（如图6-4所示）：

（1）常规创新（routine innovation）。在企业现有技术条件、商业模型和客户群的基础上进行，例如，英特尔公司不断推出性能更强的微处理器，保持了几十年的增长和较高利润水平；微软Windows操作系统和苹果iPhone的持续升级换代。

（2）破坏性/颠覆性创新（disruptive innovation）。企业必须找到新的商业模式，但不一定需要产生技术突破。Christensen提出的颠覆性创新会挑战或颠覆其他企业的商业模式。例如，谷歌为移动设备设计的安卓操作系统有可能颠覆苹果或微软，这并不是因为技术优势，而是在于商业模式：安卓系统免费使用，苹果和微软的操作系统则收费。

（3）突破性/激进创新（radical innovation）。与破坏性创新相反，突破性/激进创新涉及的是纯技术问题。利用基因工程和生物技术进行的药物研发即是一例。在化学合成药物方面具有几十年经验的成熟药企，在分子生物学领域遭遇挑战。但利用生物技术研发的药物很适合这些大企业的商业模式，因此它们将现有产品的高额利润投入研发。

（4）结构/架构创新（architectural innovation）。这结合了技术创新和商业模式创新。以数字摄影为例:对于柯达和宝丽来这样的公司,要进入数字市场,就必须从零开始在固体电子、相机设计、软件、显示技术等方面培养竞争力;还要想办法把利润来源从胶卷、相纸、处理液和冲印服务等"一次性"产品和服务转移到相机上。对于成熟企业来说,结构创新无疑最为艰难。

图 6-4　创新地图结构

资料来源:"创新引领战略成功",《哈佛商业评论》,2015 年 6 月。

企业创新战略应明确哪些类型的创新符合企业战略,以及每一类创新所需的资源。时下很多创新理论都把激进创新、颠覆性创新和结构创新视为增长的关键;常规创新则被贬为目光短浅甚至自取灭亡。这种归类过于简单粗暴。实际上,企业创造的大部分利润都来自常规创新。比如,苹果最近一次重大产品创新是 2010 年的 iPad。此后,通过对 Mac、iPhone、iPad 等核心产品进行持续升级,所创造的营业收入达到惊人的 1900 亿美元。

学者也并非主张企业只专注于常规创新,实际上,没有哪一类创新具有天然优势。在企业发展的不同阶段,不同类型的创新之间是互补而非替代的关系。如果没有前期技术突破的基础,英特尔、微软和苹果也不可能通过常规创新获取巨额利润。反过来,如果推出颠覆性创新后不能进行持续改进,企业将很难阻挡模仿者。

管理者经常问:"应该给每一类创新分配多少资源?"遗憾的是,完美比例并不存在,答案审视企业具体情况而定,还要考虑技术变化速度、技术机会级别、竞争程度、核心市场增长速度、消费者需求的满足情况等因素。在制药、媒体、通信等核心技术变革较快的行业,企业应更多注意激进创新的机遇和威胁;核心业务尚在发展中的企业可能要通过商业模式创新和技术突破寻找机会;平台快速扩张的企业自然会投入更多资源打造和发展平台。

因此,企业需要在四类创新之间进行战略平衡和组合。例如,谷歌搜索广告业务通过常规创新实现高速增长，同时也在寻找激进创新和结构创新机会，如无人驾驶汽车等；苹果已进入可穿戴设备和支付领域；大型汽车企业虽然收入和利润仍主要来源于传统动力汽车，但大多数都已推出新能源车型（包括混合动力车和纯电动车），并投资研发氢燃料电池车。

6.4 创新的领先战略与跟随战略

按照范围和领先度这两个维度，创新战略可分为四大类型：技术创新领先战略、市场缝隙战略、技术创新跟随战略和技术创新合理化战略，如图 6–5 所示。

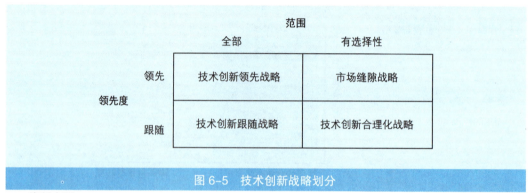

图 6-5 技术创新战略划分

资料来源：V. K. Narayanan, *Managing Technology Innovation Competitive Advantage*, Prentice–Hall, Inc, 2001, pp. 210.

6.4.1 创新的领先战略

创新领先战略是指企业以最快进入市场为目标，形成技术领先优势。这要求强大的公司创造力承诺与风险容忍，并与创新型企业的核心资源与相关知识联结，满足客户的需求反应。[1] 依据创新范围的不同，创新领先战略可以划分为技术创新领先战略与市场细分战略。

（1）技术创新领先战略是面向全部范围的创新领先战略。企业通过开发和利用关键核心技术，建立和保持在技术竞争领域的市场领导地位，技术是企业获取持续竞争优势的方法。其目的是赶在所有竞争者之前，率先采用新技术并使新产品最早进入市场，获取较大的市场占有率和利润。这一战略要求企业实力雄厚，有较强的这种力量，能先发制人，保证技术处于领先地位，但风险也较大。这种战略两种盈利方式：一是把价格定得较高；二是通过平价政策赢得较大的市场占有率，在较长时期内盈利，即"薄利多销"和"细水长流"方式赢利。究竟采用哪一方式，是"领先者"战略中的一个重要决策问题。

（2）市场细分战略是根据自己的技术实力来开发针对特定细分市场的相对优势技术，以创造竞争优势。投入市场的时机可以选在早期或成长期，也可选在后期即市场进一步细分时期。

---

[1] Tidd, Joe, et al. *Managing Innovation: Integrating Technological, Market and Organizational Change*, John Wiley & Sons, 2013, 111–116.

随着企业在竞争领域中所处的技术创新演化阶段和公司战略地位不同，创新领先战略的适用性也不尽相同。在创新渐进演化阶段，创新领先战略适用于有着强大技术和市场地位的企业，市场细分战略适用于技术能力强但市场地位并不强大的企业。在创新初生阶段，领先战略的适用性更广，因为技术和市场的变化很大，具有更多的获得竞争优势的机会。对于采取多元化经营的企业，由于企业在多个领域中竞争，技术战略更为复杂。每种业务所执行的技术战略，都是根据该种业务所处的竞争领域和战略地位而制定的，不同业务的技术战略的联系根据企业多元化类型而不同。不同业务的技术战略能够互相促进。

6.4.2 创新的跟随战略

创新跟随是指企业通过模仿学习技术领先者的经验较晚进入市场。这要求公司拥有强大的竞争分析能力与情报支持，利用反求工程（包括测试、评估，以及竞争对手产品原型分析以理解产品性能，制造工艺与客户价值）快速的技术学习实施战略跟随，获取竞争优势。[1] 根据创新范围的不同，创新跟随战略可以分为技术创新跟随战略与技术创新合理化战略。

（1）技术创新跟随战略是在较大范围内保持技术创新的通用性。企业的技术创新的重点在于应用，避免基础研究所带来的风险。对于这些企业而言，技术并非其获取持续竞争优势的主要来源。这一战略通过迅速模仿领先者的产品技术，在产品成长期的初期将新产品投入市场。这种战略需要较强的开发能力与工程技术力量。在营销方面，不同于"领先者"战略那样将重点放在激发用户的初始需求，技术创新跟随战略把重点放在将现有用户吸引过来，总结"领先者"所犯的错误和经验，开发出性能更好、可靠性更高、更先进的产品。

（2）技术创新合理化战略是保持选择范围技术创新的适用性。对这些企业而言，他们的技术缺陷应当通过其他竞争优势来弥补。这种战略通过仿制，以较低的成本开拓市场。它要求设计与工艺部门在降低成本与费用方面有较强的能力，进入市场的时机一般选择在产品的成长期或稍后阶段，这时销售量较大，可以接近经济上最合理的规模，并使设备的大量投资可以在产品定型或标准化之后进行。

对于不同的企业而言，创新跟随战略的适用性也不尽相同。在创新渐进演化阶段，采用技术创新跟随战略的企业虽然缺乏技术领先地位，但却拥有强大的市场竞争地位。如果企业既缺乏市场竞争地位，又没有强大的技术能力，那么技术创新合理化战略是符合企业发展的选择。对于采取多元化经营的企业，同样由于企业在多个领域中竞争，技术战略会更为复杂。每种业务所执行的技术战略，都是根据该种业务所处的竞争领域和战略地位而制定的。不同业务的技术战略的联系根据企业多元化类型而不同。不同业务的技术战略能够互相促进。

---

[1] Tidd, Joe, et al. *Managing Innovation: Integrating Technological, Market and Organizational Change*, John Wiley & Sons, 2013, 111–116.

创新标杆 ——— 中兴通讯的创新跟随战略 ———

2002年前后，全球电信业大滑坡，许多通信设备业巨擘，如北电、朗讯、阿尔卡特都遭遇冲击，华为也出现了负增长。但同在这一年，中兴通讯却逆势上扬，销售额增幅20%，2003年增幅更高达50%。

一、关注适用技术，而非先进技术

中兴通讯采取的是跟随者的紧贴策略，紧跟先进技术，不超前，不冒进，在市场不明朗的情况下，不会过度投资。但是在看似温和的表面背后，却是对市场机会的深刻洞悉和快速把握。

引领技术的先进潮流，并非绝对是一种明智的战略选择。但许多市场领导者往往将其视为构筑进入障碍的法宝，毫无知觉地步入"技术痴迷"的泥沼。2003年，索尼PDA产品从欧美市场全线撤出，说明：技术先进性并未创造领导消费时尚的奇迹，反而成为市场诟病的"麻烦"。

当许多人视PHS（俗称"小灵通"）为淘汰的技术时，中兴通讯却毫不犹豫地扛起了中国小灵通市场的大旗。就拿"小灵通"业务来说，任何一个明眼人都能看到：中国电信为了与中国移动和中国联通分一杯羹，一定要拥有自己的移动网。与此同时，电信运营商迫切需要有业务的增长；另一方面，昂贵的移动通信费用使得市场对廉价的替代品充满火山爆发般的期望。这样的市场机会，如果仅仅以"技术是否先进"为标准来进行评价和选择，似乎是"一叶障目"。

技术战略的成功除了紧贴市场之外，还基于"紧紧跟随，普遍撒网"的决策思路。紧紧跟随，保持与市场领先者的距离，保证对市场需求快速变化的适应力，资源向产品开发而不是向技术开发集中，不断依托产品创新的优势抵抗大企业的技术创新优势，这是中兴的制胜心得。

采取跟随战略若仅仅是步人后尘，就失去了跟随的意义。跟随战略的成功在于把握发力时机。在先进技术研发后期加大投入、快速商业化，是中兴抢占先机的决策艺术。而"普遍撒网"更反映了在动态竞争环境下，对不确定环境的掌控和追求多点制衡的战略思维。

2004年，中兴被美国《商业周刊》誉为"全球成长最快的电信设备企业"，在电信业告别高速增长期之后，中兴依然能以20%—30%年平均速度稳步增长，在这个奇迹背后，是市场—技术导向战略的威力。一直以来，"跟随策略"使得中兴成功规避了很多风险。但与所有的跟随者一样，中兴又无时不在寻找着突破的机会。

二、低成本尝试

中兴在技术上全面跟踪，多次踩准市场的脉搏，得益于其"低成本尝试"理念，即"不把鸡蛋放在一个篮子里"，在各个产品上都有不同程度的介入。

第一，中兴对于各种可能出现的、已经形成一定热点的技术或产品，不管其市场前景最终如何，在没有足够的证据否定之前，不放弃任何一次尝试的机会。第二，在产品或技术没有足够把握可以做出来之前，只作尝试性的研究。第三，当产品或技术虽然可以做出来，但尚不能发现一个明确的、有足够容量的市场之前，只停留在产品和技术的实验室研究上，不做市场的投入。第四,在市场出现明显的征兆、但尚未启动之前,根据市场成熟的进度,进行大规模的投入,以求突破,即掌握投入的节奏。第五,对于比较大的项目或不明确的项目,通过借助外力,如合作研究,采用别人已有的成果,以便少走弯路,将风险分散化。这五个层次,操作起来需要极高的艺术性。

资料来源:陈明、蓝海林,"中兴通讯的创新跟随战略",《中外管理》,2005年5月。

6.5 创新的组合战略

创新组合战略是相对于波特的一般竞争战略而提出的,面对当下技术复杂性、环境动荡性、市场不确定性等程度提升,创新组合战略比单一的竞争战略更具有发展适应性,有利于企业在激烈的市场竞争与快速的组织演进背景下取得优势。

创新组合战略源于研究对于"组合创新"的讨论,浙江大学创新团队最早展开相关研究。王伟强提出,组合创新的实质是企业为长期稳定发展所进行的与环境、资源和组织变化相适应和协调的产品与工艺的协同创新[①];郭斌、许庆瑞、陈劲则认为,组合创新是企业根据自身的发展战略,在组织因素与技术因素限制条件下产生的系统性协同创新行为[②],一般的组合创新包括产品创新与工艺创新的组合,渐进创新与突破创新的组合,创新显性效应与隐性效应的组合等;许庆瑞则依据"协同创新"逻辑与"全面创新"逻辑,将组合创新的内涵延伸至组织创新、文化创新等方面。[③]

基于组合创新的思想,企业面向复杂的创新技术与市场环境,可以通过实施组合创新战略提升创新活动的成功率,并由此获得竞争优势。常见的组合创新战略包括产品与工艺的组合,开放导向与封闭导向[④]的组合,技术创新与市场创新的组合等。

6.5.1 产品创新与工艺创新的组合

产品创新与工艺创新是企业最核心的创新活动,也是企业提升产品功能与效益,改善生产运营流程效率,发展自身内部创新能力的重要基础。产品创新能力的提升,一方面受到产品创新本身的影响,另一方面,企业面向工艺流程的改进也对产品创新的时间效率、成本效益、质量效用等各方面产生作用,最终驱动产品市场价值的提升。实施产品创新与工艺创新的组合战略,是企业面向当今复杂市场环境、提升竞争优势的重要手段。由此,企业应当建立以组织战略为统领,跨部门合作的创新模式,并根据特定的创新项目目标与任务,实施有效的产品创新与工艺创新的组合战略,如图6-6所示。

---

① 王伟强,"技术创新研究新思维——组合创新研究",《科学管理研究》,1996年第5期,第15-18页。
② 郭斌、许庆瑞、陈劲等,"企业组合创新研究",《科学学研究》,1997年第1期,第2-18页。
③ 许庆瑞,《研究,发展与技术创新管理》。高等教育出版社,2000年。
④ 这里所指的封闭主要指企业利用内部的研发等资源自主实施创新活动。

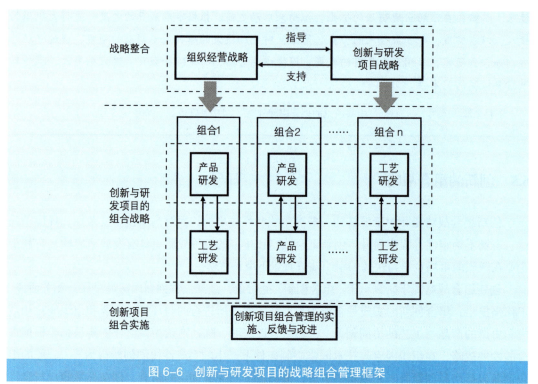

图 6-6　创新与研发项目的战略组合管理框架

资料来源：陈劲、伍蓓，《研发项目管理》。机械工业出版社，2009 年。

战略层次，创新项目战略目标应当符合组织经营战略，指导具体项目的战略组合与资源配置。运行层次，企业通过三种组合战略模式：产品研发与工艺研发、产品研发与产品研发、工艺研发与工艺研发，实现内部资源面向创新项目组合战略实施的资源配置。最后，围绕创新项目的实施与验收，企业对创新项目组合管理的实施、反馈与改进进行总结。

这三个层次中，创新与研发项目的组合战略是特定创新战略与企业经营战略协同推进的核心，也是企业根据特定创新的目标与任务说明，整合内外部资源，通过短期、中期、长期不同导向的创新战略要求，合理配置特定产品创新与工艺创新的资源，实现产品创新与工艺创新组合战略。

6.5.2　开放式创新与封闭式创新的组合

技术复杂性、市场动荡性、创新迭代程度的提升、市场竞争的加剧等因素使得单一企业无法拥有创新所需的全部资源，企业需要通过外部技术来源、知识源、经费渠道、市场信息、人才以及其他组织的合作等开放创新战略提升创新的成功率，进而获取竞争优势。此外伴随市场竞争的加剧，企业需要通过创新项目的实施提升内部组织的资源积累与能力水平，通过内部创新活动的强化与学习获取主导创新绩效的技术能力、市场能力、组织管理能力等核心要素。这一过程中，过多的外部合作与开放创新可能增加企业外部创新源的搜索成本，破坏企业内外部资源的平衡，降低内部能力对创新的主动性。同时，过度的开放可能导致企业商业信息、内部技术的外泄,竞争对手可以通过模仿获取搭便车效益。因此,企业需要在开放式创新与封闭式创新之间进行平衡,实施开放式创新与封闭创新的组合。

表6-4总结了开放导向与封闭导向的主要创新战略,同时,图6-7从企业当前的资产配置和未来发展的资产配置两个维度提出了开放导向与封闭导向的创新战略组合。

表6-4 开放导向与封闭导向的创新战略

战略导向	主要战略选择	基本解释	主要特征
开放导向	合作创新战略	企业与外部组织对特定创新目标与项目实施合作,共享相关资源并分配创新收益	* 知识互动性强 * 问题导向 * 商业化速度快
	外包战略	企业将特定的经营活动外包给外部组织完成,并付出相应的费用或组织资产	* 技术力量、资源投入少 * 目标导向,对能力提升弱 * 产品商业化速度快
	引进战略	企业向其他组织购买技术创新所需的相关资产,包括基础设施、核心技术组件、人才、知识资源、管理系统等	* 相较自主创新,经费投入小 * 技术能力提升迅速 * 短期效果显著 * 创新的商业化速度快
封闭导向	自主研发战略	企业完全依赖自身的研发与技术能力完成产品创新、工艺创新的任务需要	* 对企业技术能力、研发能力等创新能力要素的提升有作用 * 经费投入要求高 * 短期绩效提升小,长期回报高 * 风险与收益并存
	内部创业战略	企业依据整体经营战略需要,延伸业务模块,并通过资源的投入与孵化,授权团队、分公司开展创新创业,并分享收益	* 制度授权、管理成本降低 * 风险与收益并存 * 创新商业化速度快 * 经费投入少

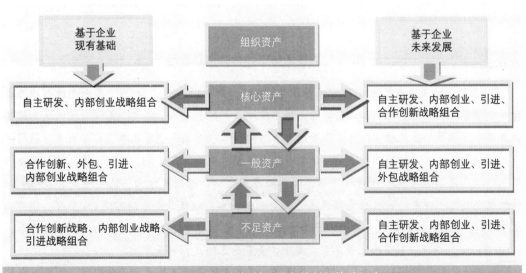

图6-7 开放导向与封闭导向的创新战略组合

6.5.3 技术创新与市场创新的组合

技术创新及其相关的研发能力是企业产品开发、产品功能完善、产品质量保证、组织工艺流程优化、生产与制造流水线管理、组织运营系统与信息化平台优化等的核心。此外组织商业运作的成功与竞争优势的提升离不开市场创新的战略定位与战略实施。创新活动对于客户需求的挖掘与高效满足，领先用户创新活动的参与，市场战略定位与实施的选择，企业客户关系的维护等，都为创新产品与服务推向市场并获得价值回报提供了条件。由此，实施技术创新战略与市场创新战略的组合是企业创新组合战略的重要方面。

表6-5从组合机制、组合重点、分析重点三个维度总结了技术创新战略与市场创新战略组合的相关研究结论。

表 6-5 企业技术创新与市场创新的组合研究总结

组合机制	组合重点	分析重点
办公地点的重新安排	信息沟通数量	办公地点的分离现状
工作轮换	信息充分利用、解决任务冲突	员工特征和认识观
非正式社会系统	信息沟通数量、信息充分利用	认识观、共同语言
协调委员会	冲突解决机制	共同语言、组织责任角度
矩阵	信息数量和流程	组织责任角度
跨职能团队	信息、任务执行、冲突解决决策	认识观、共同语言
激励	任务执行和冲突解决	组织责任角度
目标	任务执行和冲突解决	组织责任角度、认识观
高层管理介入	冲突解决	组织责任角度
协作	信息沟通和任务执行	组织责任角度

资料来源：许庆瑞、朱凌、王方瑞，"从研发-营销的整合到技术创新-市场创新的协同"，《科研管理》，2006年第27期，第22-30页。

创新标杆 ———— 比亚迪的技术与市场协同创新战略 ————

2015年，比亚迪新能源车累计销量近5.5万辆，同比增长超过200%，成为全球新能源车年度销量冠军。国内市场上，比亚迪在上海、深圳、广州、天津、西安、南京等国内主要城市新能源车上牌量均位居榜首，总上牌量超过3万辆，蝉联全国新能源车年上牌量冠军。值得一提的是，比亚迪销量的提升并不单纯依靠一两款车型，而是多点开花，拥有各产品序列的全面布局，这也是其销量能够保持持续攀升的重要原因之一。专用车方面，比亚迪拥有K9和K8等纯电动大巴、纯电动e6、纯电动叉车、纯电动洗扫车，以及开发中的客运C9车型、城市物流车T3等丰富的产品序列。在个人用车方面，比亚迪也有着完善的产品布局，包括轿车秦，SUV唐、宋，以及待上市的元等车型。其中，秦和唐已经成为销量主力。

比亚迪能取得这样的成绩，也非一日之功，最主要依靠的是技术方面的优势，以及多年的坚持积累和不断创新。比亚迪多年来一直坚持潜心研发和创新，并不断取得领先科技成果。目前，比亚迪已经全面掌握了传统车技术和电动车的电池、电机、电控技术，这对新能源车的研发而言是一种巨大优势。据了解，比亚迪还是汽车行业中专利申请最多的车企，也是研发投入最多的车企。截至 2015 年 4 月，比亚迪累计专利数共计 8846 件（已经授权）。其中发明 2421 件，实用新型 5298 件，外观 1127 件。

有了技术和产品的支撑，比亚迪积极布局全球市场，构造其新能源车的世界版图。截至 2021 年 3 月，比亚迪新能源车的足迹已遍布全球六大洲，包括英国、美国、日本等汽车强国在内的 50 多个不同国家和地区，约 300 个不同城市，赢得了广泛的欢迎和肯定。

资料来源：陈伟星，"比亚迪，构造全球新能源汽车版图"，《解放日报》，2016 年 1 月 13 日。比亚迪北美公司官网。

本章小结

1. 创新围绕企业经营目标，是企业对未来的积极探索。

2. 技术创新战略是企业战略的关键组成部分，应该与企业战略总体保持一致。创新战略应该服务于企业总体战略，同时创新战略对企业总体战略有能动作用。

3. 创新战略的制定工具整合了战略管理与创新管理相关的实用分析方法与模型，常见的主要包含 4P 模型、波特五力模型、SWOT 分析、PEST 分析、技术预测、创新扩散分析、风险评估矩阵、标杆分析、核心竞争力分析、能力地图、技术路径图、创新地图等。

4. 技术战略可分为四大类型：技术创新领先战略、市场细分战略、技术创新跟随战略和技术创新合理化战略。

5. 创新组合战略是相对于波特的一般竞争战略而提出来的，面对当下技术复杂性、环境动荡性、市场不确定性等相关要素的程度提升，创新组合战略比单一的竞争战略更具有发展适应性，有利于企业在激烈的市场竞争与快速的组织演进背景下取得优势。

回顾性问题

1. 试论述创新战略与企业战略的关系。
2. 创新战略的框架是什么?
3. 四种基本的技术创新战略各自的适用条件是什么?

讨论性问题

1. 试利用本章的技术创新战略分析方法,讨论比亚迪的创新战略有什么特点?
2. 中兴通讯的跟随战略有什么优缺点?下一步应该采取什么样的创新战略?

实践性问题

1. 请以团队为单位,选择本地区一家创新型企业(有条件的话进行实地调研访谈),分析其创新战略的演进及现状,分析可能存在的问题,并尝试提出针对性建议。
2. 请选择家电或通信设备制造行业的几家代表性企业,如海尔、美的、格力,或华为、中兴等,对比分析其创新战略的异同。

延伸阅读

1. 陈劲,《创新战略、政策与能力:管理的式微》。科学出版社,2009年。
2. 陈威如,《平台战略》。中信出版社,2013年。
3. 魏杰著,《中国企业战略创新》。中国发展出版社,2006年。
4. 吴晓波,《全球化制造与二次创新》。机械工业出版社,2006年。
5. 余锋,《精益创新:企业高效创新八步法》。机械工业出版社,2015年。
6. [韩]W. 钱·金,[美]勒妮·莫博涅,吉宓译,《蓝海战略》。商务印书馆,2010年。
7. [美]罗伯特·A.伯格曼等著,陈劲译,《技术与创新的战略管理》(第3版)。机械工业出版社,2004。
8. [美]罗伯特·A.伯格曼著,彭文新等译,《战略就是命运》。机械工业出版社,2004年。
9. [美]玛格丽特·A.怀特著,吴晓波译,《技术与创新管理:战略的视角》。电子工业出版社,2008年。
10. [美]梅丽莎·A.希林著,谢伟,王毅,李培馨等译,《技术创新的战略管理》(第3版)。清华大学出版社,2011年。
11. Steve Blank,杨留原,"企业创新的'叛逆者'",《销售与市场(评论版)》,2015,第10期,第26–29页。

12. Barney, J. B., "Strategic Factor Markets: Expectations, Luck and Business Strategy", *Management Science*,1986, 32: 1231–1241.

13. Eisenhardt K M, Sull D N. "Strategy as Simple Rules" *Harvard Business Review*, 2001, 79(1):106–16, 176.

14. Zhou K Z, Wu F. "Technological Capability, Strategic Flexibility, and Product Innovation", *Strategic Management Journal*, 2010, 31(5):547–561.

第 7 章

自主创新

学习目标

- 了解自主创新的战略意义与必要性
- 掌握自主创新的内涵与类型
- 熟悉自主创新的常见模式
- 掌握自主创新能力提升的基本途径

> **线上阅读**：从引进集成到自主研发：三峡集团的自主创新成功之旅

➡ 开篇案例：《中国企业自主创新评价报告》

2015 年年初，由国务院发展研究中心批准、指导，中国企业评价协会主办的《中国企业自主创新评价报告（2014）》（以下简称《报告》）正式发布，该报告以高端制造业、能源业、电子信息业、生物业和节能环保业这五大行业为主要研究对象，总结了我国企业自主创新的现状与发展。

1. 自主创新进入厚积薄发新阶段但仍有待完善

《报告》显示，五大行业 TOP100 企业近年来不断加大创新投入，平均研发人员数量持续增加，研发经费不仅在绝对数量上稳步增长，销售收入占比也不断提高。但与国际先进水平相

比，研发投入仍有较大差距，在创新成果产出方面仍然缺乏原创性成果，在创新的体制机制方面仍有诸多未理顺之处，在创新人才的培养与激励方面仍有待改善，等等。从五大行业 TOP100 企业的创新产出状况来看，虽然各行业 TOP100 企业的专利授权数和发明专利授权数近年来基本呈现出快速增长态势，但最能衡量企业核心技术能力与创新能力的发明专利授权数量仍然偏少。专利授权数和发明专利授权数显示出鲜明的行业特点，行业的创新活跃程度高，相应的专利授权数和发明专利授权数就高，如电子信息业的创新层出不穷，全球竞争激烈。因此，电子信息业 TOP100 企业平均的专利授权数和发明专利授权数最多。其次是节能环保业，再次是高端制

造业，第四是能源业，最后是生物业。这也从一个侧面反映出我国生物业（以生物医药为主）多以仿制为主、缺乏原始创新和发明专利的现实窘境。

2. 研发投入比重仍然偏低

《报告》指出，我国企业的研发投入比重尽管近年来有较快增长，但总体比例仍然很低。从 2014 年度的调研来看，研发投入占主营业务收入比重亦反映出明显的行业差别。除电子信息业之外的其他四大行业明显低于国际 5% 的较好水平。研发投入比重最高的是电子信息业，其 TOP100 企业平均的研发投入比重能够达到 5%—6% 左右，且近几年均保持在 5% 以上；生物业在 2%—3% 左右，2013 年已经超过 3%，达到 3.16%；节能环保业在 1%—2% 左右，2013 年已经上升至 2%；高端制造业（制造业偏多）近年来稳步上升到 1%—2%，2013 年达到 1.94%，已经接近 2%；而能源业则显著偏低，不足 1%。

3. 市场应成为推动创新的主要力量，政府应减弱对激励政策的关注

从五大行业 TOP100 企业的创新动力来源看，多数行业的 TOP100 企业自主创新的第一动力来源是"市场需求"，第二动力来源是"同行竞争"，第三动力来源是"市场上出现新技术"。"政策激励"因素仅仅是自主创新第四位的动力来源。而电子信息业由于技术创新层出不穷、破坏性创新时有发生，该行业的创新则表现出鲜明的技术引领需求、技术创造需求的特征。以上充分说明，对于企业的自主创新而言，其自身的内部动力与影响因素远比外部的政府政策优惠激励来得重要。企业直面市场需求，开拓新市场是促进其进行自主创新的最大动力与目标。因此，要让"市场在资源配置中起决定性作用"，而政府该做的是简政放权与做好服务。

4. 新兴领军企业表现突出，高新技术产业集中

从发布的 TOP100 企业榜单上看，战略性新兴产业占据多数，这些企业表现出明显的技术优势，在自身行业中处于明显的领军者地位，无论是在品牌打造、技术研发还是模式探索上，都表现出了较为突出的创新能力。虽然与国际水平相比，它们的研发经费投入还有待进一步加强，但从创新产出看，无论是专利授权数还是发明专利授权数这一年来都表现出明显增长态势。

资料来源：新华网，2015 年 1 月 25 日，http://news.xinhuanet.com/live/2015-01/25/c_1114122200.htm

思考题：

1. 我国企业自主创新能力现状如何？
2. 如何进一步提升企业自主创新能力？

在科技创新与变革不断演进的当下，我国经济与社会在高速进步的同时也面临各种机遇与挑战。一方面，国家需要转变经济增长方式，提高创新对于经济增长的贡献率，突破人口、资源、环境等因素的制约；另一方面，国家要抓住科技革命及其引发的产业革命所带来的历史机遇，突破知识产权的制约。[1] 加强自主创新能力，以自主创新驱动

---

[1] 宋河发、穆荣平、任中保，"自主创新及创新自主性测度研究"，《中国软科学》，2006 年第 6 期，第 60–66 页。

经济与社会发展，提升国家创新能力，实现创新型国家建设目标成为国家发展的重要方针。

创新型国家是指以技术创新为经济社会发展核心驱动力的国家。主要表现为：整个社会对创新活动的投入较高，重要产业的国际技术竞争力较强，投入产出的绩效较高，科技进步和技术创新在产业发展和国家的财富增长中起重要作用。创新型国家应具备以下四个特征：创新投入高，主要表现在国家的研发投入即研究与发展（研究与开发）支出占GDP的比例一般在2%以上；科技进步贡献率达70%以上；自主创新能力强，国家的对外技术依存度指标通常在30%以下；创新产出高。为了在竞争中赢得主动，依靠科技创新提升国家的综合国力和核心竞争力，我国把推进自主创新、建设创新型国家作为落实科学发展观的一项重大战略决策。

创新视点 —— 坚定不移地走中国特色自主创新道路 ——

习近平在中国科学院第十七次院士大会、中国工程院第十二次院士大会上强调，我国科技发展的方向就是创新、创新、再创新。实施创新驱动发展战略，最根本的是要增强自主创新能力，最紧迫的是要破除体制机制障碍，最大限度解放和激发科技作为第一生产力所蕴藏的巨大潜能。要坚定不移走中国特色自主创新道路，坚持自主创新、重点跨越、支撑发展、引领未来的方针，加快创新型国家建设步伐。

资料来源："习近平2014年中国科学院第十七次院士大会讲话"，新华网，2014年6月9日。

7.1 自主创新与自主研发

自主创新研究源自发展中国家或者新兴工业化国家对技术创新道路的选择。在"自主创新"的概念明确提出之前，相关的概念主要有"本土创新"和"发展自主知识产权"等。有学者认为，"自主创新"其实等同于"技术创新"或者"创新"的概念。近年来，我国特别强调"自主创新"，是针对以前过多模仿引进而缺少自主知识产权和核心技术而言的。对于自主创新的内涵，尽管近年来已经有多种论述，但是仍然众说纷纭，存在一些争论。

1. 狭义的自主创新

早期自主创新内涵多从狭义角度出发，集中在微观层面上，如将自主创新界定为：企业主要通过自身努力，攻破技术难关，形成有价值的研发成果，在此基础上依靠自身能力推动创新的后续环节，完成技术成果商品化，获取商业利润的创新活动[①]，其主要面向技术吸收与改进后的技术发展阶段，强调一种技术学习。后来自主创新的含义演化为企业积累和提高

---

① 杨德林、陈春宝，"模仿创新自主创新与高技术企业成长"，《中国软科学》，1997年第8期，第107–112页。

技术能力的过程或行为[①],自主创新与模仿创新、合作创新共同作为技术创新的构成要素。

傅家骥指出,自主创新是企业通过自身的努力或联合攻关探索技术的突破,并在此基础上推动创新的后续环节,完成技术的商品化,获得商业利润,以达到预期目标的一种创新活动。后来一些学者认为自主创新不一定是核心技术的突破,不一定是技术领先,也不一定完全依靠自己,只要能够有自主知识产权,并能提高竞争力即可。

2.广义的自主创新

随着认识的深入,有学者认为,自主创新不一定是技术方面的创新和突破。如倪光南(2006)认为自主创新是在自主掌控下,利用一切可利用资源,形成体制、机制、产品以及技术上的竞争力,并形成持续创新能力。李国杰(2005)认为,自主创新也不是鼓励从头做起,集成创新和引进技术的消化、吸收、改进也是自主创新的组成部分。提倡"自主创新"主要是指应尽量争取避免完全受制于人,减少路径依赖。

表 7-1 对主要学者的观点进行了总结。

表 7-1 有关自主创新定义的代表性观点

代表学者	主要观点	关键词
陈劲	自主创新是在引进、消化及改进国外技术的过程中,继技术吸收、技术改进之后的一个特定的技术发展阶段	发展阶段
杨德林	自主创新用于表征企业技术创新的行为时,是指企业主要依靠自身力量独立研究开发,进行技术创新的活动	自主性
傅家骥	企业通过自身努力产生技术突破,攻破技术难关,并在此基础上依靠自身能力推动创新后续环节,完成技术商品化,达到预期目标的创新活动	自主性
彭纪生	主要依靠企业自身的力量完成技术创新全过程,技术上的突破由本企业自身实现	自主性
王瑞杰	通过自身的研究与开发,攻破技术难关,形成技术上的突破,进而实现产业化,其基本的标志之一是在技术创新过程中拥有自主知识产权	知识产权
董必龙	以获取核心知识产权,掌握核心技术为宗旨,以自我为主发展与整合创新资源,进行创新活动,提高创新能力的科技战略方针	知识产权

资料来源:黄攸立、吴犇、叶长荫,"企业自主创新能力的关键因子分析",《研究与发展管理》,2009年第21期,第24-29页。

综上,本书认为,**自主创新是指在创新中不单纯依赖技术引进和模仿,而是在以创造市场价值为导向的创新中掌握自主权,并能掌握全部或部分核心技术和知识产权,打造自主品牌、赢得持续竞争优势为目标**。自主创新不一定是单纯技术(新产品、工艺等)层面的,管理、制度、战略、市场、文化乃至商业模式等非技术方面都是自主创新的有机组成部分。

[①] Xie W, White S., "Sequential Learning in a Chinese Spin-off: The Case of Lenovo Group Limited", *R&D Management*, 2004, 34(4): 407-422.

3. 自主创新的内涵与构成

自主创新,主要包括三个方面的含义:一是加强原始性创新,努力获得更多的科学发现和技术发明;二是加强集成创新,使各种相关技术有机融合,形成具有市场竞争力的产品和产业;三是在引进国外先进技术的基础上,积极促进消化吸收和再创新。①

> **创新视点** 以自主研发为核心的中国TD-SCDMA通信标准自主创新
>
> 1997年4月,国际电信联盟(ITU)向各国发出3G技术标准征集函,确定国际三代无线通信标准的形成计划表和步骤,面向全球征集国际通信技术标准提案。在这样的国际背景下,为了参与通信技术标准的国际竞争,中国政府对此给予了高度重视,成立了由一批无线通信领域专家组成的3G无线传输技术评估协调组。以大唐集团为首的起草者结合了WCDMA技术与CDMA2000技术的优劣,提出了TD-SCDMA技术标准,在中国无线技术标准委员会的推动下,TD-SCDMA技术标准于2000年5月被国际电信联盟授权,成为3个国际标准之一②,TD-SCDMA核心技术及其标准的制定也成为中国通信产业参与国际竞争,自主创新获取产业与国家竞争优势的重要典型。③

7.2 自主创新能力

7.2.1 自主创新能力构成

表7-2总结了自主创新能力三个核心维度的概念与特征。

表7-2 自主创新能力构成与主要特征④

自主创新能力构成	内涵	基本特征
原始创新能力	企业实现突破性的技术发明或颠覆性的科学发现的能力	*自主研究,自己设计,自行开拓,自成体系,并在此基础上努力争取获得更多的科学发现和技术发明 *可以享受专利,并受法律保护,有利于开拓新兴产业及其市场;不利的方面在于投资大、风险大、时间长

---

① "陈至立在中国科协2005年学术年会上的讲话摘要",人民网,2005年8月21日,http://scitech.people.com.cn/GB/1056/3631349.html。

② Li, Bo, et al. "Recent advances on TD-SCDMA in China." Communications Magazine, IEEE 43.1 (2005): 30-37.

③ TD-SCDMA技术标准,其为Time Division-Synchronous Code Division Multiple Access时分-同步码分多址存取的简称,是国际三大通讯标准之一(另外两个为WCDMA和cdma2000)。TD-SCDMA整合了CDMA、TDMA以及频分多向接口(FDMA)技术的优点,具有频谱利用率高、功控要求低、支持多种通信接口等优势,实现了信号的全频率应用、对称与不对称数据通道的协调、多接口干扰的降低,以及高性能的信号动态传输频率。

④ 开乐、王铁民,"基于并购的开放式创新对企业自主创新的影响——南汽并购罗孚经验及一般启示",《管理世界》,2008年第4期,第150-159页;许庆瑞、吴志岩、陈力田,"转型经济中企业自主创新能力演化路径及驱动因素分析:海尔集团1984—2013年的纵向案例研究",《管理世界》,2013年第4期,第121-134页。

（续表）

自主创新能力构成	内涵	基本特征
集成创新能力	企业整合各创新元素，利用创新要素间协同作用加速创新效率的能力	*把已经被掌握的科技资源，包括自创技术或他创技术集成起来，兼容并蓄，融会贯通，通过放大效应，再创一个或多个新的科学和技术，或新的产品和产业
引进消化吸收再创新能力	核心技术知识来源于组织边界之外，是企业借助外力实现创新的过程，表现为设备引进、技术引进、消化吸收、技术改造、模仿创新等	*在引进国外技术的基础上，经过研究、消化和吸收，再创造出新的技术和产品，即站在"巨人"的肩上，并超越"巨人" *投资小，风险少，见效快

关于自主创新能力，需要明确几个关键性问题：

第一，关于自主创新主体的问题。国家与区域等层面，自主创新的主体是我国公民或实施创新的相关法人组织机构，它们是自主创新的核心利益攸关者。

第二，关于如何开展自主创新的问题。这里包含两个维度：首先是开展自主创新活动的个人或组织主导推进创新活动，最终通过利益攸关主体的参与，将创意转换为创新成果，实现创新价值输出与回报的过程；其次是自主创新的主体通过投资其他利益攸关主体，并在一定的法律与规范框架内实现创新商业化，并获取价值输出与回报的过程。

第三，关于自主创新程度的问题。自主创新的程度反映在国家与地区创新主体实施创新活动时，对自身及国外创新资源与能力的依赖程度。自主创新并非完全依赖自身的实力实现创新成果的输出。网络化与开放式创新的背景下，技术引进、全球产业链价值链分工与合作、全球资源整合、跨国合作与并购等使得自主创新对外部资源的依赖成为必然。

以我国为例，国家发展尚处于工业化的初步阶段，研发经费占 GDP 的比重无法达到发达国家水平，重大创新与原始创新等活动的核心技术依然掌握在发达国家手中，大量的技术创新尚处于引进、消化吸收与再创新阶段。然而，通过引进消化再创新，整合我国市场规模与经济增长的基本趋势，我国政府与相关创新组织依赖自主创新实现了自身对发达国家的技术追赶与超越，逐步提升了国家创新能力。

7.2.2 自主创新能力的提升途径

自主创新能力是指企业依赖嵌入在自主创新过程中的核心技术知识，是企业研发（独立研发或合作研发）或/和使用核心技术的能力。[1]

从企业创新主体与创新流程角度，其包含 2 个个体层面和 4 个组织层面的关键要

---

[1] 许庆瑞、吴志岩、陈力田，"转型经济中企业自主创新能力演化路径及驱动因素分析：海尔集团 1984-2013 年的纵向案例研究"，《管理世界》，2013 年第 4 期，第 121-134 页。

素：研发人员个体的自主创新能力，领导在面向创新活动涉及的研发、生产、销售等活动中的个人能力，企业对自主创新活动的投入强度，企业面向自主创新活动中各类资源的联结与协调程度，企业信息获取与识别能力，以及企业通过自主创新转换创新成果的能力等。[1]

伴随我国改革开放与经济结构转型的基本趋势，创新型国家建设与全球竞争优势的提升对自主创新能力提升提出了重要的要求，也为自主创新能力的培育提供了机会与挑战，表7-3对我国企业自主创新能力提升的可行性与存在的主要问题进行了梳理与总结。

表7-3 我国企业自主创新能力提升的可行性与问题[2]

我国企业自主创新能力提升的可行性	我国企业自主创新能力提升存在的问题
国内市场扩张和大规模制造能力基础形成 以我国制造业规模扩展为基础，钢铁、手机、集装箱、空调、电冰箱等100多项制造业产品位居全球产量第一。制造业规模化为中国企业及其国家层面的核心技术突破积累了规模经济的成本优势与竞争优势	**自主创新人才团队短缺** 人才是创新根本，自主创新能力需要创新精神的企业家、科技创新的学者与科研人才，以及富有创新文化思考的组织管理者与政府领导者。当前，我国企业面临经济结构与生产方式的转型，企业尤其是传统制造业企业面临巨大的人才短缺，科研人员的研发与知识水平均亟待提升，这极大地限制了我国企业自主创新能力的持续提升
国内企业的集成能力不断增强 集成能力是在研发能力等基础之上整合企业内外部资源的能力，是市场竞争长期积累的能力基础。经过我国改革开放与经济全球化的多年积累，国内主要优势企业正由被动地整合全球产业链与价值链转为主动走出去，并通过兼并收购等方式主动整合集成全球资源	**企业知识产权意识淡薄，自主创新缺乏有效支撑** 我国企业早期创新模式着重于先进技术与设备的引进、消化、吸收、再创新，对于创新的知识产权保护意识淡薄，更形成了面向产业和区域的"创新山寨模式"。由此，企业对于知识产权的保护，产业与行业建立有效的知识产权保护机制，完善知识产权与商业环境等方面，是中国企业参与更加规范化、法制化的国际创新竞争的前提与重要基础
对市场需求的适应能力增强 我国制造业企业大量研习"贸——工——技"的发展路线，开始由原先的制造加工与进出口贸易转向销售渠道、品牌等方面的打造。同时，随着我国国内市场的需求进一步被挖掘，企业市场能力提升，生产制造规模扩大，更有利于其对核心技术的提升与创新，以及获得正向反馈	**技术经营机制不健全** 企业技术经营是企业将技术创意通过有效的机制转化为产品前试、中试，并最终面向试产实现商业化的全过程。技术经营是企业科学管理的核心要素，这需要我国企业逐步转型，破除原有的重研发、重收益、重短期等模式，强调技术经营与管理的科学化，平衡研发与市场，平衡短期与长期收益与竞争优势平衡，并引导自主创新实现企业能力提升的目标

---

[1] 黄攸立、吴犇、叶长荫，"企业自主创新能力的关键因子分析"，《研究与发展管理》，2009年第1期，第24-29页。

[2] 万君康、李华威，"自主创新及自主创新能力的辨识"，《科学学研究》，2008年第1期，第205-209页。

（续表）

我国企业自主创新能力提升的可行性	我国企业自主创新能力提升存在的问题
配套产业水平的提升 传统制造业，尤其是复杂技术的突破需要上下游等相关配套产业的协同发展。在我国创新能力的整体提升背景下，产业集群、科技园等创新生态系统逐步构建与完善，支撑核心技术突破与自主创新所需的相关配套产业不断发展，有助于进一步提升产业共性技术的开发与应用，并依赖产业创新生态系统的平台优势实现自主创新能力的提升	**有利于自主创新的企业文化尚未形成** 创新文化是驱动企业自主创新、形成企业创新系统良性循环的基础。包容失败，鼓励尝试，宽松的企业文化有利于实现企业技术、产品等方面的突破性创新。对于自主创新文化的建设，是我国企业未来经营管理之道的探索与中国自主创新模式探索的重要方向

基于我国企业自主创新能力提升的可行性与潜在问题分析，研究面向中国企业自主创新的议题，形成了自主创新的路径讨论。主要表现在[①]：

（1）进行思维创新，克服思维惰性和能力刚性，形成企业自主创新能力提升的基础。自主创新包含原始创新、集成创新、引进消化再创新三个方面，鉴于中国企业技术与人才能力储备的弱势，我国企业早期主要依赖集成创新与引进消化再创新两种途径提升自身的创新能力。能力、资金、知识、人才的积累条件下，我国企业应当在思维上破除能力刚性，逐步强化自身的原始创新能力，逐步转型实现自身在研发与品牌两端的可持续竞争优势提升。思维与理念的变革成为我国企业自主创新能力提升的前提条件。

（2）加强组织学习和技术学习，打造企业自主创新能力提升的内在基石。组织学习与技术学习是我国企业吸收消化国际先进技术，同时实现自身技术再创新、技术跃升、组织技术能力提升、吸收能力积累等的重要手段。技术学习与组织学习的方法涉及反求工程、反向创新、模仿与复制、知识管理、信息挖掘、技术研发等手段，这些方法最终引导企业在长期的发展中逐步积累、提升自身的自主创新能力。

（3）继续加大研发投入，提升自主创新能力。技术研发与研发能力是自主创新能力的核心，加大研发投入是提升自主创新能力的最直接方式。加大研发投入，提升研发投入经费在企业销售收入的比重，应当成为企业打造自主创新能力的基本定律。

（4）有效整合外部资源，以开放式创新带动自主创新能力提升。开放式创新已成为企业提升创新能力与竞争优势的重要范式，依赖外部资源的整合，我国企业可以通过跨国兼并收购、雇佣高技术人员、强化区域与国际战略联盟合作、产学研协同创新、参股或控股目标企业等方式，进一步整合全球化的互补性资源，实现公司自主创新能力的提升。我国学者陈劲和王方瑞进一步整合自主创新的机会选择、自主创新的战略决策、创新的市场选择结果，建构了面向中国企业自主创新的"渐进变革机会——拓展主导型决策——范式强化"路径，以及"突破变革机会——开发主导型决策——范式变革"两条主路径，以及"渐进变革机会——开发主导型决策——范式变革"和"突破变革机会——拓展主导型决策——

---

① 胡萍，"自主创新的内涵和我国企业自主创新能力的主要提升途径研究"《科学管理研究》，2009年第1期，第1—4页。

范式强化"次路径，强调中国企业自主创新的路径选择需要综合考虑技术成熟度、行业创新结构、市场集中度、企业技术能力累积性、外部资源联系等因素，并实现这些因素与研发投入决策、技术分散度、创新组织形式的匹配，最终引导企业市场份额提升与创新能力的发展，如图7-1所示。

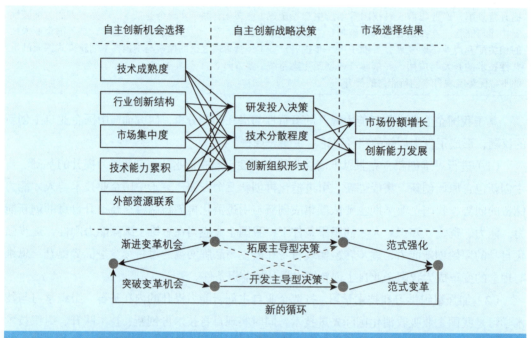

图 7-1　企业自主创新路径选择的决策框架

资料来源：陈劲、王方瑞，"中国本土企业自主创新的路径模式探讨"，《自然辩证法通讯》，2007年第3期，第49—58页。

创新标杆　　追踪中国高铁技术核心来源

中国高铁技术在最近10年的迅速进步，被普遍认为是通过"引进、消化、吸收、再创新"而来，这来自原铁道部的解释。2011年7月，原铁道部新闻发言人向媒体介绍说：中国高铁研发在不到6年的时间内，跨越了三个台阶：第一个台阶，通过引进消化吸收再创新，掌握了时速200—250公里高速列车制造技术；第二个台阶，自主研制生产了时速300—350公里高速列车；第三个台阶，中国铁路以时速350公里高速列车技术平台为基础，成功研制生产出新一代CRH380型高速动车组。

但是，对中国高速列车技术来源的分析却证明，虽然"三个台阶"在时间顺序上是连续的，但在技术上却存在许多"断裂"，即许多技术不是来自对引进技术的改进，而是来自与引进毫无关系的其他来源，

即中国铁路装备工业能够对引进技术进行消化、吸收、再创新的技术能力基础，以及这个工业已经掌握的核心技术。也就是说，最终成就中国高铁技术全球前列的中国铁路装备工业的技术能力，并非因为技术引进才生成，而是在技术引进之前就已存在。

1. 高速列车的技术引进

从大规模引进开始，中国高铁技术一度遭到社会广泛质疑，争论焦点在于原铁道部是否真的引进了"核心技术"。事实上，所谓买来的技术，都是给定产品设计的给定技术，即体现在产品上的生产技术而非"设计能力"。中国高铁技术未来重大变革的伏笔就埋在此处。2004—2006年，大规模引进高速列车技术，主要是从四个外国企业购买了四个车型及相应的技术转让："1型车"，即CRH-1，原铁道部从加拿大庞巴迪购买了40列。这批列车由庞巴迪在中国的合资企业生产，没有技术转让费。"2型车"，即CRH-2，以新干线E2-1000为原型车，时速200公里，由日本川崎重工业株式会社转让。原铁道部订购60列，由南车集团所属青岛四方机车车辆股份有限公司（以下简称四方）受让、国产化，支付技术转让费约6亿元人民币。"5型车"，即CRH-5，时速250公里，是从法国阿尔斯通旗下的阿尔斯通交通运输部引进，转让给北车集团所属长春轨道客车股份有限公司（以下简称长客），技术转让费约为9亿元。"3型车"，即CRH-3，时速300公里，是2006年第二轮招标后，原铁道部从德国西门子公司引进，购买价值6.69亿欧元的60列，技术转让费约8亿元人民币。除整车外，还有配套牵引、制动等系统及部件的生产转让。

2. "转让"的只是"生产能力"

所谓"转让技术"的内容是：（1）对中国购买的高速列车进行"联合设计"。这种"联合设计"不是外方与中方一起从头设计一个过去没有的新车型，而是双方对中方购买的车型进行设计修改，以使其能够适应中国的线路特点。（2）外方提供中方购买车型的制造图纸。当然，设计原理和设计来源数据库等关键技术资源是不可能转让的。而且在给图纸的部分，也不是所有的零部件图纸都有。（3）生产引进产品的工艺。这部分属于制造体系的一部分，是中方受益最大的部分。（4）对中国工程师和技术工人进行培训。

长客的一位技术管理者说道："我们拿到的全部是西门子的制造图纸，连一张三维模型图都没有，只是设计的结果，没有过程。学会了怎样把现成的零部件装上，但怎么设计的，不知道。"四方的一位技术负责人说："日方不是教你设计的方法，如为什么这么设计，而是教你读图。他们不会告诉你为什么电路要以这个逻辑关系设计出来，而是告诉你这个执行机构的作用，以及此后有哪几个步骤要懂。"

也就是说，中方获得的是生产能力（对给定技术的使用方法），而不是技术能力（把这些技术开发出来的方法）。如果引进是技术的唯一来源，那么中国铁路装备工业后来的发展路径就是按照外国车型设计来制造，并通过引进新车型来进行升级换代。但实际情况不是。

3. 本土技术能力是创新核心来源

以"2系车"制造商四方为例，事实上，中国铁路装备工业几乎还在"消化、吸收"原型车技术期间，就已经开始"再创新"。有两个事实说明了这一点：第一，四方技术进步的速度远远超出所有人的预料。在引进初期，川崎重工认为四方对引进技术的消化吸收需要16年，即8年消化、8年吸收，然后才能达到可以创新的阶段。第二，四方开发的CRH380A已经通过美国的知识产权评估，说明CRH380A的技术完全是自主产权，且已经超过日本新干线技术。

为什么中国铁路装备工业能够对引进的技术进行"消化、吸收、再创新"？

事实上，技术能力的两个构成要素是产品开发能力和技术积累，它有三个特性：（1）产品设计和生产技术是可交易的，但技术/产品开发能力是不可交易的；（2）对组织来说，对竞争力更重要的技术来源是以自己的能力去改变已有的技术——创新；（3）生产能力和技术能力是两种不同性质的能力，前者指的是使用给定技术进行生产的能力，后者指的是"掌握"技术和技术变化的能力。很显然，技术能力的主要性质是经验性的，即技术能力的获得离不开研发和使用技术的经验。因此，技术能力只能是组织内生的，无法从市场上买到。因此，国际创新学界对技术能力有一个经典定义，即"技术能力是产生和把握技术变化的能力"。

用这个逻辑就可以断定：如果引进是"原始技术"的来源，那么中国工业"土生土长"的技术能力、产品开发能力和技术积累，就是"新的技术"的另外一个来源。事实上，从技术变化的时间逻辑和技术逻辑看，中国铁路装备工业的技术能力并非是因为技术引进而生成的，而是在技术引进之前就存在的，充其量是经过对引进技术的"消化、吸收"而得到成长。

资料来源：路风，《瞭望新闻周刊》，2013年12月4日。

7.3 自主创新模式与政策

自主创新不仅仅是简单的技术创新与技术研发，更是创新资源、创新模式、创新动力、创新价值的复杂整合，并最终在国家与区域层面实现经济与技术的良性互动。因此，自主创新是一项复杂的系统工程，如图7-2所示。

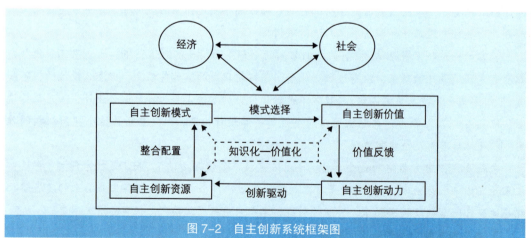

图7-2 自主创新系统框架图

资料来源：万君康、李华威，"自主创新及自主创新能力的辨识"，《科学学研究》，2008年第1期，第205-209页。

7.3.1 自主创新的模式

传统后发国家与地区（如韩国和日本）的自主创新主要依赖"引进——模仿——创新"三步走战略，实现了短时间内经济与科技实力的快速提升。对于发展中的中国，社会体制、市场规模、文化基础、人口水平、民生议题等方面的差异化使得学者与实业界认为中国自主创新的模式不能完全照搬相关发达国家的经验，必须探索自有的自主创新模式。

柳卸林等学者认为，中国本土企业由于在核心技术能力、设计能力以及研发资金等方面存在缺陷，在国际竞争中处于相对劣势，实现自主创新，需要充分利用国内外资源，并可利用自主开发、合作创新、跨国兼并三种自主创新模式完成从本土市场向国际市场的跨越[①]，如图 7-3 所示。

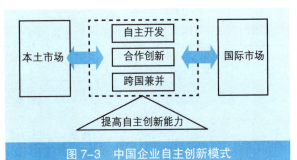

图 7-3 中国企业自主创新模式

资料来源：陈劲、柳卸林，"自主创新与国家强盛——建设中国特色的创新型国家中的若干问题与对策研究"，《科学出版社》2008 年。

自主开发模式是在创新风险可承担条件下，将研发人员与工程师参与到新思想、研究与开发、设计与制造等一系列创新活动与问题解决的过程之中，通过显性知识与隐性知识的互动提升研发人员与工程师的学习能力与知识水平，从而掌握核心技术原理。合作创新是整合内外部创新利益相关主体，通过风险与收益分摊的方式实现创新成果的溢出与价值的获取。跨国兼并模式有利于中国企业快速整合全球资源，快速获取国际创新互补性资产，提升本土企业的自主创新能力与全球竞争优势。

宋河发、穆荣平等学者提出，我国企业自主创新应当遵循"确立自主创新目标——自主创新设计——存量技术扫描——创新——获得自主知识产权——必要的知识产权引进——自主实施"，如图 7-4 所示。该模式将核心技术与知识产权置于自主创新的关键位置，强调专有技术获取性、自主创新要素（原始创新、集成创新、消化吸收再创新）、创新模式（合作创新与独立创新）之间的匹配，并通过技术知识产权的获取最终实现自主创新能力提升。

陈劲提出我国企业自主创新模式的关键在于推动企业自主创新决策转型，从短期、应急、盲目的自主创新决策变革为平衡、规划的自主创新决策，如图 7-5 所示。

同时，面向我国制造业企业，整合市场结构、行业特征和自主创新决策之间的关系，陈劲和王方瑞总结了四种中国企业自主创新模式，即以中兴通讯为典型的高市场集中度的科技型自主创新模式，以海尔、宝钢、中集为典型的高市场集中度的制造型自主创新模式，以吉

---

① 陈劲、柳卸林，《自主创新与国家强盛——建设中国特色的创新型国家中的若干问题与对策研究》。科学出版社，2008 年。

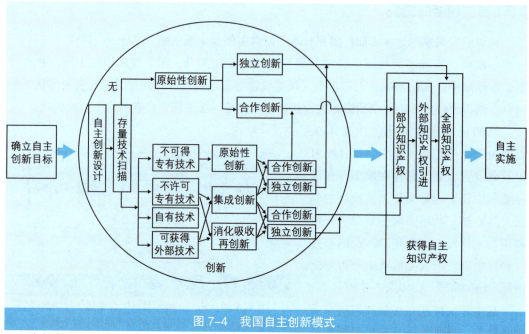

图 7-4 我国自主创新模式

资料来源：宋河发、穆荣平、任中保，"自主创新及创新自主性测度研究"，《中国软科学》，2006 年第 6 期，第 60–66 页。

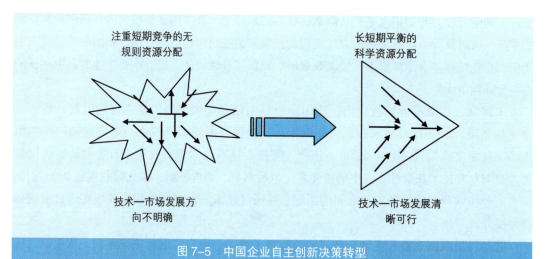

图 7-5 中国企业自主创新决策转型

资料来源：陈劲、柳卸林，《自主创新与国家强盛——建设中国特色的创新型国家中的若干问题与对策研究》。科学出版社，2008 年。

利汽车为典型的低市场集中度的制造型自主创新模式，以青春宝药业为典型的低市场集中度的科技型自主创新模式，总结如表 7-4 所示。

表 7-4 中国企业自主创新模式总结

维度 / 模式		高市场集中度的科技型模式	高市场集中度的制造型模式	低市场集中度的制造型模式	低市场集中度的科技型模式
市场进入的机会特征	市场结构	市场集中度高	市场集中度高	市场集中度低	市场集中度低
	技术获取	易	易	难	难
	技术特征	科技主导型	制造主导型	制造主导型	科技主导型
市场进入的决策特征	市场目标	低端市场	主流市场	低端市场	未来市场
	技术目标	低端技术	技术国产化	低端技术	国际技术
	决策特征	学习型（D）	追赶型（F）	学习型（D）	领先型（L）
决策的演变路径		D→L D→F→L	F→L	D→F→L	L→F→L

D: 突破性；F: 跟随；L: 领先

资料来源：陈劲、柳卸林，《自主创新与国家强盛——建设中国特色的创新型国家中的若干问题与对策研究》．科学出版社，2008 年。

7.3.2 自主创新的政策

我国提出自主创新的本质是在国家工业化与信息化及经济结构与社会转型过程中，国家科技创新面向发达国家实施技术追赶的一种策略的解释。这要求企业、政府、大学与科研机构等利益攸关主体实施协同互动，通过自主创新的政策驱动，以及多利益攸关主体的资源整合，在自主创新模式的引导下，实现知识溢出与创新价值，更好地依赖科技、经济、社会的多元互动，提升国家创新能力与国际竞争力。

然而，我国科技创新的系统化建设起步相对较晚，国家尚处于社会主义发展初级阶段，国家层面科技投入占 GDP 的比重长期低于全球发达国家水平，企业技术创新能力、产业竞争力以及国家创新制度环境等方面较芬兰、美国等主要创新型国家有很大差距。在此背景下，我国政府在国家创新体系与自主创新能力建设的过程中一直扮演着重要的角色，承担了创新规则制定者与创新活动推动者等重要角色。创新政策也成为我国实施自主创新战略，建设创新型国家，真正意义实现创新驱动发展的重要手段。

在政策层面，我国政府面向自主创新政策体系搭建与创新型国家建设，制定和实施了一系列自主创新政策，主要可分为重构科技体制（1978—1985 年），建立研发投入机制（1986—1998 年），促进科技成果转化（1999—2005 年），以及全面构建国家创新体系（2006 至今）四个阶段，如表 7-5 所示。创新政策也实现了四个转变[①]，包括：从不协调的、零散的政策制定方式向协调的、具有系统性的政策制定方式转变；从单一化的政策执行主体向多元化的政策执行主体转变；从内部评估的政策评估方式向外部评估的政策评估方式转变；从失范的政策终结行为向规范化的政策终结行为转变。

[①] 范柏乃、段忠贤、江蕾，"中国自主创新政策：演进，效应与优化"，《中国科技论坛》，2013 年第 1 期，第 5—12 页。

表 7-5　中国自主创新政策阶段划分与特征描述

阶段划分	政策目标	相关政策内容描述
第一阶段 （1978—1985 年）	重构科技体制	*邓小平同志在 1978 年 3 月全国科学大会上提出科学技术是第一生产力论断 *1985 年 3 月中央颁布《关于科学技术体制改革的决定》，确定了经济建设必须依靠科学技术、科学技术必须面向经济建设，科技体制由此实现突破性改革
第二阶段 （1986—1998 年）	建立研发投入机制	*《科技进步法》、星火计划、863 计划、国家自然科学基金项目、科技推广项目、973 计划、火炬计划等公共项目颁布 *政府科技项目引导资金与资源配置 *非政府项目与企业等组织研发投入加强，企业成为创新主体
第三阶段 （1999—2005 年）	促进科技成果转化	*1999 年 8 月国务院颁布《关于加强技术创新、发展高科技、实现产业化的决定》，规范了支持高新技术产业化的财政与金融政策，强化科技成果资本化与产业化的政策实施 *制定《促进科学技术成果转化若干规定》《科学技术知识普及法》《专利法》《科技成果转化法》，加快科技成果产业化的政策实施 *设立中小企业创新基金，颁布《中小企业促进法》
第四阶段 （2006—）	全面构建国家创新体系	*国务院颁布《国家中长期科学和技术发展规划纲要（2006—2020）》 *出台《关于实施科技规划纲要、增强自主创新能力的决定（2006—2020）》，制定规划纲要的相关配套政策文件 *修订《科学技术进步法》 *政策面向科技投入、金融支持、税收激励、知识产权保护、教育与人才培养、创新平台建设等形成体系化

资料来源：范柏乃、段忠贤、江蕾，"中国自主创新政策：演进，效应与优化"，《中国科技论坛》，2013 年第 1 期，第 5-12 页。

尽管国家自主创新政策的演进与自主创新政策体系逐步完善，当前我国创新能力提升与国际竞争优势获取仍然面临创新环境不完善、创新产出投入比重较低、企业与产业创新能力较弱、创新人才能力较低等问题，结合当前我国经济机构转型与深化改革的大背景，研究进一步从自主创新的企业层面与国家层面提出了我国自主创新发展的政策建议。

企业层面，陈劲和王方瑞等结合拉丁美洲、东欧、亚洲等国家与地区的工业化技术追赶成功经验，尤其是韩国、日本、新加坡等地的自主创新与技术追赶战略实践经验，提出了四个方面的企业自主创新政策建议[①]：

（1）制定自主创新决策，设置自主创新短期、中期以及长期的技术和市场发展目标，解决企业自主创新的结构性和方向性问题。

（2）制定自主创新能力发展规划，培育自主创新阶段转型的能力基础。

（3）积极培育自主品牌，解决自主知识产权的载体缺位问题，推动价值竞争。

（4）建立开放性的技术创新体系，解决自主创新的资源不足问题，以国家公共创新平台为基础，建立包括产学研、价值链、跨职能的技术创新体系。

---

① 陈劲、柳卸林，《自主创新与国家强盛—建设中国特色的创新型国家中的若干问题与对策研究》。科学出版社，2008 第。

国家层面,以陈劲和柳卸林为代表的研究学者结合我国发展的现实问题与创新型国家建设的目标导向,结合政府政策在国家创新系统中的基本定位,提出了系统化的国家自主创新政策建议[①]:

(1)加强国家及行业科技发展规划,解决企业自主创新的方向性信息失调。

(2)制定科学的产业支持政策,重点解决我国企业技术引进、技术合作、技术产业化的问题。

(3)制定公平有效的市场竞争政策,以知识产权、公平竞争为核心,规范本土企业与外资企业间的公平性竞争问题。

(4)积极推动公共创新平台建设,以创新过程服务、创新成果服务为中心,整合全国创新资源服务于我国本土企业自主创新。

(5)制定与实施国际科技创新中心战略。

(6)改变科技评价体系,提高科技创新的效率。

(7)普及创新创业教育,改善我国创新创业环境。

本章小结

1. 自主创新是指在创新中不单纯依赖技术引进和模仿,而是在以创造市场价值为导向的创新中掌握自主权,并能掌握全部或部分核心技术和知识产权,打造自主品牌,赢得持续竞争优势。自主创新不一定是单纯技术(新产品、工艺等)层面的,管理、制度、战略、市场、文化乃至商业模式等非技术方面都是自主创新的有机组成部分。

2. 自主创新主要包括三个方面的含义:一是加强原始性创新,努力获得更多的科学发现和技术发明;二是加强集成创新,使各种相关技术有机融合,形成具有市场竞争力的产品和产业;三是在引进国外先进技术的基础上,积极促进消化吸收和再创新。

3. 自主创新能力是指企业嵌入在自主创新过程中的核心技术知识,是企业研发(独立研发或合作研发)或/和使用核心技术的能力。

4. 实现自主创新,需要充分利用国内外资源,并可利用自主开发、合作创新、跨国兼并三种自主创新模式完成从本土市场向国际市场跨越。

回顾性问题

1. 自主创新的内涵是什么,包含哪几个层面?
2. 如何提升自主创新能力?
3. 自主创新有哪些基本模式?各自的适用条件?

---

① 前四条政策建议引自陈劲观点,后三条政策建议引自柳卸林观点。陈劲、柳卸林,《自主创新与国家强盛——建设中国特色的创新型国家中的若干问题与对策研究》。科学出版社,2008年。

讨论性问题

1. 中国高铁实现较短时间从引进跟随到领先的原因是什么？
2. 为什么很多本土企业在长期跟随中没有实现进一步领先的跨越？主要原因可能是什么？

实践性问题

1. 请选择一家你所熟悉的企业，分析其技术能力的发展演进与现状，并提出进一步提升其技术创新能力的建议。
2. 结合特定产业，以团队为单位，选取某一典型公司进行实地调研访谈，分析诊断其自主创新能力现状和模式，并尝试提出提升策略。

延伸阅读

1. 宋河发、穆荣平、任中保，"自主创新及创新自主性测度研究"，《中国软科学》，2006年第6期，第60-66页。
2. 路风，《走向自主创新：寻求中国力量的源泉》。广西师范大学出版社，2006年。
3. 雷家骕，《中国的自主创新》。清华大学出版社，2013年。
4. 陈劲，"从技术引进到自主创新的学习模式"，《科研管理》，1994年第2期，第32-34页。
5. 于开乐、王铁民，"开放式创新对中国企业自主创新的影响——南汽并购罗孚经验及一般启示"，"中国企业管理案例论坛(2007)"暨"首届中国人民大学管理论坛"，2007年。
6. 韵江、刘立，"创新变迁与能力演化：企业自主创新战略——以中国路明集团为案例"，《管理世界》，2006年第12期，第115-130页。
7. Lazonick W. "Indigenous Innovation and Economic Development: Lessons from China's Leap into the Information Age", *Industry & Innovation*, 2004, 11(4):273-297.
8. Xin H. "Critics Question China's Indigenous Innovation Effort". *Science*, 2011, 334(6061):1336-7.
9. Tang M, Hussler C. "Betting on Indigenous Innovation or Relying on FDI: The Chinese Strategy for Catching-up", *Technology in Society*, 2011, 33(1):23-36.

第 8 章

开放式创新

▶▶ 学习目标

- ➢ 了解开放式创新的背景与内涵
- ➢ 理解开放式创新的机理
- ➢ 掌握开放式创新与封闭式创新的区别
- ➢ 了解开放式创新与其他几种创新模式的联系与区别

● 开篇案例：丰田、特斯拉为何开放专利？

2014 年 6 月 12 日，特斯拉宣布对外开放所有专利，总数约 200 项，其核心价值是电池组的控制技术。2015 年 1 月，丰田宣布向全世界开放 5680 项燃料电池技术专利使用权，其中包括丰田最新的氢燃料电池车 Mirai 的 1970 项专利。

"特斯拉用的是锂电池，丰田是燃料电池，在新能源汽车领域，这是两种不同的技术路线。"爱卡汽车网总编辑王堃："两大企业的初步目的是通过技术开放吸引更多的玩家参与，做大蛋糕。同时，促进新能源汽车的基础配套设施发展：充电桩或者加氢站等。"

一、专利开放降低门槛

"电池能源是目前困扰所有包括智能汽车在内的新能源汽车市场化的核心问题。电池的续航短、充电时间过长，打击了用户需求。"盖世汽车网总裁陈文凯说。除此之外，由于没有单一电池能够承载汽车负荷，目前的新能源汽车均采用大量电池组进行供电，其中特斯拉使用的电池组中包括上千块电池。"如何让他们在提速时迅速放电、刹车的同时回收电力，如何在

其中某个电池故障时保证整体正常工作，这些电池管理技术，很少有企业能做"。陈文凯告诉记者，"很多其他企业往往是一块坏了，整体就无法工作，而且安全性也是问题。电池管理技术的开放可以大幅降低行业门槛。"

王堃也说："在国内，很多传统汽车企业都会因此受益。甚至受益者还会有 BAT 以及最近宣布进军汽车的乐视，能帮它们节省很多研发的成本、时间。"据悉，丰田研究燃料电池已近 20 年。"或许丰田比特斯拉更需要扩大阵营，因为目前中国、美国政府更青睐特斯拉这种充电电池的方向，燃料电池支持者并不多。"陈文凯指出，两大企业的专利开放，一方面是催熟产业链，另一方面也是技术路线的博弈，"降低了产业链门槛，实则给自己打开了更多的大门"。

二、借市场推动政策

"第一步是扩大产业，第二步就是借助产业推动政策出台。毕竟，新能源汽车的充电桩、加氢站，肯定离不开政府的补贴、管理以及政策支持。"王堃说，"由于丰田在日本的影响力，日本国内已经开始大力推动燃料电池汽车基础配套，选择在有资质的加油站直接建设加氢站"。

每个国家的政策都是针对当地产业而设立的。比如北京市政府对新能源汽车的补贴、不限购等政策福利，基本都分配给了电动汽车，原因主要是目前北汽主要生产电动汽车。

而且，需要指出的是，专利开放也并不会给两大公司带来不可控制的竞争。"以丰田的 Mirai 为例，这款车采用了丰田现有的'混动车'生产线，零部件产品来自现有的供应链，得益于丰田的生产控制能力，这款车的成本可以控制到 30 万元人民币"，王堃指出，"其他企业生产的类似汽车，就很难与丰田竞争"。至于特斯拉，"它的外观设计、对于技术概念的包装，是别人学不来的。而且即便是开放了现有专利，特斯拉也有足够的实力开发更多的领先科技"。

很多企业都可以看得出丰田、特斯拉所图谋的将是借助更多企业推动新能源汽车的基础设施建设，而丰田、特斯拉很可能是最终的受益者。但同样需要指出，这两次专利开放是否能帮助它们达成目标，犹未可知。陈文凯认为，"现在最根本的问题是电池技术的不成熟，无法满足用户的需求。在这个问题得到根本解决之前，社会资本是不会轻举妄动的，基础配套也无法解决"。

资料来源：陈宝亮，《21 世纪经济报道》，2015 年 1 月 9 日。

思考题：
1. 丰田、特斯拉当前为什么要开放它们的专利？
2. 开放专利后对公司有哪些收益、风险与挑战？

8.1 开放式创新产生的背景

传统的创新观念认为，创新是企业的灵魂，只能由企业自己单独进行，从而保证技术保密和独享，进而在技术上保持领先地位。内部研发被认为是企业有价值的战略资产，是企业提升核心竞争力和维持竞争优势的关键，甚至是竞争对手进入市场的巨大阻碍。

技术和资金实力雄厚的大公司，如杜邦、IBM 和 AT&T 等，雇用着世界上最具创造性的科技人才，给予他们优厚的待遇和完备的研发设施，投入充分的研发经费，进行大量的基础和应用研究。科技人员产生许多突破性思想和研究成果，企业内部独立开发这些研究成果，通过设计制造形成新产品，通过自己的营销渠道进入市场使之商业化，获得巨额利润。接着，企业再投资于更多的内部研发，又取得进一步技术突破，形成创新的良性循环，如图 8-1。

对于这种长期以来一直发挥着重要作用的模式，Chesbrough 教授称之为封闭式创新，其主要观点是成功的创新需要强有力的控制。公司必须有自己的创意，然后进一步开发、研制新产品，推向市场，自己分销，提供服务和技术支持。技术垄断可以造成很高的行业进入壁垒，从而能够形成垄断地位。如果想要使强手让位，竞争对手们就必须拿出足够的资源来建立它们自己的实验室。

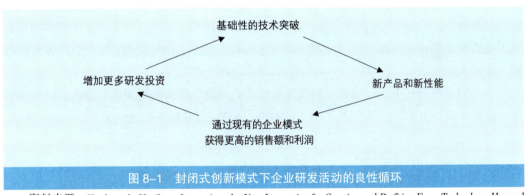

图 8-1 封闭式创新模式下企业研发活动的良性循环

资料来源：Chesbrough, H., *Open Innovation, the New Imperative for Creating and Profiting From Technology*, Harvard Business School Press, 2003.

但随着环境的快速变化，上述情况在 20 世纪末期逐渐出现了转变。一方面，尽管有发展前途的创意在不断地涌现，但是行业内部研究的效率较低，行业领先者的创新能力在不断下降。即使全球闻名的行业领导型企业，如 AT&T、西门子等也发现研究与发展投资的回报率越来越低；技术成果转移困难，一些辉煌的研究成果不适合现有的业务，大部分技术被搁置起来；突破性成果极少，更多的是渐进性创新。

令人惊讶的是，一些被丢弃的项目，后来在其他公司发展成了颇有影响力的新产品。如许多从施乐公司 Palo Alto 研究中心溢出的技术后来变得很有价值，取得巨大成功，却没能为其母公司带来利润。此外，原有的领先企业遇到了众多新兴企业的有力竞争。不可思议的是，这些新来者自己几乎不具有基础研究的能力，却具有很强的创新能力。它们善于利用不同的方式获得进入市场的新创意，在其他公司的研究成果基础上进行创新。

以思科与朗讯为例，尽管思科和朗讯在同一产业中直接竞争，但是它们的创新方式截然不同。朗讯公司在脱离 AT&T 后，继承了贝尔实验室的大部分资产，继续对实验室进行巨额投入，探索研究新材料、高精尖的组件和系统，同时还进行基础性研究，企图在未来创造出更多新产品和服务。思科作为当时的一家新型企业，缺乏类似贝尔实验室的深层内部研发能力，然而它在产品创新能力方面却与朗讯并驾齐驱，甚至在市场竞争中偶尔会打败朗讯。

思科并不采用内部研发的模式，无论公司需要什么技术，它都从外部购买。它在世界范围内寻找合适的新创企业，参与或投资有前途的新创企业，其中一些新创企业是由退出朗讯公司、AT&T 的雇员创办的。利用这种模式，思科保有世界最优秀的产业研发机构的研发产出，而自己并不用做太多的内部研发工作。

在个人计算机硬件和软件商业中，IBM 在计算方面的本事几乎未对英特尔和微软设防。同样地，在短短的 20 年里，当诺基亚在其前 10 年的木质纸浆和胶靴的低端技术产业经验的基础上，全力进入无线电话的尖端领域时，摩托罗拉、西门子和其他工业巨人只能是无奈地观望。①

封闭式创新模式受到了越来越多的挑战，多种因素共同瓦解了封闭式创新的基础。随着知识创造和扩散的速度加快、高级人才的广泛流动及风险资本的盛行，公司愈来愈难以控制其专有的创意和专业技能，迫使企业加快新产品开发及商业化的速度。否则研究人员可能会利用风险资本创业，自行开发他们的研究成果，使之商业化，而不再像以前那样，在企业内部等待开发人员把他们的研究成果开发设计成新产品。如此一来，企业内部的知识和技术免费流动到企业外部，企业巨大的研发投入将不能产生任何价值，原有良性循环被打破，如图 8-2 所示。

在知识经济条件下，以前盛行的使许多企业获得竞争优势的封闭式创新范式已不再合适，而前述新创企业所采用的完全不同于封闭式创新的模式越来越受到关注。

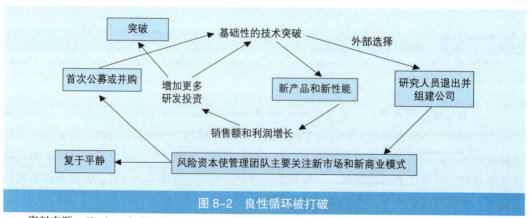

图 8-2 良性循环被打破

资料来源：Chesbrough, H., *Open Innovation, The New Imperative for Creating and Profiting From Technology*, Harvard Business School Press, 2003.

---

① Chesbrough, Henry William. *Open innovation: The New Imperative for Creating and Profiting From Technology*. Harvard Business Press, 2003.

> **创新之鉴**   实施开放式创新战略前的宝洁

从生产蜡烛起家，到以畅销肥皂而知名，宝洁一直强调研发创新，而其研发创新模式也随着环境和企业的发展而变化。1950—1980 年，宝洁采用中央实验室的中心化创新模式，创意由中央实验室集中产生，然后传播到全球的子公司再应用。随着全球化进程的推进和信息技术的发展，宝洁的研发模式也开始去中心化，1980—2000 年，宝洁的研发模式从单一的中央实验室转变为全球化的整合创新模式，分布在世界各地的研发单元通过互联网紧密相连，他们为满足全球消费者的需求而服务。无论是中央实验室的中心化创新模式还是全球化的整合创新模式，都依赖宝洁自身的研发力量。在一个多世纪里，宝洁从这种只有大企业才能负担的高成本创新中获得了成功，1998 年宝洁全球销售额超过 350 亿美元，而其引以为豪的创新之举，更是不胜枚举。

也正是这些往昔的辉煌，让宝洁对原有的封闭式创新模式产生了依赖乃至崇拜的思想。"一切答案，尽出于我"，是宝洁内部创新模式的生动写照。这种钱德勒支持的内在的、垂直一体化的创新模式是封闭的资金供给与有限研发力量的结合，其目的是保证技术保密、独享和垄断。切萨布鲁夫教授把这种强调 "此地发明"（invent here）的 "内部创新" 称为封闭式创新模式。顾名思义，封闭式创新是指企业内部人员利用 "砖块+水泥" 的自有研发设施，独立开发所有的技术和解决方案，并完整地拥有创新成果的知识产权，即把整个创新过程全部置于企业内部。

然而，面对瞬息万变的市场、残酷激烈的竞争和全球化的趋势，宝洁内部创新的效果及效率已无法满足其发展的需求。整个 20 世纪 90 年代，宝洁陷入停滞状态，创新产品很少。1999 年，公司多次向股东们发出收益利润预警，股票市值缩水了一半；内部大量的研发成果因为没有配套的战略规划反而成了负担；来自同行业的威胁，也让宝洁行业老大的地位一点点被蚕食。展现在公众面前的是一家墨守成规、内向型的公司，宝洁那些身着西装领带的高管人员甚至被冠以 "宝洁偏执狂" 的绰号。宝洁坚持的 "自建、自研、自有" 的此地研发模式不仅耗资靡费，而且还导致了组织臃肿、协调不力。

资料来源：陈劲，《创新战略、政策与能力：最佳创新企业》。科学出版社，2012 年。

8.2 开放式创新的概念及其特点

2003 年，Chesbrough 教授提出了开放式创新（open innovation）的概念（如图 8-3 所示）。**开放式创新模式是指企业在技术创新过程中，同时利用内部和外部相互补充的创新资源实现创新，企业内部技术的商业化路径可以从内部进行，也可以通过外部途径实现，在创新链的各个阶段与多种合作伙伴多角度的动态合作的一类创新模式。**开放式创新模式把外部创意和外部市场化渠道的作用上升到和内部创意以及内部市场化渠道同样重要的地位。在开放式创新范式下，企业边界是可渗透的。创新思想主要来源于企业内部的研发部门或其他部门，但也可能来源于企业外部。企业内部的创新思想可能在研发的任何阶段通过知识流动、人员流动或专利权转让扩散到企业外部。有些不适合企业当前经营业务的研究项目可能会在新的市场显示出巨大价值，也可能通过外部途径使之商业化。公司不再锁住其知识财产，而是通过许可协议、短期合伙和其他安排，设法让其他公司利用这一技术，而自己从中获利。

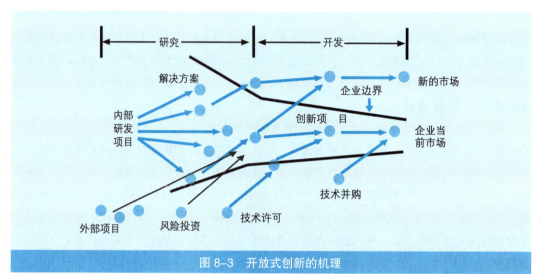

图 8-3 开放式创新的机理

资料来源：Chesbrough, H., *Open Innovation, The New Imperative for Creating and Profiting From Technology*, Harvard Business School Press, 2003, p.183.

实际上，国际上许多著名企业已经成功地实现开放式创新，取得了持续竞争优势。宝洁公司通过"联发"（联系与开发）这一全新的创新模式，与世界各地的组织合作，向全球搜寻技术创新来源，实现35%的创新想法来自与公司外部的连接。从"非此地发明"（not invent here）的抵制态度，转变成"骄傲地在别处发现"（found there）的充满热情的态度，宝洁成功地推动了持续的创新，使老牌公司保持创新活力。

世界领先的制药企业默克公司，一直以来很重视内部研发投资，但该公司2000年的年度报告中指出："在全世界的生物医学研究中，默克只占了1%。为了利用另外的99%，我们必须积极地与大学、研究机构和世界各地的企业联系，以便把最好的技术和最有发展前途的新产品引入默克。"① 苹果公司和IBM公司的创新模式也由封闭向开放转化，从外部资源里找到最先进的技术，与内部技术有效整合，为用户提供有价值的解决方案。

开放式创新要求企业在开发以及项目控制的过程中，同步观察市场与技术的瞬时变化，创新发展成为一种全局性、并行性甚至是灵机一动的有趣活动。

---

① Chesbrough, Henry William. *Open Innovation: The New Imperative for Creating and Profiting From Technology*. Harvard Business Press, 2003.

创新标杆 — 礼来公司的开放式创新

2001年,世界著名的制药企业美国礼来公司投资成立InnoCentive公司,寻求网络智囊团来解决企业在研发过程中遇到的难题,促进全球性科学研究。在www.innocentive.com网站上(见图8-6),一些全球领先公司即"寻求者"(seekers)可以在一个保密的互联网信息交流平台上发布研发难题,其公司名称及相关信息将得到完全保密。而到网站注册的世界各地科学家即"解决者"(solvers),可以访问和评估挑战,并且通过安全网上递交程序递交解决方案。来自世界170多个国家的科学家在InnoCentive注册为解决者(如图8-4所示)。他们可以接触网站上各种符合自

图 8-4 礼来公司开放式创新体系

图片来源:InnoCentive 网站

己兴趣和专长的重大研发问题;有机会完成世界级研发课题的智力挑战,使自己的才智得到公众认可。成功的解决方案可以为"解决者"换来丰厚的报酬。目前,美国礼来、宝洁、道氏化学等全球研发领先者,经常在网站上张贴各种挑战,寻求解决方案。采取这种开放式创新模式,联合全球资源,企业的研发难题完全可以从外界获取解决方案。

资料来源:桂港,"创新的革命",《中外管理》,2006年第9期。

开放式创新是一种新兴创新模式,改变了研发即创新的错误观点,改变内部研发的封闭模式,提升了用户、供应商、风险资本家、知识产权工作者的地位,充分利用外部丰富的创新资源,构建创新的生态体系,实现开放状态下的自主创新。技术创新的实现基于多个利益相关者的协同努力,这对我国企业的创新资源配置具有重要的影响意义。

Chesbrough教授描述了开放式创新的基本特点:通过合作,让企业内部和外部的所有聪明人都为我们工作;外部研发可以创造巨大价值,我们应当分享;我们并非靠自己的研究才能获利;建立一个能利用一切研究成果的模式比仅仅把自己的产品推向市场更重要;如果我们能充分利用企业内部和外部所有好的创意,就一定会取得更大的成果;我们可以从别人使用我们的知识产权中获利,同时只要有利,我们也可以购买别人的知识产权。

开放式创新模式改变了"非此地发明"的思维,企业必须充分利用外界丰富的知识技术资源,从外部寻找技术弥补内部创新资源的不足,将内部技术和外部技术整合起来,以创造新产品和新服务。开放式创新模式下,外部知识作为内部知识的补充,发挥着和内部知识同等重要的作用。同时,开放式创新克服了"非此处销售"(not sold here)的偏见,企业可以通过外部途径使内部技术商业化,使研发回报最大化,提供了创造和获取价值的新途径。

封闭式和开放式创新的另一个重要差异是，公司如何甄别保护它们的创意。在任何一个研发过程中，研究人员及其管理者都必须将坏建议和好建议分开，采纳后者使之商业化，同时抛弃前者。封闭式和开放式创新都善于清除"假肯定"（false positive），即初看起来有市场前景但实际无市场价值的创意；但开放式创新还能集中能力挽救"假否定"（false negative），即因不适合公司现有商业模式，初看起来无市场前景但实际有潜在市场价值的项目。过多关注内部的公司易错过许多机会，因为有些技术成果适于在公司现有业务模式之外发展，或需要与外部技术结合来释放其潜能。如表 8-1 所示，与先前的封闭式创新模式相比较，开放式创新模式有以下基本原则。

表 8-1　封闭式创新和开放式创新基本原则的比较

封闭式创新的基本原则	开放式创新的基本原则
● 本行业里最聪明的员工为我们工作	● 并非所有的聪明人都为我们工作，我们需要和企业内外部的所有聪明人合作
● 为了从研发中获利，我们必须自己进行发明创造、开发产品并推向市场	● 外部研发工作可以创造巨大的价值，而要分享其中的一部分，则必须进行内部研发
● 如果我们自己进行研究，就能最先把产品推向市场	● 我们不是非要自己进行研究才能从中受益
● 最先将创新商业化的企业将成为赢者	● 建立一个更好的商业模式要比贸然冲向市场好得多
● 如果我们创造出行业中最多、最好的创意，我们必将胜利	● 如果我们能充分利用企业内外部的创意，我们必将胜利
● 我们必须控制知识产权，这样竞争对手就无法从我们的创意中获利	● 我们应当通过让他人使用我们的知识产权而从中获利，同时应当购买别人的知识产权，只要它能提升我们的商业模式

资料来源：Chesbrough, H., *Open Innovation, The New Imperative for Creating and Profiting From Technology*, Harvard Business School Press, 2003.

创新标杆　　美创平台：变革时代美的集团的开放式创新探索

2015 年 9 月 12 日，经过长达半年多的酝酿，作为美的集团创新战略下首个重磅项目的美创平台 1.0（http://open.midea.com）终于落地。美创平台是由美的集团中央研究院与浙江大学联合开发的开放式创新平台。作为综合性的公共创新平台，美创平台 1.0 既可以提供线上需求发布、线上解决方案、线下资源交易等基础服务，也可以让大众参与到创新、研发及测评全过程。更关键的是，这一平台可以作为创新创业的孵化器，整合内外部的资源，培育新的项目和产品。

美创平台主体分为众创、需求解决方案、孵化器三大板块。众创是指利用大众的智慧促进创意的转换，大众发布创意，由大众来评议完善，创意发布者还有机会参与创意转化产品的成果分享；需求解决方案是指充分利用全球的资源解决问题，线上发布需求，线上提供解决方案，精准匹配后线下进行资源交易；孵化器是指全球范围征求孵化项目，线上申请项目，美的平台提供资源，线下进行项目对接，实现资源共享、互利双赢。

美的集团副总裁、美的研究院院长胡自强认为，与其他一般的孵化器不同，该平台最大的优势在于资源的丰富和开放。"我们有很强大的技术团队作为支撑，还有很强的制造基地、销售体系，都能为创新平台提供服务。除此之外，对于优质的项目，我们还可以送到浙江大学去培训，在美国我们也有研发中心、硅谷的一家大型的创新孵化公司与我们合作。这些资源都将面向全球开放。"美的将以"智慧家居"和"智能制造"战略进行突破，从单纯的技术提升转化为创新力的提升，进行内部自主研发向外部共同研发的转变。

该平台的另一大特色是追求用户至上。"过去创新大多围绕技术层面，而我们的平台以用户驱动创新，从用户的痛点出发。"胡自强介绍，今后美创平台上，从创意收集到项目立项、方案设计、技术设计再到制造、销售、评测、反馈，全过程都有用户参与。

为进一步助推平台上的项目孵化成熟，美的还从集团层面成立10亿元创投基金和1亿元创业基金，重点投向三大板块：一是在现有品类打造爆款；二是培育机器人家庭健康等新产业；三是打造未来生活体验的智能产品。另外，针对内部员工创业项目，还将实行小微公司运作，员工可以持股15%—40%，也可以引入外部的优质资源。

美创平台建设目的在于以下几点：（1）突破"创新者的窘境"，增强持续竞争优势。通过吸取国内外部分行业领先企业从巅峰衰落的教训，在移动互联网、大数据等新科技革命与市场变革来临时及时主动应对变革挑战，掌握主动权。（2）构建二元性组织，主动应对变革挑战。建立开放式创新平台，既能维持现有主营业务增长，同时又能培育孵化颠覆性新业务，两种组织结构与激励考核制度并存。（3）激发全体员工创新活力。通过制度与文化创新（如鼓励内部创业的创业基金、股权激励、允许一定时间停薪留职创业等）激活员工创新创业活力。（4）提升创新成功率，降低创新风险。通过征集外部已有优秀创意、技术、专利等并商业化，降低内部研发风险。

美创平台上线后，积极推进跨界合作，实现优势互补，寻找新的创新点。截至2016年年初，累计征集到230个需求、750个创意、120个技术方案，并与300多家企业形成合作伙伴关系。

目前，已有多家国内外知名高校及科研机构、几十家优质孵化器成为平台的合作伙伴。例如，美的集团与麻省理工学院、加州大学伯克利分校、斯坦福国际研究院、浙江大学、清华大学、中科院等国内外著名高校与科研机构合作，大力推进了创新战略，让研究成果走出实验室，转化成实实在在的产品和服务。同时，美的也通过与通用电气、联合利华、华大基因研究院、科大讯飞、中科奥森等国内外一流科技企业进行合作，在传感器、人工智能、健康管理、环境保护等领域开拓了一批创新产品和创新体系。

美创平台通过举办创意大赛、项目路演等活动，吸引了大批用户和大量优秀创意。截至2016年年初，通过路演评审，进入美的孵化器的创业项目有20多项，美的孵化器为创业团队提供了资金、技术、销售及售后渠道的支持。其中，通过美的孵化器孵化的优秀项目，例如M2净水器上市5个月已实现3000多万元销售额；美的家电深度清洗服务上线两个月已达成30000多个订单量；葡萄找车平台上线5个月交易额已达5000万元。

资料来源：美的开放式创新中心提供资料，2016.3.

> 线上阅读：让"没有胸牌的员工"成为创新主力

8.3 合作创新

国内外的相关研究对合作创新内涵的界定有所不同。国际上主要采用研发合作这一概念，认为其本质是基于分工的一系列创新活动，在创新过程中某一阶段存在着其他创新行为主体的参与，就可认为是合作创新。由于研发在创新过程中处于战略性重要地位，因而西方学术研究也主要集中在研发合作方面。我国企业在技术创新各个阶段存在合作的可能性和必要性，因此使用合作创新的概念更适合我国国情。

8.3.1 企业间合作创新的类型

获取互补的技术资源是研发合作最主要的动机。当前技术发展日益复杂，不同学科、技术领域之间的交叉融合趋势日益明显，技术创新常常需要跨越多个科学技术领域才能完成，但很少有企业具有足够广博的知识。合作创新将使企业获得互补性的科学知识和技术，形成技术组合优势和协同效应。

拥有丰富技术资源的企业相互合作，共担研究开发成本和创新风险，以发挥创新资源的协同效应和研发规模效应，实现技术突破。这种情况在技术密集的行业领先企业之间出现得较多。例如在 Pratt & Whitney – Rolls Royce 的 2500 飞机引擎合作开发项目中，Pratt & Whitney 公司在热处理技术方面具有优势，而 Rolls Royce 公司在风扇与压缩机方面具有技术优势，两种技术的融合可以产生突破性技术创新。

合作创新具有多种形式，但它们各有其适用条件和优缺点，没有绝对意义上的最佳形式。比如，飞利浦常采用合资方式，ABB 常采用收购兼并方式，而我国企业多采用产学研合作形式。这是由于合作的成功取决于很多因素，这些因素主要包括市场结构、创新周期、技术轨道与技术范式、公司战略和文化等。公司必须根据自身特点与需要，在平等互利的原则基础上，考虑兼顾各方面的因素，因时、因地制宜，采用合适的形式，同合作伙伴在技术、产品、市场或能力上达到优势互补。表8-2概括了合作创新的主要形式及优缺点。

表 8-2　合作创新的主要形式

合作形式	适用期限	优点	缺点
合同	短期	降低成本和风险 缩短周期	难以选择合作伙伴
技术许可证	定期	引进技术	操作较复杂
联合研究（发展）	中期	专长、标准 费用共担	知识泄漏 管理比较复杂
战略联盟	灵活的	有限承诺 获取市场	潜在锁定 知识泄漏
合资	长期	专用技术诀窍的互补 改进管理	战略不一致 文化不融合
创新网络	长期	动态的学习潜力	静态低效

1. 合同

在运用合同的方式中，有几种被实践证明有效的方式，如麻省理工学院的冯·希伯尔教授发明的"领先用户法"。通过利用领先用户提供的新产品设想和原型设计，并将它纳入新产品研发的一系列技术创新过程中，企业可以有效地提高新产品的开发速度和质量。美国3M公司等广泛应用此法，取得了良好的创新效果。还有日本的"供应者—用户"合作模式，它是日本制造商与供应商签订长期合作协议，供应商在制造商的支持下供应技术创新的器件，对制造商的产品创新提供了强有力的支持。

2. 技术许可证

技术许可证为企业运用他人的知识产权提供了机会，一般是根据产品的销售额提供一定比例的费用。购买技术许可证有以下好处，如降低开发费用、减少技术和市场风险、加速产品开发和缩短产品进入市场的时间。当然，使用许可证也不可避免地存在一些缺点，如受到许可证转让者的条款限制；可能造成操作上的失控，如价格、产量和质量以及在搜寻、谈判和采用许可证上的交易费用支出。实际上，运用技术许可证的费用与效益之比取决于技术与市场的性质、企业战略和能力。根据对 200 家化学、工程和制药企业的调查表明，使用技术许可证的主要优点不在于降低费用而在于提高了创新速度。

3. 联合研究（发展）

联合研究（发展）是若干组织在一个具体项目上进行共同研究（发展）。其优点是，企业可以互相利用稀缺资源和技能完成竞争前的研究和标准的设定，而且在研究开发过程中共同分担风险和费用。它有集中和分散两种形式。前者是指合作者在同一个工作环境中进行研究；后者是指合作者分散在各自单位进行研究工作，定期进行交流。美国企业大多数采用集中式，欧洲一般采用分散式，而日本则两者兼而有之。我国的产学研合作一般采用分散式，但一些国家和政府组织的攻关项目大多采用集中式。欧洲四国联合研制的空中客车、美国的微电子和计算机技术公司（MCC）都是成功的集中式合作创新的实例。

4. 战略联盟

战略联盟指两个以上的企业（组织）间采用结盟的形式在投资、科研、生产和开拓市场等方面进行密切合作，以应对快速变化的外部环境和其他竞争对手的一种长远战略。其典型形式是两个或两个以上的企业（组织）间采用合约形式进行产品或技术的合作开发。上述的联合研究（开发）形式着重于基础性研究（上游），而战略联盟着重于接近市场（下游）的项目。但是，战略联盟也不同于较为正规的合资，战略联盟一般有特定的目的和时间进度表，而且在组织上也不单独设立公司。20 世纪 80 年代以来，由于科技的迅猛发展，产品的技术化程度越来越高，复杂化程度也愈加突出，同时全球性资源短缺日益凸显，导致战略联盟由产品联盟转向知识联盟。前者目的在于降低投资费用和风险，而后者以技术输出和成果共享为特征，突出从战略上保持、更新或创建新的核心能力。例如，IBM 公司和汤姆森公司联合研发和推销微处理器，就是为了向英特尔公司的霸主地位发起挑战，而构建起的一个知识型战略联盟。

按联盟对象划分，合作联盟可分为两种：（1）与竞争者的联盟为水平联盟；（2）与顾客或供应商的联盟为垂直联盟。按合作的具体形式划分，合作联盟可分为三类：（1）松散的合作关系，包括网络组织、机会性联盟等；（2）（非股权的）契约关系，包括分包经营、许可证经营和特许权经营等；（3）（股权的）正式的所有关系，如联营、合资企业等。

5. 合资

合资有两种基本形式：（1）由两个不同的组织出资建立一个新的公司，根据出资额的大小进行控股经营；（2）运用契约形式进行合作，这种方式比较简单。它们的主要区别在于：有无股权安排和是否形成法人实体。空中客车是成功合资的典范。它最早是由联邦德国的 MBB 公司和法国航天公司于 1969 年建立的合资公司，1970 年西班牙 CASA 公司加入，1979 年英国航天公司加入。这一合作不仅诞生了具有国际水平的中程宽体客机，而且参与其中的 MBB 公司和 CASA 公司利用这一合作机会大大发展了它们的核心技术能力。

6. 创新网络

创新网络是一种很常见的合作形式，本质上是一个虚拟组织，是一种从科层结构向市场过渡的形式。创新网络由许多节点组成，这些节点代表了企业、业务单位、大学、政府、客户及其他组织。节点之间相互连接、相互作用。企业在网络中所处的地位具有战略重要性，反映了它在网络中的力量和影响，这一力量的源泉包括技术、专长、信誉、经济实力和合法性。节点之间的连接或相互作用的数量、强度和形式决定了这个网络是紧密的或是松散的。随着时间的推移，网络节点间的知识和社会联系逐步发展增强，从而增加信任和降低交易费用，进而驱使公司在网络成员中购买或出售技术。例如，瑞士的钟表业建立了小企业间的长期网络，从而在机械精密加工方面具有优势，但是这种联系反过来使它们对日本电子表业的反应变得迟钝。网络的依赖关系可以是技术上的、知识的、社会的或后勤的。网络对其成员的作用是各不相同的，可根据需要对网络进行调整。一个网络不可能永远是最优的。随着条件的变化，往往需要采用不同形式的网络，不同形式的网络提供了不同的学习机会。

合作创新的优势在于：（1）弥补自身在进入新行业时的资源和能力不足；（2）获得"相乘"效果和可持续性竞争优势。合作创新的问题在于：（1）联盟各方的动机并不相同，追求利益不完全一致，可能产生冲突；（2）文化和观念不同，缺乏信任；（3）有可能培育出比自己强大的竞争对手。

8.3.2 产学研合作

1. 产学研合作创新的主要特征

在知识经济时代，作为利润主体的企业在寻求自身的进一步发展的同时，不可避免地要通过自身的开放以求得外界资源，在获得发展动力的同时，尽可能降低风险。以学术研究为主要任务的大学和研究机构理所当然地成为企业获得知识资源的合作伙伴。从社会资本的视角来看，企业开展产学研合作的实质是将企业的社会资本内化为企业的智力资本。

我国对于产学研合作的研究开始于20世纪90年代。产学研中的"产"指的是产业；"学"指的是学校，主要是大学或学院；"研"指的是研究机构或研究所。产学研合作创新是指企业与大学或科研机构利用各自的要素占有优势，分工协作共同完成一项技术创新的行为。大学和企业为了实现共同利益，以技术转移合约为纽带，在共同投入、资源共享、优势互补、风险共担的条件下，将高技术成果转化为现实生产力。

企业与大学是完全不同的系统组织，行为特性和目标亦不相同，产学研合作创新过程存在诸多特殊性。企业和大学拥有的创新资源具有很强的互补性或相互依赖性。大学投入的创新资源主要是专业人才、科研仪器设备、知识及其产权、技术信息、研究方法和经验；企业的创新投入则以创新资金、生产试验设备和场所、需求信息及市场营销经验等。大学知识扩散的需要与企业技术创新知识源的需要，构成了合作创新的供需市场。在各类合作创新中，产学研合作最能体现要素的互补优势、规模优势、重组优势。

大学和科研机构注重科技知识的前沿性，与市场终端有很大的距离，它们不会向企业提供现成的新产品技术。大学提供的前沿科技知识主要适用于开发全新产品的创新活动的早期阶段，具有高度的技术不确定性和市场不确定性。因此，产学研合作具有高不确定性、合作双方信息的高度不对称性、合作的高交易成本性等特征。

2. 产学研合作的动机

产学研合作的动机主要来源于企业、大学之间的能力"异质性"、节省交易费用、独占知识技术等三方面。通过产学研合作，企业获得研究专家的技术支持，了解技术发展趋势。大学为企业提供接近共性技术和新兴技术的窗口。企业把公共的科学技术知识作为快速获取新知识、增强工程师对科学发展理解力的一种重要的外部源。大学不是企业在产品市场的直接竞争者，企业与大学的合作就不存在对新技术产品的利益独占性的问题，所以产学研合作是企业获取前沿科技知识的有效途径。

3. 产学研合作的影响因素

许多研究表明，公司规模和研发强度对产学研合作存在正相关，即大公司更有可能与大学和研究机构合作，公司内部研发投入能显著地促进产学研合作。Rothwell对170家企业的调查显示，大中型企业与大学合作的比重为75%，明显高于与小型企业的合作（36.5%）。[1]

---

[1] Rothwell, Roy, and Mark Dodgson. "External Linkages and Innovation in Small and Medium - Sized Enterprises" R&D Management, 1991, 12(2): 125–138.

但也有学者持不同的意见。López-Martínez 等人通过对 59 位大学和企业的研究人员的调查证明，中小企业比大型企业更容易与大学发生合作创新关系。但产生矛盾的真正根源是企业的吸收能力，吸收能力才是根本性的影响因素，大公司往往有较强的技术能力积累，具有在创新活动中利用大学科技知识所需的吸收能力。

4. 产学研合作的主要类型

按照合作的紧密程度，产学研合作模式可分为四类，分别适用不同的合作阶段：技术转让型、委托研究型、联合开发型和共建实体型。产学研合作的历史和现实表明，这四类模式既反映了产学研各方合作关系的紧密程度（技术转让型→委托研究型→联合开发型→共建实体型），又体现了技术创新的实现程度（从合作初期以技术转让为主到后期谋求共建实体全程介入共同发展）。

Annamaria Inzelt 将产学研的合作按照合作双方的嵌入程度进行划分，列出 18 种合作方式（见表 8-3）。第 1 种到第 5 种属于合作双方交流的范畴；第 6 种到第 16 种属于合作的范畴，其中第 15 种通过合同实现的正式合作和第 16 种通过联合成立公司实现的正式合作是产学研合作形式中最复杂、合作程度最高的。表 8-4 对产学研合作方式进行了总结。[①]

表 8-3 产学研合作方式及其分类

合作形式	所属合作水平	交流方式图示
1. 在大学中为企业的员工进行有针对性的培训	个人之间的	官 产 学
2. 在大学中为企业职员开办讲座		
3. 在企业中为大学教员培训		
4. 通过专业联盟集会、论坛等方式进行的学校人员与企业人员的非正式的交流		
5. 购买大学的研究成果（专利）		
6. 将大学教员聘为企业的长期顾问	个人之间的 组织之间的	官 产⇄学 Arm's length
7. 大学研究人员辅导企业的员工（跨组织的师徒关系）		
8. 大学教授培训企业员工		
9. 大学教授与企业员工联合发表出版物		
10. 大学和企业联合培养博士、硕士		
11. 大学教授与企业员工分享知识产权		
12. 大学或企业不借助对方的组织也能够使用对方的设备	有制度保障的	官 产 学 三重螺旋
13. 企业为大学设备投资		
14. 企业定期获得大学的研究成果		
15. 合同研究		
16. 联合研究项目		
17. 建立从大学到企业的永久性知识流		
18. 通过合作成立新企业的溢出效应产生知识流		

资料来源：Inzelt, Annamaria. "The evolution of university-industry-government relationships during transition." *Research Policy*, 2004, 33(6): 975-995.

表 8-4 产学研合作形式总结

	基于合同	不基于合同
人员之间交流	咨询、培训、雇佣、共同培养人才（如产业博士）	非正式的交流（如聊天、娱乐等）
有形资产方面联系	共建企业，企业为学术研究机构投资	共用设备
无形资产方面联系	专利转让、技术许可、联合申请专利、联合发表文章、建立联合中心	

资料来源：魏诗洋，《产学研合作中知识管理对企业创新绩效的影响分析》，浙江大学硕士学位论文，2007。

8.4 基于网络组织的创新

网络组织是基于信息技术，由专业化联合的资产、共享的过程控制和共同集体目的等要素构成，通过活性结点的网络联结，能够获得某种长期竞争优势的有机组织系统。[①] 网络创新模式与前述几种创新模式相比有着本质上的区别。它是完全开放式的，没有一个明确的边界。这种创新模式的代表是软件领域的开放源代码软件或自由软件（open source software，OSS）的开发模式，如 Linux 和 Java 软件平台的开发。[②]

1991 年，芬兰赫尔辛基大学毕业生 Linus Torvalds 将自己编写的第一套 Linux 程序发布到了互联网上，由此揭开了开放源代码软件的发展序幕。Linux 开放其技术标准，使得全球的对 Linux 技术感兴趣的研发人员都可以在前人研究成果的基础上参与软件的开发、修改和创新过程，形成了一个全球 Linux 技术开发网络，在互联网上汇集数百万人才的力量。这种方式有效地促进了 Linux 的发展，造就了足以与微软抗衡的软件巨人。

Raymond 最早运用了"集市"（bazaar）这一词汇来描述开放源代码软件的组织特征。他认为开放源代码软件组织是分散的、以民主方式发展的组织结构，更像是"一个巨大的、有各种不同议程和方法的乱哄哄的集市"。网络组织边界是相当松散的，没有高度的严格性，缺乏稳定性和可靠性，但具有很强的生命力。借助于全球化的信息网络，企业组织可以利用不同地域的资源，整个企业组织在运作过程随时可能根据需要组成新的团队或解散某些团队，也会与外部企业组成联盟。

目前网络组织模式的应用主要还集中于软件开发领域，其商业模式还不十分明朗。但已有证据显示，这种模式已经对其他一些传统行业产生影响，如电影等娱乐业和报纸等媒体。[③]

综上所述，封闭式创新、合作创新、开放式创新和网络组织创新这几种创新模式的区别和主要特征可以用图 8-5 和表 8-5 表示。

[①] 赵民杰、刘松博，"网络组织模式内涵研究"，《兰州学刊》，2004 年第 6 期，第 144-146 页。

[②] 刘建兵、柳卸林，"企业研究与开发的外部化及其对中国的启示"，《科学学研究》，2005 年第 3 期，第 366-371 页。

[③] 程源、雷家骕，"企业技术源的演化趋势与战略要义"，《科学学与科学技术管理》，2004 年第 9 期，第 74-77 页。

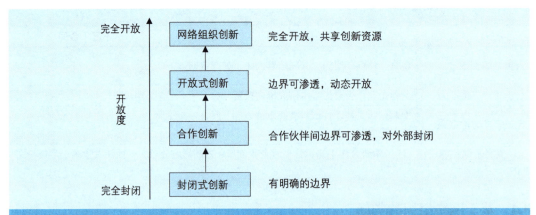

图 8-5　几种不同创新模式的开放程度和边界特征比较

资料来源：陈钰芬，《开放式创新的机理与动态模式研究》，浙江大学博士学位论文，2007 年。

表 8-5　几种不同创新模式创的主要特征

	封闭式创新	合作创新	开放式创新	网络组织创新
创新来源	内部研发	内部研发为主，合作伙伴间部分资源共享	内部研发和外部创新资源并重	共享全球创新资源
外部技术环境	知识贫乏	知识较丰富	知识丰富	知识丰富
与其他企业的关系	竞争	竞争合作	分工协作	合作
组织边界	完全封闭	合作伙伴间边界可渗透，对外部封闭	边界可渗透，动态开放	边界模糊，完全开放
创新组织方式	纵向一体化，内部严格控制	内部纵向一体化，强调合作	垂直非一体化，动态合作	松散的、非正式的

资料来源：陈钰芬，《开放式创新的机理与动态模式研究》，浙江大学博士学位论文，2007 年。

创新标杆　海尔HOPE开放式创新平台

海尔 HOPE（Haier Open Partnership Ecosystem）平台由海尔开放式创新中心开发并运营，于 2013 年 10 月正式上线，2014 年 6 月改版升级。HOPE 平台是海尔集团与全球伙伴开放式创新合作、交互创新需求、寻求优秀解决方案的平台，通过与全球伙伴知识共享、资源共享，建立专业领域的个人圈子，打造全球创新交互的社区。

1. HOPE 平台上线运营

HOPE 平台目前已经发展成为中国最大的开放式创新平台，也是亚洲最大的资源配置平台。全球顶尖的研究机构比如 MIT、斯坦福、弗莱恩霍夫协会，最大的创新公司陶氏、3M、巴斯夫，还有数量众多的创业公司、创客都在上面进行交互，通过用户需求和全球资源的匹配，确保了海尔集团越来越快、越来越多地持续推出行业领先、颠覆体验的创新产品。海尔的开放式创新研发模式,将用户和技术资源方引导在统一的平台上,让用户和资源方参与深度的交流沟通,交互出来的产品再去转化、销售,真正做到让用户和资源方都参与产品研发过程的并联研发模式。

2. HOPE平台的三大板块

HOPE平台主要内容可概括为三大板块:社区交互、技术匹配和创意转化(如图8-6)。

在社区交互板块,通过社区的运营,开放创新平台吸引了大批的用户参与各种活动的交互,积累了用户流量以后,通过后台的数据分析与整理,能够全面

图8-6 海尔HOPE平台运作机制图

资料来源:IT168数字家电频道,http://elec.it168.com/a2015/0313/1711/000001711176.shtml

了解和掌握用户在使用家电过程中对各种电器产品的差异化需求,再通过加工整理,快速转化成了产品规划。同时,庞大的用户群也为创新的反馈提供了优质的流量基础。接下来是技术匹配部分,目前海尔的HOPE平台已经注册了10万以上的技术资源方,而且每个技术资源方都是带着技术方案上平台的,这些技术方案结构化的数据为大数据匹配提供了良好的数据基础。因此,任何用户在将需求发布到平台后,通过后台的大数据匹配,都能够快速精准地找到合适的解决方案。最后通过创意转化环节,在HOPE平台上已经拥有了大量的用户需求信息和技术方案信息后,再将这两者进行加工整理,就得到了完整的可行性产品解决方案。

通过HOPE平台,任何用户在注册后,就可查看海尔发布的所有创新需求,并可随时提交解决方案。提交后的解决方案会自动在HOPE平台上参与用户的交互,与该需求相关的用户可与资源提供方随时交互,并共同完善方案,直至形成可转化落地的产品方案,并最终与海尔一起完成产品化,实现市场价值。而参与交互的各方也可获得市场价值的分享。

3. 开放创新成功案例

通过HOPE平台的开放式创新成功研发的"干湿分离技术"是一个典型的成功案例。2013年6月,在接到一个上班族关于冰箱在果蔬保鲜方面很难达到理想效果的抱怨后,海尔冰箱研发部门在HOPE平台上发布了可以"让菠菜保鲜7天"的技术需求,平台使用标签自动匹配和大数据技术,检测到平台上有符合该技术需求的方案,然后找到了5家做相关技术研发的资源方,进行分析选取了3家,将其反馈给冰箱研发部门。针对这3家资源方,海尔开放创新平台通过组织技术评估会,邀请5位专家以及冰箱研发部门的同事们,通过技术评估确定最终可以合作的资源方。研发部门在与高湿保鲜技术研发资源方达成了合作协议后,HOPE平台安排线下服务团队跟进高湿保鲜技术的研发,并且进行中期的研发评估和审核。最终于2014年10月,海尔成功发布了可以"让菠菜保鲜七天"的干湿分离技术,技术突破了目前行业食物保鲜的最高水平,并且申请了国家专利。

4. HOPE平台成功背后

海尔HOPE平台开放创新合作的成功,依赖于其构建的各项核心能力。首先,HOPE平台掌握着最新的行业技术动态,其大数据爬虫系统和数十人的分析师团队,能够对接收到的最

新技术信息进行系统的分析，第一时间推出技术报告资讯，为研发方向决策提供一手资料。其次，HOPE通过建立专业的交互圈子，通过上百名专家在线与用户和资源方交互，打造出来一个个的细分技术领域交互的圈子，每一个圈子都是解决一类技术问题的专家。海尔还通过推行用户付薪政策和人人创客行动来提高产品收益的分享，激发了创新的热情，已有大批的风险投资方进入到海尔孵化体系中，助力创意的快速产生与转化。此外，HOPE平台还能快速精准匹配全流程资源，后台建设有强大的搜索匹配引擎，能够快速将后台资源库、方案库、需求库、创意库进行配对。最后，依靠其完善的服务体系，对创意转化全流程支持，从创意的提出、交互、孵化，到产业化、营销等全产业链条，海尔开放创新系统都能够提供全方位的支持。

参考资料：《海尔开放创新平台：让技术研发更简单》，2015-02-11. http://hope.haier.com/article/index/detail/id/293632.html

专栏 分布式创新

随着产品复杂性的增加，产品日益体现出多技术和跨学科的特征，创新更需要组织间的相互信任以及信息共享。在知识经济时代，由于创新经常涉及几个企业或者其他组织的参与，绝大多数产品和服务都是通过相互协调并起作用的几个组织开发和生产扩散的。创新逐渐成为在组织内不同地域的各部门或不同地域组织间广泛分布的"分布式"过程。

Hippel教授从"黏着信息"的角度提出，根据黏着信息的所在地选择求解创新问题的场所。他认为，由于创新所需的信息具有黏性，因此需要将创新任务进行分解，根据黏着信息不同的所在地分布各项创新活动。Hippel教授从创新源的角度对分布式创新进行了研究，他认为以一种系统的方式理解创新行为并管理创新过程是有好处的。

对跨企业边界的技术创新过程分布式特性的关注引发了一个新名词"分布式创新"，创新所需技术和其他能力在一系列企业和其他知识创造机构之间广泛分布。Kelly认为，分布式创新是分布于不同地域的各个子公司的企业员工成功地实施创意、任务及其他创新过程（适用于有不同地理位置分布的分公司的企业），或者分布于不同地理位置的企业间的创新合作。因此分布式创新可以是企业内部各创新组织在不同地域分布，也可以是不同地域的企业间的合作共享。

分布式创新与开放式创新有许多相似性，都是在经济全球化和知识经济背景下出现的一种新的创新组织模式。分布式创新和开放式创新都说明创新过程的非线性特征，在创新活动的组织上都强调企业外部创新资源的利用，但两者的侧重点不同。分布式创新强调创新活动发生的地理位置在不同区域分布的特点，其对立面是把创新企业作为创新过程的唯一地点，主要区别于传统的层级结构组织形式。分布式创新可以开展在企业内部，也可以是企业间，主要强调创新活动在不同地域发生的分布的特点。因特网的发展使得分布式创新成为可能并日益体现出其优越性。开放式创新强调跨越组织界限，强调企业向外部组织开放合作，通过外部创新资源和外部营销渠道的利用提高创新效率，主要区别于传统的完全依赖自身力量实现创新的封闭式创新模式。

8.5 协同创新

面对竞争全球化、环境不确定性、技术复杂性以及产品生命周期的缩短,企业独立创新难以拥有创新所需的全部资源,创新失败的风险也难以承担。由此,异质性主体间的协同创新成为应对新环境的有效创新模式。

美国麻省理工学院 Peter Gloor 最早提出了**协同创新**(collaborative innovation)的概念,他认为协同创新就是"由自我激励的人员所组成的网络小组形成集体愿景,借助网络交流思路、信息及工作状况,合作实现共同的目标"。综合近年来国内外有关研究,协同创新的定义是:通过国家意志的引导和机制安排,促进企业、大学、研究机构发挥各自的能力优势、整合互补性资源,实现各方的优势互补,加速技术推广应用和产业化,协作开展产业技术创新和科技成果产业化的活动,是当今科技创新的新范式。①

何郁冰从战略协同、知识协同以及组织协同三个层次设计了产学研协同创新的理论框架,如图 8-7 所示。其中,协同创新的核心包含战略、知识与组织三者的协同,利益分配、合作历史、吸收能力、产业环境、创新复杂度、组织间关系成为影响协同创新的主要因素,这些因素彼此存在差异性,相互补充。对于协同创新的绩效,需要考虑成本影响下的效益以及协同创新活动的效率问题。同时,协同创新的有效开展离不开政府政策、项目、体制机制的支持,以及中介组织、金融组织及其他组织的参与和辅助。

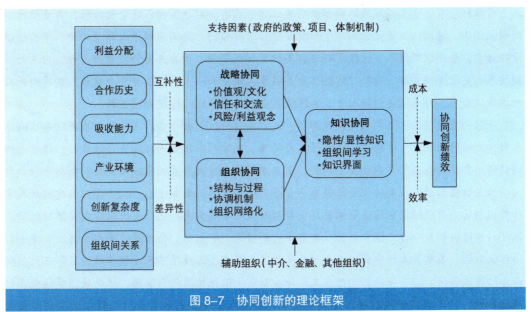

图 8-7 协同创新的理论框架

资料来源:何郁冰,"产学研协同创新的理论模式",《科学学研究》,2012 年第 2 期,第 165-174 页。

---

① 陈劲编著,《协同创新》。浙江大学出版社,2012 年。

实践层面，异质性主体的协同创新经历了从原先产学研的合作创新，再到以企业、高校、科研院所、政府、金融机构、中介服务机构等多主体的协同创新，从而实现了协同主体的知识溢出与创新涌现，产生了1+1+1>3的效果。

创新视点 —— 绿色交通技术协同创新联盟 ——

武汉理工大学等21家高校、科研院所、行业企业积极探索协同创新的新模式，共同组建了"绿色交通技术产学研协同创新联盟"（以下简称联盟）。联盟围绕我国"资源节约型、环境友好型"社会建设对交通运输业赋予的使命和要求，立足于解决影响交通运输业发展方式转变和结构调整的瓶颈问题，推动低碳运输体系建设，促进绿色交通运输技术发展，通过创新体制机制，统筹交通运输业内外相关资源，构建国际一流水平的绿色交通技术协同创新平台，共建创新人才培养实验区，推进行业文化传承创新，全面提升交通运输业自主创新能力、创新人才培养能力和文化传承创新能力。

依托联盟，组建了"绿色交通技术协同创新中心"（以下简称中心），并设置管理委员会，管理委员会是该中心的最高决策机构，负责制定中心发展规划并确定科学技术的总体发展路线，确定中心不同时期的重点任务，争取各类资源，协调和决策中心发展中的重大事项，聘任中心主任和领域首席科学家等。中心主任负责中心日常管理和运行，协调创新体内三类协同创新平台和创新人才培养实验区等各类创新资源，支持领域首席科学家开展科学研究和人才培养。首席科学家负责本领域的协同创新研究工作，具有相对独立的人事管理权限，负责组建创新研究团队，对团队成员按创新质量和贡献进行绩效分配。协同创新中心通过构建科学的组织管理体系，整合汇聚绿色交通技术领域各类相关创新资源，构建三类科技创新平台，为三大关键技术的突破提供支撑，同时，依托三大关键技术研究和三大科技创新平台建设，构建创新人才培养试验区，培养拔尖创新人才，实现绿色交通技术领域的持续协同创新。

联盟的主要任务：（1）合作构建国际一流水平的科技创新平台。围绕解决我国绿色运输体系科学发展的基础性、前瞻性、战略性重大问题，充分利用联盟内外相关科技资源，建立全新的科研协作机制及成果与利益共享机制，重点建设重大基础与应用基础研究协同创新平台、重大共性关键技术开发成果转化协同创新平台等三类科技协同创新平台。（2）合作共建创新人才培养试验区。围绕绿色交通运输体系发展对创新型人才的需求，充分发挥联盟成员单位优势，依托科技协同创新平台，探索创新人才培养的新模式、新机制，合作建设高水平博士和博士后培养试验区、高质量本科生和硕士生培养试验区和高素质工程技术人才培养试验区等三大创新人才培养试验区。（3）协同推进行业文化传承创新。依托协同创新联盟，推动我国交通行业的观念创新，以现代交通发展观、交通科技观、交通人才观等构筑符合时代特征的交通行业文化，实现交通行业的文化创新，提升行业软实力。（4）协同培养和造就学科领军人物和创新团队。面向交通运输业自主创新和创新人才培养对高层次人才的需要，培养和造就一批能够引领交通运输业未来发展方向的学科领军人物和高水平的创新团队。围绕联盟协同创新平台的研究领域和建设任务，引进和培养以两院院士、国家"千人计划"特聘专家等具有国际竞争力的战略科学家,建设若干以战略科学家为核心的创新团队。面向我国交通运输业技术创新和产业升级的重大需求,依托联盟科技创新平台,引进、培养一批产学研特聘专家,建设若干以产学研特聘专家为核心的研发团队。

资料来源:浙江大学 RCSTEP 中心,《科教结合创新发展方式的理论与实证研究》。

本章小结

1. 开放式创新是指企业在技术创新过程中,同时利用内部和外部相互补充的创新资源实现创新,企业内部技术的商业化路径可以从内部进行,也可以通过外部途径实现,在创新链的各个阶段与多种合作伙伴多角度的动态合作的一类创新。

2. 在开放式创新范式下,企业边界是可渗透的。创新思想主要来源于企业内部的研发部门或其他部门,但也可能来源于企业外部。企业内部的创新思想可能在研究或发展的任何阶段通过知识的流动、人员的流动或专利权转让扩散到企业外部。

3. 与开放式创新相关的模式包括封闭式创新、合作创新、网络组织模式。开放式创新强调内部研发与外部资源的并重;封闭式创新强调内部研发;合作创新以内部研发为主、强调合作伙伴间部分的资源共享;网络组织共享全球创新资源。

4. 协同创新是通过国家意志的引导和机制安排,促进企业、大学、研究机构发挥各自的能力优势、整合互补性资源,实现各方的优势互补,加速技术推广、应用和产业化,协作开展产业技术创新和科技成果产业化的活动,是当今科技创新的新范式。

回顾性问题

1. 什么是开放式创新?其内涵与特点是什么?
2. 开放式创新与封闭式创新、合作创新以及网络组织创新的异同?
3. 什么是协同创新?协同创新的内涵是什么?

讨论性问题

1. 传统的封闭式创新模式面临哪些挑战?为什么开放式创新成为当前新的趋势?
2. 开放式创新的典型特征是什么?
3. 是否所有的企业都适合开放式创新?如何限定开放式创新的边界?

实践性问题

1. 请选择一家你身边的企业,分析其创新模式是封闭式还是开放式,有哪些特点?并就进一步提升其创新绩效提出你的建议。
2. 开放式创新企业带来了哪些方面的好处,试举例说明?

延伸阅读

1. [美]切萨布鲁夫著，金马译，《开放式创新：进行技术创新并从中赢利的新规则》。清华大学出版社，2005年。

2. [美]亨利·切萨布鲁夫等编著，陈劲等译，《开放创新的新范式》。科学出版社，2010年。

3. 陈钰芬、陈劲著，《开放式创新：机理与模式》。科学出版社，2008年。

4. [美]Alpheus Bingham, Dwayne Spradln著,涂文文译,《开放式创新: 企业如何在挑战中创造价值》。人民邮电出版社，2012年。

5. 陈劲著，《协同创新》。浙江大学出版社，2012年。

6. Chesbrough H W. "The Era of Open Innovation", *MIT Sloan Management Review*, 2003, 44(3):35–41.

7. Krogh G V, Spaeth S, Lakhani K R. "Community, Joining, and Specialization in Open Source Software Innovation: A Case Study", *Research Policy*, 2003, 32（7）:1217–1241.

8. Laursen K, Salter A. Open for Innovation: The Role of Openness in Explaining Innovation Performance Among U.K. Manufacturing Firms", *Strategic Management Journal*, 2006, 27（2）:131–150.

9. Chesbrough H., Vanhaverbeke W., West J., *Open Innovation: Researching a New Paradigm*. Oxford University Press, Oxford, 2006.

10. Morten T. H., *Collaboration*. Harvard business press, 2009.

12. Veronica S., Thomas F., "Collaborative Innovation in Ubiquitous Systems", *International Manufacturing*, 2007，18:599–616.

第 9 章

创新能力

学习目标

- 了解创新能力的构成
- 掌握技术能力与核心能力的概念与分类
- 了解知识学习对提高创新能力的意义
- 掌握提升创新能力的方法与途径
- 掌握知识学习的几种方式及其特点

开篇案例：华为创新之道

一、华为的创新实践面面观

1. 华为的创新实践之一：技术创新

华为在全球有 16 个研发中心，截至 2012 年年底拥有 7 万多研发人员，占员工人数的 48%，是全球研发人数最多的公司。从 1992 年开始，华为就坚持将每年销售额的至少 10% 投入研发。

华为在欧洲等发达国家市场的成功，得益于两大架构式的颠覆性产品创新，一个叫分布式基站，一个叫 SingleRAN。后者的设计原理，是指在一个机柜内实现 2G、3G、4G 三种无线通信制式的融合功能，理论上可以为客户节约 50% 的建设成本，也很环保。竞争对手们也企图对此进行模仿创新，但至今未有实质性突破，因为这种多制式的技术融合，背后有着复杂无比的数学运算，并非简单的积木拼装。

2. 华为的创新实践之二："工者有其股"的制度创新

这应该是华为最大的颠覆性创新，是华为创造奇

资料来源：http://blog.sina.com.cn/s/blog_1357b522d0102v3zt.html

迹的根本所在，也是任正非对当代管理学研究的重大贡献——如何在互联网、全球化时代对知识劳动者进行管理。任正非完全可以拥有控股权，但创新一定是反常理的。华为创立的第一天起，任正非就给知识劳动者的智慧——这些非货币、非实物的无形资产进行定价，让"知本家"作为核心资产成为华为的股东。到今天为止，华为有将近8万股东。最新的股权创新方案是，外籍员工也将大批量地成为公司股东，实现完全意义上的"工者有其股"，这无疑是未上市公司中员工持股人数最多的企业，也无疑是一种创举，既体现着创始领袖的奉献精神，也考验着管理者的把控能力。

3. 华为的创新实践之三：产品微创新

20多年不间断的、大量贴近客户的微创新是华为成长的一个重要因素。曾经，华为的交换机卖到湖南，一到冬天许多设备就短路，什么原因呢？把一台出故障的设备拉回深圳，一帮人不分昼夜地琢磨到底是什么问题。最后发现罪魁祸首是老鼠尿。尿液导致断电，华为的工程师们就针对这一具体问题进行产品改造，很快就解决了。有一位华为老员工估计，二十多年里，华为面向客户需求这样的产品微创新有数千个。

4. 华为的创新实践之四：市场与研发的组织创新

尖刀队先在"华尔街的城墙"（任正非语）撕开口子，两翼部队蜂拥而上，将口子快速拉开，然后"华尔街就是你的了"。后来"一点两面三三制"便作为华为的一种市场作战方式、一线组织的组织建设原则广泛推开，这是华为在市场组织创新方面的一个缩影。

在研发体制创新方面，例如固定网络部门用工业的流程在做研发，创造了一种模块式组织——把一个研发产品分解成不同的功能模块，在此基础上成立不同的模块组织，每个组织由四五个精干的专家组成，分头进行技术攻关，各自实现突破后再进行模块集成。这一方面大大提高了研发速度；另一方面，每一个模块的人员都由精英构成，所以每个功能模块的错误率很低，集成的时候相对来说失误率也低。华为400G路由器的研发就是以这样的组织方式进行的，领先思科公司12个月以上，已在全球多个国家布局并进入成熟应用阶段。

5. 华为的创新实践之五：决策体制的创新

美国的美世咨询公司在2004年为华为进行决策机制的咨询，提议让任正非主持办公会，任正非不愿意，就提了一个模型，叫轮值COO。7位常务副总裁轮流担任COO，每半年轮值一次。轮值COO进行了8年，结果是什么呢？首先是任正非远离经营，甚至远离管理，变成一个头脑越来越发达，"四肢越来越萎缩"的领袖。真正的大企业领袖在企业进入相对成熟阶段时一定是"畸形人"，脑袋极其发达聚焦于思想和文化，和企业观念层面的建设。要"四肢萎缩"，否则就会时常指手画脚，下面的人就会无所适从。后来华为开始推行轮值CEO制度。EMT管理团队由7个常务董事组成，负责公司日常的经营管理，7个人中有3位是轮值主席，每人轮值半年。这一制度最大成效之一是决策体系的动态均衡。

华为的轮值COO、轮值CEO制度，从体制上制约了山头文化，为公司包容、积淀了五湖四海的杰出人才。同时，这种创新体制也使整个公司的决策过程越来越科学化和民主化。

二、华为的创新哲学

1. 客户需求是创新之本

华为的成功,首先是哲学与文化的成功,同时也是创新的成功,但华为创新的基础理念是,紧紧抓住市场需求、客户需求。许多著名企业失败的原因在于技术崇拜和资本至上。华为投入了世界上最大的力量进行创新,但华为反对为创新而创新,推动的是有价值的创新。

2. 开放式合作是创新的基石

包括:第一,"以土地换和平"的技术路线,包括专利互换、支付专利费等。仅华为支付给美国高通公司的知识产权费用,累计已经超过 7 亿美金。第二,与竞争对手、客户等建立战略伙伴关系。例如与德州仪器、摩托罗拉等成立联合实验室,与西门子、3COM 等成立合资企业。第三,华为的愿景是丰富人类的沟通与生活。华为的创新战略是利用全世界的智慧为华为服务。截至 2012 年年底,华为与全球 200 多所大学、研究机构开展了研发合作。

3. 基于开放式、学习型的创新理念

在研发流程、供应链、人力资源、财务体系、市场体系等方面,华为都花巨资聘请了国际顶尖咨询公司,使华为整个组织管理能力都有了巨大提升,为全球化奠定了基础。

4. 基于尊重知识产权基础上的创新

华为的创新信奉的是西方规则、美国规则。华为每年要向西方公司支付 2 亿美金左右的专利费,每年拿出 1 亿多美金参与一些研发基金,并且参与和主导了多个全球行业的标准组织。华为认为,未来 5—8 年会有一场"专利世界大战",必须对此有清醒的战略研判和战略设计。

5. 开放、包容、鼓励试错是创新之源

任正非的观点叫作"灰度理论",反对非黑即白的用人观。任正非多次讲,我们是一支商业部队,华为要容得下各种异类人。另外,华为也有蓝军参谋部,公司从高层到基层组织,都在有意识地培养蓝军参谋,任务就是唱反调,虚拟各种对抗声音,建立红蓝对抗机制。

资料来源:改编自田涛,"华为是如何创新的?",2015 年 3 月 10 日,http://www.iheima.com/

思考题:

1. 华为的创新能力是如何一步步积累提升的?
2. 除了技术创新,华为还有哪些创新?这些创新对华为创新能力的提升起到了什么作用?

9.1 创新能力的构成

创新能力是组织在技术和组织方面的知识的总和,它体现在组织的人力资源、技术系统(主要是硬件设备)、信息系统和组织管理体系中。创新能力的本质是知识,表 9-1 和表 9-2 分别对知识的特性、定义、构成和获取途径进行了阐述。

表 9-1　技术知识的特性及其管理意义

特性	管理意义
专用性	组织必须进行技术知识战略工作以促进技术知识在适用于企业的轨道上发展
隐含性	重视隐性技术知识的作用和管理；积极促进隐性技术知识向显性技术知识转变
生成性	创造知识网络和共享文化以利于知识生成
累积性	重视技术知识的持续性积累和储备
路径依赖性	组织慎重制定技术知识战略，既要有效利用自身的技术知识基础，保持长期竞争优势，又要避免技术道路越走越窄的技术锁定困境
组织依赖性	组织引入外部技术知识时需要考虑自身的技术知识结构和格式，提供外部知识与内部知识的联结模式，并且有技术桥梁人物对技术知识进行格式化
转移成本	培育知识共享的文化；提高自身的吸收能力
收益的难以独占性	知识产权的保护

表 9-2　组织技术知识构成及获取途径

显性技术知识	知识 (know-what)	关于某学科规律和事实的知识	化学配方、原料产地、机器用途	读书、查看数据库、吸纳受过科学训练的劳动力
	诀窍 (know-how)	足够好地、可进行有效竞争地完成一项任务的能力，属于知道怎么做的累积的技能和知识	设计经验、组织创新经验	程序化学习
	知奥 (know-why)	理解系统各个关键变量之间的相互关系和相互作用的程度	技术活动流程、组织规章制度	组织学习
	有目标的创造 (care-why)	联系两个或更多学科来创造全新功能的能力	创造力、研究与开发能力	能力学习（研究开发中学）
隐性技术知识	直觉与综合 (perceive how and why)	理解或预见不可直接衡量的各种关系的能力	判断力、战略能力	组织学习、组织间学习

技术创新是组织专有技术知识的最重要来源，因此，必须改进技术创新过程尤其是研发过程中的知识管理。

9.1.1　技术能力

技术能力是企业创新的基础，企业获得骄人创新业绩并创造财富，需要强大的技术能力作为支撑。提高技术能力是一个具有长远性的战略举措，是一些长寿公司不断创新的源泉。

技术能力是附着在企业员工、技术设备系统、技术信息和组织管理等诸要素上，并体现为各要素所有内生知识存量的总和。它是一个描述企业内在技术潜能的概念，是企业提高产品质量、提高劳动生产率、降低产品成本和实现技术创新的技术基础，也是企业全面提高经济效益、增强企业竞争能力的基础。

实际调研中发现，企业技术能力不足会造成一些显著的负面影响：一是技术引进（包括购买硬件、许可证和专利等）过程中不能很好地消化吸收；二是技术合作（包括合资、合作研发等）中得不到合作方重视，吸引不了优秀合作伙伴；三是自主创新在较低水平上重复进行，技术创新能力缺乏基础和后劲，影响企业的产品和工艺创新。这些影响最终使得企业难以形成技术核心能力，技术战略缺乏支撑，不能支持企业实现战略意图，影响企业的竞争优势。

9.1.2 技术能力的概念与分类

从企业技术创新活动的五种最主要的形式来划分，一般的技术能力可按发展的层次与难度，分为五种（如表9-3）。

表9-3 技术能力的分类

技术监测能力	技术引进能力	技术吸收能力	技术创新能力	技术核心能力
企业跟踪、观察、寻求和选取外部先进技术信息和知识的能力	将外部技术知识经过选择、评价和谈判引入企业内部的能力	将引入的外部技术知识经过应用整合到企业内部知识体系能力	将内外部知识激活，进行整合与创造的能力	企业形成的独特、难以模仿的创新能力

1. 技术监测能力

技术监测的意义在于它既是企业的一项经常性的信息工作，又是企业在获取技术前重要的先行工作。即使在研究与开发力量很薄弱的小企业，也需要设置专人从事技术监测，获取企业进行战略研究所需的技术信息。

首先，企业的技术监测能力取决于监测人员的数量与能力，没有足够的人员就无法进行多方面、多渠道的跟踪与探寻。监测人员的能力反映在其教育背景和职业经历上。既要有关于企业核心技术和辅助技术等方面的专业技术基础，又要有广博的科学技术知识，同时还应十分清楚企业的战略目标和发现方向。

其次，外部信息和知识网络是必须的，这包括两方面内容：外部联系和内外部界面。与顾客、供应商、政府部门、大学、研究部门、行业协会、竞争者等的外部联系对形成一个广泛而有效的信息和知识交流网络是非常重要的，同时还要形成内外部信息知识网络的交互界面，使外部知识能够顺畅地进入企业。企业拥有优秀的"技术桥梁人物"（technological gatekeeper）[①] 会有助于建立这种界面。

最后，先进的信息设备是建立技术监测能力和提高效率的重要物质条件。技术监测人员在进行信息搜索、分析和处理时，离不开先进信息工具的帮助，特别是在国际信息网络（包括互联网）日趋发达的条件下，企业必须在这方面进行投资，不断完善其信息基础设施。

2. 技术引进能力

技术引进是一个广泛使用的概念，是将外部技术知识经过选择、评价和谈判引入企业内部的能力。具体途径有很多，如购买成套设备、购买专利、购买许可证、购买设计技术、委托研发等。总的来说，可分为两类：购买硬件（如成套设备）和购买软件（专利、许可证、设计技术、委托研发）等。

---

① 关于技术桥梁人物的定义详见本书第16章的16.1.3节。

提高技术引进能力，取决于：首先是要加强技术监测能力，了解的技术进展情况，防止盲目引进落后过时的技术；其次是要增强技术选择能力，能通过对不同备选方案的分析、比较和技术经济评价，最终选择出适合企业条件但又不拘泥于自身落后状态的先进适用技术；最后是要加强技术谈判能力，即能够与技术供应商进行迅速有效的谈判，获得所需的技术。

因此，从根本上说，技术引进中必须拥有精干的技术经济分析人员、谈判人员和项目管理人员。除此，建立与技术供应商如大学、研究所、国外企业等的良好外部关系也非常重要。

另外，一个企业的技术引进工作无可避免地受到其资金供应能力的限制，如果没有强大的资金投入，往往无法进行一些大型设备和先进技术的购买。在有限的资金供应条件下，如何进行最有效地引进，则取决于技术评价和选择的能力。

3. 技术吸收能力

技术吸收能力是"识别新的外部知识的价值，进行吸收，并将这些知识应用于商业目的的能力"。它能将引入的外部技术知识经过应用整合到企业内部知识体系中，转化为企业自身能熟练应用的知识。理论和实践表明，技术吸收能力首先取决于先前已有的相关知识基础。这种相关知识基础不仅使企业有能力去识别新知识、新信息的价值（技术评价），也使企业有能力应用新知识并将新知识整合进入自身知识体系（技术吸收）。

为了培植有效的技术吸收能力，特别是解决问题的能力，必须通过大量的实践，去解决各种各样的实际问题，即组织的吸收能力不能停留在获得和消化新信息，而要加以运用。因此，企业要做好知识与信息在各部门之间的流动，建立起信息流转系统：加强与外界的联系，加强部门间的信息联系和组织内的信息联系。由于存在着部门间的隔阂和同外界的隔阂，因而技术桥梁人物非常重要，他们能打破组织界限，促使信息流动。企业的吸收能力在很大程度上取决于这批技术桥梁人物。

加强组织吸收能力的另一个方面是完善跨功能吸收能力。企业的吸收能力是建立在企业各功能部门协调一致进行工作的基础上，需要企业的中央研究发展部门与各下属经营单位的研究发展部门协同工作，也需要研究发展部门同设计、制造、工艺、营销、财务、供应等各部门协调一致。这就需要做好界面管理，需要一批能从事界面管理的人才和协调机制。从事界面管理的人员需要具有技术、经济、管理等多方面知识及丰富的实践经验。

增强组织吸收能力的第三个重要条件是研究与开发的投入，这是吸收能力得以形成和发展的基础。研究表明，凡是从事研究与开发活动多的企业，其吸收能力就强，就能更好地运用外部的信息。我国企业的经验也证明：生产制造经验丰富的企业，才能更好地吸收国外先进制造技术；那些重视职工培训与教育的企业，一般吸收能力也较强。

从组织资本的角度来看，必须把个人吸收能力转化为组织吸收能力。必须看到一个组织的吸收能力取决于组织中的个体吸收能力。因而，组织必须大力投资发展其成员的吸收能力。

4. 技术创新能力

技术创新能力是企业（或其组织单位）产生新思想（或新概念），并运用研究与开发、营销和工程化能力实现新思想，以促进支持创新战略的综合能力。从知识角度来看，技术创新能力就是将企业内外部知识激活，进行整合与创造并实现其价值的能力。

研发设计能力是技术创新能力中最重要的部分，发挥着实现知识激活、整合与创造的作用。营销能力和工程化能力也是实现技术知识价值所必不可少的能力。技术创新能力具有独创性、商品化和系统性三个特征。独创性是创新能力区别于仿制和模仿能力的主要标志，越是重大的技术创新其独创性越明显。商品化是技术创新能力的重要特征，意味着企业必须赋予其创新产品一定的市场价值，技术创新必须符合用户的需要。商品化能力主要体现在市场研究能力和营销能力上。系统性是技术创新能力的第三个主要特征。

技术创新能力是需要多种功能相互配合的能力，其核心部分包括：研发设计能力、营销能力、工程化能力（包括设计、工艺、工装、生产等能力）。支撑部分包括：创新资金筹措和运用的能力、关键人才的吸纳和凝聚能力、企业家精神和战略管理能力、以界面管理为重点的组织与协调能力。

5. 技术核心能力

技术核心能力是长期创新过程中形成的独特的、更为系统的、令竞争者难以模仿的技术能力。详见后面章节 9.1.3。

这五种技术能力的层次与评价如表 9-4、图 9-1、图 9-2、图 9-3 所示。

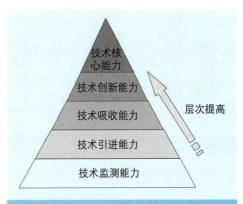

图 9-1 技术能力的层次

表 9-4 技术能力的分层次定义

领先的	设置技术发展的方向和途径（为产业所接受）
强劲的	能表现出独立的技术活动，并能设置新方向
有利的	一般来说能维持技术竞争能力 / 在某些狭窄的领域内处于领先地位
能防卫的	不能设置独立的进程，继续处于追赶状况
弱的	技术产出中达不到竞争对手的质量，集中力量解决眼前急待处理的问题

资料来源：许庆瑞，《研究、发展与技术创新管理》。高等教育出版社，2010 年。

技术能力层次 技术类型	领先者	强的	有利的	可防卫的	弱的
基础技术	浪费资源警告		产业中的 平均水平	对生存的警告信号	
关键技术	现有竞争优势提供机会			对现状的警告信号	
实验中的技术	对未来竞争优势提供机会			对未来的警告信号	
研制中的技术					

图 9-2 技术能力评价示意图

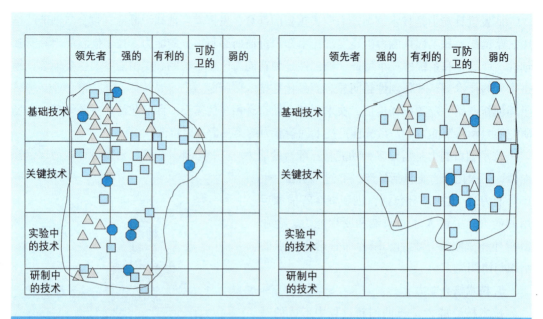

图 9-3 某两家家电企业技术能力比较示意图

9.1.3 核心能力

自 1990 年 Prahalad 和 Hamel 在《哈佛商业评论》上发表划时代的"企业的核心能力"一文以来,能力理论的一个分支——核心能力(core competence)理论,引起了理论界的重视并得到了快速发展。Prahalad 和 Hamel 认为,核心能力是指市场上一个企业拥有的不同于其他企业的资源、技术的协调组合。

一个公司的核心能力被普遍认为是那些在战略上构成差异性的东西。核心能力绝不仅仅只是核心技术。核心能力是企业几个不同的主要专业知识能力的整合。核心能力通常包括不同方面的能力,例如市场界面管理(如广告宣传管理和分销管理)、基础工作建立和管理能力(包括信息系统、物流管理)、技术能力(如应用科学、工艺设计)。多种能力的整合使得核心能力难以被模仿,如索尼在微型发展方向的核心能力就是有多种技术(如液晶技术、半导体技术)的综合,并被应用到多个市场(电视机、收音机、个人数字助理等)。

一个企业的核心能力也依赖于不同职能、不同业务部门之间的密切联系。Prahalad 和 Hamel 将核心能力比做根,依托它会长出许多核心产品,比如主要零部件。在核心产品的基础上产生了业务部门,它的最后成果就是公司的各种最终产品。

简单地说,**核心能力应是长期创新过程形成的独特的、更为系统的、令竞争者难以模仿的能力。核心能力是组织中的群体学习,特别是如何协调各种不同的生产技能和整合不同的技术流**。作为一种整合能力,企业核心能力分为内部整合和外部整合两个方面,内部整合又可以分为企业经营整合和技术整合。核心能力存在于企业能力、技术创新能力、技术能力之中,正是三者核心能力的整合。因此,它贯穿于环境、企业经营、技术三个层次中,与企业能力、技术创新能力、技术能力都相关。

企业能力、技术创新能力、技术能力中的能力成分要想成为核心能力，至少要满足以下三条准则：第一，能提供进入各种各样市场的潜力；第二，能为用户从最终产品感知到的价值做出重大贡献；第三，竞争对手难以模仿的。例如，一些企业的核心能力描述如下：

- NEC——数字技术，特别是 VLSI 和系统集成技能是基础。
- Honda——引擎，为其在轿车、摩托车、剪草机和发电机等领域带来独特优势。
- Canon——光学、成像和微处理器控制方面，这使它进入甚至主导一些看起来很分散的业务领域，如复印机、激光打印机、照相机和图像扫描仪。
- Philips——用 15 年的时间完善它在光媒（光盘）方面的能力。
- JVC——建立在图像记录上的领先地位。

企业的核心能力、核心产品、业务部门及最终产品的关系如图 9-4 所示。

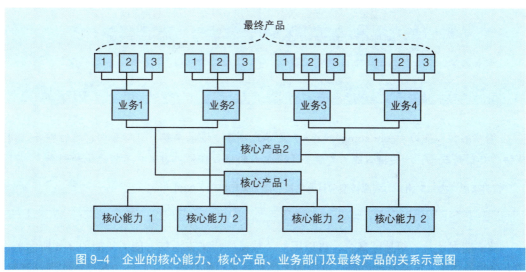

图 9-4　企业的核心能力、核心产品、业务部门及最终产品的关系示意图

资料来源：许庆瑞，《研究、发展与技术创新管理》。高等教育出版社，2010 年。

近年来，越来越多的中国领先企业也开始高度重视核心能力。海尔的首席执行官张瑞敏说："海尔的核心竞争力是一种整合能力。这种整合一方面是指企业机制与市场机制的整合，另一方面是产品功能与用户需求的整合。"

创新标杆　　　　海尔员工核心能力素质模型

海尔迄今为止经历了五个发展阶段：名牌战略（1984—1990 年）、多元化战略（1991—1997 年）、国际化战略（1998—2004 年）、全球化品牌战略（2005—2012 年）和网络化战略阶段（2013 至今）。在每个阶段中，海尔和员工对核心能力的理解与要求也会与时俱进。

全球化品牌战略阶段海尔核心能力素质模型（如图 9-5 所示）由两个层面组成：核心素质（attributes）是热忱敬业、主动负责、诚实可信。核心素质是成为海尔人的基本要求，是基本的品德保障，这三项核心素质构成了成为杰出海尔人的基础。

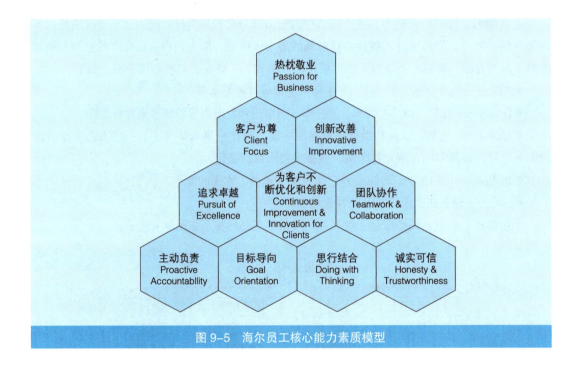

图 9-5 海尔员工核心能力素质模型

海尔的核心能力（core competencies）是客户为尊、追求卓越、目标导向、思行结合、团队协作、创新改善。这些核心能力都服务于海尔人的核心目标：为客户不断优化和创新。

资料来源：海尔集团人力资源转型项目海尔核心能力素质模型，2011年。

核心能力还是一组技能集合，可以用一个技能网络来表示核心能力（如图9-6所示）。建立公司的技能、产品数据库后，可以利用信息技术，使技能到核心能力的过程实现计算机化，使核心能力的管理实现可视化。这为公司信息网络的应用开辟了一个新领域。

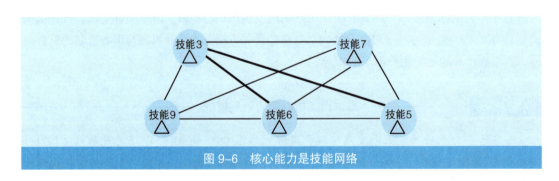

图 9-6 核心能力是技能网络

9.1.4 核心能力的特征与鉴别标准

鉴别核心能力的三个标准是：(1)能提供范围广泛的潜在市场。(2)能使顾客在使用最终产品时得益。(3)使竞争者难以模仿。

核心能力的三个核心特征是:(1)独特性。这种能力是公司所特有的,是"独一无二"的。(2)增值性。这种能力能使公司为用户(顾客)提供更多的价值,使用户在使用过程中获益更多。(3)延伸性。这种能力可以给企业衍生出一系列的新产品或新服务。

除了以上的三个核心特征,核心能力还具有:(1)动态性。核心能力并非一成不变,随着时间推移、环境演变、市场需求以及相应的战略变化,核心能力必须予以重建和发展。(2)综合性。核心能力不是一种单一的能力,而是多种能力和技巧的综合。从知识角度看,它不是一种学科知识的积累,而是多学科知识在长期交叉作用中积累起来的。(3)不可模仿性。它是用来识别核心能力和非核心能力的一个重要判别标准,也是规划建立企业核心能力时的一项重要原则。

9.1.5 核心能力和战略的互动关系

首先,核心能力是战略管理的基石所在。其次,战略必须促进和培育核心能力。再次,企业战略必须着眼于及早形成自己独有的核心能力,以此为依据增强在市场上的竞争力,使企业不仅具有当前的竞争力,而且拥有未来的竞争力。最后,核心能力注重长期培育。例如,飞利浦花了15年以上时间来完善其光媒(光盘)的核心能力;JVC在建立其录像领导地位上同样花了10多年的努力。

创新视点 ——————— **创新能力小测试** ———————

以下10个问题请根据自身实际情况选择是、否或不确定,许多标准见图9-7。
1. 你认为那些使用古怪和生僻词语的作家,纯粹是为了炫耀。
2. 无论什么问题,要让你产生兴趣,总比让别人产生兴趣要困难得多。
3. 对于那些经常做没把握事情的人,你不看好他们。
4. 你常常凭直觉来判断问题的正确与错误。
5. 你善于分析问题,但不擅长对分析结果进行综合、提炼。
6. 你的审美能力较强。
7. 你的兴趣在于不断提出新的建议,而不在于说服别人去接受这些建议。
8. 你喜欢那些一门心思埋头苦干的人。
9. 你不喜欢提那些显得无知的问题。
10. 你做事总是有的放矢,不盲目行事。

得分22分以上者,具有较强的创新能力。适合从事环境较为自由,没有太多约束,对创新性有较高要求的职位,如美术编辑、装潢设计、工程设计等。

得分11—21分者,说明被测试者善于在创造性与习惯做法之间找出均衡,具有一定的创新意识,适合从事管理工作,也适合从事其他许多与人打交道的工作,如市场营销。

得分10分以下者,说明被测试者缺乏创新思维能力,属于循规蹈矩的人,做人总是有板有眼,一丝不苟,适合从事对纪律性要求较高的职位,如会计、质量监督员等职位。

题号	"是"评分	"不确定"评分	"否"评分
1	−1	0	2
2	0	1	4
3	0	1	2
4	4	0	−2
5	−1	0	2
6	3	0	−1
7	2	1	0
8	0	1	2
9	0	1	3
10	0	1	2

图 9-7　评分标准

注：结果谨供参考。

资料来源：创新能力测试，http://www.hbrc.com/gold/site/znsz_cxnl.aspx

9.2　提升创新能力的方法与途径

企业必须根据自身特点，采用经济适用的技术创新能力积累途径，一般来说分为内部途径和外部途径两类。

9.2.1　技术能力积累的内部途径

技术能力积累的内部途径主要是指内部研发设计，其作用有：（1）以重大或渐进创新不断完善现有技术体系，提高技术能力。（2）以重大创新成为新技术体系的开创者，提高技术能力。（3）在创新中有时会产生技术"副产品"，不属于现有的产品和生产技术体系，可独立成一个新的领域。（4）对引进技术进行模仿或改进性的研究开发，促进引进技术的消化吸收。

研究发现，内部研发设计对技术能力提高具有不可替代的作用，因为技术知识具有环境依赖性，企业放弃研发设计活动，就意味着失去新知识产生的环境，将严重损坏企业的创新能力，内部研发设计还提供潜能去保护现有能力并且发展新的能力。因此，通过技术创新尤其是内部研发设计来优化和扩展企业的技术知识存量，是提高技术能力的重要途径。

内部研发设计要求企业具有较多的资源和较强的能力，并且通常是一个较为漫长的过程，因此，适用于产品推向市场的时间并不是特别重要的情况。但是，内部研发设计具有易于控制和熟悉的优势，能够很好地控制时间和进行判断，具有先发优势，并能够将技术和管理诀窍留在企业内部。不同企业的情况不同。例如，先发企业大多数是从内部研发设计开始的，因为该企业是某领域内的技术领先者，只能依靠自身资源和能力来发展。但对于多数企业来说，内部研发设计一般担负着完善现有技术体系的任务。

内部研发设计能有效提高企业的研发能力。因此，许多落后企业为加深企业对先进技术原理的理解和积累自身研发能力，不惜投入大量人力物力，对成功者的先进技术进行重复性开发。同样，对失败创新项目的评价同样也必须考虑其对于技术能力提高的潜在效应。

内部研发设计的机理过程还可以由图 9-8 和表 9-5 来说明。

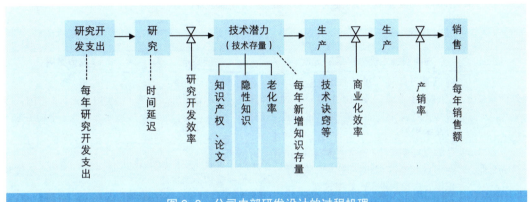

图 9-8　公司内部研发设计的过程机理

表 9-5　研发资源投入、技术存量、研发产出的关联

输入 研发资源	中间产出 （技术存量） （技术资产）	产出 研究开发成果
研发费用 ● 研究消耗品 ● 设备与仪器 ● 其他	技术知识 ● 明言的知识（资料） ● 知识产权（专利、版权等）、学术论文、报告和数据、产品原型、手册等 ● 隐性知识（个人或集体拥有）、研究人员与工程师（人力资源）、经验与技术诀窍等	直接成果 ● 产品经营：对产品贡献，对工艺贡献 ● 知识产权经营：出售专利，技术转移
知识 ● 人力资源 ● 信息与知识 ● 技术与诀窍	技术基础设施 ● 研究开发环境（设备与文化） ● 科学家与工程师（专家） ● 研究开发管理诀窍 ● 研究开发人力网络	间接成果 ● 学术贡献 ● 公司形象提升

从战略意义上说，内部研发设计可以使获得的新能力融合于企业原有能力体系中，短期内难以模仿。因此，内部研发设计是最具有战略重要性的根本的能力积累途径。

但许多学者的研究发现，内部研发设计具有几个明显的缺陷：（1）成本通常高昂。（2）难以发展完全不同于现存能力基础的全新能力。企业在具有相当不确定性的情况下，投入的不可取消性会阻碍其对内部研发设计的投资。（3）内部研发设计会遭遇由于核心商业外部影响因素造成的困难。外部的和制度上的影响因素可能通过强制其在已接受的行动和轨道之内的行为，限制企业的投资路径。（4）内部研发设计会遭遇商业组织内部影响因素造成的困难。组织惰性可能限制企业现有规程集合的扩张，抑制企业在超越企业局部搜索的领域中发展其技术能力。

9.2.2 技术能力积累的外部途径

随着开放式创新理念的日益流行，近年来技术能力积累的外部途径也日益引起人们关注，表 9-6 列示了几种主要技术能力积累外部途径及其比较。

表 9-6 开放型技术能力积累途径

途径	对组织技术能力积累的贡献	主要缺点	典型案例
外商直接投资（FDI）	提供学习样板，通过 FDI 企业与本国的人才流动，及 FDI 企业对本国转包生产及销售企业的技术指导进行技术积累	间接性，组织性较差，效率较低	博世电动工具（中国）、施耐德电气（中国）等
合资企业	外方直接管理，指导培训本国员工，能形成较高的组织层次技术积累，积累方法较为科学，效率较高	被动性、偏重于生产操作层次，积累结构不太合理	一汽大众、上海大众等
原始设备制造（OEM）	通过与国外著名企业合作生产 OEM 产品接受外方技术指导，技术起点较高，自主性强，激励充分，技术积累结构较合理	需要较高的技术基础，难以在落后企业中普遍推广	格兰仕
技术引进	随引进项目的外方技术指导和人员培训，在新技术采用和新设备使用过程中进行深度摸索和技术积累	偏重操作层次，不易获得最先进的技术，新技术与旧管理体制及组织形式之间会发生矛盾	中国高铁引进德国、日本高铁技术，宝钢引进新日本制铁公司的技术
战略联盟	发挥产业链上下游协同效应，共享资源、分担风险等	较为松散，较难积累核心技术能力	中国 TD-WCDMA 战略联盟
并购	可以较快速获取外部技术能力	需要自身具有较强的吸收能力基础。此外可能需要较高的代价与成本	吉利汽车收购沃尔沃，谷歌收购 NEST
产学研合作	可以较快速获取外部技术能力；降低内部研发成本、分担研发风险	与外部合作伙伴间的沟通协调成本及知识产权泄露风险	北大方正、浙大网新

资料来源：麦绿波，"标准途径的技术积累模式"，《中国标准化》，2011 年第 4 期，第 44-49 页。

9.3 知识学习与创新

9.3.1 知识学习的方式

知识学习包括多种形式，主要有"干中学""用中学""研究开发中学"和"组织间学习"等四种方式。

1. "干中学"和"用中学"

"干中学"和"用中学"主要体现在生产过程中重复操作效率的提高，是操作知识的积累。它们是程序化学习的两个著名特例。这两种学习构成技术能力积累的基础。与世界先进技术企业相比，我国企业尚处于技术能力积累的初始阶段，企业的研发能力普遍较弱。在此阶段，"干中学""用中学"是学习的主导模式，对技术能力提高具有特别重要的意义。

2. "研究开发中学"

"研究开发中学"则是在研究开发的创造性过程中进行知识吸收的学习过程。对"研究开发中学"的过程模型的研究认为，研究开发可分为四个阶段：发散（diverge）、吸收（absorb）、收敛（converge）、实施（implement）。其中发散阶段产生创新思想，经过吸收和合并阶段产生解决方案，实施阶段执行解决方案。与此对应，"研究开发中学"可分为连续循环的四个阶段：具体的体验、沉思的观察、抽象的概念化、积极的实验。该模型在研究开发活动和学习过程之间搭起了理解的桥梁，正是在此基础上，可以认为研究开发是一个学习系统，进行循环往复的持续性学习（见图9-9所示）。

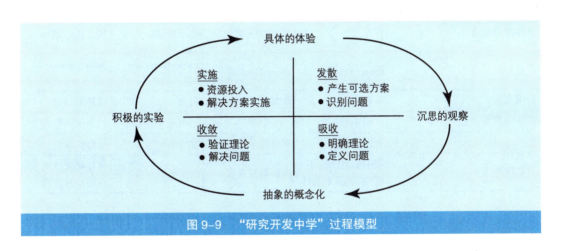

图9-9 "研究开发中学"过程模型

研究开发不仅是一个知识整合与创造的过程（发散阶段），也是一个对整合与创造后的知识不断再学习的过程。而且，研究开发所产生的新知识有许多是企业特有的隐性知识，是竞争对手所难以模仿的，这些知识的吸收和学习不仅使技术能力获得量的积累，也得到质的提高。所以，"研究开发中学"属于能力学习层次，对企业技术能力的提高比"干中学"和"用中学"更为重要。

3. "组织间学习"

与前三种学习方式相比，"组织间学习"具有更多的战略性，一般是在战略性合作的过程中，组织向合作伙伴进行知识的吸收，提高自身技术能力。"组织间学习"涉及的知识不仅包括显性技术知识，还包括许多隐性的技术知识，因此能有效提高企业的技术能力。尤其是在战略性合作中，合作双方的吸收过程就是一个"组织间学习"过程。

"组织间学习"的有效性取决于两个组织在以下几方面的相似性：（1）知识基础；（2）组

织结构和补偿政策;(3)主导逻辑(文化)。合作者在基础知识、低管理正规性、研究集中、研究共同体等方面的相似性有助于"组织间学习"的进行。

对于发展中国家而言,国外技术的引进被认为是改善自主技术能力、调整产业技术结构和发展经济的有效方式。因此,发展中国家的技术发展呈现出从技术引进和吸收,到技术改进,再到自主技术创新的发展道路。陈劲教授研究认为,在这三个阶段中的学习主导模式呈现从"干中学",到"用中学",再到"研究开发中学"的动态转换特征。

事实上,无论西方国家还是发展中国家,许多企业在其技术能力从弱到强的发展过程中,都要从外部技术知识引进开始,经过消化吸收,再经过自主创新,使技术能力的发展提升。并且,从战略的角度来看,为获取竞争优势,企业技术能力发展过程的最终目标是拥有难以模仿、具有独特性和战略价值的技术核心能力(如表9-7所示)。

表 9-7 企业技术发展阶段中的知识学习机制

学习机制 企业技术发展阶段	技术引进	消化吸收	自主创新	核心整合
主导技术能力	技术监测能力、技术引进能力	技术吸收能力	技术创新能力	技术核心能力
主导知识类型	know-what	know-how	know-why, care-why	perceive-how, perceive-why
知识来源	外部	外部	内部	内外部结合
主导学习模式	"用中学"	"干中学"	"研究开发中学"	"组织间学习"
组织学习层次	程序化学习	程序化学习	能力学习	战略性学习
主要途径	技术引进(购买硬件、购买软件)	内部研究开发	内部研究开发	合作研究开发、内部研究开发

9.3.2 探索性学习与利用性学习

自从 March 于 1991 年提出探索性学习(explorative learning)和利用性学习(exploitative learning)的概念后,这两种现象很快就成为研究的热点。

探索性学习是指那些可以用探索、变化、承担风险、试验、尝试、应变、发现、创新等术语来描述的学习行为,其本质是对新选择方案的试验。而**利用性学习**是指那些可以用提炼、筛选、生产、效率、选择、实施、执行等术语来描述的学习行为,其本质是对现有能力、技术、范式的提高和拓展。[1] 这两种学习对组织都具有重要的意义。

探索性学习和利用性学习越来越成为技术创新、组织学习、组织设计、团队建设、战略联盟、能力开发、竞争优势构建和组织生存研究的主要分析对象。探索性学习有可能导致组织偏离其现有的技术基础,而涉足全新的隐性知识;相反,利用性学习的不确定性比较小,因为组织已经积累相关经验和知识。因此,探索性学习的回报在时间、空间上比利用性学习

---

[1] March J. G., "Exploration and Exploitation in Organizational Learning", *Organization Science*, 1991, 2(1):69-81.

更为遥远而又不确定。

探索性学习和利用性学习的特点使得组织倾向于选择对现有方案进行利用性学习，而放弃对未知世界的探索性学习。只进行利用性学习的组织会产生技术惰性，过去的成功会导致组织在时间和空间上的短视，从而妨碍组织学习新思想，最终导致僵化，陷入"次优的稳定平衡状态"。而只进行探索性学习的组织需要承担大量的实验成本，它们往往拥有大量未得到开发的新创意，但却没有能力开发全部的创意；或者由于缺乏足够的经验，无法成功开发这些创意，因此也就没有能力从新知识中获得回报。

因此，在知识获取过程中，组织不应该实施单一的探索性学习或利用性学习。组织能力的动态发展同时依赖于挖掘利用现有技术和资源来确保效率得到改善，以及通过探索性创新来创造变异能力，探索性学习和利用性学习的平衡是系统生存和繁荣的关键。

因此，组织所面临的一个基本问题就是必须既要进行充分的利用性学习，深化和提升现有技术，又要投入足够的资源进行探索性学习以确保未来发展。关于两种学习之间的平衡理论比较如表9-8所示。

表9-8 不同平衡理论的比较

平衡理论	时空分离理论	结构分离理论	情境双元理论	空间域理论
分析层面	组织层面	组织层面	个体及团队层面	组织（间）层面
学习焦点	一定时点只聚焦一种学习	两种学习同时进行	两种学习同时进行	只从事某种擅长的学习
实现途径	间断式均衡	跨单元的整合来实现平衡	个体同时追求协作与适应	外在化组织间的协调整合
基本假定	市场、环境等稳定发展，变化缓慢	高度差异化的单元	所有员工都需具备双元思维能力	企业资源、能力有限
管理风格	积极主动管理	积极主动管理	提供支持性情境	积极主动并非必要条件
面临的挑战	管理学习的转化及解决自强化惯性	跨单元的协调及管理高层团队的矛盾	管理组织单元内的矛盾	识别适用的领域
代表性研究	Tushm 和 Anderson（1986）	Tushm 和 O'REilly（1986）	Gibson 和 Birk in shaw（2004）	Lavie 和 Rosenkopf（2006）

资料来源：林枫、孙小微、张雄林等，"探索性学习—利用性学习平衡研究进展及管理意义"，《科学学与科学技术管理》，2015年第4期，第55-63页。

创新标杆 —— 福田汽车探索性学习与利用性学习的二元平衡 ——

成立于1996年8月28日的福田汽车现有资产300多亿元、员工近4万人，品牌价值达428.65亿元，2012年其商用车产销量在全球排名第一。自成立以来，福田汽车以令业界称奇的"福田速度"实现了快速发展，累计产销汽车超过500万辆，其商用车销量曾连续2年在世界上位居第一。目前福田汽车旗下拥有欧曼、欧辉、欧马可、奥铃、拓陆者、蒙派克、迷迪、萨普、风景和时代等10大汽车产品品牌。福田汽车在发展过程中提出了"集成知识、链合创新"的概念，与潍柴动力、德国 BOSCH、奥地利 AVL 公司等多家企业建立了联盟，构成了自身的联盟组合。

总结 2005—2012 年福田汽车组建的联盟，通过分析联盟内容来确定组建联盟的目的是进行探索性学习还是利用性学习（如表 9-9）。如果福田汽车组建联盟的目的主要是为了获取新知识，则认为所组建的联盟为探索性学习联盟，如为开放新产品开发、获取新技术而组建的联盟都属于探索性学习联盟；如果福田汽车主要为了加强对已有知识的利用和深化而组建联盟，则认为该联盟为利用性学习联盟。

表 9-9 2005—2012 年福田汽车的联盟组合及其学习类型

联盟时间	合作伙伴名称	联盟目的	学习类型
2005 年 4 月	奥地利 AVL 公司	开发柴油发动机欧 3 项目	探索性学习
2005 年 5 月	上海延锋伟世通汽车饰件系统有限公司等零部件供应商	组建同步开发联合体，开展汽车零部件相关领域的设计与开发合作、技术交流与革新、技术管理创新等工作，目的是提高设计水平、降低设计成本、缩短开发周期、加快新产品尤其是战略产品的开发速度、提高产品的核心竞争力	探索性学习
2006 年 4 月	潍柴动力、德国 BOSCH（博世）公司、奥地利 AVL 公司	设立动力系统技术研发中心，整合各自在全球的研发机构、整合双方服务网络，同时在市场推广、品牌传播以及联合采购等方面进行合作；在供应网络方面，进行联合采购以降低成本、实现资源共享；探讨重型卡车市场动态，确定各自的市场发展战略，共同开发设计领先国际的汽车动力产品	混合型

资料来源：周杰、江积海，"联盟组合中探索性学习与挖掘性学习的平衡模式：案例研究"，《技术经济》，2014 年第 6 期，第 13-18 页。

福田汽车在战略联盟中的学习类型既有探索性学习，也有利用性学习，还有两者并存的混合型学习，应从企业本身、焦点企业与联盟组合、联盟组合三个层面分析三种学习的平衡模式。

从焦点企业层面看，福田汽车作为焦点企业在不同时间侧重不同的内部学习方式，与内部学习相对应的另一类型的学习是通过与其他企业组建联盟来实现的，而其在联盟中的学习类型在很大程度上受到战略意图、环境动态性、竞争的激烈程度、吸收能力和企业年龄等的影响。因此，从焦点企业层面看，企业内部的探索性学习与利用性学习的平衡模式是间断型的，即指企业在不同时间以不同的学习方式为主，交替进行探索性学习和利用性学习以实现两者平衡。

通过对福田汽车的联盟组合进行分析发现，影响焦点企业对联盟的学习类型的因素主要包括战略意图、环境动态性、竞争的激烈程度、吸收能力和企业年龄等。此外，联盟组合中的探索性学习与利用性学习的平衡包括焦点企业层面的间断型学习平衡、联盟组合层面的空间平衡和时间平衡以及焦点企业与联盟组合层面的跨层次空间平衡。

资料来源：周杰、江积海，"联盟组合中探索性学习与挖掘性学习的平衡模式：案例研究"，《技术经济》，2014 年第 6 期，第 13-18 页。

创新标杆 —— 从追赶到超越追赶：海康威视的创新能力提升之路

当人们习惯了由国外高科技公司主导产业频繁地更新换代时，在视频监控领域。2015年，我国企业海康威视位列《安全&自动化》全球安防50强全球第2位、亚洲第1位。2014年，海康威视连续四年蝉联全球视频监控行业第一位。其中DVR数字硬盘录像、NVR网络硬盘录影机、监控摄像机等多个核心产品位居全球第1位。在外贸整体状况不佳的情况下，海康威视却亮出了夺人眼球的外贸成绩单：2015年出口额10.4亿美元，同比增长64%，稳坐全球视频监控设备市场份额头把交椅。

十多年来，这家成立于2001年的中国企业的营收从最初的3000万元快速蹿升到2015年的253亿元，秘诀何在？

1. 背景介绍

海康威视是全球领先的视频产品和内容服务提供商，同时也是全球视频监控数字化、网络化、高清智能化的见证者、践行者和重要推动者。2001年，杭州海康威视数字技术有限公司成立。它的母公司——浙江海康信息技术股份有限公司是由中国电子科技集团公司第五十二研究所控股的股份制公司，在进入视频监控领域之前主要从事计算机网路末端产品和智能家电控制器的研发、生产和销售。20世纪90年代末，我国的监控领域正孕育着从模拟技术向数字技术发展的范式革命，海康威视的高层注意到这种变化趋势。2000年年初，海康威视通过对我国监控行业特点和自身能力的分析，决定进入数字监控领域，并把自身的产品定位在数字监控系统的关键产品——视音频捕捉卡（简称压缩板卡）上，选择的技术正是该产品的关键技术即视频压缩算法的实现技术。

在此战略的指导下，2001—2004年，海康威视业务重点是安防用视频压缩板卡产品，采用德州仪器公司（Texas Instruments，TI）的DM642 DS-4000板卡系列，解决了海康威视的生存问题；2005—2007年，除了继续巩固视频压缩板卡市场的领先地位之外，海康威视开始进行嵌入式DVR研发，采用ARM DM6442的DS-8000系列经典产品帮助海康威视成为国内最大的DVR厂商，将海康的知名度和影响推向了新的高度，目前公司依然是全球最大的嵌入式DVR供应商；2008年至今，公司扩展产品线向前后端延伸，战略定位也进行了调整，从单一的产品供应向系统级延伸，海康威视采用了TI的DM6441、DM6446等更多达芬奇平台产品以及最新的NETRA平台，为公司的转型提供了保证。

2. 海康威视的自主创新模式

海康威视董事长陈宗年曾说："海康威视是华为最忠实的学生。"华为强调以客户为中心，海康威视则注重市场方向，始终致力于为客户提供优质的产品和服务。2008年前后，监控产品的前端后端界限逐渐模糊，客户希望在一个供应商处买到多种产品，海康威视就努力让自己成为视频监控领域的综合供应商。随着安防产业细分化、行业化，海康威视又结合客户的不同需求，提供创新性定制化服务。此外，海康威视建立了端对端的电子化流程，努力为客户提供更好的服务。

华为对研发的重视众所周知，高投入的研发策略汇集了全球最顶尖的资源，正是基于此才构建了华为强大的全球创新能力。仅2015年，华为从事研究与开发的人员约79000名，占公司总人数45%；研发费用支出59607万元人民币，占总收入的15.1%。近十年累计投入的研发费用超过人民币240000万元。海康威视亦是如此，自成立以来就不断增强研发投入，坚持自主创新。如2011—2015年，海康威视研发投入约占营业收入的比率分别为6.5%、8.4%、8.5%、7.5%、6.8%，平均比率在7%左右，持续的研发投入使得海康威视具备了强大的持续研发实力。截至2015年年底，海康威视拥有专利（含专利申请）已达1222项，软件著作权409项。

海康威视是博士后科研工作站单位，在全球设有五大研发机构，拥有九大核心技术及大数据、云计算、云存储、双目识别等前瞻技术，提供视频采集、传输、存储控制、报警、中心管理软件等千余系列近万款产品，并针对金融、公安、电讯、交通、司法、文教卫、能源、楼宇等众多行业提供专业的细分产品与IVM智能可视化管理解决方案。

面对视频监控技术数字化、网络化、智能化的趋势，海康威视凭借自己的研发积累，以自主研发为主，推出了多样化的智能产品，涉及如人脸识别、车牌识别等技术。海康威视目前已掌握了业内领先的自主核心技术，其技术进步对于对业界有着很大的贡献。海康威视是业界首家将H.264视频高压缩技术引入安防行业的企业，也是业界首家大规模实现云计算技术的企业。

海康威视拥有九大核心技术，如流媒体网络传输和控制技术、大数据分析技术、视频图像处理技术、嵌入式系统开发技术、云计算技术、视音频编解码技术、视频分析与模式识别技术等，持续引领产业的发展。海康威视对这九大核心技术全部拥有自主知识产权，且可提供软硬件定制服务。随着视频技术在各个行业的全面和深入应用，智能分析、云计算、云存储和大数据等核心关键技术开始发挥出极其重要的作用。海康威视在持续保持技术研发高投入的同时，更把核心关键技术的发展提高到战略高度，针对不同的技术方向组建专门部门，建立了规模化的专业研发队伍，持续进行前瞻性技术研究开发，形成了雄厚的技术积累和可持续研发能力。

海康威视自主创新模式中不可或缺的一环是强大的人才培养体系。海康威视拥有全面的人才评鉴中心，会专门针对核心人才、业务骨干进行评价，根据每个人才不同的情况开展一系列培训和提升，为核心人才量身定制成长计划，如"鹰系列——飞鹰计划、鹞鹰计划""孔雀翎—翎眼、翎心、翎羽"等。公司还会根据综合平衡长期战略目标、年度发展计划、岗位职责和绩效改进的需要，以及员工自身能力差距和职业发展的需求，使员工的学习和发展既能促进海康威视整体目标的实现，又能满足员工个人能力和职业发展的需求，实现公司和个人的双赢。这种多层次、全方位的人才培养体系，使得海康威视的每个员工都能发挥最大作用。

历经前几个阶段的创新之后，海康威视的理念和多项关键技术已经与国际行业巨头不相上下，甚至部分领域已走在了行业前沿，已经没有了可以继续追赶的标杆。在这种情况下，近几年来，海康威视正在进行战略调整，以适应从追赶到超越追赶（beyond catch-up）的转变。

3. 海康威视的超越追赶——智能领航，数聚未来

"智能领航，数聚未来"可以总结为海康威视近几年"超越追赶"阶段的显著特点。2012年，海康威视创造性地提出了iVM（智能可视化管理）新安防理念；2013年，提出HDIY理念，倡导定制高清，发布全系列经销产品、萤石系列民用安防产品、双目视觉人脸识别系统、全系

列 Smart IPC 高清网络摄像机、智慧型平安城市解决方案；2014 年，推出 4K 监控系统，给 IP 高清可视化应用注入全新动力；2015 年，引爆 IP 大时代，全面推动 IP 普及，推出了 DT1.0、Smart265、视频结构化、人脸识别等多种智能技术；到 2016 年，宣告 SDT 安防大数据时代的到来，海康威视再一次站在安防变革的前沿，推动着行业发展。

资料来源：郑刚、陈箫根据以下参考文献整理：
（1）吴晓波、章威、陈宗年，"高科技企业技术跨越战略研究"，《研究与发展管理》，2006 年第 2 期，第 15-21 页。
（2）陈宗年，《新兴技术管理体系与策略研究——基于中国市场特性的分析》，浙江大学博士学位论文，2005 年。
（3）海康威视：监控行业探索者的成长历程，http://www.afzhan.com/news/detail/19902.html
（4）海康威视：站在产业跨越升级的每一个历史潮头，http://www.qianjia.com/html/2015-12/11_256494.html

本章小结

1. 技术能力附着于企业内人员、技术设备系统、技术信息和组织管理诸要素，并体现为各要素所有内生知识存量的总和。一般的技术能力可按照发展的层次与难度，分为技术监测能力、技术引进能力、技术吸收能力、技术创新能力和技术核心能力五种。

2. 核心能力应是长期创新过程形成的独特的、更为系统的、令竞争者难以模仿的能力。其包含独特性、增值性、延伸性、动态性、综合性、不可模仿性等特性。

3. 知识学习包括多种形式，主要有"干中学""用中学""研究开发中学"和"组织间学习"等四种方式。"干中学""用中学"主要体现于生产过程中重复操作效率的提高，是操作知识的积累；"研究开发中学"则是在研究开发的创造性过程中进行知识吸收的学习过程；"组织间学习"一般是在战略性合作的过程中，组织向合作伙伴进行知识的吸收，提高自身技术能力。"组织间学习"涉及的知识不仅包括显性技术知识，还包括许多隐性的技术知识。

4. 企业必须根据自身特点，采用经济适用的技术创新能力积累途径。技术能力积累的内部途径主要是指内部研发设计。

5. 探索性学习是指那些可以用探索、变化、承担风险、试验、尝试、应变、发现、创新等术语来描述的学习行为，其本质是对新选择方案的试验；而利用性学习是指那些可以用提炼、筛选、生产、效率、选择、实施、执行等术语来描述的学习行为，其本质是对现有能力、技术、范式的提高和拓展。这两种学习对组织都具有重要的意义。

回顾性问题

1. 讨论技术能力主要包含哪些要素？
2. 核心能力的内涵是什么，其基本特征包含哪些描述？
3. 知识学习的基本形式有哪些，每种形式的主要特征是什么？
4. 内部研发设计作为企业技术能力积累途径具有什么样的作用？

讨论性问题

1. 海康威视从技术追赶到"超越追赶"的秘密何在?
2. 福田汽车积累提升自主创新能力的经验有哪些?探索性学习和利用性学习如何平衡?

实践性问题

1. 请选择一家你所熟悉的企业,分析其技术能力的发展演进与现状,并提出进一步提升其技术能力的意见和建议。
2. 结合特定产业,选取某一典型创新型公司,以小组为单位分析诊断其创新能力的构成与核心能力的特征,以及创新能力是如何积累的,并提出提升创新能力的对策建议。

延伸阅读

1. [美] 克里斯·阿吉里斯著,张莉、李萍译,《组织学习》(第2版)。中国人民大学出版社,2004年。
2. 王宗军等,《创新能力与技术战略:企业自主创新能力评价与技术战略研究》。人民出版社,2011年。
3. Barney, J.B., "Firm Resource And Sustained Competitive Advantage", *Journal of Management*, 1991, 17, 395–410.
4. Hamel G., "Competition for Competence and Inter-partner Learning within International Strategic Alliances", *Strategic Management Journal*, 1991, 12: 83–103.
5. Henderson R, Cockburn I. "Measuring Competence? Exploring Firm Effects in Pharmaceutical Research", *Strategic Management Journal*, Winter Special Issue, 1994, 16: 63–84.
6. Kathleen M.Eisenhardt, Jeffrey A. Martin, "Dynamic Capabilities: What are They?", *Strategic Management Joural*, 2000, 21,1105–1121.
7. Klein J, Gee D, Jones H. "Analyzing Clusters of Skills in R&D: Core Competencies, Metaphors, Visualization, and the Role of IT", *R&D Management*, 1998, 28(1): 37–42.
8. Prahalad C K and Hamel, "Core Competence in the Corporation", *Harvard Bussiness Review*,1990, 1–18.
9. March J G., "Exploration and Exploitation in Organizational Learning", *Organization Science*, 1991, 2(1):71–87.
10. Rita M, Macmillan I, Venkataraman, "Defining and Developing Competence: A Strategic Process Paradigm", *Strategic Management Journal*,1995, 16: 251–276.
11. Teece D J, Pisano G, Shuen A., "Dynamic Capabilities and Strategic Management", *Stratgic Management Journal*, 1997, 18(7): 509–533.

第 3 篇

创新的组织与文化视角

在明确创新战略的基础上,创新还需要精致的组织设计、优良的过程管理和强有力的组织制度与文化。为此,本篇将介绍创新的组织形式、创新的项目管理、创新的制度与文化设计以及创新系统等,旨在为创新的进一步实现提供先进的组织保障。

第 10 章

创新的组织形式

学习目标

➢ 熟悉常见的创新组织形式及其适用条件和优缺点
➢ 熟悉二元性组织的内涵与适用条件
➢ 熟悉网络环境下企业创新组织的变化

看视频
技术创新的组织设计

开篇案例：谷歌——互联网时代的创新型组织新标杆

谷歌是一个从创办开始，血液里就流淌着创新基因的公司。谷歌凭借什么优势保持着持续创新的动力呢？从以下几个方面，可以初探这个创新永动机的一角。

1. 具备战略耐心

谷歌的使命是"整合全球信息，使人人皆可访问并从中受益"。公司做的每件事都是在为这个目标服务。它几乎每一天都会宣布一款新产品或者新功能，逐步实现对混乱信息的整合，尽管其中大部分投资目前都未盈利。

资料来源：若涵，"从巴西街道涂鸦到谷歌 Doodle 文化"，http://www.iduomi.cn/guandian/column/20140615/87398.shtml

谷歌前 CEO 认为，"市场普及率第一，收入其次……只要建立一个持续吸引眼球的业务，你总能找到聪明的办法从中赚钱"。

2. 营造轻松愉快的创新环境

在谷歌像游乐园一样的办公室里，巧克力、懒人球、巨型积木、电动滑板车或 GreenMachine 车（一种儿童的玩具车），甚至宠物狗随处可见，根本不像是一个高速运转的科技公司。但谷歌在创业之初是另外一番景象。大家忙碌紧张，吃饭可能用快餐随便应付，没有时间锻炼身体和洗衣服。在公司发展到一定阶段之后，谷歌给员工提供了种类丰富的免费餐饮、随处可见的体育器材和休闲设施，还有专门的洗衣房和按摩室。除此之外，公司还提供免费的班车和渡轮服务接载雇员上下班，这些交通工具都有无线互联网服务，方便员工在上下班时也可以工作。在谷歌，工作就是生活，轻松愉快的工作环境成为创新意识的孵化器，造就了无穷的创造力。

3. 形成灵活高效的工作方式

"将有智慧、有激情的员工针对关键问题，分成3至5人的小团队，扁平化的组织，以海量的计算资源和数据作为支持，同时允许工程师抽出20%的时间，根据兴趣自己确定研究方向。"这是谷歌组织结构的基本原则。这种小团队蕴涵着深刻的道理：在庞大的组织中，总有很多聪明人可以轻松"混"下去，即便是复杂的绩效考核也对这类人束手无策。但是小团队却容不得"聪明人"浑水摸鱼，必须全力以赴才能被大家认可。在激发了全体成员创造力的同时，也便小范围的绩效考核结论更加客观。小团队的工作方式成就了谷歌著名的"自下而上"的创新，给谷歌带来了新鲜的创意和活力。而这些特质正是一家快速发展的科技公司最宝贵的创造力所在，也可以看作谷歌互联网民主观念在公司内部的一种贯彻。

4. 架构新颖实用的创新工具

谷歌有个内部交流的网络平台，这个平台不仅能实现信息交流的功能，还鼓励工程师们将自己的创新点子放在这里，由其他人对这些点子做出评价和建议，使这些在20%的时间内自由发挥的结晶有可能落实为具体的产品。当由这些好点子发展而来的产品足够完善的时候，就会被放在Google Lab里，通过这个向用户展示谷歌创意和产品的工具，征集用户体验和反馈，以便对尚未正式推出的产品进行修正和补充。

5. 将创新任务写进岗位职责

谷歌将创新列入员工的工作时间预算，要求技术人员花80%的时间在核心的搜索和广告业务上，其余20%则用在他们自己选择的技术项目上。对管理人员，公司也有类似的规定。这就迫使员工必须腾出时间来搞创新。

6. 善于利用失败和混乱

谷歌快速地推出大量创新产品，这些产品可能并不完美，但谷歌会让市场来选择。这种战略意味着许多产品注定要失败，但公司高管并没有因此而止步，而是鼓励员工尝试失败。谷歌创始人佩奇曾表扬过一名、给公司造成数百万美元损失的高管："我很高兴你犯了这个错误。因为我希望公司能够行动迅速、做很多很多的事情，而不是谨小慎微、什么也不敢做。"

7. 平等，授权，自下而上

平等，授权，自下而上，打破"特权阶级"，这是Google的创新秘诀。有位工程师曾要求和前CEO施密特分享一间办公室。谷歌团队的架构非常扁平化，只有总裁、总监、经理、员工四个层级。当然，除去结构上的扁平化，更难得是文化上的扁平。据谷歌中国工程师郑欣的回忆，他参加的第一次技术讨论是在李开复的办公室里进行的。办公室很小，只有四把椅子，参加的人有六七个，于是有他跟另外一个老同事就一起坐在了总裁的办公桌上。

人性化的工作环境、小团队的工作方式、20/80法则的运用，以及每年1000万美元的创业大奖，在这些政策的激励下，谷歌团队不断创新，产品已经从当初单纯的搜索服务扩展到新闻、地图、图书等多个领域，并且开始全球化运营。诞生了一系列如 Gmail 邮箱、Orkut 等些对谷歌未来发展有重大意义的产品和项目。

资料来源：改编目"向谷歌学习持续创新"，《化工管理》，2008 年 01 期。

思考题：

1. 互联网时代的创新型组织应该是什么样的？
2. 谷歌的这种创新型组织形式在中国是否行得通？不同的行业如何借鉴？

10.1 常见的创新组织形式

创新的效率与其组织形式显著相关。在企业创新过程中，主要的组织形式有：线性组织模式、并行和交叉组织模式、小组制组织模式和矩阵组织模式。

10.1.1 线性组织模式

由于产品创新活动的高风险性，企业在产品创新活动过程中始终都必须遵循着一种步步为营、循序渐进的开发思想，对这一过程中的每一个环节都必须加以深入的研究。线性组织（也叫串行或职能制组织）是早期常见的技术创新组织形式。一般来说，线性的产品创新活动过程通常可概括为三大阶段和 10 个环节（如图 10-1 所示）。

在线性系统中，不同环节存在前后关联的逻辑联系，共同组成产品创新活动系统。任何一个环节的失败，都会导致整个创新活动的失败。即产品创新活动的成功，取决于创新过程中每个环节的成功。这种产品创新活动过程是国内外理论界和企业界所普遍遵循并实践的常见的新产品创新过程模式。线性模式的主要优点是：专业分工明确、过程简单明了。

在线性系统中，部门总是独立地进行工作，特别是在设计中很少考虑到工艺和工装部门的要求、制造部门的加工生产能力、采购部门的要求及检测部门的要求等，

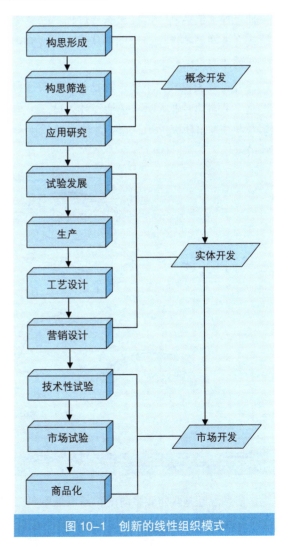

图 10-1 创新的线性组织模式

因此常常造成设计修改大循环，严重影响产品的上市时间、质量和成本。同时，后一阶段的工作对前一阶段的依赖性很强，需要前一阶段基本上做得很成功，因此，这需要较大数额的创新投入，需要较高素质的创新人员，包括一流的科学家和工程师。线性创新的组织形式一般适用于基于科学原理的产品和工艺创新。

随着市场竞争愈演愈烈和市场需求变化等市场环境特征的日益明确，这种分工明确、循序渐进的阶段性开发模式的弊端也暴露得愈明显，过长的开发周期难以适应产品开发的新需求。

10.1.2　并行和交叉组织模式

为改变线性模式的弊端，20世纪80年代初，人们开始寻求更为有效的新产品开发方法。1986年，美国国防部防御分析研究所（The Institute for Defense Analyses，IDA）提出了**并行工程**（concurrent engineering，CE）的概念。"并行工程是集成地、并行地设计产品及其相关的各种过程（包括制造过程和支持过程）的系统方法。这种方法要求产品开发人员从设计一开始就考虑产品整个生命周期中从概念形成到产品报废处理的所有因素，包括质量、成本、进度计划和用户的要求。"

并行开发模式简单来说就是打破创新过程的不同环节的前后逻辑关联，各环节可以并行作业，不同的专业人员（包括设计人员、工艺制造、销售维修、市场营销人员等）组成一个多专业开发组协同工作。在先进信息通信技术支撑下，开发组还可实现异地设计（如图10-2所示）。

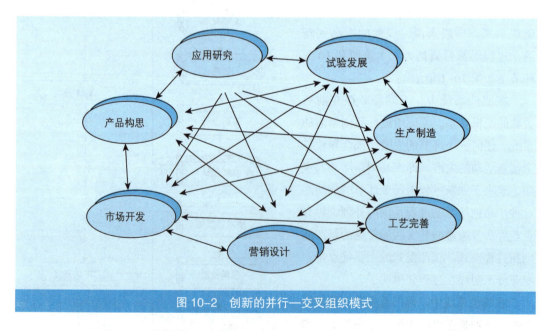

图 10-2　创新的并行—交叉组织模式

信息流动是双向或多向的，而不是单向流动，使得创新过程犹如一个纵横交错的网络。这样可以保证产品设计阶段尽可能消除不必要的重复，大大缩短开发周期，提高创新效率。

并行开发模式的另一个优势体现在通过信息多向流动，不同专业间可以密切合作，有利于产生新的思想和概念。运用这一模式，日本的一些企业尤其是汽车生产企业，确实明显缩短了产品开发周期，大大提高了产品开发效率，从而成为日本汽车业与欧美同行竞争的又一优势。但同时，并行开发模式对不同环节开发设计人员（包括工程技术人员、财务分析和控制人员及营销策划人员等）的沟通合作的要求也会大大提高，需要一种高度协作精神，更需要一个强有力的管理与协调组织。这个组织的管理者必须具有迅速决策和协调的能力，在重大产品创新活动中，甚至有必要对企业的整个结构到员工的工作方式加以重点改变。因此，并行开发的组织形式有一定的管理难度。不过，由此也可以看出，通过加强管理，采用科学的组织形式，可以弥补企业资源不足，这对发展中国家的企业是有启发的。

10.1.3　小组制组织模式

这种模式的主要特征是涉及创新的主要人员，如研究与发展人员、生产人员、营销人员等在一个小组内工作，目的是更进一步地加强工作沟通和责任感，提高产品创新速度。小组制需要有一个素质好的项目经理从设想的产生推动其进入市场。其具体运作见图10-3。

小组制组织模式优点是可以加快创新速度，应对变化迅速的市场。但需要项目经理有足够权限，小组成员团队精神较强。长期在小组制组织工作的创新人员，虽然可以拥有快速开发产品的能力，但会影响其在专业上对新知识的获取，从长远看可能会导致创新的后劲不足。

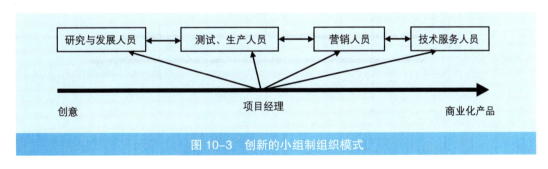

图 10-3　创新的小组制组织模式

10.1.4　矩阵组织模式

矩阵组织的出现，一方面是解决项目进度的问题，另一方面则可以充分利用专业组（职能组织）的业务优势。一个管理完善的矩阵组织，可以是一个兼顾知识更新与项目进展速度的完美组织，因此在创新型企业中被广泛地采用。图10-4是一个创新的矩阵组织示例。

一个优秀的创新企业，其组织结构应该根据企业的自身特点进行及时的动态调整：当在市场压力大、创新的速度是获得竞争优势的关键时，可考虑将矩阵组织转向以小组制为主，实行强矩阵管理。此时，产品经理或项目经理的权限要大于职能经理的权限（如图10-5所示）。在企业面临的竞争压力尚不大，处于较为平稳的发展时期，可考虑将矩阵组织适当转为职能制组织（弱矩阵）进行运作，此时，职能经理的权限大于项目经理的权限（如图10-6所示）。因此，企业创新常见的四种组织形式，究竟采取哪种最合适，应该根据企业自身情况进行决策，并应根据企业需要进行及时变革，以形成柔性的创新组织。

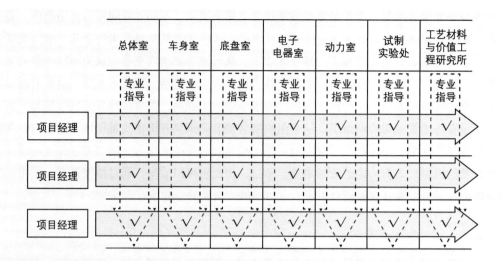

图 10-4 创新的矩阵组织模式

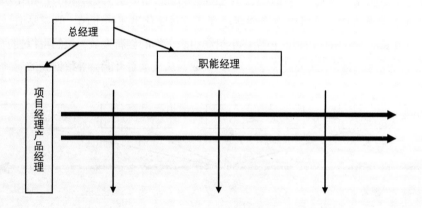

图 10-5 创新的强矩阵组织

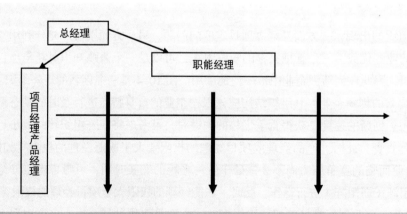

图 10-6 创新的弱矩阵组织

Mintzberg 强调环境、结构与组织创新的匹配，总结了不同组织模式的创新潜质，如表 10-1 所示。

表 10-1 组织类型与创新潜质

组织类型	主要特征	创新潜质
简单结构	由一个人控制的有机性组织，能对环境变化做出快速反应，例如高科技行业中的小型初创企业	具有企业家精神，通常保持高度创新性，不断寻求高风险的环境。缺点是易受到个人决策失误和成长的资源限制
机械官僚制	表现为高度分工、标准化和集中控制，通过员工技能和经验的不断标准化来持续改进日常任务，例如规模生产的企业	组织设计的目的是为了提高效率和稳定性，有利于处理程序化问题，但过度僵化，不能适应创新与变革
专业官僚制	一种分权的机械性组织，给予专家个体高度的自治权；权力和地位集中于"授权专家"，例如大学、医院、法律和会计公司	在专业领域，专家个人可能具有高度创新性，但由于跨职能和学科，成员合作存在困难，对组织整体创新能力是极大的限制
分部（事业部）制结构	一种分权的有机性组织，由一个中央执行机构主持下的若干关联松散且半独立的组织构成，典型形式包括大型组织为了适应当地竞争环境而设立的分部（事业部）	能使组织集中资源在特定的利基市场取得竞争优势；缺点包括分部发展将导致对核心研发的"离心力"；分部之间的竞争将限制知识共享
团队式结构	以项目为基础的高度灵活的组织，用来适应环境的不稳定性和复杂性；解决问题团队能被迅速组织起来以应对外部变化和市场需求，典型形式包括专业合作伙伴和软件公司	具有快速学习和"忘却学习"能力，具有高度适应性和创新性；然而由于其结构不稳定，容易导致组织的短寿，并且有可能随着时间变化转变成官僚机构

资料来源：[挪]詹·法格博格、[美]戴维·莫利、[美]理查德·纳尔逊主编，柳卸林等译，《牛津创新手册》。知识产权出版社，2009 年。

创新标杆 ——— 韩都衣舍异军突起的秘密 ———

2006 年，韩都衣舍电商集团由赵迎光创立，起初是从事化妆品、母婴用品、汽车用品的电子商务运营。

2008 年，由于有韩国工作的经历，并看好中国女装服饰巨大的市场规模和吸引力，赵迎光在济南创立了韩都衣舍品牌，主要从韩国代购开始起步。在国内电子商务行业风云变幻的环境下，韩都衣舍在 2008 年年底销售额做到了 300 万元。

2009 年，面对市场环境的变化，韩都衣舍开始转型为互联网自有品牌，并开创了以产品小组制为核心的"单品全程运营体系"这一独特的组织形式和商业模式。通过这种组织创新，韩都衣舍凭借"款式多，更新快，性价比高"的产品理念，深得全国消费者的喜爱和信

赖,慢慢成为中国最大的互联网时尚品牌运营集团。2012—2014年,在国内各大电子商务平台,韩都衣舍连续三年女装排名第一,2014年销售额已达15亿元,员工数也从第1年的40人增至2600人。截至2015年12月,韩都衣舍有58个业务部门,员工超过2600人。通过内部孵化、合资合作及代运营等方式,品牌集群达到28个,包含女装品牌HSTYLE、男装品牌AMH、童装品牌米妮·哈鲁、妈妈装品牌迪葵纳、文艺女装品牌素缕、箱包品牌猫猫包袋等知名互联网品牌。

2008年创业时,韩都衣舍经过内部讨论,认为传统时代的组织结构可能不太适应互联网时代快速学习、快速试错和快速迭代的要求,因此有必要把公司结构进行重构。

利用互联网的一些特点,韩都衣舍把这个"金字塔"的结构倒过来,把原来的科层制的管理结构转变成赋能型的管理结构。通过调整,韩都衣舍让员工成为跟市场接触的一线主体,让他们来进行相当一部分的战略决策。员工变成了公司里面小的自主经营体,公司高层变成了一个服务的对象或者一个赋能的对象,他们的责任是整合前端小的自主经营体需要的资源,并为他们服务。正的金字塔管理层强调的是管理,倒过来之后管理层强调的是服务(如图10-7所示)。

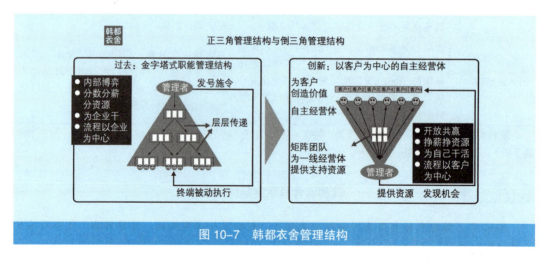

图10-7 韩都衣舍管理结构

因此,韩都衣舍设计了这样一个小组,将产品设计开发人员、页面制作人员(类似于传统商业的导购)、库存采购管理人员(负责采购和供应链)三个人组成一个小组。

小组里面的设计开发人员并不等同于传统意义上的设计师,大多数品牌都采用"买手制",因而这样的小组也可称为买手小组。每个买手小组的作用是:负责跟踪诸多韩国品牌的产品动态,从中选出他们认为款式不错的产品,然后进行样衣采购、试销,然后再根据试销情况在中国找工厂量产。赵迎光引入买手制的初衷是因为销售团队太薄弱,"为了控制风险,只好将压力转移到产品部门"。这种无心插柳之举却孕育了韩都衣舍核心的商业模式。

买手小组集"研发、销售、采购"于一体,这样在最小的业务单元上就实现了责权利的统一,独立核算,独立经营。韩都衣舍在组织设计中,极大地激发小组的竞争意识。但韩都衣舍并没有实行淘汰机制,小组的新陈代谢是自然实现的,即"产品小组更新自动化"。公司每天都会给出"每日销售排名",小组间"比学赶超"的气氛就会很浓,同时又在激励上向业绩优秀的小组倾斜。这样,做得好的小组形成示范效应,同时也会有组员提出要独立出来单干。而做得差的小组中的组员就会跟过去,小组间形成了自由组合。小组分裂后可以相互自由组合,也可以引入新员工组建新的团队,是充分的自由竞争。当然,为了防止不必要的细胞裂变,韩都衣舍又给出规定,离开的组员要向原小组贡献培养费,即走的人在新的小组拿到奖金后要将10%交给你的老组长,时间一年(如图10-8所示)。

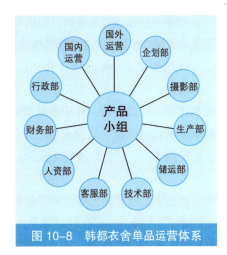

图10-8 韩都衣舍单品运营体系

小组制主要有三个优势:一是动销比高、库存周转快。相比于常规公司到季末的时候才分析卖不动的产品,研究怎么打折,韩都衣舍的小组负责人动作非常快。比如,一件衣服80元卖不掉就卖60元,60元卖不掉就卖40元,40元卖不掉就买20元,只要卖不动、卖得慢就采取措施,周转就快。二是业务员的主观能动性极强,对于韩都衣舍产品部门的业务员,公司从来不考勤,但是他们会主动加班。三是自主经营体责权利清晰,这使得员工流失率低。

小组多了怎么办?有人给韩都衣舍做比喻,说初级版的韩都衣舍模式是"强盗"模式,小组自己随便到市场上抢,抢到了就分。后来韩都衣舍有组织有纪律了,开始向正规军发展。每3—5个小组变成一个大组,每3—5个大组变成一个产品部,每个产品部都覆盖全品类。部门和部门之间会有竞争,但在部门内部是互相协作的。很多好的知识、经验,在大组和部门内部交流比较充分,大部门里面经常开小会或开议讲座来促进交流分享。

类似的机制还有很多,韩都衣舍凭借这种独创的小组结构和运营管理机制,对设计、生产、销售、库存等环节进行全程数据化跟踪,实现针对每一款商品的精细化运营。线上店铺保持每周上新速度,全年上新可达30000款!

资料来源:根据郑刚、雷明田子,"小组制:变革时代韩都衣舍的组织创新";伟雅俱乐部,《赵迎光说韩都衣舍——一个网商的成长回顾及未来展望》。机械工业出版社,2015年。

10.2 二元性组织——适应变革时代的组织模式

10.2.1 二元性组织的概念

组织二元性的概念最早由 Duncan 于1976年提出,直到 March 引发关于探索性学习与利用性学习二元关系的大讨论之后,才开始在管理学领域被广泛接受。组织二元性的研究范式已逐渐成为近年来管理研究中的一个新热点,在组织学习、技术创新、组织架构、组织适应等领域产生重要影响。

技术创新领域二元性研究的根本在于处理渐进式创新和突破式创新之间的矛盾。渐进式创新代表了现有产品和商业概念的微小改进，而突破式创新代表了现有产品和概念的根本性变革。

美国学者 Tushman 和 O'Reilly Ⅲ 通过多年学术研究、管理咨询实践和与大量企业管理人员的接触，对"成功之后是失败，创新之后出现惰性"这种"成功综合征"进行了深入的分析和探讨。他们发现，在成熟的大企业中存在着阻碍突破性创新的结构惰性和文化惰性。结构上和文化上的惰性是企业渐进性创新、取得短期成功的推进因素，然而，在应对突破性创新的挑战方面，它们则使组织成为过去式的牺牲品。

Tushman 和 O'Reilly Ⅲ 在分析结构惰性和文化惰性的基础上，根据技术周期的变化，针对已在位大企业如何把握突破性创新，提出了二元性组织（ambidextrous organization）的创新组织模式。Chistensen 在针对成熟大企业的创新研究中发现，那些在突破性技术领域及时找到自己位置的成熟企业，几乎没有例外都是由经理人员建立了一个自主的组织，来负责围绕突破性技术组建一个的新独立事业部门。

10.2.2 二元性组织模式的特点

二元性组织模式是指在面临突破性创新时，企业可以通过二元组织结构来摆脱困境，即一方面继续在企业主流组织中运用渐进性创新来稳定发展，另一方面及时转换思路，成立相对独立的突破性技术研发机构。二元性组织模式强调在组织结构和文化上保持突破性创新与渐进性创新的隔离，使突破性创新组织独立于主流组织，形成新的文化价值取向（如图 10-9）。

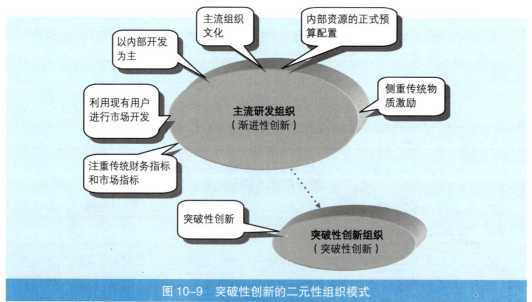

图 10-9　突破性创新的二元性组织模式

资料来源：张洪石，《突破性创新动因与组织模式研究》，浙江大学博士学位论文，2005 年。

1. 组织结构的二元性：主流研发组织和突破性创新组织

一些学者认为，突破性创新不大可能在一个成熟的企业内部顺利进行。突破性创新要求"另辟蹊径"，要求宽松的内部环境，勇于探索、容忍失败的氛围，强烈的进取心，异质化的队伍。这与企业惯常的组织和延续性的创新不相容。所以，要不扼杀、不阻碍突破性创新，必须采取"组织措施"：在企业内部成立"小特区"或"另类组织"。这意味着组织结构的二元化。

在二元性组织的模式下，一个企业往往存在两个不同的组织：从事突破性创新研究的组织和从事渐进性创新的组织。在这种组织结构安排下，大企业的主流研发组织致力于渐进性创新，而突破性创新组织则致力于突破性创新。从事突破性创新的组织是一个高度独立的内部组织。常见的从事突破性创新的组织形式有：

（1）内企业。企业根据特定技术开发的特点，允许或鼓励员工在一定的时间内离开本岗位，从事自己感兴趣的创新活动，并且企业可以提供资金、设备、人员等资源的支持，创新风险和收益均在所属企业内。

（2）新事业发展部。这是大中型企业根据产品、技术、市场特点，针对一些有影响的创新，投入大量的人力、财力和物力组建的独立机构。新事业发展部拥有很多决策权，只接受企业最高层主管领导。一些国外学者甚至认为，新事业发展部是永久性地独立于现有运行体系之外的分权组织，是企业进入新的技术领域和产业领域的重要组织。这类创新组织是一种固定性组织，多数由若干职能部门抽调专人组成，并由一名有相当地位的高层管理者主要负责。

（3）创新小组。是指为完成某一项创新项目而从各部门抽调人员成立的创新组织。它可以是常设的，也可以是临时的，小组成员可以是专职的，也可以是兼职。创新小组具有明确的创新目标和任务，企业高层主管对创新小组充分授权，完全由小组成员自主决定工作方式。

（4）新产品开发委员会。为推动企业创新或完成一定的创新项目，组建企业新产品开发委员会是可行的办法之一。新产品开发委员会应负责企业产品创新的全程管理，一般作为临时性或常设性机构。该委员会可由企业高层负责人、关键研究开发人员及各职能部门代表组成，在必要时召开会议，会议由公司总经理或常务副总经理主持，会后由一名专职负责人督办、协调会议决议的执行情况。企业建立新产品委员会的主要优点是：可以集中创新关键人员的想法和专长；创新方案易被企业高层和各职能部门所接受；可以将产品创新的咨询过程与决策过程高度融合在一起；有利于协调企业产品创新与常规经营的资源配置矛盾，协调创新过程中各职能部门之间的矛盾。

（5）虚拟创新组织。是指若干成员为共同获得某一市场优势，依靠信息手段以最快捷的速度进行组织形成的没有企业边界、超越空间约束的临时性动态联盟，市场机遇一旦消失即解散，其实质是企业间的暂时联盟。虚拟创新组织通常不是一个法人实体，而是由一些独立的经济实体基于某种共同目标而组织起来的一种灵活的临时性联盟。联盟中的成员具有互补的资源和核心能力。当某个新的市场机会出现时，通常由最早意识到这一市场机会或者掌握某一关键技术的企业牵头，联合其他有关机构和企业形成一个一体化的临时组织，迅速动员各方资源和能力，对市场机会做出快速反应，共同完成新产品开发和新市场开拓。虚拟组织成员共担创新风险，共享创新利益。当既定创新目标实现时，特定的创新联盟即随之瓦解。

2. 组织文化的二元性：渐进性主流组织文化和突破性创新组织文化

Tushman 和 O'Reilly Ⅲ 指出，与结构上的惰性不同，意义更为广泛的是随着组织的年龄增长和成功而带来的文化上的惰性。组织在长期运作中形成的非正式规范、价值观、群体网络以及传奇和英雄人物把一部分认识拘囿于如何行事的共同期望之中。组织的过去越是成功，越会助长文化上的惰性和组织的自满。

在相对稳定的环境中，企业的这种文化是它取得成功的主要因素。这种文化提供了一种不必改善或强化其正式的控制系统，就可以有效控制和协调员工的方式。然而，一旦面临突变，这种曾经培育了成功的文化会迅速成为变革的主要障碍。IBM 的前总裁郭士纳认为，"树立文化是一个企业实现转变的最关键、最困难的方面"。

要克服成功企业文化方面的惰性，在组织结构保持独立性的同时，二元性组织模式还强调组织文化的隔离：主流组织倾向于渐进发展的文化价值取向；而突破性创新组织不受主流组织影响，形成锐意进取、鼓励创新、容忍失败的创新文化。

美国 CDC 公司在开发 5.25 英寸磁盘驱动的过程中就采用了这一做法。基本错过 8 英寸磁盘驱动器的 CDC 公司在决定开发 5.25 英寸磁盘驱动器时建立了一个专门的小机构。一名经理说，这个小机构可能因为 5 万美元的订单而激动起来，而在公司本部，只有 100 万美元的订单才会引起人的注意。在这个独立出来的小机构中，组织流程与公司本部完全不同，更加灵活，更具有弹性。更为重要的是，公司所执行的突破性技术创新战略体现在这个小机构中，没有受到任何干涉。对日本佳能、本田等诞生了突破性技术创新的大企业的研究也表明，这些公司也都是另外组建一个小组来进行创新。为避免二元组织间的摩擦与冲突，创新小组一般由受人尊敬的元老级人物负责，并与原有组织分离，实行"一企两制"。

创新标杆 —— 一企两制：腾讯公司开发微信

2005 年，Foxmail 之父张小龙进入腾讯担任广州研发部总经理后，并不得志。2010 年年底，张小龙向马化腾建议腾讯做移动社交软件。这种想法简直让人无法理喻：腾讯在移动社交方面早已开发出移动 QQ，何必开发新产品自相残杀？在张小龙看来，移动 QQ 更多是基于客户端的移植，在美国，功能简洁的手机应用 Kik Messager 正大行其道，雷军推出的米聊也极其成功。这些新社交软件的兴起对于移动 QQ 来说是极大的挑战。马化腾很快回复邮件，赞同张小龙的想法，并且让其作为负责人带领腾讯广州研发部开始这个项目。

实际上，当时腾讯内部有三个团队都在做类微信产品，另外两个是无线事业部的手机 QQ 团队和 Q 信团队。腾讯有一个传统，就是鼓励内部竞争。在人脉、资源、经验等方面，张小龙团队并无优势，却敢于挑战电信部门权威，打破禁锢，以自由主义者的热情快速前进，这正是他后来脱颖而出的关键原因。

2013 年 IT 领袖峰会上，马化腾认为，在面对创新的问题上，要有灰度机制，允许适度的浪费。当有一个新的商机出现的时候，你可能很难判断这个机会到底重不重要，是应该试探地做还是交给谁做。他以微信的成功为例来说明这件事。"当时微信出来的时候，很多团队都想做，但是动作和投入度都不一样，当时我们说有三个团队，最后是两个团队之间都做了，而且产品都一样，都叫微信。一个在我们无线部门做。（两个部门）都不知道对方进展怎么样，同时启动。最后我们广州的团队先跑出来了，而且一看他的产品设计思路水平很高很多。"

资料来源：改编自王冠雄，"微信怎样诞生：张小龙给马化腾的一封邮件，"网易科技报道，2014-02-28.http://tech.163.com/14/0228/14/9M67OQ9100094ODU.html

10.3 网络环境下企业创新组织的变化

10.3.1 组织边界逐渐模糊化

由于网络技术的出现，技术创新的各个相关环节得以在共享的信息平台上及时、并行地交流工作信息，如微软公司由此实行的各创新环节并行的瀑布式创新模式。而且这种相关的工作环节可以不局限于组织内部，它可以跨越组织界限，在更大的范围整合创新资源，利用创新资源。虚拟研究机构的工作原理就是这样。

实际上，网络技术就是一种结构性的技术，它的出现和应用使得组织内部、组织之间的结构和边界具有前所未有的弹性，其利用资源的范围有了极大的拓展。同时，创新过程中的任何一个环节都并非遵循传统的线性模式，而是在企业内部网络和外部网络共同作用下都可以成为断点、发生跃迁或直接与外部联结。企业网络和市场网络的界限日渐模糊。

10.3.2 组织结构趋于扁平化

传统组织的特点表现为层级结构。层级结构，源于经典管理理论中的"管理幅度"理论。该理论认为，一个管理者由于精力、知识、能力、经验的限制，所能管理的下属人数是有限的。通常，基层管理者能有效管理的不超过15—20人，中层管理者能有效管理的不超过10人，高层管理者能有效管理的下属不超过7人。当组织的人数确定后，受有效管理幅度的限制，就必须增加管理层次，管理层次与管理幅度呈反比。层级结构在相对稳定的市场环境中效率较高，但外部环境的快速变化要求企业快速应变，并具备极强的适应性，而层级结构所缺少的恰恰是一种对变化的快速感应能力和适应性。

随着现代信息技术的发展，特别是计算机管理信息系统的出现，传统的管理幅度理论不再有效。现代网络技术和功能强大的管理软件能够对反馈的大量信息进行快速处理，并能通过因特网将企业的信息"集群式"，即在同一时点向所有对象传送信息，使得企业技术创新组织结构的扁平化成为网络环境下的一种必然趋势。

10.3.3 用户的参与度增加

由于网络的出现,企业的作用同过去相比发生了巨大的变化,用户开始强烈地要求与生产商对话。这些对话不再是由企业单方控制。每个独立的用户都可能与其他用户商讨,学习企业相关知识,甚至在有些情况下由用户发起与企业的对话。在公众的批评非常普遍的市场环境下,用户已经逐渐跨出了过去传统的角色,而同时具有价值的创造者和顾客双重身份,在创造价值的过程中与生产商形成了竞争。

10.3.4 组织学习成为关键能力

在网络环境下,知识和信息量呈指数增长,拥有信息和知识并能有效地加以利用就意味着拥有市场。因此,企业技术创新组织对各种个人知识、组织知识的学习变得格外重要,企业要想在网络环境的激烈竞争中获取优势地位,就必须在组织学习基础上快速有效地组织自身的技术创新活动,从不断创新中获得利润。信息技术和网络技术对组织学习产生了深远的影响,网络化的安排为企业提供了灵活的学习型结构,取代了传统的等级结构。

10.3.5 知识共享是提高创新绩效的基本途径

世界快速变化的今天,越来越多的企业开始认识到知识共享的重要性。国内外众多案例表明,知识共享可以分担研发成本并有效规避风险,可以提升企业竞争力,实现合作双方的共赢。哈默和普拉哈拉德研究发现,合作伙伴间相互学习对方的知识是企业建立联盟的重要目的与动机,而巴达拉科也认为,企业间的隐性知识无法通过市场交易来获得,必须通过合作联盟的方式。由于 IT 技术推动的知识管理对于交互式创新过程具有一定的局限性,建立在网络环境基础上的知识管理方法就逐渐受到人们的重视。

10.3.6 社区化（community）也成为企业创新组织结构的新趋势

新近出现的长尾理论改变传统的认识。在古典经济学中,社会资源被认为是稀缺而有限的,而长尾理论的作者认为网络社会使得选择、空间和产品都是无限的,认为传统经济学中的匮乏经济学已经变为丰饶经济学。长尾理论对创新的启示是：创新不是少数精英的特权,而是多数社会民众集体创作的结果。例如,维基在线百科全书既有管理学、联邦政府这样的"常规"条目,但更吸引人的是它特有的"长尾条目",比如"恺撒密码""第二次世界大战士兵吃的午餐肉"等。在后一部分中,维基百科彻底超越了大英百科全书。

因此,企业在技术创新的人力安排上,不是集中于少数技术权威的努力,而是发挥全体利益相关者（重点是用户和企业员工）的积极性与创造性。在基于社区组织的创新模式下,自我创新（创新 DIY）将成为时尚,用户参与产品开发,主要是在新思想的产生、产品的概念和原型等方面。这时,公司必须根据产品技术和市场的不同特点,选择不同的用户,建立与用户有效和恰当的联系,使用户为公司新产品的开发提供基础的资源。

作为共同的创造者／生产者,用户参与从产品的设计到产品的开发,包括确认产品结构的选择、产品特性和产品结果的设计、产品界面的说明、制造工艺的建立。与消费品相比，用户参与工业产品联合创新的程度更加明显。

最新流行的"用户创造的内容"（user generated content，UGC）更具有一种社区特有的网络效应，这种网络效应体现在当加入社区的用户越多，贡献的内容越多，每个用户得到效益也越高。Youtube 正是充分发挥了社区网站的这种特定效应，取得了瞩目的成功。

当今时代是一个信息和知识更加民主化、更加便利化的时代。面对这样一个全新的环境，企业的创新机会大大增加，企业需要进一步改革成为无边界的、扁平的、社区化的组织，以便有效地获得企业内外要素，进而更有效地选择日益丰富的创新资源，获得持续竞争优势。

创新标杆 ——— 宝洁的全球创新网络 ———

宝洁公司从 2005 年开始通过外部资源寻找新的创意和发明，并尝试建立全球创新网络，加快公司内部研发，同时从公司外部（个人、企业、研究所）获得创意。各种内部和外部的活动帮助宝洁与世界联系起来。

宝洁在网络上建立了全球的内部创新社区——"创新网络"。在这里，研究人员分享信息和想法，向所有研究员提供学习报告。宝洁还创建了实践社区，以实现跨领域的关联（如图 10-10）。宝洁使大约 80 名研发人员成为"技术侦查员"或"技术企业家"，他们负责搜索新的机会，公司也成为电子研发社区的成员（如 Yet2.com 和 InnoCentive）。其他外部创新关联包括"合作技术开发"——与其他企业、机构的合作；"关键供应商伙伴"——与供应商合作。此外，宝洁还将专利授权出去以获得额外的收入。在过去十年中，宝洁每年发布的专利数减少了，但在此期间的收入却增加了。

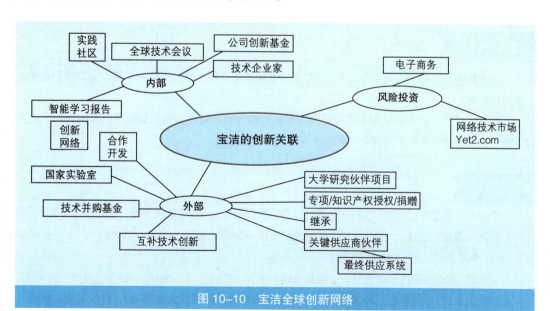

图 10-10　宝洁全球创新网络

资料来源：《北大商业评论》，http://tech.163.com/08/0325/15/47T287S900092K6D_5.html

本章小结

1. 常见的创新组织形式包括线性组织形式、并行和交叉组织模式、小组组织模式，以及矩阵组织模式。

2. 突破性创新是导致产品性能主要指标发生巨大跃迁，或者对市场规则、竞争态势、产业版图具有重大性影响，甚至可能导致产业重新洗牌的一类创新。

3. 在面临突破性创新时，企业可以通过二元性组织结构来摆脱困境，二元性组织模式强调在组织结构和文化上保持突破性创新与渐进性创新的隔离，使突破性创新组织独立主流组织，并形成新的文化价值取向。

4. 网络技术的出现使得技术创新的各个相关环节可以在共享的信息平台上及时、并行地交流工作信息。这种相关的工作环节可以不局限于组织内部，它可以跨越组织界限，在更大的范围整合创新。

回顾性问题

1. 常见的创新组织主要包括哪些形式？根据自己的理解谈谈它们各自的特点是什么。
2. 二元性组织的内涵是什么？变革时代二元性组织有哪些作用？
3. 网络环境下企业创新组织有哪些变化趋势？

讨论性问题

1. 韩都衣舍的小组制结构有什么特点和适用条件？在其他行业具备可复制性么？
2. 小组制结构存在什么风险和问题？相比其他组织结构有什么劣势？韩都衣舍应该如何应对？

实践性问题

1. 结合具体实践分析中国企业在进入 21 世纪以来进行了哪些组织层面的创新，它们对于企业的发展有何影响？
2. 传统的产学研合作的组织形式有哪些局限性？结合创新管理的相关知识和自身的理解，试着设计出一种更为优化的组织架构并与之前的模式进行比较分析。

延伸阅读

1. 官建成、王军霞，"创新型组织的界定"，《科学学研究》，2002 年第 3 期，第 319–322 页。
2. 刘洋、魏江、应瑛，"组织二元性：管理研究的一种新范式，"《浙江大学学报：人文社会科学版》，2011 年第 6 期，第 132–142 页。
3. 王飞绒、陈劲，《技术联盟与企业创新绩效：基于组织间学习的视角》。科学出版社，2010 年。
4. 伟雅俱乐部，《赵迎光说韩都衣舍——一个网商的成长回顾及未来展望》。机械工业出版社，2015 年。

5. 吴晓波、雷李楠、陈颖，"组织二元性的新机制——跨领域二元性"，《西安电子科技大学学报：社会科学版》，2015 年第 3 期。

6. [美] Michael L. Tushman 等著，孙连勇等译，《创新制胜——领导组织的变革与振兴实践指南》。清华大学出版社，1998 年。

7. [美] 皮特斯·T 著，凯歌编译，《第六项修炼：创新型组织的艺术与实务》。延边人民出版社，2003 年。

8. [美] 詹姆斯·克里斯蒂安森著，谭建杰译，《构建创新型组织：激励创新的管理体制》。经济管理出版社，2005 年。

9. [英] 蒂姆·布朗著，候婷译，《IDEO，设计改变一切：设计思考如何变革组织和激发创新》。万卷出版公司，2011 年。

10. Cowan R, Zimmermann J B. Bilateral, "Collaboration and the Emergence of Innovation Networks", *Management Science*, 2007, 53(7):1051–1067.

第 11 章

创新的过程管理

▶ 学习目标

- ➢ 熟悉模糊前端的概念、内涵与特征
- ➢ 熟悉研发管理范式的几代演进及特性
- ➢ 掌握新产品开发的基本流程
- ➢ 熟悉创新中的主要界面问题及解决方法
- ➢ 掌握创新项目管理的基本方法与工具
- ➢ 掌握加快创新步伐的常见做法

➲ 开篇案例：快速迭代创新——互联网时代的产品开发模式

1. 什么是迭代？

迭代是一个重复反馈的活动过程，每一次迭代的结果都会作为下一次迭代的初始值，从而不断逼近目标或结果。如何把迭代的思想应用到设计开发的规划、组织中呢？迭代开发同样借鉴了进化、淘汰的观点，整个开发工作被组织为一系列短周期项目，每一次迭代都包括了需求分析、设计、实现与测试，并以上次迭代的结果为起点再次开始迭代过程。

迭代开发是指，由于市场的不确定性高，需求在没被完整地确定之前，开发就迅速启动。每次循环不求完美，但求不断发现新问题，迅速求解，获取和积累新知识，并自适应地控制过程。在一次迭代中完成系统的一部分功能或业务逻辑，然后将未成熟的产品交付给领先用户，通过他们的反馈来进一步细化需求，从而进入新一轮的迭代，不断获取用户需求、完善产品。

例如，谷歌的开发战略就是这种"永远 beta（测试）版"的迭代策略——没有完美的软件开发，永远都可以更好，永远在更新或改善功能。谷歌邮箱 Gmail 在推出 5 年之后才撤掉 beta 版的字样，成为稳定的服务。在与苹果 iOS 智能手机操作系统的竞争中，后发的谷歌采取了与苹果完全不同的迭代开发战略。谷歌在其操作系统 Android 上采用了开源软件的模式，与多家企业合作生产平板电脑和智能手机。安卓系统从 Android 2.3.3 升级到 Android 4.0，只用了约半年时间，许多手机都来不及更新换代以支持新版本的操作系统。而 Android 4.1 和 Android 4.2 接踵而来。这么快的迭代，使谷歌的许多合作厂家应接不暇，不同操作系统之间产生适配问题。但谷歌更新的速度与决心都远超苹果,在合作厂家之间掀起迭代竞争,迫使它们不断更新产品,从而使安卓系统在短期内赶上了苹果iOS系统。腾讯微信也遵循迭代开发的过程,迅速达到亿级用户——尤其是微信的早期版本,迭代非常迅速,使微信得以快速发展核心功能,奠定用户基础。

由此可见,循环迭代式的开发特别适用于高不确定性、高竞争的环境,也适合分布在全球的不同企业、不同开发小组之间的合作,其本质是一种高效、并行、全局的开发方法。

2. 迭代开发的四大原则

原则一:问题先行

硅谷创业者埃里克·莱斯所提出的"精益创业"理念,可以看作迭代开发的"创业版"。莱斯也提出要问题先行:先找出创业计划中风险最高的部分(或者客户最需要的部分),作为切入点,开始系统地测试,即注重从测试版实验中发现问题,而非精心构建商业计划;注重聆听用户反馈而非相信直觉,而在此之前,无须一次性投入开发完善的产品。目前,这一理念被硅谷的很多创业公司奉为创业圣经。

原则二:快速试错

失败并不可怕。莱斯在"精益创业"中提出,失败给出了最好地验证原来各种假设的机会,在失败后要有精准的测量,从而为下一次试错提供学习的机会。莱斯描绘了每一次迭代中的"建设—测量—学习"过程(如图11-1所示)。多次迭代可以使设计团队快速获取经验,同时,迭代也将灵活性植入开发过程,使开发团队的认知能力随着新的信息而变化。当见证了很多次的迭代后,设计团队就不会倾向于过分依赖某一特定的变化,会根据环境的变化而进行调整。这样,迭代的试错反倒提高了开发团队的信心和成功机率,加速了设计的进程。

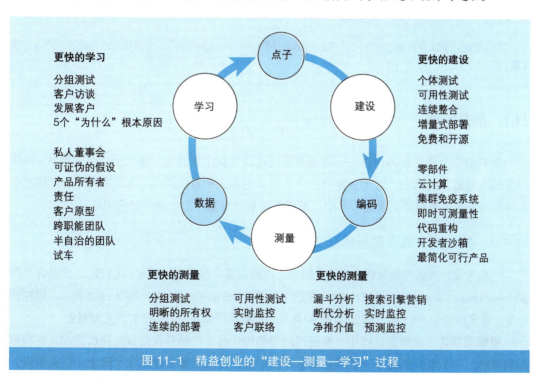

图11-1 精益创业的"建设—测量—学习"过程

原则三：微着力 微创新

迭代试错要挖掘出用户的隐秘需求，需要的不是颠覆性创新，而是微创新。开发团队可以先根据用户特征开发出符合基本要求的测试版，交付给领先用户在模拟环境下测试，从而证实其功能和用户需求的准确性。如果两者匹配不是很理想（通常都不是很匹配），就需要对需求信息和解决方案信息的位置进行再次修正。这个循环迭代的过程不断重复，直到获得可接受的匹配度。因此，微创新在从产品定义到生产上线的周期中间的各种迭代中扮演着重要角色。

原则四：和用户一起 High

迭代开发还意味着亲民的用户关系——让用户参与研发过程，在体验参与中树立品牌与影响。在社交网络时代，用户参与战术既是开发要素也是营销策略。小米联合创始人黎万强总结，小米的主战场是社会化媒体渠道。"小米跟很多传统品牌最大的不同是和用户一起玩，不管是线上还是线下，每次产品发布的时候，我们都在想，怎样让用户参与进来。"

3. 硬件企业也可以采用迭代创新吗?

今天，所有的产品都因互联网而变得更加智能且易于控制，这些硬件产品也都在迭代中完成进化。在车企中，无论是外国的通用、福特还是国内的比亚迪，都从导航和车载娱乐等开始进入联网汽车。通用走得更远，准备将汽车变成轮胎上的智能设备，例如让加入车辆共享计划 Relay Rides 的车主可以通过 OnStar 技术（主要为安全信息服务）来解锁预约的汽车，而车辆共享服务的供应商或者租车公司则可以实时查看旗下所有汽车的动向。通过 app，用户走近汽车的时候，车门会自动打开，而且还能同步准备好导航路线和其他设置（比如空调、音乐）。硬件企业必须适应迭代的开发战略。

资料来源：节选自孙黎、杨晓明，"迭代创新：网络时代的创新捷径"，《清华管理评论》，2014 年第 6 期。

11.1 创意管理

创新的发生依靠好的创意——创意不仅仅可以引发企业通过一系列活动改变现状，也可以为组织创造新的机会。对于企业而言，关于如何促进创意的产生，以及如何努力以提升创新过程的思考需要被提上议程。其中，模糊前端被作为基本方法被广泛应用。

11.1.1 模糊前端的界定和特征

一般来说，产品创新过程分为三个阶段：模糊前端阶段（fuzzy front end, FFE）、产品开发阶段（new product development, NPD）以及商业化阶段（commercialization），如图 11-2 所示。模糊前端概念最早出现于 1985 年，在 20 世纪 90 年代早期被推广而成为许多学者研究的对象。

模糊前端是产品创新过程中，在正式的和结构化的新产品开发过程之前的活动。在模糊前端阶段，一个组织形成了一个产品概念并决定是否投入资源去开发这个概念。在此阶段，产品战略形成并在业务单元内展开交流,机会得以识别和评估,并进行概念生成、产品定义、项目计划和最初的执行研究。这些活动都处于详细设计和新产品开发之前,并以企业决定是否在一个概念上进行投资,在开发阶段引进该项目而结束。

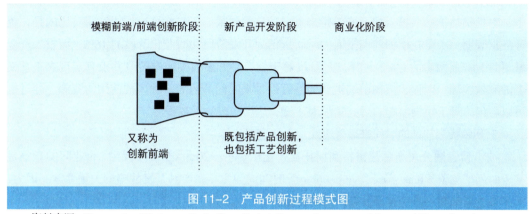

图 11-2 产品创新过程模式图

资料来源:Koen et al., "Understandig the Front End: A Common Language and Structured Picture", working paper: 2004.

在这个阶段充满着种种模糊不清的现象,如果不一一加以克服,企业很难冲破产品创新的迷雾。包括:(1)具有高获利性的构想来源并不明确。口耳相传的轶事很多,事实的个案研究相当少;构想形成的环境不能确定。(2)欠缺高获利性的构想。需要有不凡的构想,才能填补营收差距,更有效的阶段分界可增加产能。(3)前置作业的难解谜团。责任归属与职权界定不清楚,阶段分界的流程导向不清楚。(4)成功率低。许多好机会遭到扼杀,许多有害无益的机会却被保留下来。

11.1.2 模糊前端管理的目的

1. 模糊前端对于新产品开发的重要性

由于产品生命周期缩短,技术、竞争环境及顾客需求快速变化,企业需要对创新过程进行最优化管理。在这个产品开发过程中,创意的产生是新产品开发项目的最初动力。因此,以创意产生阶段为标志的模糊前端将会逐渐凸现其重要性。

对制药业新产品开发的研究表明,在模糊前端产生的 3000 个产品创意中,只有 14 个能够进入开发阶段,最终能够商业化而取得成功的只有 1 个。也就是说,从创意的产生到产品实现开发的概率只有 0.47%,而产品一旦进入研发,其从开发到开发成功直至商业化成功的概率就有 7.14%。由此可见,一方面,现阶段新产品开发的成功率是极其低下的;另一方面,产品开发失败的真正关键还是在于从创意产生到产品开发这一过程。

这一结论也刚好符合许多学者和企业家的观点:许多项目并不是在开发过程中失败的,而是在一开始就注定将会失败的。即使在产品开发阶段花费了很大的力气,但由于最初判断或研究的失误,都会以失败告终。所以,新产品开发的关键还是要把握住模糊前端这一关。

研究表明，成功者和失败者的最大区别在于开发前阶段的执行效果。而模糊前端的执行效果，实际上是产品开发成败的分水岭。因此，现在普遍认为对于新产品开发，模糊前端的重要性应该被重新审视。更详细的研究也表明，新产品开发过程中，对模糊前端的有效管理不仅能够提高新产品开发的绩效，也能节省30%的新产品开发时间，即在新产品开发过程中，对模糊前端阶段投入精力能够带来事半功倍的效果。但与此结论形成鲜明对比的是，统计数据表明，实际在模糊前端投入的时间量仅为开发阶段和商业化阶段的16%，而投入资金量更是只有前两者的6%。可见，现阶段对于新产品开发模糊前端阶段并没有实现真正意义上的有效管理。因而，模糊前端被认为是可以带来时间节约的一种未被使用的资源。同时也可以看出，对于模糊前端的研究实际上并没有达到应有的重视程度。

2. 压缩模糊前端的时间来赢得速度

波士顿咨询公司副总裁霍特和斯托克曾指出，进入20世纪90年代后，企业间的竞争是基于时间的竞争（time-based competition），时间成为主导新产品开发战略的关键要素。因为，大多数企业都在寻求快速开发新产品的方法。

而加速模糊前端对于新产品开发阶段则有提高速度的好处，如图11-3所示：

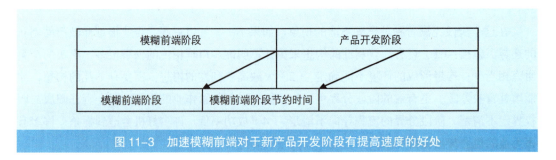

图11-3　加速模糊前端对于新产品开发阶段有提高速度的好处

如图11-3所示，通过模糊前端阶段的加速，可以更早地进行产品开发，同样也可以使产品快速进入市场，较短的周期还可能创造更多的战略灵活性。这种优势可以为"市场领先者""快速跟随者"甚至是"追随者"带来不可估算的利润。对于"市场领先者"来讲，节约模糊前端阶段的时间可以增加先行优势。此外，当企业面临着由于对手的新产品出现而带来竞争威胁却不能及时做出反应的时候，就会导致进入市场晚点情况的产生，同样也会造成永久性的市场份额的丧失以及利润的消失。模糊前端阶段的周期可以是几个星期，也可以是几年，这些都取决于项目的特征、开发者的技能、技术的储备以及其他环境的影响。

在竞争高度激烈的市场环境下，比竞争对手更早地进入市场是很重要的，因此，必须考虑模糊前端阶段的时间节约。

11.1.3　模糊前端基本要素

Koen等人在其提出的新概念开发模型（new concept development，NCD）中指出，模糊前端包括五个部分，分别是：机会识别，机会分析，创意的产生和丰富，创意的选择，以及概念和技术发展。该模型的图示（图11-4）含义如下：

（1）靶心部分包含了组织上的领导关系、文化氛围及经营战略，也是企业实现五要素控制的驱动力量，是模型的引擎。

（2）内部轮辐域定义了模糊前端阶段五个可控的活动要素（机会识别、机会分析、创意的产生和丰富、创意的选择、概念界定），从而对竞争威胁做出反应或解决相应问题。

（3）影响因素包括组织能力、外部环境（分销渠道、法律法规、政府政策、顾客、竞争对手、政治与经济气候）、开放内外部科学背景等。这些影响因素通向商业化的全部创新过程，而且是企业无法控制的。

（4）指向模型的箭头表示起点，即项目从机会识别或创意的产生和丰富开始。离开箭头表示如何从概念阶段进入到新产品开发阶段或技术阶段门流程。

（5）循环箭头表示5个关键要素活动中间的反复过程。

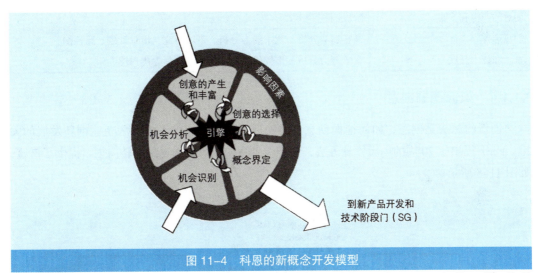

图 11-4 科恩的新概念开发模型

资料来源：Koen P, Ajamian G, Burkart R, et al, "Providing Clarity and Common Language to the Fuzzy Front End", *Research Technology Management*, 2001, 44(44):46–55(10).

新概念开发模型还为新产品开发模糊前端的一些通用术语进行了界定，分别为：

（1）创意——一个新产品、新服务或者是预想的解决方案的最初萌芽。

（2）机会——为了获取竞争优势，企业或者个人对商业或者是技术需要的认识。

（3）概念——具有一种确定的形式（如书面的和视频的）特征，并在广泛了解技术需求的基础上符合顾客利益的定义。

此外，针对模糊前端管理中的机会识别阶段，科恩也提出了一些有利于该阶段的企业文化和措施：

（1）一个鼓励员工利用"空余时间"去检验和实现他们自己或别人想法的组织文化。

（2）鼓励创意的多元化激励。

（3）一个易于使用的关于产品或服务改进的网络创意库，包括对顾客和供应商的联系。

（4）员工通过协调从评价中产生创意的正式角色。

（5）处理外来创意的机制。

（6）有限的、简单的、可度量的目标以跟踪创意的产生和丰富。

（7）通过频繁的岗位轮换来鼓励知识的共享和扩宽网络。

（8）沟通核心能力、核心竞争力和共享技术形式贯穿整个企业的机制。

（9）在丰富创意小组中吸纳着不同认知风格的人。

由表11-1可以看出，模糊前端管理方法其实是集合了众多管理和创新方法得以实现的。

表 11-1 模糊前端管理的程序和对应方法

程序	使用的具体方法
机会识别	人类学方法（了解顾客的根本需要）、领先用户法
机会分析	期权理论
创意的产生和丰富	阶段门
创意选择	顾客趋势分析、竞争能力分析、市场研究、情景计划、路径图
概念和技术开展	竞争能力分析、市场研究、情景计划、领先用户法

11.1.4 如何挖掘创意

创新的源头是创意，如何挖掘创意，并实现对创意的有效管理成为企业创新发展的关键。Forth 提出了 20 周的创新管理方法，为企业创意的获取到创意最终转向创新提供了借鉴，如图 11-5 所示。

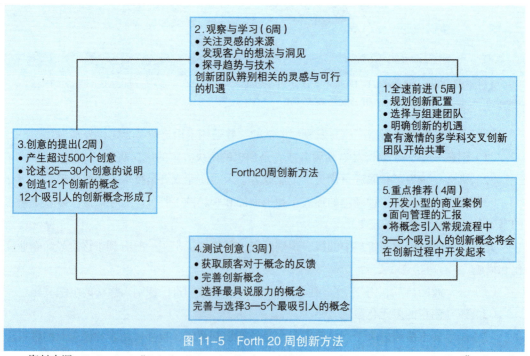

图 11-5 Forth 20 周创新方法

资料来源：R. Borrieci, "Creating Innovative Products and Services the Forth Innovation Method", *Journal of Products and Brand Management*，2012，21（5）：381-382.

此外，公司挖掘员工创意最常见的做法就是设立意见箱。1895年，美国国家现金出纳机公司（National Cash Register，NCR）的创始人John Patterson设立了第一个"意见箱"项目，被采纳建议的最初提出者可以获得1美元奖励，以挖掘钟点工的创意。在当时，这个项目是被认为具有革命意义的。到1904年，员工共提出了7000多条创意，其中1/3被采纳。其他企业设计了更加清晰的系统以获取员工的创意，例如，美国本田公司设立了员工创意系统（employee-driven idea system），只要员工提出自己的创意，就可以得到获知创意执行情况的奖励，而不仅仅是金钱上的奖励。

实现创意收集系统（如意见箱等），相对来说是比较容易和低成本的，但这只是释放员工创造力的第一步。今天，像英特尔、3M和惠普这样的公司在开发员工潜在创造力方面要走得更远，包括对一些创造力的培训项目进行投资。这些项目鼓励管理层通过口头或非口头的信号，向员工传递这样的信息：他们的想法和自主性会得到公司的重视。这些信号塑造了企业的文化，经常会比金钱上的奖励更加有效。事实上，金钱上的奖励有时会破坏员工的创造力，这是因为金钱上的奖励会刺激员工关注外部的兴趣而不是自己内在的兴趣。

德纳公司的一些工厂平均每个月从每个员工那收到4个新创意，其中75%的创意都能得到实施。在迪斯尼每年一度的铜锣秀（Gong Show）[①]上，公司里的每个人都会抛出一个新概念，该公司的零售模式最早就是由这里的一个员工提出的。伦敦的维京集团有一位空中乘务员叫艾尔萨·佩奇，她不喜欢由别人来设计自己的婚礼，并由此产生了一个创意——为繁忙人士提供一站式的婚礼计划（one-stop wedding planning service）。她通过公司的"讲出来计划"（speak up program）说出自己的想法，如今她已经是新子公司维京新娘（Virgin Bride）的首席执行官。其他公司，如西门子和电子数据系统公司都建立了全球的创意网络，充分利用企业内部网，探询组织内部各个部门角落对于新产品和新服务的构想。

并非所有的创意都有用。有些创意可能是多余的，或是出于自私的考虑，因此没有多少价值。但是在创新能力方面有所投入的企业，以及建立了所谓"创意管理系统"以求获取新创意的企业，都认识到这种潜在的创造能力能够被激活，能够对其进行管理，甚至能将其转化为推动企业增长的新工具。优秀的创新型企业把创意管理视为企业追求新收入来源的中心议题。创意系统可以帮助企业树立创新信条，帮助企业中的每个部门寻找新的商业机会，促进管理者和员工的广泛参与。创意系统并不能取代现有的机会搜寻和创意开发方法。事实上创意系统起到了一种辅助作用。创意系统并不是回避传统部门和新产品的开发流程，实际上它的作用就是激励这些传统部门和工作有所好转。

[①] 铜锣秀是指公司每年都会举办一次，安排一个场合请公司要人，包括总裁、董事长和其他高层人士，坐成一排，然后让每个想要介绍自己创意的人，利用自己设计好的海报或草图，在5分钟内介绍自己的创意概要。场内有一个大锣，5分时间一到，"硡"的一声就换下一位。

创新视点

飞利浦建立创意标准流程

想象一下,你是一位35岁左右的男性上班族,在百货公司看见一支电动刮胡刀,你拿起来把玩了3秒钟,感觉顺手,按钮配置也不错,至于要不要买尚未决定。

为了让你停下来,花"3秒钟"的时间把玩这只刮胡刀,飞利浦设计中心需要花3年的时间。

飞利浦设计中心研发产品的"武功心法",是一本和《辞海》一样厚的产品开发圣经,把设计一项新产品的流程分为5个阶段的循环。包括:(1)启动、(2)分析、(3)概念、(4)完成、(5)评估。手册里详细记录着在哪一个阶段要达成什么目的、该找谁来一起参与任务、为什么参与任务与应注意的重点;甚至对于用什么方法检查计划、检查的标准都有明确的规则。在全球化的工作团队中,彼此讲的语言不一样,必须依赖流程来建立管理的共识。

一、启动:创造价值定位

五步骤循环的第一步,是产品设计的启动阶段(initiation),在这个阶段,产品的造型、对象、美学都尚未成形,最主要工作是为新产品"定义价值"。

首先召开一次启动会议(kickoff meeting),包括事业部经理、产品经理、营销业务人员、研发部门和终端的驻点营销人员都必须与会,若项目规模很大,供货商和经销商也会参加。在启动会议规划书中,对产品"价值"的定义是模糊的,面对的市场、运用的科技、竞争对手的现状、品牌宗旨可能把这项产品带到哪里……这些大方向问题都要在启动阶段讨论完成。

以刮胡刀为例,在启动阶段必须依照不同的路线(例如大众市场,或瞄准精英阶层,甚至诉求金字塔顶端市场),分析它对顾客的价值在哪里,它的"stopping power"是什么。所谓"stopping power",就是当你走进整条走道都是刮胡刀的大卖场,却让你停在某只刮胡刀前面、花3秒钟把玩一下的力量。一支为大众市场设计的刮胡刀为什么吸引人来买?35岁左右的白领阶层对刮胡刀诉求的价值是什么?是身份和地位的象征,还是早上起床的例行工作?是价格、功能,还是周边服务?是什么让飞利浦赢过其他品牌?启动阶段必须赋予产品一个价值定义。

二、分析:了解市场风险

分析阶段主要进行策略性的分析,将启动阶段的数据纠结在一起,包含市场策略、产品策略,从草图到新产品上架之间的所有风险分析,都必须在这个阶段完成。

具体来说,这个阶段已不再是某些模糊的概念,包括对设计部门的人力调配(需要哪些背景的设计师),以及产品经理要考虑的预算、价格(对35岁左右的白领阶层,刮胡刀售价多高算太高,多低会让消费者怀疑)、竞争对手推出新产品的状况,以及销售策略(例行性产品和针对父亲节或圣诞节的产品，在包装、营销、广告文案、产品设计、色系上都差别很大）都必须考虑。一旦渠道、营销手法发生变化，设计也要跟着动。

在启动阶段平行起跑的各部门，在分析阶段时要不断确认策略在逻辑上的可行性。例如，当突然得知竞争者即将要推出一项划时代的新产品时，而此时飞利浦推出产品会不会被模糊焦点？如果判断的结果是风险太大，飞利浦就会退回上一个阶段。

三、概念：跨部门创意交流

在这一阶段，设计部门进入创意开展的流程，除此外，工程师、产品经理、营销人员等，所有单位都进入概念阶段。营销的"概念"是指建立贩卖的模型，考虑比策略面更具体的执行问题。例如，针对父亲节设计的刮胡刀，特殊包装可能比一般刮胡刀更大，对运输产生影响吗？货架上怎么陈列？有哪些附加礼品？设计单位在概念阶段可能有很多想法，例如刮胡刀的某个区块可以拆卸，让顾客可以自行更换喜欢的颜色。这对设计师来说只是一个创意，但对整体营销流程却是一个逻辑思考问题。营销人员必须想到更换部位的存货，是否每一家店都要囤积所有颜色的存货？把可能的贩卖方式演练一次，如果不可行，必须赶快回报给设计师。

销售部门、设计部门、材料部门……每个部门都有新概念在产生，只有互相丢意见、给回馈，才能确定概念的可行性，这也是为什么在启动阶段，必须召集所有单位同时开跑的原因。

四、完成：找出品牌 DNA

在完成阶段，各部门已经确定什么可行、什么不可行，只待把所有可行的东西付诸实现。以设计部门来讲，在完成阶段除了执行以外，还包含很多不断回推、重复检验的过程。这些检验的基准点，是飞利浦的品牌宣言"合理与简单"（sense and simplicity）。举例来说，设计部门必须做到当消费者拿起飞利浦的刮胡刀时，即便把 logo 遮住，他们还能看出这是飞利浦的，不是松下的。

在完成阶段，所有设计师的创意都必须经过评分来决定它的可行性。这个评分表共有 30 题左右，每题以 0—5 分计算，题目包括产品属性、美学导向、人因工程界面、材料应用、与品牌宗旨的对应度几个大项。最后由设计师小组填表，一个创意必须达到总平均 4 分以上，才有资格做出精致的 3D 模型，在下一个"评估阶段"交付消费者测试。评分表检验，是飞利浦设计中心不断优化得出的方法，通过它过滤出的产品设计大都符合飞利浦的诉求。"美学很多时候是一种氛围，一种感觉，即使飞利浦的刮胡刀每一代产品都不一样，但消费者就是知道它是飞利浦，不是其他牌的产品"。讲得出来、能够量化的就不是氛围了，所以飞利浦用评分表来判断新设计是否符合其品牌的 DNA。

五、评估：检核与行动

最后评估即通过消费者测试。对应不同产品，飞利浦用不同的测试方法，包括实境模拟（真的模拟卖场的产品陈列方式）、问卷调查，或者消费试用建议，目的都在于评估前面几个步骤的结果。因为即使在启动、分析、概念、完成的阶段都有专业依据，但毕竟都是内部意见，放到真正的消费者手上去检验,还是有结果超出预料之外的可能。比方说,有消费者在测试的时候因为手汗让刮胡刀滑掉了,虽然只有一个被测者发生这个现象,但它应该属于设计上的瑕疵,设计品须退回完成阶段以更改概念阶段的材料使用。如果发现消费者偏好和一开始的消费者标本资料库有取样误差,那就要回推到启动阶段,考虑是否重新开启新的消费者标本数据计划。值得一提的是,每一个阶段都必须准备备案。有突发状况,就马上启用备案,绝对不能在某个阶段卡住。

飞利浦产品设计流程的每个阶段都包含着除错工程,以确保新产品是"正确答案"。不过也有到最后的评估阶段,才发现做出来的东西不是正确答案,只好丢到垃圾桶里的情况;也有竞争品牌突然推出革命性产品的状况。不管在研发的时候做得多么细致,最后还是什么情况都可能发生。但是没有这种不断除错,精益求精的循环过程,成功将不可复制,失败也不可避免。

资料来源:甘贤善,"PDCA 企业应用:飞利浦建立创意标准流程," 2009-08-28.http://www.chinavalue.net/Management/Blog/2009-8-28/196178.aspx

11.2 新产品开发流程管理

新产品开发本质上是创意到商业化的全过程。新产品开发的全流程管理要求企业管控产品开发的各个阶段,最终实现新产品面向客户价值的满足,以提升企业竞争优势。因此,为取得新产品开发的成功,企业首先应当系统全面地了解影响新产品开发成功的主要因素,其中包含产品属性、战略属性、流程属性、市场属性、组织属性等方面,如表 11-2 所示。

表 11-2 影响新产品开发成功的因素

主要分类	相关影响因素
产品属性	产品竞争性、产品与客户需求匹配、产品价格、产品技术复杂度、产品新颖性
战略属性	市场协同、技术协同、进入策略、专业性人力资源、专业性研发资源、企业资源、战略导向
流程属性	结构化方法、产品预试回报、市场任务执行力、技术专业性与能力、产品发布能力、产品开发周期缩短、市场导向、客户输入、跨职能团队整合、跨职能团队沟通、高层管理者支持
市场属性	竞争反应的可能性、竞争反应强度、市场潜力、环境不确定性
组织属性	组织氛围、项目与组织规模、组织设计、外部关系、组织中心化程度、组织正规化程度

资料来源:Evanschitzky H, Eisend M, Calantone R J, et al. Success Factors of Product Innovation: An Updated Meta-analysis", *Journal of Product Innovation Management*, 2012, 29(S1): 21-37.

通常,新产品开发的流程包含了从创意形成到市场发布的全过程。而在诸多新产品开发成功影响因素中,组织对于新产品开发的流程管理至关重要。实施新产品开发的流程管理,借鉴有效的新产品开发流程管理方法成为企业新产品开发的关键。

加拿大著名管理学家 Cooper 从阶段门的角度将新产品开发的全过程划分为"创意形成→概念孕育→产品研发→市场测试→市场发布"五个阶段,如图 11-6 所示。

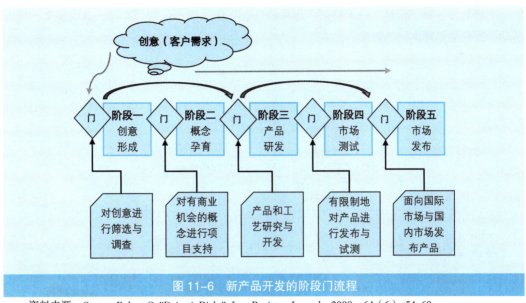

图 11-6　新产品开发的阶段门流程

资料来源：Cooper, Robert G. "Doing it Right", *Ivey Business Journal*, 2000, 64 (6): 54-60.

以客户的需求为创意来源，新产品开发的第一阶段和第二阶段注重创意形成与产品开发的概念形成，着重面向客户需求创意的筛选、调查，以及在筛选基础之上对蕴含商机的产品开发概念予以项目支持。

模糊前端法对于产品创意的管理与开发提供了有效的手段。同时，Forth20 周创新方法也为企业激发人员创意搜索与创意管理提供了训练思路，从而为企业人员新产品开发、挖掘创意提供了解决方案。

新产品开发的第三阶段为产品研发，企业整合硬件资源与人员优势，面向新产品开发的需求，通过产品与工艺流程的改进，实施产品设计与原型开发。同时，伴随开放式创新范式的兴起，以及信息技术平台、协同制造等模式的广泛应用，企业能够打破组织边界，柔性利用外部资源优势，形成企业内部资源与外部网络对于产品研发的协同创新。

新产品开发流程的最后两个阶段是面向产品商业化的过程，主要包含市场试验与市场发布两个阶段，前者在限定的市场范围内对产品性能、功效等进行试测，同时结合客户需求探索营销策略，倾听市场反馈。基于试测的经验与数据反馈，企业对新产品及其商业化营销策略进行学习完善，最终面向国际与国内市场进行产品发布，从而为客户提供价值，获得收益回报，实现新产品创新与开发的市场效应。

然而，完善的新产品开发流程与管理机制并不能保证产品创新的成功与市场的高额绩效回报，产品的卓越性能、新产品开发的概念界定、技术协同、研发前的流程准备、市场协同、营销活动等因素都能够影响并决定新产品开发及其商业化的财务回报与市场成功率。

项目领导力、高层管理、客户参与、组织发展、产品概念、供应商参与、流程绩效、市场等因素对于新产品成功具有重要的影响，如图 11-7 所示。此外，面向中国 84 家企业的调查显示，新产品开发的成功最终可能受到产品性能优势、市场研究专业性、概念开发与评估、市场潜力、市场信息、技术协同、市场协同、市场预测、计划与开发、市场发布、技术活动、经费与管理支持等因素的影响。①

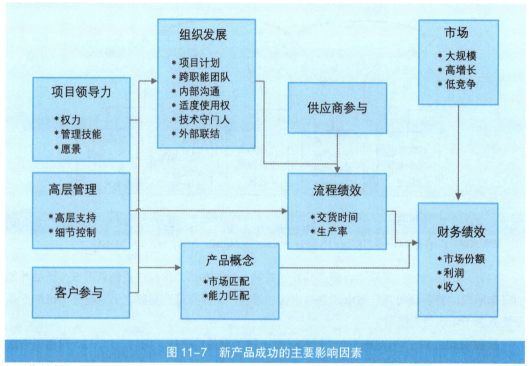

图 11-7　新产品成功的主要影响因素

资料来源：Brown, Shona L., and Kathleen M. Eisenhardt. "Product Development: Past Research, Present Findings, and Future Directions", *Academy of Management Teview*, 1995, 20(2) 343-378.

创新视点　　　　　　　　　　华为集成产品开发（IPD）

作为一家全球领先的信息与通信解决方案供应商，华为公司二十多年来坚持开拓创新，从1993年起，华为就坚持以每年超过销售额10%的比例投入到研发中，超过45%的员工从事创新研发，公司销售额连年增长。但是，早期由于华为的技术人员重功能开发，轻产品的可靠性和服务质量，往往是先开发产品，然后再向客户推销。这种技术驱动型的开发模式虽然让华为公司的销售额连年增长，但其产品毛利率却逐年下降，人均效益只有思科、IBM等企业的1/6—1/3，研发费用比例、研发损失费用和产品开发周期是业界最佳水平的两倍以上，出现了"增产不增收"的效益递减现象。

---

① Jin, Zhongqi, and Zhihong Li, "Firm Ownership and the Determinants of Success and Failure in New Product Development: an Empirical Study of Manufacturing Firms in the Guangdong Province of China", *International Journal of Innovation Management*, 2007, 111(47) 539-564.

一、引入 IPD 积极变革

由于产品开发流程处于企业价值链的最上游,这里出现的问题通过生产制造、销售、交付、售后服务等下游环节会产生若干倍的放大。因此,从产品开发入手,解决源头问题,是提高产品投资收益和解决公司系统性问题的根本之举。为了提高产品研发的效率,华为公司于 1999 年正式引入 IPD(集成产品开发)咨询,借鉴 IBM 公司先进的产品和流程管理经验,在产品研发管理方面进行业务重整。华为此举就是希望通过变革产品开发模式,来缩短产品上市时间、降低费用、提升产品质量,从而提高产品的盈利能力。

二、IPD 的由来与 IBM 的实践

IPD 是一套产品开发的模式、理念与方法,其思想来源于产品周期优化法(product and cycle excellence, PACE)。PACE 是美国研发咨询机构 PRTM 提出的、经过 IBM 等领先企业实践总结出来的一套先进、成熟的研发管理思想、模式和方法。IPD 强调以市场和客户需求作为产品开发的驱动力,在产品设计中就构建产品质量、成本、可制造性和可服务性等方面的优势。更重要的是,IPD 将产品开发作为投资进行管理。在产品开发的每一个阶段,都从商业角度而不是技术角度评估,以确保产品投资回报的实现或尽可能减少投资失败所造成的损失。

三、华为 IPD 实施过程

实际上,华为 IPD 的实施流程经历了两个阶段。第一阶段从 1998 年年初开始,华为自行摸索实施 IPD,组织项目组推行了一套基于 IPD 的研发体系变革方案,但效果并不如人意。因此 1999 年年初,华为决定高价引入 IBM 咨询来帮助解决问题,第一期合同金额 3000 万美元,合作期为 5 年。在这 5 年期间,华为在 IBM 咨询顾问的带领下,对自身的产品和业务流程进行重整,对项目管理体系也进行了细致梳理。华为将 IPD 项目划分为关注、发明和推行三个阶段:在关注阶段,华为进行了大量的调研诊断工作,反复培训、研讨和沟通,使相关部门和人员真正理解 IPD 的思想和方法。在发明阶段,华为主要设计和选取 3 个试点,按 IPD 进行运作。最后的推广阶段则是逐步推进的,先在 50% 的项目中推广,然后扩大到 80% 的项目,最后推广到所有项目。华为 IPD 最终打破了华为以部门为结构单元的管理模式,转向以业务流程和生产线为核心的管理模式。

华为实践表明,利用 IPD 进行研发项目管理能够加快开发速度,缩短上市时间,减少产品开发失败,从而减少浪费、降低开发成本、增加收入,给客户提供价廉物美的产品。

四、华为 IPD 框架结构

IPD 框架由市场管理、流程重组与产品重组三大模块构成,可进一步细分为客户需求分析、投资组合分析、跨部门团队、结构化流程、项目和管道管理、异步开发、公共基础模块等八个子模块(如图 11-8)。实行 IPD 之后,华为的开发流程发生了很大的变化。以前华为开发项目的负责人全部是技术人员,现在则强调负责人一定要有市场经验。以前华为的中央研究部全权

负责开发,中央部做什么,市场部就得卖什么。现在,很多人都得参与决定产品开发,而这些人在以前都是和开发根本不搭界的人。

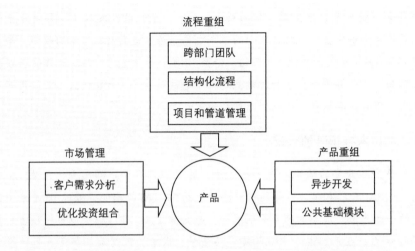

图 11-8　IPD 框架结构图

IPD 运作过程需要建立在流程型组织基础之上,才能发挥其应有作用。在 IPD 过程中,将涉及诸多的虚拟组织与职能部门之间的协同(如图 11-9 所示)。

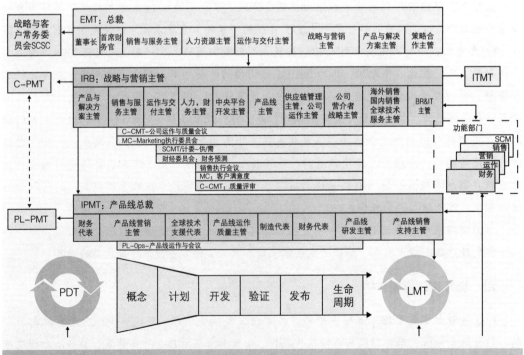

图 11-9　华为 IPD5.1 版管理体系示意图

注:现有 EMT 成员分别是战略与客户常务委员会(SCSCS),财经管理委员会(FMS)和人力资源管理委员会(HRMC)的主任。

五、IPD 的核心思想

（1）新产品开发是一项投资决策。IPD 强调要对产品开发进行有效的投资组合分析，并在开发过程设置检查点，通过阶段性评审来决定项目是继续、暂停、终止还是改变方向。

（2）基于市场的开发。IPD 强调产品创新一定是基于市场需求和竞争分析的创新。为此，IPD 把正确定义产品概念、市场需求作为流程的第一步，强调在"开始就把事情做正确"。

（3）跨部门、跨系统的协同。采用跨部门的产品开发团队，通过有效的沟通、协调以及决策，达到尽快将产品推向市场的目的。

（4）异步开发模式。也称并行工程，就是通过严密的计划、准确的接口设计，把原来的许多后续活动提前进行，这样可以缩短产品上市时间。

（5）重用性。采用公用构建模块（common building block, CBB）提高产品开发的效率。

（6）结构化的流程。产品开发项目的相对不确定性，要求开发流程在非结构化与过于结构化之间寻求平衡。

六、IPD 研发项目管理过程

经过多年的实践，华为公司的 IPD 研发项目管理不断完善和优化。华为总裁任正非说："为什么我们要认真推 IPD？我们就是在摆脱企业对个人的依赖，使要做的事，从输入到输出，直接端到端，简洁并控制有效地连通，尽可能地减少层级，使成本最低，效率最高。"

通过坚持 IPD 的做法来流程化管理创新活动，华为公司将几万人的研发人员高效地组织起来，提高了公司的整体运行效率，逐渐建立起了世界级的研发管理体系，形成了世界级的研发能力，从而成长为世界 500 强企业，赢得了全球客户的信赖。

资料来源：根据汤四新，"联科观察：华为集成产品开发（IPD）流程管理案例分析"，中国流程之家网站，2013 年 9 月 18 日改编整理，http://www.chinabpm.net/anli/liuchengguanli/duandaoduanliucheng/2014-10-11/242.html

11.3 研究与开发管理

新产品开发流程的中间阶段为产品研究，即企业在明确客户需求对应的产品概念之后通过研发实现创意向产品原型转换的过程，它也是新产品开发流程的关键环节。

企业系统的、有目的的研究始于 1867 年德国的巴斯夫（BASF）化工公司为了开发染料技术，创建全球第一个企业专属的研发部门。1876 年爱迪生在美国新泽西州的门罗公园成立了一个专门从事技术开发与商品化的研发实验室。

研究与发展的每一个阶段的演进，都代表技术创新对于企业经营所起的重大关键作用。研发管理是为了实现企业创新及其研发的经济效益，是企业内部管理中最重要的一个环节。企业组织对于研究发展功能的认定，也随着环境变化，产生与过去截然不同的观点。

Roussel 等学者将研究发展功能地位的演进历程划分为四个阶段，而其中每一个阶段的演进，都代表技术创新对于企业经营所起的重大关键作用。

11.3.1　第一代研发（直觉型研发）

第一代的研发管理并没有明显的战略目的，研发与当前业务没有直接关联，研发活动主要由科学家与技术专家主导，企业高层不参与研发相关的决策。处于这一阶段的企业，一般将研发视为可有可无的行为，对于研发支出采取成本控制的方式，也不期待研发成果对于当前营运可能带来显著的贡献，因此研发部门必须每年都要主动向企业争取部门预算。此外，研发部门本身对于研发活动也没有一套系统化的管理方式，研发主题选择大都由技术人员自主决定，没有明确的商业化动机，研发成果的评量也都以技术产出指标为主。因此可以说，第一代研发管理是一种极为初阶的管理活动，组织仅能认知研发活动的专业性特征，但尚未认识到研发活动对于企业营运的重要性与关联性。

基本上，第一代研发还属于组织内的特殊活动，是一种行有余力的额外性尝试行为，但有时这种不受体制内限制的研发也能产生惊人的成果。例如，早期AT&T旗下的贝尔实验室曾发明晶体管，并引发电子产业的新革命。不过，由于第一代研发的创新活动经常与企业经营战略脱节，因此纵然产生重大创新，研发成果往往也未必能为组织所利用。正如AT&T的营运并未得益于晶体管的发现，反而是日本新力公司利用晶体管来微小化许多家电产品，后来成为消费性电子产业的领导企业。

11.3.2　第二代研发（系统型研发）

当企业进入第二代研发管理观念时，研发与业务逐渐产生联结关系，不过大都由业务部门提出需求，研发部门被动配合。组织仍然采取功能性分工，不过与业务目标相关的研发项目，也开始采取矩阵式的管理方式。研发活动依据项目的类型，采取不同的绩效评估与管理方式。例如，基础研究的目标与方向，仍然由研发专业人员自行掌控，并无正式的项目管理，绩效衡量也以同僚评估与技术指标为主。但在应用与产品开发的部分，目标、预算、进度等都需要与业务部门共同协商决定，采取较为严谨的项目管理，并以比较明确的经济效益指标来评估研发活动的绩效。

在第二代研发管理阶段，虽然企业已将研发纳入营运活动的一部分，不过研发活动仍以配合公司经营方针为目的，研发创新成果并不被视为竞争优势的主要组成部分，因此研发在组织内仍属于功能性部门的地位。通常技术发展较为成熟的产业，或采取技术跟随者战略的企业，大都采用第二代研发管理理念。

11.3.3　第三代研发（战略与目标型研发）

第三代研发管理将研发活动纳入整体组织的战略架构之中，因此研发活动就有比较明确的战略目的，研发也与企业发展呈现紧密的关系。技术创新成为经营活动中的重要组成部分，公司采取跨部门的矩阵组织来从事创新活动。对于重要的创新项目，公司也会采取独立项目小组的方式，超越部门本位的限制，由公司高层来直接领导重大的技术创新活动。研发创新活动融入公司整体的流程作业，研发部门与所有其他功能部门的关系极为密切，技术创新成为创造竞争优势的重要因素。研发部门的地位大幅跃升，能与业务与生产部门平起平坐。公司投入于研发创新的经费大幅增加，不过同时也更加重视对研发成果的绩效评估。

所谓第三代研发管理是将研发活动与企业营运做出紧密的结合，研发创新成为经营战略规划中不可或缺的一部分。不过企业的营运仍然为市场导向与竞争导向，研发投入仍根据所能创造的经济效益与所能承担的风险，做出平衡的考量。在这一阶段，研发、营销、生产等均站在平等的地位上来竞争企业内有限的资源配置。企业的营运管理更多地强调整合发展与战略规划，而在企业的整体营运目标下，研发与生产、营销整合起来共同的运作，至于资源配置的优先程度，要视各功能对于组织战略目标的贡献程度而定。

当前，科技企业大都已进入第三代研发管理的阶段，例如华硕计算机的业务主管与技术主管不但互动密切，而且彼此的职位还经常互换和轮调。研发紧密地配合业务，公司高层管理者均具有科技背景，并积极参与技术创新相关的战略规划。研发投资中虽然有部分是属于前瞻技术的研究开发，但新事业开发与投资报酬率仍然是这类研发投资中的主要考量。

11.3.4　第四代研发（创新型研发）

第四代研发管理的根本精神是将技术创新视为创造战略性竞争优势的主要手段，并提升研发管理至经营战略的核心层次。第四代研发管理虽然在许多作业管理方面仍持续第三代研发管理的作为，但两者的主要差异在于对技术创新的战略态度。例如，在研发项目管理与绩效评估方面，第四代研发管理就更为重视研发活动所带来的战略性效益，因此给予研发部门更多的自主发挥权力，研发资源的运用也较为弹性宽松。企业将研发投资视为一种知识资产，并认为这种知识资产将可创造比其他有形资产更高的投资回报率。

第四代研发管理将更多地针对未来市场发展所需要的未来技术，且具有一种不连续创新的性质。这与第三代研发管理着重于当前市场需求以及渐进创新的本质存在很大的差异。虽然领先创新可以提前掌握市场机会，攫取较高的市场利益，但发展未来市场所面对的最大困难就是模糊与不确定，如果无法提升清晰度，将会导致贸然投入开发新技术与新产品的高度风险。因此，如何提升未来市场与未来技术的清晰度，并采取有效的技术战略与建构创新导向的组织制度，以降低新技术与新产品开发的风险，将是第四代研发管理所致力的目标。

进入第四代研发管理的企业，将创新视为企业经营层面最重要的议题，因此特别强调企业整体的创新管理。一般而言，这类企业已将研发管理由一个部门提升到针对企业整体创新活动的管理。在技术研发、市场发展、生产制造的组织运作、流程管理、战略规划等方面，都以持续创新作为最高的指导原则。

总体上，第四代研发管理的特色，可以归纳如下：

（1）创新管理成为企业经营管理最重要的议题。采取第四代研发管理的企业将会积极发展以创新为导向的企业文化与扁平的网络组织结构，技术创新强调独立的项目团队组织，在经费运用与创新项目选择上具有很大的弹性与自主性。重视技术资源管理以积蓄企业的核心技术能力，建构超链接形式的知识库，并大力推动知识管理与智能财产权管理，以有效地将创新成果转化为企业的智能资本。

（2）技术创新主导企业的经营战略方向。领先创新与发展核心技术能力被视为企业创造价值的最关键部分，企业高层亲身主导与技术有关的战略规划，并以技术战略作为经营战略规划的核心部分。

（3）技术创新相关的投资被视为战略性的知识资产。企业将采取扩大技术创新的投资规模来维持企业成长与竞争的优势地位，并促使这种战略性知识资产能大幅增加企业的市场价值。使用的手段包括扩大研发支出，延揽技术团队，购并新兴科技公司，委托大学与研究机构从事前瞻性技术的研发，以投资手段大量取得技术专利等。

（4）以破坏性创新改变竞争方式与经营模式。技术创新重视时间与速度的竞争，较多采取攻击者战略，能积极投入前瞻技术与下一世代技术的研发，并以创新来破坏现有产业竞争方式，以掌握未来产业主导规格权力，赢得市场的领导地位。

（5）以战略联盟来推动技术创新。能充分掌握自主的核心技术能力，并灵活运用技术合作、技术授权、技术移转、技术交易、购并战略等手段，来提升技术创新的效率与效能。

（6）建构全球研发网络。能以全球化运作的观点看待研发活动，将传统总部实验室的中央控制观念转变为全球研发网络的分散架构，在全球最适合的地点设置许多研发单位，形成有效管理的网络组织，将知识创新、技术创新、产品创新、流程创新、市场创新等均纳入于全球研发网络的活动之中。不同时代研发管理的特性如表11-3所示。

表11-3 不同时代研发管理的特性

内容		第一代研发管理（直觉型）	第二代研发管理（系统型）	第三代研发管理（战略与目标型）	第四代研发管理（创新型）
1. 战略与管理层面		● 无明显战略目的研发是一种间接成本	● 过渡状态 ● 部分战略框架	● 纳入整体组织的战略架构	● 技术战略作为经营战略规划的核心部分
	（1）特点	● 研发决定未来技术 ● 业务决定目前技术目标	● 法官：辩护律师式的管理与研发关系 ● 客户：供应商式的业务与研发关系	● 合作伙伴	● 对技术创新的战略态度
	（2）组织方面	● 重点在成本中心与学科分类 ● 采用职能式专业管理	● 集中与分散相结合 ● 矩阵式项目管理	● 打破研发的孤立性 ● 跨部门的矩阵组织	● 扁平的网络组织结构
	（3）研发战略	● 与经营战略联系不明显 ● 先求技术创新，再看是否有业务应用机会	● 基于项目的战略架构 ● 与公司整体无法整合	● 公司范围内整合技术/研发战略与经营战略	● 技术创新主导企业的经营战略方向

（续表）

内容	第一代研发管理（直觉型）	第二代研发管理（系统型）	第三代研发管理（战略与目标型）	第四代研发管理（创新型）
2. 操作层面	● 缺乏组合的经营/研发洞察力 ● 宿命论的	● 不同研发类型采取不同管理模式 ● 重视部门内的项目管理效率与绩效评核	● 跨领域组合的研发/业务观点	
（1）资金筹措	● 每年需要争取部门预算 ● 无自主能力	● 根据不同研发类型需求与考量风险分散 ● 由研发类型决定资金量	● 根据技术创新战略对于整体组织的贡献度而定	● 技术创新相关的投资被视为战略性的知识资产
（2）资源分配	● 任凭研发处理 ● 不可向上推算	● 基础研发由中央研发管理负责 ● 其他研发由客户和供应商联合负责	● 基于优先权和风险/回报的平衡	
（3）目标定位	● 基础研发和创新研发没有目标 ● 经营和技术目标是接续的	● 改进研发和创新研发业务与研发目标的一致性	● 所有研发都已定义了一致的业务与技术目标	
（4）优先权设定	● 没有战略优先权 ● 优先权随操作环境变化	● 基础研发由中央研发管理设定 ● 其他研发由客户和供应商联合设定	● 根据成本/效益和对战略目标的贡献	
（5）测度结果	● 没有准确定义期望结果 ● 测度常造成误导	● 对于改进研发定量测度 ● 对于创新研发存在"市场情报鸿沟"	● 根据经营目标和技术期望	● 研发活动所带来的战略性效益
（6）进度评估	● 敷衍，走形式 ● 定期进行	● 正式的同等评价 ● 对于改进和创新研发项目都要与业务部门进行良好沟通	● 定期和当外部事件与内部开发得到批准时	

资料来源：[美]威廉·L. 米勒等著，关山松等译，《第四代研发——管理知识、技术与革新》。中国人民大学出版社，2005年。

目前，全球科技产业中的领导企业几乎都是通过采用第四代研发管理的战略，才得以创造竞争优势与维持市场上的领导地位。例如，英特尔一向擅于采用领先创新与架构竞争的战略，以专利保护来赚取丰厚的利润，再以突破性创新手段摆脱竞争的模仿跟进。思科积极投资于下一代技术发展，大量购并新兴科技公司以取得所需要的新技术。

另一种采取第四代研发管理战略的新型企业是许多围绕在大学周围、由科学家主导的小型生物科技公司。它们将营运重心全部投资在技术研发，并以研发创新与销售知识产权作为主要的经营手段。它们虽然没有具体产品,但能针对未来市场产品的需求发展技术能力,并以拥有关键技术的专属权利来创造企业的竞争优势与市场价值。1998年,美国大型药厂与中小型生物科技公司的技术交易金额高达37亿美金,这一数字较1991年几乎增长了3倍。[①]

上述发展趋势显示,研究开发在企业管理中所扮演的角色已发生巨大的变化。尤其当我们进入知识经济时代后,创新成为创造竞争优势的主要根源,知识也因为法律保障与交易市场蓬勃发展而确立其市场价值。因此,在许多企业的营运管理活动中,知识与技术的研发创新也逐渐跃升为经营的核心部分。如何研拟前瞻性的研发战略,如何有效管理企业的研发活动,如何提升研发的产出绩效,将是知识经济时代经理人必须学习的一项新课题。

11.4 创新的界面管理

创新过程中各职能部门间的协同问题(界面管理问题)近年来成为研究热点之一。

11.4.1 创新过程中各部门的互动与协同

Saxberg 和 Slocum 分析了研发和营销人员个性的区别,认为不同专业和知识背景的特征差异是导致研发与营销部门间不协同的重要原因之一(见如表11-4和表11-5)。

表 11-4 研发和营销人员个性的区别

研发人员特质	营销人员特质
目标与愿望(aspiration)	
● 知识是人类价值之源 ● 出于兴趣而研究 ● 同行的评价与认可	● 组织生存与增长 ● 所有行为与组织目标相关 ● 组织认可
需求(needs)	
● 自治(autonomy) ● 同行认可,创造性环境 ● 不断的教育培训与发展 ● 从专业团体中获得前沿知识支持	● 计划、程序、政策、规则 ● 组织认可 ● 团队工作 ● 提高在组织中的地位
激励(motivation)	
● 服务人类 ● 出版著作或发表论文 ● 专业认可 ● 专利(有自己的名字) ● 解决问题的自由度,前沿知识	● 奖惩系统,包括薪酬、在组织内晋升等

资料来源:Saxberg, B. and Slocum, J.W, "The Management of Scientific Manpower", *Management Science*, 1968,14(8): 473-489.

---

① http://www.mypm.net/articles/show_article_content.asp?articleID=11303

表 11-5　研发—营销协同相关的 19 类活动

营销参与的研发活动	营销为研发提供的信息	研发参与的营销活动
● 制订新产品开发进度表 ● 分配研发预算 ● 设立新产品开发目标和优先权 ● 产生新产品创意 ● 筛选新产品创意 ● 发掘研发产品创意和技术的商业价值	● 新产品的顾客需求信息 ● 产品性能与设计的合法性和可行性 ● 营销结果信息 ● 提供用户对产品品质的反馈信息 ● 竞争者的战略和动态信息	● 分配营销预算 ● 筛选新产品创意 ● 根据营销的反馈修正产品 ● 根据市场需求开发新产品 ● 设计与新产品用户的直接沟通战略 ● 设计用户与服务手册 ● 培训新产品/新技术的用户 ● 分析顾客需求

资料来源：Gupta, Ashok K., and Everett M. Rogers. "Internal Marketing: Integrating R&D and Marketing Within the Organization.", *Journal of Services Marketing*, 1991, 5（2）: 55-68.

Kahn 比较了互动（interaction）和合作（collaboration）的异同，认为两者是不同的实现整合的方式。其结论是，如果企业在创新过程中只是重视互动（如各种会议、文档化的信息交流、相互抄送报表等），而不重视相互间的合作关系，往往不会取得较好的创新绩效。Kahn 指出，适当的互动对于创新绩效是必要的，但不是充分条件。管理者应该通过会议、资料交流等形式的互动，使各部门相互了解和沟通，然后通过促进相互间的合作实现较好的创新绩效。

表 11-6　创新过程的部门互动及合作

	互动	合作
关系	交易	持续性的
结构	正式的	非正式的
部门	独立的	相互依赖的
环境	竞争性的	合作性的
机制	沟通	共享愿景，共同的目标
衡量尺度	单位交易成本	机会获取

资料来源：Kahn, Kenneth B. "Interdepartmental Integration: a Definition With Implications for Product Development Performance", *Journal of Product Innovation Management*, 1996, 13（2）: 137-151.

Kahn 进一步将跨职能的整合区分为互动、合作和跨职能协调三种类型（如表 11-7 所示）。

表 11-7 跨职能协同的三种类型

互动	合作	跨职能协调
● 正式会议	● 共同的目标	● 跨职能团队响应顾客需求
● 备忘录	● 协同工作	● 实现了跨职能整合
● 交流报告	● 相同的愿景	● 所有职能都是为了实现顾客价值
● 抄送报表	● 相互的理解	● 所有的职能部门共享资源
	● 共享信息	● 公司信息在各职能部门间共享
	● 共享资源	

资料来源：Kahn, Kenneth B. "Market Orientation, Interdepartmental Integration, and Product Development Performance", *Journal of Product Innovation Management*, 2001, 18（5）：314-323.

11.4.2 技术创新的界面管理

由于企业以及创新必须由特定的组织来运作，必然产生组织与组织之间的沟通协调界面，因此，界面管理成为技术创新管理的重要组成部分。我国近年来取得了大量科研成果，与一些科技发达国家相比，无论在量上还是质上都毫不逊色，但我国科研成果转化率低，商业化周期过长，这给企业提高自身在市场中的竞争力带来了很大障碍。造成这种现象的原因是多方面的，其中最主要的是研发活动存在脱节问题，即科研与生产、技术开发与市场化之间脱节。脱节现象的产生很大程度上是由于我国企业在研发、市场营销、生产制造、工艺设计等诸环节之间存在较大的界面障碍，不同职能部门缺乏交流沟通而产生冲突，导致新产品开发活动、产品创新活动中技术和信息流动不畅而最终造成的。

据美国技术管理专家桑德进行的界面管理实证调查，当研发/市场营销界面上存在严重的管理问题时，68%的研发项目在商业上完全失败，21%部分失败。1994年的一份相关研究也表明，当研发/生产界面上存在严重的管理问题时，约有40%的研发项目在技术上不能成功，在技术上获得成功的项目中，又约有60%在经济上不能获利。提高我国企业内部及企业之间的界面管理水平，成为一个迫切的现实问题，应当引起有关人士的高度重视。

从企业管理的角度来看，界面管理问题可分为三个层次：

（1）企业间的界面管理问题，主要讨论集团公司中企业与企业之间在宏观层次上的界面管理，研究如何有效地联系组织机构以取得更好的合作性能，但一般不涉及界面双方的行为特性和感觉信息，因而属于宏观的界面管理。

（2）项目间的界面管理问题，主要讨论界面双方在项目等级上的界面问题。这个层次的界面管理属于微观层次，探讨界面双方对彼此项目的行为感觉、激励方式、动机与意图等，以便研究产品创新或工艺创新的成功与失败的起因和缘由。

（3）企业内部门之间的界面管理问题，这类界面管理问题并不注重于项目本身的专业性和特殊性，而是更关注各部门之间的协调关系和联系方式。

由于研发管理在科研成果的转化上起到了关键影响，下面着重讨论在企业内层次上研发/生产及研发/市场营销界面的管理问题。

1. 研发/生产界面管理

长期以来，在研发/生产部门之间一直存在严重的界面问题，主要原因有：

（1）生产部门经理不了解研发部门的目标，或对之缺乏足够的信任；
（2）进行新工艺和新产品的试验影响生产部门的正常生产，造成其对技术创新的抵触；
（3）研发部门对生产部门的需要和能力缺乏足够的了解；
（4）研发的目标远离现实，过于追求"高"和"新"；
（5）部门之间缺乏有效的沟通系统；
（6）两部门中存在不同等级的专家，低等级专业人员的意见和建议往往被高等级的权威专家所漠视。

其中，部门间缺乏有效的沟通系统是最主要的障碍性因素，尤其是研发部门规模较大的企业。较大的研发部门使得不仅在与生产部门的界面上增加了不和谐因素，而且本部门内的沟通难度也会增加。另外，企业的研发部门越大，说明企业的高层管理机构越重视技术创新，给予研发部门的优先权越高，这在某种程度上使生产部门产生逆反心理，使得沟通更为困难。

此外，部门间的界面因素也受企业技术等级的影响。在传统技术企业中，规模化生产很普遍，停产进行试验产生的可能损失比小规模生产大得多。大的生产部门往往看不到技术创新的积极作用；研发经理的地位偏低，使得生产部门更易阻止研发部门的一些创新技术。相反，在高技术企业，研发人员倍受重视，两部门间显著的文化差异对界面也产生了较大的影响；其次，高技术企业要求研发部门发展迅速，但相应的管理技术却得不到同步发展，也导致与生产部门不和谐。

处理研发/生产部门间的界面问题的方法主要有：

（1）生产部门组织专门人员参与研发计划的制订；
（2）生产部门组队参与完成项目目标；
（3）建立一个综合委员会协调两部门工作；
（4）选择具有生产经验的人员加入到研发中；
（5）选择具有研发经验的人员加入到生产中；
（6）使生产部门人员了解研发部门对企业长期生存与发展所起的影响、作用。

2. 研发/市场营销界面管理

在新产品开发过程中，研发/市场营销的界面问题是导致其失败的最主要因素，错误的市场需求预测往往是产品创新失败的最主要原因。两者间的界面影响因素主要有：

（1）缺乏交互作用，主要表现在两部门之间几乎没有正式和非正式的新产品开发的决策会议，彼此几乎不参加对方的工作例会，不交换工作文件，营销人员的需求报告和进度报告几乎不反馈到研发部门。造成这种情况的主要原因在于，双方都只关注自己的专长，看不到交互作用的重要性，不愿意花费时间和精力向对方学习、与对方建立融洽的关系。

（2）缺乏实质的沟通，主要表现在双方即使有一些沟通，但达不到实质深度，掩盖了一些潜在的实质问题。与前述缺乏交互作用不同的是，前者只是简单地忽视对方，而后者是双方有意保持距离，不愿意进行对话。例如，对研发部门采用的新技术，营销部门直到技术的生命周期后阶段才被完全告知；研发部门对市场需要和新产品设计合理与否并不完全了解，等等。缺乏实质沟通主要是因为双方都认为对方的信息不具有足够价值，也没有必要向对方提供信息。

（3）过于友好，主要表现在为避免冲突，双方都不向对方的判断和假设提出疑问，对细节不做争论，更不向对方的观点进行挑战，双方人员经常进行社交性的相互拜访。其主要原因在于，双方都不希望伤害对方感情，都认为对方总是正确的，对对方的判断和信息彼此依赖。

（4）缺乏对对方的积极评价，具体表现为：营销人员时常在企业外部购买研发成果，而不采用企业内研发部门的成果；研发人员独立推行自己的主张，而不与关心新产品概念和设想的营销人员协商；一旦两方合作，营销人员就试图对研发人员施加控制。造成这种情况的原因主要在于，研发人员认为营销人员在他们的探索中太简单化，实际上并不理解所需要的产品，甚至认为营销人员许多活动是不必要的；而营销人员觉得研发人员研究太精细，且常认为研发人员不应当访问用户。

（5）彼此缺乏信任。这是界面问题的极端情形，由缺乏沟通、缺乏积极评价演变而成。主要表现有：营销部门企图对新产品开发项目的内容及时间进度全权控制，没有研发辩论和提建议的余地；而研发人员同时开始众多项目的研究，并对营销部门保密。仅当研发部门已精确了解营销部门的打算后，营销部门才将意图告之，导致研发部门来不及提出自己的意见。导致这种状况的原因很多，如营销部门感到研发部门进入项目过多会使营销部门失去控制，研发人员担心营销部门会排挤他们。此外，两部门在企业中相对地位的不同也会导致不信任，例如研发部门感到，产品失败了是自己受批评，而产品成功了则是营销部门受奖励等。

解决研发/市场营销界面问题的方法和措施有：双方关键人员共同参与新产品开发计划的制订，共同介入项目的早期开发工作。建立新产品开发委员会，由企业决策者、研发部门、营销部门、财政部门的经理和项目协调者组成。对研发和营销部门的人员采用工作轮换制，以激励研发与营销部门的有效交互作用和部门间的沟通合作。明确责任、权力、决策权限，以避免相互推诿责任，或因过于友好而使责权界限模糊。由新产品开发委员会明确哪些属于研发的决策权限，哪些属于营销部门的决策权限，哪些又应由两个部门共同负责，等等。

3. 研究/发展界面管理

研究和发展部门的界面管理值得我们注意。这个界面满足三个职能：

（1）确保提出正确的问题（项目创造）：提出正确问题主要依赖于研究和发展之间连续的和多方向的信息流。满足了技术可行性和市场接受性、有赢利的产品才可到达消费者手中。

（2）确保筛选出正确的想法（过滤机制）：以利润为目标对项目建议书进行评价以筛选想法，平衡技术战略和市场战略。根据技术成熟性和消费者知觉，潜力大的想法才能被选中，以确保发展项目的质量。

（3）确保正确执行想法（转换）：由于发展部门不参与项目立项和过滤工作或他们很难进行评价、获取和应用，因此研究结果贮存在研究部门内。在战略水平和项目水平进行的合作可确保研究和发展活动之间的合作。

管理研究和发展部门之间的界面的方法如下：转移直接参与的人员是转移知识的最好方法；项目各阶段间的联系可保证稳定的技术转移；研究位置与发展位置明确分开，伴有加以管理的面对面接触，这样可以大大改进技术转移，并且保持研究和发展所需的距离。具体的解决方法见表11-8。

表11-8 管理研究/发展界面的方法

界面	方法	
非正式网络	● 连人带项目移动 ● 长期借调	● 工作轮换 ● 面对面的知识转移
项目+工艺	● 战略性经营/研究项目 ● 关于具体项目计划的合作协议	● 交叉职能小组 ● 交叉文化小组
层级的+职能的	● 双渠道资助 ● 先进技术实验室	● 技术联络领导 ● 多学科计划
区域的+法律的	● 有条件的配置 ● 战略性分离	● 当地的和全球的招聘

资料来源：陈劲，《永续发展——企业技术创新透析》，科学出版社，2001年。

创新标杆 ──── 大华技术如何解决创新中的界面管理问题 ────

浙江大华技术股份有限公司是领先的监控产品供应商和解决方案服务商，面向全球提供领先的视频存储、前端、显示控制和智能交通等系列化产品。每年近10%的销售收入被投入研发，现拥有3000多人的研发技术团队，创造了众多行业和世界第一，并立志打造高品质、高性价比的精品，持续为客户创造最大价值。我们从"新产品开发过程"和"协同创新的层次"来分析大华公司技术创新过程中的界面管理问题。

一、技术与市场要素协同创新三阶段

1. 初级阶段：思想协同

首先，新产品创意来源。协同创新应当从创意的产生开始，新产品创意的来源是市场与研发之间的"双向互动"的结果，概括起来有两种方式：①源于市场需求。市场部门根据行业的发展趋势、客户需求和反馈、竞争者信息，提出新产品研发的需求。②源于技术突破。研发部门实现了某项技术的重大突破。

其次，立项的分歧及解决。对于全新的产品，市场上没有可参考的信息，市场与研发部门

更容易产生分歧。以公司警用设备开发为例,该类产品市场容量固定,顾客群体较特殊,对应的功能需求高。与一般设备相比,对环境适应性、规范性要求比较高,设备需要在 −30℃——40℃才能正常工作。该产品市场供给当时基本空白,需求较大,所以市场部门从新产品研发具有市场竞争力角度支持立项;而研发部门最初则从研发的投入产出比和技术实现困难角度反对立项。最终形成折中解决方案:研发能够在 −15℃下正常工作的警用设备,并进一步与目标客户沟通,确保方案的可行性。

另外,如何将技术预研与未来市场协同,抢占未来先机,也是该系统协同创新的难点。大华的做法是技术预研的产品先做原型,并通过多种途径了解市场和业内人士、外部专家等的反应。

在研发立项通过后,研发与销售部门经常在功能项确定上存在分歧。产品中心综合考虑顾客需求、研发实力以及投入产出比的效益等,最终确定新产品开发指导书,对新产品的功能项进行清晰合理的界定。另外,自上而下规范的立项流程,确保了研发与市场要素的协同。

2. 深入阶段:行为协同

项目团队一般有产品经理和研发经理两个负责人。包括研发中心、产品中心、生产中心、销售中心、质量中心、财务部门等相关部门代表。例如,财务部门管控研发投入;生产部门考虑所研发产品能否批量生产;质量部门对器件选型等把关;产品中心第三方监督的作用。

项目团队建立在公司各职能部门合作的基础上。总裁下设产品委员会和技术委员会,主管公司的产品战略和技术研发。各职能部门在新产品开发的过程中分工合作:产品中心开发并管理产品需求;研发中心制订并实施研发计划,其中,研发中心设有产品线和资源线,分别负责产品的开发和软件开发;生产中心负责组织系统产品的试生产和试运行,制定相关技术标准、工艺技术规范、原材料性能指标;销售中心负责市场策划、产品推广、销售渠道拓展;产品交付履行服务部负责组织和实施商务洽谈、合同订立、发货管理、市场送样、产品试用;质量与客服营运部负责提供服务、技术支持。同时,财务部、人力资源部门与法务部等为其提供相应的保障。

3. 成熟阶段:全面协同

在新产品开发完成以后,公司会进行小批量(几十台)试生产,此阶段一般不产生收益,试生产产品让顾客在一定期限内免费试用。产品中心跟踪收集顾客的反馈意见,改进产品。试用通过以后召开大批量生产,产品中心进行新产品发布会。新产品上市发布的时间节点,也往往会成为有争议的问题。表 11-9 对上述三个阶段进行了比较。

表 11-9 新产品开发过程的技术与市场协同的特征

协同阶段	初级阶段	深入阶段	成熟阶段
新产品开发阶段	概念、立项	计划、开发	验证、发布
分歧焦点	要不要做?做成怎样?	怎么做?	如何应对市场?
协同方式	思想协同	行为协同	全面协同
准备工作	形成新产品开发创意;产品中心完成市场调研;研发中心研发资源调配	组建跨职能团队,设立产品经理和研发经理	试生产、试运行

（续表）

协同阶段	初级阶段	深入阶段	成熟阶段
典型的协同行为	各部门共同召开立项会议；规范的立项流程；产品委员会进行最终决策	由各部门相关人员共同组成项目团队，完成开发；产品中心对项目团队工作按照时间节点进行监督	收集客户意见，完善产品，大规模生产；确定销售采购渠道、产品定价，产品中心统一发布新产品
协同成果	新产品研发立项决策和需求规格说明书	完成产品协同开发的流程；生产样机	市场获利；进入新产品生命周期维护阶段
主要特征	接触/沟通；竞争/冲突	合作；整合	实现协同绩效

二、大华协同创新的层次

（1）公司层面（C）：企业将技术创新战略与顾客导向战略放在同等重要的位置，将两者紧密地结合，在战略层面保证了技术要素与市场要素的协同。同时，企业面临转型升级的挑战，对两者的协同提出了不断"创新"的要求，也是更高水平的协同状态。

（2）职能层面（F）：产品中心负责需求分析、研发互动、周期把握、市场推广等工作，是技术与市场协同的最重要的职能部门。

（3）团队/个体层面（I）：协同机制最终需要团队/执行者个体在思想、行为和应变上的协同来实现。集中体现在新产品（或新技术）开发的整个过程中，尤其是由各个部门（包括产品中心、研发中心、销售中心、生产中心、质量中心、财务部门等）组成的项目团队内部协同工作。大华技术与市场要素协同创新层次如图11-10所示。

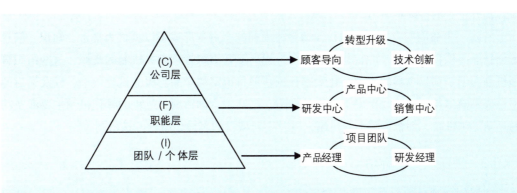

图11-10　大华技术与市场要素协同创新层次示意图

基于大华公司的案例分析，技术要素与市场要素的协同贯穿于公司、职能和团队/个体三个层面，三位一体，缺一不可。但是，在协同的过程中不同的阶段，协同的难度、每个层次上工作及其互动有不同的特点。以新产品开发的过程为例，将协同创新的过程划分为基础阶段、成长阶段和成熟阶段，三个阶段的协同水平依次提高（如图11-11所示）。

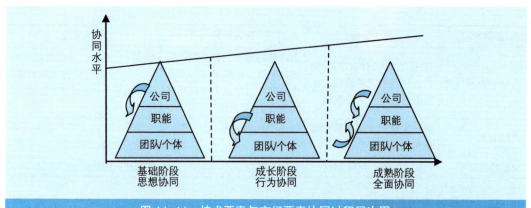

图 11-11 技术要素与市场要素协同过程层次图

资料来源：郑刚、陈骁骅，"企业技术与市场要素协同创新研究——基于浙江大华技术股份有限公司的案例分析"，《科技进步与对策》，2015 年第 15 期，第 69-74 页。

11.5 创新的项目管理

11.5.1 创新项目的一般过程与组织机制

创新项目是围绕公司创新战略的特定目标，以研发为核心，整合公司创新所需的人力、物力、财力、信息等基本资源，实现公司创新活动的重要载体。本质上，创新项目是一个系统工程，是企业创新资源与具体项目结合的过程，并为企业产生巨大的技术、经济、社会效益，提升企业的持续竞争力。

在这一生命周期中，创新项目伴随生命周期的全过程形成了以项目为平台，知识、信息等创新源向项目输出成果的转化过程，全过程离不开组织管理相关机制的支撑，这些组织管理机制为创新项目过程的资源转化效率、创新项目拟定的产品与服务试验效果，以及最后的项目成果输出与评价验收提供了重要的保障。这其中，创新项目过程的管理机制主要涉及功能互动优化机制、创新资源整合机制，以及创新项目的多样化激励考核机制。[①]

11.5.2 创新项目的评估

依据创新项目的生命周期与过程演进，创新项目的承担组织应当依据创新项目的过程阶段，实施创新项目的评估，从而在全过程的关键环节，合理高效管控创新项目的进程与发展，提升创新项目的成功率，并由此获得创新项目成功带来的价值回报。

依据创新项目过程的正向逻辑，可以将创新项目的评估嵌入创新项目立项阶段、过程阶段与结果阶段三个结点实施开展。

1. 创新项目的立项评估

关于特定创新项目的立项，组织需从战略维度、技术维度、经济维度、资源维度、风险

[①] 陈劲、伍蓓，《研发项目管理》。机械工业出版社，2009 年。

维度等五个方面系统衡量创新项目的投入与执行的可行性。

第一，创新是为企业战略服务的，是企业获取竞争优势的重要保障。对于创新项目的立项评估应当关注两个方面的战略性问题：一是创新与研发项目是否服从企业战略定位与发展的基本要求，两者在方向上是否存在一致性。二是创新项目的资源分配是符合企业经营战略的基本要求与能力水平的。基于这两个标准，创新项目才具有战略上的可行性。

第二，在技术方面，创新项目的立项需要考虑几点问题：一是企业是否具备开展与实施创新项目的技术硬件与软件条件，即特定创新或研发项目是否具有技术可行性。二是创新项目是否需要外部技术源的补充和协同，如果需要，该技术源在哪里，是否容易获得。三是创新项目的技术研发与应用是否有助于提升组织人员的技术能力、学习能力，从而通过技术积累与组织学习提升竞争能力。

第三，创新项目是资源依赖的，其需要组织在经费、人才、设备、信息与知识、制度等方面的要素投入与协同整合，创新项目因此需要考虑资源维度的立项议题，譬如创新项目所需的资源可获得性、资源专属性、不可模仿性，以及可替代性等。

第四，创新项目需要考虑经济维度的问题，包括创新项目的投入产出比、经费来源与渠道、实际收益与潜在收益、成本管控、输出成果的价值回报等。

第五，风险因素也是创新项目立项的重要审计与评估依据。相关的风险因素包括成本风险、投资风险、技术风险、伙伴关系风险、政治风险、环境风险、制度风险、市场风险、企业管理风险等。

2. 创新项目的过程评估

在创新项目立项的基础上，创新的项目过程的评估准则也做相应的调整，如表11-10所示。

表11-10 创新项目的过程评估相关指标描述

评估维度	相关描述
战略维度	创新项目与国家及行业现行的法律法规是否符合
经济维度	创新相关的费用使用是否符合计划书安排
	项目下一阶段所需的经费是否充足
	对下一阶段的经费使用所做计划与最初的预算相比较是否合理
技术维度	项目阶段性成果与项目阶段目标的吻合度
	创新项目的进展与时间计划的吻合度
	项目技术路线的执行情况
	对立项阶段确定的关键技术的验证情况
	对关键技术解决途径的合理性
	技术监控能力
	配套与互补性技术的完备性
	相关数据信息的完备性与可靠度
	下一阶段计划的合理性

（续表）

评估维度	相关描述
资源维度	项目组人员的变动状况对项目研究的影响程度
	材料、研究设备的供应以及供方提交成果与时间计划的吻合度
	项目组内部进行正式沟通的频率
风险维度	出现新的技术变化给本项目带来的影响
	获得类似技术与信息的难度
	项目过程与客户沟通的紧密程度
	本阶段形成的项目中间成果的专用性

资料来源：改编自陈劲、伍蓓，《研发项目管理》。机械工业出版社，2009年。

3. 创新项目的输出成果评估

创新项目的验收阶段，组织需要对创新项目的输出成果与相关绩效展开评估。

战略层面，创新项目输出成果的评估需要考虑与组织目标的一致性，成果市场推广与产业化应用的可行性，成果对人才培养目标的符合性，项目输出对企业核心能力建设的作用，项目对于企业知识资源积累、创新能力提升的价值，以及项目输出给行业产业与国家层面的社会效益输出。

技术层面，创新项目的输出成果评估需要聚焦如下细则，包括技术与成果输出的国内国际领先性，技术输出的产业应用价值，创新项目任务书的完成情况，技术工作的数量与质量，技术指标输出结果，研究成果的显性隐性效应，获得的项目知识产权数量与质量，论文与专利数，产生的企业、行业与国家标准情况，是否给组织带来技术领先或技术专属能力等。

经济层面，创新项目的输出成果评估指标涉及项目输出的直接经济效益，项目的投资收益与回报率，项目产生的间接经济效益，项目输出成果的市场预期与成长性，项目输出的成本，项目市场化应用的投资回报率，项目的新创人员与组织孵化效益等。

资源层面，创新项目的输出评估涉及项目参与人员的培养与素质提升，项目参与人员的显性与隐性知识积累，项目参与人员的学习能力、协同能力提升，项目参与团队与组织的知识与能力积累，项目内外部资源的协同效应等。

最后，风险层面，创新项目的输出成果评估包含技术输出成果的先进性、成熟性、成长性、行业推广的效应，以及市场化应用的潜在风险等。

11.5.3 创新项目的人员与组织结构

创新项目的关键是人，能力强的项目经理与合理的项目团队成员组合有利于创新项目的展开与项目输出成果的成功。通常，创新项目的人员组成包括两个部分：一是创新项目的负责人，即项目经理的选拔和作用；二是创新项目团队成员的合理选择、科学构成与协同作业。

创新项目的负责人往往被称为项目经理，其不仅仅负责创新项目的立项与目标制定，同时实施创新项目的资源协调与人员协同，领导团队执行创新项目的实施与落地，对于创新项目具有举足轻重的作用。

合格的项目经理人需要具备明朗积极的人格、良好的涵养、强大的创新与组织目标的使命感与责任感,以及准确的判断力等基本素质。同时,在这些基本素质的基础之上,创新项目经理人还应具备系统化的能力,其中包括战略规划能力、组织管理能力、技术决策能力、研发活动经验与知识应用能力、业务运营能力、知识与技术探索能力、领导能力、人格感染能力、市场分析与判断能力、逻辑思维与感性思维结合能力、组织内外关系处理能力。这一些能力的组合与系统化协调为创新项目经理人开展创新提供了重要的基础。

此外,创新项目的人员与团队构成也是创新项目成功的重要保障。这其中,项目创新成员包括项目发起人、系统分析师、项目管理者、自身技术专家、一般技术人员等。

针对各类创新项目参与人员,陈劲和伍蓓从定义、选择标准、团队贡献、潜在确定与发展需求年方面系统性地总结了各项目参与人的特点,如表11-11所示。

表 11-11 研发与创新项目团队人员构成

角色	定义	选择标准	对团队的贡献	潜在的确定和发展需求
项目发起人	● 创造机会的人灵活地运用技术能力综合客户需求,最终提出解决方案者	● 执行能力 ● 感染力 ● 机会识别能力 ● 对消费者的洞察力	● 绩效一般通过客户的满意度与目标的实现来衡量 ● 能与主管、系统分析师进行有效交流 ● 能有效协调各类关系	● 技术若不熟练,将会影响项目成败 ● 创新行为易导致对其他成员的不敏感
系统分析师	● 分析问题 ● 严格剖析问题 ● 迅速解决问题	● 技术的广度 ● 快速的学习能力 ● 问题解决能力 ● 知识传授能力	● 挑战现实情况,激发项目组进一步思考 ● 帮助决策者考虑更多的选择开发新方法 ● 将设想转化为实际行动	● 提高沟通能力(与被沟通者知识差距大) ● 加强解决问题的紧迫感
项目管理者	● 领导项目小组 ● 组织结构设计 ● 评估量化风险	● 敏锐的洞察力 ● 决策能力 ● 表达能力 ● 执行能力	● 领导项目组有效工作,创造价值 ● 注重过程 ● 推动组织学习	● 过于追求完美 ● 可能与其他成员发生冲突
资深技术专家	● 在某一技术领域中的专业人员	● 技术上的洞察力 ● 问题处理能力 ● 积极学习能力	● 带来处理问题深度和广度的一系列革命 ● 提高组织知识水平 ● 首席科学家 ● 游刃有余地处理客户技术问题	● 解决问题可能会比较狭隘 ● 容易大材小用 ● 过于重视技术细节的讨论
一般技术人员	● 研究与创新工作的实施者(如工程师)	● 技术上的洞察力 ● 合作能力	● 完成研发与创新工作的主要力量 ● 人数多 ● 能提出新的建议和计划	● 经验不足 ● 需要职业上的指导

资料来源:陈劲、伍蓓,《研发项目管理》。机械工业出版社,2009年。

创新标杆 ——— 神华集团创新项目人才培养与制度建设

神华集团是我国能源产业（煤炭）的领军企业，致力于通过创新成为"技术领先、管理先进、价值创造、创新驱动"的世界一流清洁能源供应商。集团长期重视内部创新的制度建设与创新项目的人才培养与激励体系打造，形成了面向创新项目人才的多项实践经验。

1. 创新孵化平台汇聚人才，创新项目培养与管理人才

2009年，神华集团组建北京低碳清洁能源研究所（简称低碳所），累计投入超过12亿元。目前低碳所汇集了一批高层次领军人才。截至2014年年底，低碳所拥有"千人计划、青年千人计划"专家18人，研发人员218名，其中海外引进科研人才60余人。形成了由首席技术官及相关科研中心主任组成的管理团队。以项目需求为导向，从各研发中心调配科研人员和专业设备组成项目团队。在项目管理和实施上，引入六西格玛管理方法、TRIZ理论（发明问题解决理论）、stage-gate门径管理方法等先进科研管理理念和方法。在绩效管理、人员晋升与激励方面，实施了"双纬度、九宫格"的绩效考核体系和"研发、职能、管理"多渠道晋升体系，推行"能上能下，能进能出"的开放式用人机制。在成果转化与激励方面，初步形成"与业务公司对接""成果市场化"及"成立混合所有制"公司三种模式。

2. 创新人才激励机制与项目人才文化建设

一是每两种召开一次科技大会表彰科技先进工作者。2014年第四届科技表彰大会评选出神华集团公司"科技工作先进单位"9个、"科技工作先进集体"40个、"科技管理先进个人"80名、"专利之星"10名和"专利优秀工作者"10名，并给予奖金奖励。还开展了"科技进步奖"和"科技论文奖"的评选活动，共颁发奖金600万元。

二是开展企业专利之星评选活动。为激励大众创新、员工创新，鼓励员工申报知识产权，对每项发明专利奖励10000元，实用新型奖励3000元。每两年评选一次集团"专利之星"，激发了员工的创新热情。截至2015年8月，神华累计申请专利4502件，拥有有效专利2968件，两项指标均列煤炭行业首位。专利发明人主要为一线技术人员，涉及技术发明约2.5万人次。

三是以低碳所和中国节能减排公司研发与创新项目为试点，建立科研人员成果转化收益分配机制，对外实施技术许可、技术转让等，其所获利润可按一定比例，用于对科技成果完成人和为科技成果转化做出重要贡献的人员进行奖励。加快混合所有制试点，多元投入进行新技术的研发和推广。选取投资规模适度、具备先进性和良好推广前景的科技创新项目，鼓励研发及管理人员出资参股，最大限度地调动研发人员的积极性。

资料来源：http://www.sasac.gov.cn/n1808314/n2083719/n2083726/c2084453/content.html

11.6 加速创新步伐

创新是企业生存、竞争与发展的战略性环节。伴随经济全球化与信息化的进程，市场竞争加剧，用户需求不断变化，科技进步日新月异，这使得创新与产品生命周期不断缩短。

在这样的背景下，企业如何比竞争对手更快地把握机会，实现产品与服务创新的市场化推广是企业获取持续竞争优势的关键。已有的研究与预测同时证实了这一点。麦肯锡公司研究结论指出，相比预算因素，新产品的市场导入对产品创新的获益产生更大的影响。德国西门子公司预测结论显示，新产品每提前 1 天上市，其为企业产生的利润增量达到 0.3%；每提前 5 天上市，利润增量达到 1.4%；提前 10 天上市利润增量为 2.5%。市场领先者获得的收益优势如图 11-12 所示。

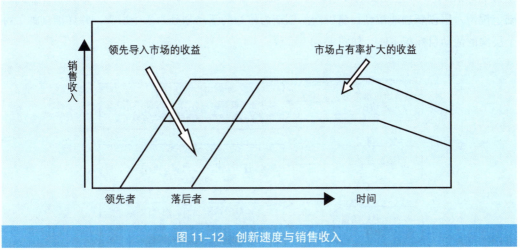

图 11-12　创新速度与销售收入

资料来源：Smith and Reinertsen, *Developing Products in Half the Time*. Van Nostrand Reinholed, New York, 1991.

此外，经济学家与创新管理研究专家同样得出研究结论：新产品延迟投放市场会给企业带来的利润下降，并因产品生命周期的缩短产生更多的损失。由此，"时间致胜，速度决定未来"已经成为企业与创新实践成败的关键，并表现出多方面的优势特征，如表 11-12 所示。

表 11-12　加速创新的显著优势

优势	描述
优势 1	及早投放新产品，企业将获取市场先行者优势，比竞争者更早地满足用户需求，从而占领市场份额；同时，利用领先战略，企业可以培养用户忠诚度，强化用户黏性
优势 2	获得较竞争对手更长的产品销售周期与销售生命，并获得更丰厚的利润回报
优势 3	获得可观的盈利回馈；竞争相对宽松环境下，市场与创新领先者获取产品与服务的定价权，获得最佳收益；竞争激烈的环境下，利润分摊，市场领先者同样获取相对收益优势
优势 4	创新领先者往往有技术领先性，从而获取技术的前沿优势
优势 5	快速创新有利于从战略上与信心上打击竞争对手，从而获取竞争优势
优势 6	快速创新能够使企业更快应对市场变化，捕捉市场机遇，把握环境先机，从而降低创新与竞争风险
优势 7	快速创新能够降低企业长期发展的运营成本，增加企业的战略与组织柔性
优势 8	快速创新最终可以转化为企业的核心竞争力，并提升企业的技术能力、研发能力、学习能力等竞争优势必备的能力基础

资料来源：尚鹏，《快速产品创新的加速因素研究》，浙江大学硕士学位论文，2003 年。

为了加速创新的步伐，基于创新的速度优势，企业通过加速新产品与服务的上市时间（time-to-market），产品与服务的创新速度（innovation speed），缩短产品开发周期（development cycle-time）等策略开展基于时间的竞争。已有的研究与实践对产品创新速度的影响因素与方法做了大量的探讨，作为企业实施基于时间的创新与竞争战略的开展依据。

Millson等学者于1992年最早提出创新加速方法的五层次模型，将创新的步骤划分为"简化新产品开发结构→去除新产品开发冗余步骤→并行工程→消除产品创新过程的时间延迟→完善加速活动"，并指导实践大幅提升了产品创新速度与创新成功率。1999年有学者在此基础上提出六层创新加速模型，将以产品创新为核心的活动划分为六个层次，并详细刻画了每个层次的活动目标与主体，如图11-13所示。

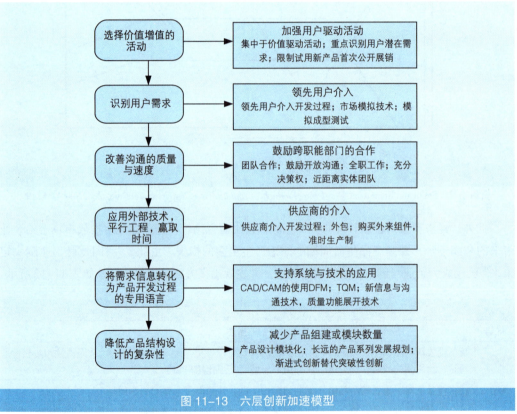

图 11-13　六层创新加速模型

资料来源：尚鹏，《快速产品创新的加速因素研究》，浙江大学硕士学位论文，2003年。

表11-13对加速新产品创新的重要影响因素做了总结。

表 11-13　产品创新速度影响因素与解析

核心影响因素	描述与解析
创新速度关注度	相较于企业创新绩效的其他方面，譬如质量、成本等，企业更加关注于创新速度
高层管理者支持	企业高层管理者及其团队对产品创新速度的认可、重视与资源支持
目标清晰度	新产品开发与创新项目是否明确界定了目标、任务，以及达成的评估准则

（续表）

核心影响因素	描述与解析
新颖性	产品开发与技术应用相比企业已有技术与知识的新颖度
复杂度	产品创新及其所依赖的技术与任务的复杂程度
流程规范化	产品创新与开发所依赖的工艺流程的规范化程度
流程并发程度	产品开发与创新所依赖的工艺流程是否可以并行运作，即产品开发各阶段是否能够展开并行工程
迭代	新产品开发主动构建与原型测试的过程反复程度
组织学习	新产品开发与创新团队在项目开展中知识获取与知识创造的相关过程
团队领导力	创新项目开发负责人拥有的与创新项目相关的技能、知识与经验
团队经验	创新项目成员拥有的经验、知识与技能
团队奉献	团队成员投入新产品开发与创新的程度
内部整合	面向新产品开发与创新，组织成员跨部门合作与交互的程度
职能多样化	新产品与创新项目团队的职能多样化程度
外部整合	供应商、客户等外部合作伙伴对新产品开发与创新的参与程度
团队授权	创新项目开发团队决策制定的自主程度
团队成员的地理位置	新产品开发与创新项目团队成员在同一个地点共事的程度

资料来源：Chen J, Damanpour F, Reilly R R. "Understanding Antecedents of New Product Development Speed: A Meta-Analysis", *Journal of Operations Management*, 2010, 28(1): 17–33.

伴随企业对创新速度关注度的提升，高层管理者支持力度的加强，产品开发与创新的目标清晰度提升，工艺流程不断规范化、模块化，流程并发程度提升，组织学习能力加强，项目开发团队领导力、经验、奉献精神加强，内部整合、外部整合、职能多样化程度提升，团队授权力度加大，团队成员地理位置接近等方面因素的提升，新产品创新速度会得到显著提升。此外，产品与技术新颖性、复杂度、迭代次数的增加与程度提升会减缓新产品开发与创新的速度，从而影响企业实施新产品快速战略及其与竞争对手的优势获取。

产品因素、市场因素、战略因素、组织管理因素的共同驱动有利于加速企业的创新步伐，实现基于创新速度而产生的先行者优势。此外，制度与政策的创新同样有利于加速创新步伐，抑或在区域与产业层面为创新生态系统和企业等组织创造加速创新的价值回报。

本章小结

1. 企业要想获得长久的生存与发展必须依靠创新，而创新的发生则依靠好的创意——创意是企业创新的养料。创意不仅仅可以引起企业组织经过一系列活动改变现状，也可以为组织创造新的机会。

2. 在模糊前端阶段，一个组织形成了一个产品概念并决定是否投入资源用以开发这个概念，在此阶段，产品战略形成并在业务单元内展开交流，机会得以识别和评估，并进行概念生成、产品定义、项目计划和最初的执行研究。

3. 成功者和失败者的最大区别在于开发前阶段的执行效果。而模糊前端的执行效果，实际上是产品开发成败的分水岭。

4. 研究与发展的每一阶段的演进，都代表技术创新对于企业经营所起的重大关键作用。研发管理是为了实现企业创新及其研发的经济效益，是企业内部管理中最重要的一个环节。

5. 适当的互动对于创新绩效是必要的，但不是充分条件。管理者应该通过会议、资料交流等形式的互动，使各部门相互了解和沟通，然后通过促进相互间的合作实现较好的创新绩效。

回顾性问题

1. 模糊前段阶段的特征主要有哪些？为什么说这个阶段在创新管理的过程中是至关重要的？
2. 请简述四代研发管理的演进过程和各自的特点，并分析它们的优势和局限性。
3. 创新过程中各部门互动与合作的异同有哪些？企业应该如何看待和管理它们二者之间的关系？

讨论性问题

1. 华为 IPD 流程的核心特征与优势体现在哪些方面？
2. 华为 IPD 流程管理过程整合并采用了哪些管理手段与管理工具？
3. IPD 的流程管理能否适用于其他产业的企业产品开发与管理过程，请举例说明？

实践性问题

1. 分别就产品创新的三个阶段举出一个现实生活中的例子，并就它们的创新现状进行分析。
2. 结合你个人的认识和管理学的相关知识，以及中国企业创新实践，谈谈第四代研发管理未来可能的发展方向。

延伸阅读

1. 王黎萤、陈劲，《共享创造：提升研发团队创造力的过程机制》。科学出版社，2010 年。
2. [加] 罗伯特·G.库珀著，青铜器轻件公司译，《新产品开发流程管理：以市场为驱动》。电子工业出版社，2010 年。
3. [美] 肯尼思·B.卡恩等著，赵致道等译，《PDMA 新产品开发手册》（第 2 版）。电子工业出版社，2007 年。
4. [美] 威兼·L.米勒等著，关山松等译，《第四代研发：管理知识、技术与革新》。中国人民大学出版社，2005 年。
5. Davenport TH. *Process Innovation: Reengineering Work Through Information Technology*. Harvard Business Review Press, 1992.
6. Gupta A K, Wilemon D. "A Model for Studying R&D――Marketing Interface in the Product Innovation Process", *Journal of Marketing*, 1986, 3(2):297–298.
7. Hippel E V. "Task Partitioning: An Innovation Process Variable", *Research Policy*, 1989, 19(5):407–418.
8. Kelley T. "The Art of Innovation: Lessons in Creativity From Ideo", *Americas Leading Design Firm*, 2001.

第 12 章

创新的制度与文化设计

▶▶ 学习目标

- ➢ 熟悉激励创新的常见制度设计
- ➢ 熟悉创新文化的层次
- ➢ 掌握如何营造创新型文化

➡ 开篇案例：谷歌的创新九原则

1. 创新无所不在

自顶向下也好，自底向上也罢，创新可以来自于任何地方，甚至是你最想不到的地方。比方说，一位给谷歌员工看病的医生指出谷歌有责任帮助那些搜索"如何自杀"的人。这番话令谷歌调整了搜索结果显示，使得屏幕顶端显示出美国预防自杀热线的电话号码。此后不久，拨打热线的数量就增加了 9 个百分点。后来谷歌在许多国家也进行了相应调整。

2. 聚焦用户

钱的事情以后再担心，首先要聚焦用户，其他的东西自然水到渠成。当用户输入几个字母时就展示搜索建议，为每位用户的每次搜索都节省了若干毫秒，谷歌的销售人员担心此举会缩短客户浏览广告的时间，但公司仍继续并相信此举值得冒险。"打造出色的用户体验，收入会照顾好自己的"。会有更多客户被产品新带来的好处所吸引。

3. 以好 10 倍为目标

如果你只想着改进 10%，那你只会看到增量式的变化。如果你希望激进的、革命性的创新，那就想想 10 倍的改进，这会迫使你跳出固有的思维模式。例如，2004 年，谷歌开始 Google Book 项目，要将全球信息组织起来并对历史上所有印刷过的书本进行数字化，这是一个巨大挑战。谷歌联合创始人开发了自己的书籍扫描仪，开始时还要人跟着扫描仪节奏来翻页。可现在谷歌已经扫描了当初计划扫描的 1.3 亿本书中的 3000 万，全球几十家图书馆都在参与该项目。

4. 靠技术洞见放手一搏

每一个组织都有自己独特的洞察力，如果放手一搏，就能引发重大创新。想出无人驾驶汽车的是谷歌而非汽车公司的工程师——因为他们没有对数百万因为人为错误而导致的交通死亡熟视无睹。Google Maps、Google Earth、街景汽车——开发无人汽车的一切组件均已准备就绪。加上与斯坦福大学的人工智能团队的协作，谷歌工程师已经生产出实验性的无人车，可以在太浩湖和湾区之间自由穿梭，让盲人可以更加独立地外出开车购物或办事。

5. 交付、迭代

不要等到一切皆完美，要早交付、多交付。让用户帮你"升级"。2008年Chrome发布时，每6周谷歌就会推出一个改进版。"现在Chrome用这种办法已经在许多国家攀上了浏览器No.1的位置"，卡拉伊尔说："你的产品也许并不完美，但请相信，用户会把完美还给你的。"

6. 给员工20%的自由时间

在谷歌，工程师和项目经理每周有一天的自由时间去探索自己喜欢的创意。这些创意里面有很多最终都转化成了产品或产品改进。一个很好的例子是：一位计划去西班牙旅游的工程师发现自己无法获得入驻旅店的近景，因为所在街道太窄，街景车进不去。后来他改装了街景摄像机，装上特制的谷歌三轮车，用来到汽车进不去或不让进的旅游景点拍摄。

7. 默认开放流程

把你的流程向所有用户开放，靠用户集体的力量去获取奇思妙想。谷歌创建Android平台时知道无法将地球上最好的开发者都招致麾下。因此它"默认开放"，鼓励谷歌以外的开发者为每天使用Android设备的10亿用户开发App。在营销上，谷歌也向用户请教如何推销其语音搜索App，有的孩子还发来的视频足以与大广告公司的创意匹敌。

8."失败好"

失败不应该背负污名。如果你不怎么失败，说明你的尝试还不够努力。在谷歌，只要产品无法发挥出最大潜力就会被扫地出门，但公司会从中择取最好的功能。"实际上，失败是一种荣耀失败是通往创新和成功之路。你可以自豪地失败。"

9. 要有使命感

"这是最重要的原则"，卡拉伊尔说，"谷歌的每个人都有强烈的使命感和目标感。我们相信自己的工作能以积极的方式影响着千百万人"。每个人都应该有自己的故事。

资料来源：Boxi,"Google 的创新九原则 "，http: //36kr.com/p/207843.html，2013/11/21

思考题：
1. 谷歌的创新文化与制度设计有哪些特点？
2. 如何营造中国企业的创新型文化？

12.1 激发创新动力

企业创新的动力本质上就是驱使企业开展创新的相关影响因素。创新动力最早来源于熊彼特对于企业技术创新动力机制的讨论，并提出技术创新的熊彼特 I 型与熊彼特 II 型模型。前者面向一般企业的创新动力模型，由技术创新与科学发明主导，并通过企业活动与工艺改进实现市场溢出，最终获取创新收益。后者面向技术创新垄断阶段，垄断企业占据竞争优势与市场主导，创新来源于垄断性大企业内部研发，最终转化为利润反馈，如图 12-1 和图 12-2 所示。

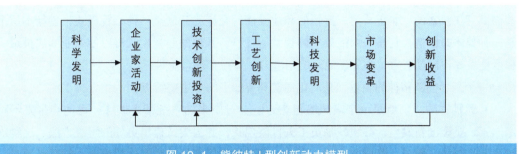

图 12-1　熊彼特 I 型创新动力模型

资料来源：张建华，《创新、奖励与经济发展》。华中理工大学出版社，2000 年。

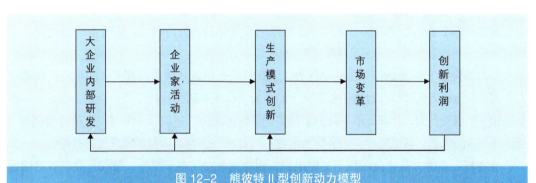

图 12-2　熊彼特 II 型创新动力模型

资料来源：柳卸林，《技术创新经济学》。中国经济出版社，1993 年。

自熊彼特提出创新动力的机制讨论后，研究与实践演化形成了包含技术驱动创新，市场拉动创新，政府启动创新，企业家创新偏好驱动，社会、技术、经济系统自组织，以及技术轨道推动创新等创新动力机制的讨论。创新作为新创意到商业化的全过程，其本质上是为企业经营收益与利润的持续增长以及企业持续竞争优势的提升服务的，创新动力可以从内部因素和外部因素两个方面进行讨论。

12.1.1　创新动力的内部因素

创新动力的内部因素主要包括企业家精神、创新型文化、核心竞争力等。

1. 企业家精神

企业家精神的核心是"创新"，即熊彼特所提出的创造性毁灭，它表现在企业家通常能够发现商业机会，通过对有限资源的利用与整合，寻找合适的商业模式实现利润回报与企业竞争的提升。此外，企业家精神进一步体现在企业家敢于冒险，追求成功，吃苦耐劳的事业进取心，以及对于商业机会的把握与创新的锲而不舍的精神，其有能力通过引入新的产品，改进新的生产工艺，提升产品的新功能与新质量，创造新的市场，以及开辟新的商业模式，实现企业持续的竞争优势提升。

2. 创新型文化

一个企业能否成为创新型组织，企业文化将扮演关键的角色。那么一个创新的企业需要具备怎样的企业文化？一个创新依赖型的企业文化，其核心的特征是沟通和开放。沟通意味着内部存在频繁的、非正式的、流畅的和建设性的交流。开放是一种心智模式，创新本质上是一种集体的创造，它是一个汇集集体智慧的过程，开放的心智模式可以使企业的成员最大程度地发挥各自创造力，并分享他人的创造力，共同实现企业目标。

一个富于创新精神的企业，其文化通常具备如下两点主要特点：

1. 鼓励冒险。创新是一个高风险行为，它会对原来的系统带来破坏，可能会带来不稳定因素。要让创新发生，必须鼓励员工去打破现状，并去尝试提出更好的解决方法，这种现状可能是产品、服务、管理方式等。当然，鼓励冒险但不是鼓励盲目的冲动。创新必须是一种基于理性的冒险行为，而不是不计代价的无谓冒险。一个富于创新的企业，它的产品、服务、管理模式、内部结构等一定不是长期静态的，这些因素需要不停地被打破和重构，以适应新的客户需求和内外部环境。要适应这种永远在变化的内外部环境，企业必须鼓励员工去打破现状，寻找新方向，而不是停留在原地。

2. 容忍失败。创新是一个高风险行为，创新一旦开始，其结果面临失败的可能性就非常大。创新的执行者失败后，也将面临着巨大的压力，也正是因为这种压力，会使很多员工不愿意开始一项创新行为，从而无形中扼杀了很多创新的可能性。所以，一个有创新精神的企业，会容忍创新的失败，甚至有些企业会奖励失败，只要企业认为这项创新的失败是合理的。

企业核心竞争力是企业区别于其他组织，相较竞争对手难于模仿、替代，并具有持续价值的内部资源与能力。核心竞争力是支撑企业实施创新战略的根本驱动力。

12.1.2 创新动力的外部因素

创新动力的外部因素主要包括技术发明、市场机会、政府政策等。

1. 技术发明

技术发明与创造是创新最早的动力机制，也是技术驱动创新的动力来源。伴随技术革新，企业获取相比竞争者在产品性能与质量方面更好的绩效表现，从而实现自身的竞争优势，面向成熟市场获得更高的比较优势，面向新兴市场形成产品原型与主导设计从而转化为企业高速增长。同时，技术发明有利于开辟全新市场，引发技术溢出效应，实现产业转型升级，民众生活方式变革，实现社会可持续发展。表12-1列举了2015年十大颠覆世界的技术创新。

表 12-1　2015 年十大颠覆世界的技术创新

技术创新名称	技术突破	重要意义	关键厂商 / 技术成熟时间
Magic Leap	Magic Leap 为一家创业公司，投资数亿美元开发一款设备，能使虚拟物体看起来像是在现实中生活一样	该技术将给电影、游戏、旅行和电信等行业带来全新机会	Magic Leap 和微软 /1—3 年
纳米架构	加州理工学院科学家发明的一种微型晶格，使材料结构可以得到精密定制，以确保强度和弹性，同时重量非常轻	更轻的结构材料将非常节能，且用途很广	加州理工大学、麻省理工学院等主要科学家 /3—5 年
汽车间通信	通过这种简单的无线技术，汽车可以相互通信，从而减少车祸事故	每年全球有超过 100 万人由于车祸身亡	通用汽车、密歇根大学、美国国家高速公路交通安全委员会 /1—2 年
谷歌 Project Loon	Project Loon 利用高空气球提供了可靠的低成本互联网接入服务，能覆盖全球偏远地区	互联网连接能给全球 43 亿尚未联网的人口带来更好的教育和新的经济机会	谷歌和 Facebook/1—2 年
液态切片技术	一种通过 DNA 测序仪器的验血方式，有助于尽早发现癌症	目前全球范围内，癌症每年导致约 800 万人死亡	香港中文大学、约翰霍普金斯大学 / 现在
大规模海水淡化	海水淡化成本将大幅下降，并支撑一个国家的大部分用水	目前，全球的洁净水源已经无法满足越来越多人口的需求	以色列 IDE 海水淡化技术有限公司, Poseidon Water 公司, Desalitech, Evoqua 公司 / 现在
Apple Pay 移动支付	Apple 的移动支付服务使用户可以在日常生活中将手机变为钱包，实现快捷而安全的支付	信用卡欺诈案件给经济带来了危害，同时也增加了商品和服务的成本	Apple、Visa、万事达公司、谷歌 / 现在
脑细胞团培育	通过这一技术，科学家可以在实验室中利用人类干细胞培育出三维的神经元集群	研究人员需要通过新方式去理解大脑疾病，并试验可能的治疗手段	分子生物技术研究院和麻省综合医院 / 现在
加速光合作用	通过这种先进的基因工具，粮食作物从太阳光转化能量的速度将会大幅提升，从而提高粮食产量，给全球更多人提供粮食	粮食产量将可以快速增长，从而满足越来越多人口的需求	国际水稻研究所、明尼苏达大学、剑桥大学、澳大利亚国立大学 /10—15 年
DNA 互联网	这一技术标准使 DNA 数据库能进行通信	项治疗方案可以借鉴其他数百万人的经验	基因和健康全球联盟、谷歌、个人基因项目 /1—2 年

资料来源：*MIT Technology Review* 2015 年 5 月文章。

2. 市场机会

市场需求变化和市场制度变革是企业持续创新最基本的外部源泉、动因或机遇。[①] 在技术驱动创新动力模型之后，市场拉动模型受到研究与实践的高度关注，并逐步演化形成由 "市场需求拉动——研究与开发——制造——销售" 为主导的创新市场拉动动力机制，以

[①] 向刚、汪应洛，"企业持续创新动力机制研究"，《科研管理》，2004 年第 6 期。

及"技术与市场耦合互动"的创新动力机制两种主导范式。其基本的出发点在于伴随技术创新能力的不断提高，企业生产率显著提升，但新产品的开发并没有获得很好的市场反馈。由此，企业更多地关注如何利用现有的技术创新与变革，扩大规模，加速产品及其功能的多样化以实现规模经济，获取市场份额。同时，在企业技术能力不断提升的背景下，企业通过技术搜寻等手段寻找当地、区域、产业间、跨国等信息不对称，并利用市场的信息不对称实施技术创新与新产品渗透，从而获取收益与竞争优势。

3. 政府政策

政府政策是引导国家与区域发展方向，产业转型与基础设施布局，企业获取经费支持与优惠条件、企业配置创新资源与人才的重要手段。

改革开放后，我国科技体制改革与创新政策经历了"技术市场建立"（1985—1992年）、"科技经济一体化"（1992—1998年）、"科教兴国和国家创新体系建设"（1998—2006年）和"创新型国家建设"四个阶段（2006年至今）。科技与创新政策最终引导国家创新资源与人才向全面竞争优势提升及国家重点产业转型升级转化，实现科技创新政策由单一向系统的设计转变，促进我国科技创新驱动经济发展，实现综合国力提升的重要目标。

最近，在美国推进实施"国家先进制造战略计划"，德国推进"工业4.0计划"。以政策手段实施国家制造业顶层设计，优化资源配置，完善产业结构，提升制造业国家竞争力的同时，中共中央国务院于2015年5月8日颁布《中国制造2025》计划，围绕"创新驱动"、"质量为先"、"绿色发展"、"结构优化"、"人才为本"的基本指导思想，实施中国制造三步走战略：第一步，力争用十年时间，迈入制造强国行列；第二步，到2035年，我国制造业整体达到世界制造强国阵营中等水平；第三步，新中国成立100年时，制造业大国的地位更加巩固，综合实力进入世界制造强国前列。

12.2 创新评价

我们用创新绩效衡量企业创新活动的实施效果。企业创新绩效评价指标体系是一套能够充分反映企业创新绩效，具有一定的内在联系且互为补充的指标群体。在这个指标体系中，设置哪些指标，如何设置，既关系到评价结果的科学性和正确性，关系到企业创新资源的合理配置，更关系到企业创新能力的构建与创新机制的完善。

创新是一个复杂的系统工程。创新活动的阶段性、多样性以及各创新活动间的层次性，决定了创新绩效评价指标体系的层次性。同时影响企业创新绩效的因素很多、结构复杂，只有从多个角度和层面来构建企业技术创新绩效评价指标体系，才能全面反映企业的技术创新绩效。

高建等在分析总结国内外技术创新绩效评价存在问题的基础上提出了新的技术创新绩效评价概念模型（如图12-3所示）。将技术创新绩效分解为产出绩效、过程绩效，分别对创新产出绩效和过程绩效进行评价，以建立一套相对完整的技术创新绩效评价指标体系和评价方法。

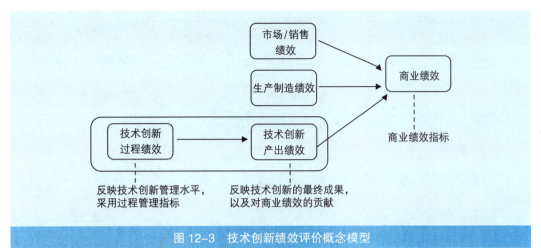

图 12-3　技术创新绩效评价概念模型

资料来源：高建、汪剑飞、魏平，"企业技术创新绩效指标：现状、问题和新概念模型"，《科研管理》，2004 年第 S1 期。

创新产出（如新产品、专利数等）虽在当下暂时没有直接带来经济效益，但却是将来创造效益的源泉，反映出发展的后劲。以往的很多评估只注重创新的最终经济效益而忽略了对创新产出和创新过程的评价，但仅仅评价创新直接效益是不够的，还应当评价技术创新管理的产出和过程，因为从长远来说好的业绩必然是由好的产出和好的管理过程保证的，找到产生良好业绩的原因

图 12-4　创新绩效评价的"冰山"图

才是管理的任务所在。正像一座冰山，创新业绩是露出水面的部分，而创新过程则是隐藏在水面之下的部分，只有对两部分进行全面评价，才能准确、完整地反映冰山全貌。

根据国内外企业创新实践，创新效益往往具有滞后性（少则 1—2 年，多则 5—7 年以上），即当前的创新显性效益一般是过去一段时间创新过程管理（如资金投入、人才培养、体系建设、内外部资源利用等）的结果。创新过程、创新产出决定了企业未来一段时间技术创新的效益水平，并直接影响发展后劲。因此科学、准确地评价企业的技术创新绩效应该坚持全面、系统的原则，从创新过程和创新业绩两个方面来综合考虑，如图 12-5 所示。

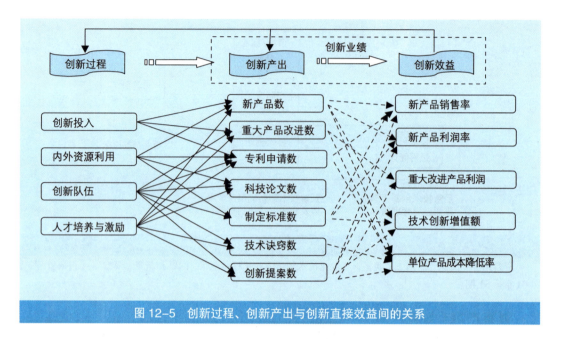

图 12-5　创新过程、创新产出与创新直接效益间的关系

从图 12-5 可以看出，显性的创新效益来源于源源不断的创新产出成果和良好的创新过程管理。例如，保持充足的创新投入、有一支高素质的创新队伍（包括技术带头人、技术桥梁人物等）、充分整合企业内外资源、有良好的人才培训制度和创新激励政策等，将会促进每年新产品开发数的增加，而新产品数的增加往往又导致新产品销售率、新产品利润率的提高。

国家发改委下发的国家级企业技术中心评价体系中，体制与机制权重 30%，实力与能力 30%，业绩指标权重为 40%，也充分体现了过程与业绩评价相结合的思想。在设计创新绩效指标体系时，应紧密结合技术创新的本质特点，力求全面反映企业技术创新的显性绩效和潜在绩效，反映技术产品创新和工艺创新所带来的经济效益、技术效益和社会效益。

创新标杆　　中集集团的创新绩效管理

由招商局和丹麦宝隆洋行于 1980 年在深圳蛇口共同投资 300 万美元成立的中国国际海运集装箱（集团）股份有限公司（以下简称中集），经过二十多年的发展，已经成为全球唯一能提供干货集装箱、冷藏集装箱、罐式集装箱、特种集装箱等全系列产品的规模最大、品种最齐全的集装箱制造商和供应商，并已成功进入道路运输车辆领域。2014 年，中集集团以超过 700 亿元的营业收入位列全球第 84 位。中集集团占有世界集装箱 1/3 的市场份额，是国际集装箱业最大的供应商，集装箱产量世界第一。

随着中集集团的不断发展壮大，产品系列的不断增加和技术研发人员的增多，如何应用先进的管理理念与管理工具，进一步提升集团的整体技术创新能力，进而提升中集的技术竞争力，使得中集真正成为引领行业技术进步方向的世界级企业，是中集面临的一项很紧迫的任务。

在"集中管理、分布研发、分布制造"模式下，各企业技术分中心的创新绩效如何考核，一直是中集领导层关心的问题。以往主要靠领导的主观印象，没有具体的创新绩效评价指标体系。2004年开始，中集集团研发中心技术管理部与浙江大学创新与发展研究中心合作开发基于"集中管理、分布研发、分布制造"模式的企业创新绩效评价体系，并成功应用于实践（如表12-2所示），对于促进中集技术创新能力提升、提高国际竞争力起到了较显著作用。

表 12-2 中集技术创新绩效评价体系框架

指标分类	指标维度	指标名称	指标设定目的
创新业绩	创新效益	新产品销售额	反映企业技术创新的直接经济效益和持续增长情况
		新产品销售增长率	
		新产品利润额	
		新产品利润增长率	
		改进产品利润率	
		重大产品创新利润率	
		重大制造技术创新利润率	
创新业绩	创新产出	新产品数	反映企业技术创新的非经济产出成果和间接效益，对技术创新能力储备和发展具有重要作用
		人均新产品数	
		重大技术攻关项目数	
		重大产品（制造技术）创新数	
		主持或参与制定标准数	
		专利申请数	
		人均专利申请数	
		发明专利申请数	
		技术诀窍数	
		技术创新提案数（集团级）	
		人均技术创新提案数（企业级）	
创新过程	创新投入机制	企业研发投入占销售收入比例	反映企业技术创新能力建设的投入
	内外部资源利用	参与政府科技政策数	反映企业政府、产学研和内部技术、信息资源的获取能力
		对外合作项目数	
		企业竞争情报分析报告	
	创新队伍建设	企业技术带头人数	反映企业核心技术人才的拥有情况
	人才培养和激励	技术人员人均培训费用	反映企业人才培养投入、鼓励内外交流和提升专业能力的措施
		技术人员参加国内外会议、展览会人次	
		企业技术论坛数	

资料来源：《浙江大学—中集集团创新管理与持续竞争力联合研究中心调研报告》，2007年。

12.3 如何激励创新

12.3.1 激励制度

研发人员在目标定位、价值系统、需求结构和行为模式方面与其他员工有很大的不同，需要独特的激励方法。对研发人员常用的激励方法有：

1. 产权激励

产权是一种最基本的激励创新的手段。有效的产权制度不仅能够明确界定企业内部不同个体之间的权利和义务关系，而且能够克服企业内部各要素所有者之间在团队生产中的偷懒和搭便车行为，有效地调动创新者的创新积极性。另外，技术创新行为影响的是企业长远的、不确定的未来结果，除了通过普通的以工资和奖金为主的短期薪酬制度为创新者提供收入外，应该把创新者的个人利益同企业发展的整体利益结合起来，使他们个人效用最大化的目标与企业利润最大化的目标相一致，而一定的产权制度安排可以达到这一目的。可以说，企业自主创新活动的水平在很大程度上归于产权制度激励功能的发挥和不断完善。

对于研发人员这样的知识型员工，在满足其日常生活必需的工资、奖金、福利外，最有效的物质激励就是产权激励，如图 12-6 所示。

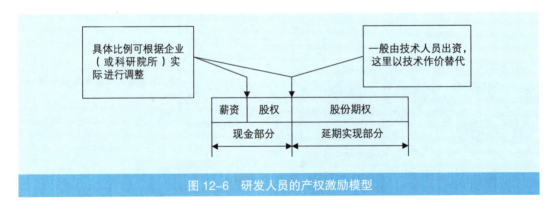

图 12-6 研发人员的产权激励模型

对研发人员来说，以传统薪酬、股权和期权相结合的股份期权模型是合适的产权激励手段，只有在多种激励模式的组合下，才可能发挥最佳的激励作用。技术入股的大部分股份可以随股份期权延期实现，公司也相应规避了风险。现金部分满足技术人员的基本需要，股权部分可以很好地实现激励。对企业（或科研院所）来说，股权降低了现金流出，不用支付高额工资，从而降低了成本。这样，技术人员在加入公司之初得到一笔可作为对其研究成果肯定的现金，股权保证了技术的后续开发。

我国著名经济学家吴敬琏曾指出："检验一种制度的安排是不是合理的最终标准，在于它是否有利于发挥掌握着人力资本的专业人才的积极性和创造力。"没有好的制度，一方面难以获得大量有用人才；另一方面，即使有了人才也难以使其发挥应有的作用，最终导致留不住人才。所以，通过制度安排来激励创新人才，是推进企业自主创新的一个前提条件。

2. 薪酬激励

薪酬可分为固定薪酬和浮动薪酬，其中固定薪酬根据不同情况又可包括基本工资、津贴、福利等，浮动薪酬可包括奖金、佣金等短期激励和长期服务年金、股票期权等长期激励。此外，薪酬激励还可细分为外在薪酬和内在薪酬。外在薪酬通常分为直接薪酬、间接薪酬和非财务性薪酬。直接薪酬的内容有基本工资、加班及假日津贴、绩效资金、利润分享、股票期权；间接薪酬的内容有保健计划、非工作时间的给付、服务及额外津贴等；非财务性薪酬的内容甚至包括较喜欢的办公室装潢、较宽裕的午餐时间、特定的停车位、较喜欢的工作安排、业务用名片及动听的头衔等。内在薪酬包括参与决策、担负较大的责任、个人成长机会、较大的工作自由及自由裁定权、较有趣的工作、活动的多元化等。

不同的名称不仅代表总薪酬中金额不等的组成部分，更重要的是对员工起不同的作用，有的体现公平和保障，有的用以吸引和保留重要人才，还有的实现长期激励和约束。这些部分的有机结合体就构成了总薪酬。

薪酬的界定即给不同的员工制定不同的标准，而不同员工的区分依赖于职务级别的设置。通过对不同业务、拥有不同技能和承担不同责任的人员设定职务级别，拉开薪酬差距，体现个人的价值。因此职级体系的设计是薪酬改革的基石。以绩效考评为基础，能上能下、优胜劣汰的流动机制保证了各职级人员符合职级要求。晋升和淘汰都要有公平、量化的标准，不同职级人员根据其重要性由不同部门或人员决定。

3. 发展激励

科技人员与其他人员不同，与职务发展相比，更看重专业成长。研发人员在组织中对知识不断积累的需要以及对个人发展的追求，使得组织在进行职务分析（也称工作分析）时要充分考虑到员工成长、发展，并注意把个人能力发展整合到组织的目标中去，这样就将外部激励约束内部化，产生持续有效的激励作用。同时还要考虑组织的变化、员工的动态发展，鼓励员工自主学习，进行知识积累，通过发展变化来激励员工。这就要求组织建立动态的职务分析方法从而激励员工继续组织服务。

员工的自我发展激励能力基于这样一个事实：每个人都对归属感、成就感及驾驭工作的权力感充满渴望。每个人都希望自己能够自主，希望能力得以施展，希望自己得到人们认可，希望自己的工作富有意义。优厚薪酬只能用来留住员工，却不带有任何激励因素。

要利用员工自我发展激励的本能，必须发掘真正的激励因素。以下这些因素有助于利用员工自我激励的本能：如果员工的工作单调，试试给工作添加些乐趣和花样；对于如何做工作，只给出一些提议，由员工自己选择去做；在公司里提倡并鼓励责任感和带头精神；鼓励员工之间的互动与协作；允许在学习中犯错，避免粗暴批评；提高员工工作中的自主权；为所有员工建立目标和挑战；多加鼓励；日常闲谈中多表示赞赏；设立衡量标准，以反映出绩效和效率的提高。

4. 情感激励

情感激励是现代企业（或科研院所）中一种愈来愈重要的激励模式。员工工作效率的提高不仅依靠外力（如各种物质激励），更依靠员工的内部状态，其中包括士气、情绪等因素。

情感激励就是要加强与员工之间的感情沟通，尊重员工，使员工保持良好的情绪以激发员工的工作热情，如生日祝贺、为员工排忧解难、办实事、送温暖等。

IBM 公司有一个"百分之百俱乐部"，当公司员工完成他的年度任务时，他就获准成为"百分之百俱乐部"成员，他和他的家人被邀请参加隆重的集会。结果，公司的雇员都将获得"百分之百俱乐部"会员资格作为第一目标，以获取那份光荣。这一激励措施有效地利用了员工的荣誉需求，取得了良好的激励效果。

创新视点 —— 如何有效激励研发人员

对于高科技企业而言，研发能力直接决定了企业的生存与发展，然而，研发能力的积累往往很难一蹴而就，需要很长时间的积累，以及企业持续的资金和人员投入，而研发人员的吸引、保留、激励和培养则是重中之重。

1. 研发人员的分类

研发人员，简单来说主要是指从事新产品或新技术的开发，以及现有产品或技术的改进的相关人员。在分类上，可以有两种方式：其一是按照专业分，如产品开发、硬件研发、软件研发、工艺研发等；其二是按照级别划分，如初级研发人员、中级研发人员、高级研发人员、研发专家等。在具体应用上，两种分类方式往往需要结合起来。首先可以根据企业的实际业务，对研发人员按照专业类别划分岗位序列，其次可以设计研发人员的岗位发展通道，表12-3为常见岗位设置。

表12-3 人员岗位设置

管理类	专业类
CTO/副总裁	首席研发专家
总监	研发专家
高级经理	资深研发工程师
经理	高级研发工程师
主管	研发工程师
助理研发工程师	

为突出研发人员特点，可把研发人员总体分成三层：核心层、骨干层与基础层（如表12-5所示）。

表12-4 研发人员分类

层级	定义	典型岗位
核心层	引领企业研发方向，制定产品发展战略，主导重点研发项目，实现技术的重大突破	CTO/副总裁、总监、首席研发专家、研发专家
骨干层	重点执行企业研发战略，是企业研发工作的主要实施者	高级经理、经理、资深工程师、高级工程师
基础层	支持企业研发工作的执行，对于研发工作起到了一定支持作用	主管、研发工程师、助理研发工程师

2. 不同层级研发人员的需求

企业应分析不同层级研发人员的需求，有针对性地设计相应的激励方案。

（1）基础层。高科技企业中，处于基础层的研发人才，一般工作经验尚浅，其需求的重点首先是"填饱肚子"，所以对于基本薪酬、短期奖金、基本福利会更加重视；同时，他们还追求职业发展，因为他们都希望自己有一个光明的前途，因而会渴望接受更多的知识，期盼更多学习"本领"的机会，即参与各种研发项目。除此之外，由于工作的特点，他们更多时候是独立或团队工作，而研发工作本身决定了他们需要更多的"灵感"。所以，在工作时间上他们更希望"弹性工作制"，从而利用自身最佳工作状态进行研发。

（2）骨干层。骨干层研究人员是企业的中坚力量、研发工作的重要执行者。他们的需求，在薪酬方面，往往更注重"内外部对比"，要想吸引和保留他们，就需要有较强市场竞争力的薪酬设定。此外，由于他们开始重视与企业的长期发展，因而适当的长期激励往往也成为他们看重的要素之一。在福利方面，他们希望能体现与基础层的差异，如更高额度、更多类型的补贴、津贴。同时，由于他们正处于事业的上升期，对事业成功的追求欲望会更加强烈，所以更加渴望在企业内部有更大的能力施展空间，有更多机会参与重要项目，他们更愿意接受具有挑战性的工作。并且，他们更加重视上级对自身的认可，对于上级的领导风格也会更加敏感。此外，此时的他们，基本已经有了家庭，也开始考虑工作与生活之间的平衡问题，更加注重企业人性化管理制度。

（3）核心层。核心研发人员年龄往往已经步入中年甚至老年，工作经验、工作能力及各种社会资源的积累都已经进入高峰期。此时候企业更依赖于他们的"能力释放"。对于核心研发人才而言，单一的高工资已经很难成为吸引、保留人才的关键。在薪酬方面，他们更加关注自身投入与企业收益的结合，因而他们更希望与企业共同分享研发成果所带来的直接收益。同时，长期激励也成为他们关注的焦点在福利方面，他们对于健康与养老方面的福利会更加重视。在职业发展方面，由于事业本身已较为成功，所以，在个人荣誉方面会更加重视，他们对于自身在企业当中的地位，以及被企业的重视程度会非常看重，企业在某些方面的做法稍有不慎，都很容易引起他们的反感。此外，能否参与到企业战略决策的过程也成为他们关注的重点，尤其对于企业今后的研发方向和产品发展战略，他们更希望起到决定性作用。

3. 如何设计研发人员激励方案

这里引入"全面薪酬"的概念进行薪酬激励方案的设计。全面薪酬的概念，主要包括四个组成部分：薪酬、福利、发展与环境，具体如表 12-5 所示。

表 12-5 薪酬构成

薪酬	福利
● 固定现金收入、工资	● 健康福利
● 短期激励	● 津贴
● 长期激励	● 其他"高科技"福利（如最先进的笔记本电脑等）

（续表）

发展	环境
● 职业发展规划 ● 业绩发展 ● 个人发展和成长 ● 参与令人激动的项目	● 领导力 ● 组织氛围 ● 认可 ● 工作生活平衡 ● 工作的挑战性、乐趣性

一般来说，薪酬和福利需要至少保持与市场50分位基本一致的水平，否则很难吸引到人才。而发展与环境，则更多是用于对人才的保留与激励，也是让人才与企业共赢的有力手段。针对不同层级的研发人员，表12-6中的薪酬激励方案可供参考。

表12-6 各层次薪酬激励方案

层级	薪酬	福利	发展	环境
核心层	● 基本工资 ● 绩效奖金 ● 项目奖金 ● 研发收益奖 ● 股份/股票期权	● 健康福利 ● 养老福利 ● 独立办公室 ● 配车 ● 假期	● 首席专家评审机会 ● 领导力发展计划 ● 引领重大项目	● 公司重视 ● 经营会议 ● 参与决策
骨干层	● 基本工资 ● 绩效奖金 ● 项目奖金 ● 适当期权 ● 加薪优先权	● 更高的补贴 ● 补充商业保险 ● 更先进的办公设备 ● 假期	● 资深工程师评审机会 ● 培训计划（含领导力） ● 重要项目机会	● 上级认可与领导风格 ● 参与重要研发会议 ● 工作生活平衡
基础层	● 基本工资 ● 绩效奖金 ● 项目奖金	● 法定社保 ● 公积金 ● 餐饮补贴 ● 通信补贴 ● 交通补贴	● 晋升评审机会 ● 培训计划 ● 项目机会	● 弹性工作制

综上所述，对于研发人员的激励，不仅只是通过高工资或高福利来实现，而是应当根据研发人员的特点及实际需求，有针对性地设计。引外，对于高科技企业而言，还应该构建起有利于研发人员生存发展的管理机制和企业文化，从而使研发人员能够与企业实现共同发展。

资料来源：李彬，"如何有效激励研发人员"，《我的咨询生涯》，2014-3-22.http：//blog.vsharing.com/bingolee/

12.3.2 管理制度

为了更好地促进创新，除了各种激励制度外，还需要一些行之有效的管理制度来保障。例如，1984年，在张瑞敏刚到海尔时，看到的是一个濒临倒闭的小厂：员工领不到工资，人心涣散。在厂区打架骂人、随便偷盗公司财产、在车间随地大小便的现象比比皆是。公司一年换了四任厂长，前三任要么知难而退，要么被员工赶走。在这种基础管理都没有完善的情况下，是不可能奢谈鼓励员工创新的。张瑞敏按照他独特的理念做出了一系列预料之外又在情理之中的事：首先想办法从朋友那里借了几万元钱，为每一位员工发了一个月的工资。此举令所有员工深受感动，也深感意外。张瑞敏结合当时的形势、企业的状况和员工急切盼望企业发展的心理，定出了一系列基本的规定：严禁偷盗公司财产、严禁在车间大小便……第一次出台的制度，一共13条，每一条都不是"高不可攀"，相反，都紧贴员工的道德底线。任何一条都让员工感觉"不应该"违背，因此，制度本身具有了极强的可执行性。

更重要的是，张瑞敏没有让制度停留在这13条上，而是抓住每一个违反制度的典型行为，发动大家讨论，挖掘典型行为的思想根源，上升到理念层面，再以这种理念为依据，制定更加严格的制度。在这种管理制度下，每执行一次制度，就沉淀一个理念，以理念为依据，再制定更多的制度。结果是，制度越来越健全，越来越严，同时，文化越积越厚重，思想越来越统一。每一个方面都有文化的渗透和影响，同时，每一个方面都有严格的奖惩制度。最终形成了"制度与文化有机结合"的海尔模式。①

12.3.3 沟通制度

促进有关部门、团队和个人间有效的沟通是促进创新成功的关键。国内外很多优秀企业非常重视沟通机制的建立，并专门制定了各具特色的促进沟通的制度。在IBM，员工非常重视沟通的作用。IBM把沟通看成激励员工创新的重要手段。

创新标杆 ——— 创造"美第奇效应" ———

开放式创新尤其强调不同领域和背景、文化的构想交流与激荡，这被称为"美第奇效应"（Medici effect）——源自文艺复兴时代经营银行业的美第奇家族。该家族在科学与艺术方面有突出贡献，他们赞助了达·芬奇和伽利略这样的天才，并架构了一个有利于各种文化艺术活动进行的平台，促成了创意勃发的现象。

英国苏塞克斯大学科技政策研究所（Science Policy Research Unit，SPRU）要求来访的各国访问学者每天上午11点及下午5点左右，一定去研究所的咖啡屋与同事们交流，否则不承认是该所的访问学者。SPRU之所以长期被评为五星级研究单位，是在天天营造"美第奇效应"的结果。

资料来源：[美]约翰松著，刘尔铎、杨小庄译，《美第奇效应：创新灵感与交叉思维》。商务印书馆，2006年。

---

① "海尔：不许在车间大小便"，《牛津管理评论》，2006年12月15日。

12.3.4 人力资源开发与培训制度

员工培训是企业人力资源开发的重要环节。很多企业加大培训投入，例如美国IBM公司、施乐公司、得克萨斯设备公司、摩托罗拉公司等将其雇员工资总额的5%—10%用于雇员培训活动。美国企业平均培训投资为工资总额的2%。

创新标杆 ──────── 3M与IBM如何激励创新 ────────

3M公司、IBM公司等顶级公司的经验显示，企业要实现有效的创新，不仅要有人才和资金，还需要创造适合创新的环境和氛围，以及有效的激励制度来保障。

一、3M公司的创新策略

3M公司几乎每年推出100种以上的产品，拥有40个产品部门，每年都会有新部门成立。其最大特色就是其多元化战略，涉及行业很多，其中胶带及相关产品占营业额的70%以上。3M通过强有力的支持系统、有效的激励制度，在公司树立光辉的榜样，以及把创新当游戏等一系列措施来保证创新实现。

1. 强有力的支持系统

"创新支持系统"是3M支持系统的基本单位，它具有三个重要特征：由各种专门人才共同参与、全部是志愿者、具有相当大自主权。一个创新小组的人员往往由专任的技术人员、生产制造人员，以及行销、业务及财务人员组成。这个团队的主要特点之一就是创新小组的人员全部都是由志愿者组成的。这样可以调动团队成员自身的积极性，使很多成员对自己所担任的工作负起责任。3M公司还特别保证，创新小组具有相当的自主权和工作保障。

2. 有效的激励制度

3M公司的奖励制度，不管是对团队还是个人，都有着相当大的激励作用。当完成一项产品开发计划时，小组的每个成员都会因此晋升。在3M公司，一个人只要参与新产品创新事业的开发工作，他的职称和地位也会随业绩不断调整。如果一个生产第一线的工程师的产品打入市场后，就可晋升为"产品工程师"；当该产品的销售额突破500万元人民币大关时，他就可以做到整个产品系列的"工程技术经理"；突破2000万元人民币大关时，该产品就可升格为一个独立的产品部门，这个团队的主要技术人员则成为"工程经理"了。

3. 树立光辉的榜样

3M公司为了有效地教育和激励员工，经常拿出公司主管阶层的一些真实事例来影响和教育那些希望成为创新斗士的年轻人。这些身边的人物对年轻一代具有很大的感召作用。创新斗士一旦成功，就会受到3M公司英雄式的款待。对于超过100万元人民币销售大关的产品，公司每年都会为这些研发者大张旗鼓地开"庆功会"。在这样的激励下，这些年轻的工程师就会带着新构想，勇敢地去冒险。

4. 把创新当成游戏

在3M公司，产品创新被视为一种游戏。凡是有可能成为有发展前途的产品计划不会受到任何干扰。在 3M 公司价值观里,几乎所有的想法都是可以接受的。即使失败者也会受到鼓励。3M 很乐意提供研究基金为各个部门使用,经常会有创新斗士在不断尝试、不断实验,直至发明成功。3M 公司知道,千万个新产品构思中可能只有一至二个成功,但 3M 公司把失败和走进死胡同作为创新的一部分。

二、IBM 的创新策略

1. 重视沟通的作用

IBM 经常会为员工的非正式交流提供一定的支持,很多创新的想法都是在交流中产生的。为了保证员工的发明与客户的需求紧密结合,IBM 内部研究部门与产品部门之间有一套成熟的交流体制,其中大多为与市场一线紧密接触的员工。

IBM 的员工有一个相对宽松的研究环境和自由的研究氛围,鼓励激发创新性的团队合作方式。IBM 不但鼓励团队内部不同成员间的交流,还提倡不同领域、不同行业间的交流,因为不同的领域知识背景和经验不同,由此产生的想法也就不同。

2. 将创新制度化

在一些优秀企业,常常把创新制度化,IBM 的"革新人员计划"便是其中一个例子。在 IBM 公司,经常有一些人员被称为"梦想家""天才"并很受重视。从来没有一家公司像 IBM 一样为这些人提供这么多的位置来专门从事"革新制度"的研究。

为了激励科技人员的创新欲望,公司采取了一系列别出心裁的激励创新人员的制度。对于成功创新者,可以授予"IBM 会员资格",还提供 5 年的时间和必要的物质支持,让创新者有足够的时间和资金进行创新活动。这种做法即使创新者得到一定的物质奖励,还可以满足其成就,还可以以此留住人才,促使他们为公司的投资能得到更多的偿还而更加努力地去创新。

3. 大量的资金投入

IBM 认为,保障创新一在人才,二在投入。IBM 每年投资 50 亿美元用于技术研发,因此换来了累累硕果。在过去十几年中,IBM 是全球产生专利最多的企业,共获得 28000 多项美国专利,远远超过 HP、戴尔、微软、SUN 等公司专利数的总和。

资料来源:Sharon Wang,"IBM 与 3M 的创新策略",《世界经理人》,2006 年 11 月 23 日,http://cio.ctocio.com.cn/pinglun/ 169/ 6680669. shtml.

本章小结

1. 创新人员,特别是研发人员在目标定位、价值系统、需求结构和行为模式方面与其他员工有很大的不同之处,这种独特性要求构建适合他们具体才能和天分的独特的激励方法。

2. 产权激励是一种重要的科技人员激励手段。对研发人员来说,以传统薪酬、股权和期权相结合的股票期权模型是适合的产权激励手段,只有在多种激励模式的组合下,才可能发挥最佳的激励效果。

3. 创新文化对技术创新的有效展开具有重要作用,与信息、资金与组织结构相比,创新文化被称为"技术创新硬币的另一面"。企业的价值观、制度体系、行为规范、实物载体是创新文化的四个层面，企业高层领导必须给予高度重视。

回顾性问题

1. 在创新管理实践中，可以对研发人员采取哪些激励措施以提高企业整体创新绩效？
2. 总结一下"制度与文化有机结合"的海尔模式有何特点和优势？
3. 你认为企业应当从哪些方面建立完善自身的员工培训制度？

讨论性问题

1. 3M 和 IBM 激励创新的策略有哪些异同？
2. 你认为还有哪些激励创新的好方法？
3. 请选择一家国内企业激励创新的例子加以分析。

实践性问题

1. 良好的管理沟通是企业创新成功的关键，请结合实际谈谈企业应该如何增强与部门和员工的沟通效果，还有哪些方面可以改善？
2. 结合中国传统文化的特点，谈谈中国企业如何在世界文化大融合的过程中打造有中国特色的开放式创新文化，请举例说明。

延伸阅读

1. 冯永明，"硅谷探秘——Google：创新自由主义"，《浙商》，2011 年第 12 期，第 122-125 页。
2. 文魁，《激励创新——科技人才的激励与环境研究》。经济管理出版社，2008 年。
3. [美]埃里克·施密特等著，靳婷婷等译校，《重新定义公司：谷歌是如何运营的》。中信出版社，2015 年。
4. [美]鲍勃·纳尔逊著，卫青春译，《1001 种激励员工的办法》，中信出版社，2006 年。
5. [美]欧内斯特·冈德林著，陈睿松等译，《创新沃土》，华夏出版社，2001 年。
6. [美]乔治·科尔里瑟等著，季田牛译，《从关爱到挑战》，中国电力出版社，2014 年。
7. [美]约翰松著，刘尔铎、杨小庄译，《美第奇效应：创新灵感与交叉思维》。商务印书馆，2006 年。
8. [美]苏珊娜·斯科奇姆著，刘勇译，《创新与激励》。格致出版社，2010 年。
9. Braden Kelley. *Stoking Your Innovation Bonfire: A Roadmap to a Sustainable Culture of Ingenuity and Purpose*. Wiley, 2010.
10. Marty Neumeier. *The Designful Company: How to Build a Culture of Nonstop Innovation*. Peachpit Press, 2008.
11. Jean-Jacques Laffont, David Martimort. *The Theory of Incentives: The Principal-Agent Model*. Princeton University Press, 2001.

第 13 章

创新系统

学习目标

- 熟悉国家、区域、产业、企业不同层次创新系统的分类及内涵
- 掌握企业创新系统的演化发展
- 掌握商业生态系统、创新生态系统的内涵、结构与作用

开篇案例:"互联网+"时代海尔的创新生态系统

2005 年,海尔提出"人单合一"的管理模式,随后又启动了 1000 天的流程再造,经过 10 年的探索试错,海尔已在三个方面发生了变化:第一是企业,从传统的企业转型成互联网企业,成为互联网的一个节点;第二是品牌,从过去的家电企业到现在的创客;第三是员工,从雇佣者变成了创业者,每一个员工都可以在海尔平台上创业,直接面对用户,创造价值。目前,海尔平台已有 3800 多个节点小微,除了免清洗洗衣机、雷神笔记本、馨厨冰箱等从传统产业孵化出的小微企业之外,又孕育出了有住网、蛋业生态、极车公社、快递柜、社区洗等很多新项目。这些项目中有些海尔占大股,有些海尔只占小股,海尔对此完全持开放的态度。

2016 年 1 月 23 日海尔创新交互大会的,主席台上"互联互通新生态,共创共赢新平台"几个大字特别引人注目。"互联网应该是一个生态系统,我们要建立并联生态圈和用户圈相融合的体系。我们将其叫作'体验的无缝化',就是'共创共赢的生态圈'",张瑞敏说。

在海尔,共创共赢的融合案例可谓俯拾皆是。馨厨冰箱除了具备传统冰箱功能外,还是互联网的入口,融合了电商、娱乐、菜谱等功能。馨厨冰箱在与用户见面后的第 5 天,就获得了第一笔第三方付费的收入,一些看到收益的第三方平台资源纷纷被吸引进来,现在已经有影音类、广告类、电商类等资源方主动前来洽谈合作事宜。

海尔快递柜项目,目前已经进入 10000 多个社区,连接 1700 万用户,其中还有 15 万的快递员,已累计解决快递行业 5000 万的包裹。以此为基础又上线了"农特产直卖平台",把全国各地的优质农特产品融合到一起。"双十一"期间,经过他们专业买手甄选的农特产品多达百余种,全部通过原产地直采直供,而且让消费者以原产地价格买到正宗特产。

社区洗更加典型。社区洗主要为大学生提供智慧洗衣解决方案，学生可以通过海尔洗衣APP查询和筛选最近的空闲洗衣机，用手机预约，并支付。洗涤结束或出现故障后，系统会发送短信至用户手机提醒，省去了学生排队等候、找零等麻烦，解决了高校洗衣体验差的痛点。这一创新解决方案让曾经的竞争对手都主动找上门并变成合作伙伴。2015年8月中旬，在北京大学的新宿舍楼洗衣房招标中，社区洗小微中标。开学后，学生纷纷要求更换老宿舍楼洗衣机。招标中的竞争对手——清泉学生连锁洗衣房负责人主动找到社区洗小微CEO沈昕宇，希望与社区洗小微进行合作，将北大校内的洗衣机全部换成社区洗小微的智能洗衣机；同时，将其管理的清华大学、中国人民大学两所高校的洗衣房，也迭代成智能洗衣机。与此同时，社区洗搭建的智能洗衣平台上聚集的资源方也纷纷前来合作。宝洁提出希望合作开发适合高校的商用洗衣配方；移动、联通等希望在"海尔洗衣"APP上进行推广；分众传媒希望在洗衣机上方放置电子显示屏……"整个生态是完全开放的。我们不只是关注自身的发展，只要能给用户提供更好的体验，我们都为各方提供这样的平台"，沈昕宇说。

目前，海尔已初步形成了共创共赢生态圈的平台效应。统计显示，截至2015年年底，海尔平台上已经聚集了4700多家外部一流资源，30亿元创投基金，1330家风险投资机构，103家园区孵化器资源，诞生了1160多个项目。同时，海尔平台上3800多个节点小微和上百万微店正在不断努力实践着资本和人力的社会化，有超过100个小微年营收过亿元，已有22个小微引入风投，有12个小微估值过亿元。"海尔这场变革的意义非常深远"，北京大学教授胡泳这样评价道，"假如这场变革成功，我相信海尔将成为世界上第一个全面互联网化的企业，那么互联网将不仅是一种工具、一种科技，而是内化到海尔整个企业当中"。

资料来源：刘成，"海尔试水全面互联网化 转型为'出创客'互联网平台型企业"，中国经济网，2016年1月27日，http://finance.ifeng.com/a/20160127/14192677_0.shtml

思考题：
1. "互联网+"时代海尔的创新生态系统的特点有哪些？
2. 海尔的创新生态系统与原来传统的企业技术创新体系有什么区别？

13.1 国家、区域、产业创新系统

伴随创新过程的复杂性增加，异质性要素的协同与创新网络的发展等成为创新范式演进的新方向，创新越来越趋向系统性、全面性的综合范式。

生物学家贝塔朗菲于20世纪50年代首次提出一般系统论，基于其他的思想，创新研究开始形成国家创新系统、区域创新系统、产业创新系统、企业创新系统等研究演进。Rothwell进一步总结创新过程的五代模式，分别为简单线性技术推动、简单线性市场拉动、技术与市场耦合、集成并行及创新网络化等。①

---

① Rothwell, Roy, "Towards the Fifth-Generation Innovation Process." *International Marketing Review*, 1994, 11(1)7-31.

13.1.1 国家创新系统

如图 13-1 所示，Freeman 等学者开创了以国家创新系统为代表的第三代技术创新理论。Freeman 研究日本经济腾飞的经验时将国家创新体系作为重要的因素，并强调良好的知识生产、知识流通和知识使用的体系促成了日本国家创新体系的有效框架。

国家创新体系是一种有关科学技术植入经济增长过程之中的制度安排，其核心内容是科学知识的生产者、传播者、使用者以及政府机构之间的相关作用，并在此基础之上形成科学技术知识在整个社会范围内循环流动和应用的良性机制。①

图 13-1　创新系统的演化路径

资料来源：陈劲、黄淑芳，"企业技术创新体系演化研究"，《管理工程学报》，2014 年第 4 期，第 219-227 页。

丹麦奥尔堡大学 Lundvall 教授认为，国家创新体系中的重点应关注生产企业、用户和供应商之间的相互作用关系。Freeman 和 Nelson 认为，国家创新体系是一组制度，不同国家创新政策的制度和功能将决定国家的创新效率。OECD 认为，创新是不同主体和机构间复杂的互相作用的结果，技术变革并不以一个完美的线性方式出现，而是这一系统内各要素之间的反馈、互相作用的结果，这一系统的核心是企业，外部知识的主要来源是其他企业、公共或私有的研究部门、大学和中介部门。从实际应用的角度，国家创新体系表现为一国内部不同企业、政府机构和大学之间的相互联系与作用机制，这种联系与作用机制围绕科学技术与经济发展的目标。

围绕国家创新体系的讨论，Freeman 以分析技术创新与国家经济发展绩效之间关系为切入点，认为制度因素与技术因素是国家创新体系的基础，大学应当致力于知识生产与创造，尤其涉及公共技术知识的，政府应当承担资金支持与规划制度等相应的政策保障；企业应当围绕私有利润为导向，参与市场机制的选择。在企业、大学、政府组成的公私相协调的网络联结框架下，政府政策、企业研发、高校教育与培训、产业创新之间相互作用，从根本上转变了国家经济增长方式与研发进步方式，从而提升国家的创新能力。②

Nelson 则关注于技术变革与经济演化，关注知识与创新，认为国家创新体系与高校创新能力及高技术产业的发展密切相关，企业、高校与政府之间的联系与相互作用决定着一国企

---

① 王春法，2009，http://www.docin.com/p-11487069.html

② Freeman, C, "The National Innovation Systems in historical perspective", *Cambridge Journal of Economics*, 1995, 19(1): 5-24.

业创新绩效的一整套制度，这一企业的创新绩效又决定了一国的竞争力。[1]

Lundvall 将国家创新体系的研究置于生产体系的框架之中，关注国家创新体系的微观制度，即国家边界是如何对生产者与消费者之间的相互作用发挥作用的，以及这种作用如何影响到一国经济发展的绩效。[2]

在此基础之上，Lundvall 提出国家创新体系的研究应当从用户与生产者的关系入手，并通过用户与生产者彼此的学习来实现体系运转，而这其中，国家边界所产生的文化与地理差异将决定国家创新体系中用户与生产者关系的相互作用效率。[3]

路甬祥将国家创新体系定义为：与知识创新和技术创新相关的机构和组织构成的网络系统，其骨干部分是企业、科研机构和高等院校等，并描述了国家创新系统的内在结构与功能关系，如表 13-1 所示。

表 13-1 国家创新体系的系统结构及功能关系

名称	核心部分	其他部分	功能
知识创新系统	国立科研机构、教学研究型大学	其他高等教育机构、企业科研机构、政府部门、基础设施	知识的生产、传播和转移
技术创新系统	创新型企业	科研机构、教育培训机构、政府部门、中介机构和基础设施	学习、革新、创造和传播技术
知识传播系统	高等教育系统、职业培训系统	政府部门、其他教育机构、科研机构、企业等	传播知识、培养人才
知识应用系统	社会、企业	政府部门、科研机构等	知识和技术的实际应用

资料来源：路甬祥，《创新与未来：面向知识经济时代的国家创新体系》。科学出版社，1998 年。

许庆瑞于 2000 年提出国家创新体系的系统框架，认为国家创新体系包含教育体系、研究与发展体系、资金体系、企业技术创新体系、政府的规则（包含中介机构的服务）体系等，如图 13-2 所示。其中教育子系统的目的是提高和普及人员知识水平，提供技术创新的知识基础；财政与金融子系统是企业技术创新的重要资源，包含各种融资手段、税收优惠以及风险投资；研究与发展子系统强调公共研究机构对于国家创新体系中基础研究与关键共性技术研究的重要作用；政府调节子系统政府对于创新的制度、组织和文化支持。[4]

线上阅读：乡村创新系统推进乡村振兴

---

[1] Nelson, R. R. (Ed.) *National Innovation Systems: A Comparative Analysis*, Oxford: Oxford University Press,1993.

[2] 王春法，2009, http://www.docin.com/p-11487069.html.

[3] Lundvall, B-A. *National Systems of Innovation: Towards a Theory of Innovation and Interactive Learning*, London:Pinter,1992.

[4] 许庆瑞，《研究、发展与技术创新管理》。高等教育出版社，2000 年。

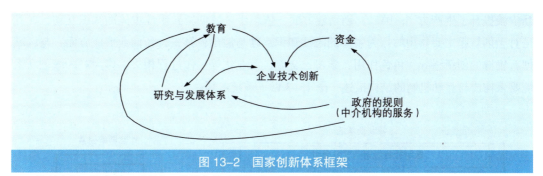

图 13-2　国家创新体系框架

资料来源：许庆瑞，《研究、发展与技术创新管理》。高等教育出版社，2000。

13.1.2　区域创新系统

在国家创新系统研究的基础之上，以区域科学家、经济地理学家、国家创新系统为代表的学者开始探讨国家创新系统理论在区域层面的研究与实践应用。

一些学者将区域创新系统视作区域内行为主体与制度的复杂创新活动，这种创新活动与创新行为主体相互关联的技术创新的产生、扩散、专属性等直接相关。同时，区域创新系统涉及三个主要的创新行为主体，包括大学、企业、公共研究机构，并依赖这些主体面向特定区域活动的信任与紧密联系实施创新活动与知识转移。[1]

Cooke 在其对于区域创新系统的开创性研究中总结了三种知识与技术转移的模式[2]：

（1）草根模式，即知识与技术转移的原始需求来源于当地的组织，并以过去没有的技术转移模式展开。例如一所地方性大学面向某一产业领域的突出资源与能力优势，可能引导地域性的企业与产业展开利基创新，实现知识与技术转移。

（2）网络模式。网络模式更加政策导向，方向受到经费支持决策的影响。异质性创新成员主体通过经费支持与创新协作实现政策与发展导向的创新活动，同时依据经费支持的纽带实现创新活动中的显性与隐性知识与技术转移，最终实现创新溢出与价值创造。

（3）统一模式。这一模式，完全政策导向，区域政府主导形成创新项目并引导参与成员的知识与技术转移。如政府实验室、政府科技平台等组织的辐射效应便体现在这一模式之中。

在区域创新系统的概念界定基础上，研究认为，区域创新系统的概念主要强调创新主体的构成与联结、主体间的信任、地理接近性，以及创新主体与区域制度环境等的交互，区域的竞争优势反映在三个方面[3]：第一，生产率方面，区域创新活动的低交易成本与主体的相

---

[1] Chung, Sunyang, "Building a National Innovation System Through Regional Innovation Systems", *Technovation*, 2002, 22(28): 485–491.

[2] Cooke, Philip, "Regional Innovation Systems: Competitive Regulation in the New Europe", *Geoforum*, 1992, 23(3): 365–382.

[3] Cooke, Philip, "Regional Innovation Systems: General Findings and Some New Evidence From Biotechnology Clusters", *The Journal of Technology Transfer*, 2002, 27(1): 133–145.

互依赖提升了生产力[①]；第二，创新性方面，依赖于区域创新异质性主体的知识互动，尤其是对于创新起主要作用的行为主体的隐性知识互动与溢出；第三，新商业形成方面，与区域创新集群的创新指导、角色作用、学习、交流、商业化等运作过程相关。作为对区域创新系统要素构成与互动机制的结构描述，图13-3 做了系统解释。

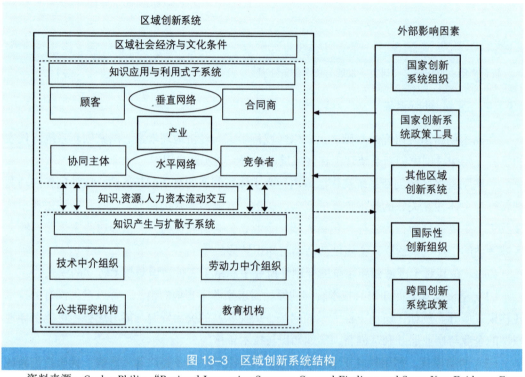

图13-3　区域创新系统结构

资料来源：Cooke, Philip, "Regional Innovation Systems: General Findings and Some New Evidence From Biotechnology Clusters", *The Journal of Technology Transfer*, 2002, 27(1): 133–145.

作为创新体系的重要组成与研究层次，区域创新系统不仅仅关注系统成员的构成及其要素的联系，评估区域创新系统的竞争力，并在政策与实践层面提升区域创新系统竞争力也是区域创新系统良性运作的重要目标，成为国家创新竞争优势的重要保障。

研究与实践强调提升区域创新系统竞争力的多个维度，包含基础设施（如自治的税收与支出系统、区域私有财富、政策对基础设施的影响、区域大学—产业协同战略等）和区域结构（如制度因素、企业层次因素及组织政策层次的因素等）。表13-2 对高低区域创新系统竞争力的特征属性与要素构成进行了总结。

[①] Dosi, Giovanni, "Sources, Procedures, and Microeconomic Effects of Innovation", *Journal of Economic Literature*, 1988: 1120–1171.

表 13-2　高低区域创新系统竞争力的基本要素与条件

高竞争力区域创新系统	低竞争力区域创新系统
基础设施层次	
• 自治的税收与支出系统 • 区域私有财富 • 政策对基础设施的影响 • 区域大学—产业协同战略	• 分散支出 • 国家财政机构 • 政策对于基础设施影响有限 • 零散的创新项目
区域结构层次	
制度维度 • 合作文化 • 交互学习 • 协同共识	竞争文化 • 个人主义 • 制度纠纷
企业层次维度 • 良好的员工关系 • 雇员培训 • 外部化 • 互动创新	• 敌对的员工关系 • 自我要求的技能 • 内部化 • 单纯的研发依赖
组织政策维度 • 包容性 • 监督指导 • 咨询式 • 网络化	• 排他性 • 反应性 • 专断性 • 层次性

资料来源：Cooke, Philip. "Regional Innovation Systems, Clusters, and the Knowledge Economy", *Industrial and Corporate Change*, 2001, 10(4): 945-974.

创新视点　　　　斯坦福大学与硅谷形成的区域创新系统

斯坦福大学成立于 1891 年，是美国著名的私立大学，2013 年位列泰晤士世界高校排名全球第四位，拥有全球顶尖的科研与教学资源。20 世纪 70 年代，伴随斯坦福校区建设的扩展，学校实现了校园工业园区的建设，加之学校宽松政策与尖端科技的产业应用推广，斯坦福大学逐步为后期科技集群——硅谷的发展提供了良好的基础，形成了以斯坦福自身为辐射、硅谷为核心，集成美国尖端科技创新资源、人才精英的高校科技产业化发展，从而为人类科技文明、经济发展、创新溢出做出了重大贡献。

硅谷地处美国加州北部旧金山湾以南，以硅芯片设计与制造著称，是美国与世界重要的电子工业基地[①]，也是美国与世界重要的计算机工业基地。硅谷以斯坦福大学为知识与人才依托，后期发展集成加州理工、伯克利等高校资源，并形成了由苹果、英特尔、朗讯、思科、惠普等大公司，高科技中小企业集群，风险投资公司，科技中介服务公司等产学研协同创新的创新生态体系，从而为美国科技创新的领先优势、科技创新驱动经济发展，以及世界高科技产业的创

---

① 引自百度百科，http://baike.baidu.com/subview/3243/13542212.htm?fr=aladdin

新驱动提供了重要的贡献，图 13-4 对硅谷创新与创业的公司构成做了全景描述。

硅谷作为世界高科技产业集群的典型受到了研究与实践的重要关注，对于硅谷的成功原因研究进行了不同视角的讨论，包括区域创新网络[1]、创新与创业氛围[2]、宽松的制度环境和灵活的创新机制[3]、促进高科技企业成长的知识导向和市场定价机制[4]、早期无线电和军事基础[5]、完善的金融与风险投资基础[6]等。然而，由大学与科研机构、风险资本机构、综合服务机构、人才库、创业精神和创业板市场构成的一个特殊区域创新系统是硅谷成功的核心得到研究的共识。这其中，斯坦福大学强大

图 13-4　硅谷区域创新系统全景

资料来源：http://site.douban.com/nexts/widget/notes/11916159/note/252601090/

的科技基础实力与科技精英人才成为了硅谷发展的内在核心，也成为硅谷创新的灵魂，斯坦福与硅谷形成了彼此协同、互惠共生的正向促进效应。[7]

13.1.3　产业创新系统

随着全球产业链水平分工与垂直整合频率的不断提升，产业创新进一步趋向空间集聚、资源交互、产学研协同等发展态势。创意到产品商业化全过程的创新链依赖更多异质性主体

---

[1]　关士续，"区域创新网络在高技术产业发展中的作用——产于硅谷创新的一种诠释"，《自然辩证法通讯》，2002 年第 2 期，第 51-54 页。

[2]　李钟文等，《硅谷优势：创新与创业精神的栖息地》。人民出版社，2002 年。

[3]　刘长明，"硅谷之路"，《学术界》，2001 年第 5 期，第 183-202 页。

[4]　卢伟航，"高科技企业的成长机制——基于硅谷企业的研究"，《南方经济》，2004 年第 1 期，第 50-54 页。

[5]　引自百度百科，http://baike.baidu.com/subview/3243/13542212.htm?fr=aladdin

[6]　Ferrary M, Granovetter M. "The Role of venture Capital Firms in Silicon Valley's Complex Innovation Network", *Economy and Society*, 2009, 38(2): 326-359.

[7]　[美] 安纳利·萨克森宁著，曹蓬等译，《地区优势：硅谷和 128 公路地区的文化与竞争》。上海远东出版社，1999 年。

的参与和协同。

产业创新生态系统的逻辑为产业链异质性组织竞争与合作的关系予以重新审视,强调技术创新生态系统通过技术专利许可、协作研发和技术标准推广合作,实现整体耦合。[1] 同时,自麻省理工学院提出美国汽车工业技术创新中产品创新与流程创新的动态演化与产业组织周期的匹配观点以来[2],技术轨迹成为产业生态系统发展的核心[3],强调多种技术创新的发展轨迹会共同参与市场竞争直至生态系统演进形成产业主导设计。[4] 深入探讨产业创新生态系统的产业属性与影响机制,成为企业实现竞争优势、参与国际产业链分工合作、实现产业转型升级的重要因素。

1. 产业创新系统的基本分类

产业创新本质上是特定产业行为主体、技术、市场、文化、制度政策所构成的创新体系,实现人才、知识、信息、资金的流动与价值创造。

熊彼特在创新研究中认为,不同的产业,其创新的特性、来源、参与者、过程边界等都存在着巨大的差异。[5] 在对不同产业中创新的行为者、创新源、制度和政策的不同进行比较后,提出了熊彼特创新 I 型创新产业和熊彼特创新 II 型创新产业,并据此划分了两类产业,聚焦于不同产业的知识基础、参与创新行为者、不同行为者间的联系及相关的制度。

熊彼特 I 型指那些具有创造性毁灭特性的产业,产业中具有高的技术机会和较低的技术进入门槛,创业家和新企业在行业创新过程中起着重要的作用。比如,纺织、皮革、木头加工、化学仪器、玻璃、一般工业设备、冶金及金属作业设备、组装及材料处理器械、运输工具(除飞机)等。[6] 而熊彼特 II 型是指那些具有创造性积累的部门,具有高的技术专有性,其中大企业占据了主导地位,进入门槛比较高。比如,包括生物化学、电信、半导体、计算机、电力、车辆引擎、核反应堆及系统行业等。当出现重大的知识、技术和市场不连续时,熊彼特 II 型就会被熊彼特 I 型所代替。随着产业的生命周期或者突破性创新的出现,熊彼特 I 型创新模式和熊彼特 II 型创新模式会发生相互的转化。[7]

Pavitt 在创新来源和专有性机制差异的基础上将行业分为:①以科学为基础的行业。该类行业研究开发投入较大,主要通过与高校、研究机构等外部组织的合作获取互补的知识和资源,包括化学、制药、电子和航天等行业。②规模密集型行业。企业主要依赖别人的基础科

---

[1] 张运生,"高科技产业创新生态系统耦合战略研究",《中国软科学》,2009 年第 1 期,第 134-143 页。

[2] Utterback J M, Abernathy W J. "A Dynamic Model of Process and Product Innovation", *Omega*, 1975, 3(6): 639-656.

[3] Adner R. *The Wide Lens*, Audio-Tech Business Book Summaries, 2013.

[4] Alexy O, George G, Salter A J. Cui bono, "The Selective Revealing of Knowledge and Its Implications for Innovative Activity", *Academy of Management Review*, 2013, 38(2): 270-291.

[5] Fagerberg, Jan, David C. Mowery, and Richard R. Nelson, eds. *The Oxford Handbook of Innovation*. Oxford Handbooks Online, 2006.

[6] Malerba F., Orsenigo L. "Schumpeterian Patterns of Innovation", *Cambridge Journal of Economics*, 1995, 19(1):47-65.

[7] Klepper S. "Entry, Exit, Growth, and Innovation Over the Product Life Cycle", *The American Economic Review*, 1996: 562-583.

学研究进行过程创新，注重工艺方面的改进，包括消费类产品和汽车工业。③供应商主导型行业。企业的创新和绩效来源于和供应商的合作，主要有服务业和传统的制造业等。④专业化供应商行业。组织经常和用户保持密切联系以进行产品设计创新，包括软件行业和计算机行业。

结合 Pavitt 的产业分类和 Lundvall 关于科学研究创新模式和机遇经验创新模式的研究，产业可分为科技驱动型产业和经验驱动型产业两类产业创新体系模式。① 科技驱动型产业的技术密集度高、创新强度强，一般包括化学、生物制药、电子和软件业等产业。企业要独自在某技术领域保持领先地位非常困难，因此需要进行开放式创新来获取更多的信息和技术。而经验驱动型产业中企业并不会开展很多的基础研究活动，主要依赖于从高校和科研机构获取基础知识，更加注重供应商和客户合作研发，以客户经验为基础开展创新，包括纺织服装业、食品工业、汽车工业等产业。

郭爱芳（2010）对产业分类和开放式创新模式之间的关系进行了研究，认为科技驱动型产业的企业应该有选择地与少数外部伙伴合作以进行产品创新活动，而经验驱动型产业的企业与多个外部组织的有效合作能促进产品创新。

2. 产业创新系统的影响因素

围绕特定技术与特定产业形成的创新系统，系统健康性与抗变换性（robustness）受到许多因素的影响，主要涉及技术因素、资本因素、人力因素，以及制度因素等。

（1）技术因素。新兴产业的孕育与兴起往往伴随突破式技术的革新，并逐步演化为以核心技术为主导、互补性技术为支持的技术体系，最终实现技术面向商业化的市场规划化投放，引导某一区域的产业革命与创新系统。由此，技术因素是产业创新系统的基础与内生驱动力。依托技术驱动，客户价值引导，创业者与企业家通过资源配置，政府与公共服务机构实施政策支持，高校及科研机构进一步增加知识投入，实现产业创新生态系统向技术利基到市场利基再到系统建构的转型，为原有产业及其价值链分配方式带来分化与重构。同时，技术创新带来效率与效益的提升使得原有产品和服务面向新产品和服务开展竞争，进一步拉低价格，改善产品功能与服务质量，为客户创造价值增量的同时激发更多的市场需求与创新空间，实现产业增长与发展。革命性的技术突破可能会进一步催生全新的产业，创造颠覆性的产业创新系统。

（2）资金/资本因素。资本是产业创新系统高速成长与稳定发展的重要因素。斯坦福大学教授格拉诺威特在研究美国硅谷的高速成长历程中强调了风险投资等各类资金渠道对于硅谷电子、材料等产业创新系统及其发展的核心作用。② 通常，资本的投入与转移方向一方面决定了产业创新的转移方向，另一方面引导工人与就业的演进方向。

对于高新技术产业，研发与生产设备的投入与革新、生产流程与工艺的改进离不开资本投

---

① 陈钰芬，《开放式创新的机理与动态模式研究》，浙江大学博士学位论文，2007 年。
② Ferrary, Michel, and Mark Granovetter. "The Role of Venture Capital Firms in Silicon Valley's Complex Innovation Network", *Economy and Society*, 2009, 38(2): 326–359.

入。对于互联网等电商产业，基础网络平台的搭建、商业模式的市场先发战略、大数据服务系统等的后台支撑同样离不开资本的持续投入。因此，作为产业创新系统发展的重要因素，建立与产业属性、发展阶段、产业生态系统结构相适应的资本投入与配套服务机制，是产业创新生态系统持续成长与竞争优势提升的关键。

（3）人力因素。一个产业创新系统的建立在技术因素与资本因素的基础上需要匹配增加人力资源。以我国创新能力的最初发展阶段为例，廉价的劳动力形成了制造业创新系统产业价值链的重要比较优势，传统民营 OEM（定点生产）加工厂、富士康等企业的创新模式成功的关键便是基于人力因素的重要作用。伴随产业创新系统竞争力的增强，企业与产业战略更加面向研发与品牌的高附加值环节转型，这决定了产业创新系统需要从人力资本密集型向集约型转型，需要更多依赖由创新型人才、复合型人才、技术看门人等构成的人力因素，从而实现由人才引发和推动的产业创新，进一步助推产业创新系统竞争力。

（4）制度因素。产业创新系统的发展与新兴产业创新系统的培育等离不开制度等政策因素的作用。以我国为例，依托《国家中长期科学和技术发展规划纲要》、"创新驱动发展战略"等中长期科技发展目标，国家确定以重大技术突破和重大发展需求为基础，对经济社会全局和长远发展具有重大引领带动作用，知识技术密集、物质资源消耗少、成长潜力大、综合效益好的产业作为战略性新兴产业发展目标，确定新能源、节能环保、电动汽车、新材料、新医药、生物育种和信息产业的政策扶持方向，并通过自顶向下的作用机制影响产业布局与结构调整方向，提供产业层次创新生态系统建构的体系保障与环境维护。

创新视点 — 制度创新加大对新兴产业扶持力度

工业和信息化部赛迪研究院近日发布《2013 年下半年中国战略性新兴产业走势分析与判断》（以下简称《报告》）。《报告》指出，2013 年上半年中国战略性新兴产业增速相对较快，正在成为各地经济发展的新支柱；产业创新步伐加快，部分关键领域取得重大突破；一批龙头企业、技术平台和产业基地在商业模式创新、行业关键技术突破等领域取得了突出的成效，引领示范作用不断凸显。

虽然战略性新兴产业发展整体向好，但发展中的一些问题不容回避。《报告》分析，从外部发展环境看，贸易保护主义具有强化的倾向，我国新兴产业发展遭到遏制；从内部发展环境看，新兴产业部分领域政策帮扶效果还不明显，缺乏市场有效回应；从融资渠道看，融资困难问题依然比较突出，需要进一步利用并规范上市融资助推新兴产业；从产业发展模式看，在以拉动投资、创造 GDP 为目的的政府主导发展模式下部分新兴产业产能过剩日趋严重，成为制约产业发展的主要瓶颈之一。

展望下半年，我国战略性新兴产业将在一系列利好因素作用下保持较快发展。首先，从内部投资和外部环境角度来说，下半年产业发展仍然面临积极因素，有望继续保持快速增长的势头。在政府投资引导下，战略性新兴产业将保持较快的投资增长速度；其次，在政府和企业的共同努力下，下半年产业的市场开发将提速，从而加快新兴产品的推广应用；再次，产业空间发展格局已经初步形成,产业集聚效应将进一步显现。

为了推动我国战略性新兴产业更好发展,有关专家提出了三点建议。

首先,要增强产业自主创新能力,建立技术创新的推动机制。一是加强新兴产业的知识产权管理,对企业专利申请和维持给予补贴,建立知识产权态势分析与发布平台。二是建立和完善技术创新的公共服务平台,支持某些重要技术攻关项目的"竞争前"研发活动。三是完善政府支持创新的政策机制,把重点转向需求激励政策,营造"以创新为荣"的社会氛围。四是加大政府对新兴产业的科技投入力度,建立稳定的财政投入增长机制。

其次,要加强资本市场培育,推动新技术、新产品产业化步伐。要积极推动企业境内外上市融资,有效拓宽企业融资渠道和方式,促进战略性新兴产业快速健康发展。同时,要提高科技金融服务能力,加强对企业的创新资金支持力度。借助民间机构等力量,扶植发展一批新兴产业孵化机构,提升产业发展的市场活力。

最后,重视需求端拉动作用,用各类手段培育新兴产业市场。如鼓励购买新兴产业消费品作为扩大内需政策的重要内容,带动新兴产业持续增长;引导居民更新消费观念,提高对信息内容、新能源汽车等产品的消费意识。

资料来源:李佳霖,"制度创新加大对新兴产业扶持力度",《经济日报》,2013年7月18日。

3. 产业创新系统的核心——技术体制

产业创新是指某一项技术创新或形成一个新的产业,或对一个产业进行彻底改造。产业创新在许多情况下,并不是一个企业的创新行为或者结果,而是一个企业群体的创新集合[①],并形成相应的产业创新系统。

在解释行业创新系统差异的过程中,传统的研究方法和理论如市场结构、资金实力、技术能力、研发投入等分析方法,已经不能够充分解释。为了分析企业生存和创新的技术环境因素差异,Nelson等学者提出了技术体制的概念,指企业运作所处的学习和知识环境,进一步解释了产业间创新系统运作模式的本质差异。

不同技术体制下产业表现出的创新系统运作模式存在差异。早期的学者在研究中,将技术体制描述为行业创新的技术环境,认为技术体制是不同行业中企业生存发展所面临的技术环境以及行业内研发创新活动的规则[②],包含一系列的因素,如技术机会、创新独占性、创新累积性和知识基特性。

2006年,Park等在前人的基础上给技术体制增加了四个变量,包括同外部知识基的易接触性[③]、领域内期初知识存量、技术的生命周期及技术轨道的不确定性。其中,技术机会、技

---

① http://wiki.mbalib.com/wiki/%E4%BA%A7%E4%B8%9A%E5%88%9B%E6%96%B0

② Malerba F., Orsenigo L., "Technological Regimes and Firm Behavior", *Industrial and Corporate Change*, 1993, 2(1): 45–71.

③ 知识基(knowledge base)是企业所拥有的既有知识,是企业识别和利用新机会的必要条件,限制了企业理解并运用新知识到创新中去的范围和能力。

术累积性、技术专有性受到产业创新系统的重视。

（1）技术机会。技术机会反映了在研发过程中，投入一定的资源产生创新成果的难易程度。不同行业其技术机会的来源有所不同。在某些行业中技术机会与大学中的重大科学突破密切相关，而有些行业的创新机会来自于研发、设备的改进，还有一些行业中外部知识源（如供应商、用户）会发挥关键作用。并不是所有的外部知识都能被较容易地运用于创新，如果外部知识易于获取并可能转换为新的产品，那么创新进入就会发生。技术机会的高低由行业自身的性质、技术发展的路径依赖、技术生命周期等因素决定。高的技术机会描述了一种不会被资源稀缺所限制的经济环境，能更有效地激励正在进行的创新活动。

（2）技术累积性。技术累积性描述的是过去产生的创新和技术积累有助于现在和未来的技术发展和创新的可能性。技术累积性意味着过去的创新活动和现有的技术能为未来的创新打下基础，表明当前在技术上有一定积累和创新的公司将会比其他公司更具有创新力。高的积累性意味着存在一种导致高度的创新专有性出现的隐性机制，企业在已有知识的基础上开发新的知识，并引入持续的渐进性创新。

（3）技术专有性。技术专有性是企业保护自身创新成果的可能性，指代保护创新成果不被其他组织模仿和从现有创新积累中获取利润的可能性。在经济环境中，企业可以运用专利、持续创新等多种手段来保护自己的创新成果。在高技术专有性的条件下，技术领先的企业可以不断向市场输送新的产品，也可以不断改进产品的质量以占有较大的市场，获取较多的利润。而低技术专有性的条件下，在新产品的开发过程中，技术领先企业的研发成果很容易被追随者所模仿，造成其市场份额的损失。高的专有性意味着存在成功保护创新的方式，而低专有性指代了一个具有广泛外部性的经济环境。

13.2 企业创新系统

企业创新系统是指企业的创新者借助于技术上的发明、管理上的发现、市场中的机遇等，通过对生产要素和生产条件以及有关的资源配置方式进行新的变革，并使变革成果取得商业上的成功的一切活动所依赖的条件、规则、流程、方法等的总和。[①]

从演化视角看，企业创新系统可能经历两个发展阶段：第一阶段为封闭式企业研发体系；第二阶段为整合研发、制造和市场的开放式创新体系。

13.2.1 单一的封闭式企业研发体系

第二次世界大战后的前20年左右时间，随着半导体、电子信息技术、新材料等新技术的蓬勃发展和一些产业的新技术突破并成功商业化，出现了许多新的商业机会，大大推动了社会进步和经济发展，科学技术的地位和作用得到广泛认可，大量企业通过开发新产品取得了巨大成功。企业为保持行业领导地位，在内部设立规模庞大的研发实验室，使用最先进的

---

① 李垣，乔伟杰，"基于价值管理中的企业创新系统构建"，《中国软科学》，2002年第12期。

设备，聘用最具创造性的科学家和工程师，进行大量的基础研究和应用研究，通过内部研发实现技术突破，设计开发新产品、试制、生产制造，通过内部途径将新产品推向市场，并自己提供服务和技术支持，依赖技术获得市场垄断地位，从而获得超额垄断利润。企业完全依靠自己的力量实现技术创新，同时对所有关键性要素施以严格的专利权控制，内部研发的优势地位形成阻碍其他竞争对手进入的技术壁垒。

这种背景下的企业创新体系为封闭式研发体系，其基本思路就是更多的研究与开发就等于更多的创新。当时由于生产能力的增长往往跟不上需求的增长，很少有人注意市场的地位。

在 20 世纪 70 年代以前，封闭式创新模式曾经为企业带来重要的成就和商业成功，几乎所有的欧美企业，特别是大企业都是采用这种模式。典型代表如施乐的 Palo Alto 研究中心、AT&T 的贝尔实验室和 IBM 的沃森实验室。

开放式创新概念被提出前，人们一直认为技术创新只能由企业独立开展，内部研发被认为是企业有价值的战略资产和可靠保证，能保证技术保密和技术独享，进而在技术上保持领先地位，是企业提升核心竞争力和维持竞争优势的关键所在，甚至是竞争对手进入众多市场的巨大阻碍，其特点是对创新进行严格控制并进行纵向整合，是一种封闭式的自主模式。

封闭式研发体系下的创新过程，研究的项目是基于公司的技术。如图 13-5 所示，创意从左边流入公司，从右边流向市场。在研究过程中，它们不断地审查和淘汰，最终剩下来的项目转而进入开发阶段，然后被推向市场。这个过程称为"封闭"过程，是因为创意进入企业没有其他的路径可走。AT&T 的贝尔实验室就是封闭式创新的典型例子。

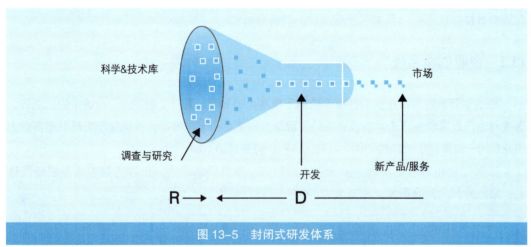

图 13-5 封闭式研发体系

资料来源：[美]切萨布鲁夫著，金马译，《开放式创新：进行技术创新并从中赢利的新规则》。清华大学出版社，2005 年。

13.2.2 整合研发、制造和市场的开放式创新体系

20 世纪 60 年代后期是一个竞争增强的时期，这时生产率得到显著提高，尽管新产品仍在不断开发，但企业更多关注的是如何利用现有技术变革，扩大规模，多样化地实现规模经济，获

得更多的市场份额。企业创新过程开始重视市场的作用，市场需求被视为引导研发的思想源泉。

20世纪70年代，随着两次石油危机的发生，大量产品供过于求，企业更多关注的是如何提高产量、降低成本。这一时期也是创新过程研究的一个高潮，许多学者通过实证研究了成功的创新过程的本质和特点，为企业开展有效的创新提供理论支持，减少或避免资金或资源的浪费。学者们研究发现，研发过程也开始关注各种资源的整合，从多种渠道获取潜在的创意来源，企业创新体系开始向科学、技术、市场和生产制造相互联结的方向发展，以实现对市场的快速和准确的响应。

此外，除了企业内部的纵向整合以外，由于企业经营环境日益开放，市场竞争日益激烈，企业内部创新模式变得低效，跟不上企业发展的需要，甚至在一定程度上阻碍了企业创新。内部创新模式受到了广泛的质疑与挑战，多个因素共同促成了封闭式创新模式赖以存在的基础的瓦解。于是，企业开始走向开放式的创新体系。

与独立的、封闭的创新模式相比，开放式创新模式认为组织的边界是可以渗透的，组织的创新思想主要来自于组织内部的研发部门、制造部门和市场部门其他部门，但也可以来自于组织外部。组织能够而且应该利用内部的和外部的创新思想、内部的和外部的市场途径。

开放式创新将内部和外部的创意结合到企业的体系结构中；组织内部的创新思想也能够通过外部的渠道进入市场，将组织现有的业务外置，以产生额外的价值（如图13-6所示）。

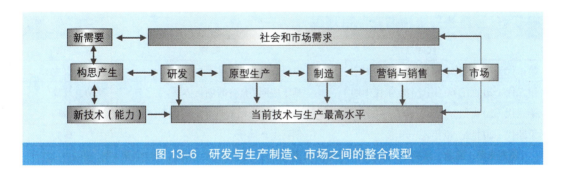

图13-6　研发与生产制造、市场之间的整合模型

13.2.3　企业创新系统的演化发展

我国学者陈劲等进一步梳理企业创新系统的演化与阶段属性，在此基础之上提出，第三代企业创新系统为高度基于战略管理导向的创新体系，第四代为企业创新生态体系。

高度基于战略管理导向的创新体系强调创新战略在企业战略中的核心作用，以及创新战略与企业领导治理决策系统的紧密关系，认为企业战略的主导性有效实现了创新所需的各项管理职能（包含研发、制造、设计、营销等）相关协调匹配关系的顶层设计。

而创新生态体系则进一步打破企业边界，整合了与企业创新活动相关的利益有关主体的资源作用，实现企业与其他创新主体的互利共生、协同共演，从而创造整合生态系统价值的优化与健康的演进。陈劲教授对企业创新系统的演化规律、特征属性与阶段过程进行了总结，如图13-7和表13-3所示。

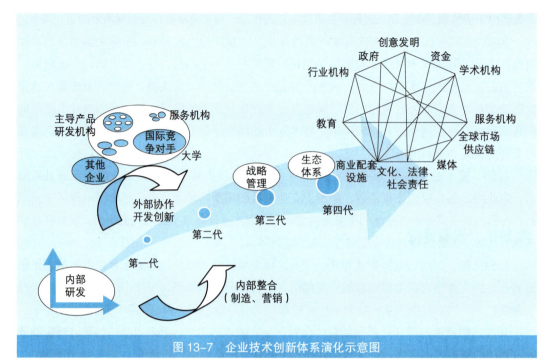

图 13-7　企业技术创新体系演化示意图

资料来源：陈劲、黄淑芳，"企业技术创新体系演化研究"，《管理工程学报》，2014 年第 4 期，第 219–227 页。

表 13-3　各代企业创新体系的特点

代际	名称	特点
第一代（20 世纪 50 年代—60 年代中期）	以研发为中心的创新体系	内部、自主
第二代（20 世纪 60 年代—80 年代中期）	基于协同/整合的创新体系	互动、开放
第三代（20 世纪 80 年代—90 年代）	高度基于战略管理导向的创新体系	战略、治理
第四代（20 世纪 90 年代—未来）	创新生态体系	生态、核心

资料来源：陈劲、黄淑芳，"企业技术创新体系演化研究"，《管理工程学报》，2014 年第 4 期，第 219–227 页。

13.3　创新生态系统

13.3.1　创新生态系统的概念源起

20 世纪 80 年代以来，世界经济呈现出全球化、网络化、知识化和信息化发展趋势，并由此衍生出一种不同于工业经济的新的经济形态。新经济时代的到来，极大地改变了企业的运营环境，进而导致企业行为方式和竞争理念发生根本性的变化，企业战略行为由工业经济时代的竞争垄断转变为竞争合作。

20 世纪著名的银行家和金融家 Bernard Baruch 认为，"你并不需要熄灭别人的灯光以使自己明亮"。同时，网络信息化和经济全球化趋势增强，产业边界不断融合与变动，市场、制度、顾客需求的多样化成为当今世界的主要特征，企业经营环境表现出极强的动态性和复杂性。在这样的背景下，任何组织无法拥有发展所需的全部资源和技术，组织外部资源依赖性越来越强,独立创新变得更为困难。[1]

创新生态系统正是在这样的环境背景下提出的。1993年,美国经济学家James Moore在《哈佛商业评论》上发表文章"掠食者与猎物:新的竞争生态",将供应链和价值链理论外推,基于企业生态观视角正式提出了"商业生态系统"(business ecosystem)的概念,认为其是以组织和个人的相互作用为基础的经济联合体,是商业世界的有机体。他借用自然生态系统的概念来描述当今市场中的企业活动,并且认为企业不再是孤军奋战的经营实体,而是生态系统的成员,在生态系统的背景下,企业不应一味追求战胜竞争对手,而应和竞争对手乃至整个生态系统共同演化。

商业生态系统认为企业应当与生物有机体参与生物生态系统一样,把自己看成是商业生态系统有机体的一部分。同时,生态系统是一个复杂巨系统,它要求企业应当把自己看成一个更广泛的经济生态系统(economic ecosystem)和不断进化的环境中的一部分。这意味着战略制定不再是一个企业内部的事情,在必要时应当与其相关的企业网络成员共同制定未来的战略。就技术创新而言,这意味着创新不再是单个企业的行为,而是一群企业创新的集成,这种集成突破传统行业界线,体现为不同企业间命运、战略和运作能力的交织(如图13-8所示)。[2]

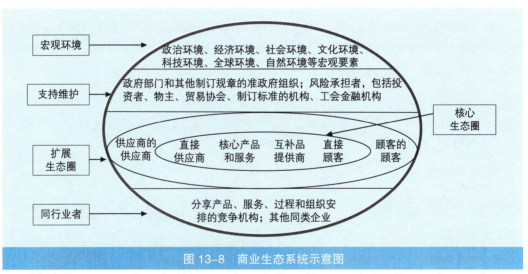

图13-8 商业生态系统示意图

资料来源:Mooer, J. F. "The Death of Competition: Leadership and Strategy in the Age of Business Ecosystem", Harper Paperbacks, 1996.

同时,面向商业环境与创新环境的不断演变,传统的企业管理模式面临越来越多的挑战:第一,超分工整合(super disintegration)的发展促使企业更关注自己的生态位置;第二,消费者需求驱动型经济(demand driven economy)的发展加速生态系统的形成;第三,对于某

---

[1] Chesbrough, Henry William. *Open Innovation: The New Imperative for Creating and Profiting From Technology*. Harvard Business Press, 2006.

[2] Iansiti, M. and Levien, R. "Keystones and Dominators-Framing Theoperational Dynamics of Business Ecosystem", *Harvard Business Review*, 2002, 12(3), 68.

个企业来讲，领导或参与某个商业生态系统，将使它所拥有的资源超出它所在的公司和组织的边界之外；第四，商业生态系统打破了传统的行业界线，使不同行业的企业走到了一起，从而增加各自的市场机会；第五，通信技术的发展为商业生态系统的形成提供了技术条件。

在商业生态系统的基础上，学者们进一步提出创新生态系统的概念，认为创新生态系统本质上是指一种协同机制，企业这种协同机制将个体与他者联系，并提供面向客户的解决方案，输出价值。① 哈佛大学教授莫斯·坎特认为，创新生态系统主要表现为：通过人力、设备、资金、知识、技能、关系、品牌等资源的开放共享，来降低研发成本、分散市场风险以及实现规模效益。

在经济全球化、信息化的浪潮下，技术复杂性、创新风险性、市场不确定性的背景下，创新越来越需要一个生态系统中其他组织的参与，组织创造价值的能力依赖于生态系统中生产互补性产品或服务的组织。竞争已不再局限于企业与企业间，而在于生态系统间②，决定组织竞争优势的创新需要依赖外部环境的变化与生态系统的成员参与。

一个创新生态系统可以为商业运作中的创新提供引导，也将商业战略由简单的联合工作向协同、系统的合作转变，从产品竞争向平台竞争转变，从企业独立的发展向共同演化转变，从而为管理战略的制定提供逻辑依据。③

基于研究与实践的演进，国内学者梅亮、陈劲和刘洋构建了创新生态系统的理论框架，明确了创新生态系统面向制度经济学、战略管理、创新管理的三个理论分支，以及案例研究为主导的研究方法，如图 13-9 所示。

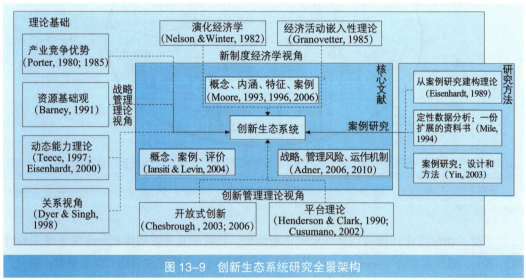

图 13-9　创新生态系统研究全景架构

资料来源：梅亮、陈劲、刘洋，"创新生态系统：源起，知识演进和理论框架"，《科学学研究》，2014年第 12 期，第 1771–1780 页。

---

① Adner, Ron. "Match Your Innovation Strategy to your innovation ecosystem", *Harvard Business Review*, 2006,84(4): 98.
② Li, Yan-Ru., "The Technological Roadmap of Cisco's Business Ecosystem." *Technovation*, 2009, 29(5): 379–386.
③ Iansiti, Marco, and Roy Levien. *The Keystone Advantage: What the New Dynamics of Business Ecosystems Mean for Strategy, Innovation, and Sustainability*, Harvard Business Press, 2004.

13.3.2 企业创新生态系统的结构

企业生态系统内各要素相互联系、作用的方式，是系统存在与发展的基础，也是系统稳定性的保障。由于生态系统中的一个企业与若干类、每一类的若干个企业或组织之间均存在着相互联系、作用，而这个商业链的成员同时又可能是另一个商业链的成员，且这些成员会因市场需求和其他环境因素的变化而更新，所有这些相互交织在一起形成了企业生态系统多维的复杂网络结构。

与完全规则的网络有所不同，企业生态系统具有复杂性、动态性和交叉性。在《硅谷生态圈：创新的雨林法则》（*The Rainforest——The secret to Building the Next*）中，学者们指出：传统创新网络的创新主体之间若有（n-1）/2 个协作节点（如图 13-10 所示），那么创新生态网络各创新主体之间就有可能产生 n×（n-1）/2 个协作节点（如图 13-11 所示），因此创新生态系统的网络节点比传统创新的网络连接节点多了 n 倍，这就是创新生态系统的网络节点解释。

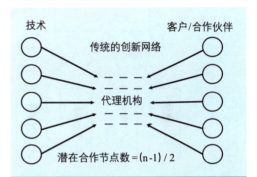

图 13-10　传统的创新合作节点图

资料来源：Victor W. Hwang, Greg Horowitt, *The Rainforest——The Secret to Building the Next Silicon Valley*, Liqhting Source Inc., 2012.

线上阅读：人工智能国际领先机构 OpenAI 创新管理模式及对中国的启示

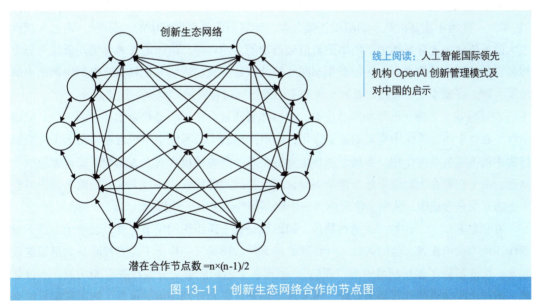

图 13-11　创新生态网络合作的节点图

资料来源：Victor W. Hwang, Greg Horowitt, *The Rainforest——The Secret to Building the Next Silicon Valley*, Liqhting Source Inc., 2012.

13.3.3 企业创新生态系统的资源硬件和文化软件

创新生态系统中的资源硬件主要包括创新人才、专业组织、物理环境以及政策支持。而文化软件则包括在领军人物领导下的系统多样性、外部激励、社会信任、生态规则以及关于规则的解释等（如图 13-12 所示）。

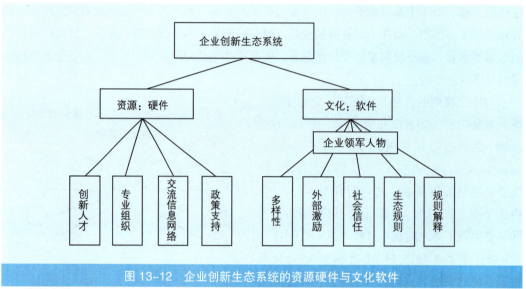

图 13-12　企业创新生态系统的资源硬件与文化软件

资料来源：Victor W. Hwang, Greg Horowitt, *The Rainforest*——*The Secret to Building the Next Silicon Vallay*, Liqhting Source Inc., 2012.

在文化软件中，我们可以看到企业领军人物在整合生态系统中发挥重要作用。他们像"桥梁"一样将不能直接联系的组织连接起来，彻底消除创新网络中的"孤岛"，通过非线性放大的增值效用充分发挥创新网络的价值创造功能，使得各个组织能够通过协同效应充分发挥各自的功能。具体来说，在创新生态网络的结点处，我们需要一批具有跨组织协调能力的领军人物，将原本难以直接联系和交流的不同部门通过特殊的"桥梁"连接起来。

在《硅谷生态圈：创新的雨林法则》中，作者通过介绍亚马逊热带雨林中的一些"关键物种"在整个生态系统中所起的重要作用，引申到创新生态系统中组织者在协调上下游资源过程中的不可替代的作用。在热带雨林生物链中有一些物种也许看上去其貌不扬易被忽视。然而，由于它们在生物链中处在连结不同种属生物的关键位置，一旦失去它们就可能造成整个生态系统全盘崩溃，从而给热带雨林的生物多样性带来毁灭性打击。

在创新系统中，这种"关键性物种"指的就是处于跨组织网络节点处，起着承上启下重要作用的一批组织者。他们通过一种特殊的能力像"桥梁"一样将不能直接联系的组织连接起来，彻底消除了创新网络中的"孤岛"，使得各个组织能够充分发挥各自的功能。不仅如此，通过这些结点的外部辐射效应，还实现了创新系统和外部环境的信息、物质和能量的交换，进一步突破了组织边界，使得创新系统的具有更为广泛的开放度。

创新生态系统突出的是创新绩效的非线性增益①，而组织者正是实现其创新价值的重要

---

① 指网络效应所带来的非线性放大的增值效用。

"棋子"。它们通过降低创新网络互动的交易成本,加快了整个创新生态环境的交互速率,使得拥有不同资源(如资金、知识、人力)的组织或个人能与创新体系中的其他组织或个人轻松实现协同合作。

从创新生态系统组织架构的多样性来看,不难发现这样的组织者需要具备一套多层次、多领域的知识能力结构,比如战略意识、市场洞察力、科研水平、组织沟通能力、领导力等,其中很大一部分的能力与"人的因素"息息相关,这些非纯粹知识性的"软能力"在系统协调的过程中发挥的作用是难以估量的。这些能力可以抽象成以下三个方面:

第一,主动开放。这些组织者必须具备积极联系其他组织的特质,将本来陌生的个体(如创业家、投资者、科学家等)通过"黏合剂"联系起来,突破传统的组织边界,建立彼此需求和供给的沟通机制。

第二,说服力。组织者往往站在创新系统长远利益的角度,在跨组织沟通过程中给双方提供一些建设性意见,并且它们有能力说服不同的组织采纳最有利于整个系统未来发展的想法。这种通过回归人性本质(对长远利益的追逐)的沟通策略往往能够起到事半功倍的作用。

第三,执行力。很多创新想法往往能够在短时间内声名鹊起,但是却难以通过实践的成功得到维系和延续。创新生态系统所需要的组织者,正是那些能够将想法和点子落实的人。他们能够促成真实的经济交易行为,形成系统效应,"三分钟热情"并不是他们追求的目标。他们也许难以详细预测和评估最终的创新成果,但是却能够在每一次协同可能实现的价值创造中逐步明晰未来系统发展的愿景,把握创新大势[①](如图13-13)。

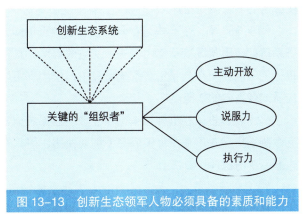

图 13-13 创新生态领军人物必须具备的素质和能力

资料来源:Victor W. Hwang, Greg Horowitt, *The Rainforest——The Secret to Building the Next Silicon Vallay*, Liqhting Source Inc., 2012.

总的来看,创新生态系统中的组织者促成跨组织高效合作的关键就是建立的以自身为中介的社会信任体系,而这往往是当前创新实践中组织间所缺失的。各个组织由于社会地位、利益分配和风险分摊属性的不同,对其他组织往往怀有较深的"戒备心理"。这种担忧阻碍了组织间信息资源的开放共享,引起交易成本的激增,大大降低了企业创新绩效。而领军人物的出现逐步消除了人与人之间的隔阂,它站在系统价值最大化的立场上,通过促进沟通机制的建立,通

---

① Victor W. Hwang, Greg Horowitt, *The Rainforest——The Secret to Building the Next Silicon Vallay*, Liqhting Source Inc., 2012.

过激励、启发、引导等方式盘活整个创新网络。

硅谷就是很好的例子。在硅谷中遍布着大量的领军人物，它们往往以机构的形式出现，为大量处于创业起步阶段的公司提供培训指导项目，并将许多位于美国不同地区相对孤立的科学家们集结起来，积极与产业合作伙伴进行联系，成功打造了一条创新价值链。

此外，一些金融机构还通过内部会员网络将创业家们定期聚集到一起，相互交流和促进，这让会员们感受到了比传统金融业务更为有价值的高端中介服务。

总之，正如热带雨林中的关键性物种一样，企业创新生态体系中的领军人物通过中介人的身份参与到整个创新网络中来，为不同组织的积极互动创造有利条件，他们本身并不深度干预后期的跨组织合作，而是在促成这段"姻缘"之后回到原来自身结点的位置，继续为协同创新的长效合作机制发挥余力。

13.3.4 企业生态系统健康评价模型

对于企业生态系统，如何评价其合作伙伴以及自身在系统中的健康程度非常重要。伊思斯蒂教授建议从生产率、稳健性和利基创造力三个维度来考察企业生态系统，并且把每个维度分解为多个测量指标。

（1）生产率。生产率是在研究生态系统保护问题的文献中广泛应用的概念，用于衡量生态系统的健康状况以及使用者从中受益的程度，具体指一个生态系统将原材料转变为生命有机体的效能。而在企业生态系统研究中，生产率用来反映企业生态系统将创新转化为某种新产品或者服务的效能。

（2）稳健性。稳健性用来衡量企业生态系统应对环境干扰和冲击的能力，虽然稳健性的五个测量指标并不是在每种情况下都要使用，但综合应用这些指标可以比较全面地评价企业生态系统的稳健性。

（3）利基创造力。用来评价企业生态系统创造新的有价值的利基市场的能力。

Den Hartigh 等在上述指标的基础上提出了一个新的跨层次评价模型，并对测量指标进行了适当的调整，在生产率、稳健性、利基创造力之外又从企业视角出发增加了伙伴健康（资产利润率、资产收益率、流动资产比率、偿付能力、总资产增长率）和网络健康（合作关系数量、市场可预测性和合作伙伴多样性）两个维度。这样，企业作为企业创新生态系统的成员，可以评价自己的合作伙伴和所处企业生态系统的健康状况。

国内学者陈劲、梅亮基于前人研究进一步从创新生态系统的企业层次与系统层次，提出企业创新生态系统健康评价模型的基础框架，如图 13-14 所示。[①]

[①] 图片设计模板参考 Borgh, Michel, MyriamCloodt, and A. Georges L. Romme. "Value Creation by Knowledge-based Ecosystems: Evidence from a Field Study", *R&D Management*，2012, 42(2):150-169.

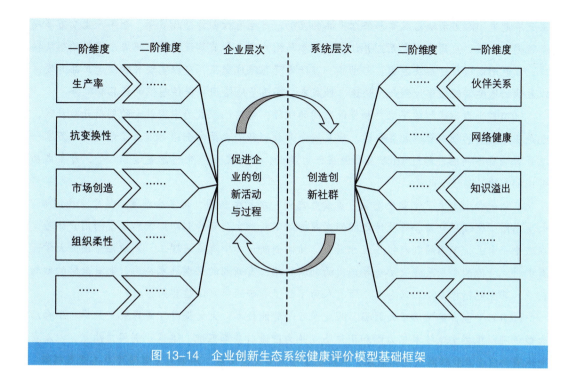

图 13-14　企业创新生态系统健康评价模型基础框架

创新标杆　　　海尔打造开放式企业创新生态体系

近年来，深处互联网转型战略期的海尔，在开放创新模式的探索之路上也已走在了行业前列，建立了以全球 5 大研发中心和 HOPE 开放式创新平台为载体，线上线下互动融合的开放创新生态系统。

建立持续创新的生态系统

海尔开放创新的基本理念是"世界就是我们的研发中心"，其本质是全球用户、创客和创新资源的零距离交互、持续创新。为建立全球资源和用户参与的创新生态系统，海尔在全球建成了美国、欧洲、日本、澳洲、中国 5 大研发中心，每个研发中心都延伸出众多触角，形成遍布全球的创新资源网络。海尔还在 2013 年建立了开放式合作生态 HOPE（Haier Open Partnership Ecosystem）线上平台，让全球的用户和资源在平台上零距离交互，持续产出创新的解决方案。

海尔集团围绕用户需求，采取全球一流资源并联开发的模式，创造性地建立了"全流程并联交互开放式创新生态体系"，在 2012 年 2 月建立之初荣获国家科技进步二等奖。该体系包含全球资源生态圈建立、并联交互、知识产权运营、超前研发 4 大模式。

海尔集团通过 HOPE 网络平台与全球合作者交互创新需求、寻求优秀解决方案。海尔 HOPE 交互开放创新的研发模式，打破了原来单向的研发模式，其采用的全流程交互创新研发模式，将用户和资源吸引到 HOPE 平台上，让用户和资源参与深度的交互，交互出来的产品再去转化、销售，真正做到了让用户和资源都参与产品研发过程。用户、供应商、资源深度参与交互已成为海尔研发模式的特色与动力源泉。通过与用户的深度交互丰富产品的设计创意，每天有超过100万活跃粉丝参与海尔产品的互动，产生有效创意200多项，全年产生7万多项有效创意。与供应商深度交互，并让供应商参与用户交互和前端设计，根据海尔提供的模块接口，以此形成模块化解决方案。与世界一流研发资源深度交互，可以实现并联快速产品开发，以最快的速度实现颠覆性创新，快速、低成本、高质量地给用户提供超值的产品和服务。

HOPE平台彻底打破了用户和资源之间的阻隔，目前已经成为中国最大的创新开放社区，也是亚洲最大的创新资源配置平台。现在这个开放创新平台面向全球，建立了超过200万家一流资源的资源网络，超过10万家资源在平台注册，每月交互产生创意超过500个，每年成功孵化创新项目超过200个。

在该平台上形成了空气生态圈、美食生态圈、洗护生态圈、用水生态圈、健康生态圈等7大生态圈，通过用户与合作伙伴之间的交互持续不断产生引领的创新成果和颠覆的用户体验。在这个平台上，不同的创新机构互相吸引，协同创新。其中有麻省理工、斯坦福等顶尖大学，有中科院、德国弗莱恩霍夫协会等顶尖的创新机构，有新创的小型技术公司，也有老牌的创新企业，甚至包括很多互联网企业，所有人为了创造美好的用户体验共同努力。

HOPE平台自身使用了大数据、深度学习等智能技术，大大提升了资源配置效率。平台后台数据可以根据全球技术热力图和用户痛点热力图进行叠加匹配，迅速识别用户痛点，以及在全球有哪些资源能够满足他的需求，然后把这些方案反馈回来，用创意方案跟用户去交互创新。

海尔集团创新的理念通过开放式创新生态体系已经深入企业发展的骨髓、融入到了企业发展的各个环节之中，完成对所有家电产业创新的立体化覆盖，也推动了全球家电业步入技术创新的活跃期。作为中国自主品牌的家电企业，海尔通过不断的技术创新走向了世界。如，海尔又通过打造开放式的创新生态体系，开始引领创新发展潮流，构建智慧的创新生态圈，在传统企业向互联网转型的变革之路上越走越远。

资料来源：
（1）"海尔打造开放式创新生态体系 聚合200多万家一流资源"，http://hope.haier.com/article/index/detail/id/2683.html 2014-07-10）
（2）海尔公司网站，"海尔的全球开放创新生态系统"，2015年8月10日，http://www.haier.net/cn/open_innovation/shengTai/

本章小结

1. 随着创新过程的复杂性增加，异质性要素的协同与创新网络的发展等成为创新范式演进的新方向，创新越来越趋向系统性、全面性的综合范式。

2. 国家创新体系是由与知识创新和技术创新相关的机构和组织构成的网络系统，其骨干部分是企业、科研机构和高等院校等。

3. 区域创新系统可视作区域内行为主体与制度的复杂创新活动，这种创新活动与创新行为主体相互关联的技术创新的产生、扩散、专属性等直接相关。

4. 产业创新本质上是特定产业行为主体、技术、市场、文化、制度政策所构成的创新体系，实现人才、知识、信息、资金的流动与价值创造。

5. 企业创新系统是指企业的创新者借助于技术上的发明、管理上的发现、市场中的机遇等，通过对生产要素和生产条件以及有关的资源配置方式进行新的变革，并使变革成果取得商业上的成功的一切活动所依赖的条件、规则、流程、方法等的总和。

6. 商业生态系统是以组织和个人的相互作用为基础的经济联合体，是商业世界的有机体。

回顾性问题

1. 国家、区域、产业、企业等各层面的创新体系之间有什么样的关系？
2. 企业创新系统的演化发展经历了哪几个阶段？
3. 为什么近年来创新生态系统成为关注的热点？

讨论性问题

1. 选择一家国内企业，分析其近年来是如何打造开放式企业创新生态体系的？
2. 分析企业的开放式创新平台如何持续运营和盈利？

实践性问题

1. 企业创新生态体系应该如何建设？应该注意哪些问题？
2. 试选择一家本地或熟悉的企业，参考海尔等案例提出一个企业创新生态体系建设初步方案。

延伸阅读

1. 陈劲、黄淑芳，"企业技术创新体系演化研究"，《管理工程学报》，2014年第4期，第219-227页。

2. 罗恩·艾德纳著，秦雪征、谭静译，《广角镜战略：企业创新的生态与风险》。译林出版社，2014年。

3. 梅亮、陈劲、刘洋，"创新生态系统：源起，知识演进和理论框架"，《科学学研究》，2014年第12期，第1771-1780页。

5. [美]切萨布鲁夫著，金马译，《开放式创新：进行技术创新并从中赢利的新规则》。清华大学出版社，2005年。

4. [美]维克多·W.黄等，《硅谷生态圈：创新的雨林法则》。机械工业出版社，2015年。

6. Adner, Ron, "Match Your Innovation Strategy to Your Innovation Ecosystem", *Harvard Business Review*, 2006，84(4)98.

7. Li, Yan-Ru, "The Technological Roadmap of Cisco's Business Ecosystem", *Technovation*, 2009, 29(5): 379-386.

第 4 篇

创新的资源视角

创新是一项需要配置优质资源的综合性活动,需要资金、人才等诸多资源的有力支撑。本篇将介绍创新的资金管理、信息与知识管理、人才管理和知识产权管理,并揭示创新活动对这些资源的特定要求。

第 14 章

创新的资金管理

▶▶ 学习目标

- ➢ 了解创新的资金管理的意义及框架、过程
- ➢ 熟悉研发资金分配的原则和一般比例
- ➢ 掌握研发预算、核算和成本控制的方法
- ➢ 了解风险投资运作的具体流程
- ➢ 掌握创新企业在投资、筹资和营运资本管理的一般思路和方法

▶ 开篇案例：研发投入越高，创新能力越强吗？

2015 年，苹果公司的研发投资为 86 亿美元，这是一个不错的数字，但仅占苹果公司总营收的 3.6%。这比例在标准普尔 500 指数市值最高 10 大公司中排名最末，如表 14-1 所示。

一、占比虽然不高，但投入绝对值却并不小

随着智能手机市场快速成熟，苹果公司要实现增长需要更多创新，这会导致研发开支上升。2015 年，苹果公司研发开支比去年同期增长了近 30%——在标准普尔 500 指数市值最高的 10 大公司中，这一增幅仅次于 Facebook 的 78% 和亚马逊的 35%。此外也有人指出，苹果公司的研发支出占营收比重小是因为营收太高。2015 年，苹果公司总营收接近 2350 亿美元。如果从原始数字来看，86 亿美元的研发支出排名第 6。

表 14-1 主要公司研发营收占比

排名	公司	百分比
1	Facebook	26.5
2	英特尔	21.9
3	默克	16.7
4	Alphabet	16.7

（续表）

排名	公司	百分比
5	辉瑞	15.7
6	甲骨文	15.1
7	微软	13.6
8	强生	12.9
9	亚马逊	11.7
10	苹果公司	3.6

对苹果公司来说，将所有鸡蛋放在智能手机这个篮子里很容易给公司的未来埋下祸根，这家公司需要变得更加多元化。86亿美元已经创造了苹果公司的历史记录。分析师认为，这些资金中的大部分都投入到了未来的项目中，如传说中的苹果公司汽车。

二、苹果公司增加的研发费用都在哪里？

2016年苹果公司第一财季报告中，其研发费用达到了24.04亿美元，同比增长26.9%。苹果公司挥金如土的目标重点在哪些技术领域呢？

首先是芯片。芯片一直是让苹果无法被竞争对手超越的关键所在。不久前苹果公司收购了位于美国北圣何塞一家前芯片工厂，可以更自如地进行全新芯片的设计和其他深度研发工作。目前，苹果设备中的核心芯片大多来自英特尔、三星、博通和德州仪器等供应商。

其次是软件。苹果公司能够在智能手机市场独树一帜的根本原因之一就在于其软件和服务。iOS、OS X、watchOS 和 tvOS，这些都是苹果公司主流的操作系统。此外，苹果公司还会投资这些平台上的服务，比如 Apple Pay、Apple Music、iTunes 和 App Store 等。值得一提的是，苹果公司刚刚对外公布将在印度海得拉巴（Hyderabad）建立一个研发中心的消息。这是苹果公司首次在美国之外建立研发中心，该研发中心将主要开发用于 iPhone 手机、Mac 系统的地图。

最后是未来项目。苹果公司已经建立了两个神秘的团队，其中一个负责 Apple Car（可能是自动驾驶或电动汽车），另一个则认真探索 VR 虚拟现实领域（据称有了头盔原型）。而苹果公司正在积极探索虚拟现实和增强现实领域，其中一个可能性便是将相关技术应用于传说已久的苹果公司汽车中。据报道，目前苹果公司已有数百名员工负责 AR 与 VR 相关技术研发。

三、在苹果公司眼中创新并不意味着大投入

很多分析认为，一家科技公司在研发项目上投入多少，可以反映它对创新的重视。不过，也应该衡量一下短期内研发费用的持续支出与获得成效相比如何，因为效率最为重要。

苹果公司的成功打破了一种惯常的思维，即一家领先的科技公司必须将相当一部分收入用于研发，否则就有被超越的危险。苹果公司从来不认同这一见解。史蒂夫·乔布斯在1998年说，"创新跟你在研发上投入多少钱根本不搭界"。他常跟人说，Mac 刚推出的时候，IBM 在研发上花的钱是苹果公司的100倍左右。

从历年苹果公司费用支出情况来看，为了改善 Siri、地图服务、摄像头和 iCloud，至少收购了超过 10 家公司。现在科技巨头真正可能改变世界的创新并不一定总是从内部诞生，往从外部收购也是大有可能。像谷歌的 Android 和 Facebook 的 Oculus 就是其中的典型案例，科技巨头资本雄厚，收购那些有可能让竞争对手改变游戏规则的创新技术往往也能让这家公司保持足够的创新能力。而有关收购创新技术部分的支出，并不会作为研发费用展现出来，所以这反过来也说明了，并不是研发费用支出少，创新能力就比其他公司弱。

对苹果公司来说，它需要的并不是每年开创一个全新的产品，而是有节奏地开创新产品，同时把现有产品做到极致。因为只有这样才能保证公司在产品领先的同时获取最大利润。如果一味开拓新产品，但没有利润的保证，可能下一代新产品的研发费用就会大大缩减，从而无法保证下一代新产品足够惊艳。世界上能开发出一款惊艳的产品、并且可以被称为优秀的公司并不少。但这些公司都没能在下一版本、下一代的产品里留住用户。苹果公司做到了，所以它是一家伟大的公司。伟大的公司可以不断做出开创性的产品，并且通过出色的迭代来不断获取用户、提升利润，并且建立起围绕自己产品的生态系统。

资料来源：太保乱谈，"苹果被指研发投入不足，但它仍然是最具创新的公司"，搜狐科技，2016-02-29。

思考题：
1. 研发投入越高是否创新能力越强？
2. 为什么苹果公司研发投入强度不高但仍然是被公认为世界最创新的公司？
3. 2015 年华为研发投入 596 亿人民币（92 亿美元），占其年营业额比重 15%，无论研发投入绝对值还是占销售额比重都超过苹果公司，你怎么看？

14.1 创新的投入测算体系

14.1.1 企业研究与开发投入

企业研究与开发支出指在企业科技活动经费内部支出中用于基础研究、应用研究和试验发展三类项目以及这三类项目的管理和服务费用的支出。

企业科技活动经费支出是指企业实际支出的全部科技活动费用，包括列入技术开发的经费支出以及技改资金中实际用于科技活动的支出。不包括生产性支出和归还贷款支出（《国家认定企业技术中心管理办法》(2007)）。科技活动经费支出总额分为内部支出和外部支出。

科技活动经费内部支出指企业用于内部开展科技活动实际支出的费用，包括加工费，不包括委托研制或合作研制而支付外单位的经费。科技经费内部支出按用途分为科技活动人员劳务费、原材料费、购买自制设备支出、其他支出。科技活动经费外部支出指企业委托其他单位或与其他单位合作开展科技活动而支付给其他单位的经费，不包括外协加工费。

技术开发经费是指企业研究开发新产品、新技术、新工艺所发生的各项费用，包括：新产品设计费；工艺规程制定费；设备调整费；原材料和半成品的试验费；技术图书资料费；未纳入国家计划的中间试验费；研究机构人员的工资；研究设备的折旧；与新产品的试制、技术研究有关的其他经费；委托其他单位进行科研试制的费用。[①]

14.1.2 企业的全面创新投入

传统观念认为技术创新过程是一个线性的过程，是按照研究、开发、生产、销售的模式进行的。根据这一模型，技术创新的业绩取决于其投入水平，即研发的投入强度和参与研发的科研人员数量。因此，很长一段时间内，企业都把研发投入水平和研发人员数量作为衡量技术水平的重要指标。在开放式创新体系下，技术创新不再是一个简单的线性过程，而是一个复杂的、多部门、多个经营主体密切协作的综合的系统。开放创新体系将吸纳更多的创新要素，仅仅靠研发投入来衡量企业的技术创新水平已经远远不够。

日本在经济起飞时期，其研发投入占GDP的比重不如美国高，企业的研发投入占销售收入的比重也比美国低，但却成功地实现了创新的赶超。日本企业非常强调从外部获得产品创新所需的关键技术，用少量的研究开发经费达到了美国公司的创新能力。

从开发模式来看，中国企业的创新模式是封闭的，研究开发部门与其他部门缺乏有机的联系，企业的新产品研制活动与大学、研究机构的科研项目相分离，互不往来。日本虽然研发投入的总量低于美国，但其开放式的创新体系使得日本企业能借鉴外界的技术力量补充自身的不足，从而提高技术创新水平。因此对技术创新能力的影响，除了研发投入，更为重要的是创新模式，中国企业封闭的创新模式是导致技术创新能力缺乏的最根本原因。因而在开放式创新模式下，仅用研发投入来衡量企业的技术创新水平是不完整的。

企业技术创新的任务不能仅仅依靠研发部门来实现，在企业内部的每一个成员都有提出创新思想的权利和责任。成功的创新活动需要研发部门、生产制造部门和营销部门的所有成员加强沟通和联系，共同为用户解决问题。因此，在企业内部用于提高企业技术创新水平的投入，除了研发投入外，还应包括非研发投入。具体包括新产品的生产性准备投入、新产品试销费和员工的技术学习费用等。

在开放式创新体系下，企业不能仅仅依靠内部有限的资源成功地实现创新，获取外部知识的能力变得越来越重要。用户尤其是领先用户直接参与创新，将加快技术创新的速度和提高技术创新的成功率。同样，供应商也是主要的创新者。

为避免重复研发，或者弥补本企业技术方面的不足，企业可以通过购买外部技术或技术购并以有效而经济地获取先进技术和关键技术，加快技术创新的速度。因此，在企业外部用于提高企业技术创新水平的投入，我们称之为外部知识投入，具体包括用户参与创新费用、供应商参与费用、种子资金和风险资金发生额、知识产权的支付经费、技术购并经费等。

这样，企业内部研发投入、非研发投入和企业外部知识投入三部分构成企业全面创新投入。以企业创新投入来衡量企业技术创新水平，以创新投入占企业销售收入的比重替代研发投入占销售收入的比重来反映技术投入的强度将更为合理和完整。

创新投入强度 =（研发投入 + 非研发投入 + 企业外部知识投入）/ 销售额

[①] 财政部国家税务总局，《关于企业技术创新有关企业所得税优惠政策的通知》（财税〔2006〕88号）。

14.2 研发的资金分配

研究与发展的资金分配，首先要服从于企业的经营战略。不同的企业战略，要求研究与发展资源有不同的投入比例。比如，为了保持技术领先优势，华为近年来一直拿出销售收入的 10% 作为研发投入，并作为制度写入《华为基本法》。

14.2.1 企业不同发展阶段的比例关系

在企业不同的发展阶段，其研究与发展资源的投入结构比例也不相同。在企业发展早期，资源匮乏，只能进行一些试验发展项目；而当企业跨入超常规发展期，相对资源较多，就可将较多份额的资源用于大规模科学技术和系统的基础研究与应用研究。在西门子公司的发展史上，1850—1900 年是"先期的工匠式企业"阶段，研究与发展经费投入占销售额的比例低于 0.3%。而 1950—1990 年是"系统公司"阶段，研究与发展经费投入占销售额的比例已经达到 2%—3%。在 1990 年以后的"服务性公司"阶段，研究与发展经费投入占销售额的比例则已上升到 3% 以上。很显然，西门子公司研究与发展经费投入占销售额的比例同西门子公司不同发展阶段及其战略密切相关。

14.2.2 近期、中期、远期项目间的比例关系

研究与发展资金在近期、中期和远期项目间的分配，是企业研究与发展管理的重要战略问题。研究与发展资金过多地集中于近期项目，虽能满足企业现时竞争的需要，但从长期发展来看，企业发展后劲乏力；而过多地集中于中期和远期项目，企业则很难保持现时的竞争优势，对于竞争实力并不很强大的企业来说更是如此。因而，必须保持研究与发展资金在近期、中期和远期项目间的平衡。在西门子公司的研究与发展资金分配中，公司为现在和近期项目分配近 1/2 的研究与发展资金，使公司保持在现时激烈竞争中的强大竞争力，同时公司又将另一半研究与发展资金分配给中期和远期项目，以保持公司的未来竞争力。

在很多研发单位里，存在着一种把资源集中于短期研究与发展项目的倾向，原因有：一是这种短期项目可凭借已有科技理论与知识来解决问题，技术风险小；二是短期项目容易出成果，能够迅速得到回报。这种倾向在企业经济状况欠佳时尤为显著。这种做法的最大危险在于：使研究与发展工作脱离企业的战略目标，影响企业长远发展与成长。为了保证长短期项目的全面安排，企业在有条件时可以采用两套班子的做法。除了保证足够的科技力量从事集中、短期的研究与发展任务外，还应保持一定的科技力量用于长远的基础性科研项目。

创新标杆 —— 西门子研发资金在短期、中期和长期项目间的分配 ——

西门子公司严格控制研发资金在短期、中期和长期项目间的分配，以保证公司当前和未来的竞争力。在研发任务上，西门子公司技术中心提供着眼于核心技术和将来技术的下一代产品和系统。而各集团和地区开发部的任务是准备将下一代产品投入市场。由各个集团首席技术长

官组成的西门子创新和技术委员会根据技术对各个业务单位未来影响的潜力,决定哪些技术属于核心技术,核心技术不断地调整以适应新的知识和变化的市场。技术中心则负责核心技术的研发和提供针对长期需求的战略远景,将更多的资金投资于中期和长期研发项目,各集团公司则将大部分资金投资于短期研发项目。公司用一种称为"战略性远景"的机制把现在的研究项目和着眼于遥远未来的情景研究很好地结合起来,如图14-1所示。

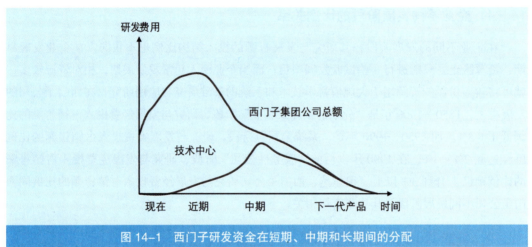

图14-1 西门子研发资金在短期、中期和长期间的分配

资料来源:陈劲、宋建元,《解读研发:企业研发模式精要·实证分析》。机械工业出版社,2003年。

14.2.3 公司总部与分公司之间的比例关系

研究与发展资金在公司总部和分公司间的分配同公司的发展战略、技术创新体系密切相关。一般说来,公司总部的技术中心主要开展一些同公司业务相关的核心技术、共性技术难题和基础领域方面的研究工作,一般周期较长;而各分公司的技术中心则更多地从事同当前项目及业务有关的产品和工艺开发,周期相对较短。

不同分公司的技术中心所从事的开发项目可能有很大的差异性,它们都应用公司总部技术中心所提供的研究成果。由此看来,在保证公司总部技术中心有足够的研究与发展资金后,应将更多的研究与发展资金分配到各分公司的技术中心,以促进公司总部技术中心研究成果的产业化,保持公司在市场上的竞争力。如在拜耳公司的研究与发展资金分配中,10%的资金应用于公司总部的技术中心,而90%的资金分配给各分公司的技术中心;西门子公司更是将95%的资金用于各分公司的技术中心,这样既保证公司拥有长远竞争力,又能满足当前市场的竞争需要。

创新标杆 —— 西门子研究与发展资金在总部和分公司间的分配 ——

西门子的研发工作分两个部分进行,一部分在西门子技术中心,另一部分则在各集团公司或工厂的研发部门。技术中心是西门子公司的研发体系中的中央部门,主要把精力集中在核心技术上，也就是那些有长期创新潜力、能对公司价值有很大贡献的技术。各集团子公司的研发部门则主要进行一些产品和工艺方面的改进，将新技术产品推向市场，关注市场的联合研发，从而保证了集中研发和分散研发的互动作用。在资金分配上，西门子将大部分研发资金投入到同市场密切相关的技术研发方面，同时也保障了基础研究和长期核心技术研究所需的资金要求。如在1998—1999年度的102亿马克研发费用中，95%的研发费用用于各集团子公司、关联公司开发产品、系统和制造工艺，5%的研发费用用于公司技术中心进行的研究、基础开发和高级产品技术。

资料来源：陈劲、宋建元，《解读研发：企业研发模式精要·实证分析》。机械工业出版社，2003年。

14.2.4　三类研究与发展活动之间的比例关系

研究与发展资金在三类研究与发展间的分配比例是动态发展的，取决于外部环境（政治、经济、政策、环保要求等）与企业战略的变化。基础研究作为长期投资，往往要10—20年后才能对生产力的突变发生影响；实验发展是短期投资，1—2年可能见效；应用研究作为中期投资，一般在3—5年，多则10年内对社会生产力发生重大影响。

为保证企业在今后5—10年中持续发展，必须在应用研究中有足够的投入，根据企业的中、远期战略基础结构，形成企业的技术核心能力，这是近年来世界著名企业成功的关键。如拜耳公司在农业领域的研究与发展投资中，将33%的资金用于研究方面，使公司在农业生命科技领域保持强大的研究力量。同时，公司又将40%的资金用于产品和工艺开发，以推动研究成果能够最快产业化。此外，公司还为生命周期管理分配27%的研究与发展资金，为产品改进和更新换代等渐进创新提供支持。

14.2.5　进攻型与防卫型项目间的比例

防卫型的研究与发展项目用来抵御来自竞争方面的压力，以保持企业的现有市场；进攻型的研究与发展是为了提高企业的市场地位或开拓新市场。如果缺乏长远规划和明确的战略目标，任其自流，那么企业的研究项目中将充斥大量"救火型"的防卫型项目。防卫型项目需要有一定的数量，但决不能占主导地位，否则企业就没有活力和生气，也没有发展前途。

两种类型研究项目的比例是同企业所采用的技术战略是分不开的。当企业采用"技术领先"战略（第一个进入市场）时，就应有更多进攻型研究与发展项目。而当采用"紧随领先者"战略时，企业要有一支强有力的研究与发展队伍，能从事快速的防卫型研究与发展。

14.2.6　产品研究与工艺研究间的比例关系

由于新产品关系到企业的生存与发展，人们习惯于把绝大部分研究与发展力量投放到产品的研究与开发方面，而忽略了对于工艺的研究与发展。根据对美国某些机械行业的调查，它们把45%的研究与发展力量放在新产品上，把41%的研究力量投放在改进现有产品方面，而投入到工艺方面的研究与发展力量只占3%。

在产品研究与工艺研究上力量分配不当，不利于保证和提高新产品的质量和企业水平。德国的一些公司具有这方面的良好经验。它们在进行新产品研究与发展的同时，也进行新工艺的研究与发展，保证能以低成本把新产品经济地制造出来。它们放在新工艺与生产方法上的研究费用占其全部研发费用的8%—9%，投入新产品研究的费用占5%—6%，其余80%以上均用于工程型开发以及发展工作。它们不仅有强大的产品研究和发展部门，还有强大的工艺研究所与生产工程（包括工业管理工程）研究所。

14.2.7　不同行业企业研究与发展资金投入的差异性

由于不同产业的技术复杂性、技术进步难易度和技术信息来源的差异性，不同产业在研究与发展资金投入方面存在巨大差异，如纺织类的劳动密集型行业需要大量的熟练劳动工人，而像制药等技术密集型行业则需要投资于新产品研究与发展。

不同行业研究与发展资金投入的差异性表现为多元化经营的企业在不同经营领域上的研究与发展资金投入差异。例如，拜耳公司的经营范围包括聚合物、有机产品、工业产品、医药、农业和影视产品六大行业，公司研究与发展资金总额必须在这六大产业中进行分配。基于不同产业的技术复杂性及对企业经营战略的重要性，拜耳公司在这六大产业中分配的研究与发展资金有显著差异，由于医药业为技术密集型行业，是拜耳公司的核心业务，也是拜耳公司最具有竞争力的产业，拜耳公司为医药业分配的研究与发展资金最多，占全部研究与发展资金投入的46.5%；而有机产品领域为传统成熟行业，拜耳公司仅为其分配了6.6%的研究与发展资金。

创新视点　　　　　　**精益研发：提升研发投入产出效率**

过去大型企业大都采取独立内部研发策略，一来技术创新来自内部研发，成果也仅供企业使用；二来积极投入基础研究，以探索未来技术发展趋势。虽然每年投入数十亿研发经费，奠定了它们在相关产业的领导地位，但研发效率与投资回报率其实并非很高。

Xerox就了采取独立内部研发策略，虽然它的PARC（Palo Alto Research Center）实验室产生了许多划时代的创新成果，但大部分都无法为各事业部有效应用。反倒是苹果公司、微软等公司引用了这些成果。一些知名的公司，如3Com、Adobe等，竟然是PARC员工在风险资金支持下离职创业的，而他们的产品创新构想都是原来在Xerox公司内无法实现的。

如今的研发创新环境已经发生重大变化。知识型员工具有高度流动性，支持创新活动的风险资金规模持续扩大，技术交易市场活跃，技术已逐渐成为一种容易取得的商品，投资者对于企业研发效率与研发投资回报的要求更是不断提高。但Xerox却未能察觉这样的变化趋势，仍然坚持内部研发，结果为维持竞争优势而投入大量的研发资源，反而加速了公司的破产清算。

20世纪80年代初期，精益生产系统兴起，它运用并行工程及质量功能展开等方法，将供应商、顾客、营销人员、生产人员纳入产品的设计与开发活动中，并彻底打破本位主义与线性分工的传统汽车设计模式，对于缩短新产品开发时间带来重大贡献。精益的观念，如提升效率、消除浪费、增加市场效益、强化合作关系、发挥人力资源潜能、充分利用外部资源等，应该同样也适用于过去被视为保守封闭的研发活动。事实上，IBM、Nokia、宝洁等都已经采用精益研发的观念来改造研发创新活动，显著提升了创新产出与投资回报。

传统观念认为，研发活动关系到企业核心事业的竞争力，因此企业必须发展自主的研发能力。但如果研发产出无法为核心事业所使用，则对企业而言这项技术就不再具有价值。但精益研发观念则强调，要以最少的研发投入获得最多的创新成果，并且创造最大的投资回报。

相比传统的自主研发，精益研发采用的是开放创新的态度。采用精益研发策略的公司，其内部研发活动的定位与功能，将会发生变化。它们将更关注于技术信息来源的发掘、委托外部研究管理、技术资源的整合与运用、产品系统整合能力的开发、专案管理、风险管理等。倡导开放创新观念的加州伯克利大学教授Chesbrough主张，任何公司研发经费占到营业额的5%以上，都应该积极引进外部研发资源。

个案研究显示，实施精益研发的公司，研发创新的投资回报都能获得显著的提升。这些公司大都能有效运用大学、政府研究机构、供应商、风险投资基金、客户、竞争者、研究机构、新创科技公司等外部研发资源，并能充分运用各阶段的研发产出，将整体研发成果的市场价值最大化。它们的做法归纳为以下七点：

1. 向全球搜寻技术创新来源

不再将研发视为纯粹的内部流程活动。宝洁过去一向依赖7500位内部研发人员为公司开发所有的新产品。如今，公司要求一半的创新成果要来自于外部市场，2000年这个比例只有10%。宝洁为此设置了53个技术侦测小组，专门负责搜索外部的可能创新源与新产品技术。

2. 扩大技术收益

充分发挥研发成果的商业价值，主动将技术推向交易市场，用技术授权收益支付技术取得费用。1993年郭士纳入主IBM后，发现公司有大量无用的技术与专利成果。因此，他毅然决定将IBM的技术专利尽量推向市场，结果在2001年IBM仅技术授权收益就高达19亿美元。

3. 积极并购转移技术

透过技术转移与企业并购等手段，尽量从外部取得所需技术，以减少自主研发投入的风险。思科比较典型，它本身并没有投入很多的研发资源，但新技术开发与新产品上市的速度却远远领先主要竞争对手。Lucent承袭AT&T贝尔实验室的丰富研发资源，但由于仍然坚持自主研发，产品创新速度明显落后于采取精益研发的思科。

4. 强化研发联盟

与竞争者技术合作，组成研发联盟，这是过去许多公司根本不敢想像的做法。但一向强调市场自由竞争的美国政府，也在1984年通过《国家合作研发法案》，鼓励企业间的合作研究。纵然像英特尔这样的领导创新企业，也积极加入MCC和SEMATECH等半导体技术研发联盟组织。

5. 推动产学合作

采取精益研发策略的厂商，会将基础研究委托给大学，转移大学的研发专利，与大学实验室合作开发关键技术，并愿意与大学分享研究成果。例如Sun的服务器微处理器来自斯坦福大学，UNIX 操作系统来自伯克利大学，X-Window 图形界面软件来自麻省理工学院。这种拿来的创新策略，再加上杰出的商业模式，才造就 Sun 成为服务器市场的领导厂商。Sun 的创新生产力显然要远高于 IBM、惠普等采取自主研发的大公司。

6. 风险投资基金与争取政府研究资源

许多大型药厂已不再将风险基金视为竞争者，而乐于与风险投资公司合作以取得更多的新药开发技术来源。它们同时也积极参与政府的研究计划，尽量利用公共部门的研究资源，来降低研发投资的风险。

7. 鼓励内部创业

在公司提供创业种子资金的激励下，让员工将一些与公司现有市场无关的创新技术，经由商品化开发程序推进到新市场，并进而衍生为新事业。

资料来源：吕力、丁伟，"创新成本与精益研发管理模式下的开放式创新"，《集团经济研究》，2007 年第 7 期，上旬刊（总第 235 期），第 122-123 页；http://www.smesy.gov.cn/assembly/action/browsePage.do?channelID=1141969327701&contentID=1184216501131

14.3 风险投资与新业务孵化

14.3.1 风险投资——创新创业的第一桶金

> 线上阅读：风险投资如何影响企业创新？

创建新的企业对于实现创业者的最终愿景是必不可少也是至关重要的环节。在创业实践中，无数前景大好的商业模式因为缺乏必要的资金支持最终只能付诸东流。而风险投资（venture capital，VC）作为创业企业重要的融资方式之一，在企业的建立以及日后的发展和运营过程中都有着非凡的意义。

风险投资通常被认为起源于美国，是 20 世纪 60 年代以后，一些愿意以高风险换取高回报的投资人发明的，它与以往抵押贷款有本质不同。风险投资不需要抵押和偿还。如果成功，投资人将获得几倍、几十倍甚至上百倍的回报；如果失败，就算打水漂了。创业者，使用风险投资创业的最大好处在于即使失败也不会背上债务，年轻人创业成为可能。

美国全美风险投资协会将风险投资定义为"由职业金融家投入到新兴的、迅速发展的、具有巨大竞争潜力的企业中的一种权益资本"。风险投资是把资本投向蕴藏着失败风险的高新技术及其产品的研究开发领域，旨在促使高新技术成果尽快商品化、产业化，以取得高资本收益的一种投资过程。①

根据所投资创业项目的阶段性，创业投资又可细分为种子投资、天使投资、风险投资、私募股权投资等。一个科技创业项目从创业点子产生，到最终首次公开募股上市，可能经历的融资阶段有：种子轮（seed）——天使轮（angel）——Pre-A 轮——A 轮——B 轮——C 轮——IPO（如表 14-2 所示）。

---

① 陈劲，《管理学》。中国人民大学出版社，2010 年。

表14-2 公司融资上市的各个阶段

阶段	团队特征与投资方
种子轮	团队阶段：只有一个想法或点子，还没有具体的产品 投资方：一般是创业者自己掏钱，另外也会有一些专注于种子团队的投资人，但是往往投的钱不会很多
天使轮	团队阶段：团队核心成员组建完毕，项目或产品趋于成型或已经拥有小样（DEMO）。商业模式初步成型，对于未来如何盈利也有了规划，在小范围内积累了一定数量的核心用户 投资方：天使投资人或机构
Pre-A轮	团队阶段：产品优秀、团队靠谱，且有良好的用户数据或者增长趋势明显，但是尚未达到A轮融资标准的项目 投资方：风投机构
A轮	团队阶段：团队搭建完毕，正处于快速磨合或已经磨合完毕，产品基本成熟，同时做好大规模面相市场的准备；公司已经正常经营运作，并有完整详细的商业及盈利模式，在行业内拥有一定地位和口碑；但此时公司可能还未盈利，也没有较高的社会知名度 投资方：风投机构
B轮	团队阶段：拿到A轮大规模融资后，资金充裕的团队大多仍处于"烧钱"阶段，扩大知名度和影响力，最快速度积累用户，但不排除有些公司已经开始盈利；这一阶段商业模式和盈利模式得到充分检验并完善，此时公司对未来的发展已经有了详细的战略规划 投资方：大多是上一轮风险投资机构跟投，新的风投机构加入，私募股权投资机构（PE）加入
C轮	团队阶段：此时公司已经非常成熟，随时有可能上市；进行到C轮时，大多公司除了拓展新业务，补全商业闭环，更有准备上市的意图 投资方：PE，有一些之前的风投也会选择跟投

创新标杆　　Uber：从20万美金到600亿美金估值的创业融资之路

Uber（中文名为"优步"）近年来成了热门话题，这家2009年创立的公司在仅仅五六年时间里，两个联合创始人以20万美元开始起步，到天使轮一共融资125万美元，然后从A轮开始，B轮，C轮，D轮，E轮，截至2015年10月最新的估值是500亿美元。作为一个还没有IPO的公司，500亿美元是一个极其惊人的估值，是截至当时全球估值最高的创业公司。

据海外媒体报道，打车应用Uber正计划进行新一轮10亿美元的融资，而估值将达到600—700亿美元。3个月之前，Uber刚刚完成了一轮融资。如果Uber以这一估值完成融资，那么将成为到目前为止全球估值最高的创业公司。

Uber是一家2009年成立于美国硅谷的创新科技企业，是全球即时用车软件的鼻祖，即实现了交通出行业"互联网+"的碰撞。2014年，它成为一个遍布58个国家311个城市的科技企业。Uber是一个按需要服务的O2O网站。网站以最简单、最优雅的方式，使豪华轿车司机网络化。每一个有需求的用户通过iPhone、SMS、Android向Uber发送请求，找到自己的搭乘服务。

开始的时候Uber平台上只有一辆车，是创始人花钱雇的专属司机。叫车的时候APP会把乘客 GPS 发给司机，司机就去接载乘客。早期只有创始人自己用着玩，后来他们把这个东西展示给朋友，朋友们都惊呆了，都纷纷表示要邀请码。由于用的人逐渐变多了，很快两个创始人的专属司机就不够用了。然后大家觉得这个创意有戏，值得认真尝试，就联系了一些汽车租赁公司做司机，慢慢地越做越大。

Uber 的创意源自于到 2008 年法国的 leweb 互联网峰会。当时正要在巴黎参加 leweb 互联网峰会的特拉维斯·克拉尼克和格瑞特·坎普却无法找到一辆的士。于是，一个基于互联网为平台的打车系统创意在克拉尼克心中油然而生。也因此克拉尼克把巴黎喻为 Uber 的灵感源泉。

2009 年，克拉尼克和坎普成立了"UberCab"，也就是 Uber 最早的原型。2010 年 6 月在 Uber 的打车服务在旧金山上线。2010 年，Uber 的手机 APP 叫车软件在旧金山上线。

2010 年 10 月，Uber 收到将近 125 万美金的注资，以及收到了大量硅谷天使投资人的青睐，包括"硅谷最有眼光投资人"克里斯·萨卡。2011 年 2 月，以 Benchmark Capital 为主导和其他天使投资机构为 Uuber 进行了 A 轮融资，融资额度超过 1150 万美金。2011 年 12 月，获得由 Menlo Ventures、Benchmark Capital 和高盛的 3200 万美金的 B 轮融资。2013 年 8 月，Uber 完成 C 轮融资，获得私募巨头 TPG、Benchmark 和谷歌风投等公司的 3.6 亿美金投资，其中谷歌风投、TPG 共占 2.58 亿美金。2014 年 6 月，Uber 获 12 亿美金融资，估值达到 182 亿美金。2014 年 12 月 5 日，Uber 已筹集到 12 亿美金的风险资本，并寻求从战略投资者那里额外筹资最多 6 亿美金的融资，估值高达 412 亿美金。2015 年 5 月，Uber 发表了 15 亿到 20 亿美金的融资计划，融资完成后公司的总资产价值将会增加到 500 亿美金以上（如图 14-1 所示）。

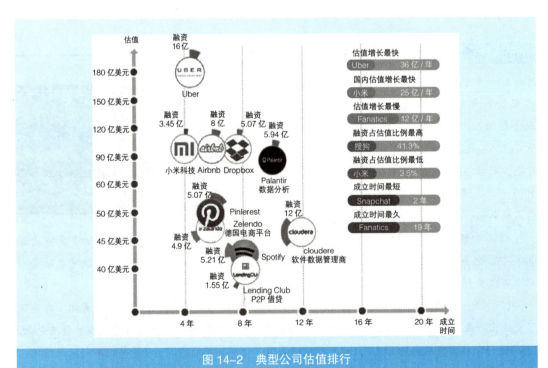

图 14-2　典型公司估值排行

资料来源："起底 Uber 发家史：估值或将达到 600 亿美元"，中商情报网，2015 年 10 月 28 日，http://toutiao.com/a6209845690027294977/。

风险投资的运作过程，简而言之，包括融资、投资、管理、退出四个阶段。

融资阶段是解决"钱从哪里来"的问题。通常，提供风险资本来源的包括养老基金、保险公司、商业银行、投资银行、大公司、大学捐赠基金、富有的个人及家族等。在融资阶段，最重要的问题是如何解决投资者和管理人的权利义务及利益分配关系安排。

对于投资阶段而言，风投关注的焦点在于解决"钱往哪儿去"的问题。专业的风险投资机构通过项目初步筛选、调查、估值、谈判、条款设计、投资结构安排等一系列程序，把风险资本投向那些具有巨大增长潜力的创业企业。

管理阶段主要解决"价值增值"的问题。风险投资机构主要通过监管和服务实现价值增值，"监管"主要包括参与被投资企业董事会、在被投资企业业绩达不到预期目标时更换管理团队成员等手段，"服务"主要包括帮助被投资企业完善商业计划、公司治理结构以及帮助被投资企业获得后续融资等手段。价值增值型的管理是风险投资区别于其他投资的重要方面。

退出阶段解决"收益如何实现"的问题。特别是当初创企业发展到一定阶段之后，其赢利能力基本保持稳定，很难满足风险投资的需求。此时，风险投资往往希望抽出投资，然后投入其他具有高增长潜力的初创企业中。

风险投资机构主要通过公开上市、股权转让和破产清算三种方式退出所投资的创业企业，实现投资收益。其中公开上市往往是创业者和投资者最理想的退出机制，因为通过公开上市，企业可以通过发行股票的方式筹集来自社会大众的资金，从而为公司提供新的、持续的融资渠道，这时风投资本的退出几乎不需要承担任何风险。然而公开上市的审核过程较为严格，只有满足各项上市要求的企业才能最终实现公司上市。退出完成后，风险投资机构还需要将投资收益分配给提供风险资本的投资者。风险投资的投资过程如图14-3所示。

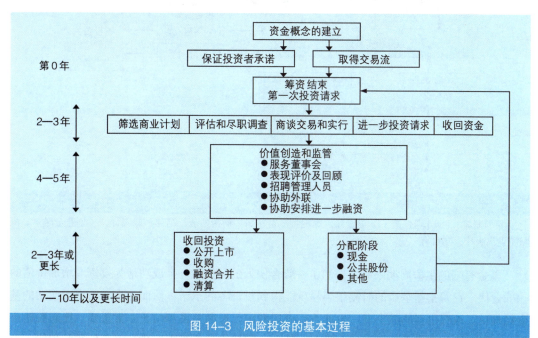

图14-3 风险投资的基本过程

资料来源：[美]理查德·L.史密斯、珍妮特·奇霍姆·斯密斯著，高建、滕飞译，《创业金融》。机械工业出版社，2011年。

风险投资往往通过组建风险投资基金的方式进行投资运作。目前，风险投资基金的主要运作方式是有限合伙制。一般合伙人（GP）管理基金，有限合伙人（LP）提供投资资本。资金都投资在多元化的新创企业。这种组织形式解决了许多投资新企业时的管理问题。因为投资者能投资多个基金，也可以分散投资。其中，一般合伙人是基金的组织者，有责任从有限合伙人那里筹集投资并通过投资企业配置资金。在资金配置方面，一般合伙人寻找投资机会并且根据资产质量，与一般合伙人管理能力和基金资金流期限的匹配程度来筛选投资机会。

一般情况下，风投基金的整个投资周期需要2—3年。在这个区间里，一般合伙人忙于筛选商业计划，调查可能的投资，商谈交易。同时，一般合伙人给承诺的投资者发出投资请求并寻找机会把所有承诺的资本都投资到新创企业。在投资企业之后，一般合伙人的责任转移到价值创造和监督上，在理想的情况下，只要一般合伙人能增加资产价值，他就会持续地与一家被投资的公司合作，直到最后清算，比如说通过公开上市或是内部认购股份，单个风投基金的投资期、价值创造和资金回收期都有部分重叠，因为被投资的各个公司以不同的速率发展。一个风投基金的生命周期通常是7—10年。通常，一般合伙人可以延长几年基金寿命，以便于管理投资的退出时间。风险投资公司的组织结构如图14-4所示。

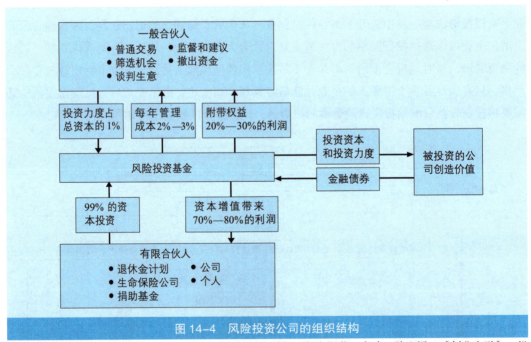

图14-4　风险投资公司的组织结构

资料来源：[美]理查德·L.史密斯、珍妮特·奇霍姆·斯密斯著，高建、滕飞译，《创业金融》。机械工业出版社，2011年。

基金有限的生命周期限制并控制了一般合伙人的行为。一个成功地为投资者增加价值的一般合伙人在筹集新基金的时候很容易就能得到投资者的承诺，然而一个之前不太成功的基金经理就很难吸引新的投资者。由此我们可以看出，长期关系和信誉非常重要。比起股票市场，风险投资基金潜在的投资者少得多，他们之间的相互交流更容易。对于信誉的担忧，可以约束一般合伙人并且保护投资者避免短期的投机行为。[1]

> **创新视点**　　　　　　　　**创业风险投资常用术语**
>
> **天使投资**（angel investment）是权益资本投资的一种形式，是指富有的个人出资协助具有专门技术或独特概念的原创项目或小型初创企业，进行一次性的前期投资。它是风险投资的一种形式，根据天使投资人的投资数量以及对被投资企业可能提供的综合资源进行投资。
>
> **风险投资**在中国是一个约定俗成的具有特定内涵的概念，其实把它翻译成创业投资更为妥当。广义的风险投资泛指一切具有高风险、高潜在收益的投资；狭义的风险投资是指以高新技术为基础，生产与经营技术密集型产品的投资。
>
> **私募**（private equity，PE）在中国通常称为私募股权投资，从投资方式角度看，根据国外相关研究机构定义，是指通过私募形式对私有企业，即非上市企业进行的权益性投资，在交易实施过程中附带考虑了将来的退出机制，即通过上市、并购或管理层回购等方式出售持股获利。有少部分 PE 基金投资已上市公司的股权。
>
> **投资银行**（investment banking，IB）简称投行。一般投行负责帮助企业上市，从上市融资后获得的金钱中收取手续费（常见的是 8%，但不固定）。有些时候投行或许会投入一笔资金进去，但大多数时候主要还是以上市业务为主。著名投行有高盛、摩根斯坦利、过去的美林等。
>
> **首次公开募股**（initial public offerings，IPO）是指一家企业或公司（股份有限公司）第一次将其股份向公众出售（首次公开发行指股份公司首次向社会公众公开招股）。
>
> **Pre-IPO** 指企业上市之前或预期企业可近期上市时的投资，其退出方式一般为企业上市后，从公开资本市场出售股票退出。
>
> **普通合伙人**（general partner，GP）**与有限合伙人**（limited partner，LP）。大多数时候，GP 和 LP 是同时存在的。而且他们主要存在在一些需要大额度资金投资的公司里，比如私募基金、对冲基金（hedge fund）、风险投资等。GP 是那些进行投资决策以及公司内部管理的人。LP 可以简单地理解为出资人。很多时候，一个项目需要投资上千万乃至数亿元的资金。而投资公司的 GP 们并没有如此多的金钱——或者他们为了分摊风险，不愿意将那么多的资金投资在一个项目上面。LP 会在经过一连串手续以后，把自己的钱交由 GP 去打理，而 GP 们则会将 LP 的钱拿去投资项目，从中获取利润，双方再对这个利润进行分成。
>
> **孵化器**（incubator）指一个能够在企业创办初期举步维艰时，提供资金、管理等多种便利的机构，旨在对高新技术成果、科技型企业和创业企业进行孵化，以推动合作和交流，使企业"做大"。
>
> **路演**（roadshow）指在公共场所演说或演示产品、理念，向他人推介自己的产品、公司及想法的一种方式。目前国内创业大潮兴起，一种专门针对初创团队的路演，即 Demo Day 也

---

[1] [美]理查德·L.史密斯、珍妮特·奇霍姆·斯密斯，高建、滕飞译，《创业金融》。机械工业出版社，2011 年。

逐渐为大家所知，初创团队在 Demo Day 上，演示自己的产品小样，由投资人、创业导师、普通大众等介绍自己的产品思路和理念。很多初创团队通过 Demo Day 成功获得种子或天使投资。

创客空间（maker's space）是为创客们提供实现创意和交流创意思路及产品的线下和线上相结合、创新和交友相结合的社区平台，如深圳的柴火创客空间等。创客指不以赢利为目标，把创意转变为现实的人。

众创空间比创客空间的含义要广一些。简单来说，"众创空间" = "创客空间" + "创业孵化器"。众创空间是顺应大众创新、万众创业和开放创新趋势，把握互联网环境下创新创业特点和需求，通过市场化机制、专业化服务和资本化途径构建的低成本、便利化、全要素、开放式的新型创业服务平台的统称。众创空间较孵化器门槛更低，为更多草根创业者提供成长空间。另外，创业空间的范畴更广，包含创业咖啡这类新型孵化器，也包含部分地产、外贸、服装等产业联合办公空间，如北京的 3W 咖啡、杭州的浙大 e-works 创业实验室、贝壳社等。

资料来源：创业风向标，"种子、天使、A 轮、B 轮……PE、VC、GP、LP 你懂多少？"，2015 年 12 月 24 日，http://www.wtoutiao.com/p/1a5ibag.html；贵阳创客空间，"认识：'创客'、'创客空间'与'众创空间'"，http://www.eefocus.com/gyckkj/blog/15-04/311822_c6890.html

14.3.2 运营过程中的资金管理与业务孵化

顺利度过创业阶段之后，企业在日常运营中同样面临资金管理问题。因为随着企业规模的不断发展，总资产、负债和权益资本的规模也在积累，面临更为大量且频繁的现金流动。

众所周知，现金流是创新企业保持创新活力的重要源泉，如何最大限度地提高资金的使用效率，进行科学合理的投资决策，同时又能以最小的成本获得外部融资支持企业进一步扩张，是关系公司命运的大问题，也是每一个企业的 CFO 应当认真思考的问题。

从公司财务的角度，一个合格的 CFO 应当从以下三个方面对创新企业的资金管理进行优化：第一，如何在考虑适当风险的情况下将企业闲置的资金投资到能够实现收益最大化的项目中；第二，当企业创新活动需要外部资金支持的时候，如何综合考虑资金成本问题；第三，管理企业日常的营运资金。

1. 创新企业的投资管理

合理地制定研发投资规划对企业而言十分重要，和所有的投资决策一样，在研发活动的投资活动中应当首先关注风险问题。相关数据表明，即便是在发达国家，也仅有约 4% 的研发项目能够完全实现从技术到产品的转化。由此可见，研发投资的确是一项风险系数相当高的投资活动，由于未来现金流发生的时限和大小都处于高度不确定状态，研发投资回收期的评估可谓难上加难，因此企业的管理层在研发投资决策上应该坚持审慎评估的原则，综合考虑创新活动的风险。

制定合理的投资预算是创新企业进行研发投资决策的第一步。宋淑静指出，企业应当针对经营活动中经常出现的不确定性制订弹性预算方案，在作预算时就给可能发生的情况留有余地。这里的预算不是针对一个预算量，而是针对一定范围的预算量。实施起来有伸缩性，可以对一定范围内的不确定性给予预测和防范。

不仅如此,从成本管理的角度来看,创新企业还应关注成本效益原则,这是指要形成研发价值的输出与输入比值的上升趋势。根据传统的效益原则,降低成本是提高效益的重要手段,但对不同研发项目不能直接照搬。重大的、具有突破性的研发战略项目属于长周期项目,它在长时间内是负现金流,经济效益在后续阶段逐渐显现。如果不分场合地降低成本,只会束缚后期的价值上升,此时降低成本就是降低效益。

在追求差异化战略时,高质量比低成本能带来更大的未来现金流量。因为创新性研发活动难以寻找相等的质量概念,从而使对研发低成本的追求转化为对研发高质量的追求。而原有的传统效益的合理性仅是指当质量相等时,成本越低收益越高。当前,大部分企业追求的是局部创新,这时非创新部分的产品质量仍具相对可比性,传统的成本效益原则仍起作用。国外的大量事实也证明降低成本是研发驱动的重要动因,同时也构成研发行为本身的约束条件。总之,控制的结果应能促进研发最终收益的增长幅度大于研发成本的增长幅度。[①]

对于企业创新研发投资决策的评估,传统视角是运用净现值法。这种方法在合理预测投资项目存续期现金流量的基础上,充分考虑了货币的实践价值和项目的风险情况,按照预定的折现率计算投资项目存续期内的先进流出量与流入量的现值,通过计算它们的差额得到净现值,以此作为投资决策的依据。

然而,由于研发活动的投资面临着双重不确定性——技术的不确定性和经济的不确定性,导致未来可实现的现金流和估计的贴现率的评估都十分困难。不仅如此,从博弈论的视角来看,企业的管理者往往会根据上一阶段研发投资的效果调整下一步的研发战略,这时传统的净现值方法就难以灵活地根据新信息做出调整,最终导致研发项目估值的偏差。因此,传统的净现值方法在研发投资决策中的表现并不能令人满意。

张理指出,传统的缺乏"管理柔性"(指管理方法难以针对新信息做出调整)的投资决策评估方法亟待改进,而具有动态特征的金融期权的相关思想或许能够成为创新企业管理层可借鉴的优化方向。这其中,实物期权的概念被认为是与研发投资决策关系最为密切的。

实物期权方法就是考虑了柔性和不确定性价值的投资评价方法,它突破了净现值方法关于"投资完全可逆"以及厂商面临的"现在或者永远不"的两大假设,更为贴近创新实践。实物期权的思想将对投资项目的评估作为是否执行该投资期权的标准。

这和金融衍生工具中的看涨期权十分类似,相当于赋予了企业未来行使这项投资的权力,如果研发期权价值如同企业预期的那样一路走高,管理层就可以做出进一步商业化投资的决策,从而获得更大的收益;而如果情况相反,企业就可以放弃行权,损失的仅仅是期权费的部分(在实物期权中指的是获得期权的成本,即研发费用)。

2. 创新企业的筹资管理

创新企业的投资决策解决了"将企业的钱投向哪里"的问题,而企业如何通过经济有效的方式获得可以用来在未来产生收益的资本也是管理层十分关心的问题。企业的研发活动,

---

[①] 宋淑静,"企业研发投资管理策略探析",《经济师》,2008年第2期。

特别是新产品研发，往往要投入其成品价值数十倍的研发经费且需要持续投入，同比需要稳定的大量的资金支持。

传统的金融机构由于对资金流动性和安全性的严格管控，极大地提升了创新企业研发融资的资金成本，这对于资信度较低的中小企业来说更是雪上加霜。因此，企业迫切地需要开发新的研发融资渠道和路径，让更多的创新企业能够以更小的成本实现研发融资。结合最新的金融创新实践，企业可以通过以下几种方式拓宽研发的融资途径：

第一，充分利用创业板市场筹措资金。2009年10月23日，中国的创业板市场终于"千呼万唤始出来"。众所周知，创业板是地位次于主板市场的二板证券市场，其目的主要是扶持中小企业，尤其是高成长性企业，为风险投资和创投企业建立正常的退出机制，为企业自主创新提供融资平台，为多层次的资本市场体系建设添砖加瓦。它的准入门槛较低，可以大大降低中小企业的融资成本。

值得一提的是，我国创业板市场还处于雏形发展的阶段，应当借鉴发达国家市场的相关经验，特别是创业板市场的代表——美国纳斯达克市场。"它具有完善的电子交易机制和自由的准入退出制度。其宽松的上市条件、完善的电子交易系统、开放流动的市场环境为技术创新成功地开辟了融资的渠道。此外，其还为风险投资创造了完善高效的退出机制。相比之下，美国的准入指标比我国较低，但是考核项目和指标却相对较多。对于企业的障碍设置较少，保证创新性企业或机构参与融资的可能性；同时，对于入市要求较高，保证入市个体的赢利能力、资产保有量以及信用。对于融资者来说降低了融资难度，对于投资者来说提升了投资的安全系数。这都是我国创业板市场在今后需要学习借鉴的和学习的。"[①]

第二，借鉴资产证券化的思想，利用有形资产和无形资产进行融资。资产证券化是指将一组流动性较差但在一定阶段具有某种相对稳定收益的资产经过一系列组合，通过一定的结构安排，分离和重组资产的收益和风险要素，保持资产组合在可预见的未来有相对稳定的现金流，并将预期现金流的收益权转变为可在金融市场流动的证券的技术和过程。其核心是对资产的收益和风险要素进行分离和重组。

资产证券化是受抵押贷款这一经济行为启发而产生的融资创新产品，我们同样可以从资产证券化中受到启发来创新研发平台的融资渠道。研发平台虽然缺乏资金，但拥有相当数量科研设备、硬件设施，这些固定资产往往使用年限长，价值大；同时，研发平台最大的财富在于创新，拥有大量科研成果、专利技术。

从这两点出发，可以以研发平台拥有的固定资产和专利技术作为抵押，通过投资银行进行重新组合打包，发行研发平台自己的融资债券。这一方式虽类似于抵押贷款，但大量地将专利技术等无形资产抵押融资却是一个大胆的尝试。

在资产证券化的过程中，保障措施也是必不可少的，例如债券市场准入制度对于此类证券的规范、对于代理发行证券金融机构的资质要严格审定、证券化期间抵押的专利技术将不得转让或由融资方随意使用等，以保障融资双方的利益。

---

① 徐博，储节旺，"研发平台的融资渠道创新研究"，《技术与创新管理》，2012年第7期。

3. 创新企业的营运资本管理

创新企业除了进行投资和筹资的决策之外，在日常的资金管理实务中还需要对营运资本进行合理统筹和分配。我们知道，营运资本等于流动资产减去流动负债。保持适当的营运资本是企业维持正常运转所必不可少的。过多的营运资本使得企业大量资金闲置，大大降低了资金产生收益的潜力；而较少的营运资本又使得企业面临着短期债务的巨大压力，增大企业的运行风险。它们对于企业的发展都将产生不利的影响。

> **专栏** 没有研发的创新

创新是推动科技进步、企业生存发展的不竭动力和源泉，这已经得到社会各界广泛认同。然而，学术界及产业界一直以来很大程度上将创新与研发等同看待，认为研发是创新的唯一途径。这在很大程度上过于高估了研发在创新过程中的作用，也忽视了大多数不具备正式研发机构和研发能力，或研发能力较为薄弱的中小企业所进行的一些并非基于正式研发的多样化创新活动。

欧洲近年来进行的一系列创新调查也在挑战着这一传统观点：第三次欧洲创新调查（CIS-3）表明，1998—2000年有一半左右企业的创新活动是基于非研发的（Non-R&D），2007年针对欧盟27个国家的调查也得出了相似结论。

中小企业的创新模式有其自身特点。调查显示，在我国有创新活动的规模以上工业企业中，创新性的中小企业约占97.4%，而68.8%的中型企业没有进行研发活动，在小型企业中这一比例更高达84.0%。这充分说明了研发并非中小企业的唯一重要创新模式。

在当前经济全球化背景下，中小企业在快速发展的同时，生存与发展也面临严重挑战，全面提高中小企业的创新能力有极其重要的战略意义。然而国内外相关学术研究以及创新政策大多以提升企业研发能力为着眼点，例如在欧洲对企业创新的支持资金中，大约95%用于研发上，而仅有5%是用于支持非研发创新活动。

一、研发与非研发：国内外研究现状与概念界定

1. 国内外研究现状

研发不等于创新，创新也不仅仅包括研发；高研发投入并不一定带来高业绩回报，除了正式的研发活动之外还有很多其他的非研发的创新活动。创新一词通常指新产品或者新服务的开发和改进，但是组织也可以通过其他方式进行创新，如通过新的商业模式、管理技巧和组织结构等。

创新能够在研发水平很低，甚至不进行研发的行业和企业中产生。学者们对1993年欧盟创新调查（CIS）的结果显示，发现研发费用仅仅占到总创新费用的20%，而非研发创新活动的费用，比如设计和试生产就分别占到了10%和11%。

对于一些小企业来说研发统计数据可能容易引起误导，因为这些小企业通常并没有正式的研发机构。因此，很多非研发的创新活动被创新调查和政策忽略掉了。事实上，非研发创新活

动在中小企业中非常频繁,对于中小企业的创新实现起着重要的作用。

早在 20 世纪 80 年代,就出现了关于企业中存在的研发之外的创新活动的研究,主要包括企业在设计、生产过程、销售方法等方面的创新活动。其中,Brouwer 等对荷兰企业产品和服务创新活动中的非研发创新活动进行了研究,包括申请专利和许可授权、设计、试生产、工装加工、人才培训、市场研究、固定资产投资等活动。早期的相关研究很零散,且并未正式提出非研发创新的概念。

近年来具有代表性的是 Arundel 等(2008)和 Som(2012)的研究,分别从活动层面和组织层面对非研发创新进行了研究。Arundel 等首次较为系统地研究了非研发创新,从文献中总结提出了 4 种非研发创新典型模式,并通过数据分析表明,进行研发和不进行研发的中小企业绩效上没有显著差异。Som(2012)对进行研发和不进行研发的企业进行了对比,总结了德国制造业不进行研发的企业的五种创新类型:知识密集型产品开发者、顾客驱动型的技术工艺专家、临时性 B2C 产品开发者、低创新性劳动密集型制造企业、产量灵活的专业化供应商。

2. 非研发创新概念界定与辨析

非研发一词虽然很早就在文献中被学者提及,但概念大都很模糊,主要涉及创新性的生产资料、设计、申请专利和许可授权活动、生产启动、工装加工、人才培训与招聘、市场研究、咨询顾问等活动。非研发活动与非研发创新活动是两个不同的概念,前者是指所有研发之外的企业活动;而后者是指研发之外的创新性活动,这些活动本身具有创新性或者与创新的实现有关。

《弗拉斯卡蒂手册》中提供了一个区别研发活动与非研发活动的基本原则:当某种解决方案对那些具备相关领域基础知识或技术储备的专家来说是新颖性的,也就是说能够感知到科学或技术的新颖性和不确定性时,就是研发活动,否则就是非研发活动。

关于设计是否属于非研发活动,国内外存在分歧。国内倾向于把设计列入研发活动范畴,将设计费用归入研发费用的范畴。而国外很多文献则认为设计是一种基于非研发的活动。

《奥斯陆手册》中认为设计活动的分类将取决于它们相关联的创新类型,也就是说设计活动进行的目的。其中研究和开发活动包括内部和外部研发活动。产品创新相关的市场准备活动包括市场预调研、测试、新产品的上市宣传等。企业内部创新准备性活动指产品和工艺创新过程中的企业内部活动,如部分工业设计活动、测试和评估、启动和工程活动等。技术和设备采用活动是指外部技术和知识的获取以及机械、设备和其他生产资料的获取等活动;市场创新活动指新营销方法的开发和实现活动,组织创新活动包括新的组织方法的开发和实现活动。

非研发创新是企业中除了研发之外的各种其他创新类型的统称。其核心要点是,创新源主要来源于企业的现有知识储备或者企业外部,并不通过企业内部系统化的研发活动来实现;在以非研发创新为主的企业中,几乎没有投入研发费用或投入比较低的研发费用,通过非研发创新活动却同样能够实现较好的创新绩效。

非研发创新与传统的非技术创新概念既有联系,又有重要区别:

(1)内涵与外延不同。非技术创新包括除了技术创新外的其他创新活动,如管理创新、市场创新、制度创新等;而非研发创新是指除研发外其他创新活动,包括技术类非研发创新和非技术类非研发创新两大类。

（2）角度不同。非研发创新是从创新投入视角提出的，非技术创新是从创新要素视角提出的。

（3）非研发创新主要基于中小企业情境提出，而非技术创新的提出主要基于技术创新成功的大中型企业实践。非研发创新与研发创新、非技术创新三者的异同见图14-5。

二、非研发创新的典型活动

不基于研发的创新活动主要包括：技术采用、产品和流程微小的修改和渐进、反求工程与模仿创新，以及现有知识的创新组合应用。① 在此基础上，结合我国中小企业创新实践，可以初步总结出四种企业基于非研发的典型创新活动。

图14-5　非研发创新与研发创新、非技术创新关系示意图

资料来源：郑刚、刘仿、徐峰等，"非研发创新：被忽视的中小企业创新另一面"，《科学学与科学技术管理》，2014年第1期，第140-146页。

1. 技术和知识采用

企业从外部直接采购或获得创新的产品或工艺技术，而自身不进行或者很少进行相关的研发活动，包括新机器购买、部件采购、新设备购买等有形技术采用，以及引进新的工艺流程、技术等无形技术知识采用。

2. 反求工程与模仿创新

模仿创新是指通过引进购买、反求工程等手段吸收和掌握率先创新者的核心技术，并在此基础上对率先创新进行改进和完善，进一步开发出富有竞争力的产品的一种创新模式。反求往往和模仿联系在一起，反求是模仿创新的前提，是获得所需技术或知识的手段，模仿更侧重于对所得知识的运用。模仿创新则是较模仿更高级的行为，是在已有创新基础上的再创新。通过反求工程进行创新性的模仿一般不需要企业进行复杂的研发活动。在中小企业的创新过程中，模仿和反求工程是比较常见的活动，复杂性不高，在反求的基础上会有一定的创新，但是程度不是很高，一般不会涉及研发活动。②

3. 集成创新

集成创新即对现有知识或技术进行创新性地整合，关键是创造性地融合已有技术、知识等创新要素，并且能应用到创新实现过程中。按照集成对象不同，集成创新可分为技术集成、知识集成和组织集成三个层面。其中，技术集成最普遍。集成创新要求企业在具备一定技术创新能力的基础上，还要能准确把握市场需求，迅速集成开发出符合市场需求的产品。

---

① Arundel, A., and R. Kemp., "Measuring Eco-innovation", United Nations University Working Paper Series, 2009/017: 1-40.

② 同上。

4. 市场创新

即新市场的开辟及市场营销手段等的创新。熊彼特在提出创新的概念时，将新市场的发现作为创新的五大法则之一。《奥斯陆手册》也将市场创新纳入到创新的定义范围内，包括产品的外观设计、营销渠道、促销手段以及创新性的定价策略等，其核心就是关注客户的需求体验。① 黄恒学认为市场创新是企业根据企业经营战略进行的市场发展和新市场开辟的活动，以及以企业市场子系统（主要是市场部门和营销部门）为主体所执行的营销职能。②

非研发创新是中小企业起步阶段生存和发展的有效创新策略。当企业逐步积累了一定的规模和技术创新能力之后，有能力在研发上逐步加大投入，可以逐步转向以研发为主的创新模式，进一步通过系统地研发活动来提升企业的创新能力和核心竞争力。因此，对于中小企业来说，非研发创新既是一种创新的有效途径，又是一种创新的转型策略。

资料来源：改编自郑刚、刘仿、徐峰等，"非研发创新：被忽视的中小企业创新另一面"，《科学学与科学技术管理》，2014年第1期，第140-146页。

本章小结

1. 企业研究与开发支出指在企业科技活动经费内部支出中用于基础研究、应用研究和试验发展三类项目以及这三类项目的管理和服务费用的支出。

2. 在开放式创新体系下，技术创新不再是一个简单的线性过程，而是一个复杂的、多部门、多个经营主体密切协作的综合的系统模型。开放创新体系将吸纳更多的创新要素，仅仅靠研发投入来衡量企业的技术创新水平已经远远不够。

3. 研究与发展的资金分配，首先要服从于企业的经营战略。企业不同的战略，要求研究与发展资源有不同的投入比例。

4. 风险投资是把资本投向蕴藏着失败风险的高新技术及其产品的研究开发领域，旨在促使高新技术成果尽快商品化、产业化，以取得高资本收益的一种投资过程。

5. 风险投资的主要运作方式是分析各种投资计划、找出可行、获利高、风险低、回收快的投资方案来进行投资，同时换取部分股权，然后在适当时机将股份出售获利。

6. 现金流是创新企业保持创新活力的重要源泉，如何能最大限度地提高资金的使用效率，将限制的资金投入到科学合理的投资决策中，同时又能以最小的成本获得外部融资支持企业进一步扩张，这是事关公司命运的大问题，也是每一个企业的CFO应当认真思考的问题。

回顾性问题

1. 如何处理研发资金在不同时期、不同阶段的分配关系？
2. 企业全面创新投入由哪三个部分组成？各部分包括的内涵有哪些？

---

① Fagerberg, Jan. *The Oxford handbook of innovation*. Oxford University Press, 2005.
② 黄恒学，《市场创新学》。清华大学出版社，1998年。

3. 风险资本可以分成哪几类？它们各自的作用是什么？
4. 在创新企业的投资管理过程中如何运用实物期权的方法进行投资决策？

讨论性问题

1. 提高研发投入效率的和做法有哪些？
2. 精益研发有哪些价值？对我国企业有哪些启示？

实践性问题

1. 如果你是一位投资者，结合具体实践以及行业差异，谈谈风险投资过程中应当如何实现风险和收益的相对平衡？
2. 选择一家公司，并通过其最近两年的年报从投资管理、筹资管理和营运资本管理三个方面分析企业经营过程中的资金管理。

延伸阅读

1. 陈劲、吴波，"开放式技术创新范式下企业全面创新投入研究"，《管理工程学报》，2011年第4期，第227-234页。
2. 黄力韵、杜德斌、张战仁，"精益研发与开放创新——世界技术研发新模式及启示"，《科学管理研究》，2010年第6期，第28-33页。
3. 梁莱歆、马如飞，"研究与发展资金管理与企业自主创新——基于我国信息技术类上市公司的实证分析"，《财经研究》，2009年第8期，第49-59页。
4. 鲁志国，《广义资本投入与技术创新能力相关关系研究》。上海三联书店，2006年。
5. 张景安，《风险投资与中小企业技术创新研究》。科学出版社，2008年。
6. 郑刚、刘仿、徐峰等，"非研发创新：被忽视的中小企业创新另一面"，《科学学与科学技术管理》，2014年第1期，第140-146页。
7. [德]奥利弗·索姆，郑刚译，《没有研发的创新》。科学出版社，2015年。
8. H. Gifford Fong, Martin L. Leibowitz, *Innovations in Investment Management: Cutting Edge Research from the Exclusive JOIM Conference Series*, Bloomberg Press, 2008
9. Kortum, Samuel, and Josh Lerner. "Assessing the Contribution of Venture Capital to Innovation", *RAND Journal of Economics*, 2000: 674-692.
10. Metrick A, Yasuda A. "Venture Capital and the Finance of Innovation". *Social Science Electronic Publishing*, 2010.

第 15 章

创新的信息与知识管理

学习目标

- 了解创新的信息与知识管理的重要性与管理机制
- 熟悉创新的常见源泉
- 了解用户在创新中的作用与价值
- 了解供应商在创新中的作用与价值
- 了解全员创新的作用与价值

开篇案例:"发烧友"助力小米产品研发创新

作为国产手机后起之秀,小米公司抓住了"用户创新"这一趋势,充分发挥了互联网新生代消费者的聪明才智,发展出了契合时代脉搏的开放式产品创新模式,形成了一种独具特色的"发烧友"文化,开创了一条在互联网上通过用户参与打造手机品牌的独特路径。

一、领先用户——小米"发烧友"

资料来源:小米系统官网 www.miui.com

小米能够成功实施"开放式创新"的关键点在于高效利用"发烧友",即对手机有更高、更丰富需求的"领先用户"。领先用户对于小米公司产品研发创新的价值在于:一是提供明确的手机需求信息;二是帮助公司低成本、定位精准地开发新产品和改进服务;三是可以加速新产品的开发迭代过程,并提升公司产品投放到市场后的成功率。小米公司通过与"发烧友"的信息交流和反馈,凝聚起这些粉丝的力量,既可以让用户在参与研发的过程中获得满足感，又能实时捕获这些"领先用户"的需求，加快产品的迭代创新，把小米快速打造为"知名品牌"，实现短时间内的几何式增长。

现代消费者有大量的零碎时间，公司可以利用用户的认知盈余，让其参与到他们感兴趣的创新活动中，从而帮助公司更好、更快地创新。这些用户的奉献成本虽然很低，但对于公司而言却有聚沙成塔的效果。

小米手机在2011年10月20日发货后不到3个月的时间，就创下了100万台的销售业绩。之所以有如此巨大的吸引力，原因之一在于小米在研发中坚持做到让用户广泛参与其中，其操作系统做到平均每周升级一次。这意味着2天搜集客户需求、2天开发、2天发布，用6天时间就把所有的事情都做完。在这一次次迅速的系统更新中，小米手机的用户体验也就一步步提升了，吸引了更多的"发烧友"参与到其产品的研发创新中来。

二、快速迭代创新

为了便于用户参与研发创新，企业需要建立相应的互联网平台及优良的线上线下机制来寻找、组织和激励这些"领先用户"。同时公司还需要建立崭新的思维方式、组织结构和激励机制来推动员工与客户互动。小米在线上线下都有客户组织和活动，每个产品都有自己的荣誉测试组和开发者团体。做法是：小米通过米聊论坛建成了一个"荣誉开发组"，从几万人的论坛中选择一批活跃度高的用户，借助于这些用户的力量，来把复杂耗时的测试环节高效地解决，同时针对问题和需求及时修改完善。例如，小米的核心软件平台MIUI每天发布的测试版有数千位荣誉测试员参与试用、每周发布的开发版本有数百万开发者参与试用，并及时提出反馈意见。小米依靠这种快速迭代创新，在互联网环境下成功地建立起了一个巨大的、愿意为企业产品创新做贡献的用户生态网络。

三、全过程无缝开放

小米公司的内部研发团队分成两个层级，大产品团队（例如MIUI）以及下面的若干个小产品功能团队。产品功能团队是日常运作核心，每个小团队包括产品经理、设计师、开发工程师、测试、运维、论坛客服等职能，负责完成一个功能从策划到发布的完整过程。小米的产品创新过程可归纳为几个特点：首先，小团队完成从策划到发布的整个流程，利用用户实时反馈的信息快速迭代、循环往复；其次，用户360°全程参与到产品创新的每一个步骤；最后，全面、高效地利用互联网生态环境进行产品发布、销售。

可以看出，小米产品创新全程对客户开放，利用互联网打通了内部整个产品团队和客户之间的距离阻隔，实现了创新的全过程无缝对接。小米还用游戏、社交、竞争和贡献等元素把"发烧友"通过线上线下的各种活动组织起来，让他们用自己的方式低成本地为小米做出贡献，实现自己的价值并找到满足感。此外，小米还建立了相应的内部机制和平台，鼓励各方面的员工直接与客户交流，实现了内部员工在产品策划、设计、开发、测试和发布全过程与客户的无缝对接，从而走出了自己的成功之路。

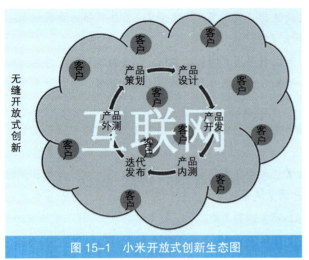

图 15-1 小米开放式创新生态图

资料来源：新华网 http://news.xinhuanet.com/tech/2014-07/15/c_126752996.htm

小米通过用户进行产品创新的模式，把用户创新的理念发挥到了极致，使产品的创新更贴近特定用户的需要，让用户成为创新的真正主体。这一模式在一个激烈竞争的市场环境中让小米获得了独特的竞争优势，充分说明了在互联网时代，消费者就是生产者和创造者，消费者作为用户不仅希望参与产品购买体验和分享的环节，也希望介入生产。这种用户创新的众包模式，值得企业重新审视，用户的价值也应该得到进一步的重视（如图 15-1 所示）。

资料来源：根据董洁林，"无缝开放式创新——互联网生态环境中的小米研发"，《科技日报》，2014 年 7 月 15 日 整理。

思考题：

1. 小米公司近年来的快速发展，用户在其中起了哪些作用？
2. 用户创新有哪些优点和缺点？

15.1 创新的信息源

15.1.1 市场与技术，谁是创新的主导源泉？

传统的观点总认为，技术创新主要是由科学技术本身发展的要求所引起并推动的。而对大量资料的分析表明，情况往往不是这样。根据表 15-1，我们可以这样认为：需求是保证创新活动获得成功的更为重要的因素，市场与生产需求的推动力大大超过了科学技术本身发展的推动力。人们将它概括为这样一句话："需求是技术创新之母。"因此，创新者必须有较强的市场洞察力，以超前把握市场与用户的潜在需求，这是技术创新成功的关键。

表 15-1 技术创新的来源

	美国	英国
科学与技术的推动	22%	27%
市场需求	47%	48%
生产上的需要	31%	25%

资料来源：许庆瑞，《研究、发展与技术创新管理》。高等教育出版社，2012 年。

由于近年来科技的迅速发展，掌握日新月异的科学技术知识，特别是信息技术、生物技术、材料科学与技术等方面的知识，对开展创新也是十分必要的。因此，具备较完备的市场知识和科技知识的人才，对企业技术创新是至关重要的。因此，从客观来看，技术创新来源于社会需要、市场需要的拉动和科学技术发展本身的推动。能够平衡科技和市场知识的复合型人才，是善于创新的人才，也是一个国家和企业应刻意寻求和培养的人才。

15.1.2 技术创新的信息来源

与任何科学技术活动一样，技术创新活动是一个源源不断产生知识并加以不断发展的"流"，这个"知识流"也是一个"信息流"。只有在及时获得有用信息的基础上才能使技术创新活动有效地进行，取得更好的绩效。

产品创新始于构思形成，即系统化地搜寻新产品创意。统计表明，100个新产品构思中，有39个能开始产品开发程序，17个能通过开发程序，8个能真正进入市场，只有1个能最终实现商业目标。对新产品构思的搜寻必须系统地进行。

许多创新构思来自企业内部。企业可通过正规的调研活动找到新构思。还可撷取科学家、工程师和制造人员的智慧。此外，企业的高级管理人员也会突发灵感，想出一些新产品构思。企业销售人员也是又一个好来源，因为他们每天都与顾客接触。丰田公司声称它的职员每年提出200万项构思，每个职员大约提出35条建议，并且其中85%的建议得到了贯彻执行。

好的新产品构思还来自对顾客的观察和聆听。企业可通过调查或集中座谈了解顾客的需要和欲望。企业可通过分析顾客提问和投诉发现能更好地解决消费者问题的新产品。或者企业工程师或销售人员可以与顾客见面听取建议。通用电器公司电视产品部门的设计工程师就是通过与最终消费者会谈的方式来得到新的家用电器产品构思的。

企业可以从观察和聆听顾客的过程中学到许多东西。美国外科公司（United States Surgical Corporation）的绝大多数外科手术器械是在与外科医生的紧密合作中研制出来的。最近几年，美国外科公司的焦点已从经销单独的外科器械转移到了提供一揽子产品和服务，旨在帮助各大医院实现外科手术的成本效益。现在，公司密切注意"总顾客"，即不仅包括外科医生，还包括物资管理、采购、财务以及医院其他部门的代理人。美国外科公司现在已占领了大约58%的一次性腹腔镜检查市场。

消费者经常制造新产品来自用，企业如果能找到这些产品并投放到市场中，便能获得利益。顾客也是构思已有产品新用途的一个好来源，这些新用途能够扩展市场和延长产品生命周期。例如，雅芳公司利用消费者发现了柔肤浴油和润肤露的新用途：一些顾客仅满足于把芳香浴油倒到洗澡水里使水清香怡人，但还有一些顾客把浴油随身带在背包里，用来涂抹蚊虫叮咬过的皮肤、防晒等。

竞争者是新产品构思的又一个好的来源。企业观察竞争者的广告以及其他信息，从而获取新产品的线索。它们购买竞争者的新产品，观察产品运作，分析产品销售，最后决定企业是否应该研制出一种自己的新产品。例如，福特在设计捷豹牌汽车时，拆看了50多种竞争品牌的汽车，一层一层地寻找可以复制或改善的地方。捷豹采用了奥迪的加速器踏板"触角"，丰田 Supra 车型的油耗表，宝马牌轮胎和千斤顶储存系统，以及其他 400 种类似优点。

销售商和供应商也会有许多好的新产品构思。转售商接近市场，能够传递有关需要处理的消费者问题以及新产品可能性的信息。供应商能够告诉企业可用来开发新产品的新概念、技术和物资。其他构思来源包括贸易杂志、展览和研讨会、政府代理机构、新产品顾问、广告代理机构、市场营销调查公司、大学和商业实验室等。

综上，根据美国麻省理工学院冯·希伯尔等人的研究，不同的行业和创新种类，创新源有着极其显著的差异，除了企业内部的研发机构外，用户、制造商、供应商、竞争对手等都可能是重要的创新源，如表 15-2 所示。

表 15-2 职能式创新源数据表

创新类型样本	创新开发者				创新样本数	
	用户	制造商	供应商	其他	未记入	总计
科学仪器	77%	23%	0	0	17个	111个
半导体和印刷电路板工艺	67%	21%	0	12%	6个	49个
Poltrusin 工艺—纤维产品生产	90%	10%	0	0	0个	10个
铲车相关创新	6%	94%	0	0	0个	16个
工程塑料	10%	90%	0	0	0个	5个
塑料助剂	8%	92%	33%	8%	4个	16个
工业气使用	42%	17%	33%	8%	0个	12个
热塑料使用	43%	14%	36%	7%	0个	14个
电缆终端设备	11%	33%	56%	0	2个	20个

资料来源：[美]埃里克·冯·希伯尔著，柳卸林等译，《创新的源泉：遵循创新公司的足迹》。知识产权出版社，2006 年.

创新标杆 —— **3M公司的创新源** ——

3M 公司营销 60000 多种产品，从沙纸和胶黏剂到隐形眼镜、心肺仪器和新潮的人造韧带，从反射路标到不锈羊毛肥皂垫和几百种胶条，如创口贴、防护胶带、超级捆绑胶带，甚至还有一次性尿片、再扣紧胶带。3M 公司视革新为其成长的道路，视新产品为其生命的血液。公司的目标是：每年销售额的 30% 从前 4 年研制的产品中取得（公司长期以来的目标都是 5 年内 25%，最近又前进了一步），这是令人吃惊的。但是更令人吃惊的是，它通常能够成功。每年，3M 公司都要开发 200 多种新产品。

新产品并不是自然诞生的。3M 公司努力地创造一个有助于革新的环境。它通常要投资约 7% 的年销售额用于产品研究和开发，这相当于一般公司的两倍。

第15章 ≪≪ 创新的信息与知识管理

图片来源：百度图片

3M公司鼓励每一个人开发新产品。公司有名的"15%规则"允许每个技术人员至多可用15%的时间来"干私活"，即搞个人感兴趣的工作方案，不管这些方案是否直接有利于公司。当产生一个有希望的构思时，3M公司会组织一个由该构思的开发者以及来自生产、销售、营销和法律部门的志愿者组成的冒险队，培育产品并保护它免受公司苛刻的调查。队员始终和产品在一起直到它成功或失败，然后回到各自原先的岗位上或者继续和新产品呆在一起。有些冒险队在使一个构思成功之前尝试了3次或4次。

在执着追求新产品的过程中，3M公司始终与其顾客保持紧密联系。在新产品开发的每一个时期，都对顾客偏好进行重新估价。市场营销人员和科技人员在开发新产品的过程中紧密合作，并且研究和开发人员也都积极地参与开发整个市场营销战略。

资料来源：徐聪，"激发创新的46N法则3M公司创新管理案例"，《中国经营报》，2012年06月09日，http://finance.sina.com.cn/roll/20120609/011112266337.shtml

---

总之，创新的来源不仅与企业自身相关，还涉及外部环境中教育与培训系统、公共科技设施，以及研究开发机构等有关因素。创新思路的信息来源可以分为内部与外部来源。在内部来源中包括企业内部研发部门及营销、生产等其他部门。在外部来源中包括商业来源（顾客、供应商、竞争对手、咨询公司等），教育与研究机构（学校、科研机构等），一般信息源（学术会议、期刊、展览会等），以及政府计划的作用等。

创新标杆 —— GE创意众包工厂 First Build 实现大创意小规模生产 ——

如果你对冰块有强烈渴求——小块、可咀嚼，常被Sonic等餐饮连锁用来制作冰镇苏打水的冰块，那么GE 7月上市、售价约500美元的Opal冰块机，可以满足你。

不同于GE其他寻常电器的地方是：它并非出自GE工业设计师与工程师之手，也不会甫一面世就在家得宝上架销售。

图 15-2　GE 创意众包工厂

实际上，Opal 来自 GE 新成立的在线社区 FirstBuild，是众包项目的成果；它的销售渠道仅限于众筹网站 Indiegogo。

FirstBuild 在肯塔基州路易维尔有一家 3 065 平方米的微型工厂，Opal 就是在这里进行小批量生产——产量由订单决定（如图 15-2）。从概念到投产仅用了 4 个月时间。就算失败也不要紧，它的前期成本大约只有传统产品开发成本（可达数千万美元）的 1/20。

GE 创意众包工厂在路易维尔有一个 70 万平方米的电器园区（如图 15-3 所示）。第二次世界大战后，该厂区为美国郊区生产了数以百万计的电冰箱、灶具和洗碗机，但后来便没落了。大约一年前，FirstBuild 上线，在网上发起新电器设计挑战，邀请成员提交自己的项目或反馈。若某个点子得到足够多的支持，一个由投资人、工匠和经验丰富的工程师组成的团队就会使用最先进的 3D 打印机、激光切割机和冲压机，进行一轮小规模投产，并将产品放在网上出售。若大受追捧，它就有资格进入电器园区，投入更大规模的生产。GE 拿出销售额的 1% 作为知识产权费。主要发明人可以分得其中一半，另外，产品出货时，他还可以拿到 1 000 美元；剩下一半外加 2 500 美元现金分给其余所有贡献者。

图 15-3　GE 创意众包工厂研发实验室

尽管 GE 正将年营收 60 亿美元的电器部门卖给伊莱克斯公司（交易将于今年完成），它仍想将该做法稍作调整，应用到其他业务中去。与此同时，FirstBuild 已有六种产品在售——其中就包括售价 200 美元的 Paragon 电磁炉，它的无线温度传感器可自动调节电磁炉产热，以实现高精度烹饪。该产品已售出 2 500 多台,从中募集到大约 30 万美元用于今年晚些时候的投产。

FirstBuild 仍未实现盈亏相抵,但营收正在节节攀升,积累的创意也是越来越多。比如,有一种名为 Green Bean 的设备,允许你将家电重新编程,创建新的调控元素与功能。GE 承认,当初并没有预见到可破解的电冰箱也有一片市场,但管他呢,GE 愿意一试。"我们凭什么认为,冰箱能做什么事情只有厂家说了算呢?"

来源:微热点,"快工厂 | GE 电器创意众包工厂 first build 实现大创意小规模生产",2016 年 2 月 6 日,http://www.wredian.com/2016/02/1419635.html

15.2 用户、领先用户与创新

现代企业为增强其竞争优势而日益重视产品和服务的创新。而环境的高度不确定性使得技术创新日益成为一种复杂性活动,深入了解潜在或正在出现的市场需求的重要性越来越突显出来。用户,尤其是领先用户,在创新过程中的作用越来越显著。

15.2.1 用户创新的概念

用户创新是企业创新理论中一个非常重要的研究领域。冯·希伯尔(von Hippel)教授早在 20 世纪 70 年代就提出了"用户是创新者"的革命性观点。他根据创新者与创新之间的联系将创新分为:用户创新、制造商创新和供应商创新。[①]

用户创新(user innovation)是指用户对其所使用的产品或工艺的创新,包括为自己的使用目的而提出的新创意、新设想和实施首创的设备、工具、材料、工艺等,以及对制造商提供的产品或工艺的改进。许多经验研究表明,一些用户对创新项目有重要贡献,起着发明者或合作开发者的作用,这一现象在许多领域被证实,如表 15-3 所示。

表 15-3 创新者的分布

研究者	创新类型	创新总数	创新开发者		
			用户(%)	制造商(%)	其他(%)
Freeman (1968)	化工和化工设备	810	70	30	0
Lionetta (1977)	拉挤异型材处理设备	13	85	15	0
Shah (2000)	滑雪板、帆板运动设备	48	61	25	14
von Hippel (1976)	科学仪器	111	77	23	0
von Hippel (1977)	半导体和印刷电路板工艺	49	67	21	12

资料来源:von Hippel, Eric. "Horizontal Innovation Networks—By and For Users", *Industrial and Corporate Change*, 2007, 16(2): 293-315.

---

① von Hippel, Eric, *The Sources of Innovation*, Oxford University Press, 1988.

冯·希伯尔把这种创新过程称为"用户支配的"创新[①]，其中创新用户的作用表现为：①觉察到某创新产品的需要；②给出一个解决方案；③建构一个原型计划；④通过使用确定这种原型的价值；⑤扩散有关这种创新产品的价值和产品原型如何仿制的详细信息。

冯·希伯尔教授在《创新的民主化》这一著作中，进一步认为，随着知识经济时代的到来以及先进技术的大量涌现，用户创新将进一步得到发展。

15.2.2 用户创新的动机

熊彼特认为，成功的创新者可以从他们对创新的暂时垄断控制中获得回报。这种能力随后将发挥一种杠杆作用，使创新者在市场中占有优势，从创新中获取暂时的创新租金。当用户预计创新的收益会超过成本时，他就可能进行创新。

冯·希伯尔从经济学的角度对用户创新现象给予了合理的解释。在创新的早期阶段，由于突破性技术的复杂性引起设计的不稳定和市场的高度不确定，制造商没有足够的动力去开发。用户作为创新者可以从使用该项创新中获益，而不需要采用将创新推向市场的方法获得创新租金，因此创新用户面临的风险比其他类型的创新者进行创新时面临的风险要小一些。从经济租金的角度分析可以较正确地预测创新源。[②]

许多学者指出，信息和技术知识通常具有转移成本。[③]冯·希伯尔提出"黏着信息"（sticky information）的概念，信息黏性是指从一个地方转移单位信息到另一个地方，以供某一信息需求者使用所发生的增量成本，这种成本越高信息的黏性就越强，反之亦然。[④]

冯·希伯尔以特定用途的集成电路和计算机电话集成系统两个领域为例，进一步验证了创新活动展开的实际场所与黏着信息的所在地有关。从黏着信息的视角，结合经济租金的理论，冯·希伯尔合理地解释了用户创新产生的机理，将创新源理论发展到一个更深入的层次。他所提出的黏着信息及其相关理论不仅极好地解释了创新源，而且由此对整个创新过程，对创新中知识管理、组织学习、知识产权保护，对合作创新以及创新网络等都具有极大的解释力。[⑤]

吴贵生和谢伟认为，用户创新的经济动因是在供应商、制造商和用户的链条中，创新最终满足用户的需求。然而，由于信息传递的不充分和不及时，用户对自己的需求感受一般领先于制造商，对需求感受的深度和完整性也大于制造商。因此，当用户使用某种产品所产生效益受时间性和满足程度的影响较大时，会产生自己创新的经济动力。

用户创新的合理性界限如图15-4所示，用户为了满足自身需求，可有以下选择。

[①] von Hippel, Eric, *The Sources of Innovation*, Oxford University Press, 1988.

[②] 同上。

[③] Rosenberg, Nathan. *Perspectives on Technology*. CUP Archive, 1976; Nelson, Richard R. "The Role of Knowledge in R&D Efficiency", *The Quarterly Journal of Economics*, 1982: 453–470.

[④] von Hippel, Eric. "'Sticky information' and the Locus of Problem Solving: Implications for Innovation", *Management Science*, 1994, 40(4): 429–439.

[⑤] 同注①。

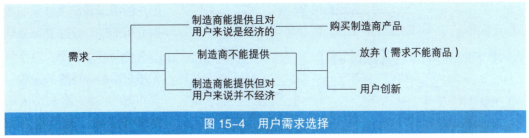

图 15-4　用户需求选择

资料来源：吴贵生、谢伟，"用户创新概念及其运行机制"，《科研管理》，1996 年第 5 期，第 14-19 页。

用户创新的经济合理性前提是：在制造商能满足用户需求时，用户创新成本低于制造商产品售价；在制造商不能满足用户需求时，用户创新的预期收益大于开发费用。

用户创新是一个巨大的创新源，但是很长时间以来在理论上和实践上对此都没有足够的认识，以致用户进行了大量创新而制造商却知之甚少或熟视无睹，使用户创新源这一宝贵资源未得到充分利用。导致这一问题的主要原因包括：

（1）用户创新虽然数量大，但分布十分分散，信息难以收集，导致重视不够。

（2）用户创新处于自发状态。用户仅满足于解决问题，没有意识到自我创新的价值。

（3）用户创新信息流动性差，用户常常有意无意地封锁创新信息，或由于意识不到自我创新的价值，或出于竞争的需要不愿或不积极扩散创新信息。

15.2.3　领先用户的概念及领先用户分析方法

传统的新产品开发过程中也包括用户调查和市场研究分析，以确认需求，了解产品的潜在市场。但直接从普通用户那里获取需求信息会有很大的局限性，因为用户对新产品的需求以及潜在解决方法的把握都受到实际经验的限制。过分关注现有用户的需求不利于创新，甚至导致成功企业的失败。① 因为主流用户不太可能提出与其熟悉的现有产品相抵触的新产品概念，很难对新产品的属性进行准确评估，难以对新产品的未来市场需求进行准确地描述。

冯·希伯尔将领先用户从普通用户中区分出来，他强调领先用户在创新中的作用，将具有以下两个特征的个人或厂商定义为"领先用户"②：一是领先用户面临市场上将普及的新产品或服务需求，而且他们在市场上大部分人遇到这种需求几个月或几年之前就已遇到了。二是领先用户敏感地通过发现解决他们需求的方案而受益匪浅。因为他们不能或不愿等到新产品或服务慢慢变到在市场上可以获得，所以他们经常提前开发新产品或服务。

如图 15-5 所示，传统的技术创新过程中市场研究方法采用的是路径①的过程，其结果只能实现对现有产品的细微改进。通过充分利用领先用户研究方法的优势，路径②的过程能够导致突破性创新，并得到市场的认可。

领先用户方法为寻找新产品开发机会提供了一个强有力的工具。冯·希伯尔认为对领先

---

① Christenson, Clayton, *The Innovator's Dilemma*, Harvard Business School Press, Cambridge, Mass, 1997.
② von Hippel, Eric, "Lead Users: A Source of Novel Product Concepts", *Management Science*, 1986, 32(7): 791-805.

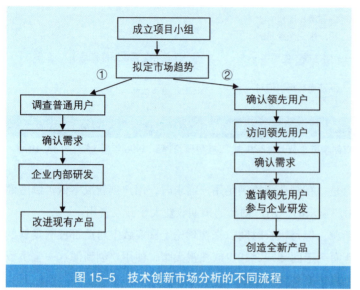

图 15-5 技术创新市场分析的不同流程

资料来源：雍灏、陈劲、郭斌，"技术创新中的领先用户研究"，《科研管理》，1999 年第 3 期，第 57-61 页。

用户的需求和解决方案的数据分析能提高快速变革领域的新产品开发效率。由于领先用户掌握着特殊的经验，对市场上大多数人将来的需求很了解，他们能为市场调研人员提供一个需求预测实验室。而且，由于领先用户经常试图满足自己的需求，他们能为制造商提供很有价值的新产品设想和原型设计。

领先用户可能会为企业提供对创新十分重要的新产品概念和设计的信息。制造商通过与领先用户密切合作能获取突破性的新产品概念，产生突破性创新产品；从领先用户那里选择最有市场前景的突破性产品原型，能减少新产品开发时间和开发成本，提高创新效率；通过与创新用户的联系能获取新的技术能力，了解相关技术发展趋势，扩展技术联系网络，与领先技术研究机构建立密切的联系。

冯·希伯尔详细地给出领先用户的研究方法，以及一个成功领先用户研究必须具备的条件，并在一些产业进行了实证检验，证明了领先用户方法大大优越于传统的设想产生方法。从黏着信息来看，领先用户的黏着信息比普通用户的黏着信息具有更高的战略价值。快速获取领先用户提供的产品需求信息、新产品设想和原型设计，制造商能加速新产品开发进程，提高产品的市场满意度。

冯·希伯尔所提出的领先用户创新方法对新产品开发具有重大的理论意义和实践价值，随后许多学者就领先用户的相关问题做了进一步的研究，国外许多企业正在应用领先用户创新方法。[1]

领先用户的识别是运用领先用户分析方法的首要内容，而真正的领先用户是极少的，位于"用户金字塔"的顶端。领先用户从使用创新中获益，而且拥有丰富的使用产品方面的专业知识。这两点是领先用户区别于非创新用户的显著特征。

领先用户不同于一般的用户，他们具有以下特点：有渊博的知识，在自己的专业领域有很深的造诣；能容忍开发结果的不确定性；能通过技术网络获取开发新产品所需的技术知识，在反复试错中不断改进解决方案；由于创新任务的复杂性，他们有充足资源开展研究活动，如时间、设备和资金等。

---

[1] von Hippel, Eric, "Lead Users: A Source of Novel Product Concepts", *Management Science*, 1986, 32(7): 791–805.

简单地看，我国企业在实施领先用户创新时，可以通过四个阶段进行：

（1）选择项目的中心和范围。经理们在分析创新机遇和业务目标的基础上选择感兴趣的产品和创新项目，制订一个主项目计划，决定实施它所需的人员、时间和资金，然后选择一个由营销、技术和其他部门人员组成的核心研究小组。

（2）确认趋势和要求。核心研究小组在确认重大趋势和相关用户需求的目标指引下，通过进行深入的市场和趋势调查，开展领先用户研究。在这一阶段，小组的主要工作是收集数据、探究趋势和需求，并初步拟订用户需求。

（3）从领先用户处收集需求和方案信息。研究小组确认领先用户，并通过采访精选过的领先用户获取需求和方案信息。这些"领先"的用户为研究小组深入理解正在出现的用户需求和信息及可能的方案提供帮助。

（4）和领先用户一起开发概念。选择、邀请合适的领先用户（有时是其他专家）参与企业的研发过程，然后将得出的概念提交给管理层进行评价。

通常进行一个领先用户创新项目需要 4—6 个月。如果已知市场需求并在项目开始阶段定义了创新领域，用于研究时间会少一些。之后，企业将进入通常的概念测试和商品化过程。

需要指出的是，领先用户方法比较适用于基于人的操作经验的产品创新，如医生长期接触医疗器械，从而比大学教授和科学家更容易找出可以创新改良之处。领先用户法一般不适于基于科学的创新以及流程型创新。

15.2.4　领先用户创新的实现：用户创新工具箱

为开发成功的产品，制造商必须准确理解用户的需求信息。然而要全面地、深刻地理解用户的需求信息变得越来越难，因为用户需求信息和用户使用环境通常是非常复杂的、微妙的、快速多变的，用户需求信息充满黏性，转移成本特别高。即使用户准确地知道自己需要什么，他们往往也不能清楚地、完整地将这些需求信息传递给制造商。同时，随着市场和用户需求的快速变化，许多公司日益朝着为"个性化市场"（markets of one）服务的方向发展。传统的产品开发方法非常低效，需要一种全新的产品开发方法。

冯·希伯尔教授在《创新的民主化》一书中，认为随着知识经济时代的到来以及先进技术的大量涌现，用户创新将进一步得到发展。企业不应努力寻求它们的用户到底需要什么样的产品，而应该给予用户一定的工具，让他们设计和开发属于自己的产品。从细微的修改到重大的创新，都可以由用户自己完成。

许多公司已不再努力去确切理解用户需求，而是向他们提供工具，将与需求相关的关键创新任务外包给用户，让他们设计和开发自己所需要的产品，给予用户真正自由的创新空间，允许他们经过反复试错开发出自己所需要的产品。用户能创建一个初步的设计方案，进行计算机模拟和构建产品原型，并在用户自己的使用环境里评价产品的功能，然后反复改进，直到满意为止。这些用户界面友好的工具组成了一个工具包，即用户创新工具箱。用户创新工具箱能引导用户确保他们所完成的设计不需改变就可以在指定的生产系统中制造出来。

冯·希伯尔通过很多经验研究表明，基于"用户创新工具箱"的产品开发新方法比传统的产品开发方法更有效。传统的产品开发是一个持久的过程，制造商根据不完全的信息开发出产品原型，交由用户使用，用户找出缺陷，反馈给制造商。制造商根据用户反馈进行修改，持续循环，直到得到一个满意的解决方案为止。与传统产品开发方法相比，在这种新方法中制造商和用户的界面发生了转移，而且产品开发所必须的试错过程全部由用户完成。如图15-6所示。

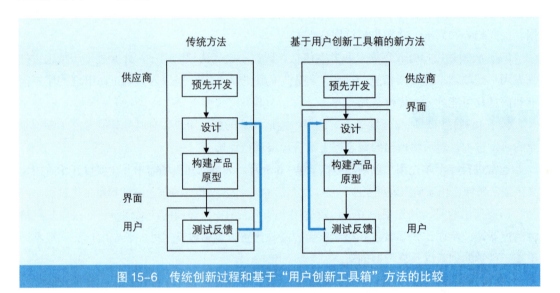

图15-6 传统创新过程和基于"用户创新工具箱"方法的比较

资料来源：Thomke, S. and von Hippel, E. "Customers as innovators: A new way to create value", *Harvard Business Review*, 2002, 80（4）：74-84

用户创新工具箱为企业提供了一个价值创造的新途径，它能为制造商创造竞争优势。用户偏好多样，用户在创新工具箱的帮助下设计出满足个人偏好的定制化产品，他们愿意支付相当的额外费用购买自己设计的产品。越来越多的、面临异质用户需求的制造商会为用户提供创新工具箱。

开发合适的工具箱并不容易，如果选项太多将导致信息混乱，会使用户因难以选择而拒绝参与设计。此外，创新工具箱并不适合所有的产品开发，特别是在一些高度异质的需求市场。①

相较于以制造为中心的开发体系，用户创新模式有很大的优势：
（1）能更好地满足用户细致复杂的需求，因为用户肯定比厂商清楚自己的需求；
（2）用户可以在自己的地方开发产品，所以整个设计过程大大加快；
（3）如果用户遵循了创新工具箱的规则（而且所有的技术缺陷都已经解决），他们的设计可以一次成功，大大节省了同厂商的交易成本。

这样，创新主体就发生了变化。在用户创新模式中，创新的主体不再是企业，而是产品

---

① von Hippel, Eric, and Ralph Katz, "Shifting Innovation to Users via Toolkits", *Management Science*, 2002, 48(7): 821-833.

的消费者。设计、开发、构建原型、反馈等传统产品开发中的往复过程都在用户端进行。

顾客参与设计给企业的创新过程带来巨大的震荡：

首先，创新动机发生了变化。传统模式下，厂商好像用户的"代理"，职责是根据用户需求来开发产品，他们自身很少需要这些产品。如果厂商想法与用户不一致，用户就不会继续支付"代理费用"。而且厂商要将开发成本转嫁到尽可能多的用户身上，所以它们开发产品总是力图能够引起多数消费者的购买行为。在用户创新模式下，用户进行产品开发的动机完全是出于自身需要，而且开发产品是以完全满足自己需求为原则，很少会想到以此来引起其他用户的购买行为。

其次，厂商和用户的界面发生了变化。传统模式中，厂商交给用户的是产品原型，通常情况下不会是一个完全成熟的设计方案；用户回馈给厂商的是自己关于产品原型的看法，是厂商在下一版产品中需要融入的信息。而在用户创新模式下，厂商交给用户的是进行产品开发所必须的工具，而且通常封装成工具箱；用户交给厂商的就是几乎完全成熟的设计方案，厂商无须再对其进行重大调整。

最后，价值创造活动中的责任发生了变化。在传统模式下，厂商承担了几乎所有的产品开发责任和风险，用户只是被动地参与到产品创新过程中；在用户创新模式下，产品开发的责任部分地转移到了用户端，用户可以完全根据自己的需要主动地进行产品创新活动，厂商关注的重点也不再是设计尽善尽美的产品原型，而是提供功能强大的工具箱。

传统模式下，创新成果由厂商掌握，它们可以轻易地控制价值流；而在用户创新模式下，厂商对用户开发的产品很少有甚至完全没有控制权。如果个人用户能够在生产和扩散方面与商业化的生产与分销相抗衡，那么用户就可以自由支配创新成果。

当今社会已经进入信息时代，在使用许多"信息产品"时，用户只需按一下按钮，就可以将他们自制的程序在网络中广为传播。个人用户不用亲自开发所需的每一样东西，他们可以从他人免费共享的创新中受益。当然，在多数物质产品领域，由于厂商强大的生产能力以及拥有显著规模经济性的分销渠道，因此用户创新成果还不能完全脱离它们。

将创新业务移交给用户可以加速产品开发，更好地满足用户需求，用户创新群体的出现使得市场发生着翻天覆地的变化。让用户成为创新主体改变了企业和用户的地位，改变了价值创造及转移的途径。使用户创新得以进一步实现的途径是向用户提供用户创新工具箱，在提供工具箱的同时，也应调整经营管理模式，才能适应工具箱的广泛应用所带来的影响，才能在用户创新的潮流中获得持续的竞争优势。

创新标杆 —— "领先用户法"助力3M公司实现创新突破

企业高管们总希望自己的研发部门能涌现出源源不断的突破性产品，但即使是最为成功的企业也常常做不到，而只是精于改进已有的产品或服务。企业难以实现突破性创新主要有两个原因：其一，企业必须先存活于当下才有未来可言，相比突破性产品的高不确定性，企业更倾向于密切关注已有产品或服务的改进，以达成销量、确保短期利益；其二，由于缺乏有效的方法指引，企业的研发人员不知道如何实现创新突破。

3M公司外科手术团队通过领先用户法，突破了上述两个方面的约束。

一、"领先用户法"与传统方法的差异

"领先用户法"与传统流程的主要区别，在于从哪些用户收集信息，收集什么类型的信息。在传统方法中，企业研发团队从目标市场的核心用户那里收集信息，认为用户角色是向企业提供"需求是什么"的信息，而企业内部研发人员要运用这些信息来产生新的创意。

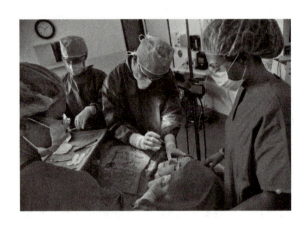

运用领先用户法的团队假定企业外的领先用户已经做出了创新，他们要找出这些领先用户，运用这些用户的创意来满足公司的需求。企业不仅要收集"需求是什么"的信息，还要收集"解决方案是什么"的信息；信息收集的对象不仅包括目标市场中的领先用户，也包括面临相似问题的其他市场中的领先用户。

二、3M公司运用"领先用户法"的案例

3M公司是一家以科技创新著称的多元化企业，管理层设定有一个大胆的目标：公司30%的销售额要从4年前还不存在的产品中产生。这一挑战性的目标要求3M公司的高管以及市场、产品研发等部门的人员改变工作方式。1996年9月，3M公司医疗事业部的一个外科手术产品团队成为公司内部运用"领先用户法"的先锋，他们希望通过该方法来实现手术薄膜的创新突破。分析显示，该手术薄膜在现存市场上几乎已没有增长空间；且由于成本高昂，该产品也不可能进入发展中国家的市场。在这样的背景下，团队负责人说服了管理层，决心运用"领先用户法"的流程来实现手术薄膜创新的突破。在集合了来自研发、市场和生产部门的6位人员组成项目团队之后，他们开展了以下4个步骤的工作。

1. 奠定基础

在这一阶段，项目团队需要确定目标市场，并明确公司内部利益相关人所期望的创新产品的类型和水平。项目团队先用了一个半月的时间通过查阅文献和访谈业内专家来了解感染的原因和防止感染的方法。然后，项目团队与管理层一起召开研讨会，讨论他们所了解到的信息，并为可接受的突破性产品制定指标。

2. 确定潮流

由领先用户引领潮流，这是领先用户法的核心理念。但潮流是什么呢？在这一阶段，项目团队要与相关领域内的专家广泛交谈，从而确定潮流。

在接下来的6周左右时间里，团队成员致力于更好地了解感染控制方面的重要趋势。一开始，项目成员的调查工作侧重于针对发达国家的医生来发掘需求。但后来他们意识到自己对发

展中国家的医院和外科手术医生不够了解,而在那里,传染病仍是重要的致死原因。于是,项目团队兵分几路前往马来西亚、印度尼西亚、韩国和印度等国家的医院进行调研,了解当地医生在手术室会遇到的感染问题以及他们的解决方案。他们尤其注意到,一些外科手术医生在对抗感染时使用廉价的抗生素来替代一次性手术薄膜和其他昂贵的措施。

经过实地观察之后,项目团队认为,长远来看医生依赖廉价的抗生素来防止感染蔓延的做法不会奏效,因为细菌会产生耐药性。项目团队还意识到,即使3M公司大幅降低手术薄膜的成本,很多发展中国家的医院还是会负担不起。这些想法使得项目团队将目标由最初的"找到一种更好的一次性手术薄膜"重新修正为"找到一种除抗生素和手术薄膜之外,更便宜、更有效的预防感染发生、防止感染蔓延的方法"。

3. 识别领先用户

这一阶段,项目团队通过建立网络的方式,联系到了"更便宜、更有效的感染控制"这一潮流的前沿创新者。项目团队发现,一些最有价值的领先用户往往出现在让人意想不到的领域:一些领先的宠物医院的兽医在条件简陋、成本有限的情况下,仍能保持很低的感染率;好莱坞的化妆师擅长使用不刺激皮肤而又容易卸除的化妆材料,而理解这种材料的特性对于研发出直接涂抹于皮肤上的感染控制材料非常重要。

4. 寻求突破

最后阶段,项目团队邀请了几位领先用户来参加了一个为期两天半的研讨会。此时,项目团队在广泛调查研究之后形成的核心问题是:"我们能否找到一种革命性的、低成本的感染控制方法?"参会人员被分成几组进行几个小时的讨论,之后又重新分组继续讨论。研讨会最终产生了6个新产品创意和一项革命性的感染控制方法。项目团队从这6个新产品创意中选择了3个呈现给高管们。其中,一项名为 SKIN DOCTOR 的新方案通过。一种可单手操作的小型装置,轻轻挤压,即可将含有抗感染成分的药膏均匀涂抹在患者皮肤表面(这是从兽医专家那里获得的启发)。这个装置还带有吸附功能,可以轻而易举地将药膏和术后污垢清除,且对皮肤没有刺激(这是好莱坞领先用户的贡献)。更为重要的是,SKIN DOCTOR 为发展中国家的病人提供了能够支付得起的抗感染手段。

三、寻求战略调整

通过领先用户法,项目团队不仅挖掘出新的产品创意,还甄别出一种革命性的感染控制方法。以前,3M 的手术产品部门为所有病人提供单一的无菌被单进行同样程度的防止感染保护。但项目团队在研究中发现,医生希望有一种方式能根据病人各自的被感染可能性将其感染防护"提前"至手术之前进行,从而减少在手术中感染的可能性。

但要推出这种革命性的感染控制方法,需要企业培育新的能力,开发出全新的产品和服务。而这些,都要求企业进行战略调整。公司是否应该朝这个方向努力?项目团队最终决定向高管强调战略调整的重要性,并成功说服高管采用了新的方案,帮助公司进入了全新的但与原有业务相关的感染预防领域,开发出了一系列领先的手术室感染防护解决方案。

四、开辟新的途径

在对创新项目团队的实践进行总结提炼之后,3M公司最终形成了独特的"领先用户法",并在多个部门中得到成功推广和运用,验证了"领先用户法"在产品创新中的价值。

资料来源:本文基于《哈佛商业评论》文章"Creating Breakthroughs at 3M"编译,原文作者为 Eric von Hippel,Stefan Thomke 和 Mary Sonnack。

15.2.5 用户创新的时机与方法

1. 参与创新的用户类型

Brockhoff 根据在产品创新过程中用户投入的形式和方法,将用户分成5种类型:[1]

(1)苛求用户。往往是市场需求的代表,他们经常向企业提出建议和投诉,因为投诉是对当前产品的使用效果和产品特征的最好响应,所以苛求用户是新产品创意的来源。

(2)发起用户。积极参与产品创新过程,他们有新的需要并愿意参与产品创新的各种活动。

(3)领先用户。与 Hippel 提出的领先用户概念基本一致,他们拥有几乎完整的创新方案来解决自己的问题,并形成了产品创新的基础。

(4)参考用户。把自己使用某产品的经验告诉生产商和其他用户,因此他们提供了应用经验,能在原型测试和产品使用反馈中扮演最有效的角色。

(5)率先购买者。指那些敢于承担一定风险,对新产品情有独钟的用户。他们的购买有利于降低创新产品引入市场的风险,有利于市场对创新产品的认可。但率先购买者只是在使用产品后反馈相关信息,产品开发者根据这些反馈信息改进产品,比较被动。

2. 用户参与创新的程度

在不同的产品创新阶段,用户的作用应该是参与产品创新的用户选择标准。哪类用户发挥的作用大,就相应地选择该类用户参与。根据用户在每一个参与点参与深度的差别,用户参与创新的程度分为三类,即"为用户创新""与用户共同创新""由用户创新",它们之间的比较如表15-4所示。

表15-4 三类不同程度的用户参与创新比较

比较项目	为用户创新	与用户共同创新	由用户创新
用户定位	信息提供者	价值创造者	价值创造和分享者
创新主体	企业	企业和用户	用户
用户创新主动性	低,被动的	中等,被动的	高,主动的

---

[1] Brockhoff, Klaus. "Customers' Perspectives of Involvement in New Product Development", *International Journal of Technology Management*, 2003, 26(5–6): 464–481.

（续表）

比较项目	为用户创新	与用户共同创新	由用户创新
用户投入	用户信息	用户信息，用户经验	用户信息，用户经验，用户专业知识和技术诀窍
用户参与度	低	中等	高
企业角色	创新产品提供者	创新产品合作者	创新工具提供者
典型的支持用户参与的方法	质量功能展开	以用户为中心的设计、概念测试和 Beta 测试、个性化定制	领先用户法
应用举例	大规模生产的标准化产品，比如电视	定制化的产品，例如管理信息系统的软件开发	自主创新的产品，例如某些科研仪器

资料来源：朱俊、陈荣秋，"顾客参与产品创新的时机与方法"，《武汉理工大学学报·信息与管理工程版》，2007 年第 8 期。

"为用户创新"是指企业在用户研究的基础上进行产品创新，用户并不深入地参与产品创新。在这种类型下，用户参与是被动的，参与用户的选择具有很大随机性。企业是产品创新的主体并控制着整个创新过程，用户只是被动地向企业提供有关的需求信息。

"与用户共同创新"代表了企业与用户之间的持续互动，企业与用户共同进行产品创意和其他创新活动。企业不仅需要用户的需求信息，而且还利用用户的使用经验。在整个创新过程中，企业占主导，但用户的反应直接影响企业决策。企业在产品创新的不同阶段向用户展示不同的方案，用户对这些方案进行评价，并将这些信息反馈给企业，企业随后进行修正。

"由用户创新"是一种积极参与的产品创新形式，用户的性质发生了质的飞跃。用户成为创新的主体，企业为用户创新提供必要的资源。企业最大限度地利用了用户资源，不仅吸收了用户信息和用户使用经验，而且成功地利用了用户的专业知识和技术诀窍。

3. 用户参与创新的方法

在创新的不同阶段中，对用户参与的要求不同，用户参与的作用不同，用户参与的可行程度也不一样。朱俊和陈荣秋将用户参与的创新过程划分为 6 个阶段，即创意产生、概念开发、产品设计、原型测试、引入市场和评价。并根据企业需要的用户扮演角色及投入的不同，确定用户参与创新的时机与方式，如图 15-7 所示。

（1）创意产生阶段。创意是"新产品、服务或环境方案的胚胎形式"，它来源于市场上潜在的或未被满足的需求。领先用户会根据自己面临的问题产生创意，但更多的是用户被动地提出创意，比如参与企业的市场研究活动和向企业投诉等。传统的产品创新过程一般就是随机挑选用户参与创意产生活动，但实证研究表明，苛求用户作为提建议和投诉的积极分子，选择他们参与创意能更加有效。质量功能展开和以用户为中心两种设计方法，都是基于用户的被动角色。它们在市场调研的基础上，将潜在用户的需求转换成适当的产品或服务的功能特性，形成产品创意。用户化定制和领先用户法，则是用户积极主动地提出创意。市场上现存的产品或服务不能解决用户面临的问题，因此刺激他们产生出新的产品创意。

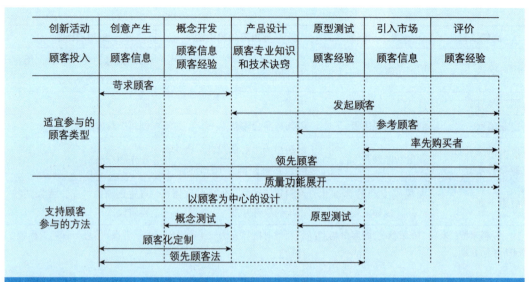

图 15-7 顾客参与产品创新的时机与方法

资料来源：朱俊、陈荣秋，"顾客参与产品创新的时机与方法"，《武汉理工大学学报·信息与管理工程版》，2007 年第 8 期。

（2）概念开发阶段。产品概念对新产品各项特征给予具体说明，作为未来开发产品的具体指引和沟通基础。概念开发需要经过较详细的市场机会分析与销售预测考验，以保证产品开发能够成功。苛求用户和领先用户的参与，都是为了确保最终产品能够满足用户的需求。质量功能展开、概念测试和用户化定制都是为了检验产品概念与用户需求是否一致，从而让用户被动参与概念开发。而领先用户法则需要领先用户提出产品概念，解决自己面临的问题。

（3）产品设计阶段。由于时间和成本的投入较大，产品细节设计一般是由企业完成的，并不适合用户参与。企业如果想利用外部的知识资源，可以有选择性地让具有专业知识和技术诀窍的用户参与。这类用户一般是发起用户和领先用户，企业采用的方法一般是领先用户法。

（4）原型测试阶段。原型测试阶段的用户参与被格外重视，也是企业实践中用户参与最多的阶段。原型测试向用户提供真实的产品，检验产品符合用户需要的程度。许多企业根据其目标市场选择合适的用户参与产品的测试，此用户的产品使用经验能够发挥重要作用，因此参考用户参与原型测试的效率和效果较好。

（5）引入市场阶段和评价阶段。创新产品在引入市场之前需要一系列的计划，如定价、促销手段和产品定位等，虽然这些计划早在概念开发阶段已经着手进行，但必须在产品实际完成后，才能具体定案执行。发起用户和参考用户是创新产品在市场定位等方面的坐标，率先购买者的行为则能检验企业计划的正确性。因为领先用户进行产品创新是为了满足自己的需要，所以可以看作对产品的进一步检验。评价阶段是用户对产品表现的反馈，有利于产品的改进和完善（如表 15-5 所示）。

表 15-5 支持用户参与的产品创新方法

方法	说明	行业和公司应用举例
质量功能展开	用"质量屋"的形式，把用户对产品的需求进行多层次的演绎分析，转化为产品的设计要求、零部件特征、工艺要求、生产要求	汽车制造业，建筑设计 丰田汽车公司
以用户为中心的设计	指在进行产品设计时从用户的需求和用户的感受出发，围绕用户为中心设计产品，而不是让用户去适应产品，强调考虑用户的使用习惯、预期的交互方式和视觉感受等方面	机床行业，软件开发 德国 Zoewe 公司
概念测试	将初步形成的有关产品的概念，在目标用户中进行调研，测试这些概念被接受的程度和预期可能达到的效果	汽车部件，食品业 Delphi Corporation
Beta 测试	Beta 测试是用户在实际使用环境下对产品进行的测试。产品开发者通常不在测试现场，由用户记下遇到的所有问题，定期向开发者报告，开发者在综合用户的报告后，做出修改	软件开发，消费品 微软公司
用户化定制	根据用户提出需求信息和相关要求，企业提出解决方案，由用户修改并做出决策，选定方案，交由企业完成相关的产品和服务	家庭装修业，电脑业。DELL 公司
领先用户法	创新的主体不再是企业，而是领先用户。领先用户利用企业提供的创新工具和其他资源进行产品创新。设计、开发、构建原型和反馈等产品开发中的往复过程都在用户端进行	医疗器械，软件开发。Becton Dickinson 医疗器械公司

15.2.6 用 KANO 模型理解用户创新

KANO 模型是日本 TQM 专家狩野纪昭（Noriaki Kano）提出的与产品特性有关的用户满意度模型。该模型将产品特性分为三类：基本特性、功能特性和超值（或称惊喜）特性。

基本特性指产品必须具有的、用户认为理所当然的功能，这些功能的改进提高空间不大，有时付出十分努力却只能增加一分满意，而一旦不能满足其中某一功能，用户将极度失望并可能导致放弃该产品。例如，手机的基本功能为通话、接听等，话音清晰即可，过分追求语音清晰并不会带来更大的竞争优势，但只要话音质量有问题，这款手机肯定无人问津。

功能特性指用户提出或厂家经过需求调查等手段了解到的、应予以满足的功能。这些功能满足得越多，用户群越广泛，用户忠诚度也越高，如手机造型、颜色、待机时间等。

超值特性指用户事先并没有意识到，但一旦拥有便爱不释手的、令人惊喜的功能，这些功能可能并不需要多少努力，关键在于创意，有时一分努力便能得到十分收获，如手机的录音、语音拨号等功能（如图 15-8 所示）。

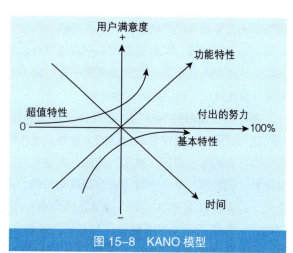

图 15-8 KANO 模型

资料来源：朱彬蓉，"技术创新的新方法——浅议用户创新"，《云南科技管理》，2003 年第 1 期，第 29—30 页。

一般情况下，基本特性是业界公认的，功能特性是通过用户需求调查分析后确定的，而超值特性却往往要在十分了解用户需求和丰富行业经验的基础上、通过创新才能发现的。但随着时间的推移，这些特性也会转换，如超值特性会逐渐成为功能特性或基本特性。用户创新的成功之处便是在与用户长时间的沟通和磨合中，以专家的经验和敏感的市场感知力，找到用户没有表达出来的、产品的超值特性，以满足用户的最大需求而获得事半功倍的效果。

15.3 供应商参与创新

15.3.1 供应商参与创新的起源和发展

供应商参与创新是指在产品开发的概念阶段或者设计阶段就让供应商参与进去，从制造商产品开发过程开始一直持续到新产品的商业化。它主要包括产品开发和改进、工艺开发和改进及服务创新等。

供应商参与创新策略，起源于 20 世纪 40 年代的日本汽车制造业。1949 年，日本 NipponDenson 公司从丰田汽车公司分离出去而成为第一级电子组件供应商。NipponDenson 公司的电子工程师直接加入丰田汽车公司，帮助设计汽车的零部件，开创了供应商早期参与的先河。在随后的 20 年中，丰田发展了精益生产的方式，其中就包括大量的供应商早期参与的做法。这些做法逐渐被其他汽车厂商如本田等效仿。

将供应商纳入制造商的创新活动中，充分利用供应商的专业知识和技术，即供应商早期参与这种模式被认为是日本公司竞争优势的主要源泉之一，因而受到西方国家的普遍关注和研究。日本企业的供应商管理经验被其他国家用来作为"标杆学习"的对象。

自 20 世纪 80 年代末期以来，欧美一些企业也效仿日本企业开始采用供应商参与创新这一方法。许多企业把零部件外包给战略性供应商开发和生产，让供应商早期参与开发新产品和提供有关开发和制造的建议，如日本的丰田公司和美国的克莱斯勒，依靠供应商参与新产品开发和提供建议，取得了很大的创新绩效和公司绩效。大量的研究表明，日本汽车制造商在新产品开发方面比西方竞争者更胜一筹，因为在开发新产品时日本制造商相对西方同行来说更广泛地使用了供应商的专业技术。

基于资源的战略观认为，在经济全球化和技术进步日新月异的今天，企业由于自身资源和能力的限制，仅仅依靠自己的力量是远远不够的，必须有效利用外部的力量。其中充分利用供应商的专业知识、技术与技能，来缩短自己的产品开发周期；更快地推出高质量产品满足顾客的需求，是一条行之有效的战略举措。通过对《财富》前 1000 家公司的大量研究表明，在新产品推介过程中，越早让供应商参与其中，整个项目所节省的资金也就越多。因此，一些公司积极寻求机会，与其供应商建立合作关系，共享计划、产品设计和规范信息，以及运作方式上的改进。只要有利，就采取外包的方式。

15.3.2 供应商参与创新的动机

技术变革和国际竞争的压力迫使企业更好地利用供应商的技术能力。由于技术的迅猛变化，制造商内部的技术能力变得逐渐过时和陈旧，激烈的竞争环境要求制造商持续地开展创新活动，缩短产品交付周期，以维持竞争优势。

西口敏宏等学者认为，前沿产业的供应商是创新的温床，制造商通过获取供应商的技术诀窍来弥补自身的弱点，从而创造竞争优势。通过提高关键零件供应商的技能、能力和资源，买方能减少产品开发成本、缩短开发周期。[①]

供应商参与创新的另一个主要原因是制造商力图减少产品开发成本。如果供应商在早期参与创新活动，那么他们很可能提供有成本效益的思想。产品开发的成本效益是公司成本竞争力的一个关键要素，如控制要素成本、采取规模经济、提高生产率和后勤效率等。机械工业产品成本的50%—70%是由开发阶段决定的。克拉克和藤本隆宏通过对汽车业的研究发现，超过80%的生产率和质量取决于开发阶段。[②]

15.3.3 供应商在创新中的作用

随着市场竞争的日益激烈，传统的产品开发方式不断受到挑战，企业为提高产品开发的竞争力，在设计阶段就开始利用供应商的技术优势，并将产品设计纳入供应链管理体系。比较典型的是采用通用件和标准件，利用供应商的技术设计、制造模具及设备等。如今，许多企业不仅满足于此，他们在产品开发的定义阶段甚至概念阶段就通过采购将伙伴供应商联系起来，让他们共同参与产品设计，充分利用他们的专业知识和技术。

通过对汽车产业产品开发的系列研究，供应商在创新中的作用得到了广泛的关注。在许多产业中，供应商早期参与能提高创新绩效，并被视为企业维持可持续竞争优势的来源：①供应商与制造商互补的技术知识和能力相结合，以及在开发的早期阶段对多种思想的评估，能大大地减少开发时间，缩短产品交付周期；②可以减少在新产品开发的后期阶段（如试制阶段）由于发现失误而需重新设计的风险，避免不必要的重新设计和错误，减少开发成本；③通过与拥有先进技术诀窍的供应商共享市场和技术信息，提高市场适应力以降低市场风险；④让供应商承担一定的责任，迫使供应商更好地掌握相应的专业知识和技术，从而提高产品质量。

然而也有研究表明，供应商参与创新对创新绩效没有显著的影响，甚至存在负面的影响。过度的供应商参与新产品开发将导致产品开发成本的增加，产品性能下降，延长产品开发时间，因为供应商的参与会增加管理的复杂性。

另外，通过供应商可能将技术知识泄漏给竞争者，所以供应商参与创新策略的成功与否

---

① Nishiguchi, Toshihiro, and Masayoshi Ikeda. "Suppliers' Process Innovation: Understated Aspects of Japanese Industrial Sourcing", In *Managing Product Development*. Oxford University Press, New York, 1996: 206–230.

② Clark, Kim B., and Takahiro Fujimoto. *Product Development Performance: Strategy, Organization, and Management in the World Auto Industry*. Harvard Business Press, 1991.

和企业自身因素以及对供应商参与创新的管理有关。在技术方面，制造商与供应商之间的互动关系必须与产品构架和设计类型相匹配。此外，供应商研发能力也是一个重要的影响因素。

15.3.4 供应商参与创新的主要形式

在《供应链再造》一书中，学者们对供应商在制造商的技术创新和产品开发的早期阶段介入进行了研究。他们认为在产品开发中供应商的早期介入是重要的，但它需要和产品性质紧密联系起来，图 15-9 对三种类型的创新模式（完全创新、模仿、改良）做了阐述。

		新产品链的典型阶段									
		产品战略	能力分析	产品概念	流程技术	产品开发	规模生产	需求管理	供应分销		
产品开发	完全创新产品	○	◇	◇	△	△	☆	◇	☆	设想如何盈利	成本和价值参数
	模仿产品	△	△	△	△	☆	▭	△	☆	在适中的成本下创造价值	
	改良产品	☆	☆	▭	▭	▭	▭	△	▭	降低边际成本、保护边际利润	

▭积极开放地介入　☆积极有控制地介入　△适当介入　◇局部介入　○无介入

图 15-9　供应商在产品开发阶段的介入

资料来源：[英] 乔恩·休斯等著，孟韬、张丽萍译，《供应链再造》。东北财经大学出版社，1998 年。

企业根据三种不同类型产品创新的特征，在与供应商早期参与方面采取了不同策略。供应商参与产品开发的程度主要决定于供应商承担责任的能力和它的开发能力。Kamath 和 Liker 使用了概念模型来区分买方—供应商关系中的供应商角色。供应商在伙伴和成熟阶段承担设计责任，参与整个子系统的设计和开发。在幼稚阶段共同承担责任，但是供应商被提供了详细规格，这样供应商在产品开发中发挥的作用较小。而在成熟特别是伙伴阶段，供应商在早期阶段参与并承担了全部的设计责任。合约供应商只是在原型制作阶段或制造阶段参与进去（如表 15–6 所示）。[①]

表 15–6　供应商角色

	伙伴	成熟	幼稚	合约
设计责任	供应商	供应商	合作	顾客
产品复杂性	整个子系统	复杂的组装	简单组装	简单的部件
被提供的规格	概念	关键的规格	详细的规格	没有

① Kamath, Rajan R., and Jeffrey K. Liker. "A Second Look at Japanese Product Development", *Harvard Business Review*, 1994, 72: 154–154.

（续表）

	伙伴	成熟	幼稚	合约
供应商对规格的影响	合作	协商	现有的能力	没有
供应商参与阶段	前概念阶段	概念阶段	后概念阶段	原型制作
零件测试责任	完全	重要	中等	微小
供应商技术能力	自主	高	中	低

资料来源：Kainath, Rajan R.; Liker, Jeffrey K., "A Second Look at Japanese Product Development", *Harvard Business Review*, 1994, 72(6): 154.

创新标杆 ——— 宝钢作为供应商参与客户创新 ———

宝钢参与客户技术创新的模式主要有如下三种：

1. 先期介入模式

先期介入模式一般是在用户新产品开发的初期就进入，与用户合作创新。组建的用户技术研究中心拥有与国内同行业相比更为先进的科研设备，采用外部引进和内部培养科研技术人员的方式，不断提高研究中心的技术力量。随着用户技术研究力量的壮大，先期介入模式进一步拓展和深化。在公司用户（汽车制造商）尚在车型开发阶段，宝钢科技人员就参与到他们新车型的设计、制造和选材等工作中，开展了零件冲压成型仿真分析、模具调试用材的合理选择，参与了调模试冲、修模方案分析、工艺参数制定和坯料尺寸设计等工作。将售后服务变成售前服务，树立了国内大型钢铁生产企业和汽车制造企业强强合作的典范。

2. 用户技术改进

用户技术研究中心对用户自身的生产环节和工艺进行研究，帮助用户解决使用宝钢产品中的问题，让宝钢产品更加贴近他们的生产程序。如在"家电用钢涂装性研究"方面，通过现场试验、实验室分析和模拟试验研究，找到了长期困扰宝钢板涂装效果不佳的症结，帮助新飞冰箱厂调整磷化工艺，解决了SPCC板用于新飞冰箱侧板磷化问题，使宝钢板磷化实物质量达到日本板水平，从而使家电板供货实现了突破性的进展。

3. 用户产品更新

宝钢本着"为用户创造价值"的经营理念，时时关注、贴近用户，不断地为用户更新产品。如一汽大众公司生产的CA1092系列载重车，因为自身重量太重而带来成本高、油耗多的缺点。宝钢科研人员根据用户选材优化要求，选择1550毫米的冷轧高强度板替代原来的材料，将驾驶室44个主要零件以宝钢新式高强度冷轧板替代钢板制造，达到了降低材料消耗和减轻汽车自重、减少油耗和废气排放的目的。44个主要零件全部制造成功，5台样车台架具备批量生产条件。宝钢通过参与用户产品更新，为用户降低成本、增加效益、创造了价值，也使宝钢板供货比例大幅提高，实现了双赢。表15-7简要概括了宝钢集团参与技术创新的模式及案例。

表 15-7 宝钢集团参与技术创新的模式及案例

主要模式	技术创新活动内容	参与创新时机	相关案例	成 效
先期介入模式	轿车塑的设计、原型制造和选材；零件冲压成型仿真分析、校具调试用材的合理选择等	新产品的设计阶段	一汽、上汽的调模试冲、修楔方案分析，工艺参数制定和坯料尺寸设计等	宝钢板的零件占有率达到95%；新品种开发的速度加快，汽车板品种从40余种扩大到100余种；用户的新产品开发周期缩短、开发风险降低
用户技术改进	用户的工艺改进，帮助用户解决使用宝钢产品中的问题	产品的生产环节	新飞冰箱厂宝钢板涂装效果不佳、小天鹅洗衣机用电镀锌板涂装问题	使小天鹅企业使用有缺陷的钢板数量减少90%以上；帮助新飞冰箱厂的SPCC板磷化实物质量达到日本板水平；提高了宝钢家电板的供货量
用户产品更新	用户的产品改进和更新品种	成熟的产品使用环节	一汽大众生产的CA1092系列载重车太重及油耗大	更换驾驶室44个主要零件，实现了降耗、减重，减少油耗和废气排放的目标

资料来源：蒋健等，"供应商参与技术创新研究——基于宝钢集团的案例分析"，《中国地质大学学报（社会科学版）》，2004年第6期。

15.4 全员创新

15.4.1 全员创新的背景与内涵

近年来，激发每个员工的创新积极性受到了国内外学者、业界人士的广泛关注。人们越来越意识到，创新不再只是企业研发人员的专利，而应是全体员工的共同行为。从销售人员、生产制造人员、研发人员到售后服务人员、管理人员、财务人员等，人人都可以成为出色的创新者。Dundon 认为，随着组织复杂性的增长，领导者需要所有员工都参与到寻找组织创新途径的过程中。尽管个体创造力存在差异，但每个人都具有其独特的创造力。

在激烈的市场竞争中，企业只有充分发挥从管理、研发、生产、销售到后勤等所有员工创新的积极性和主动性，充分挖掘员工的创新潜力，实现全员创新，才能持续有效地提高创新绩效。正如日本知名企业家稻森胜之所说的，"无论是研究发展、公司管理或是企业的任何方面，活力来源是'人'。而每个人有自己的意愿、心智和思考方式。如果员工本身未被充分激励去挑战成长目标，当然就不会成就组织的成长、生产力的提升及产业技术的发展。"

许庆瑞认为全员创新就是，企业创新不再是某个部门或员工（如企业领导、技术部门或技术人员）的事，而是企业从高层到基层所有部门的员工广泛参与和支持的创新。[①]它所涉及的创新范围也不局限于研发人员所从事的新产品开发、工艺创新等的技术创新，还包括流程改进、解决组织结构问题、新战略战术制定、制度完善等非技术创新在内的广泛内容。企业中每个员工都可以通过个人的创造力发挥以及对创新实施的支持参与，在从创意提出到实现的整个创新过程，发挥自己的作用，为提升企业创新绩效做出贡献。

---

① 许庆瑞，《全面创新管理：理论与实践》。科学出版社，2007年。

15.4.2 全员创新的特征

与传统的创新方式相比,全员创新的特征表现为以下"5个转化":

(1)从专家创新向人人创新的转化。以前,企业关注的是激励一小部分专业人员或者专家创新,然而现在创新管理的一个挑战就是如何实现高度参与的人人创新。[1] 根据波特对企业价值链的技术分析,技术包含于企业的每一个价值活动中(如后勤、市场营销、经营、服务、企业基础建设、人力资源管理、技术开发和采购),而技术变革实际上对任何活动都产生影响,从而影响竞争。[2] 只有技术开发人员参与的创新很难实现企业价值的最大化。以价值增加为目标的企业创新管理必须发挥各类人员参与创新的积极性,增强群众创新意识和能力,才能适应全方位竞争的要求,提高企业的创新效益。因此,全员创新理论认为,只要有能力,人人都是专家,每一个员工都可以通过学习,提高创新能力,为组织发展做出贡献。[3]

(2)从"要我创新"向"我要创新"转化。创新不只是刻意追求的结果,而是自由思想的火花。员工主观能动性的发挥是企业成功实施创新的根本保证。根据马斯洛的需求层次理论,人的需求层次可以有高有低,高级需求(如社会需求、尊重需求和自我实现需求)必须从内部使人得到满足。创新对员工而言,在很大程度上是一种得到组织认可、同事尊重并实现自我价值的行为,属于员工个人高层次的需求。创新活动的开展主要依靠员工,自觉行动而非外部强制力量。让员工以更大的自主权、独立性和责任感去完成创新任务,或让员工尝试在自己感兴趣的新领域进行创新,往往可以在更大程度上激发员工的创新潜力,取得更大的创新绩效。全员创新必须着眼于发挥员工创新的积极性和主动性,通过员工自觉创新提高企业业绩。

(3)从着眼于组织发展的创新向着眼于组织与员工发展相结合的创新转化。从制度范畴理解,全员创新可以认为是企业创新管理的一种制度安排,它只有为员工与企业共同创造价值,将组织发展与员工个人发展相统一,才能使员工成为企业新产品(服务)中增值的主导作用者,使创新成为企业和员工一致认同的行为规则。单纯考虑组织发展的全员创新,往往不能容忍员工创新的失败,从而导致员工消极创新,不敢创新,并直接影响着组织的长远发展。因此,全员创新必须着眼于组织与个人发展相结合,建立和完善激励员工创新的文化和制度体系,鼓励员工不断战胜和超越自我,将个人发展与企业发展紧密联系在一起,在企业发展的同时,实现自己的人生价值。

(4)从员工分散创新向全员协同创新转化。全员创新不但强调企业中每一个员工创造性发挥和创新参与的重要性,更关注员工之间相互合作、优势互补、信息共享,实现协同创

---

[1] Bessant, John R., and J. R. Bessant. *High-involvement Innovation: Building and Sustaining Competitive Advantage Through Continuous Change*. J. Wiley, 2003.

[2] Porter, Michael E. *Competitive Advantage of Nations: Creating and Sustaining Superior Performance*. Simon and Schuster, 2011.

[3] Shapiro, Stephen M. *Innovation: A Blueprint for Surviving and Thriving in An Age of Change*, Donnely and Sons Company, 2002.

新效益。当前，很多企业仍以自上而下地收集员工个人的合理化建议、应用员工个人的独创性研究成果等方式实施全员创新。这种形式在实施中分散利用员工的个人能力，没有充分发挥组织整体力量，很难实现协同创新效益。全员协同创新是在充分调动员工创新欲望的基础上，通过一些渠道，如创新项目小组、跨职能工作团队、网络化工作团队等，整合全体员工的创新资源，从而提高全员创新绩效。这种全员创新方式并没有抹杀员工的个性化创新，而是通过在员工之间建立既竞争又合作的运行机制，提倡员工依赖集体力量进行创新，加快创新成果的商品化进程。

因此，从员工分散创新向全员协同创新转化，必将全面提高员工创新的积极性、主动性和整体性，是全员创新的本质要求。

（5）从局限于职务创新向与跨职务创新相结合的转化。职务创新就是利用职权，在自己所熟悉的领域从事创新。而跨职务创新是组织赋予一定权力，允许员工扩展自己的职务范围从事创新，这种创新既可以在不同任务之间进行，也可以在同一任务的全过程中进行。当然，有些员工仅专注其职务上小范围的创新，但这种局限于职务上的创新也必须和其他职务创新相结合才能产生效益。因此，组织设计必须考虑职务与跨职务创新的结合，在最大范围内激活全员创新潜力。

正如管理学家 Robbins 指出的，员工难于抵制他们参与决定的变革。[①] 员工的广泛参与不仅可以减少企业创新的阻力，保证创新的成功，而且可以充分发挥每个员工的智慧，提高员工的承诺，进而提高创新水平。如合理化建议活动中，企业往往鼓励所有员工提出改进工作的新建议，并给予相应的奖励。而当前广为应用的团队工作，则让更多员工有机会分担责任，讨论各种实际问题，调查问题的起因，并且向管理层提出解决方案。而且，当前越来越多的企业将员工代表纳入董事会，参与管理创新。

以丰田为例，自 1951 年实施"动脑筋，提方案"的全员合理化提案活动以来，已有 60 多年的历史。这是使丰田生产方式不断进化发展的有效方法，也充分激发了每个员工的创新积极性和主动性。丰田汽车公司的合理化提案每年都有几十万条，平均每人每年十多条。员工广泛参与创新也让丰田汽车公司成为全球最为成功的汽车制造商之一。

创新视点　　　　　　　　　　人人都是创意工厂

"我手头的工作已经堆积成山了，哪有时间再去想创新""哦，没用的，老板不会喜欢这个想法的""我的工作不要求/不需要我有创新""这个点子很好，但将其付诸实践不是我的事儿"……小心，这些想法可能让你在白热化的竞争中成为可有可无的人！

创新，不是你在完成日常工作之后的必做之事。相反，它指向你着手工作的方式，涉及发现机遇，主动出击，完成新项目。所谓创新，是"产生新的想法并付诸实施"的行动。任何时候，只要你有了新的想法——无论是一个宏大、无畏、改变大局的想法，还是回家顺路取回干

---

① [美]斯蒂芬·P.罗宾斯著，郑晓明译，《组织行为学精要：全球化的竞争策略》。电子工业出版社，2002年。

洗衣服的小念头，你都已经身处创新的过程里。创新就是苦思冥想、付诸行动、循环往复的过程。难道100次想起回家顺路取回干洗衣服也算吗？是的。突发奇想，为公司的出路找到突破口呢？当然。创新的公式是：苦思冥想、付诸行动、循环往复。

那么，如何打破萦绕在"创新"周围的宏大神话，谁又能加入到"创新"游戏中来呢？四种创新技能的原则可以帮助思考这个问题：原则一，创新不是在工作结束之后才开始的，而是你的工作方式。原则二，创新并不仅仅指新产品的开发，更是指你在自己的岗位上如何为企业提升价值。原则三，你可将创新运用于任何工作、任何部门、任何组织。原则四，创新，在于行动。

资料来源：[美]罗伯特·塔克著，宁振业译，《人人都是创意工厂》。中信出版社，2012年。

15.4.3　全员创新的阶段性

全员创新并不是一夕之间形成的，企业在不同的发展阶段可能采用了不同的全员创新形式。不同阶段的全员创新对企业的绩效也会产生不同的影响，如图15-10所示。

1. 全员创新的初始化

在这一阶段，企业的全员创新刚刚处于起步阶段。企业中的员工已经对全员创新的各个方面有了一定的模糊认识，试着从全体员工参与创新的角度来解决问题。但是，企业员工在找出问题和解决问题方面仍还有很大潜力，员工的创新积极性还没被完全有效地调动。同时，企业也存在一些能使它们公开自己想法的途径，但是这些途径并不是特别的正式。员工往往是在问题发生以后，试着从全员参与的角度来解决问题，属于问题解决型的。员工不是主动地发现问题，而且在问题解决以后，全员创新的活动往往也提前结束，并没有在企业中形成一种系统的、持续的全员创新活动。这一阶段的全员创新活动往往是零散的、不成系统的，创新活动都是在相对较低的成本下进行，全员创新活动的影响是比较小的，只有短期少量局部效果，对员工的精神和动机方面有所改善，但缺乏持续性。

2. 全员创新的制度化

在进行全员创新的初步尝试后，企业开始考虑怎样以某种方式把先前员工的行动和激情扩散到

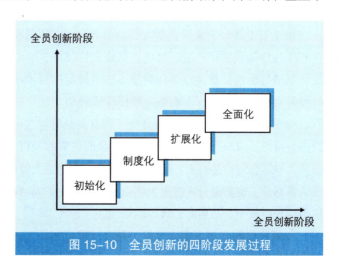

图15-10　全员创新的四阶段发展过程

资料来源：许庆瑞，《全面创新管理》。科学出版社，2007年。

其他全体员工中去，并使创新成为日常工作的一部分，而不仅仅是一次性的项目。在这一阶段，全员创新的主要特征是正式化和制度化。企业中员工已经认识到了全员创新是企业的重要组成部分，是每个员工的责任和义务。企业中形成了明确而清晰的全员创新的价值观，但对全员创新的认识仅限于员工的渐进性改进。

企业需要一套结构化的程序——需要定期培训、开发一些帮助和支持小组开展工作的方法，必须考虑如何管理泛滥成灾的想法等。因此在此阶段，企业必须提供一整套的流程来实施全员创新这一活动，如戴明的"计划、实施、检查、行动"工作法的简单变种应用等。这些程序中包括了处理大量建议的管理系统、评价激励系统和信息交流系统等。建议系统中包括了对员工建议的及时响应，激励系统中包含了内在动因的激励等。

在初步尝试的基础上，企业将全员创新的局部化活动向全企业推广，并且建立了正式的结构和流程来支持全员创新活动。全员创新已成为一种制度推动下的员工自下而上的创新活动。企业也不仅仅限于解决问题，而是有一套特定的流程来管理全员创新，保证全员创新的长期性。在这一阶段，企业中可观察到明显的全员创新活动，而且一些绩效指标往往具有可测量性（如参与人数、建议数等）。前面两阶段的全员创新活动仅仅局限于渐进性的小改进，对企业的影响较小，但具有累积性。

3. 全员创新的扩展化

全员创新的制度化阶段已经使企业的全员创新活动比较完善。但是这一较为完善的系统还存在一些不足。另外，缺少战略焦点，其结果使效益仅限于局部水平。制度化阶段的全员创新还存在的一大不足就是只关注小的渐进性的创新，而忽略了重大的突破性创新。

全员创新的扩展化阶段的最主要特征就是将战略和突破性创新纳入到企业的全员创新活动中，通过战略的明晰化和创新范围的扩大化，企业已从制度推动下的全员创新阶段进入了员工自发的日常化的全员创新活动。努力从全员创新的制度化阶段继续前进，并摆脱日益缺乏后续动力的困境，组织开始着手制订全员创新相关的战略计划。大多数的实践包括了由上至下的经营战略计划和自下而上的发现与解决问题的能力相结合的全员创新活动。

由于有了战略的指导，全员创新的评价活动更具科学性和客观性，创新活动紧密地同企业的战略目标联系在一起。总之，系统运作良好，清晰的战略目标和周期性的评审保证了全员创新的目标性。许多监督和测量工作由特定的管理小组完成。至此，全员创新活动已成为一项日常的工作内容，而不是一项特殊的活动。

全员创新的扩展化阶段的另一大特点就是将重大的突破性创新纳入全员创新范围内。传统的全员创新组织形式如提议机制、持续改进等都未将重大性创新纳入该活动中，他们认为普通员工只适合对产品或工艺的小幅度改进，那些重大的创新只能交给专家。在全员创新扩展阶段，普通员工也能进行这些重大创新。这就需要扩大对普通员工的培训内容，加强对他们的创造力培训以及一些必要的工具等的培训。

前面阶段的全员创新仅仅是一种自下而上的员工行为，企业的管理者仅仅对此提供必要的资源等的支持，在制度上加以保证。但是人作为生产力中最活跃的因素，制度约束是必要的基本保证，却不是最佳境界。只有实现从无序管理向严格制度管理迈进，并逐渐向自主管理过度，才能使企业真正走向良性发展的道路。

在此阶段，全员创新活动表现为自下而上的基层创新同自上而下的战略指导相结合。全员创新不再是盲目的行为，而是通过管理者特别是企业的高层领导者设定的战略目标下的指导活动。这一阶段的全员创新活动更具目的性和方向性，绩效也更加明显。

4. 全员创新的全面化

全员创新进入全面化阶段后，最主要的就是学习和协同。这一阶段的全员创新更具综合性。这一阶段的创新更关注于员工之间的合作，更重视跨部门，甚至是跨组织的合作，依靠员工的集体力量进行创新。沟通和学习成为这一阶段的重要能力。员工只有通过相互的频繁沟通，才能在互相信任、充分了解对方的情况下，将集体的力量达到最大，真正达到"1+1>2"的协同创新效果。学习则是保持这种创新活动的长期持续性的重要因素。

在此阶段，员工主动通过学习获取资源和信息，不断提升自身的创新能力，主动参与到企业的创新活动中，真正达到"我要创新"的境界。通过全面化的全员创新活动，企业才能形成持续的竞争优势，进而将全员创新这种能力深深扎根于企业之中。

以上分析可以看出，全员创新在企业的不同阶段呈现出不同特点，关注焦点、行为表现和采取的主要形式和影响力都各不相同，如表15-8所示。

表15-8 不同阶段的全员创新特点

	初始化	制度化	扩展化	全面化
关注焦点	问题解决	正式化、制度化	战略联结，重大创新同渐进性创新相结合	学习，与其他创新协同
行为表现	零散的员工创新行为	制度推动下的自下而上全员创新	自发的自下而上同自上而下相结合的全员创新	协同全要素、全时空的全员创新
采取的主要形式（以海尔为例）	班前会议	TQM、OEC和合理化建议运动	人人都是创新SBU	海尔大学、培训网络
其他主要形式	问题解决小组等	提议制度、持续改进等	群策群力、15%规则、技术论坛等	学习创新型组织等
绩效影响	短期的局部效果，缺乏持续性	持续的累积性的渐进效果	具有重大影响力	推动全面创新能力，全面提升企业创新绩效

创新标杆 ———— **海尔的员工创客化变革：人人都是创业创新者** ————

"企业平台化、员工创客化、用户个性化"三化战略是海尔进入网络化战略时期后的最新探索。2015年9月19日，由海尔集团和新华社《经济参考报》联合主办的"协同共享 共创共赢——人单合一双赢模式探索十周年暨第二届海尔商业模式创新全球论坛"上，海尔集团董事局主席、首席执行官张瑞敏系统阐释了"人单合一2.0"——共创共赢生态圈模式的内涵、对传统模式的颠覆，以及这十年探索心得，其中也包括对员工创客化的阐述。以下为张瑞敏发言内容的节选：

企业平台化颠覆了科层制，原来的企业就是一层一层的，现在变成平台了；用户个性化颠覆了产销分离制，原来工厂就管生产，生产出来进入销售渠道，由渠道销售，所以产销是分离的；员工创客化颠覆了雇佣制，原来的员工是被雇佣的，现在不是被雇佣的，而是来做创客的。什么意思？现在，我不会为你提供一个工作岗位，但是我会为你提供一个创业的机会。这"三化"之间的关系是：企业平台化是这个模式的必要条件，如果你不把企业原来的结构重新来过，就不可能做到；用户个性化是目的，所有的颠覆都是为了这个目的；员工创客化是充分条件，没有员工最大的积极性，不可能实现目的。

1. 员工创客化颠覆转型的路径

美国大公司曾帮我们做过"选育用留"式人力资源管理：有人来求职，首先筛选够不够资格；第二要培育他；第三要使用他；第四，假如他很好，要留住他。现在，我们颠覆成"动态合伙人制"——员工从原来的被雇佣者、执行者，变成创业者、合伙人；原来是被动的，现在是主动的。为什么叫"动态合伙人制"？不管我干得好不好股份都有？不是的，如果干得好，股份可以保留甚至扩大，如果没有能力再往前推进，就把钱退给你，和股市上买股票一样，最后达到的目标是自创业、自组织、自驱动。

2. 员工创客化颠覆的难点

员工创客化颠覆的难点主要归纳为：员工的定位改变、员工的换位、员工薪酬的来源。

一是员工定位要从原来的岗位执行人转变为拥有"三权"的创业者。过去企业讲放权、分权，我们把权力都给你。第一个是决策权，第二个是用人权，第三个是分配权。比如，雷神的三个小伙子就发现了市场的难点——用户对"游戏本"的意见特别多，几万条意见，但没有很好的产品满足用户需求——然后根据用户的需求倒逼硬件的开发迭代，最后迅速在产业里名列前茅。很多资源都是社会上的，他们来整合就可以了。

二是员工要换位，要从被雇佣者转变成动态合伙人。例如，"快递顺"项目，风投来了，估值也很高，但有一个要求，一年之内必须要翻番。如果达到了这个目标，会继续加大投资；如果达不到，跟投的钱也没了。这个动态合伙人是和市场（的表现）混在一起的。

三是员工的薪源。传统企业里，员工的薪酬从哪来？就是岗位薪，虽然有很多考核，但你在哪个岗位，就有多少薪酬。现在，我们内部叫"断奶"：企业不再给员工薪酬了，一定要从创造的用户价值当中得到，得不到你就离开。结果有一些小团队还没有挣钱，还没有创造用户价值，他们的平台主就要来判断到底行不行：不行就要离开，要让另外的团队来；如果判断行，那这段时间的工资就由平台主来开。

3. 员工创客化颠覆的目标

员工创客化最后要达到的目标是，"人是目的，不是工具"。这句话是德国哲学家康德说的，在任何时候，都不能把自己和他人当作工具，因为人自身就是目的。其实，马克思也说过一句话，"不是工人使用劳动工具，是劳动工具使用工人"。所有生产线上的工人都是生产线的附庸。所以，我们颠覆的目标是德鲁克所说的"让每个人成为自己的CEO"。

如何创造一个平台，让每个人都把他的价值充分发挥出来？一个鸡蛋从外面打破，一定是人类的食物，但从里面打破，一定是新生命的诞生。我们的任务是让每一个员工都能够"孵化"出来，都能够破壳而出（如图15-11所示）。

图15-11 海尔的全员创客化示意图
资料来源：段晓东，"独家：海尔全维度创新 开启人人创业生态"，《青岛日报》，2014年10月11日，http://finance.dailyqd.com/2014-10/11/content_142621_all.htm#content_1

资料来源：节选整理自"张瑞敏详解：海尔人单合一的前世今生"，经济参考网，2015年09月19日，http://www.jjckb.cn/2015-09/19/c_134640295.htm

15.5 创新源的国际化

国际经济的一体化迫使许多公司开始对技术在企业发展中的作用进行重新考虑。任何公司都无法完全从内部获得它们所需要的所有技术。"在合作之上进行竞争"已成为企业发展的主旋律。于是，研究开发和技术管理越来越全球化。

在一些技术密集型产业，如制药、电子等，为获得全球竞争优势，跨国公司都争相在国外新建研究所。例如，华为在德国、瑞典、美国等地设立了16个研究所，甚至以集中控制著称的日本公司也开始分散研究开发于世界各地。相对应，各公司国外研发预算占研发总预算的比重也与日俱增。

各跨国公司根据自己的历史、现实条件及发展战略，形成了各具特色的研究开发网络，并以此来获取全球性的创新源。根据各研究开发机构的特点和研究开发网络的协调方式，研究开发网络可以分为星型网和蛛网两种（如图15-12所示）。星型网的典型特点是有

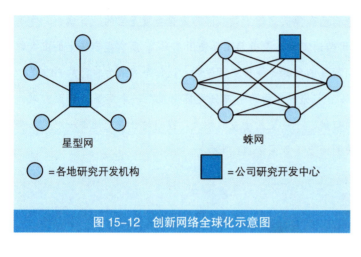

图 15-12　创新网络全球化示意图

一个协调中心，一般是位于公司本部的中央研究机构，它负责各研究机构之间知识的回流、处理和分流，各研究机构之间的关系一般通过它来协调。蛛网的典型特点是各研究机构之间可以进行直接沟通和知识交流，但更高一级的交流和整个网络的协调一般还是通过中央研究机构。

研究开发机构根据其使命，分为技术搜索型、当地开发型和实验研究型。技术搜索机构的使命主要是监测当地技术进展和监测当地市场状况，一般建于技术高度发达的环境中。例如，华为、百度等在美国硅谷都建有这种技术搜索机构。当地开发型主要是为公司分布于世界各地的生产和营销机构提供技术支持，把公司研究开发中心或其他研究开发机构开发的产品针对当地情况进行适应性开发，有时也进行搜索活动，为公司的研究开发提供市场与技术信息，例如宝洁在广州、贝尔在上海建立的研究所。实验研究机构的主要使命是为公司开发基础性、通用性产品和工艺技术，为全公司研究开发网络提供技术支持，开发的技术可以通过各种途径为其他研究开发机构所用。实验研究所又分为专业性研究所和综合性研究所。

专业型研究所全权负责开发某一技术领域在全球运用的新产品和新工艺，一般有较强的研究开发与创新能力。例如，北方电讯公司在北美的一个研究开发中心集中进行公司大部分开发，各地研究所在此基础上进行当地化开发。综合性的研究所负责开发可以为全球各研究机构运用的基础性技术或通用技术，为全球研究开发机构提供技术支持，是公司研究开发力量最强的研究所。例如，西门子公司总部的研究开发中心，负责研究规划和各研究机构的协调。

15.6　创新中的信息与知识管理机制

线上阅读：构建面向数字创新的知识生态系统

15.6.1　知识管理体系

知识管理是企业在知识经济时代构造新的管理机制的指导思想和理念，是企业赢取竞争优势的重要手段与工具。

企业知识管理的实质就是对知识链进行管理，使企业的知识在运动中不断增值。一个企业要进行有效的知识管理，关键在于建立起一个适合的知识管理体系。许多著名的公司已经建立了自己的知识管理体系，利用"知识资源"来获得竞争优势，巩固其行业领袖地位。

知识管理体系总体上分为知识管理理念和知识管理的软硬件两大部分，如图15-13所示。其中，知识管理理念分为企业制度和企业文化两个方面。企业制度包括确立企业的知识资产和制定员工激励机制，从而加强管理者对知识管理的重视并鼓励员工积极共享和学习知识。企业文化包括企业共享文化、团队文化和学习文化，帮助员工破除传统独占观念，加强协作和学习。知识管理的硬件对应的是知识管理平台，它是一个支撑企业知识收集、加工、存储、传递和利用的平台，通过因特网、内联网、外联网和知识门户等技术工具将知识和应用有机整合。知识管理软件对应的是知识管理系统，它是一个建立在管理信息系统基础之上的实现知识的获取、存储、共享和应用的综合系统，通过文件管理系统、群件技术、搜索引擎、专家系统和知识库等技术工具，使企业的显性知识和隐性知识得到相互转化。

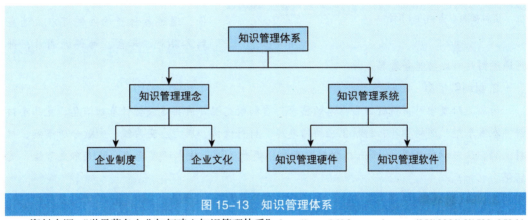

图 15-13　知识管理体系

资料来源："世界著名企业如何建立知识管理体系"，http://www.360doc.com/content/05/1030/16/1523_25964.shtml.

15.6.2　建立完善的知识管理体系的关键

一是制定企业知识管理战略，建立知识创新激励机制，塑造知识共享的企业文化氛围；二是设置知识主管专门负责企业知识管理工作，开发知识创新能力；三是与企业的业务流程相结合，调整企业知识结构；四是建立企业知识管理系统，管理知识生产、交换、整合和内化；五是对知识管理体系制定评价方法和原则，以期改进。

创新标杆　　　　　　　　　　**吉利汽车的知识管理实践**

浙江吉利控股集团始建于1986年，1997年进入汽车行业，现资产总值超过1000亿元，连续10年进入中国企业500强，连续8年进入中国汽车行业10强。2012年7月，吉利控股集团以总营业收入233.557亿美元（约1500亿人民币）进入世界500强，成为唯一入围的中国民营汽车企业。

2007年开始，吉利汽车研究院自主开发的知识管理系统（knowledge management system, KMS）上线，通过该系统建立了知识积累、资料查询、技术交流一体化平台。截至目前，

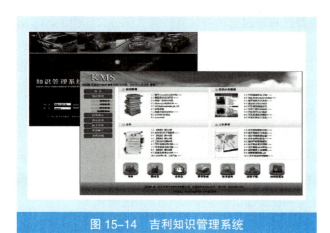

图 15-14 吉利知识管理系统

资料来源：吉利汽车网站

KMS 完成了 3 次改版，获得了 2 个国家版权局软件著作权登记。建成了 10 个数据库、70 多个功能模块（如图 15-14 所示）。

1. 汽车造型数据库

汽车造型数据库包含了吉利目前所有车型及市面常见车型的造型图片，给吉利造型设计师提供设计灵感。目前数据库共有各类汽车外观图、内饰图、效果图等共 5466 张，通过各种查询条件可以快速查到各品牌、车型、部件的图片，并可通过图片对比功能查看其差异。

2. 材料数据库

为满足研发中对材料数据和信息的需求，吉利研究院目前共建成材料基础信息、竞品车材料、在线车型、选材推荐、材料供应商信息库、材料价格、应力应变曲线、失效分析案例、材料试验、认可材料库等 10 个汽车材料数据库，提升了综合技术研发能力，使汽车更节能、更环保。

3. NVH 数据库

NVN 数据库共分竞品车、在线产品车、成功专项案例、NVH 技术文件、设计支持等 5 大模块，自 2009 年建成以来，共上传了几百份 NVH 技术文件、分析报告。

4. 汽车安全技术数据库

汽车安全技术是吉利汽车最为重视的内容，汽车安全技术数据库包含了安全法规标准、开发设计数据库、试验数据库、安全知识培训、NCAP 数据库 5 大模块（NCAP 指吉利汽车的碰撞数据库，包含吉利几款车型参加 C-NCAP 碰撞的结果和得分等）。

5. 试验数据库

试验数据库定位于研发辅助数据库，包括试验数据、试验报告、试验进展等数据，使吉利研究院试验数据实现了信息化管理，是对吉利研究院试验能力的成果展示。试验数据库包含了整车试验、零部件试验和道路试验三大模块，除了基本数据查询功能，试验管理者还可随时导出试验资源（试验人员、试验设备）的当前及历史使用状态，以便合理安排试验计划。

资料来源："吉利的知识管理实践"，《e 制造》，2016 年 3 月 4 日，http://www.kmcenter.org/html/s7/201403/04-15393.html

专栏 跨越鸿沟：用户的分类

"鸿沟理论"指高科技产品在市场营销过程中遭遇的最大障碍：高科技企业的早期市场（第一个市场）和主流市场（第二个市场）之间存在着一条巨大的"鸿沟"，能否顺利跨越鸿沟并进入主流市场，成功赢得实用者的支持，决定了一项高科技产品的成败。其中，第一个市场指的是由早期采用者和内行人士所主宰的早期市场，这些消费者能够迅速地接受新技术变革所具有的特性和优势。第二个市场则是指主流市场，由除早期采用者和内行人士之外的所有消费者组成，他们既想体验新技术带来的好处，又不愿意经受由此带来的一些令人不快的细节。但不幸的是，这两个市场之间的过渡充满坎坷。

简单地说，任何一个特定市场都是由几类用户组成，从最容易接纳新产品到对新产品最排斥，分别被称为创新者（innovators）、早期采用者（early adopters）、早期大众（early majority）、后期大众（late majority）、落后者（laggards）（如图15-15所示）。

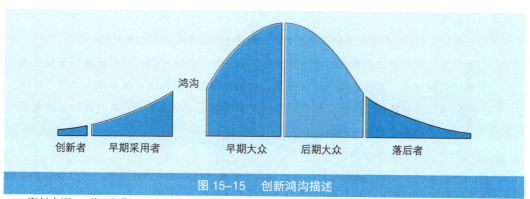

图15-15 创新鸿沟描述

资料来源：[美]杰弗里·摩尔著，赵娅译，《跨越鸿沟》。机械工业出版社，2009年。

1. 创新者

创新者会非常积极地追随于各种新技术产品之后，甚至会在正式产品发布前就开始使用。科技是乐趣所在，而并不在意功能，如最早开始尝试微信的人群。在任何一个市场中，创新者都不多见，但是企业必须争取在营销活动初期得到他们的青睐，因为当新产品投放市场时，他们的认同能够为其他消费者带来购买信心。

2. 早期采用者

早期采用者虽然与创新者一样在早期接受产品，但他们并不是技术专家。只要发现了某种新技术产品能够有效地满足他们的需要，早期采用者就会考虑是否购买。正是因为早期采用者在做出购买决策时并不会禁锢于公认的看法，更愿意尊重自己的直觉和想象，因此他们对于任何高科技市场的拓展发挥着至关重要的作用。

3. 早期大众

早期大众的购买决策最终是由一种强烈的实用性想法推动的。他们在购买之前，会细心观察周围人对新产品的评价。由于这类消费者数量是非常多的，几乎占据整个技术采用生命周期的1/3，所以说，赢得他们的认同，对企业获得巨额利润和飞速发展史非常重要的。

4. 后期大众

后期大众只会等到某些既定标准形成之后才会考虑购买，他们更有可能从一些知名的大型公司手中购买产品。后期大众群体也占据了总体的1/3。因此如果一项新产品能够得到他们的喜爱，公司确实能够获得较大的利润，因为随着产品逐步成熟，边际利润率递减，但同时销售成本也将逐渐降低，这样公司的研发成本在最后将被全部摊销。

5. 落后者

这些消费者对新技术没有任何兴趣。只有当一项技术产品已被深深埋藏于各种其他产品之中时，落后者才会进行购买。如落后者在购买一台电脑后，会直接使用预置的Windows系统，没有任何选择余地。落后者占据了总体的1/6，但无论从哪个方面来说，落后者这个群体通常都不会被企业重视。

根据上述技术采用生命周期，我们可以将其划分成三个市场发展阶段，分别是早期市场、主流市场和落后者市场。

早期市场。主要由创新者和早期采用者构成。创新者主要重视如下几个问题：

（1）他们真正想知道的是真相，并不是噱头。精美的广告被他们认为是拙劣的营销伎俩。

（2）无论何时何地，只要遇到了技术问题，他们都希望能够马上找到专业人士解答疑问。

（3）他们希望能够在第一时间了解高科技行业新动向。让他们试用产品并提供反馈意见时只要意见合适，企业就应当立即让他们知道。

（4）他们希望能够以低廉的价格买到新产品。

总之，只要你拥有最新、最高端的技术，而且不需要从他们身上赚很多钱，与这些技术狂热者达成交易并不是一件很困难的事情。

早期采用者是有远见卓识的人，他们与技术狂热者不同，并不是从某个系统采用的技术中获得价值，而是从这项技术带来的战略突破中获得价值。与此类人群打交道时要注意两个重要原则：

（1）他们希望确定项目的定位。往往希望从一个试验性的项目着手。

（2）他们总是急急忙忙，希望能够在一个时间期限内取得进展。

与他们达成交易的唯一可行的方式就是通过一批小规模、高水平的直接营销队伍。

主流市场。主要由早期大众和后期大众构成。早期大众大多是实用主义者。他们需要确信自己买到的产品来自于市场中起主导作用的一流企业。如果有远见者的目标是取得显著的突破，那么实用主义者的目的就是看到些微的改善——逐步的、可衡量的且可预见的进步。这也说明了大企业搞微创新是可行的，但创新型小企业如果也跟着学微创新，而拿不出突破性的产品，那就要倒霉了。但是，尽管很难赢得实用主义者的青睐，但他们一旦被征服就会对企业非常忠诚，甚至牺牲自己的利益购买该企业产品。比如虽然Windows Vista口碑很差，但极少有人改用Linux，而是更换为Windows XP或者是等待Windows 7。如果一家规模较小的企业能够与实用主义者已经接受的企业联盟，或者成为一种成熟平台的增值服务提供商，那么这家企业进入实用主义者群体的道路会更加顺利。如借助 Facebook 成功的社交游戏公司 Zynga。

后期大众多是保守主义者。他们通常只会在技术采用生命周期的最后才决定投资购买，那时产品的设计已经非常成熟，企业之间对市场份额的竞争也使产品的价格大幅度降低，而且产品本身也已经能够完全商品化。对待这类群体有两个制胜秘诀；一是实施"整体产品"策略；二是形成一系列的低成本销售渠道，有效地将产品推向目标市场。

如果企业已经得到了主流市场的认可，为了长久地维持领导地位，你需要注意以下两点：

（1）不能落后于市场中的其他竞争者。没必要成为技术领导者，也不需要拥有最优秀的产品。但如果市场中的某个竞争者取得了一个重大的突破，你也要立刻迎头赶上。

（2）通过微创新的持续性改进产品手段，不断将实用主义者提出的所有微不足道的改进逐步融入产品中，以此帮助用户应对产品中存在的各种不足。

落后者市场。由很多怀疑主义者组成，除了阻碍购买之外，落后者并没有对高科技市场发挥任何其他的作用。因此，高科技企业针对这些怀疑主义者开展营销活动的主要目的就是中和他们造成的不利影响。

资料来源：参考[美]杰弗里·摩尔著，赵娅译，《跨越鸿沟》。机械工业出版社，2009 年；酷拉皮卡，"《跨越鸿沟》读书笔记"，产品经理酷拉皮卡的博客，http://blog.sina.com.cn/s/blog_605b0e2e0100p909.html 整理。

本章小结

1. 对于不同的行业和创新种类，创新源有着极其显著的差异，除了企业内部的研发机构外，用户、制造商、供应商、竞争对手等都可能是重要的创新源。

2. 需求是保证创新活动获得成功的更为重要的因素，市场与生产需求的推动力大大超过了科学技术本身发展的推动力。创新者必须有较强的市场洞察力，以超前把握市场与用户的潜在需求，这是技术创新成功的关键。

3. 充分利用供应商的专业知识、技术与技能来缩短自己的产品开发周期和更快地推出高质量产品以满足顾客的需求，是一条行之有效的创新战略举措。

4. 全员创新就是企业创新不再是某个部门或员工（如企业领导、技术部门或技术人员）的事，而是企业从高层到基层，所有部门的员工广泛参与和支持创新。它所涉及的创新的范围也不局限于研发人员所从事的新产品开发、工艺创新等的技术创新，还包括流程改进、解决组织结构问题、新战略战术制定、制度完善等非技术创新在内的广泛内容。

5. 企业知识管理的实质就是对知识链进行管理，使企业的知识在运用中不断增值。一个企业要进行有效的知识管理，关键在于建立起一个适合的知识管理体系。

回顾性问题

1. 为什么说用户、制造商、供应商、竞争对手等都可能是重要的创新源？
2. 简述两种技术创新市场分析的路径流程，并就它们各自的优缺点进行比较。

3. 根据自己的理解谈谈供应商参与创新的动机和作用分别是什么？

4. 为什么企业要实行全员创新？比较全员创新在四个阶段中的各自特点。

5. 知识管理体系的内涵包括哪些方面？企业可以采取哪些具体措施进行知识管理？

讨论性问题

1. GE 这样的大公司为什么要成立 FirstBuild 这样的创意众包平台？

2. 请再举一个国内企业开展"创意众包"的例子，并讨论其可能存在的优点和需要改进之处。

实践性问题

1. 领先用户方法在不同行业如何落地？

2. 你认为中国企业的创新管理过程中应当从哪些方面完善自身的知识管理体系，在这个过程中可能遇到的挑战有哪些，应该如何克服？

延伸阅读

1. 陈劲、童亮，《联知创新：复杂产品系统创新的知识管理》。科学出版社，2008 年。

2. 刘云，《跨国公司技术创新：研发国际化的组织模式及影响》。科学出版社，2007 年。

3. [美] 埃里克·冯·希普尔，陈劲等译，《民主化创新：用户创新如何提升公司的创新效率》，知识产权出版社，2007 年。

4. [美] 罗伯特·塔克著，宁振业译，《人人都是创意工厂》。中信出版社，2012 年。

5. [英] 理查德·拉明著，高海文译，《精益供应：创新与供应商关系战略》。商务印书馆，2003 年。

6. Henkel, Joachim, and Eric Von Hippel, "Welfare Implications of User Innovation", *Essays in Honor of Edwin Mansfield*. Springer US, 2005. 45–59.

7. Hippel, Eric. "User toolkits for Innovation", *Journal of Product Innovation Management*, 2001, 18(4): 247–257.

8. Ulwick, Anthony W. *What Customers Want: Using Outcome-driven Innovation to Create Breakthrough Products and Services*. McGraw-Hill, 2005.

9. von Hippel, Eric. "Innovation by User Communities: Learning From Open-source Software", *MIT Sloan Management Review*, 2001, 42(4):82.

10. von Hippel, Eric. "'Sticky Information' and the Locus of Problem Solving: Implications for Innovation", *Management Science*, 1994, 40(4): 429–439.

第16章

创新的人力资源管理

▶ 学习目标

- ➢ 熟悉创新型人才的特征及激励方法
- ➢ 熟悉创新型企业家的特征与企业家精神的内涵
- ➢ 掌握个体创造力和公司创造力的开发方法
- ➢ 掌握不同研发团队类型的管理理念与常见方法

看视频
培养创新人才

▶ 开篇案例：CInO 应该做好的 7 件事

CInO 是 Chief Innovation Officer 的缩写，译作首席创新官，是负责公司和组织的创新策略、创新流程和创新工具的主管领导。大型公司的创新工作常常缺乏清晰的目标和机制。就是以最佳管理著称的公司也可能生成不利于创新的环境，并对此毫无所知。特别是对于公司的基层部门来说，它们的业务程序和绩效指标制定针对的是公司短期目标。但短期目标关注的是公司当前的工作，而不是创新项目，所以，创新对于这些部门来说难度很大。如果生产线的管理者不能因创新项目得到直接收益，他们将自觉抵制创新。

这正是大型企业需要 CInO 的原因——CInO 作为强有力的执行官，CIO 能够化解公司的业务单位部门对创新的抗拒，创造一个对创新更为有利的企业环境。

随着商业领域多极化的竞争与发展，越来越多的企业开始将创新作为企业持续发展的动力和竞争优势，CInO 将成为未来企业最为重要的职位领导人之一。

CInO 有如下七个重要职责[①]：

（1）支持最佳实践。发掘及标准化新颖想法和洞见的市场研究方法、战略创新、促进开放创新，以及引入鼓励创造性思维的团队工具和流程。

---

① Alessandro Di Fiore，"首席创新官应该做好的 7 件事"《哈佛商业评论》，http://www.hbrchina.org/2014-12-08/2615.html. 2014-12-08

(2) 开发技能。对公司人员进行培训，使其掌握所需技能；制定和实施相关方案，跟进创新活动以及促成创新所需技能。

(3) 支持业务部门开发新产品和服务项目。为公司里最重要的创新团队当好参谋和助手，鼓舞他们不断创新。培训其他部门经理来支持业务部门的创新活动。

(4) 确定新的市场空间。对市场现状及发展趋势进行分析，寻找新市场机会。如果在某些情况下，新市场不在当前公司的业务范围内，就要从企业全局出发，考虑新市场开发。

(5) 帮助开发创意。建立和运行产生创意的平台，如即兴构想会、编程马拉松，以及为公司利益考虑，实施内部或外部众包等。

(6) 支配种子资金。掌配年度预算，为"无路可去的创意"提供资金。这些创意本来是不可能得到资金支持的，因其对业务部门来说不是风险过大，就是超出了现有业务范围。企业因此就为扶植和保护新创意提供了孵化基地。

(7) 为有前途的项目设计保护方案。通过制定资源分配流程，如投资组合、门径管理、资本支出和预算，使可能遭受破坏的创新项目得到保护，得以从种子阶段向市场发展，而免被眼界狭窄的经理摒弃。

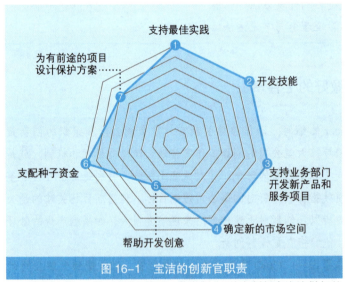

图 16-1　宝洁的创新官职责

资料来源：[美]亚历山德罗·菲奥里，"首席创新官应该做好的7件事"，《哈佛商业评论》，2014年12月08日。

通常 CInO 将时间和精力投入以上职责。亚历山德罗·菲奥里为了解宝洁公司2000—2010年的创新工作，制作了一张蜘蛛图（如图16-1所示）。从中可以看到，CInO 阿兰·乔治·雷富礼的成长型企业竭力履行了六项职责，却并未投入全力到第七项职责。企业认为不需要投入时间和精力的唯一一个方面是"帮助开发创意"，因为公司的业务和研发部门已经在这个领域中建立了成熟的流程。

其他公司所面临的挑战可能完全不同。三星公司贵宾中心尤其关注的是支持最佳实践、开发技能和支持业务部门的创新项目（见图16-2），以使新奇的想法不被埋没。在三星公司，其他方面的创新工作在操作层面得到了相对完善的管理。这家公司想要做的是，建立一个"顶尖高手"中心来培训业务部门的小组成员，以保护本公司最重要的创新理念和动力的源泉。

制作以上七项职责蜘蛛图是为了帮助 CInO 明白哪些是他们目前所关注的领域，在哪些领域他们可能需要增加或减少投入的精力。例如，他们可以根据公司的战略意图及公司在管理和组织方面存在的问题，了解到他们当前工作与应该做的工作之间的差距。

创新是一个基于洞察力的创造性过程。而建立相应的管理流程，并指定一位通晓公司业务的企业高管负责创新工作，可以使得整个创新实践过程出错率降低。

资料来源：根据亚历山德罗·菲奥里，"首席创新官应该做好的7件事"，《哈佛商业评论》，2014年12月08日整理。

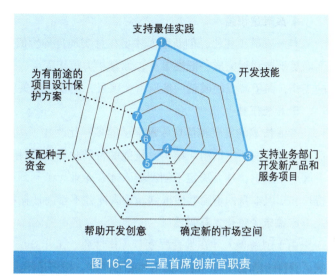

图16-2　三星首席创新官职责

资料来源：[美] 亚历山德罗·菲奥里"首席创新官应该做好的7件事"，《哈佛商业评论》，2014年12月08日

思考题：
1. 为什么有些企业要设立CInO？
2. CInO与原来的首席技术官、总工程师等职位有什么区别？

16.1　创新型人才的特征及激励

创新型人才就是具有创新意识、创新精神、创新思维、创新能力并能够取得创新成果的人才。创新型人才的基础是人的全面发展，创新型人才应该是个性自由、独立发展的人。

16.1.1　创新型人才的特征

1. 创造性

相对于一般员工来说，创新型人才更喜欢做前沿性、挑战性的研究，他们的求知欲很强，从事的不是简单重复性工作，而是在易变和不完全确定的系统中充分发挥个人的资质和灵感，应对各种可能发生的情况，推动着技术的进步，不断使产品和服务得以更新。创造是他们体现自我价值的方式，创新是他们的生活方式。

2. 自主独立性

真正富有创造力的人一般都具有独立的思想，只有这样，他们才能忍受孤独，才能忍受人们不时投向的对新思想的嘲讽。相应地，他们不喜欢管理者把要做的每一件事的计划与措施都已安排得非常明确，他们更倾向于拥有一个自主的工作环境，不仅不愿意受制于物，更无法忍受高层管理者的遥控指挥，强调工作中的自我引导。

3. 很强的学习能力

追逐专业知识前沿，不断学习，与最新知识保持同步的需要和强烈愿望。技术人员的工作能力依赖于知识而非其他外在工具，知识是创新型人才赖以生存的技能。随着行业技术的日新月异，员工必须不断学习，与专业前沿同步，才能使自己的观念技能、行为习惯适应技术革新的要求。因此，创新型人才跟踪新技术、学习新技术的愿望很强烈。

4. 成就意识强

与一般员工相比，创新型人才更在意实现自身价值，并强烈期望得到社会承认与尊重，不满足于被动地完成一般性事务，而是尽力追求完美。因此，这种员工更热衷于具有挑战性的工作，渴望辉煌的成就，参与重大项目，把攻克难关看作乐趣，感受由此而来的刺激。

5. 蔑视权威

专业技术的发展和信息传输渠道的多样化改变了组织的权力结构，也改变了高新技术企业（或科研院所）的组织结构。技能的特殊化和重要性往往使创新型人才对其上司、同事和下属产生影响，从而决定了创新型人才在企业（或科研院所）的影响力。自己在某一方面的特长和知识本身的不完善使得创新型人才并不崇尚任何权威，即使有的话，也是他自己。

6. 需求个性化尤其明显

由于创新型人才在教育程度、工作性质、工作方法和环境等方面与众不同，使得他们形成了独特的思维方式、情感表达和心理需求。特别是随着社会的不断进步，知识员工的需求正向着个性化、多元化发展，需求层次正变得日益无序。与一般员工不同的是，企业（或科研所）技术人员主要从工作中获得满足，获得个人成长。

7. 流动意愿强

信息经济对传统的雇佣关系提出了新的挑战，"资本雇佣劳动"这个定律开始受到质疑。因为在信息经济时代，资本不再是稀缺要素，知识取代了它的位置，员工的忠诚度更多的是针对自己的专业而不是雇主，他们有自己的福利最大化函数，出于对自己职业感觉和发展前景的强烈追求，人才流动更加频繁，长期保持雇佣关系的可能性降低了。

8. 具有开拓精神

不墨守成规，喜欢做挑战性的工作，敢于冒险。有事业心的创新型人才应该勇于突破，在借鉴前人优秀成果的同时，不拘泥于它们的条条框框中。这种挑战性的工作具有风险，创新型人才可能做了几年甚至更长时间的研究，换来的却是失败。这就需要创新型人才有足够的勇气。只有凭着这种勇气，爱迪生才能发明电灯。

9. 有好奇心，能够拼搏

心理学研究表明，好奇心具有强大的推动力，并且使人发挥出超常的创造力。创新型人才的性格特征中，应该有强烈的好奇心、这样才能引起对未知事物的好奇，研究出优秀的科技成果。此外，同时具有独创精神和团队合作精神，也是创新型人才的非常重要的素质。

16.1.2 创新所需要的人才的分类

在一个研发组织里，应该具有各种类型的人才，互相补充。对于研究团队而言，仅仅有创造思想的研究人员是不够的，还需要其他一些非常重要的职员。例如，一个善于产生新思想的人，可以同一个善于汇集与传播信息的桥梁人物和一个具有企业家精神的科技人员组合在一个课题组里，在统一的项目内各自明确地发挥其独特的作用，保证研发任务有效地进行。

（1）创新的领导者。他们了解创新的未来价值，不断提出新的创新需求，并善于把不同类型的人协调起来完成创新的工作。

（2）创新的支持者。具有创业精神的内部企业家，也是一种特殊人才，他们有创造性，但是更善于推进创造性，具有广泛的兴趣，强烈关心应用方面，有能力且果断，适合于传播和推广新思想、新产品。他们比具有创造性的科技人员更富于推广和创业的热情。他们有时也是较有经验的项目领导人，或是以前进行过开创性工作的人，往往是组织中的高级人员，了解组织的内情。他们比较平易近人，是一个良师益友，能指出目标，能指导与辅导组织内的一般成员，而且他们还可以同高层领导进行对话。

（3）创新的专业人才。一些具有创造性、善于产生新思想的创新人员，他们往往是某一两个领域中的专家，喜爱创造性工作。这类人才需加以培养并用特殊方法来管理。例如，在安排任务时，不能在时间进度上卡得过死，要给予充分的时间，应分配给较高级的创造性工作，并且让他们独自去工作。这里也包括了技术和市场桥梁人物。技术桥梁人物（也叫信息明星）既是引入外界科技信息的纽带，又是研发部门内部科技信息传输的纽带。市场桥梁人物是引入市场方面信息的纽带，担负这种功能的人可以是工程师、科学工作者，也可以是受过技术基础训练的营销人员。

实践表明，很多企业不能有效地开展技术创新，其重要原因之一是在组织内缺乏具有上述重要功能的人才。

16.1.3 信息明星的管理

信息明星是高科技企业内部承担着对外部技术信息、技术知识再编码重任的关键人物。所谓信息明星，是指那些与同事和外部技术信息源都有紧密联系的技术专业人员，他们用本地的编码系统和技术语言对采用不同编码和语言的外部技术信息、技术知识进行再编码后，将这些信息和知识传递给本单位其他技术人员。信息明星将技术信息、技术知识的"一步传入"转变为"两步传入"，经过"吸收→再编码→扩散"的过程，从而使信息和知识的传播更加有效。

实践表明，在企业研究开发部门纵横交错的信息网络中，总存在着某些信息明星，他们是企业技术信息网络的中心人物，如图16-3所示。其中，编号为1的科技人员是企业技术信息网络中的信息明星，而编号为8的科技人员则是游离分子。

信息明星最显著的三个特征是：首先，技术成就大，水平高，是完成组织技术目标最重要、最直接的贡献者；其次，大部分信息明星（约50%）是第一线主管人员；最后，管理人员不用多想就可以告诉你谁是信息明星。

除此之外，信息明星还有许多其他的特征：

（1）信息明星有较高学历。国外研究表明，信息明星中以拥有博士学位者居多。因为要消化、吸收外部的信息，就要克服语言和技术障碍，高学历的人有这方面的优势。

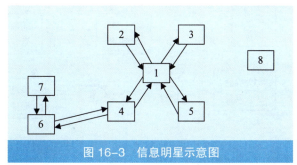

图 16-3 信息明星示意图

（2）信息明星大多数是第一线的技术主管，约有 6 个下属。信息明星是组织中技术成就最大的人，他们因为优异的工作业绩而受到奖励——晋升，因此大部分信息明星是第一线的主管人员。当他们处于领导地位时，更加令人瞩目，不仅组内而且组外的人也向他咨询信息，即使组内没有交流，组外也有许多人与他们保持联系。

（3）信息明星的工龄一般为 6—8 年以上。

（4）信息明星是一个大忙人，忙于参加组织内或组织外的会议，做报告。

（5）信息明星喜欢与大家一起工作，共同承担项目责任，不喜欢一个人工作。

（6）信息明星喜欢把时间分配到多项工作中，而不是只从事一个项目，他们甚至把大部分的时间用于行政管理工作。

（7）信息明星工作非常投入。

信息明星角色的形成过程中各变量之间的关系如图 16-4 所示。从前面的分析我们可以看出，信息明星的主要功能一是从外部收集信息和知识，并将外部信息和知识进行解码和转移；二是促进项目成员与外部信息源交流。信息明星不仅有助于信息的沟通，而且还有助于提高项目组绩效、留住年轻科技人员，以及促进他们的职业发展等。

项目主管是信息明星时有助于留住人才，尤其是留住年轻科技人才是因为：首先，信息明星会加强年轻科技人员与组织内外部信息源的联系，帮助他们构建各种正式与非正式沟通网络。其次，信息明星承担着年轻科技人员"社会化代理人"的角色，加速其社会化过程。最后，信息明星为年轻科技人员提供了大量展示才华的机会，提高年轻科技人员的成就感。

信息明星型项目主管还有助于员工的职业发展。与出色的上司共事，能更多地接触到关键信息，工作机会相对更多，因此信息明星型项目主管的下属获得提升的可能性要多得多。有人对 27—32 岁的科技人员进行 5 年的跟踪研究，发现项目主管是信息明星的开发项目组成员其晋升的比例是项目主管不是信息明星的开发项目组成员的 3 倍。

信息明星往往是高科技企业的关键技术人才，是企业核心技术的载体。因此，有效地对企业信息明星进行管理，有助于培育企业的核心技术能力。企业在管理信息明星时，尤其要注意为信息明星创造一种组织学习气氛、建立有效的激励机制、建立信息明星网络，以及培养后备信息明星。

一个组织要取得创新型发展，需要高度重视信息明星的培养与使用，在组织内增设信息明星的岗位，让一批知识水平高、信息获取能力强、沟通能力好、思想品德佳的成员迅速成长为信息明星。组织也应为他们提供获得知识和信息的优良环境（如增加其外部学习机会和时间），提

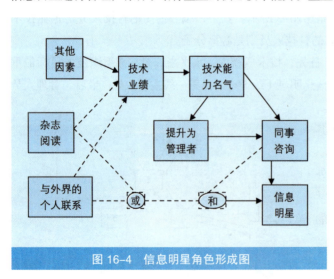

图 16-4 信息明星角色形成图

供其与组织内部成员交流沟通的机会（如在组织内设置必要的沟通场所，合理安排组织办公用房，增加信息明星与组织成员接触的机会）。组织对信息明星的考核不仅关注其个人业绩，更重要的是关注其对组织整体信息和知识水平提升的贡献。

16.1.4　创新型人才的激励

对企业而言，在人才竞争日益激烈的今天，有效的激励成为留住创新型人才的法宝。对创新型人才的激励，要综合考虑他们的性格特征及反映其特征的需求，尤其要注意以下几点：

1. 搭建一个施展才华的平台

这个平台是由开发项目、资金设备、团队配合、交流论坛等组成。重要的是要让他们通过适度的公平竞争成为开发项目的主持人，相应地也获得其他资源的支配权。平台的组成还包括吸收他们参加企业发展目标的确定、战略规划的研制、新产品开发的计划研究等重大活动，让他们活跃的思维、鲜活的创意能得到企业的关注。

2. 挑战性适当的工作

组织应有科学、健康的发展愿景，设立重要、前沿性的项目，由创新性人才组建队伍参与研究计划的安排，并对项目的完成质量承担相应的责任。组织的目标不能太低，否则创新型人才常会为此情绪低迷。但是，一个组织的目标也不能太高，否则会使创新型人才产生严重焦虑感。一个组织的负责人必须具有高度爱心、很高的情商，从而不断洞察组织内部创新型人才的内在需求，科学合理地设置与创新型人才潜力110%—130%相当的工作目标。

3. 营造一种自由自在、包容性强的文化氛围

允许创新性人才自由选择创新领域，或者保持一定程度的自由选择权。大量的事实证明，在新的想法未完全成熟和被证明有效之前，保持它的神秘性，不让批评者过早了解，能够激发创新。例如，3M公司的"不必询问、不必告知"原则，即允许技术人员可以把15%的时间花在他自己选择的项目上。另外，还可以专门为创新型人才量体裁衣，设计有别于普通员工的弹性工作制度，使他们的工作不拘泥于时间和地点。

组织文化对创新型人才的发展极为重要。创新型组织的研究文化应是：①勇于创新，敢为人先。只有敢于打破陈规、标新立异，才能获得真知灼见。相反的，因循守旧、墨守成规都与创新无缘，无法激发创新型人才的工作斗志。②包容失败的文化。创新充满着失败、失误，因此，容忍失败的组织氛围是十分重要的，它有利于创新型人才缓解创新失败后造成的紧张感、负罪感。③竞合的文化。竞争与合作是矛盾的统一体。没有竞争，科学发展与技术创新就失去了一个重要的原动力。同样，没有合作，科学发展与技术创新又会走入机械和僵化的末路。唯有形成竞争中的合作与合作中的竞争，创新才能保持强大的生机与活力。

4. 构建一个畅通的交流渠道

打破创新人才与管理层之间的等级障碍，开展平等、面对面的交流，例如，经常举行高管与创新人才共同参加的午餐会、无主题讨论会、野外活动等。直接的对话可以使大家开诚布公，增加彼此对共同目标的认识，相互能力的信任和理解。更为重要的是一个信息资源共享的环境这会使人才倍感受到尊重，受到信任。

5. 给予更多的理解和宽容

创新型人才在创新活动中表现出的一些优秀性格特征，在其他场合可能被认为是缺陷。例如，一个很执着的人在生活中可能被认为是固执；竞争意识很强的会被认为是"好出风头"；自信心强的人有时也会表现出傲慢。如果你能在身边发掘那些个性强烈、不拘小节，以及直言不讳而似乎令人不快的人，并能耐心听取他们的意见，那你的工作将因此受益。

6. 提供有竞争力的薪酬，打造利益共同体

知识型员工不仅需要获得劳动收入，而且要获得人力资本的资本收入，即需要分享企业价值创造的成果。对他们来说，报酬成为一种成就欲望层次上的需求。这种需求上的变化表明，要为创新型人才铺就一条与企业同发展、共命运的成长道路，不仅是物质报酬上要同企业发展一起"水涨船高"，而且个人创新能力的提升上也要如此。因此，企业要积极营造学习的氛围，根据企业及其环境的发展变化，为创新型人才提供及时的知识更新培训机会，使他们的创新能力长盛不衰。

应突破组织现有的薪酬机制，成为组织分配制度改革的"特区"，并制定一套科学合理的绩效考核与评估机制。对创新人才实行年薪制，薪酬与绩效挂钩，提供具有竞争力的薪酬水平。除货币化激励机制外，可采用树立榜样、带薪休假、资助参加会议等形式多样的精神激励机制，充分调动人才的积极性。一般而言，创新型人才的薪酬水平应略高于同类组织的平均水平。

16.2 创新型企业家与企业家精神

16.2.1 创新型企业家与企业家精神

熊彼特提出了关于创新型企业家的标准。他认为，企业家不同于资本家，企业家的本质是创新，创新是推动社会经济发展的巨大动力，创新的主动力来自于企业家精神，"企业家创新精神的突出特征就是从事新的事业或者以新的方式从事已经完成的事业"。熊彼特特别强调，创新者不是实验室的科学家，而是有胆识、敢于承担风险又有组织实干才能的企业家。

李慧基于关键词的统计分析得出创新型企业家的十大核心特征是：改革创新、充满自信、深谋远虑、坚持不懈、执着进取、善于合作、勤奋务实、有社会责任感、领袖风范、雄心壮志，并进而得出核心个性特征模型（如图16-5所示）。

图 16-5 创新型企业家核心个性特征模型

资料来源：李慧，"创新型企业家的核心个性特征研究"，《消费导刊》，2007年第4期。

企业家精神本质上是企业家在追求自身效用最大化的过程中体现

出来的追求成功的强烈欲望、勇于冒险、承担风险、开拓创新的行为偏好以及诚信、敬业的道德品质，是企业家区别于一般经理人员的本质特征。

16.2.2 如何激励创新型企业家

李亚辉、苏中锋将对创新型企业家的激励机制分为四个类型：报酬激励机制、控制权激励机制、声誉激励机制和市场竞争激励机制。①

1. 报酬激励机制

企业家的报酬形式主要有工资、奖金、股权和股票期权。工资是企业家报酬中最稳定的部分，不随公司的业绩变化而变化，它构成了企业家收入的下限。研究表明：工资与企业绩效的联系很弱，对企业家的激励作用很小。奖金和企业经营业绩联系在一起，随公司的业绩变化而变化，对企业家的激励是有效的。但有关研究表明，它可能诱使企业家的短期行为。股票和股票期权使企业家享有一定的"剩余索取权"，与公司的长期业绩水平紧密相关，鼓励企业家经营行为的长期化。股权和股票期权激励将企业家的个人利益与企业利益联系在一起，使企业家对企业的长期持续发展给予更多的关注，有利于减少代理成本和企业家的短期行为，提高企业长期效益。

2. 控制权激励机制

与企业所有者具有剩余索取权相对应，企业家具有经营控制权。经营控制权不仅给企业家带来社会地位方面的心理满足，而且使得企业家具有职位特权，享受职位消费，给企业家带来正规报酬激励以外的物质利益满足。这种激励主要满足的是企业家的"尊重需要"，它使企业家感到自尊、自主和有成就感。对于创新型企业家而言，通过授予较多的控制权，可以使其更加有效地促进企业的技术创新活动，避免不必要的外界干扰。对于创新型企业家，控制权激励是一种有效的激励方式。

3. 声誉激励机制

企业家不仅渴望更多的物质利益，还期望得到自己在行业内和经营界的声誉和价值，达到自我实现的目的。强烈的成就欲以及因事业成功而得到的良好的职业声誉、社会荣誉及地位是激励企业家努力工作的重要因素，这种机制一方面有助于企业家物质利益的实现，另一方面又满足了企业家在精神上的需求。而对于创新型企业家而言，其鼓励企业进行技术创新活动，可以容忍技术创新失败对自身物质利益的不利影响。因此，对于创新型企业家而言，声誉激励的作用将十分显著。

4. 市场竞争激励机制

市场竞争激励机制主要来自企业家市场、资本市场和产品市场三个方面。企业家市场中的企业家之间的竞争，通过优胜劣汰的竞争机制能够使企业家始终保持危机感，从而自觉地激励和约束自己的机会主义行为。资本市场的激励约束作用表现在企业家的业绩直接地威胁到企业家的控制权。产品市场的激励约束来自产品的利润、市场占有率等指标在一

---

① 李亚辉、苏中锋，"创新型企业家激励方式的选择"，《工业技术经济》，2006年第6期，第51-53页。

定程度上反映了企业家的经营能力和工作效率，产品市场的激烈竞争同样会激励企业家的行为。所以市场竞争激励机制从物质利益、控制权和声誉等多个方面对企业家产生影响。由于竞争强度的提高和产品寿命周期的缩短，企业的创新能力变得越来越重要。在这种现实背景的影响下，创新型企业家的价值会体现得更加突出，所以市场竞争激励对创新型企业家有良好的激励作用。

需要注意的是，对创新型企业家进行评价时，绝不可以仅采用公司的短期财务业绩，必须将公司的技术创新效果考虑进来。同时，由于技术创新活动的高风险性，对于失败的创新活动也应有一个合理的评价，否则将会影响到企业家进行创新活动的积极性。

16.3 如何有效管理研发团队

新产品开发日益成为企业成功经营的核心。持续推出新产品将使企业立于不败之地，而卓有成效的新产品开发取决于优秀的新产品开发团队。人们的共同结论是"有什么样的开发团队就有什么样的新产品"，这可以说是一条定律。大至一个企业的新产品开发活动质量，小到一个具体的新产品开发项目的质量，接触和评估其团队都是了解企业研发能力最直观、最有效的方法。

对新产品开发团队的评价来源于三个方面：团队中的个人、团队机制和团队文化。对于企业的高层管理者来说，他们当中的很多人并不是产品专家，他们对于新产品开发的管理更多地体现为对新产品开发团队的管理。

16.3.1 研发团队有哪些形式

新产品开发团队的组织形式是由新产品开发项目的性质决定的。开发团队的组织原则是：开发项目越复杂，对企业的意义越重大，开发团队就越独立，越需要减少企业日常工作对其的影响。对于消费品企业，开发团队一般有以下三种类型，如表 16-1 所示。

表 16-1 新产品开发团队的类型

新产品项目性质	团队类型	团队特点	管理要素
新平台产品开发	独立的专职团队	独立于企业日常运营	保持独立性财务目标
完善现有产品线	跨部门临时团队	开发工作与其他日常工作并行	部门协调机制
产品技术改进	技术改进团队	范围最小，方式灵活	把握项目运行的时机

资料来源：根据 长城战略研究所，"研发团队管理"，《中外管理》，2001 年第 8 期，第 59-60 页整理。

跨部门临时团队的组织形式是在消费品的新产品开发中最常见、最基本的组织形式。其他两种团队类型在早期，经常以跨部门临时团队的形式出现，说它"难于管理"，是因为部门之间存在着观念和信息的"壁垒"，这些壁垒很难打破，而打破这些"壁垒"，恰恰是新产品开发管理的关键。在很多高技术企业，技术开发团队多采用独立的专职团队形式。开发人员被"关"在一个舒适的、"与世隔绝"的空间里，在特定的时间内展开"科研攻关"。

16.3.2 研发团队如何形成好的机制

建设开发团队的工作机制,其目的在于沟通信息、明确责任、协调进度。工作机制可以分为两种:正式机制和非正式机制。正式机制多体现为团队会议,非正式机制则是不同部门的开发人员之间的随机交流。在很多消费品生产企业,新产品开发项目的主要责任者是市场部门和研发部门,因为他们是新产品的设计师、知识源和"专家"。开发团队的工作机制首先是这两个部门的协调机制,然后才是由这两个部门主导的团队工作机制,如表16-2所示。

表16-2 新产品开发团队的工作机制

	参与部门	主要内容	关键	备注
研发—市场部门联席会议	市场部、研发部门	定期交流所有项目情况,确定开发方向,产生新项目	长期坚持	在有些企业叫作"新产品开发委员会",范围也有所扩大
项目运行会议	项目组所有成员	在某个项目里程碑完成后评估项目运行情况,做出下一步的安排	完成情况的可靠性	
项目回顾会议	项目组所有成员	项目完成或终止后对项目整体运行的总结	真正明确失败原因	避免犯同样的错误,形成指示和经验积累
总结报告制度	市场部或研发部项目经理负责	项目每一阶段结束后汇总项目运行情况,并告知每位项目组成员	保证决策信息的真实性	

资料来源:根据长城战略研究所,"研发团队管理",《中外管理》,2001年第8期,第59-60页整理。

对于那些非正式的团队机制是不好用制度进行规定的,非正式的团队机制在很大程度上受到团队文化的制约。

16.3.3 如何建立研发团队文化

新产品开发团队文化是企业整体文化的组成部分,因此新产品开发团队文化既具有企业文化共有特性,又有它的独特性和自身要求,如表16-3所示。

表16-3 新产品开发的团队文化

新产品开发活动的特点	新产品开发团队文化要求
创新性	鼓励原创性的工作
协同性	鼓励随时随地通畅的交流
风险性	重视细节和不同意见
时间性	强烈的时间观念和责任意识

资料来源:根据长城战略研究所,"研发团队管理",《中外管理》,2001年第8期,第59-60页整理。

观察新产品开发团队文化最有效的方法是"听",听听成员们在交流中说些什么,是否符合新产品开发活动的内在要求。如果没有好的团队文化,新产品开发过程中就会出现一些莫名其妙、看似荒唐但却是不可挽回的严重失误。很多企业的研发经理为这些失误感到苦恼,但他们往往在失误本身上找原因,却没有看到隐藏在失误背后的不健康的团队文化。新产品开发团队文化与新产品开发所需要的专业知识和技能无关,但是它却深刻地影响着新产品开发工作的质量,甚至可以说是团队文化塑造了新产品。

在很多美国公司,高级的研发领导人甚至没有技术背景,但他们依然可以卓有成效地领导产品研发,其中一个重要原因就是他们有能力塑造一个优秀的研发团队文化。塑造团队文化的最好方法是企业高层管理者的率先垂范和团结一致,而不是期待基层开发人员的自觉。

16.3.4 总经理如何管理研发团队

除了把握企业战略和产品方向外,总经理对新产品开发活动的管理很大程度上体现为对新产品开发团队的整体管理。总经理很难深入新产品开发的技术细节,但在中国企业中(尤其民营企业),总经理对新产品开发工作影响巨大。总经理在管理新产品开发团队时应注意:

(1)容忍创新的"健康失败"。所谓"健康失败"是指那些付出了真诚努力的失败。产品创新的历程从来不是一帆风顺的,某一点的改变可能会引起连锁反应,"牵一发而动全身"。改变固然会有失败的可能,但不改变就不会有成功的新产品。在一个"动辄得咎"的环境里,不能想象产品创新的成功。总经理对产品创新的影响首先在于培育一个创新受到鼓励的环境。

(2)培养"专家意识",减少对开发细节的干涉。产品创新的专家首先是那些敢于对产品创新负责任的人,其次才是拥有丰富产品创新经验的人。在企业里经常发生没有人敢于对产品开发负责的现象,决策"议而不决",然后由总经理判断而"定于一尊"。企业家不可能洞悉一切风险,这种决策方式从一开始就孕育了很大的风险。总经理需要明确责任,鼓励和培养负责任的勇气,才可能在企业内部培养出"专家"。

(3)打破技术部门的壁垒,重视专业的横向交流。技术部门在中国企业中一向是"管理黑箱",只看到投入产出,看不到里面发生了什么。但技术过程对产品方方面面的影响极大。总经理应该鼓励技术部门与市场、采购、财务乃至销售部门建立交流机制,使技术部门看到他们的工作对其他部门产生了怎样的影响,同时也会看到产品创新的广阔机遇。

(4)给开发人员开阔视野的见习机会。创新经常来自于换一个角度来看问题,来自于找到正确的基准。一年到头埋头于实验室的开发人员的创新精神一定是不活跃的。给开发人员参观、学习、研讨的机会,回过头来审视自己的产品,就会产生新的认识。而产品创意就蕴含在这些新的认识当中了。

本章小结

1. 创新型人才就是具有创新意识、创新精神、创新思维、创新能力并能够取得创新成果的人才。创新型人才的基础是人的全面发展,创新型人才应该是个性自由、独立发展的人。

2. 在一个创新组织里,应该具有各种类型的人才,互相补充。对于创新团队而言,仅仅有创造思想的研究人员是不够的,还需要其他一些非常重要的职员。

3. 信息明星往往是高科技企业的关键技术人才,是企业核心技术的载体。因此,有效地对企业信息明星进行管理,有助于培育企业的核心技术能力。

4. 首席创新官是组织创新的主要实施者,一般需要在战略、技术和市场方面有较高的决策与管理能力。

回顾性问题

1. 你认为创新型人才最重要的特征是什么?说出你的理由。

2. 一个组织的创新团队应包括企业家、首席创新官、信息明星、项目经理与科技人才,你认为这一结论是否正确,为什么?

3. 如何有效地对创新型企业家进行激励?在这个过程中应该注意哪些问题?

实践性问题

1. 如果你是一家大型跨国公司的高管,你将通过采取哪些措施激励公司不同区域和不同部门的创新型人才,并解释你这样做的依据。

2. 如何培养合格的首席创新官?

延伸阅读

1. 李慧,"创新型企业家的核心个性特征研究",《消费导刊》,2007年第4期,第40-41页。

2. 王黎萤、陈劲,"国内外团队创造力研究述评",《研究与发展管理》,2010年第4期,第62-68页。

3. 王挺,《信息时代下的虚拟研发团队管理》。中国轻工业出版社,2010年。

4. 杨小薇,"首席创新官",《IT经理世界》,2007年第Z1期。

5. 钟秉林,"国际视野中的创新型人才培养",《中国高等教育》,2007年第Z1期,第37-40页。

6. [美]索耶著,汤超颖、高鹏译,《天才团队:如何激发团队创造力》。中国人民大学出版社,2009年。

7. [美]伊万塞维奇著,万君宝等译,《管理爱因斯坦》。百家出版社,2003年。

8. Luecke, Richard, and Ralph Katz, *Harvard Business Essentials: Managing Creativity and Innovation*, Harvard Business School Press, 2003.

9. Neumann, Clas, and Jayaram Srinivasan. *Managing Innovation From the Land of Ideas and Talent: The 10-Year Story of SAP Labs India*. Springer Science & Business Media, 2009.

10. Scott, Susanne G., and Reginald A. Bruce. "Determinants of Innovative Behavior: A Path Model of Individual Innovation in the Workplace", *Academy of Management Journal*, 1994, 37(3): 580–607.

第17章

如何从创新中获益

> **学习目标**
> - 了解知识产权战略的内涵及与创新的关系
> - 熟悉专利、标准与创新的关系
> - 掌握知识收入与创新收益的内涵

▶ 开篇案例：高通基于专利与技术标准保护的盈利模式

美国高通是依靠专利起家、以专利为盈利模式的最成功例子。其主营业务主要有3块：QCT、QTL和QSI。

QCT，即高通CDMA技术集团，主要负责研发和销售无线基础设施和设备中的芯片等软硬件方案。

QTL是高通技术授权部门，主要负责对高通历年积累和收购的技术专利进行授权。此外，由于高通独特的反向专利授权协定，即使用高通专利的厂商需要将其自身专利与其他高通客户分享，他们每年还能从厂商出货的设备中收取5%左右的版税（高通税）。

QSI是高通的战略投资业务，主要为新业务方向或现有业务扩张做战略储备，确保未来的增长。

之所以说高通是一家"躺着数钱"的公司，主要指的是它旗下的QTL业务。依靠高通经年积累的专利，这项业务在2013、2014和2015财年分别给公司贡献了30%、29%和31%的业务营收，相当于每年80亿左右美元（比半个腾讯还多一些）。

目前,高通已在制造和销售的环节完全淡出,但专利授权的丰厚收益使高通进入了一个良性循环状态,它可以集中全部力量进行技术研发,不断增加专利数量进一步保证了它的霸主地位。

当然,高通 2015 年在中国也遭遇反垄断调查。2015 年 3 月,中国国家发改委公布了对高通反垄断调查的结果和整改措施,调查结果判定高通在 CDMA、WCDMA、LTE 无线通信标准必要专利许可和基带芯片几个领域垄断。

究其原因,是高通常年对使用其手机芯片的厂商收取专利授权费用和版税,前一项是固定费用,后一项是依照手机批发总售价收取 5% 上下的版税。在这个基础上,因为是够强势,高通采取了"买必要专利打包非必要专利""买有效专利打包过期专利"和"专利反向授权并收取保护费"的做法(即 A、B 厂商都使用高通芯片,则 A、B 的专利都自动免费授权给高通;通过高通,A 也可使用 B 的专利。当整个厂商联盟足够大以后,高通自带专利保护伞,使用高通芯片同时也得到高通专利池的庇护)。

发改委责令的整改措施则包括:将版税收取的基数下调到厂商设备整机售价的 65%;取消专利反向授权(恢复华为、中兴等专利优势企业的专利价值);停止不合理的专利收费(非必要和过期专利);此外,还有一笔接近 60 亿人民币的罚款。这笔罚款如果落在任何一家国内巨头身上都是天价,但高通"毫不眨眼"地交了,因为这仅占它 2013 年在国内销售额的 8%。

客观地说,这次整改减少了 QTL 在中国的收入,恢复了华为、中兴等专利优势厂商的专利价值,部分阻断了高通对其他厂商的专利价值屏蔽。同时,因为这次反垄断整改只发生在中国,高通的专利条款和保护伞规则在海外市场依然有效。这也是为什么在反垄断事件后的半年,小米依然找到高通签订全新的专利授权许可。并且随着越来越多中国手机厂商想要出海,还会有更多公司继续寻求高通的专利保护伞庇佑。但另一个让它感到压力的结果是,由于"霸蛮"专利条款的推动,高通此前重要的客户三星、华为、中兴甚至小米都在加大自家芯片的投入和应用。

资料来源:吴德新,"高通 2015 各种无奈:'躺着数钱'已成往事,HYPERLINK "http://www.leiphone.com/news/201601/NaPoPaGfZvotgV7M.html" \t "http://www.ithome.com/html/it/_blank"

思考题:
1. 高通的商业模式是什么?为什么可以"躺着数钱"?
2. 高通的这种商业模式有什么风险?

17.1 创新的知识产权战略

17.1.1 知识产权的定义

伴随着世界科技发展的新潮流,国际知识产权保护呈现出新的发展趋势,特别是科技加速发展、技术贸易迅速增长、国家间和企业间科技竞争日益激烈,使得有关知识产权的地位更加重要,各国都加强了对知识产权的保护。这种国际化趋势越来越明显。缺乏核心技术、缺乏知识产权、缺乏创新能力,企业将没有发展潜力。据统计,目前全世界 86% 的研发投入、90%

以上的发明专利都掌握在发达国家手里。外国企业更加注重具有更高技术含量的原创性技术的开发和申请，这些专利技术在国际市场上具有更大的竞争力。

知识产权是企业对智力活动创造的成果和经营管理活动中的标记、信誉所享有的权利。广义的知识产权包括专利权、商标权、商号权、商业秘密权、著作权、计算机软件专有权、集成电路布图设计专有权、遗传资源知识产权(如植物品种专有权)和民间文学艺术知识产权等。狭义的知识产权仅包括工业产权和版权。

工业产权指人们依法对应用于商品生产和流通中的创造发明和显著标记等智力成果，在一定地区和期限内享有的专有权，在我国主要是指商标专用权和专利权。版权是指作者对文学、艺术、科学、软件等作品依法享有的有关署名、发现、出版、转让获得报酬等专用权。

在知识经济条件下，知识产权作为产权化的知识，是知识中最活跃、最前沿的部分，已成为企业重要的无形资产、生产要素和战略资源，是企业竞争力的核心要素。一方面，知识产权对企业创新成果予以保护并给予一定时期的垄断权；另一方面，知识产权促进企业创新成果的商业化过程，是企业从创新成果中获益的重要保障。然而，在封闭式创新模式下，企业知识产权的价值实现率较低，主要表现为：大量的知识产权闲置及知识外溢造成知识成果的流失。

企业知识和产权价值获取率低最直接的表现是知识产权利用率低。2015 年，国家知识产权局共受理专利申请量超过 200 万件，其中发明专利申请 110.2 万件，同比增长 18.7%，连续 5 年位居世界首位。与之不称的是，据教育部《中国高校知识产权报告（2010）》统计，中国高校的专利转化率普遍低于 5%。来自世界银行的统计显示，中国专利技术应用商品化率不到 20%。后果是，拥有自主知识产权的科技成果被闲置，不能转化成生产力，无法创造出社会效益和经济效益，而当初的研发投入也成为巨大的沉没成本。如宝洁曾经在对其专利的调查中就发现，公司 90% 的专利都因没有找到商业上的用武之地而闲置。通过非正式的统计，Chesbrough 发现，企业的专利实际利用率仅为 5%—25%，大量的内部专利技术处于闲置状态，没有被商业化，这也为企业的从知识产权中获利提供了条件。①

企业知识产权价值获取率低的另一个表现是知识外溢。理查德·尼尔森在 1959 年就已经发现了公司中外泄知识的存在，并指出公司从这些知识中获取价值的能力有限。② 最典型的例子就是施乐的 PARC。曾经有 11 个项目在被施乐放弃后离开施乐，但之后取得了很大的成功，创造的市场价值甚至超过了施乐的整体市场价值。

分析企业知识产权的价值实现率较低，原因主要有：

（1）在垂直一体化思想的影响下，企业强调对"创新成果的控制"，一方面不重视其外

---

① Chesbrough, Henry William, *Open Innovation: The New Imperative for Creating and Profiting From Technology*. Harvard Business Press, 2006.

② Nelson, Richard R., "The Simple Economics of Basic Scientific-Research", *Journal of Political Economy*, 1959, 67(3): 297–306.

部利用，另一方面也担心外部授权引起可能的竞争。

（2）企业研发过程和商业模式的"脱节"，导致了成果在企业内转化的困难。

（3）现有研发考核激励机制存在缺陷，研发人员申请专利以报奖、应付考核为主要目的，而不重视成果的市场化。

（4）知识员工的流动和社会学习周期的缩短使得知识价值悖论变得越来越明显，知识外溢的加速使别人采摘了创新成果，而企业为他人做嫁衣时也蒙受了巨大的研发投入损失以及未来可能的竞争性损失。

企业应该积极探索从知识产权中实现价值的方式，并从中获利。目前，许多企业已经开始认识到这项本来可以产生收入但尚未被充分利用的资产。如微软就在有计划地实施"知识产权输出战略"，其原因之一是由于知识产权维持费用日益增加，"知识产权库存已经不是财富而是包袱"。正如 Sawhney 和 Prandel 所指出的那样，在开放性、分布式的知识创造过程中，保护知识的最佳方式就是充分发挥新创知识的价值。

Boisot 也指出，解决知识价值悖论的可行方法不是"堵"而是"疏"，应该把重点从知识存量转移到知识流量上。而在开放式创新的视角下，知识产权的外部商业化成为企业从知识产权中获益的重要选择。[①]

17.1.2 知识产权的类型

1. 专利权

《专利法》规定的保护对象为发明、实用新型、外观设计三种专利。

（1）发明专利。发明是对特定技术问题的新的解决方案，包括产品发明(新物质发明)、方法发明、改进发明(对已有产品、方法的改进方案)。

（2）实用新型专利。指对产品的形状、构造或者其结合所提出的适于应用的新技术方案。

（3）外观设计专利。指对产品的形状、图案、色彩或者其结合所做出的富有美感并适于工业应用的新设计。

2. 商标权

商标是企业在其生产、制造、加工、炼造或者经销的商品或提供的服务项目上使用的，由文字、图形或其组合形成的具有显著特征、便于识别的标记。商标权包含使用权、禁用权、续展权、转让权和许可使用权等。

3. 制止不正当竞争权

应当制止的不正当竞争行为包括：

（1）假冒他人注册的商标；擅自使用知名商标特有的或近似的名称、包装、装潢；擅自使用他人企业名称；在商品上伪造或者冒用认证标志、名优标志、产地。

（2）限定他人购买其指定的经营者的商品，限制外地商品流入本地市场或本地商品流向

[①] Boisot, Max H., *Knowledge Assets: Securing Competitive Advantage in the Information Economy*, Oxford University Press, 1998.

外地市场。

（3）采用财物或其他手段进行贿赂以销售或购买商品（可以用明示方式给对方折扣、给中间人佣金，但须入账）。

（4）利用广告或其他方法对商品质量、制作成分、性能、用途、生产者、有效期限、产地等进行引人误解的宣传。

（5）以盗窃、利诱、胁迫或者其他不正当手段获取他人的商业秘密；披露、使用或者允许他人使用以上述不正当手段获取的商业秘密；违反约定和要求，披露、使用或允许他人使用其所掌握的商业秘密。

（6）以排挤竞争对手为目的，以低于成本的价格销售商品。

（7）采用谎称有奖或者故意让内部人员中奖的欺骗方式进行有奖销售，利用有奖销售的手段推销质次价高的商品。

（8）捏造、散布虚伪事实，损害竞争对手的商业信誉和商品声誉。

（9）串通投标，提高标价或压低标价。

17.1.3　制定知识产权战略

知识产权战略的定义是：运用知识产权保护制度，为充分维护自己的合法权益，获得与保持竞争优势并遏制竞争对手、谋求最佳经济效益而进行的整体性筹划和采取的一系列的策略与手段。而企业知识产权战略是企业为获取与保持市场竞争优势，运用知识产权保护手段谋取最佳经济效益的策略与手段[①]，是创新绩效与竞争优势提升的重要基础。

对于知识产权战略，可以分为知识产权的商标战略、专利战略、著作权战略及商业秘密战略，如图17-1所示。

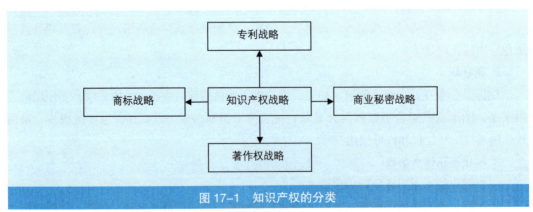

图17-1　知识产权的分类

资料来源：陈劲，《研究与开发管理》。清华大学出版社，2009年。

激发企业、学校、科研院所乃至个人等知识生产主体在发明创造、作品创作、品牌培育上的积极性，是国家知识产权战略需要考虑的核心问题，也是国家知识产权战略的主要目标。

[①] 冯晓青，《企业知识产权战略》。知识产权出版社，2008年。

在企业层面，研究与实践关注企业知识产权管理工作，是指根据企业的知识产权战略，建立内部有效的激励机制，促进知识产权的产生、占有和合理利用，特别是通过知识产权的转让、交叉许可，以及排除其他企业专利等措施，实现知识产权资源的合理配置，获取企业利润的最大化。具体工作中，就是要建立健全企业知识产权的管理机构，负责企业内部有关专利申请和维持、许可证贸易以及商标管理等日常事务，企业内部职工有关知识产权方面的培训、教育，企业知识产权战略制定以及有关规章制度的制定完善等工作。知识产权保护是一把双刃剑，在强调保护好本企业知识产权的同时，应掌握相关领域的知识产权状况，防止侵犯他人的知识产权。

17.2　专利、标准与创新

17.2.1　专利与创新

专利与技术信息之间的关系最为密切，以下重点讨论专利问题。

需要注意的是，对技术创新成果采取何种保护方式，企业决策人员要进行分析比较。发明创造完成后申请专利无疑是一种非常有效的保护措施，但不利之处是申请专利就意味着要公开其技术内容，在期限届满时就成为自由公知技术，人们也可以根据其公开的技术内容另辟蹊径，研发出异曲同工的技术。因此，对于一些成分很难分析出来的物质发明或者是外人无法了解到的生产方法、工艺技术来说，企业也可以考虑采取商业秘密的形式进行保护。

商业秘密保护的优势是没有期限限制，保护客体范围较广，无须通过繁琐的审批程序，无须缴纳年费等；其缺点是他人通过合法途径或自行开发研制出同种技术时，即可以自由使用，不存在对最初占有人的侵权问题。

专利保护的优势是保护层次高，不仅仿制行为受到禁止，而且独立开发相同技术也受到禁止，能够有效地限制竞争对手；其缺点一是受保护期限限制，二要首先公开技术内容，过早给竞争对手亮了底牌。如可口可乐的配方采取的就是商业秘密的保护方式，只有几个高层管理人员知道，到目前为止已经100多年了世人还不清楚其配方内容。如果当时决策失误，采取专利保护，人们早已知道了其技术内容，世界最有价值品牌也就不可能是"可口可乐"。

世界知识产权组织的研究结果表明，全世界最新的发明创造信息中，90%以上首先是通过专利文献反映出来的。在研究开发中充分运用专利文献，发挥专利制度的作用，不仅能提高研究开发的起点，而且能避免低水平重复研究造成的浪费，节约40%的科研开发经费和60%的研究开发时间。

北京大学王选教授发明的汉字激光照排系统就是充分利用专利文献的典范。他在获得的大量有关专利的信息中，进行分析、判断后选定了世界上最先进的第四代激光照排技术方案，从而一步跨越了当时世界风行的第二代、第三代照排技术，以全新的思路和全新的方法成功研制了高分辨率汉字压缩和复原系统。这项技术是从西方得到启示，又充满了东方人的智慧，专利信息使他在研制时间上跨越了40年，而到世界领先水平。

> **创新之鉴**　　　　　　**三星与苹果之间的专利战争**

2015年12月，有关三星和苹果公司为长达5年的专利纠纷案或已尘埃落定，三星方面同意赔偿苹果公司高达5.48亿美元的侵权损失费，同时因此市值缩水123亿美元。

实际上，三星和苹果两家公司的专利纠纷可以追溯到2010年。双方曾就专利付费问题进行私下谈判，苹果曾经向三星发出专利授权要约，因价格不合双方谈判破裂。

据资料显示，苹果曾向三星提出一份专利授权协议，每部手机收取30美元，每部平板电脑收取40美元。如果三星同意双方专利交叉授权，那么价格还可以优惠。三星也曾向苹果提出一份专利授权协议，但苹果抱怨价格过高。

1. 大战经过——各执一词

2011年4月15日，苹果在美国针对三星提起诉讼，称三星侵犯了苹果的专利权。

2011年4月21日，三星在韩国、日本和德国起诉苹果，称苹果侵犯了三星的专利权。

2011年6月，苹果在韩国起诉三星，三星也向美国国际贸易委员会起诉苹果。

2011年8月4日，苹果向德国杜塞尔多夫地区法院申请初步禁令，希望禁止三星对某些产品的销售。

2011年9月26日，苹果在澳大利亚对三星提起多项专利权诉讼。

2012年5月，库克和三星CEO崔志成在旧金山一家法院会面，寻求和解，但最终失败。

2012年7月30日，苹果和三星专利诉讼案在美国加州圣何塞联邦地区法院开审。

2012年8月24日，韩国及美国法院分别做出不同裁决。

2012年12月19日，三星撤销在欧洲各国对苹果提出的专利侵权诉讼。

2014年2月，双方未达成和解方案，致使双方的专利侵权案于3月启动新庭审。

2014年8月份，微软再次对三星提起诉讼，请求美国联邦法庭认定，微软收购诺基亚手机业务的交易并不违反该公司与三星之间的合同协议。

2015年12月，以三星同意支付苹果公司高达5.48亿美元专利损失，市值缩水123亿美元。

2. 侵权6项专利——设计居多

专利163号：双击屏幕放大文档（双击放大、双指缩放）

当用户打开一个文档屏幕显示太小时，只要双击屏幕该文档就能变大；或者文档屏幕显示太大，双击能让其变小。苹果拥有该项专利，陪审团认为三星有12款手机侵犯了这项专利。

专利381号：边界回弹或者越界滚动

当用户在某个App里向上或者向下滚动达到顶部或者底部时，它会有一个到达顶部或者到达底部的物理反馈机制，这增强了整个过程的体验。如今这个机制引入其Mac电脑的网页页面浏览上。因此当用户进行上下滚动操作时，就使用了苹果这项专利。而陪审团认为三星有

21 款手机侵犯了这项专利。

专利 915 号：区分单点触摸与多点触控手势，最明显的例子就是放大缩小

拥有这项专利技术后，用户的手机能识别是单指操作还是多指操作。在没有这项技术之前，如果用户要对屏幕进行放大或者缩小，通常都是通过点击其设置的放大或者缩小按钮来进行操作。陪审团认为三星在 21 款手机上侵犯了苹果的这项专利。

设计专利 087 号：白色的 iPhone 装饰性外观设计

苹果对其 iPhone 的基本设计和外观都申请了专利，这也就意味着其矩形外观和形式的专利属于苹果。在这一方面，三星有 12 款手机侵犯了苹果的专利。

设计专利 677 号：黑色的 iPhone 装饰性外观设计

除了白色，苹果对其黑色的装饰性外观设计也申请了专利。

设计专利 305 号：App 的圆角图标

用过苹果 iPhone 的人都知道，其 App 的外观的四角都是圆形的，这让整个 App 充满了美感。在这项专利上，三星有 13 款手机抄袭了苹果的这项设计专利。

3. 意料之中——还未真正结束

然而，在同意支付巨额赔偿的同时，三星电子公司曾表示，公司将就关于两家公司之间官司首次判决向最高法院提出上诉。

此外，三星此前在一份法庭文件中称，公司之所以支付这笔赔偿金，只是因为上诉法院命令三星向苹果支付专利赔偿金，三星曾就该裁定向上诉法院提起上诉，但被驳回，所以公司不得不支付这笔赔偿金。三星表示，如果美国专利商标局认定苹果专利无效，或者美国最高法院接受了三星的请求进行复审，公司将追回至少部分赔偿金。

据了解，三星在 12 月 14 日之前可以向最高法院呈交诉状，挑战下级法院认定三星设备侵犯苹果手机设计专利的裁定，三星公司也定于当日向苹果支付这笔赔偿金。芝加哥律师事务所专利律师马库斯·塞米安认为，三星之所以支付这笔赔偿金，也是为了避免缴纳因推迟支付产生的每日利息，因为这会导致成本上升。

也许这只是下一次专利大战的开始，而不是 5 年大战的结束。

资料来源：科技讯，"苹果三星事件全解析 5.48 亿真能圆满结束？"，2015 年 12 月 07 日，http://www.kejixun.com/article/201512/141721.html

---

国外公司早已将知识产权视为一项资产，是投资回报的一个部分，而不是业务运营的一部分成本。它们把从专利中挖掘收入作为一项独立业务对待，高度重视专利在知识产权以及创新收益中的重要作用。如施乐成立了一个新的业务单元，依托专利资产为公司创造利润和竞争优势。管理良好的公司，战略性知识产权管理也帮助它们增加了股东价值和市场份额。

美国布鲁金斯研究所（Brookings Institution）的一份研究报告揭示，1978—1990 年，欧美主要企业的"无形资产"比值从 20% 提升到了 70%。欧美目前拥有众多的专利技术公司，它们 80%—90% 的收入来自于专利费的收取和技术转让，如美国高通 80% 以上的收入来自专利转让，美国 TI（德克萨斯）公司每年仅向韩国三星转让专利的收入就达 10 多亿美元。

创新视点　　　　　　　中国发明专利授权进入增长新轨道

2016年1月14日，国家知识产权局在京发布了2015年我国发明专利有关情况。2015年，国家知识产权局共受理发明专利申请110.2万件，同比增长18.7%，连续5年位居世界首位。共授权发明专利35.9万件。其中，国内发明专利授权26.3万件，比2014年增长了10万件，同比增长61.9%。在国内发明专利授权中，职务发明专利授权23.9万件，占90.9%；非职务发明专利授权2.4万件，占9.1%。

中国企业利用《专利合作条约》（Patent Cooperating Treaty，PCT）加快进行专利布局，正在国际上加速建立规则版图。数据显示，2015年，国家知识产权局共受理PCT国际专利申请30548件，同比增长16.7%。其中，28399件来自国内，占93.0%，同比增长18.3%。

2015年，PCT国际专利申请超过100件的省（区、市）达到16个。其中，广东申请15 190件，居第1位。北京、江苏、上海、浙江分列第2—5位，上述5省市的PCT国际专利申请量占全国申请总量的近85%。2015年我国企业发明专利授权情况和PCT申请受理量排名见表17-1和表17-2。

表17-1　2015年企业发明专利授权量排名

排名	专利权人名称	发明专利授权量（件）
1	中国石油化工股份有限公司	2844
2	中兴通讯股份有限公司	2673
3	华为技术有限公司	2413
4	国家电网公司	2081
5	京东方科技集团股份有限公司	1115
6	深圳市华星光电技术有限公司	728
7	中国石油天然气股份有限公司	641
8	中联重科股份有限公司	596
9	腾讯科技（深圳）有限公司	581
10	比亚迪股份有限公司	509

资料来源：国家知识产权局网站，2016-01-15.http://www.sipo.gov.cn/twzb/2015ndzygztjsj/

表17-2　2015年国内企业PCT申请受理量排名

排名	国内企业名称	申请受理量（件）
1	华为技术有限公司	3538
2	中兴通讯股份有限公司	3150
3	京东方科技集团股份有限公司	1414
4	深圳市华星光电技术有限公司	1185
5	小米科技有限责任公司	546
6	腾讯科技（深圳）有限公司	365

（续表）

排名	国内企业名称	申请受理量（件）
7	宇龙计算机通信科技（深圳）有限公司	269
8	百度在线网络技术（北京）有限公司	220
9	北京奇虎科技有限公司	218
10	深圳市大疆创新科技有限公司	210

资料来源：国家知识产权局网站，2016–01–15.http://www.sipo.gov.cn/twzb/2015ndzygztjsj/

17.2.2 标准与创新

国际标准化组织（International Organization for Standardization，ISO）对"标准"的定义是：**标准是由一个公认的机构制定和批准的文件。它对活动或活动的结果规定了规则、导则或特殊值，供共同和反复使用，以实现在预定领域内最佳秩序的效果。**

标准按照其对象划分，通常包含技术标准、管理标准和工作标准三类。技术标准面向标准化领域的技术项目开展标准制定；管理标准面向标准化领域需要统一的管理项目展开制定；工作标准通常面向企业或项目的权益、责任、事项范围、绩效要求、进展程序等制定标准。其中技术标准是企业层面涉及最多的标准类型，主要包括基础标准，产品标准，方法标准，安全、卫生与环境保护标准等内容。

标准按照其适用层次与范围划分，在我国主要涉及国家标准、行业标准、地方标准和企业标准四个级别，如表17-3所示。

表 17-3　标准层级与适用范围划分[①]

标准层级与适用范围	基本解释
国家标准	由国务院标准化行政主管部门国家质量技术监督总局与国家标准化管理委员会（属于国家质量技术监督检验检疫总局管理）指定（编制计划、组织起草、统一审批、编号、发布）。国家标准在全国范围内适用，其他各级别标准不得与国家标准相抵触。
行业标准	由国务院有关行政主管部门制定。如化工行业标准（代号为HG）、石油化工行业标准（代号为SH）由国家石油和化学工业局制定，建材行业标准（代号为JC）由原国家建筑材料工业局制定。行业标准在全国某个行业范围内适用。
地方标准	地方标准是指在某个省、自治区、直辖市范围内需要统一的标准。《标准化法》规定："没有国家标准和行业标准而又需要在省、自治区、直辖市范围内统一的工业产品的安全卫生要求，可以制定地方标准。地方标准由省、自治区、直辖市标准化行政主管部门制定；并报国务院标准化行政主管部门和国务院有关行政部门备案。在公布国家标准或者行业标准之后，该项地方标准即行废止。"地方标准编号由地方标准代号、标准顺序号和发布年号组成。根据《地方标准管理办法》的规定，地方标准代号由汉语拼音字母"DB"加上省、自治区、直辖市行政区划代码前两位数字再加斜线，组成强制性地方标准代号，如DB/T XXX（顺年号）——XX（年号）或DB XXX（顺年号）——XX（年号）。

[①] 本表格内容来源：http://baike.baidu.com/view/1610648.htm

（续表）

标准层级与适用范围	基本解释
企业标准	没有国家标准、行业标准和地方标准的产品，企业应当制定相应的企业标准，企业标准应报当地政府标准化行政主管部门和有关行政主管部门备案。企业标准在该企业内部适用。此外，围绕当前国家技术创新体系的重要组成部分——产业技术创新战略联盟，国标委目前正在酝酿开展联盟标准试点工作。将通过试点的方式，支持有条件的国家级试点联盟，探索开展联盟标准化与当前标准体系并存、互相补充的标准管理方式。

在专利之外，伴随公司在技术行业层面的领先优势与行业技术创新的进入门槛，标准战略成为企业专利战略之外企业知识产权战略的重要形式。依托强大的市场，中国在技术标准的国际竞争上也扮演了越来越重要的地位，已有的发展包括 EVD 标准、IGRS 标准、AVS 标准，以及 TD-SCDMA 标准。以 TD-SCDMA 标准为例，它是我国最早参与国际标准竞争，并与 CDMA2000 和 WCDMA 共同成为国际三大通信标准的自主创新典型，如图 17-2 所示。

技术标准对于经济发展有重要影响，包括提升经济效率与经济范围、促进国际贸易、强化竞争力、降低市场准入度与增速新技术扩散、保护消费者，以及确保产品之间的互用性。① 技术标准化的过程往往是一个联盟围绕一项特殊技术构建的过程，尤其对于国际性的技术标准②。

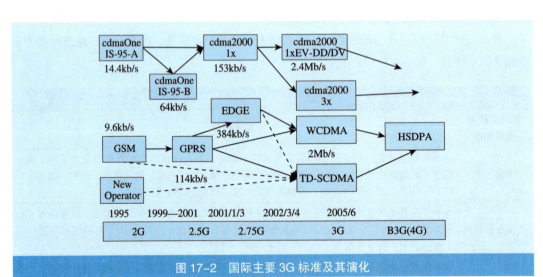

图 17-2　国际主要 3G 标准及其演化

资料来源：Bo, L., Dongliang, X.and Shiduan, C.et al, "Recent Advances on TD-SCDMA in China", *Communications Magazine*, IEEE, 2005, 43（1）：30-37.

---

① Anderson, T. R., Daim, T. U. and Kim, J., "Technology Forecasting for Wireless Communication," *Technovation*, 2008, 28(9): 602-614.

② Lee, H.& Oh, S. "A Standards War Waged by a Developing country: Understanding International Standard Setting from the Actor-network Perspective", *Journal of Strategic Information Systems*, 2006, 15(3): 177-195.

> **创新视点**　　　　**国家推动实施标准化战略**

2015 年 12 月，国务院办公厅印发《国家标准化体系建设发展规划（2016—2020 年）》（以下简称《规划》），部署推动实施标准化战略，加快完善标准化体系，全面提升我国标准化水平。这是我国标准化领域第一个国家专项规划。

《规划》明确了 6 项主要任务：一是优化标准体系，调整标准供给结构，加快建立由政府主导制定的标准和市场自主制定的标准共同构成的新型标准体系；二是推动标准实施，提升标准化服务发展的质量和效益；三是强化标准监督，建立健全监督机制；四是提升标准化服务能力，降低企业标准化工作成本，提升竞争力；五是加强国际标准化工作，提升我国标准在国际上的影响力和贡献力；六是夯实标准化工作基础，加强自身能力建设。

《规划》同时还确定了标准化工作的 5 个重点领域：一是加强经济建设标准化，支撑转型升级和结构调整；二是加强社会治理标准化，保障改善民生；三是加强生态文明标准化，服务绿色发展；四是加强文化建设标准化，促进文化繁荣；五是加强政府管理标准化，促进简政放权，规范行政审批，提高行政效能。

标准化战略的发展目标是，到 2020 年，基本建成支撑国家治理体系和治理能力现代化的具有中国特色的标准化体系；标准化战略全面实施，标准有效性、先进性和适用性显著增强；标准化体制机制更加健全，标准服务发展更加高效，基本形成市场规范有标可循、公共利益有标可保、创新驱动有标引领、转型升级有标支撑的新局面。"中国标准"国际影响力和贡献力大幅提升，我国迈入世界标准强国行列。

资料来源：国务院办公厅关于印发，《国家标准化体系建设发展规划（2016-2020 年）的通知》，http://www.gov.cn/zhengce/content/2015-12/30/content_10523.htm

17.3　知识收入与创新收益

17.3.1　开放式创新中的知识产权

开放式创新假定企业能够并且应该同时利用外部和内部创意，其商业化途径也可以同时在内部和外部进行，因为公司希望其知识能找到用武之地。所以，开放式创新重新界定了企业的竞争边界，企业以整合者（integrator）而非拥有者（owner）的角度将创新推向市场，并从创新的市场化和商品化中获利。

如图 17-3 所示，在封闭式创新中闲置的知识产权在开放式创新模式下通过外部的商业化实现了价值。

根据知识流动方向的不同，Chesbrough 和 Crowther 将开放式创新分为两种：内向开放式创新（inbound open innovation）和外向开放式创新（outbound open innovation）。通俗地讲，内向开放式创新和外向开放式创新分别对应了"非此地发明"和"非此地销售"。而为了进一步区分是否涉经济交易，Gann 等将开放式创新区分为四类（如表 17-4 所示）：内向—整合型（acquiring）、内向—获取型（sourcing）、外向—出售/授权型（selling/licensing）以及外向—释放型（revealing）。

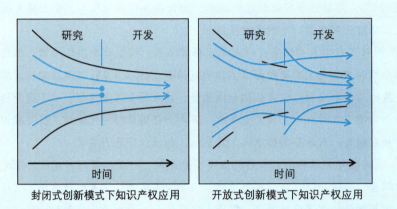

图 17-3　封闭式创新模式下和开放式创新模式下知识产权应用对比

资料来源：Henry Chesbrough, *Open Innovation: The New Imperative for Creating and Profiting from Technology*, Harvard Business School Press, 2003.

表 17-4　不同的开放创新形式

	内向	外向
经济交易	整合	出售/授权
非经济交易	获取	释放

资料来源：Dahlander, Linus, and David M. Gann. "How Open is Innovation?", *Research policy*, 2010, 39(6): 699-709.

外向—释放是将企业内部的知识、信息和资源输出到外部环境中，而不获得直接的经济回报。外向—出售/授权是指企业通过出售/授权给其他组织的方法，来实现组织内部技术和创意的商业化的过程。外向—出售/授权主要源于 Lichtenthaler 和 Ernst 提出的技术外部商用化（external technology commercialization，ETC），技术外部商业化是指技术知识在企业外部全部或部分商用化。[1]

他们指出，为技术外部商用化实现提供可能的因素主要有[2]：一是技术竞争越来越激烈，产品生命周期越来越短，而企业通过技术外部商业化，则能获得更多的研发回报。二是风险投资的兴起为企业的技术外部商用化提供了可能，在实现技术突破后，企业研究者有更多机会在外部实现技术。三是越来越多的企业开始认识到许多研发所产生的知识产权并不能够被企业自身所用。

---

[1] Lichtenthaler, Ulrich, and Holger Ernst. "External Technology Commercialization in Large Firms: Results of A Quantitative Benchmarking Study", *R&D Management*, 2007, 37(5): 383-397.

[2] 同上。

17.3.2 知识产权外部商用化（intellectual property external commercialization，IP-EC）

外向开放式创新和技术外部商用化，为企业提高知识产权利用率并发挥其价值提供了思路。开放式创新强调，企业内的任何创新和知识，都可以通过外部渠道的杠杆作用（leverage）而获得额外的利润收入。

知识经济时代高度发达的信息和技术为知识成为有价商品提供了环境，知识成为财产是以其可交易为条件的，而知识进入市场又是以知识产权的确立为前提的。所以，知识产权的外部化将是企业提高知识产权利用率的有效途径，这也是企业从封闭转向开放的有效实践，如图 17-4 所示。

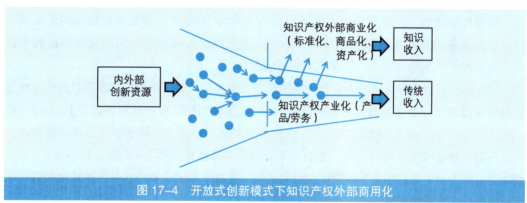

图 17-4 开放式创新模式下知识产权外部商用化

资料来源：Henry Chesbrough, *Open Innovation: The New Imperative for Creating and Profiting from Technology*, Harvard Business School Press, 2003.

知识产权外部商业化是指知识产权通过知识产权实施以外的途径在企业外部实现其经济价值，强调了知识产权利用的"非此地销售"和"非产品化销售"。参考郑小平提出的技术扩散模型，可以建立如图 17-5 所示的知识产权商业化模式选择，根据企业知识产权使用率和所有权占有率情况的不同，知识产权商业化模式也不同。

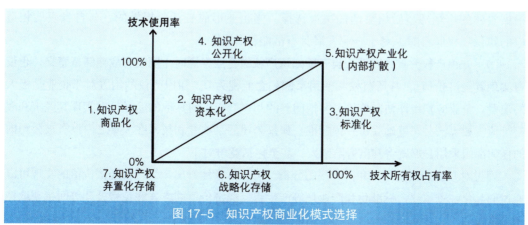

图 17-5 知识产权商业化模式选择

资料来源：郑小平、刘立京、蒋美英，"企业开放式创新的产权欲望研究"，《科学管理研究》，2007 年第 3 期，第 42-45 页。

（1）知识产权商品化。以知识产权的资产属性所蕴含的资产价值为依据，以自身为商品，通过知识产权所有权的转移而获得直接的经济收益。此时该知识产权使用率为100%，而企业所有权的占有率为0。

（2）知识产权资本化。以知识产权的资产属性所蕴含的资产价值为依据，在市场中变现资本或进行资本市场运作，如知识产权入股、信贷、抵押等。根据不同的情况，该项知识产权的所有权和使用率都在0—100%之间变化。风险投资和知识产权中介市场的兴起使得知识产权资本化成为可能。知识产权的资本化，往往能够利用知识产权的创新属性和资本属性的杠杆作用，实现较大的收益。

（3）知识产权标准化。这一类型是指以知识产权的法律属性所蕴含的竞争规范作用，通过知识产权支撑的标准、品牌等进一步推动知识产权标准的产业化，构成市场竞争的壁垒，获得超额收益。此时知识产权的所有权占有率为100%，而使用率根据市场情况而不同。如麦当劳通过标准化其生产流程，并向连锁店授权其标准的使用而收取高额的加盟费，而加盟店则享受由麦当劳品牌带来的超额利润。

（4）知识产权公开化。当企业把一项知识产权免费公开时，虽然该实施产权的所有权还控制在开放式创新企业，但其使用率已为100%。这种知识产权的使用模式即Dahlander和Gann总结的外向—释放型开放式创新，虽然免费释放的方式并不能够带来直接经济利益，但是可以给企业带来间接的利益。免费释放有助于形成联智发明（collective invention）——企业与其竞争对手都互相公布其研究创意和成果，有助于形成企业合作的非正式化网络，从而实现成功的渐进性创新，提升整个产业的生产力。①

（5）知识产权产业化。这一类型是指利用知识产权的创新属性，通过知识产权的产业化而融入物资性产品中，并经市场营销而获得超额的收益，这也是企业利用知识产权传统的途径。此时，知识产权的所有权和使用率都为100%，即传统创新中的"此地销售"。

（6）知识产权战略化存储。当一项知识产权被企业战略性地储备时，其所有权为100%，而使用率为0，即知识产权的休眠式垄断。虽然战略性存储的知识产权暂时没有实现盈利，但其所隐含的选择权使企业可以在不确定的情况下拥有较多的选择权，从而根据具体的市场环境做出灵活的决策选择。当企业形成有竞争规模的、与自身发展相适应的知识产权储备时，对于企业发展具有战略性作用。

（7）知识产权弃置化存储。当一项知识产权被企业弃置时（既没有战略储备意义，也没有实现其经济价值），其所有权和使用率都被企业视为0。知识产权的闲置对于企业是极大的浪费，企业应积极评估其价值，并把闲置的知识产权推向其他的途径，以实现其经济和战略价值。如宝洁公司就确立了一项标准：如果公司的某项专利技术在3年之内没有被公司内的任何部门采用，那就将其出售给别人，甚至包括竞争对手。

通过对知识产权使用率和占有率的分析，可以清晰地看出知识产权经济价值的实现可以通过商品化、资本化、标准化和产业化等产生直接经济价值的方式和免费公开等间接获取经

---

① Dahlander, Linus, and David M. Gann, "How Open is Innovation?", *Research Policy*, 2010, 39(6): 699–709.

济价值的方式进行。

闲置知识产权主要是指企业储备的但没有使用的知识产权，即使用率为0，可分为战略性存储和弃置性存储。对于弃置性的知识产权，企业应该积极寻求知识产权外部商业化的途径实现其价值；而对于战略性储备的知识产权，企业可以同时选择内部产业化和外部商业化的途径。而知识产权的外部商业化因其高效率和高收益的方式，正在成为企业闲置知识产权价值实现的一个重要途径。

17.3.3 知识收入概念界定

知识产权作为企业的无形资产，不同于传统房产、设备等有形资产，是企业重要的知识资产。根据我国《企业会计准则》中定义：收入是指企业在日常活动中形成的、会导致所有者权益增加的、与所有者投入资本无关的经济利益的总流入，包括销售商品收入、提供劳务收入和让渡资产使用权收入。

和企业传统的从产品劳务和有形资产中获得的收入不同，知识产权外部商业化实现的收入具有"知识性"和"无形性"。因此，我们定义该部分收入为企业知识收入（knowledge income），即知识收入是企业通过知识产权外部商业化实现的收入。

此外，相对于农业时代基于土地的劳动密集型产品和相对于工业时代基于资金的资金密集型产品，"知识收入"体现了知识经济时代以知识产权为载体的知识直接商用化为企业带来的收入贡献。相对于封闭式创新，通过知识产权外部商业化实现的"知识收入"是企业通过开放式创新在新市场或者更为广泛的、包括资本市场在内的开放性市场上获得的非传统性收入，如图17-6所示。

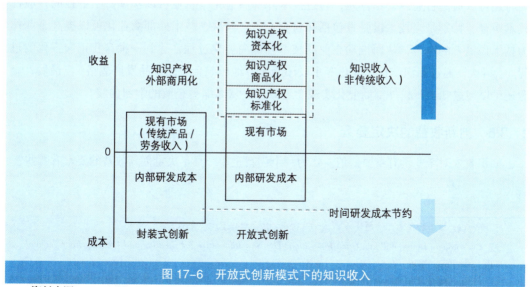

图17-6 开放式创新模式下的知识收入

资料来源：Chesbrough, Henry William. *Open Innovation: The New Imperative for Creating and Profiting From Technology*. Harvard Business Press, 2006.

17.3.4 企业提高知识收入的意义

基于开放式创新的知识产权外部商业化，对于企业克服知识产权闲置和知识溢出造成的浪费和损失，并提高知识收入，具有重要的经济价值和深远的战略价值。

1. 经济价值

通过知识产权的外部商业化而获得的知识收入，将成为企业收益的重要组成部分。一方面，通过激活存量，变废为宝，由闲置知识产权的外部商业化而获得的知识收入将直接贡献于企业的利润收入。另一方面，以知识产权资本化、以授权/出售为主的知识产权商品化，和通过建立标准而授权的知识产权标准化，通过直接发挥知识产权的制度属性、资产属性和创新属性而撬动（leverage）的资本收益，往往具有较高的超额利润。

麦肯锡的一项研究也指出：在一般企业中，有10%的专利可以通过出售等方式赚钱，而这类资产为企业带来的创收可达到营业收入的5%—10%，相当于削减支出20%或者一宗成功收购带来的收益。①

目前，许多领先企业已开始从知识产权外部商业化中享受高额的知识收入。如IBM公司从1990年开始就有意识地发掘非核心业务的知识产权资产。IBM从知识产权外部商用化获得的知识收入从1990年的0.3亿美元上升到2001年的19亿美元，年增长率约达25%，成为企业重要的利润来源。此外，德州仪器公司是一家因为"被逼上绝路"而开始挖掘知识产权潜力的公司，迄今为止，其知识产权收入累计已达40亿美元。②

2. 战略意义

虽然目前企业实施知识产权外部商业化的目的主要是获得经济利益，但成功的知识外部商业化具有战略价值。通过授权/出售等知识产权商品化手段，企业在获得经济收益的同时还可以提高行业声誉：首先，通过技术外部商业化，企业可以实现一个更强的一般性技术声誉，特别是当技术接受方包括知名企业时；其次，技术外部商业化可以提高企业作为技术提供者的声誉，从而推动企业的技术外部商业化过程，达到一种自我正向强化的过程。③再次，通过知识产权标准化等手段还能显著地影响企业的产品发展战略。④最后，企业还可以通过知识产权外部商业化实现学习效果，从而缩短企业的学习曲线。

17.3.5 创新收益的决定要素

知识收入对企业具有重要价值。作为一个创新企业，真正决定创新收益的要素有哪些？

---

① 欧高敦，《麦肯锡高层管理从论》. 生活. 读书. 新知三联书店, 2003 年.
② Chesbrough, Henry William, *Open Innovation: The New Imperative for Creating and Profiting from Technology*. Harvard Business Press, 2006.
③ Lichtenthaler, Ulrich, and Holger Ernst, "External Technology Commercialization in Large Firms: Results of A Quantitative Benchmarking Study", *R&D Management*, 2007, 37(5): 383–397.
④ Conner, Kathleen R., "Obtaining Strategic Advantage from Being Imitated: When Can Encouraging 'clones' pay?", *Management Science*, 1995, 41(2): 209–225.

Teece 于 1986 年提出了决定创新者收益的要素包含专属性体制（appropriability regime）、互补性资产（complementary assets）、主导设计（dominant design）三个要素。

专属性体制包含创新中支配创新者获取收益的环境要素（除去企业与市场结构要素），可划分为技术本质与法律保护机制两个维度，如图 17-7 所示。

确保创新收益的第二个要素是互补性资产。拥有互补性资产的企业不一定是创新的，但对于它的竞争对手而言是不可替代的。创新的成功商业化不仅仅依赖于企业自身的专有技术或知识，同时依赖于专有技术或知识与其他能力和资产联结，如图 17-8 所示。拥有互补性资产的企业往往能从创新的商业化过程中获取收益。

确保创新收益的第三个要素是主导设计。主导设计是美国麻省理工学院的 James Utterback 教授提出的。其基本含义可概括为：主导设计是特定时期融合了许多单个技术创新并以一个新产品的形式表现出来的技术与市场相互作用的结果，是赢得市场信赖的和创新者为支配重要的市场追随者而必须奉行的一种设计，是技术可能性与市场选择相互作用之下广为接受的满意产品。主导设计有加强或鼓励标准化的作用，其特征包括：

图 17-7　专属性体制要素构成

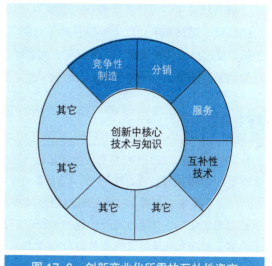

图 17-8　创新商业化所需的互补性资产

资料来源：David J. Teece. "Profiting from Technological Innovation: Implications for Integration, Collaboration, Licensing and Public Policy", Research Policy, 1986, 15: 285–305.

1. 领先性

首先是技术上的领先。尽管不一定是最尖端的技术性能，但"技术一流确实是许多主导设计的特征"。其次市场的开拓，是技术与市场整合的扩张势能在开发新需求与开拓新市场上的集中体现。

2. 主导性

这是主导设计最核心的特征。主导性特征主要是指主导设计对市场的支配力量或对市场控制的内在基因，体现在三个方面：

一是主导技术轨道方向（与技术本身的特性相关）。首先发展起来的技术通常可以凭借占先的优势地位，使得技术轨道惯性偏向自己的生态场，在马太效应作用下实现自我强化的良性循环，从而实现主导技术的支配能力。

二是主导消费领域的市场偏向。因为主导设计是赢得市场信赖的设计，是消费者广为接受的满意产品，在网络外部性及其可能导致的潮流效应作用下，主导设计使消费领域产生强大的市场倾斜，主宰着市场最终消费者和用户的选择行为。

三是主导生产领域（制造商与运营商）效率方向。主导设计的出现，减弱了技术进步未来的或然性所造成的预期不确定性，并指导制造商与运营商生产开发的方向。他们甚至会形成统一的联盟反对其他设计方式，即使后者比前者更好。

3. 综合性

这是主导设计的形成特征。主导设计是特定时期多种因素综合形成的结果，除了技术因素外，还包括一系列非技术因素。例如，表现厂商特质的涵盖市场渠道、商标品牌和顾客转换成本等内容的附属资产、行业法规和政府干预，以及厂商与用户交流的方式等因素对主导设计的确立都有着重大的影响。

拥有行业主导设计的企业往往能获取创新所蕴含的巨大收益。例如，福特公司的T型车将内燃机、蒸汽和电动汽车等整合成了行业汽车的主导设计；安德伍德公司的V型打字机把包括单层的标准传统键盘、可视打字、列表键、大写转换键、滚筒装置等众多已经被市场验证过的创新汇集到了一种打字机上，形成了打字机的行业主导设计，获取了创新的巨大收益。

本章小结

1. 广义上说，知识产权是指人类就其智力创造的成果所依法享有的专有权利。知识产权可以分为两类：一类是创造性成果权利；另一类是识别性标记权利。狭义的知识产权仅包括工业产权和版权。

2. 企业决策人员通过分析比较以确定对技术创新成果采取何种保护方式。发明创造完成后申请专利无疑是一种非常有效的保护措施，但其不利之处在于，申请专利就意味着要公开其技术内容，在期限届满时就成为自由公知技术，人们也可以根据其公开的技术内容另辟蹊径，研发出异曲同工的技术。

3. 怎样激发我国企业、学校、科研院所乃至个人等知识生产主体在发明创造、作品创作、品牌培育上的积极性，是国家知识产权战略需要考虑的核心问题，也是国家知识产权战略的主要目标。

4. 相对于传统的封闭式创新，有学者提出了"开放式创新"的概念，把"非此地发明"和"非此地销售"提到和"此地发明"和"此地销售"同样重要的位置。外向开放式创新和技术外部商用化，为企业提高知识产权利用率并发挥其价值提供了思路。开放式创新强调，企业内的任何创新和知识，都可以通过外部渠道的杠杆作用而获得额外的利润收入。

5. 基于开放式创新的知识产权外部商业化，对于企业克服知识产权闲置和知识溢出造成的浪费和损失，并提高知识收入，具有重要的经济价值和深远的战略价值。

6. 和企业传统的从产品劳务和有形资产中获得的收入不同，知识产权外部商业化实现的收入具有"知识性"和"无形性"，因此我们定义该部分收入为企业知识收入，即知识收入是企业通过知识产权外部商业化实现的收入。

回顾性问题

1. 广义和狭义知识产权的定义有何区别？知识产权的类型包括哪些，请举例具体说明。
2. 企业的知识产权管理工作涉及哪些方面？为什么说知识产权保护是一把双刃剑？
3. 开放式创新中的知识产权有何特点？提高知识收入对企业的经营有何重大意义？

实践性问题

1. 选择一家熟悉的公司，分析其知识产权战略，并提出 1—3 条建设性建议。
2. 结合具体实践以及行业差异，谈谈在创新过程中应当如何实现知识产权战略？

延伸阅读

1. 陈劲、方琴，《企业战略与技术创新决策：创造商业价值的战略和能力》。知识产权出版社，2006 年。
2. 冯晓青，《企业知识产权战略》。知识产权出版社，2008 年。
3. 王黎萤、陈劲、杨幽红，"技术标准战略、知识产权战略与技术创新协同发展关系研究"，《科学学与科学技术管理》，2005 年第 1 期，第 14—17 页。
4. 苑泽明，《知识产权融资的风险、估价与对策：拓宽创新型企业资金瓶颈》。东北财经大学出版社，2010 年。
5. 张平，《标准化与知识产权战略》。知识产权出版社，2002 年。
6. 张平，《技术创新中的知识产权保护评价：实证分析与理论研讨》。知识产权出版社，2004 年。
7. 周寄中、张黎、汤超颖，"关于自主创新与知识产权之间的联动"，《管理评论》，2005 年第 11 期，第 41—45 页。
8. Berman B M. "Making Innovation Pay: People who Turn IP into Shareholder Value", *Journal of Product Innovation Management*, 2006, 24（5）: 503–505.
9. John R Baldwin, "Innovation and Intellectual Property", Statistics Canada and Industry Canada, 1997.
10. Michael A. Gollin, *Driving Innovation: Intellectual Property Strategies for a Dynamic World*, Cambridge University Press, 2008.
11. Teece D J. "Profiting from Technological Innovation: Implications for Integration, Collaboration, Licensing and Public Policy", *Research Policy*, 1986, 15（6）:285–305.

附录 >>> 常见创新方法与工具

IEG是国际知名的创新管理咨询公司，提供企业管理创新、技术创新到产品创新的解决方案。IEG公司根据多年的咨询经验提炼汇编了简单易用的创新工具和方法。每一个方法都有简单易懂的诠释、案例和小故事(点击二维码即可查看)。

创新方法评价说明：(1)方法易用性：★越靠近难，就代表越难，反之亦然；(2)适用范围：★越靠近制造业就代表更适合制造业，反之亦然。如果★处于中间则代表服务和制造业均适用。

1. 中介物原理

易用性：易 ☆☆★☆☆ 难

运用范围：服务业 ☆☆☆★☆ 制造业

中介物质原理指企业研发中临时借助中间物质进行技术创新和产品研发，即"孔明借东风""隔山打牛"。

2. TRIZ

易用性：易 ☆☆☆☆★ 难

运用范围：服务业 ☆☆☆☆★ 制造业

TRIZ原理之父：TRIZ的发明者阿奇舒勒有一句至理名言，他说"你能等100年得到启发，或者你能用TRIZ原则在15分钟内解决问题。"可见TRIZ有多么厉害！

3. 开放式创新

易用性：易 ☆☆☆★☆ 难

运用范围：服务业 ☆☆★☆☆ 制造业

开放式创新就是联合企业内、外资源，从不同维度，将创新力量凝聚于企业，使企业迸发出不凡的生命力。最终目标是以更快的速度、更低的成本，获得更多的收益与更强的竞争力。

4. 同理心

易用性：易 ☆☆★☆☆ 难

运用范围：服务业 ☆☆★☆☆ 制造业

同理心最重要的目的是帮助企业在这个体验为主的时代更好地理解客户的潜在需求，研发超出客户预期的创新产品和服务。

5. 奔驰法（SCAMPER）

易用性：易 ☆★☆☆☆ 难

运用范围：服务业 ☆☆★☆☆ 制造业

与普通的头脑风暴相比，奔驰法为头脑风暴提供了更加结构化的指导。SCAMPER 是 Substitute，Combine，Adapt，Modify，Put to other uses，Eliminate，Reverse 的首字母缩写。

6. 卡诺（KANO）模型

易用性：易 ☆★☆☆☆ 难

运用范围：服务业 ☆☆★☆☆ 制造业

KANO 模型定义了三种类型的顾客需求：基本型、期望型、兴奋型。

7. 情景故事法

易用性：易 ☆★☆☆☆ 难

运用范围：服务业 ☆☆★☆☆ 制造业

情景故事法的核心就是通过观察和体验，诉说一个用户使用产品的故事，制造一种使用情景。依据使用情景中所反映出来的问题，分析原因及相关信息，最后设计出能打动使用者心灵的贴心产品。

8. 设计思维

易用性：易 ☆☆★☆☆ 难

运用范围：服务业 ☆☆★☆☆ 制造业

它是一种思维方式，有五个特定的步骤，可以用于不同的项目和人。

9. 嵌套原理

易用性：易 ☆☆★☆☆ 难

运用范围：服务业 ☆☆☆★☆ 制造业

嵌套的原理是"设法使彼此吻合、配合或嵌入"。如俄罗斯套娃、电视天线、相机的长焦距镜头及自拍杆等。

10. ECRS 分析法

易用性：易 ☆★☆☆☆ 难

运用范围：服务业 ☆☆★☆☆ 制造业

它是一种流程改善工具，从取消（Eliminate）、合并（Combine）、重排（Rearrange）、简化（Simplify）"四个方面进行持续改进。

11. KJ 法

易用性：易 ★☆☆☆☆ 难

运用范围：服务业 ☆☆★☆☆ 制造业

KJ 法就是针对某一问题，充分收集各种经验、知识、想法和意见等语言、文字资料，通过 A 型图解进行汇总，并按其相互亲和性归纳整理，使问题明确、求得统一认识，以利于解决的一种方法。

12. 世界咖啡

易用性：易 ☆★☆☆☆ 难

运用范围：服务业 ☆☆★☆☆ 制造业

世界咖啡指一种集体对话形式。适合探讨有深层意涵的话题。参与者不仅仅表达自己看法，更重要的是"聆听"对方，然后透过"连结"重新组合，发现新观点或盲点。

13. 曼陀罗思考法

易用性：易 ☆★☆☆☆ 难

运用范围：服务业 ☆☆★☆☆ 制造业

指运用类似于曼陀罗的图像启发，图像化思考，从而达到提升思考力的效果。

14. 分割原理

易用性： 易 ☆☆★☆☆ 难

运用范围： 服务业 ☆☆★☆☆ 制造业

顾名思义，分割就是把一个物体分割成两个相对独立的部分，再深入一层就是把物体分割成可组合的多个部分。它在发明创造中被广泛应用，如组合家具。

15. TRIE 九宫格

易用性： 易 ☆☆☆★☆ 难

运用范围： 服务业 ☆☆☆★☆ 制造业

又称作 TRIZ 九屏幕法，是由超系统、系统、子系统，在过去、现在、和未来三个维度形成的九个面向。目的是解决系统矛盾，克服思维惯性。

16. 最终理想解（IFR）

易用性： 易 ☆☆☆★☆ 难

运用范围： 服务业 ☆☆☆★☆ 制造业

它要求在解决问题之初，首先抛开各种客观限制条件，通过理想化来定义问题的最终理想解，以明确问题解决的方向，避免传统创新设计方法中缺乏目标的弊端。虽然不是永远都能达到最终理想解，但是指明了方向，有助于克服思维惯性。

17. 变害为利

易用性： 易 ☆☆★☆☆ 难

运用范围： 服务业 ☆☆☆★☆ 制造业

它是一种最具颠覆性创新的思维角度。其实就是要求创新者变换思维角度，强调与众不同。

资料来源：IEG 公司网站 http://www.chuangxinieg.com/

案例索引

创新视点	技术创新让页岩气挣脱大自然束缚	007
创新视点	《国家创新驱动发展战略纲要》启动国家创新"三步走"	009
创新视点	新产品开发需要多少时间？	012
创新标杆	全球最佳创新企业——苹果公司	014
创新标杆	中集集团的持续工艺创新	033
创新视点	CQ2快剪：对传统理发店形成挑战？	038
创新视点	海底捞的服务创新	039
创新视点	丁香园：移动医疗领域的商业模式创新	044
创新标杆	腾讯的渐进式创新	047
创新视点	振华港机的突破性创新	052
创新视点	英特尔公司的芯世界社会创新中心	059
创新标杆	印度心脏手术流程化先驱谢蒂医生：平价医疗的社会创新	061
创新标杆	苹果公司的设计驱动式创新	063
创新标杆	特斯拉电动车设计驱动的创新	065
创新视点	社会创新中的设计思考	067
创新标杆	朴素式创新：印度火星探测器"曼加里安"号	069
创新视点	价廉物美：节俭式（朴素式）创新正在兴起	072
创新标杆	海尔员工创造力的鼓励制度	094
创新标杆	谷歌的"20%"规则	096
创新标杆	谷歌如何激发员工创造力	098
创新标杆	通用电气的反向创新	102
创新标杆	乐高如何管理创新	118
创新标杆	王老吉以战略创新、营销创新、商业模式创新为核心的全面创新	122
创新标杆	全时空创新案例——宝洁的"联发"创新	125
创新视点	从直线思维到圆形思维	134

创新视点	周鸿祎：传统行业如何拥抱互联网思维	137
创新标杆	海尔：传统家电企业"互联网+"商业模式创新的实践	140
创新标杆	三只松鼠的互联网思维	141
创新视点	欧盟投入3500万欧元支持环境创新项目	143
创新标杆	从研发到拆解，爱普生环保全生命周期管理	145
创新视点	霍金等"上书"求禁人工智能武器	150
创新标杆	西门子对世界未来发展问题的回应	153
创新视点	创新地图及其在战略选择上的应用	166
创新标杆	中兴通讯的创新跟随战略	170
创新标杆	比亚迪的技术与市场协同创新战略	174
创新视点	坚定不移地走中国特色自主创新道路	180
创新视点	以自主研发为核心的中国TD-SCDMA通信标准自主创新	182
创新标杆	追踪中国高铁技术核心来源	186
创新之鉴	实施开放式创新战略前的宝洁	199
创新标杆	礼来公司的开放式创新	201
创新标杆	美创平台：变革时代美的集团的开放式创新探索	202
创新标杆	海尔HOPE开放式创新平台	210
创新视点	绿色交通技术协同创新联盟	214
创新标杆	海尔员工核心能力素质模型	225
创新视点	创新能力小测试	227
创新标杆	福田汽车探索性学习与利用性学习的二元平衡	233
创新标杆	从追赶到超越追赶：海康威视的创新能力提升之路	235
创新标杆	韩都衣舍异军突起的秘密	247
创新标杆	一企两制：腾讯公司开发微信	252
创新标杆	宝洁的全球创新网络	255
创新视点	飞利浦建立创意标准流程	266
创新视点	华为集成产品开发（IPD）	270
创新标杆	大华技术如何解决创新中的界面管理问题	283
创新标杆	神华集团创新项目人才培养与制度建设	290
创新标杆	中集集团的创新绩效管理	302
创新视点	如何有效激励研发人员	306

创新标杆	创造"美第奇效应"	309
创新标杆	3M 与 IBM 如何激励创新	310
创新视点	斯坦福大学与硅谷形成的区域创新系统	319
创新视点	制度创新加大对新兴产业扶持力度	323
创新标杆	海尔打造开放式企业创新生态体系	335
创新标杆	西门子研发资金在短期、中期和长期项目间的分配	345
创新标杆	西门子研究与发展资金在总部和分公司间的分配	346
创新视点	精益研发：提升研发投入产出效率	348
创新标杆	Uber：从 20 万美金到 600 亿美金估值的创业融资之路	351
创新视点	创业风险投资常用术语	355
创新标杆	3M 公司的创新源	368
创新标杆	GE 创意众包工厂 First Build 实现大创意小规模生产	369
创新标杆	"领先用户法"助力 3M 公司实现创新突破	377
创新标杆	宝钢作为供应商参与客户创新	387
创新视点	人人都是创意工厂	390
创新标杆	海尔的员工创客化变革：人人都是创业创新者	393
创新标杆	吉利汽车的知识管理实践	397
创新之鉴	三星与苹果之间的专利战争	422
创新视点	中国发明专利授权进入增长新轨道	424
创新视点	国家推动实施标准化战略	427

创新管理关键术语索引

B

标准（standard）

016, 026, 035-051, 079-120, 123, 148-182, 205-247, 266-305, 321, 341-357, 380-400, 403, 410, 416-435

不连续性创新（discontinuous innovation）

049, 050, 054

C

产品创新（product innovation）

014, 015, 022, 030-037, 046-088, 099-128, 136, 147, 163-173, 198, 205, 217, 243-310, 321-349, 360-386, 414, 439

产业创新系统（industrial innovation system）

314, 320-325

创客（maker）

059, 140, 141, 210, 212, 313, 314, 335, 356, 393-395

创新产出（innovation output）

178-180, 192, 300-303, 349

创新管理（innovation management）

001, 010-012, 021, 034, 054, 077, 081, 086, 095, 105-134, 143-176, 223, 225, 256-317, 330, 358, 366, 369, 388-391, 402, 439

创新过程（innovation process）

024, 048-065, 071, 079-105, 109-128, 137, 144, 150, 151, 164, 181-263, 278-294, 301-327, 336, 344, 359-388, 435

创新绩效（innovation performance）

004, 055, 064, 091, 121-125, 172, 209, 215, 254, 256, 279-303, 312, 316, 332, 333, 360, 384-390, 420

创新生态系统（innovation ecosystem）

　　127, 185, 293, 313-323, 328-337

创新文化（innovative culture）

　　009, 014, 114, 115, 184, 185, 243, 252, 295, 296, 311, 312

创新系统（innovation system）

　　115, 144, 159, 185-193, 212, 313-337

创新影响（innovation impact）

　　004

创新战略（innovation strategy）

　　005, 006, 035, 089, 090, 100, 113-129, 159-176, 191-203, 219, 223, 252, 277, 285, 286, 298, 327, 401, 426

创新者（innovator）

　　005, 021, 025, 055-060, 072, 077, 084, 091, 110, 114, 124, 130, 203, 304, 311, 325, 337, 344, 361-379, 388, 393-410, 433, 442

创新治理（innovation governance）

　　009, 149

创业（start up）

　　009, 010, 045-059, 072, 088, 115, 127, 131-142, 173, 193, 198, 203, 204-210, 241-259, 299-334, 348-358, 393-407

创意（idea）

　　023-039, 060-076, 097, 098, 109-129, 147-154, 183, 184, 197-212, 233, 242, 255, 260-293, 296, 297, 309, 320-336, 352, 356, 367-402, 404, 409, 414, 427-430

创造力（creativity）

　　078, 091-105, 124, 129, 168, 220, 242, 265, 294, 298, 304, 334, 388, 392, 395, 403, 405, 406, 415

D

迭代创新（iterative innovation）

　　258, 260, 365

E

二次创新（secondary innovation）

　　052, 088, 089, 090, 176

二元性组织（ambidextrous organization）

　　203, 241, 249-252, 256

F

发明（invention）

　　004, 005, 011, 022, 025, 026-029, 049, 050, 077, 081, 090-104, 123, 127, 128, 175, 178-202, 205, 255, 271, 274, 290, 297-303, 311, 325, 337, 350, 370, 371, 406, 418-441

反向创新（reverse innovation）

　　078-081, 102, 105, 185

非研发创新（non-R&D based innovation）

　　359-363

服务创新（service innovation）

　　030, 034-042, 053, 076, 132-137, 291, 360, 384

G

干中学（learning by doing）

　　231, 232, 238

工艺／流程创新（process innovation）

　　147, 226, 321

国家创新系统（national innovation system）

　　193, 314, 315, 316, 317

H

核心技术（core technology）

　　007-012, 017, 029, 030, 052, 090, 091, 145, 167-193, 206, 221-237, 275, 276, 303, 322, 345-361, 408, 415, 417

核心能力（core competence）

　　026, 043, 050, 121, 126, 129, 163-166, 206, 211, 217, 221-227, 232, 238, 251, 264, 288, 347

互补性资产（complementary assets）

　　189, 433

互联网思维（internet thinking）

　　133-138, 141-155

J

集成创新（integrated innovation）

　　029, 080-185, 189, 193, 361

技术许可（technology license）

　　205, 209, 290

技术引进（technology introduction）

　　027, 030, 079, 088, 089, 112, 181, 183, 187-194, 220-222, 230, 232, 238

技术转移（technology transfer）

　　207, 229, 283, 317, 349

架构创新（architecture innovation）

　　031, 126, 166

渐进性创新（incremental innovation）

　　046-053, 076, 088, 164, 197, 250-256, 325, 393, 430

阶段门（stage gate）

　　263, 264, 268, 269

界面管理（interface management）

　　222-224, 278-283

K

开放式创新（open innovation）

　　114, 118, 120, 126-134, 140, 159, 164, 172, 173, 182-185, 194-216, 230, 269, 309, 312, 322, 325-327, 335, 336, 337, 344, 350, 362-366, 419, 427-435, 439

L

利用性学习（exploitative learning）

　　232-234, 237, 249

领先用户（lead user）

　　114, 147, 174, 205, 258-264, 344, 364-383, 402

M

模仿（imitation）

　　026-030, 047, 081-089, 112, 128, 135, 160-193, 217, 221-238, 277, 287, 298, 325, 361, 386

模糊前端（fuzzy front end）

　　117, 258, 260-264, 269, 293

模块化创新（modular innovation）

　　099-101, 105

N

内部创业（intrapreneurship）

　　173, 203, 350

能力（capability）

　　003, 004, 007-011, 016-029, 033, 036, 037, 043, 047-051, 058, 061-076, 080-082, 087-129, 132, 136-153, 159-238, 243, 245, 247, 251-254, 259, 263-281, 287-307, 315, 317, 323-334, 341-363, 372, 374, 377, 379, 384-398, 405, 408-418, 427, 433-435

O

偶发性创新（serendipitous innovation）

　　103-105

P

破坏性创新（又称颠覆式创新、裂变式创新）（disruptive innovation）

　　019, 021, 050, 053, 055-057, 076, 166, 276

朴素式创新 / 节俭式创新（frugal innovation）

　　068, 072

Q

企业创新系统（enterprise innovation system）

　　185, 313, 314, 325, 327, 337

企业家精神（entrepreneurship）

　　025, 077, 115, 223, 247, 297, 403, 406, 410

区域创新系统（regional innovation system）

　　314, 317-320, 336

全面创新管理（total innovation management, TIM）

　　107, 120-130, 388, 391

S

商业模式创新（business model innovation）

　　014, 015, 019, 030, 034, 043, 044, 053-057, 076, 122-134, 140, 166, 167, 323, 393

商业模式画布（business model canvas）

　　044, 045

设计驱动式创新（design driven innovation）

　　062-065, 076

设计思考（design thinking）

　　059, 066-068, 440

首席创新官（chief innovation officer）

　　114, 403-405, 415

T

探索性学习（explorative learning）

　　051, 233-238, 249

头脑风暴（brain storming）

　　093, 440

突破性创新（radical innovation）

034, 036, 046-057, 064, 076, 087, 088, 126, 128, 164, 185, 250-256, 277, 321, 373, 374, 377, 392

X

消化吸收（digestion and absorption）

026, 029, 052, 079, 088, 089, 182-193, 220, 229, 232

协同创新（collaborative innovation）

017, 121-129, 171, 174, 185, 213-216, 269, 283, 284-286, 319, 334, 336, 389, 390, 393

新产品销售（new product sales）

012, 302, 303

学习（learning）

003, 011, 017, 019, 025, 051, 059, 063, 066, 078-107, 114, 131, 135, 139-142, 151, 159, 164, 169, 172, 178-195, 205, 206, 217-238, 241-256, 258-295, 305, 307, 313-319, 324, 336, 341, 344, 358, 364, 372, 384-397, 403-416, 419, 432

Y

研发联盟（R&D alliance）

349

研究与发展（research and development, R&D）

025-031, 036, 092, 180-197, 237, 245, 273, 294, 316, 345-348, 362, 363, 415

用户创新（user innovation）

174, 364, 366, 371-376, 377, 380-384, 402

用中学（learning by using）

231, 232, 238

有责任的创新（responsible innovation）

148-152, 155

Z

知识产权（intellectual property rights）

007, 009-013, 017, 029-037, 052, 081-091, 105-129, 179-193, 199-208, 219-237, 247, 277, 288, 290, 324, 335, 344, 368, 370, 372, 402, 416-435

知识基（knowledge base）

053, 220-232, 316, 321, 324

众包（crowd-sourcing）

137, 159, 366-371, 402, 404

主导设计（dominate design）

030, 073-090, 298, 321, 433, 434

专利（patent）

004, 021, 025, 030, 037, 088, 097, 113, 119, 124, 125, 175-196, 200, 203, 208-236, 255, 276-290, 301, 303, 311, 321, 324-326, 349, 358, 360, 388, 416-434

自主创新（indigenous innovation）

003, 008-018, 029, 030, 052, 080-089, 113-115, 130, 173-194, 201, 214, 221, 232-238, 304, 324, 358, 363, 381, 426, 435

组合创新（portfolio innovation）

099, 171

教辅申请说明

北京大学出版社本着"教材优先、学术为本"的出版宗旨,竭诚为广大高等院校师生服务。为更有针对性地提供服务,请您按照以下步骤在微信后台提交教辅申请,我们会在 1~2 个工作日内将配套教辅资料,发送到您的邮箱。

◎手机扫描下方二维码,或直接微信搜索公众号"北京大学经管书苑",进行关注;

◎点击菜单栏"在线申请"—"教辅申请",出现如右下界面:

◎将表格上的信息填写准确、完整后,点击提交;

◎信息核对无误后,教辅资源会及时发送给您;如果填写有问题,工作人员会同您联系。

温馨提示: 如果您不使用微信,您可以通过下方的联系方式(任选其一),将您的姓名、院校、邮箱及教材使用信息反馈给我们,工作人员会同您进一步联系。

我们的联系方式:

北京大学出版社经济与管理图书事业部

通信地址:北京市海淀区成府路 205 号,100871

电子邮件:em@pup.cn

电　　话:010-62767312 /62757146

微信:北京大学经管书苑(pupembook)

网址:www.pup.cn